本書為2015年度國家社會科學基金青年項目"越南古代史學研究"（立項編號：15CSS004）結項成果，結項鑒定等級"優秀"（證書號：20203306）

本書受雲南省一流學科新學科培育計劃經費資助出版

紅河學院區域國別學文庫·越南研究系列

# 越南古代史學研究

葉少飛 著

The Historiography of Ancient Vietnam History

中国社会科学出版社

**圖書在版編目（CIP）數據**

越南古代史學研究／葉少飛著． -- 北京：中國社會科學出版社，2024.9.（2024.10 重印） --（紅河學院區域國別學文庫）． -- ISBN 978 - 7 - 5227 - 3464 - 4

Ⅰ．K333.2

中國國家版本館 CIP 數據核字第 2024VE5627 號

| | | |
|---|---|---|
| 出 版 人 | 趙劍英 | |
| 責任編輯 | 宋燕鵬 | |
| 責任校對 | 李　碩 | |
| 責任印製 | 李寡寡 | |

| | | |
|---|---|---|
| 出　　版 | 中國社會科學出版社 | |
| 社　　址 | 北京鼓樓西大街甲 158 號 | |
| 郵　　編 | 100720 | |
| 網　　址 | http：//www.csspw.cn | |
| 發 行 部 | 010 - 84083685 | |
| 門 市 部 | 010 - 84029450 | |
| 經　　銷 | 新華書店及其他書店 | |

| | | |
|---|---|---|
| 印　　刷 | 北京君昇印刷有限公司 | |
| 裝　　訂 | 廊坊市廣陽區廣增裝訂廠 | |
| 版　　次 | 2024 年 9 月第 1 版 | |
| 印　　次 | 2024 年 10 月第 2 次印刷 | |

| | | |
|---|---|---|
| 開　　本 | 710×1000　1/16 | |
| 印　　張 | 32.5 | |
| 字　　數 | 470 千字 | |
| 定　　價 | 178.00 元 | |

凡購買中國社會科學出版社圖書，如有質量問題請與本社營銷中心聯繫調換
電話：010 - 84083683
版權所有　侵權必究

# 《紅河學院區域國別學文庫》編委會

主　　編：楊生超

副 主 編：陳繼揚　葉少飛

編　　委：（按姓氏拼音排列）

　　　　　畢世鴻　布小繼　陳國保　李剛存
　　　　　劉貴陽　劉克強　盧　鵬　羅　琳
　　　　　馬洪波　牛軍凱　屈燕林　孫來臣
　　　　　邵建平　施建光　王柏中　王　嘉
　　　　　于向東　朱振明　張黎明

# 《紅河學院區域國別學文庫》總序

## 楊生超

　　區域國別學是對特定國家和地區的政治、經濟、歷史、文化和社會等領域開展跨學科交叉研究的綜合性知識體系，重在培養對特定區域和國別有深入認識、具備良好理論和實踐能力、服務國家發展戰略的複合型人才。數字經濟和新媒體技術加速了全球一體化進程，傳統的邊界、邊疆、區域、國別研究迅即轉型，以多學科深層交叉融合的形式應對人員、物資、信息、意識形態和價值觀跨區域跨國別高頻流動引發的全球治理和安全問題，以實現區域國別的和平發展，構建人類命運共同體。

　　紅河學院位於中國紅河哈尼族彝族自治州首府蒙自市，直綫距離中越邊境六十千米，北回歸綫穿城而過，棕櫚檳榔，鳳尾芭蕉。1910年開通的滇越鐵路聯通紅河三角洲沿海低地平原和雲南高原，昆明—蒙自—河內—海防連成一綫。神州大地烽烟四起之時，西南聯合大學的師生從香港乘船至越南海防，乘坐滇越鐵路米軌經河內、老街、河口到達蒙自碧色寨特等站，再乘坐箇舊—碧色寨—石屏窄軌鐵路進入蒙自城，[①] 借大清海關、郵政公署、哥臚士洋行、周柏齋府邸等機構屋舍設立西南聯合大學文學院和法商學院，重開講堂。聞一多、朱自清、陳寅恪、陳序經、馮友蘭、張奚若等徜徉

---

[①] 滇越鐵路爲米軌鐵路，軌距一米。箇碧石鐵路爲寸軌鐵路，軌距六十厘米。

於南湖畔，再續中華文脈，莘莘學子"我以我血薦軒轅"，弘揚偉大抗戰精神。

　　紅河學院賡續西南聯大精神和傳統，以文明互鑒的理念對越南及周邊國家進行研究，建設雲南省"區域國別學"創新學科，構建了教育部"越南研究中心"、雲南省"滇越合作研究基地"、雲南省"當代越南與滇越關係研究創新團隊"等多個省部級研究平臺，開展越南政治外交與中越關係、越南歷史文化與中越人文交流、越南經濟與中越經貿合作、區域國際傳播與周邊輿情等方向的研究，構建新的區域國別學理論和知識集群，培養"區域通""國別通"人才，在決策諮詢服務、數據中心建設、經貿政策服務、促進中華文化在周邊國家和地區傳播等方面作出貢獻，建設成國內外具有影響力的區域國別學學科。

　　千里之行，始於足下。紅河學院聚集了一批投身區域國別學研究的人才，產出了一批高質量成果，聚沙成塔，建設"區域國別學"文庫。爲了突出紅河學院"區域國別學"學科發展的方向特色，我們又單列"紅河學院區域國別學文庫·越南研究系列"，形成聚焦，凸顯優勢。一樑一木，爲國干城。

# 序　　一

　　黎文休是越南第一位史學家，在國史院任職期間，根據陳太宗（一二二五至一二五八年在位，一二五八至一二七七年為太上皇）的詔令，他撰成了《大越史記》，記述了從趙武帝趙佗到李昭皇（一二二四至一二二五年在位）近十五個世紀的歷史。此書撰於一二七二年，得到陳聖宗（一二五八至一二七七年在位，一二七八至一二九〇年為太上皇）下詔嘉獎。此書為第一部越南國史。山本達郎和陳荊和兩位學者認為黎文休可能是根據《越志》編撰了《大越史記》。

　　雖然《大越史記》已經佚失，但現存的佚名《越史略》（又名《大越史略》）亦編撰於陳朝，有觀點認為可能是陳周普編撰。《大越史略》在越南失傳，後收入乾隆時官修《欽定四庫全書》。有觀點認為《越史略》是從《大越史記》抄略而來。

　　儘管《大越史記》不存，但其內容被十五世紀的黎初史家潘孚先（一三七〇至一四六二）採用，並編入《大越史記續編》之中。此書與《大越史記》相同，記錄自趙武帝至李朝，又補充了陳朝和胡朝的歷史，直至明軍撤退回國。

　　黎聖宗（一四六〇至一四九七年在位）時，吳士連編撰了《大越史記全書》，創設了"外紀"，記錄自鴻龐紀至北屬時期（九三八年）的歷史。這是第一部將雄王十八世寫入歷史的史籍。研究者肯定，吳士連依據傳說、民間故事，特別是陳朝《嶺南摭怪》寫成了鴻龐氏部分，充滿了具有神話色彩的內容。

《大越史記全書》之後經歷了多次整理、補充、續編方刻印成書。黎玄宗景治年間（一六六三至一六七一），鄭柞命參從范公著總領文臣史官整理吳士連的著作，並增修了一四二八年黎太祖建國至一六六二年黎神宗時期的歷史。

范公著領銜編撰的史書共二十三卷，可能計劃刻印流傳，但其事未成。黎熙宗正和（一六八〇至一七〇五）年間，鄭根下旨參從黎僖領銜文官修訂范公著之書，並繼續編撰一六六三年黎玄宗至一六七五年黎嘉宗時期的歷史。黎僖此書共二十四卷，仍名《大越史記全書》，並於丁丑年（一六九七）刻印，即正和十八年。《大越史記全書》的版本流傳眾多，越南漢喃研究院現存五種。一九九三年，河內的社會科學出版社將收藏於法國巴黎亞洲學會的內閣官板《大越史記全書》刻本（編號：PD2310）影印出版，並附越語譯文。

《大越史記全書》是黎朝正史，流傳使用廣泛。此書之後，出現了西山朝（一七八八至一八〇二）編撰刻印的《大越史記前編》和阮朝一八五六年至一八八四年編撰的《欽定越史通鑑綱目》，都是在《大越史記全書》的基礎上編撰完成。

這是越南古代著名史家編撰的大量史著的一部分，自陳朝黎文休開始，歷經黎朝的潘孚先、吳士連、黎僖，西山朝的吳時任，以及阮朝的諸位史家。貫穿陳、黎、阮數代的國史編撰事業無比重要，取得了巨大的文獻成就，是越南傳統文化的寶貴財富。

這些史著已經有很多國內和國外的學者關注並進行研究，其中就有葉少飛。在《越南古代史學研究》一書中，他深入研究了越南自《大越史記》到《欽定越史通鑑綱目》之間的史籍文獻和版本的流傳。該研究體量龐大、無比艱辛，對於其中探討的一些問題，越南學術界也尚存爭議。葉少飛又深入概括了越南史學編撰的觀點，以及史籍中體現的歷代政治思想。

他發現並總結越南古代史學發展有"官修私著，諸體皆備"的特徵，歷代史學都與政治密切關聯，體現"越地自立，申明正統"。他探尋並考察各種史籍之間古史起源的關聯，明確越南古代確立了

"內帝外王"的政治原則。這是其對越南史學思想和《大越史記全書》歷經多年學習和研究的成果。

這部著作體現了作者的心血和研究成果，我給予高度評價。

丁克順（Đinh Khắc Thuân）
二〇二〇年秋初月

# 序　　二

　　大約二十年前，我因撰寫《中國行政區劃通史·唐代卷》之故，仔細拜讀了越南史學家陶維英撰寫的《越南歷代疆域》一書，雖然多受啓發，但仍感較爲簡略，對於復原唐代安南地區的邊界與政區面貌不敷使用，並且，該書引用資料較少，多爲結論性敘述，不知所據爲何，與我國歷史地理學論著的敘事風格有些不同，因此留下諸多疑問。在困於越南歷史文獻獲取不易的同時，也深感我國學界對唐以後越南史學的不瞭解，這不僅嚴重束縛了我們對這個特殊鄰國歷史地理的研究，也嚴重束縛了我們對越南歷史的研究。好在這個心結，終於在十年後有了解開的機緣。

　　二〇一一年，我準備組織暨南大學歷史地理研究中心的同仁申報國家社科基金重大招標項目"環南海歷史地理研究"，爲配合此項行動，遂令我指導的研究生魏超以屬明時期安南政區建置爲選題，拓展歷史政治地理研究空間範圍。不久，又招得廣東外語外貿大學越南語系教師陳繼華讀博，由他帶領魏超和韓周敬學習越南語，由此形成越南歷史地理研究三人組。

　　翌年，我和陳繼華、韓周敬赴越南考察，並參加"第四次越南學國際會議"，在河內國家會議中心旁邊散步時，迎面走來一位胖小伙子，大方地自我介紹名叫葉少飛，是參會的雲南紅河學院教師，也準備在越南讀研。言談之間，我發現他對越南確實有些研究，且有一種執著的學術追求，具有現今年輕人缺少的某些氣質，今後定當有所大成，不由產生了延攬入組的想法。但轉而一想，他在越南學習，應當比在我門下學得更多、更有用，是大鷹，就應當放飛，因此鼓勵他在越南多拜名師，做一個中越史學兼修的通才。

我們在越南之行前，為撰寫會議論文，查閱了一些越南史籍，發現同名異書者有之，異名同書者有之，頗慨嘆越史之紛繁，但不知越南學者有無梳理條緒者，正想趁開會之機請教一二，故與少飛閒談中，說起越南史學史及十二使君等問題尚有待研究，他當即表示有興趣。孰料不久，他便以十二使君為題，完成了他的碩士論文，並打算在越南繼續讀博，從事越南史學史研究。在幾年後，他果然以越南史學史為題，完成了他的博士論文。這兩大懸疑問題，都得到相當程度的解決，我由衷地感到高興。

去年，少飛將他的書稿《越南古代史學研究》見示，並再三希望作序。我本不治越南史，恐怕辭不達意，弄巧成拙，故先有推辭，繼之看在我還算是他研治越南史學始作俑者這點，便勉強答應下來，也想借此機會學習一下。因此序中有不妥之處，尚需鑒諒。

由於台北“中研院”和越南漢喃研究院聯合出版的《越南漢喃文獻目錄提要》並不完整，對史籍的介紹尤其粗疏，因此史學名著的篩選有一定難度，加以越南史學屬於中國史學體系的一個旁支，其史學思想與體例便顯得多樣，梳理起來頗為複雜。但綜觀本書所選《大越史記》《安南志略》《大越史略》《大越史記全書》《大越通鑑通考》《詠史詩集》《藍山實錄》《大越通史》《大越史記前編》《欽定越史通鑑綱目》等十餘種越南史學著作，應當都是頗具代表性的，足見少飛爬梳之廣、用功之深、眼光之精准。正因為選材得當，便奠定了全書分析透徹、結論服人的堅實基礎。

我去過越南幾次，與越南史學界有過接觸，感到他們對本國史學史研究不夠透徹，這與他們所處的政治環境、政治立場有很大關係。當然，由於歷史上越南與中國有特殊關係，以前中國學者對越南的研究也難免有失偏頗。少飛這本書難能可貴的地方，在於它能夠站在學術研究高度上客觀公正地論述和評價越南古代史學的形成與發展脈絡，觀點、結論都建立在對史學原著、史學家思想的詳盡解析之上，相信它能夠為中越雙方學界所認可。

书稿讀罷，我覺得作者主要在以下幾個方面取得了突出成就：

一、以名著撰述、體例、特點為切入點，從正統觀、歷史觀、政治觀等方面分析作者史學思想及其產生的影響，內容全面，分析透徹，評價得當。

作者認為，《大越史略》以黃帝十五部為古史起源，《大越史記全書》以炎帝神農氏為國史起源，在時間上已平行於中國歷史。《大越史記》以趙武帝為國史開端，而《大越史記前編》則因趙佗內屬使"國統頓絕"，全面否定趙佗南越國的國統地位。阮朝《欽定越史通鑒綱目》復以雄王為國史起源。作者總結道："越南史家創設的黃帝時代十五部落、炎帝神農氏、南越國、雄王四個古史起源，不同程度反映了越南史家對本國歷史淵源的探索與認知，這與中國史學的傳統是一致的。"

那麼越南史學家是如何敘述漢唐統治（北屬）時期"國統"的呢？作者指出：越南歷史學家構建理想的國史起源的工作是由吳士連《大越史記全書》完成的，他創立了北屬時期"國統"與"治統"分離，安南自主建國後二者自然合而為一的觀點，將北屬時期皆以"紀"統之，這樣就避免了"統緒"中斷的尷尬，又將吳權以前稱為"外紀"，吳權以後的自主時期稱為"本紀"，為越史設計了悠遠不絕的國祚，這個觀點被之後的歷史學家武瓊、黎嵩、范公著、黎僖等人所遵循和繼承。但到了阮朝，《欽定越史通鑒綱目》不再設"紀"，而以年相系，明確表示遵照朱熹《資治通鑒綱目》的要求，"大書以提要，分注以備言"，以"大書"和"分注"體現正統，對前代觀點提出了很多顛覆性意見。

作者還十分精辟地指出：歷代史家秉承儒家聖賢之道，參照中國史書編撰方法和史學思想，為越南本國創造歷史起源，並為自主立國之前的歷史建立了悠遠、完整的國統次序，同時以"南北"強調本國自主，表示與中國的差別。自李公蘊開始，越南以聖賢之道治國，以"中夏"自居，創建了以本國為主的朝貢體系，歷代君臣皆以此自期；同時又加入了以中國為中心的朝貢體系，為中國之屏藩諸侯。這兩套體系並行不悖，前者成為安南國家發展擴張的戰略，後者為安南贏得了穩定的政治生存空間。越南自主立國以來，即以趙武帝為國史開端，遂借鑒其立國經驗，對中央王朝奉行"內帝外王"或"內帝外臣"策略。對國內政治，其資鑒策略則多以儒家思想衡量臧否，對佛教作用多予否定。要之，越南古代史學是歷代政治與思想的總結，體現了儒臣史官對國家歷史的主動構建與創設。連綿不絕的越南史籍持續吸收中國史學思想和觀點，為越南國家歷史的構建提供動力，進一步指導統治者的政治實踐。因此，越南古代史學建構的國家歷史起源、自主思想、治國理念、主體思想與對外關係的思想和模式，是越南古代國家和歷史發展的基石。

  作者對一些史學名著的評價也十分允當，如云：《大越史記》直接繼承中國史學思想的傳統，其編撰完成是越南古代史學發展完善的標誌。《大越通鑑通考·總論》是首次集中展現越南古代歷史觀的史學專著，其觀點秉承朱熹綱常之道，以為衡量越史興衰治亂的準繩，是後黎朝對越史治亂的歷史總結。《藍山實錄》主要敘述黎利功績仁德，史事方面則有不足，但其宣揚的政治理念為後代史家所繼承。

  作者對後黎朝史學家黎貴惇進行了重點討論，認為所著《大越通史》雖是沒有完成的史著，但卻是現存越南古代惟一一部紀傳體斷代史，最大程度呈現了對中國古代史學的認識和運用，是越南古代史學中的重要著作，亦是中越史學交流的傑作。所著《大越史記本紀續編》則因其創新體例、增補史事的改編活動，既與中興黎朝的政治環境高度契合，又將越南史學推向了一個新的高度。

  二、態度嚴謹，論從史出，邏輯嚴密，考證精詳，令人信服，有利於我們正確、科學使用越南史學名著。

  我原來覺得越南史籍中的《紀》，似乎有些濫，說它是有所發揮也行，說它是學得不像也行，其實是有些民族自尊（或自大）心理在作怪，但本書的解釋似乎更有道理：比如編年體通史《大越史記全書》，打破了中國編年體通史的慣例，增設了"紀""外紀""本紀""本紀實錄""本紀續編"等紀傳，並以"全書"為統稱，這是越南史家根據本國史事做的體例選擇，是其史學思想的發展和創造，"幾代歷史學家整合多種體例於一書的編撰方式是史學發展中的一個創舉"。

《大越史略》作者，今人多以為是陳周普，但本書認為該書是黎文休《大越史記》的節略本，與陳周普及其《越志》的關係比較遙遠。

《大越史記本紀續編》，本書考證極大可能就是黎貴惇在內閣官板《大越史記全書》的基礎上增補而來，即潘輝注記載的《國史續編》八卷。

本書所附《從〈大越史記〉到〈欽定越史通鑒綱目〉越南古代史籍流變圖》，非常清晰地展示了各種正史、實錄、編年史書之間的傳承衍變關係。對刻本、版式之鑒別，卷帙、體例之比較，引注、批語之解析，都十分到位，體現了作者深厚的學術功底。

諸如此類的亮點，不勝枚舉，這對於我們瞭解和鑒別越南史學名著的歷史淵源和傳承脈絡，認識其史學價值無疑有極大幫助。

當然，如此宏富的史學史巨著，難免也會有些微不足。比如在關於《大越史記全書》的章節中，作者詳細分析了《國史纂要》《越史標案》《大越史記前編》等與《大越史記全書》的關係及其史學思想，似乎缺漏了自己的評論。

另外，本書敘事手法是以正史名著為綱，雖然主體、主線明確，但史學名著的時代分布不均勻，如果有可能的話，增加一個專章，按朝代進行總結，則可以反映每個朝代完整的史學面貌。當然，這就需要作者能夠將越南古籍中的別史、野史、專門史（含典章制度史）等雜史，進行系統收集、篩選，再作續論，那樣的話，對於我們全面認識越南史學史就更加完美了，不過這已超出本書範圍，只好寄希望於將來了。

雖然如此，少飛作為中國青年學者，能夠如此清晰地梳理出越南古代史學名著的基本脈絡，已經非常不錯了，大大超了我的預期，這使我不禁感佩其非凡的中越史學學術功底。我曾對他說："史學的問題不解決，很多問題沒法下手。"少飛現在可以自豪地說："通過對越南史學的研究，我對古代中越關係史和越南政治史都有了深刻的理解,很多問題也能從史學和思想的角度進行探索。"的確,本書已深得越南古代史學名著要旨,許多觀點誠為不移之論,放眼未來,中越關係史和越南史許多疑難問題定當因此迎刃而解。可喜可賀,且勉且勵!儘管目前越南史學史這個圈子不大,但我相信,"莫愁前路無知己,天下誰人不識君"。

是為序。

郭聲波

二〇二一年六月二十一日

# 序 三[*]

## 引 言

　　我與少飛認識是在二〇一四年，那是在雲南大學舉辦的"海外東南亞譯叢暨姚楠翻譯獎"發起大會上。首次見面，少飛就非常直率地說："孫老師，您給牛軍凱寫的序有些溢美了！"我不但沒有生氣，反而非常高興地說："你說的應該有道理，那你來篇書評如何？"少飛馬上答應，並爽快答應一年以後交稿，一年後兌現諾言，將《天限南北　各帝一方——評〈王室後裔與叛亂者：越南莫氏家族與中國關係研究〉》寄給我。書評寫得客觀公正，既正面肯定，又指出不足，並就具體問題進行了討論和解釋，是一篇不可多得的書評，在國內學術界缺乏高質量書評的背景下，更加顯得難能可貴。我馬上推薦給暨南大學的《東南亞研究》，並於二〇一六年發表。學界同仁（包括軍凱本人）也都給與高度評價。

　　隨後與少飛交流密切，對他的理解越來越多，更加覺得他是一位富有天分、勇於進取、年輕有為的學者。少飛原來從事秦漢史研究，偏重史學史方面。後來轉攻越南史，尤其是越南史學史。為此，他從二〇一三年開始，在越南漢喃研究院碩博連讀，並於今年取得漢喃學博士學位，博士論文題目為《越南國史〈大越世紀全書〉的編撰方法研究》。十年一劍，分量可想而知。我前幾年去河內，

---

[*] 非常感謝葉少飛（紅河學院）、孫衛國（南開大學）、彭崇超（廣東省社會科學院）惠賜資料。

與少飛見面，"人不堪其憂，而回也不改其樂"的精神令我印象深刻，深感其矢志於史。他不僅搜集到了大量資料，也掌握了越南語，在學術研究上如虎添翼、得心應手。

大概兩三年前，少飛就和我說過，希望我為他的《越南史學史》一書作序。我頓時心生猶豫，沒有馬上答復。後來考慮了一段時間，我坦率地答復說："因為我對這一領域素無研究，可能無話可講，不過我可以先看看書稿再說，然後決定是否作序。"我猶豫的原因是，我雖然對越南歷史稍有涉獵，但對史學史一竅不通，既無研究，也無學習，所以對作序事宜毫無信心，於是把"醜話"先說出來，以便給自己留條"生路"。最近在閱讀了少飛書稿之後，獲益良多，時有豁然開朗之感。但對少飛這部著作進行有的放矢的評論，我仍然感到學力不逮、力不從心，鑒於少飛多次誠懇邀請，我就勉為其難，把自己的一些粗淺想法和建議提出來，供少飛參考，並求教於廣大讀者。

現代學者對越南史學史的研究始於二十世紀三十年代的法國學者，二戰後陸續有各國（包括越、日、中、美、韓等等）學者參與，但在二十世紀九十年代之前都是散篇文章，沒有專著出版。一九九二年越南學者潘玉連首先出版《越南史學史》專著，是越南史學史研究的新起點。但該專著雖然涵蓋十三至二十世紀的史學史，但分量單薄，越南自獨立到十九世紀的部分只有三十多頁，且只是羅列史料，缺乏深入分析。在二〇〇〇年，越南學者鄧德施出版了《越南十一—十九世紀的史學史》，專注近代以前越南史學史，而且篇幅大幅度增加，多達三百多頁，展現了近代以前越南史學史的全貌，是這一領域的一個重要里程碑。鄧著分為兩部分，第一部分是通論，展示越南史學形成和發展的過程，第二部分是專論，對大量史書進行分析。和潘著比較起來，鄧著無論都是一個巨大飛躍，但在廣度和深度方面仍然存在很多不足，例如包括不夠齊全、論述尚欠精細、挖掘還需深入，這連作者本人也不否認。在鄧著出版近二十五年之後，少飛的大作無論在廣深兩度方面都前進了一大步，把越南史學史研究推向一個嶄新的高峰。

少飛的這部著作主要由其近些年已經發表的論文組成。南開大學的一篇研究《大越史記全書》的博士論文的這樣寫道："葉少飛的研究是本文的重要基礎和主要討教對象。"① 這是對一位學者學術成果的崇高評價，由此可以看出少飛研究的重要和影響。少飛的研究品質既得力於他中國史學史學術背景，又受益於他在越南十年苦讀的經歷，這些對他撰寫這部大部頭的著作非常重要。可以這麼說，少飛是撰寫這部《越南史學史》的最佳人選，很少，甚至可以說沒有像他這樣具有中越兩國深厚學術功底和語言技能、又專攻越南史學史的學者了，在全球範圍內我實在想不出第二個。

下面我就少飛大作進行一些評論，先肯定其主要貢獻，再指出其不足之處。

## 葉著《越南史學史》的主要貢獻

本書的最大貢獻是對近代以前越南的史學著作進行了目前為止最全面的搜集、整理與最深入的研究和分析，所包括的史書既有現存的十三世紀黎文休的《大越史記》、十四世紀黎崱的《安南志略》、十五世紀吳士連的十五卷本《大越史記全書》，到十七世紀范公著的二十三卷《大越史記全書》續編、黎僖的二十四卷《大越史記全書》、十八世紀的內閣官板《大越史記全書》，還有十八世紀越南天才學者、文化巨人黎貴惇的《大越通史》《大越史記本紀續編》，吳時仕的《越史標案》與西山朝的《大越史記前編》，又有十九世紀的《欽定越史通鑑綱目》等等；也有已經亡逸的胡宗鷟的《越史綱目》、十五世紀潘孚先的《大越史記》（又名《史紀續編》）、十六世紀初的武瓊的《大越通鑑通考》等等。這些史書既有官修，又有私撰，既有綱目體、史略體，又有紀傳體、詠史體。如果說搜集整理上還比較容易的話，那麼考證源流、分析思想則相當

---

① 彭崇超：《〈大越史記全書〉研究》，博士學位論文，南開大學，2021年，第16頁。

困難。少飛在第八章裏這樣寫道："史論不同於著史，著史者可寓評論於敘述，亦可立論如太史公、司馬溫公。史論則全須論史，其觀點明確無礙，思想性也最為突出直接。"所以，除了詳細考察各種越南史書的來龍去脈外，少飛最重要的貢獻、最大的亮點就是突出、分析它們的思想性。無論在上述哪那個方面，少飛的這部著作都絕對是超越前人、無出其右。

少飛擅長考證。對每部史書的撰寫背景、版本情況、史學思想等等，少飛都旁徵博引，考證精審。例如他通過認真考證，得出"李朝很可能既有史籍編撰，又有史職人員"的結論，應無疑問。但李朝立國二百一十六年，無一史傳世，說明越南史籍、史料闕失嚴重，印證了陳朝黎文休"史籍闕於記載"以及後黎朝鄧明謙"史文多缺"的感歎。又得出結論，"《粵甸幽靈集全編》所引的"按杜善《史記》"，應該是後人託名李朝杜善所輯的一部神怪書籍，也"命名《史記》"，即杜善《史記》實際上並不存在。有關黎文休《大越史記》的思想，少飛探討了孔子思想對他的影響，包括崇周、正名、孝道、辟異端（即佛教）、夷狄之道等等；此外還論及"黎文休曰"的史論體例與影響（當然，我們還不能確定在黎文休以前是否有"×××曰"這一做法）。少飛還指出："關於李朝之亡，《大越史略》與《大越史記全書》的記載差別極大。《大越史略》推崇太祖陳承達成禪讓之功，《大越史記全書》則記載陳守度謀劃其事，前書有崇抑，而後書記述無所忌憚。"少飛還比較司馬遷的《五帝本紀》與吳士連的《鴻龐紀》和《蜀紀》，得出後者系受前者啓發的結論，這種觀點頗有道理。這樣一類的洞察和高見都是發前人所未發，在本書中比比皆是，隨處可見，證明少飛用功至勤，挖掘至深。少飛在第四章中考察《大越史記全書》的成書、雕印與版本問題，在第五章分析吳士連《大越史記全書》編撰思想（例如尊正統、明國統），都運用了海量材料，考證精細無比，更是這方面一個典型的例子。

少飛接受吳士連是"私撰"《大越史記全書》的觀點（詳見下文），但他並沒有滿足於此，而是提供了更多的證據來支持這種說法。他在第八章裏說："吳士連未受命私撰《大越史記全書》十五卷，其史觀與潘孚先、武瓊所持官方思想有很大的不同。"而在第九章，少飛說："後黎朝官方確認的越南正統王朝，《平吳大誥》言'粵趙、丁、李、陳之肇造我國'①，朱車《上〈越音詩集〉表》言'國自丁、李之肇造'②，黎嵩言黎利建國'豈趙、丁、李、陳所能及哉'，黎桓建立的前黎朝皆不在其中，但吳士連仍以前黎朝為'黎紀'，與官方思想有很大的區別。鄧明謙詠黎大行皇帝、黎中宗、黎臥朝，注皆出《黎紀》，顯然是繼承了吳士連的思想，並未接受後黎朝的官方觀點。吳士連以胡朝附於'陳紀'之後，不設紀，對胡季犛、胡漢蒼父子不稱'紀'，而直稱其名，以示貶黜。潘孚先編《越音詩集》卷一陳朝諸帝之後為'閏胡'，下有胡季犛詩三首，卷三陳朝大臣之後又有'閏胡'，錄五人詩十一首，黎嵩記'閏胡既虜'，但吳士連並不認可'閏胡'之說，故將胡氏二帝附於'陳紀'之後，並直呼其名。"這樣，少飛不滿足於"知其然"，更說明其"所以然"，在現有的研究上又進了一步。

另外一個例子就是少飛在第十一章通過詳細考證，認為黎貴惇撰寫的《大越通史》既沒有最後完成、後來又有散佚。他最後總結說："在《大越通史》中，黎貴惇長於史體和史法，短於史論和史觀。黎貴惇對歷代史家的著作和思想有深刻的理解，熟練掌握春秋筆法、朱子書法，在黎皇鄭主的新形勢下，黎貴惇根據中興黎朝官方思想尊鄭，充分體現於中興黎朝的復國戰爭等內容之中，表彰鄭氏再造輔政之功。《大越通史》繼承了前代史著的'天命''華夷'等史觀，但出於各種顧忌，黎貴惇未能對黎氏、莫氏的天命問題和明、莫的華夷問題進行闡釋。黎貴惇關於黎太祖的史論沒有超出黎嵩的水準，關於封建屏藩和後妃的史論也欠深刻。黎貴惇作《大越通史》掌握了豐富的史學思想，影響了他之後的著述，其中《撫邊

---

① （越南·后黎朝）阮廌：《抑齋集》卷三《文類》，河內：文化通訊出版社2001年版，第319頁。

② （越南·后黎朝）朱車：《上〈越音詩集〉表》，《越音詩集》，遠東博古學院藏本，現藏於漢喃研究院。"程"指陳朝，後黎朝諱"陳"為"程"。

雜錄》突出體現了黎貴惇重視典章制度的史學思想。"這種發人未發的結論和高屋建瓴式的評論，如果沒有大量佔有資料和深入研究，是不可能得出來的，確實顯示了少飛的深厚學術功底。

少飛對《欽定越史通鑑綱目》的概括也非常精當："在前代典籍基礎上修史，對已有觀點提出了很多顛覆性意見，該書在篇目中不再設'紀'，以年相系，《凡例》明確表示遵照朱熹《資治通鑑綱目》的要求'大書以提要，分注以備言'，以'大書'和'分注'體現正統。《欽定越史通鑑綱目》在正文各卷中以年系事，在《凡例》中對正統、書法、體例、人物、敘事等做了極為詳細明確的規定和說明，一遵朱熹思想。作為越南古代最後一部官修通史，《欽定越史通鑑綱目》儘管在史學評價方面對郡縣時期和自主各代與前朝史籍有所不同，但是君臣共重、考證詳細，越史在此擁有完備、細緻的記述和敘事，既是朱熹史學在越南發展的體現，也是越南古代官修通史的集大成之作。"這一類的精闢總結和概括也充滿全書，足見少飛的洞察力和治學功力。

少飛考證精審的另外一個方面就是越南史學編撰與中國史學的淵源和關係。在歷史長河中越南與中國關係密切，這種密切關係的一個方面就是越南向中國學習了大量政治制度、思想文化、科學技術，而仿效中國的修史傳統而撰寫自己國家的歷史是又一個重要且缺乏系統研究的方面。正如少飛在第八章所總結的那樣："越南大規模修史之時，中國史學與史體皆已豐富，故可靈活借鑒選用。吳士連所記三部史書選用了'史記'和'綱目'兩種體裁，'記志''義例''書事''評事'均是史學標準和撰著方法。吳士連亦選用'史記'，書名《大越史記全書》，但並非紀傳體，而是編年體通史，名為'史記'，更多的仍是效法司馬溫公《資治通鑑》。"有關這一點，少飛進一步寫到："按照司馬光及同仁劉恕的計劃，《資治通鑑》應該有《資治通鑑前紀》《資治通鑑本紀》以及《資治通鑑後紀》，最終完成的只有劉恕《資治通鑑前紀》和司馬光《資治通鑑本紀》，前者易名《資治通鑑外紀》，後者以《資治通鑑》名世。吳士連《大越史記全書》'外紀'和'本紀'兩種體例即由此而來。"在第十一章中，少飛又說："越南古代史學的發展基本受中國史學的影響而來，自一二七二年黎文休撰成《大越史記》開始，歷代史家無不受到中國史學的影響。"所以，本章又專設一節"《大越通史》與中越史學的交流"，以論述中國對越南史學編撰的影響，並總結說黎貴惇"采入了大量中國史家的史論、史觀和修撰方法，最大程度呈現了對中國古代史學的認識和運用"。

當然，少飛並沒有一味強調中國的影響。他既強調越南史學以中國史學思想為藍本，更重視越南古代史學的獨特之處，即在塑造歷史起源，確立國家自主思想，構建越南王朝國家歷史等等方面，所起到的舉足輕重的作用。這些年我講授和研究越南歷史，總是感到越南歷史對越南的重要，但只有在通讀了少飛的書稿之後，才真正理解了歷史在建構越南國家的過程中不可或缺的關鍵作用，更加深刻理解了歷史編撰既是越南民族在戰爭年代抵禦外侵的重要"武器"，又是和平時期政治爭鬥中的必要工具。越南歷史上的歷史建構和編撰在越南民族的身份認同與增加民族凝聚力方面不可或缺。無論這種歷史是基於神話還是源於事實，其強大的功能一直在發揮作用，這不僅對越南如此，對其他國家和民族也是如此。由此，我們更進一步認識到歷史研究的重要性：歷史不是可有可無的東西，而是一個國家或民族政治生活中的強大黏合劑。

少飛大作的另外一個特點就是超越舊說、挑戰權威。上面已經提到，少飛在資料運用、細緻分析、發人未發幾方面都超越前人，而在具體的一些問題上，他也敢於打破成見，提出新說。例如，他挑戰郭振鐸有關吳士連修史動機的觀點（詳見下文），不同意陳文珅認對黎貴惇《大越通史》中"前朝"一詞的理解；少飛綜合但超越越南學者吳世隆（Ngô Thế Long）、日本學者蓮田隆志、俄羅斯學者安德烈・費多林（Andrei L. Fedorin）的研究，在對現存的內閣官板《大越史記全書》進行全面深入考察之後，認為"內閣官板不是正和原本，而是正和本之後中興黎朝的改編本，至於改編者為何人於何時改編，尚不能知曉"。"君子和而不同"，學術的生命力在於創新、挑戰，客觀公正、實事求是地指出其他學者的不足和錯誤，進而提出自己認為正確的觀點，是學者們必須具備的一項基本素質，是學術進步的一個重要環節。被批評者同樣可以進行心平氣和、有理有據的辯論，不要認為別人批評就是挖自己的祖墳。古今中外沒有任何人絕對正確、十全十美。學術要進步必須有批評和論爭。少飛這種精神值得發揚光大。

少飛大作的另外一個特點就是製作了很多圖表，並附有許多書影，這樣就簡明扼要，一目了然，對讀者理解越南史籍的演變、對討論問題的理解非常必要。研究越南史學史的學者，尤其是潘輝黎與陳荊和，為了正本清源，搞清楚各種版本的源流與異同，善於製作各種圖表，並配以書影，少飛繼承了這一優秀傳統。例如"從《大越史記》到《欽定越史通鑑綱目》越南古代史籍流變圖"以一表勾勒出越南史籍的來龍去脈，簡明清晰。其他圖表還有《粵甸幽靈集錄》和《粵甸幽靈集全編》關於《史記》的引用情況對照表；內閣官板《大越史記全書》與范公著本、黎僖本篇章比較"表；內閣官板《大越史記全書》篇章分佈情況表、《大越史記全書》雕印版本流變圖；《詠史詩集・帝王》與《大越史記全書》諸"紀"對照表；吳士連《大越史記全書》、《大越史略》與《安南志略》有關"紀"的對照表；A4《大越史記續編》抄本、《大越史記本紀續編》殘刻本、內閣官板《大越史記全書》比較表；《越史標案》內容及頁碼與《大越史記前編》內容及頁碼對照表等等。這些圖表都非常有用，但也有改進的空間。例如，"從《大越史記》到《欽定越史通鑑綱目》越南古代史籍流變圖"中有些史籍沒有注明年代，似可補上；各種表格沒有統一編號（表一、表二等等）；有些表格沒有名稱（例如比較《大越史記全書》《大越史略》《安南志略》三種史書有關"紀"和"世家"的記載），等等。這些細微方面的改進可以使讀者閱讀時更加便利和容易理解。

## 葉著《越南史學史》存在的不足

在肯定少飛大作的諸多優點之外，我也想指出其不足，以求與少飛討論商榷。我將這一部分分為兩小部分，第一部分談論點，即有關越南史學和歷史的看法；第二部分講結構，即寫作、組織上一些技術問題。

在有關越南史學和歷史的觀點方面，我覺得有下列一些問題可以進一步討論。

首先是越南史學史分期的名稱問題。少飛的大作所包括的大致時間段為越南的自主時期，即從十世紀獨立到十九世紀中葉法國殖民開始，原名為《越南古代史學史》。國內的學者受中國歷史分期的影響（鴉片戰爭以前都是"古代史"），也習慣把越南十九世紀中葉以前的越南歷史一概稱之為"古代史"，國內的越南文學史研究也大致採用了這種分期。但不為國內學者所注意的是，越南學者自一九五〇年代至一九六〇年代以來對越南歷史的分期並非如此，而是把獨立自主以前稱為"古代"，獨立自主即十世紀以後稱為"中代"（即中古、中世紀）。中國國內這種一古到底的分期法粗而不精、長而不當，雖說沿襲已久，但也需要改進。而國內研究越南歷史、文學史等方面的學者，不了解或不去瞭解越南學者的分期，而是自言自語、自說自話，從而使得對越南的分期缺乏精確性。不是說對象國的分期就一定正確，但比較起來，在中國傳統的三段論（古代、近代和現代）分期下，"古代史"過於冗長（從原始社會到鴉片戰爭！）缺乏科學性，而越南的四段論（古代、中代、近代和現代）更加合理一些。①仔細觀察，就可以發現，潘玉連和鄧德施的著作都沒有冠以"古代"一詞，而是命名為《越南史學史》或加上"十一世紀至十九世紀"，其書中也沒有使用"古代"一類的字眼。從傳統越南歷史的分期來看，命名為"越南中代史學史"（相對於"近代"和"現代"而言）最為合適。有鑒於近年來已經有國際和越南學者主張分出越南歷史上的十五或十六世紀至十九世紀為"近世（early modern）"，國內一般翻譯為"近代早期"），"中代"

---

① 我正撰文《古代史？中代史？近世史？——有关越南历史分期的讨论》，详细讨论这个问题。

的叫法已經不完全適用，不妨就像鄧德施那樣，加上"世紀"以表時間範圍。

第二個觀點方面的問題有關越南、中國稱為"兄弟之國"的說法。少飛在第五章中根據吳士連創造的越國起源，即炎帝神農氏三世孫帝明生帝宜和涇陽王分治南北的說法，評論說："吳士連記述帝明與涇陽王兄弟讓國，各治南北，中越即為兄弟之國"。後來少飛又說道："吳士連的《大越史記全書》十五卷繼承了黎文休開創的編年體越史的傳統，從史學思想上則完成了孔子到朱熹的轉變。此後史家黎嵩、范公著等多依朱熹綱目思想述史。吳士連充分借鑒了司馬光及同仁關於《資治通鑑》的撰寫計劃和方式，吸收朱熹《資治通鑑綱目》的內容和思想，創建了《鴻龐氏紀》涇陽王和雄王的國統世系，將後世各個時期的歷史以'紀'統攝，使越史成為一個具有悠久歷史的整體，與北方的中國並駕齊驅，南北為兄弟之國，各有國統。對自主時期的歷史以朱熹綱目的思想論斷正統與僭偽，並進行評論。……吳士連的史學著作和思想傳承後世，成為越南古代社會思想文化的基礎之一。"

我想指出的是，在吳士連創造的故事中的確有越中為兄弟二人、各治一國的涵義，但不應該過度解讀。儘管在越南從中國獨立以來一貫強調與中國平等，但並沒有對中國稱兄道弟的思想和傳統。試舉一例。在一三九〇年，越南面臨內憂外患，內有胡季犛篡權之虞，外有占城滅國之危，陳朝可謂搖搖欲墜，大廈將傾。為此，大臣陳元旦向陳順宗臨終獻言："願陛下敬明國如父，愛占城如子，則國家無事。臣雖死且不朽。"但吳士連對這種建議非常不滿，評論說："正其誼不謀其利，明其道不計其功，君子心也。元旦同姓大臣，知胡氏之將篡，陳業之將終。不思艱貞，與國同休戚，乃托子胡氏為身後計，圖利而不顧義，舍道而惟計功，烏足為賢。且當時占人之患為急，而告以愛占城如子。事明國如父，乃事大字小。綮常談之說，奚補當務哉。惜其學問見識知及之，而仁不能守之也。"這是在緊急情況之下越南要敬明朝為父的想法，當然得不到肯定，但也沒有越南和中國互為兄弟之國的思想。

第三個問題是有關少飛將吳士連與司馬遷類比是否合理，因為這個問題還涉及吳士連私撰《大越史記全書》的問題，少飛對此論述不夠周詳，國內外學者對此也不夠重視，所以我就將其合在一起討論。

《大越史記全書》是私撰還是官修的問題是越南史學史上一個頗有意思而且重要的問題。官修的主要根據是《大越史記全書》載洪德十年（一四七九）"令史官修撰吳士連撰大越史記全書十五卷"和范公著於一六六五年《大越史記續編》中說："迨聖宗淳皇帝，稟睿智之資，厲英雄之志，拓土開疆，創法定制，尤能留意史籍。乃於洪德十年間，命禮部右侍郎兼國子監司業吳士連，纂修大越史記全書。"法國學者卡迪艾爾和伯希和以及以潘輝黎為代表的越南學者都一致主張官修①。這種觀點在越南一直持續到今天，普遍流行。早在一九六二年，陳文珝雖然也注意到吳士連《大越史記外紀全書》序裏的下面這一段話，但也沒有認真解讀："廼於光順年間，詔求野史及家人所藏古今傳記，悉令奏進，以備參考。又命儒臣討論編次。臣前在史院，嘗預焉。及再入也，而其書已上進，藏之東閣，莫得之見。竊自惟念，幸際明時，慚無補報，輒不自揆，取先正二書，校正編摩，增入'外紀'一卷，凡若干卷，名曰《大越史記全書》。事有遺忘者，補之。例有未當者，正之。文有未安者，改之。間有善惡可以勸懲者，贅鄙見於其後。極知僭妄，罪無所逃，然職在當為，不敢以才識諛陋為辭，謹編定成書，留之史館。"②

鄧德施《越南史學史》（第三十六頁）也持這種官修的觀點。此

---

① Léopold Cadière and Paul Pelliot, "Première étude sur les sources annamites de l'histoire d'Annam", *Bulletin de l'Ecole française d'Extrême-Orient* 4（1904）：627 – 628；Phan Huy Lê, "Đại Việt sử ký toàn thư: Tác giả, văn bản, tácphẩm", Tạp chí Nghiên cứu Lịch sử, Số 210（Tháng 3/1983），24 – 38. 該文於 1998 年作為內閣官版越文版（附有漢文）Đại Việt Sử Ký Toàn Thư này –bản Nội các quan bản năm Chính Hòa thứ 18 (năm 1697)的序言，詳見社會科學出版社 1998 年版第一卷，第22—23 頁。潘輝黎著，曾廣森節譯，鄧水正校：《〈大越史記全書〉的編纂過程和作者（續一）》，《印度支那》1985 年第一期，第 55—58 頁。

② Trần Văn Giáp, "Lược khảo về bộ Đại Việt sử ký toàn thư cùng tác giả của nó", Tạp chí Nghiên cứu lịch sử, 1963 年6 月，第 63 期，第 9 頁。

外，西方學者如沃爾特斯等等也都認為《全書》系官修。① 值得順便一提的是，韓國劉仁善在二〇〇六年撰文，完全採納了陳荊和有關吳士連私撰《全書》的觀點。②三年之後即二〇〇九年，越南學者黃英俊將劉仁善的文章在越南最權威歷史研究雜誌《歷史研究》上進行介紹，其中也包括吳士連私撰的觀點，但越南學術界似乎仍然沒有正視這個問題，繼續官修的觀點。③日本學者蓮田隆志也同意陳荊和的觀點。④

對這種傳統的官修觀點最早提出懷疑的是法國學者加斯帕東，他於一九三四年在以法文翻譯了吳士連洪德十年所上有關《大越史記全書》的"序"和"表"後指出：無論是該序還是該表都沒有提及吳士連受命撰寫《全書》一事。⑤但他並沒有詳細闡述。時隔四十多年後，陳荊和在一九七七年撰文指出："關於編撰動機，范公著《大越史記續編序》（景治六年，一六六五）說是吳士連奉命聖宗之命而作，但仔細閱讀《全書》吳士連序、表文以及'凡例'，就可以發現，吳氏編撰《全書》並非出於聖宗之命，而是出於吳氏自發

---

① E. S. Ungar, "From Myth to History: Imagined Polities in 14th Century Vietnam", in David G. Marr and A. C. Milner, eds., *Southeast Asia in the 9th to 14th Centuries* (Singapore: ISEAS – Yusof Ishak Institute, 1986), 177-178; O. W. Wolters, "What Else May Ngo Si Lien Mean? A Matter of Distinctions in the Fifteenth Century", in Anthony Reid, ed., *Sojourners and Settlers: Histories of Southeast Asia and the Chinese*, in Honour of Jennifer Cushman (Sydney: Allen & Unwin for the Asian Studies Association of Australia, 1995), 94. 除了官修（official）、野史（unofficial）之外，昂加爾還增加了一個史書種類，即"半官修（semi-official）"，其定義是史家遵循官方修史原則而私撰的史書，她將《安南志略》《越史略》和《輿地志》列為這一類。

② Yu Insun, "Lê Văn Hưu and Ngô Sĩ Liên: A Comparison of Their Perception of Vietnamese History", in Nhung Tuyet Tran and Anthony Reid, eds., *Viet Nam: Borderless Histories* (Madison, Wisconsin: University of Wisconsin Press, 2006), 46, 68 注釋 5.

③ Hoàng Anh Tuấn, "So sánh quan điểm của Lê Văn Hưu và Ngô Sĩ Liên về lịch sử Việt Nam qua cách nhìn của giáo sư sử học Yu Insun", Tạp chí Nghiên cứu Lịch sử, 5 (2009): 69.

④ 蓮田隆志, "ベント・ティエン「アンナン国の歴史」簡介—情報の流通と保存の観点から—", 環東アジア研究センター年報 2013 年第 8 号第 3 頁, 表 1 "17 世紀以前のベトナムにおける修史の歴史".

⑤ Emile Gaspardone, "Bibliographie annamite II. Histoire", *Bulletin de l'Ecole française d'Extrême-Orient* 34 (1934): 54.

的意願。"① 陳氏在此文中並沒有使用"私撰"之類的字眼，但他的意思非常明顯，這是一部非官方的私人著作。中國學者最早涉及這一問題是一九八七年郭振鐸的《〈大越史記全書〉初探一》文，②其中探討了有關該部越南史書的幾個問題，第一個就是《全書》為私撰還是官修。郭的觀點是"吳士連撰寫《大越史記全書》不是奉黎聖宗之命，而是他自己主動編撰的"。郭文還進行了更為詳細的解釋吳士連"由於失職內疚，主動採納群臣之言，才編寫這部史書的"，理由是"由於黎聖宗對他未完成朝廷交給的編史任務，而下詔革除其官職，吳士連在《進大越史記全書表》中說'茲者伏蒙聖恩，除臣館職'。吳士連認為自己失職，未受到嚴懲，只是革黜史館之職，算是萬幸。而後為報皇恩，主動從事編寫一部史記"。

有趣的是，郭文並沒有明確指出陳荊和的上述觀點，也沒有引用陳氏一九七七年文，但郭文寫道："當代越南的學者沒有對《大越史記全書》進行深入的探討，因而不得不求助於外國的贊助和學者的合作"。郭文對此這樣注釋："一九七三年九月得到美國的N.E.H.（即國家用於人文學科的捐款，首都華盛頓）的資助，中文大學東南亞研究中心和南伊利諾斯大學越南研究中心合作，開始進行《越南史料整理計畫》。其中心工作是編成《大越史記全書》《大南一統志》《嘉定通志》《越史略》諸書的校訂本。其中主要是整理、校訂和出版《大越史記全書》。一九七六年已初步完成一部分。"該注釋中的內容正是來自陳氏一九七七年文，說明郭文絕對參考了陳文並吸收了其觀點，但卻沒有進行說明。

二〇一一年，葉少飛（與田志勇連袂）撰文《吳士連〈大越史記全書〉十五卷略論》（《東南亞南亞研究》二〇一一年第四期，第五十三—五十六頁），融入本書第五章"吳士連《大越史記全書》十五卷的編撰與思想"第一、第二部分。少飛同意吳士連私撰《大

---

① 陳荊和，《大越史記全書の撰修と伝本》，《東南アジア－歴史と文化》1977年第七期第8頁，后原文收入陳氏校合本《大越史记全书》（东京：东京大学东洋文化研究所，1984年），上册第1—47頁。

② 《印度支那》1987年第1期，第57—61頁。

越史記全書》的觀點，並就吳士連編撰《大越史記全書》的動機與過程，進行了詳細的描述和分析，挑戰了郭振鐸主張的吳士連因為失職而寫史報恩的觀點。少飛認為吳士連是因為受諒山王宜民帝重用和賞識，但宜民帝卻弒殺黎聖宗哥哥黎仁宗，於是聖宗對吳士連產生嫉恨，禁止其參與國史專修工作，對此，少飛寫道："吳士連在諒山王這場政權變故中有什麼樣的經歷，詳情已經不得而知，但卻因為這段經歷為黎聖宗所憎恨。故而吳士連因家禍沒有參與國史編修，但返回之後竟連閱覽已修成的國史亦不能，恐與黎聖宗憎恨吳士連有關。"根據吳士連"擬進《大越史記全書》表"裏"臣當直館之初，得預濡毫之列，倏遭家禍，莫覩成書……效馬史之編年……"，少飛將此解釋為，吳士連效法司馬遷雖遭宮刑但發奮著史的精神，私自撰寫大越歷史。此外，少飛還將這裏的"家禍"理解為黎聖宗對吳士連的忌恨，但在本書"結論"又將其解釋為父親病故（這是陳荊和在一九七七年文裏的解釋），互相矛盾。將吳士連與司馬遷遭遇的類比也顯得有些牽強附會。①

少飛挖掘了新的材料，其分析超出了郭說，糾正了郭文對"茲者伏蒙聖恩，除臣館職"中"除"字的錯誤解釋，認為"除職"意思是授予職位，而非罷黜。這種解釋無疑是正確的。但少飛也沒有將吳士連私撰史書的觀點追溯至陳荊和，也沒有引用其《大越史記全書の撰修と伝本》一文（書稿第四章在討論其他問題時引用此文），說明起碼在這個問題上還沒有刨根問底，在資料挖掘上也沒有一網打盡。需要指出的是，少飛在第七章"《大越史記全書·鴻龐紀·蜀紀》析論"論述吳士連創作《大越史記全書·鴻龐紀·蜀紀》的材料來源與編撰思想時，又一次引用"效馬史之編年"，認為吳士連效仿司馬遷《史記》中的《五帝本紀》，雜糅中越各種神話傳說寫成《鴻龐紀》與《蜀紀》。少飛的這一推論，比起將吳士

---

① 我寫完此段後，看到2021年彭崇超的博士論文《〈大越史記全書〉研究》，第30—32頁，也對少飛吳士連因遭聖宗忌恨而發奮著史的觀點提出異議，並進行了更為翔實的分析，觀點可取。

連的遭到忌恨而發奮修史而與司馬遷類比，顯得更富有說服力。

儘管郭文與葉文分別發表於一九八七和二〇一一年，但國內學者並沒有給與注意，而是仍然沿襲舊說。例如，周佳榮於一九九八年撰文《越南漢文史籍及著名史家》（《當代史學》第一卷第三期）就認為吳士連是受命撰寫《大越史記全書》（周文參考了陳荊和一九七七年文），並且說"聖宗（黎思誠）時因獲罪而被貶十年"（此說沒有證據）。

牛軍凱《〈大越史記全書〉"續編"初探》（《南洋問題研究》二〇一五年第三期，第八十三頁）以及二〇一五年由孫曉主編，牛軍凱、翟金明副主編的標點校勘本四卷本《大越史記全書》（西南師範大學出版社、人民出版社共同發行）都持《大越史記全書》為官修的觀點。後者這樣寫道："後黎朝聖宗洪德年間（一四七〇至一四九七）命史官撰修國史，洪德十年（一四七九），禮部右侍郎兼國子監司業吳士連取前《大越史記》二書，參以野史，輯成《大越史記全書》。"自此，越南官修國史稱《大越史記全書》。得到廣泛利用的"維基百科"也這樣寫道："黎聖宗洪德十年（一四六九年），聖宗皇帝下令吳士連撰修《大越史記全書》。"不過，國內僅有個別學者（如彭崇超）則是通過少飛文章同意《大越史記全書》私撰的性質。①

還有一個小問題系少飛和其他學者都沒有談到的，提出來供參考。少飛認為吳士連的《大越史記全書》的書名系受明初《性理大全書》的影響，不無道理。而宗亮認為《大越史記》仿名《史記》，也有淵源。② 但為學者們所忽視的是，《安南志略》這本書名追根求源，也應該源自中國史學傳統。首先《安南志略》以中國立場和觀點修史，如果是越南人在越南修史就應該是《越志略》，黎崱為了"政治正確"而取名《安南志略》，以"志"名史可能是受陳周普的《越志》影響，而《越志》應該是受了中國史書《三國

---

① 彭崇超：《〈大越史記全書〉研究》，第30頁。
② 宗亮：《中華史學文化圈的形成與意涵詮釋》。

志》等以"志"為名的影響。

少飛注意利用中越以外學者的研究成果，包括法、日、美等等，旁徵博引，材料豐富，值得稱道，但還有開拓擴大的空間。例如，少飛指出：

> 黎、李時期與諸子爭位摻雜在一起的還有立后之事。自丁朝創建，即開創了一個極為不好的制度，即立皇后多人。丁部領立皇后五人，黎桓亦立五位皇后。李公蘊先立皇后六人，再立皇后三人。李太宗立皇后七人。諸王與母后相連接，極易生亂。設立多位皇后在丁、黎、李三朝引起很大的問題，丁部領在世之時，長子丁璉殺太子項郎；黎桓卒後，諸子爭立；李公蘊卒，太子即位，諸王攻至殿前。黎文休曰：
> 
> 天地並其覆載，日月並其照臨，故能生成萬物，發育庶類，亦猶皇后配儷宸極，故能表率宮中，化成天下。自古祇立一人，以主內治而已，未聞有五其名者。先皇無稽古學，而當時群臣又無匡正之者，致使溺私，並立五後。下至黎李二家，亦多效而行之，由先皇始唱其亂階也。

根據沃爾特斯、惠特莫和泰勒的研究，這種風俗習慣實際上源自印度。

少飛大作不足的第二個方面是有關寫作、組織的細節問題。我下面列出來，希望能提高本書的品質。

第一，最大的不足是整部書稿的結構性問題。因為本書主要是以已經發表文章為基礎，雖然經過整合，但各章之間仍然不夠貫通，還存在原來單篇發表留下的"後遺症"，如在前已有專章論述《安南志略》，但在第六章"內閣官板《大越史記全書》的編撰體例"又注釋說："《安南志略》為越南陳朝士人黎崱北居元朝時完成的紀傳體史書，按照中國史書體例編撰，因中國史書在名義上並不承認越南歷代稱帝之事，因此黎崱以記載諸侯的'世家'體例記安南各代之事，並以歷代封贈的'安南國王'名號稱國君。"又如在

第九章"越南後黎朝鄧明謙《詠史詩集》的撰述與思想"的第一條注釋裏說,"本文以 A.440《脫軒詠史詩集》抄本為研究對象……本章皆稱《詠史詩集》",先言"本文",明顯是當年發表的論文裏的內容;後曰"本章",則又是為書稿而修改過的痕跡。前後矛盾,有所不妥。在本章正文裏,少飛又說:"鄧明謙洪德十八年(一四八七)中進士,光紹五年(一五二〇)為《詠史詩集》作序,所依據的《大越史記全書》完成於洪德十年(一四七九),是吳士連未奉詔而作的私家史著。一五二〇年之前,後黎朝又完成了一部官修史書,即洪順三年(一五一一)武瓊撰《大越通鑑通考》。"這些內容,此前曾反復提到、討論過,出現在這裏,略顯重複。第十一章"黎貴惇《大越通史》的史學研究"的＊注釋明顯是文章發表時作的。在同一章中,有這樣的注釋:"黎崱北居元朝,以中國史學方法和思想撰成紀傳體通史《安南志略》二十卷,為元代士人所重,收入《經世大典》。此書長期在中國流傳,近代方回流越南,因此沒有在越南古代史學發展過程中產生影響",這明顯是文章發表時的注釋,而書稿前文已經有專章論述《安南志略》。第十二章首注(標以＊號)也是如此,出現"本文"字樣。第十三章中同樣有"本文"字樣("本文即以 A.11 本論之,亦據此本《越史標案》定名")。前面已經簡單提到過吳士連為何返鄉的問題。少飛書稿第五章說:"吳士連家中發生何種變故,現在已不得而知,但他卻因此去職。"但在本書的"結論"部分,卻說"吳士連因家喪中途離開,歸來之後因不能觀看新史,因此私撰《大越史記全書》十五卷"。很明顯,前後矛盾,必有一錯。有關"家禍",加斯帕東在一九三四年推測是父喪或母喪,[①]而陳荊和在一九七七年(第八頁)推斷,吳氏是因為父喪而臨時還鄉。類似這種矛盾情況還有一些,需要統一處理,這樣才能讓全書通暢無阻,一氣呵成,減少或杜絕讀者閱讀中間可能遇到的障礙,分散注意力。

---

① Emile Gaspardone, "Bibliographie annamite II. Histoire", *Bulletin de l'Ecole française d'Extrême-Orient* 34 (1934): 54.

第二是對有關越南史學發展的背景論述仍嫌不夠，在縱、橫兩方面平衡還可以加強。少飛對各部史籍挖掘深刻、評論精到，這可以稱之為"縱"，而在史學發展的歷史背景與各史籍之間的聯繫方面著力不夠，這可以稱之為"橫"。對這一點，鄧德施安排的就比較好，可以學習效仿。閱讀整篇書稿，我的總體感覺是，在縱的分析方面，少飛是猛超前人，無人企及，但在橫的方面連貫不足，也是美中不足。例如，越南歷史的發展和走向決定了史籍的編撰和誕生，這也就是歷史背景。我稱越南一五五〇年至一六七二年的一百多年為"戰爭世紀"，這對史學發展有何影響？其實，早在一九八七年，基思泰勒就撰文分析景治年間（一六六三至一六七一）以及此後黎嘉宗的在位前四年之間范公著主持編史的重要性及其背後所蘊藏的含義。他認為這是在鄭阮戰爭即將結束、武將被排除在權力圈之外、文臣全面掌權的表現。歸結到他這篇力透紙背文章的主旨，就是十七世紀北越文臣與文治機構的復興。泰勒還特別指出，范公著受鄭氏之託為本朝修史（而且只包括了十三年），有違中國只有後朝為前朝修史的傳統；泰勒的解釋是，越南修史出於現實需要，而不僅僅是考慮中國慣例。①這一精彩論述值得參考。

還有，惠特莫在一九九五年也撰文提及，在驅逐莫朝、中興黎朝的半個世紀中，因為鄭主忙於戰事，無暇顧及修史事宜，直到一六五三年才有與修史有關的活動出現。惠特莫還詳細分析了莫氏修

---

① Keith W. Taylor, "The Literati Revival in Seventeenth-century Vietnam", *Journal of Southeast Asian Studies* 18, 1 (1987): 13 – 14. 泰勒原文如下："The question remains of why a partial history of the Le dynasty was written long before its official end. This was a departure from the Chinese pattern of historiography of which the Vietnamese were ostensible pupils. What appears to be inexplicably unorthodox procedure from the Chinese point of view, however, becomes clear when examined from the Vietnamese perspective. The Vietnamese did not write their history simply because it was something they had learned to do from the Chinese. Likewise, the decision of powerful Vietnamese to have a historical work compiled and published was not dependent upon the example of a Chinese model; rather, it was conditioned by the political situation evolving within Vietnam."

史與越南史學編撰中的"正統"和"中興"這兩個重要概念。①泰勒和惠特莫這兩篇文章都是研究越南史學史不能繞過的重要論述,需要參考。②而鄧德施更是明確指出,從十六世紀初十七世紀末才有大型的史書編撰,原因就是戰火紛飛、連綿不斷的戰爭的影響。對這些對史書編撰有重大影響的事件進行梳理,然後再來討論具體史書的編撰和思想,對讀者理解越南史學發展會有很大幫助。

其實少飛在"總論:越南古代史學與國家歷史的構建"裏的第二段寫道:

> 越南古代史學的產生要晚於自主王朝的建立。丁朝和前黎朝制度粗陋,至李朝和陳朝方逐漸完善。李朝享國二百餘年,很可能有修史機構和史籍,但沒有流傳下來。至一二七二年陳朝黎文休撰成《大越史記》三十卷,應該有相應的前期基礎方能完成如此著作。從黎文休之後,越南古代史學持續發展,至

---

① John K. Whitmore, "Chung-hsing and Cheng-t'ung in Texts of and on Sixteenth-Century Việt Nam", in Keith W. Taylor and John K. Whitmore, eds., *Essays into Vietnamese Pasts* (Ithaca, New York: Southeast Asia Program, Cornell University, 1995), pp. 116 – 136, 特別是130.

② Philippe Langlet, *L'ancienne historiographie d'état au Vietnam* (Paris: EFEO, 2005) 应该重要,对研究《越史通鉴纲目》不可或缺。此外,沃尔特斯的其他有关越南史书的文章也应该参考。Wolters, Oliver, "Assertions of Cultural Well-Being in Fourteenth-Century Vietnam (Part One)", *Journal of Southeast Asian Studies* 10, No. 2 (September 1979): 435 – 450; "Historians and Emperors in Vietnam and China", in *Perceptions of the Past in Southeast Asia*, edited by Anthony Reid and David Marr (Singapore: Heinemann for ASAA Southeast Asia Publications Series, 1979), 69 – 89; "Le Van Huu's Treatment of Ly Than Tong's Reign (1127 – 1137)", in *Southeast Asian History and Historiography*, edited by C. D. Cowan and O. W. Wolters (Ithaca, New York: Cornell University Press, 1976), 203 – 226; "What Else May Ngo Si Lien Mean? A Matter of Distinctions in the Fifteenth Century", in *Sojourners and Settlers: Histories of Southeast Asia and the Chinese*, edited by Anthony Reid (St. Leonards, NSW): Allen & Unwin, 1996), 94 – 114. Keith W. Taylor, "Authority and Legitimacy in Eleventh-Century Vietnam", in *Southeast Asia in the Ninth to Fourteenth Centuries*, edited by David G. Marr and A. C. Milner (Singapore: Institute of Southeast Asian Studies, 1982), 139 – 176 以及蓮田隆志的「正和本『大越史記全書』・NVH本「大越史記本紀続編」条文対照表」,早瀬晋三(編)『不可視の時代の東南アジア史:文献史料読解による脱構築』(平成15—17年度15—17年度科学研究費補助金成果報告書)也可以参考。

西山阮朝《大越史記前編》刊刻，主要以《大越史記》的續編和改編為主，衍生了《大越史記全書》及系列史籍。阮朝新建，迎來了越南古代史學的極盛時期，《欽定越史通鑑綱目》既是阮朝新撰之作，又是對黎文休《大越史記》以來歷代相關史著的總括和改編。應該說從《大越史記》到《欽定越史通鑑綱目》的編撰，體現了越南古代史學發展的主要進程。儘管以中國史學思想為藍本，但越南古代史學自發軔至興盛即體現出自己的特點，塑造歷史起源，確立國家自主思想，構建越南王朝國家歷史。

這一段已經非常簡要地概括了越南史學的發展過程，如果能補充完善，就可以成為一個很好的背景和輪廓，如此可以表裏兼顧，相得益彰，讀者就可以更好地把握越南史學發展的脈絡和演進。

此外，成思佳將黎末吳時仕和吳時任父子以及和阮朝嗣德時編撰《欽定越史通鑑綱目》時史臣對吳士連所編造的越國起源（即涇陽王）提出的懷疑連貫起來，概括為"疑古風潮"，倒是比較貼切。[1] 少飛也討論到這個問題，但強調不夠，連貫不強。思佳的這一形容促使我產生聯想：越南這股"疑古風潮"和清朝的乾嘉考證有無關係？這一問題值得深入探討。

第九章"越南後黎朝鄧明謙《詠史詩集》的撰述與思想"，但內容不夠豐富，略顯單薄（書稿中不足十二頁），應該增加些具體詩文，令讀者領略大概。

還有一些寫作格式方面的細節也可以修改提高，包括重複引用：三次引用黎崱在《安南志略》中記載了"陳普，太王用為左藏，遷翰長，嘗作《越志》"，"黎休，才行具備，為昭明王傅，遷檢法官，修《越志》"；第四章、十二章與十四章都引用明命在一八三八年下

---

[1] 成思佳：《越南古代史家對本國古史的書寫和構建初探》，《史學理論研究》2021年第1期，第96—99頁。

詔收繳黎朝編撰史籍的長篇敕令；第十一與十二章均長篇引用《大越史記本紀續編》一六一九年黎敬宗聯合鄭松之子鄭椿謀劃刺殺鄭松的記載；還有重複引用葉少飛《越南歷代"內帝外臣"政策與雙重國號的演變》(《形象史學研究》二○一五年下半年刊，人民出版社二○一六年版，第一百三十四至一百六十六頁) 這篇文章，也反映了上面提到的各章之間連貫的問題。

國內學者撰寫著作作注時有這樣的規定或習慣，即在引用同一材料時總是接二連三，不知省略，其實也是缺乏科學性：

1《藍山實錄》，阮延年考證，黎文汪譯注，河內：社會科學出版社，二○○六年，第三百七十六頁。

2《藍山實錄》，阮延年考證，黎文汪譯注，河內：社會科學出版社，二○○六年，第三百七十六至三百七十七頁。

從整體來說，通篇公允客觀，但又兩個方面可能會招致不同意見，一是一些地方稱越南為"安南"，例如"另安南自丁朝以後""安南立國之後"等等。"安南"一詞源自中國，越南人較少運用，以改用"越南"為好。二是個別詞句，例如明朝"郡縣安南"與法國"侵略"越南會使人感到對中法的區別對待。

以下是一些非常具體的細節問題：

把 *Mémoires sur l'Annam* 翻譯成《安南回憶錄》，不夠準確；凡是外語材料，例如潘輝黎的《〈大越史記全書〉的作者和文本》(越南語)，建議在譯名之後附上原文，這樣讀者可以知道原著語種名稱。當然，外語原文也要加上聲調 (Nguyen Phuong《越南的誕生》*Viet Nam thoi khai sinh*)；所引古文的個別斷句、標點似有商榷的餘地，有的則應該加上書名號，如范公著記述中興黎朝的史料來源，"又參究登枋野史，及署取當時所獻各遺編，述自國朝莊宗裕皇帝至神宗淵皇帝，增入國史，命曰大越史記本紀續編"；正文中西方人名最好都譯成中文、括弧裏注明原文為好 (例如 Maurice Durand、A. L. Fedorin)；"安南國王陳益稷"只是虛銜，應加引號；黎重慶（Lê Trọng Khánh）應該為"黎仲慶"①；潘玉連和鄧德施的著作都翻譯為《越南史學歷史》，多了一個"歷"字，便顯示出不夠精細。參考書目的排列要科學化、合理化，建議以作者姓氏拼音字母為順序，這樣也方便查找。此外，文章的頁碼也要標明。

我需要聲明一下，我所指出的這些問題大多都是技術層面的細節問題，確確實實是白璧微瑕，微不足道。

總之，少飛這部《越南史學史》是一部佳作、力作，是多年耕耘、用心研究的碩果。少飛憑藉自己研修中國古代史學史的深厚功底，加上對越南史學史的深刻鑽研，得以高屋建瓴，洞察雙方，發人未發，高見迭出，是撰寫這本著作的最佳、不二人選。無論從資料運用還是史學思想分析方面都達到了前所未有的廣度、深度和高度，而這三度在短期內很難有人突破。從這個角度來說，因此，少飛的大作可以說是"大議論，大製作"（黎貴惇語）。少飛這部著作不僅僅是中國學術界研究越南史學史的重要里程碑，而且必定會引起國際學術界的廣泛關注，是各國學者研究越南歷史和史學史的入門書籍、必讀著作。

孫來臣

二〇二三年六月

---

① " Nguyễn Trãi nhà văn học và chính trị thiên tài" hiện đang được trưng bày tại Bảo tàng Văn học Việt Nam. Cuốn sách này là công trình nghiên cứu của tác giả Mai Hanh", Nguyễn Đổng Chi, Lê Trọng Khánh. (Với lời giới thiệu của Trần Huy Liệu), do Nxb Văn Sử Địa- Hà Nội – 1957.；于在照：《越南文學史》（世界圖書出版公司2014年版），第33頁；左榮全：《越南〈大越史記全書〉版本源流述略》，《東南亞研究》2016年5期以及阮俊強、阮青松《越南10世紀到19世紀的漢字六言詩研究》（《中正漢學研究》2017年第1期，第115—146頁）都使用"黎仲慶"。

# 前　　言

越地形如弓，越史係如弦。風雲草木動，雙手擎弓弦。

越南是当今東南亞地區的大國，是東亞世界的重要國家，擁有從紅河三角洲到湄公河三角洲的廣闊地域，形如臥弓。在漫長的歷史發展中，越南以儒家文明為主融合了佛教、道教，以及印度化的占婆文化和東來的歐洲文化，形成了今日多元燦爛的越南文化。其中大越—安南國連綿不斷的史學和修撰的史籍是越南歷史文化的動力源流之一，承載了古代社会政治發展的脈絡和內涵，若擎緊的弓弦在歷史進程中彰顯力量。

從十三世紀的陳朝到十九世紀的阮朝，對《大越史記》的續編和改編是歷代王朝都極為重視的修史大事，由此產生了以《大越史記全書》為主的系列相關史著，是官方史學的代表，私家著述也側身其中，史學思想前後相因損益。史學和史籍由歷史的記錄者，進而影響社會政治思想的發展，歷史事件中史學的影響也無所不在。持續不絕的震顫呼喚我們去尋找那條有張有弛的歷史之弦。本書以越南史學和史籍研究為准的，披覽群書，抉隱顯幽，於越南史學研究有三大貢獻：第一，首次勾勒出從黎文休《大越史記》至阮朝《欽定越史通鑑綱目》之間越南古代史學的發展主線及脈絡；第二，全面呈現了以《大越史記全書》為主的編年體通史和相關史籍的版本、史學特點、影響，以及各類史籍的相互承繼和損益關係；第三，深入探索了越南史學和中國史學的關係，並在具體的史籍專著中予以揭示。此外，本書同時發掘總結出越南古代史學發展與研究的三個特點。

## 一　越南古代史學發展的整体性与连续性

越南古代史學多以漢字撰著，"官修私著，諸體皆備"，發軔於陳朝，盛於黎初和中興黎朝，至阮朝形成高峰，隨後衰落，進入近代轉型期。越南古代著錄的史籍很多，雖然亡佚嚴重，但史學發展整體比較完整，脈絡也還清晰、連續，是越南文化最重要的基礎之一。

陳聖宗紹隆十五年（一二七二）黎文休編撰完成《大越史記》三十卷，記述自趙武帝至李昭皇時期的歷史，這是越南最早見諸載籍的史著。胡宗鷟在黎文休書的基礎上，根據朱熹《資治通鑑綱目》撰成《越史綱目》，後亡佚。又有佚名根據宋末元初曾先之《十八史略》將《大越史記》縮編為《大越史略》三卷，後傳入中國，收入《四庫全書》之中。

一四三一年，黎太祖黎利總結自己生平事業功績，撰成《藍山實錄》傳於子孫。一四三五年，阮廌模仿《尚書·禹貢》撰寫《輿地志》，記載本國山川風物，是越南現存最早的歷史地理專門典籍。一四四五年，黎仁宗命潘孚先撰寫自陳太宗至明朝撤軍時期的歷史，亦名《大越史記》，又稱《史記續編》。一四七九年，史官修撰吳士連在黎文休和潘孚先兩部史籍的基礎上，完成《大越史記全書》十五卷，敘述自上古鴻龐氏至明軍還國的歷史。之後黎文休和潘孚先二書亡佚，幸得《大越史記全書》保留了兩書的部分內容和史論，方可一窺兩位史家的史學思想。一五一一年，史館總裁武瓊根據吳士連《大越史記全書》撰成《大越通鑑通考》二十六卷，後佚失。一五一四年，黎嵩根據武瓊書撰成《越鑑通考總論》，這是越南古代最早的史論著作，體現了後黎朝的官方政治與史學思想。一五二〇年，鄧明謙根據《大越史記全書》的內容撰成《詠史詩集》，在詩下以吳士連撰著的史文做注，別成一體。

一五二七年莫登庸弑殺黎恭皇篡位建立莫朝，莫氏逆取而順守，亦興文教。一五九三年鄭松率領中興黎朝攻滅莫朝，大肆毀棄莫朝典籍文物，但仍有楊文安《烏州近錄》流傳至今。

一六六五年，范公著等奉執政鄭柞之命，參考武瓊《大越通鑑通考》，整理了吳士連的《大越史記全書》，增加了黎太宗至黎恭皇時期的歷史，即後黎朝統一時期的歷史，名《本紀實錄》；自黎莊宗至黎神宗時期史事，即中興黎朝的歷史，名《本紀續編》，總稱《大越史記全書》，共二十三卷。

永治元年（一六七六）春，胡士揚等受命於鄭柞、鄭根父子，修訂黎太祖《藍山實錄》，名《重刊藍山實錄》刻印。同年冬，胡士揚等又受命修撰《大越黎朝帝王中興功業實錄》，刻本亡佚，現僅有抄本傳世。《重刊藍山實錄》和《大越黎朝帝王中興功業實錄》在同一年編撰完成，後者直承前者宗旨，總結了莊宗以來中興黎朝的歷史，對其中涉及的重大政治問題進行闡釋定論，進而影響了之後百年的史書編撰。

一六九七年，黎僖等將黎玄宗和黎嘉宗時期的歷史編為一卷，仍名《本紀續編》，與范公著所著相合，共二十四卷，名《大越史記全書》，並于同年刊刻流布，此即正和本《大越史記全書》，對後世的史學發展產生了巨大的影響。正和本《大越史記全書》之前的越南典籍，《安南志略》和《大越史略》傳入中國，近代才回流越南本土。黎文休和潘孚先兩部《大越史記》、武瓊《大越通鑑通考》皆亡佚，黎嵩《越鑑通考總論》短篇史論與《大越史記全書》合併刻印。《重刊藍山實錄》僅記載黎太祖起兵建國的歷史，《大越黎朝帝王中興功業實錄》則記述中興黎朝歷史，因而《大越史記全書》正和刻本即為記述越南歷代史的主體史籍，成為後世述史的主要依據。

正和本《大越史記全書》述史至一六七五年，之後中興黎朝的史官仍續修史書，但均未刊刻。中興黎朝學者撰著了眾多《大越史記全書》的衍生著作，其中黎貴惇《大越通史》和阮輝瑩《國史纂要》在《大越史記全書》的基礎上增補、刪改，阮儼《越史備覽》

和吳時仕《越史標案》則是史論著作。黎貴惇又重新編撰了莊宗至嘉宗時期的歷史，即《國史續編》八卷，引鄭主入本紀，刻印流傳，現僅存抄本及殘刻本兩卷。

西山朝史館總裁吳時任在《大越史記全書》和乃父吳時仕《越史標案》的基礎上，重新編撰史事，并采入黎文休、吳士連、阮儼、吳時仕四人的史論，撰成《大越史記前編》，於一八〇〇年刻印。

阮朝新建，首先致力於《大南寔錄》的修撰，① 鑒於黎末史書尊鄭的情況，在紹治帝時由集賢院採集諸史撰成一部《大越史記》，儘管首尾完整，但體例不純，前後思想亦不統一。嗣德帝在《大南會典事例》編撰完成之後，下旨修撰《欽定越史通鑑綱目》，以朱熹綱目體為標準，重撰越史，經多次修訂，於建福元年（一八八四）刻印。

阮朝在《大南寔錄》和《欽定越史通鑑綱目》之外，又致力於《欽定大南會典事例》《大南一統志》等典章制度體史書和輿地典籍的編撰，出身史學世家的潘輝注亦撰成《歷朝憲章類志》，此外尚有皇家玉譜、政要等典籍，阮朝君臣的硃批檔案亦非常豐富，越南民間尚有大量的地方志、碑刻和家譜等文獻。這些歷史典籍和文獻是越南古代社會文化的重要組成部分，產生了極為深遠的影響，是越南近現代文化發展的基礎。

自陳朝黎文休編撰《大越史記》之後，續編或對其重撰是官方史學發展的重要內容，最終在中興黎朝形成了《大越史記全書》，並在西山朝重新撰成《大越史記前編》，又促發了阮朝集賢院《大越史記》和《欽定越史通鑑綱目》的編撰，這個過程充分體現了越南古代史學發展的連續性和整體性。

---

① 2017年，宗亮在武漢大學完成博士學位論文《〈大南寔錄〉研究》，是越南古代史學研究領域的力作。

## 二 越南古代史學發展和研究的區域性與传播性

越南古代史學開端已在宋元之際中國史學大成之時，在交融中壯大的越南史學呈現出很強的區域性和傳播性，由法國遠東學院開創的越南古代史學研究在開端之時即是區域研究的典範。越南史學是開放、包容的研究領域，要求大區域、長跨度的精深研究。

### （一）越南古代史學發展

越南史學在中國史學體系中多方採擷，建構了自己的主體。黎文休採"史記"定名《大越史記》，以孔子思想論史，其書卻為編年體通史。吳士連《大越史記全書》效仿司馬光《資治通鑑》，以朱熹思想衡斷越史。黎崱《越鑑通考總論》通論越史，尊朱子綱常之論，又採入張載理學思想。黎貴惇作斷代紀傳體《大越通史》。嗣德帝以"綱目"定名《欽定越史通鑑綱目》，即為"綱目"體史書。

越南古代史學受中國史學影響發展的同時，又有史籍傳入中國，影響中國史學，充分展示了其傳播性。黎崱以陳朝貴族入居元朝，以黎文休《大越史記》為基礎採用中國史學思想，撰成《安南志略》，以世家述大越—安南國歷代帝紀，稱皇為王，其撰著方式影響了清修《四庫全書總目提要》對安南歷史的解釋。此書在晚清由日本人岸吟香在上海排印出版，又回流越南。

《大越史略》為佚名效法曾先之《十八史略》刪削黎文休《大越史記》而來，明初流入中國。四庫館臣以《安南志略》的撰述方式刪去"大"，改名《越史略》，易帝為王。此書後在越南失傳，四庫本回流。一八八四年引田利章翻刻了在河內獲得的國子監本《大越史記全書》，修改阮朝避諱字，流傳世界。

### （二）越南古代史學研究

越南古代史學研究發端於二十世紀初法國遠東學院的史料整理

工作，精通漢字和漢文典籍的各國學者受傳統的目錄學和文獻學影響很大，相互激發，是區域研究和文化傳播的典型。

一九〇四年，法國學者卡迪艾爾（Léopold Cadière）和伯希和（Paul Pelliot）在《有關安南歷史的安南史料初探 Première étude sur les sources annamites de l'histoire d'Annam》中考察了越南典籍的源流及發展過程。① 一九三二年，馮承鈞將此文譯為漢語，名《安南書錄》。② 一九三四年，加斯帕東（Emile Gaspardone）出版了《安南書目（Bibliographie Annamite）》，敘述越南歷代典籍的演變，並詳細介紹了作品與作者的情況，並考證越南典籍與中國典籍的相互關係。③ 一九三六年，受法國學者影響，陳文珝（Trần Văn Giáp）將阮朝學者潘輝注的《歷朝憲章類志·書籍志》譯為法語發表，"Les Chapitres bibliographiques de Phan Huy Chú"。④ 此文後由我國學者黃軼球譯為中文，以《越南典籍考》為名發表。⑤ 一九五九年，黃克用（Huỳnh Khắc Dụng）在《越南史料》中詳細全面介紹了越南歷代王朝的史籍，其研究方法來自法國學者，但此書以越文撰寫，因而在越南國內產生了很大的影響。⑥

一九七〇年，陳文珝出版了《對漢喃書庫的考察——越南文史資料的源流》第一集，該書是越南古典文獻學和歷史文獻學研究的集大成之作，詳細考察越南歷史上的重要文史典籍。陳文珝在書中考察了黎文休與《大越史記》，潘孚先與《史記續編》的相互關係，

---

① ［法］Cadière Léopold, Pelliot Paul, "Première étude sur les sources annamites de l'histoire d'Annam", *Bulletin de l'Ecole françaised'Extrême－Orient*. Tome 4, 1904.

② 馮承鈞：《安南書錄》，《國立北平圖書館館刊》第 6 卷，1932 年。

③ 《有關安南歷史的安南史料初探》和《安南書目》作者和書名的漢文譯名筆者直接引用牛軍凱教授《〈大越史記全書〉"續編"初探》，《南洋問題研究》2015 年第 3 期，第 89 頁。

④ ［越南］陳文珝（Trần Văn Giáp），"Les Chapitres bibliographiques de Phan Huy Chú", *BSEI*. VII, 1936, tập 1.

⑤ ［越南］陳文珝著，黃軼球譯：《越南典籍考》，《文風學報》1949 年 7 月第四、五期合刊。

⑥ ［越南］Huyền Khắc Dụng (chủ biên), *Sử liệu Việt Nam*, Nhà Văn hóa Bộ quốc gia giáo dục xuất bản, năm 1959.

確認吳士連《大越史記全書》為十五卷，最後的《大越史記全書》刻本則為二十四卷，並介紹了與《大越史記全書》有關的史家及作品。① 二〇〇八年，劉玉珺出版了《越南漢喃古籍的文獻學研究》，此書以古典文獻學方法研究越南文史典籍，影響極大，介紹了《大越史記前編》等越南典籍在中國的流傳情況。② 文獻學研究的發展對越南史學研究產生了巨大的推動作用。③

關於越南古代史學的總體研究，一九九二年，潘玉連（Phan ngọc Liên）主編出版了《越南史學歷史（初草）（*Lịch sử sử học Việt Nam, Sơ thảo*）》，該書將越南史學分為三個階段，首先是自十一世紀至十九世紀的越南史学，包括封建時期越南史学的形成、發展与衰亡；第二阶段是一八五八年至一九四五年的越南史学；第三阶段是一九四五年至当時的越南史学。此書的古代部分基本是羅列介紹了相關的史籍，並未深入探討史學內涵及史學思想。作者稱其為初稿，其內容也相對簡略，但確是名副其實的越南史學史著作。④ 潘玉連之

---

① ［越南］陈文玾 Trần Văn Giáp, *Tìm hiểu kho sách Hán Nôm-Nguồn tư liệu văn học sử học Việt Nam tập 1,* Nhà xuất bản Văn Hóa, năm 1970 in lần thứ 1, năm 1984 in lần thứ 2, tr. 35 – 39, 69 – 73, 73 – 84.

② 劉玉珺：《越南漢喃古籍的文獻學研究》，中華書局 2008 年版，第 8—13、45 頁。

③ 文獻學研究之外，各國學者尚編撰了一類文獻簡目，如松本信廣《河內佛國極東學院所藏安南本書目同追記》（《史學》第 13 卷，第 14 號，1932 年）、山本達郎《河內佛國極東學院所藏 字喃本及び安南版漢籍書目》（《史學》第 16 卷，第 17 號，1938 年）。"佛國極東學院" 即法國設在河內的遠東學院，又稱 "遠東博古學院"。遠東學院在 20 世紀 50 年代結束了在越南的工作，資料移交給越南國家圖書館。1970 年，越南漢喃委員會成立，越南國家圖書館將遠東學院的文獻資料及之後接收的文廟、龍崗書院的文獻，以及搜集的相關漢喃資料，移交給漢喃委員會。1979 年，漢喃委員會改組為漢喃研究院，先在李常傑路，後遷至鄧進東路至今。1993 年，陳義（Trần Nghĩa）和 Francois Gros 編撰了《越南漢喃遺產書目提要 *Di sản Hán Nôm Việt Nam thư mục đề yếu*》，以經史子集分類，對漢喃研究院所藏文獻編制提要，以法越文出版。2000 年，陳義與王小盾和劉春銀合作，將此書轉為漢語，名《越南漢喃文獻目錄提要》出版。2002 年陳義又出版法越文本的《漢喃遺產書目提要補遺 *Di sản Hán Nôm Thư mục đề yếu- Bổ di*》收入漢喃研究院保存的神敕、鄉約等文獻，2004 年由劉春銀、林慶彰、陳義主編譯為漢文出版。學者亦借此得以瞭解漢喃研究院收藏的越南古代史籍及眾多文獻的情況。劉玉珺也在著作中介紹了學者關於越南漢喃書目的編制情況。這類簡目多介紹典籍的基本資訊，與文獻學研究著作有較大的差別。

④ 筆者見到了 1995 年河內師範大學出版的第二次印刷修訂本。

書後以《越南史學歷史（Lịch sử sử học Việt Nam）》為名仍由河內師範大學出版社出版，作為教材使用。① 此書以史籍為綱簡要介紹了越南三個階段的史學發展，對1945年以來史學發展介紹較為詳細，補充了華鵬、潘輝黎、文新等研究者的部分論著作為參考資料。

二〇〇〇年鄧德施（Đặng Đức Thi）出版了《越南史學歷史——從十一世紀至十九世紀（Lịch sử sử học Việt Nam- Từ thế kỷ XI giữa thế kỷ XIX）》，他首先回顧了越南史學研究的發展，一九九一年順化師範大學的范鴻越（Phạm Hồng Việt）和黎氏紅圈（Lê Thị Hồng Khuyên）刊印的內部資料《越南史學歷史初草（Sở thảo lịch sử sử học Việt Nam）》以教材的形式完整呈現了越南古代史學的發展歷程。② 接著就是潘玉連的著作。鄧德施肯定這是兩部有系統的越南史學史研究著作。

鄧德施的著作分為兩個部分，第一部分全面介紹了越南史學發展及史學研究的進程，以越南歷代史籍和史家為研究對象，展示了越南史學的形成和發展過程，在官修史籍之外，還介紹了大量的歷代私人著史、地方志以及喃字撰寫的演歌作品和演史小說，最後肯定越南史學擁有國史編撰的傳統，多種編撰體例和體裁，其中以編年史居多，在思想上展示了越南民族和儒教的關係，充滿了愛國主義精神。總論部分力求全面，但對史籍之間的關聯和史學思想的繼承損益考察不足。第二部分是專論，考證研究黎文休、黎崱、胡宗鷟、阮廌、潘孚先、吳士連、黎嵩、范公著、黎貴惇、吳時仕等的史著與史學，以及明命帝對修史的貢獻，並考察了十世紀至十九世紀越南史籍的刻印與收藏情況。專論部分的內容相對獨立，作者就書論書，並未理解"史略"與"綱目"分別來自《十八史略》和《資治通鑑綱目》，非無源之水。雖然指出了黎嵩《越鑑通考總論》獨特的史學價值，並未將其列為單獨的史論著作，對黎嵩的理學思想特徵亦未探討。又將內閣官板《大越史記全書》中的陳朝史事等同於佚失的潘孚先《史記續編》恐未妥當，且未涉及越南官修編年

---

① 筆者見到了2003年河內師範大學出版的版本。
② 此書為內部發行，筆者未曾見到。

體通史的殿軍之作《欽定越史通鑑綱目》。儘管如此，鄧德施基本呈現了越南古代史學形成和發展的歷程和面貌，是越南史學研究最重要的著作之一。①

關於越南古代單一史籍和史學的研究碩果累累，現代學術意義上最早的越南史籍和史學研究當推宋嘉銘（Camille Sainson，1868—1954）的《安南志略》法譯本，此本據一八八四年岸吟香排印本譯出，一八九六年以《安南回憶錄》（Mémoires sur l'Annam）之名出版，② 前有考證之文，編有名詞索引及歷史、地理詞彙表。③ 一九〇〇年，《安南回憶錄》獲得儒蓮獎（Prix Stanislas Julien）。一九四一年，在松本信廣的主持下，日本印度支那研究會影印了高春育主編的成泰本《大南一統志》。④ 一九四三年，日本東洋文庫出版《同慶御覽地輿志圖》上下兩册，山本達郎撰寫了《安南の地志に就いて——〈同慶地輿志〉解説》。之後陳荆和對越南史籍整理投入巨大的心血，先後校訂了《安南志略》《大越史記全書》及《大越史略》，並整理出版了《阮朝朱本目錄》（第一集"嘉隆"，第二集"明命"）。⑤ 越南學界則在陳輝燎等學者的組織下，從事古代史籍

---

① 鄧德施（Đặng Đức Thi），《越南史學歷史——從十一世紀至十九世紀（Lịch sử sử học Việt Nam- Từ thế kỷ XI giữa thế kỷ XIX）》，青年出版社（Nhà xuất bản Trẻ），2000年。2015年陳金鼎（Trần Kim Đinh）主編《越南史學歷史的一些問題（Một số vấn đề lịch sử sử học Việt Nam）》，由河内國家大學出版社（Nhà xuất bản Đạihọc Quốc gia Hà Nội）刊行，呈現學界的學術觀點，是面向學生的一部參考書。

② Camille Auguste Jean Sainson, *Ngann Nann Tche Luo*, *Mémoires sur l'Annam*, Péking: Impr. des hazaristes au Pé–T'ang, 1896.

③ Paul Pelliot, L. Cadière, "Première étude sur les sources annamites de l'histoire d'Annam", *Bulletin de l'École française d'Extrême–Orient*, Vol. 5 (1904), p. 625.

④ 松本信廣的行爲可能是受加斯帕東的影響。1932年加斯帕東以法語研究整理了《安南志原》（E. Gaspardone, *Ngan–Nan Tche Yuan*, *Texte chinois édité et publié sous la direction de Léonard Aurousseau*, Hanoi: Imprimeried' Extrême–Orient, 1932），此書爲清代思明府教授高熊徵輯，流傳越南，黎貴惇及阮朝官修《欽定越史通鑑綱目》多次引用，故引起法國學者鄂盧梭注意，進行版本校勘。1929年鄂盧梭去世後，加斯帕東完成了其未竟的工作。見曾鳴《越南河内本〈安南志原〉研究》，廣西師範大學2020年碩士論文。

⑤ 葉少飛：《陳荆和教授越南史研究述評》，《海洋史研究》第13集，社會科學文獻出版社2019年版，第258—290頁。

的拉丁國語字翻譯、注釋及研究等工作，至二十世紀末，所有重要的古代史籍已經整理翻譯完畢，是越南當代社會發展的文化基礎之一。① 學術界薪火相傳、連綿不絕的整理和研究成果是本書得以深入研究的重要學術保障。

越南古代史學與中國古代史學關係密切。② 朱雲影論"中國史學對日韓越的影響"，其論詳於日韓而略於越南。③ 陳文在《越南科舉制度研究》一書中設"科舉與漢文史學的發展"一節，通過漢字原書和目錄著作從中國史在越南的流傳、越南史學成就、中國史學對越南史學的影響三個方面簡要論述了中越史學交流及越南史學的特徵，直陳其事，限於研究題材，史籍考證、史學思想發展、中越史學比較不在作者討論範圍之內。④

時過境遷，越南史學的幾部代表史籍都有新的研究進展，《安南志略》在陳荊和順化大學校本之後又有武尚清中華書局校注本，《大越史略》則在北京師範大學圖書館發現了四庫館臣刪改之前的抄本，《藍山實錄》在清化發現了原本即黎察祠堂抄本，《大越史記全書》在慶應義塾大學斯道文庫發現了加斯帕東舊藏另外兩部內閣官板刻本，越南古代史學研究迫切需要結合新材料挖掘前輩學者未曾使用的文獻進行新的研究，呈現最新研究狀態，其區域性和傳播性必然展現出新的高度和深度。

---

① 葉少飛：《二十世紀越南漢文史籍拉丁國語字翻譯研究》，載《東亞的變遷與周邊世界》，社會科學文獻出版社 2020 年版，第 305—334 頁。

② 參看宗亮《中華史學文化圈的形成與意涵詮釋》，載《湖北大學學報》2022 年第 3 期，第 3—17 頁。

③ 朱雲影《中國文化對日韓越的影響》，第一編"學術"，"中國史學對日韓越的影響"，台北：黎明文化事業公司 1981 年版，第 1—28 頁。之後李未醉《中越文化交流論》的"古代中越史學交流"論及朱熹史學思想的傳入，"近代中越史學交流"則選擇《欽定越史通鑑綱目》進行分析（光明日報出版社 2008 年版，第 51—58、161—165 頁）。

④ 陳文：《越南科舉制度研究》，商務印書館 2015 年版，第 461—477 頁。

## 三　越南古代史學的政治性与社会性

　　史學與政治相互促進發展，進而影響社會思想和行為，越南史學於此犹為明顯，國家意識、社會網略、信仰群體、人物家族皆參與其中，史學弓弦撥動，震顫不絕。越南歷史文化的發展和塑造也因而更加多元、複雜，期待我們探隱尋秘。

### （一）政治性

　　越南自九六八年自主建國以後，以傳承自先秦兩漢的政治思想建國，吸收同時期中原王朝的政治文化和思想，以"大越"和"安南"雙重國號實行"內帝外王"政策，進入中華天子為中心的朝貢體系，成為中央王朝的藩國，是漢文化圈的重要國家。同時建立以"大越皇帝"為中心的朝貢體系，建立自己的區域國家秩序。越南歷代王朝在建構政治體制的同時，又積極修史，吸收中國史學思想和史書體裁體例，記錄本國歷史，並重塑越南自主建國前上古時期到漢唐郡縣時期交州地區的歷史。越南歷代史家對來自中國的史學思想進行了充分的利用和發展，編撰了大量的歷史典籍，以此展現了本國的政治和思想，是越南古代歷史、國家發展、對外關係的直接載體，史學思想與政治思想共同發展、互相作用，塑造、呈現了越南社會歷史和文化的基本形態。

　　黎文休撰成《大越史記》，以南越武帝趙佗為國統之始，即預示陳太宗不會接受元世祖提出的入覲大都的要求。胡士揚《大越黎朝帝王中興功業實錄》以總結歷史的形式對黎朝的政治問題進行定論，確立了"黎鄭一體""尊扶"黎氏的政治思想，表明鄭氏不會廢黎自立，繼而影響了後來的史學編撰。黎貴惇作《大越史記本紀續編》即潘輝註記載的《國史續編》八卷，以鄭主入本紀，即是對黎皇鄭主體制在史學上的因應和創造。阮朝帝王鑒於黎末史籍尊鄭貶阮的情況，下令重新撰著史籍。越南古代史學的政治性不但體現在對前史的總結上，也充分展現在對當下政治問題的解釋和論斷之中。

## （二）社會性

越南古代史學在突出的政治性之外，又有豐富的社會性。吳士連采《嶺南摭怪》中的神怪故事撰成《大越史記全書》的第一卷《鴻龐紀》和《蜀紀》，為越地創造了悠遠的文明和歷史起源。富壽省的雄王山（Đền Hồng）和北寧省的古螺城（Cổ Loa）亦因史籍之述，神聖地位得到了加持。[①] 民間號稱"四不死"的傘圓山聖、扶董天王、褚童子、柳杏公主，除了公主之外，其他三位皆見於《大越史記全書》，史載神聖，斯土地靈。史籍轉而影響社會信仰的發展。

越南古代科舉興盛，儒臣以修史為志業，產生了史學世家。黎末吳時仕作《越史標案》，其子吳時任總裁修撰《大越史記前編》，外孫潘輝益撰《歷朝憲章類志》，吳氏家族又撰有海陽省地方志《海東志略》，此即著名的青威吳氏，稱"吳家文派"。

此外吳時仕的同僚阮儼撰《越史備覽》，其姻親阮輝侸撰《國史纂要》。黎貴惇撰《大越通史》《國史續編》，其弟子裴輝璧作地志《乂安記》。阮通校閱《欽定越史通鑑綱目》，據此撰成《越史通鑑考略》，特令女兒阿珊校。

史籍記述史事，臧否人物，寓一字之褒貶。黎僖本《大越史記全書》撰成，鄧氏家譜對黎僖改鄧訓"降莫"為"歸莫"爆發了巨大的不滿，認為史臣記載鄧訓卒年錯誤，又對鄧訓之孫鄧世科有大功而不見於史產生疑問。

在考察越南歷史事件政治性的同時，我們還要發掘其史學根源，完善對其社會性的考察，讓今人的認知更加全面、深入，探索越南歷史的本質、核心與發展動力。[②]

---

[①] 參看徐方宇《越南雄王信仰研究》，世界圖書出版公司2014年版。

[②] 八尾隆生《藍山蜂起と『藍山實錄』編纂の系譜——早咲きヴェトナム「民族主義」》（《歷史學研究》第798號，2004年，第42—57頁）以《藍山實錄》為中心探討黎初統治秩序及政治思想；蓮田隆志《「華麗なる一族」のつくりかた——近世ベトナムにおける族結合形成の一形態》（環東アジア地域の歷史と「情報」，知泉書館，2014年3月，第27－57頁）則以鄧訓家族的家譜為主體文獻探討越南近世大家族的形成、發展與政治作用。

## 四 本書內容簡介

　　作为儒教文化圈國家，越南古代史學深受中國史學影響，是東亞史學一脈，本書細緻辨析了越南史籍和史學與中國史籍和史學的關係，呈現了東亞世界思想的共通性，亦因此體現了越南文化發展的自主性與差異性。本書以越南古代史籍和史家研究為主，充分採納諸國學者的研究成果及整理研究的史籍文獻，發掘漢喃研究院等公藏機構的資料，勾勒從黎文休《大越史記》至阮朝《欽定越史通鑑綱目》之間的發展主線，既有對已有問題的重新辨析，亦有對新材料的考證研究，考察史家編撰的社會歷史，探究史家和史籍思想的繼承與損益，呈現越南史學發展的延續性和一致性，最後總結越南古代史學與國家發展之間的關係和作用。本書研究範圍為越南古代以漢字記錄的的史籍和其他典籍，不涉及現在越南地域上古占婆王國以梵文和占婆語形成的文獻。本書各章摘要略陳於下：

　　第一章　典籍所見黎文休《大越史記》的編撰与史學思想

　　黎文休編撰的《大越史記》三十卷是越南古代史學的發軔之作，重要性不言而喻，但其書在後世亡佚，部分內容和史論被吳士連採入《大越史記全書》之中。本章探討典籍所見黎文休的史學思想，首先，他以南越國為國統之首；第二，以孔子思想衡斷越史；第三，以"黎文休曰"的形式創設史學評論。黎文休的開創之功影響深遠，其史學編撰方法和思想多為後世所繼承。

　　第二章　黎崱《安南志略》的編撰與思想

　　忽必烈征安南，黎崱隨陳朝宗室陳鍵降元，陳鍵死於道，黎崱後追隨元朝所封的安南國王陳益稷，終老於漢陽，其間撰《安南志略》，此書先入元《經世大典》，後收入《四庫全書》，錢大昕、黃丕烈先後校勘，晚清日本岸吟香取黃丕烈校本排印流傳海內外，此即樂善堂本。一九六一年，陳荊和在順化大學取樂善堂本及多種藏本重新校勘，即校合本《安南志略》。一九九五年，武尚清在沒有見到陳荊和校本的情況下，以（台北）商務印書館文淵閣本和樂善堂本為底本，出版了一部校註本《安南志略》。陳、武二本各有所長，二人對此書的編撰體裁、體例和史學思想皆有精彩論述。本章發掘隱義，指出《安南志略》實為黎崱和陳益稷因為元修《一統志》而作，後者修成而前者未畢，黎崱多方奔走，投遞書稿，《安南志略》終被列入《經世大典》。進而指出，黎崱以降臣為故國撰史，《安南志略》繼承黎文休《大越史記》的結構和內容，以中國史學思想編撰安南史，刪安南歷代帝"紀"為"世家"，雖然符合元朝的政治要求，卻與安南史的真實情形和史學思想有別。岸吟香、陳荊和、武尚清皆未見到現藏於台北"國家"圖書館的錢大昕校本，新的《安南志略》校註本期待有緣人投入心力。

第三章 陳朝《大越史略》的編撰與內容

《大越史略》是越南古代史學謎團最多的史籍。此書成於陳朝末年，作者佚名，後傳入明朝，收入《文淵閣書目》，又收入《四庫全書》，四庫館臣刪"大越"為"越"，效法《安南志略》稱"皇""帝"為"王"，改書名為《越史略》，內容刪改亦多，學者所見多為此本。學界推測《大越史略》當為陳周普的《越志》或胡宗鷟的《越史綱目》。一九八六年，陳荊和再鼓餘勇，在諸種傳本的基礎上盡量恢復了四庫館臣的刪削內容，即校合本《大越史略》。二〇一七年，成思佳發現北京師範大學藏抄本《大越史略》與四庫本《越史略》及其衍生諸本差異很大，原為曹寅藏書，四庫館臣所改歷代王朝帝號等皆未變更，此抄本當是未經四庫館臣刪改過的版本。本章從史學研究入手，考證"史略"體裁，《大越史略》當為越史家學習宋末元初曾先之《十八史略》，將黎文休《大越史略》刪為簡潔的三卷，用以教習越史，很大可能是與《十八史略》相同性質的一部童蒙史籍。因其童蒙書籍的特徵，《大越史略》難入後世史家法眼，這也是此書在本國失傳的一個原因。胡宗鷟的《越史綱目》顯然是效法朱熹《資治通鑑綱目》刪削黎文休《大越史記》而作的一部綱目體越史著作。陳周普則是黎文休同時代人，也不會是《大越史略》的作者。本章儘管並未探明《大越史略》的作者，但否定了陳周普和胡宗鶯，辨析了"史略"體裁，將此書的研究推進了一步。而新的《大越史略》校註本亦呼之欲出。

第四章　《大越史記全書》的成書、雕印與版本

黎文休、潘孚先、吳士連編撰的史書皆未刻印，一六六五年范公著編成《大越史記全書》二十三卷，序中言"鋟梓頒行"。一六九七年，黎僖在范公著書基礎上再增加一卷，卻言范公著書"付諸刊刻十纔五六，第事未告竣"，現在自己刊刻《大越史記全書》二十四卷，此即學界所稱之正和原本。現存最早的《大越史記全書》刻本為戴密微舊藏內閣官板，潘輝黎認定此即正和原本，陳荊和與越南社會科學委員會關於內閣官板的會議皆認定並非正和原本。陳荊和以此為底本出版了校合本《大越史記全書》，越南社會科學出版社影印了內閣官板，並譯為越語。內閣官板是影響最大的《大越史記全書》刊本。本章深入探討內閣官板的凡例，可以確定內閣官板與黎僖最初確立的全書分卷不同，因而肯定內閣官板並非黎僖正和原本。分析內閣官板的內容、版心、版式之後，本章認為戴密微藏內閣官板實為兩個不同的刻版或刊本組合而成。通過成書於一七六三年的鄧廷瓊編撰《鄧家譜記續編》的引用情況，本章肯定內閣官板成於此年之前。通過對漢喃研究院所藏及各種傳世版本的比較，本章發現內閣官板成書之後，又被其中一個版本的刻工重新刻印，漢喃院藏 Vhv. 2330－2336 殘本即此新雕版的印本。此版至阮朝尚存，因科舉考試需要，嗣德年間更換封面，刪挖避諱字，成為國子監藏本。明治時期引田利章至河內，阮有度贈其國子監本《大越史記全書》，引田回國後，於一八八四年將其翻刻，這是《大越史記全書》首次在越南以外的國家和地區流傳，影響巨大。

日本慶應義塾大學斯道文庫藏兩部法國學者加斯帕東舊藏內閣官板刻本，但均不完整，筆者比較後認為其與戴密微藏本一致，屬於不同版式的印本，如此即有三部內閣官板印本發現，這也期待新的《大越史記全書》校註工作的開展。

第五章　吳士連《大越史記全書》十五卷的編撰與思想

後黎朝史官吳士連是《大越史記全書》成書過程中最關鍵的人

物，一四七九年，他在黎文休和潘孚先兩部《大越史記》的基礎上撰成編年體通史《大越史記全書》十五卷，記述了越地自上古傳說時期的鴻龐氏至黎太祖初年的歷史。越南学者阮方明确此書學習司馬光《資治通鑒》的體裁和體例。本章肯定吳士連效法司馬遷發憤著書，他明確了越地的國統起源與正統的延續，越地與中原王朝"各帝一方"，成為兄弟之國。吳士連繼承了黎文休的史論傳統，以孔子春秋大義以及朱熹的綱常之道論史，形成豐富全面的史論體系，也是朱熹史學思想在越南史學中第一次運用。

第六章　內閣官板《大越史記全書》的編撰體例

自一二七二年黎文休撰成《大越史記》至一六九七年黎僖刻印正和原本《大越史記全書》，再至內閣官板成書，時間延續近五百年，不同時代的多位史家的史著和史學思想融為一體呈現在一部書中，其增修和繼承關係充分反映了越南史學發展的延續性和創造性。阮方已肯定吳士連在編撰方法和文獻來源方面學習司馬光《資治通鑑》，本章進一步探索，吳士連學習司馬光修史團隊的計劃，以"紀"將數千年的史事塑造為連續的整體，學習劉恕《資治通鑑外紀》設"外紀"，效法司馬光"資治通鑑後紀"的計劃撰成黎初三帝"本紀實錄"，以一人之力於越史完成司馬光的修史計劃。本章肯定范公著依據武瓊《大越通鑑通考》將吳士連"本紀"開端由吳權移至丁部領，以呈現"大一統"思想，並將吳士連書的撰史下限從明軍還國後延至黎太祖治政之時。黎僖繼承范公著撰史及思想，續編一卷。儘管范公著、黎僖所編原本已經不見，但從內閣官板的編撰體裁和體例仍可看出越南史家對前代史籍的繼承和損益。

第七章　《大越史記全書·鴻龐紀·蜀紀》析論

內閣官板雖然後出，但仍保持了吳士連、范公著、黎僖史著的大部分面貌。吳士連在《大越史記全書》創設了第一卷《鴻龐紀》和《蜀紀》，位列內閣官板卷首，他將越地歷史提升至傳說中的鴻龐氏時代，這兩部分的內容來自於越南神怪故事集集《嶺南摭怪》。戴可來、于向東、阮方、黎明楷、基斯·泰勒、謝志大長等当代學者曾就《鴻龐紀》創設傳統、構造世系、文化來源、文獻出處、人群主體等進行多方面探討。本章從史學編撰出發，確定《鴻龐紀》和《蜀紀》是吳士連學習司馬遷《史記·五帝本紀》的編撰方法，為越地創設了悠久的國統和歷史起源，體現了越地文明之興，其觀點多為後世史家所繼承。

第八章　黎嵩《越鑑通考總論》的史論與史學

黎嵩《越鑑通考總論》是越南古代第一部史論著作，刻印於內閣官板《大越史記全書》正文之前，有很大的影響。一五一一年，史館總裁武瓊將吳士連《大越史記全書》十五卷改編為《大越通鑑通考》二十六卷，一五一四年，黎嵩據武瓊書撰成《越鑑通考總論》。黎嵩延續了武瓊以丁部領為大一統的觀念，斥黜吳士連以黎桓為紀，繼承潘孚先以胡朝為閏朔的觀點。他以朱熹綱常之道衡斷越史，抨擊佛教，接受並運用張載理學思想。黎嵩及《越鑑通考總論》展示了儒家史學思想在國家歷史和政治生活中的作用和地位，是越南古代史論走向成熟的標誌。

第九章　鄧明謙《詠史詩集》的撰述與思想

一五二〇年，鄧明謙根據唐代胡曾《詠史詩》和明代錢子義《續詠史詩》，以吳士連《大越史記全書》為基礎，創作了吟詠越南歷史的系列詠史詩，并以史文作注，即成《詠史詩集》。本章肯定鄧明謙編撰此書既是課讀子弟的教材，又以史學著作期許。《詠史詩集》是中國詠史詩著作傳至越南之後，越南學者進行的自我創作，具有胡曾、錢子義著作不具有的史學思想和特征，是中國史學和文學在域外的發展成果。從《詠史詩集》的註文中亦可窺見吳士連書的原始面貌。阮朝嗣德帝君臣的《御製越史總詠》即受到了鄧明謙《詠史詩集》的全面影響。

第十章　《重刊藍山實錄》與《大越黎朝帝王中興功業實錄》的政治史观

一四三一年，黎太祖總結自己一生功業，與阮廌共同撰成《藍山實錄》，並作御製序，全書以"朕"敘事，注以史事，插入整篇文章，又以詩總結功績。儘管內容充實，編寫方式別出心裁，但因體裁不純而略顯混雜。此書並未刊刻，藏於宮廷，亦賞賜功臣，黎察祠堂本即由此而來。原本因密藏之故，影響有限。一六七六年，輔政鄭柞以"舊本雖有抄記，間猶錯簡，未易盡曉"，命胡士揚等人重修，整齊體例，敘述流暢，加入了鄭王的政治意圖，名《重刊藍山實錄》，刊刻流傳。同年胡士揚領銜受命編撰《大越黎朝帝王中興功業實錄》，本章揭示該書對黎氏帝王、莫氏篡逆、鄭氏輔政、阮氏割據四大政治問題均做出解釋和裁定，得到鄭柞、鄭根父子的認可，確定了鄭王尊扶黎氏、中興黎朝的大功，展現了黎鄭一家、聖帝明王的政治模式，同時理清了鄭王與阮潢、阮淦的關係，保持了阮氏父子的勳戚地位，又將其與後世子孫阮福瀕的對抗逆反行為做了切割。《大越黎朝帝王中興功業實錄》的刊布，體現出書中雖有"鄭家"之稱，但鄭王輔政、尊扶黎氏的政治形式不會改變，也預示鄭氏不會廢黎自立。此書確立的政治原則為中興黎朝後繼史家所繼承，亦因尊鄭之故，此書被阮朝毀版，僅有抄本流傳。

第十一章 黎貴惇《大越通史》的史學研究

黎貴惇是越南古代最重要的儒家學者之一，著述等身，影響深遠。他在青年時期撰著的斷代紀傳體史書《大越通史》，在以編年體為主的越南史學中獨樹一幟。此書尊崇黎氏帝王，貶斥莫氏篡逆。黎貴惇中進士之後得到鄭楹和鄭森重用，尊崇鄭氏，《大越通史》充分展現了鄭氏扶黎滅莫的功績。但黎氏去世後，弟子裴輝璧未將《大越通史》列入恩師著述之中。《大越通史》在黎氏生前未編撰完成，身故之後又有散佚，僅有抄本傳世。黎貴惇在序中對"編年""紀傳"二體的演變流傳作了清晰的描述和認知，對朱子思想有深刻的理解和運用，諸傳之序體現了黎貴惇對史法和史體的認知，"作史要旨"採集十一位中國史家的觀點言辭，展示了對中國史學思想的選擇、吸收和運用。黎貴惇長於敘史，短於史論，於"后妃""帝系"之論多書生之見，於黎、莫、鄭的天命問題及明越交涉的華夷問題或有隱衷，未曾深入分析。儘管《大越通史》不完整，但其作為越南古代唯一一部紀傳體史書，在越南古代史學發展中擁有重要地位，也是東亞史學交流的傑作。

第十二章　內閣官板《大越史記全書》與《大越史記本紀續編》

河內的社會科學出版社影印內閣官板《大越史記全書》後附一部題名《大越史記本紀續編》的刻本兩卷殘本，二書最大的區別在於前者黎皇獨尊，後者在尊黎的同時，又將鄭王列入帝紀，設置論讚，一如黎皇紀，這是中興黎朝史臣對黎皇鄭主體制在史學上的創新。吳世隆認為此殘本即范公著刻本，蓮田隆志確定此殘本與漢喃研究院藏《大越史記續編》（藏號 A.4）抄本同出一源，應是內閣官板增補而來。俄羅斯學者安德烈·利沃維奇·費多林（A. L. Fedorin）則根據潘輝註《歷朝憲章類志·藝文志》認定此即黎貴惇所撰《國史續編》八卷。本章確定《大越史記本紀續編》是改編內閣官板黎朝史事而來，記載了大量鄭王征戰之事，考證此書與黎貴惇《大越通史》有很強的因襲關係，應該就是黎貴惇所撰《國史續編》。本章肯定黎貴惇以鄭王入紀的方式解決了史書格式和敘述的問題，滿足了鄭主輔政的政治需求，亦創造了新的敘史體例，將越南史學推向了一個新的高度。因強烈的尊鄭傾向，此書在阮朝遭到禁毀，僅有刻本殘卷和抄本流傳。

第十三章　《大越史記全書》的評論與改編：從《越史標案》到《大越史記前編》

一六九七年，《大越史記全書》的編撰完成與刻印，意味著中興黎朝官方史學體系的確立，官員學者繼而對其改編、評論，產生了系列史學著作，黎貴惇作《國史續編》，阮儼作《越史備覽》，阮輝瑩刪成《國史纂要》供教學之用。吳時仕《越史標案》發覆最多，對越南的國家起源、自主王朝的歷史以及與中國的關係重新評論，體現了"我越"的文化主體性，對《大越史記全書》原有的史論觀點產生了很大的衝擊。之後其子吳時任為西山阮朝國史總裁，以《大越史記全書》為敘史主幹，以家藏《越史標案》為史論主體，又綜合採入黎文休、吳士連、阮儼的史論，於一八〇〇年編成並刻印《大越史記前編》，吳時仕和阮儼的私家史學遂得居官修之列。《大越史記前編》是《大越史記全書》之後，西山阮朝以官方力量整合既有的越史著作，重塑越南歷史文化的重要舉措，在越南史學發展中具有重大意義和價值。關於《大越史記全書》的評論和改編，體現了越南古代史學發展的路徑與思想，是越南古代歷史文化的重要組成部分。

第十四章　阮朝的通史編撰：從集賢院《大越史記》到國史館《欽定越史通鑑綱目》

阮朝是越南古代史學發展的高峰。本章充分挖掘漢喃研究院藏文獻，肯定在編撰本朝歷史的《大南實錄》之外，又在前代史書的基礎上由集賢院採撮前代史書編撰了《大越史記》，但內容和思想的整體性和統一性不足，此書僅有抄本傳世。在嗣德帝的要求下，國史館又以朱熹史學思想編撰了《欽定越史通鑒綱目》，明正統、黜僭偽，成為官方欽定的通史版本，但刻印已在法國侵佔之時，難以承擔近代史學的重任，遂成越南古代官修通史的絕響。這兩部編年體通史前後相承，體現了古代史家對越南歷史發展的諸多觀點和認識，是東亞史學的重要組成部分。

總論　越南古代史學與國家歷史的構建

本書以史籍考證研究為綱，論述了越南古代史學自黎文休《大越史記》至阮朝國史館《欽定越史通鑑綱目》的發展主線，所取史籍除了記述黎朝史事的《藍山實錄》《大越黎朝帝王中興功業實錄》《大越通史》《大越史記本紀續編》四部之外，皆為通史，直接呈現了越南歷史、史學發展及歷史編撰的面貌。諸多史籍表現了越南古代史學"官修私著、諸體皆備"的特征，申明了越南古代國家的自立傳統和正統承續，國家意識充盈其中，治國思想代有損益，文明和國統清晰有自，"內帝外王"政策施行千年。越南古代史學為國家發展建構了國家歷史起源，確立了自主思想和治國理念，促進並總結對外關係思想和模式，是越南古代史學為國家發展做出的重要貢獻，也是越南現代民族國家發展的重要思想來源。

附：從《大越史記》到《欽定越史通鑑綱目》越南古代史籍流變圖

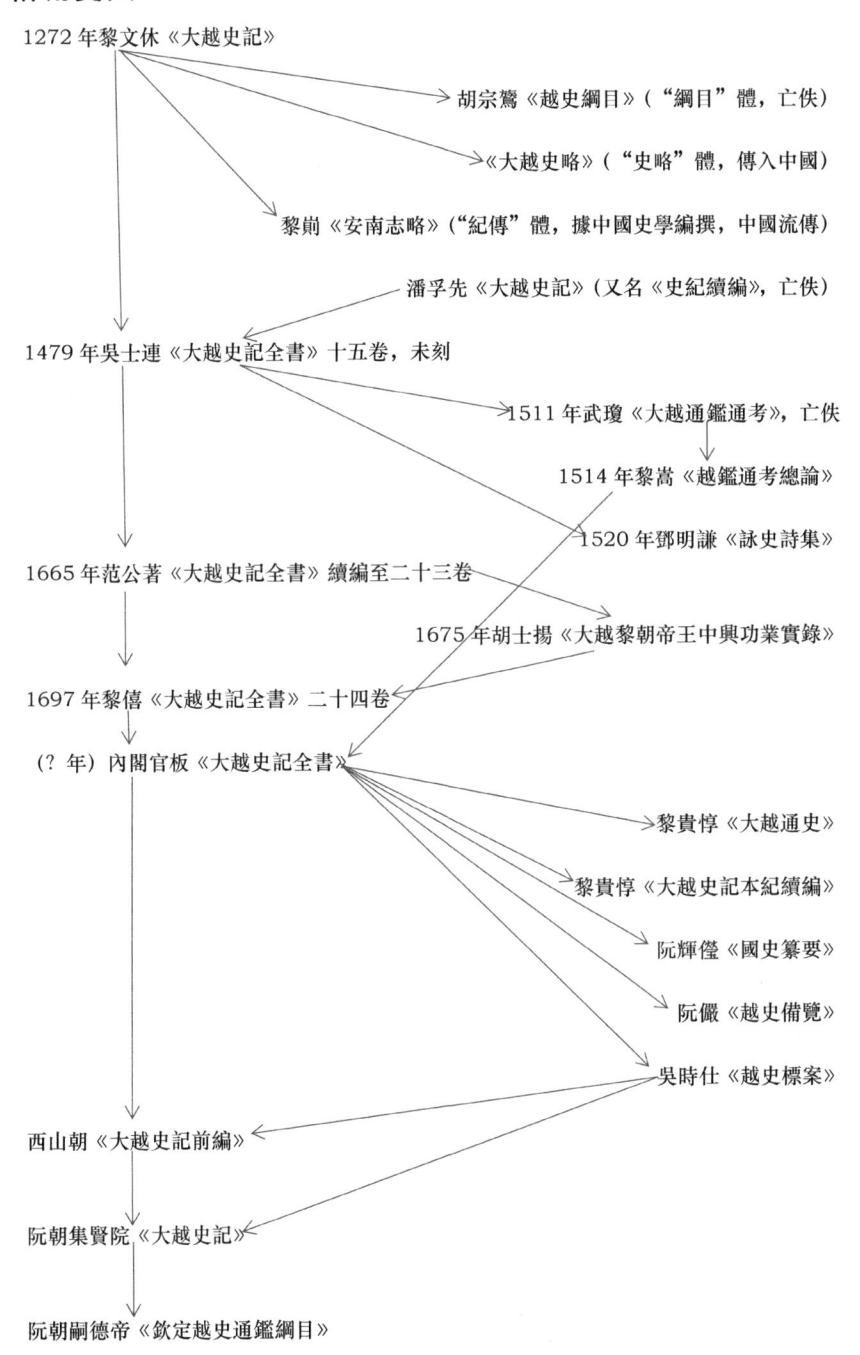

1272年黎文休《大越史記》
→ 胡宗鷟《越史綱目》（"綱目"體，亡佚）
→ 《大越史略》（"史略"體，傳入中國）
→ 黎崱《安南志略》（"紀傳"體，據中國史學編撰，中國流傳）
→ 潘孚先《大越史記》（又名《史紀續編》，亡佚）

1479年吳士連《大越史記全書》十五卷，未刻
→ 1511年武瓊《大越通鑑通考》，亡佚
　1514年黎嵩《越鑑通考總論》
→ 1520年鄧明謙《詠史詩集》

1665年范公著《大越史記全書》續編至二十三卷
→ 1675年胡士揚《大越黎朝帝王中興功業實錄》

1697年黎僖《大越史記全書》二十四卷

（？年）內閣官板《大越史記全書》
→ 黎貴惇《大越通史》
→ 黎貴惇《大越史記本紀續編》
→ 阮輝𠐩《國史纂要》
→ 阮儼《越史備覽》
→ 吳時仕《越史標案》

西山朝《大越史記前編》

阮朝集賢院《大越史記》

阮朝嗣德帝《欽定越史通鑑綱目》

# 目　　錄

**第一章　典籍所見黎文休《大越史記》的編撰與史學思想** ……… （1）
　一　《大越史記》的修撰和其他史籍的关系 ………………… （2）
　二　《大越史記》的"國統"論及影響 ……………………… （12）
　三　典籍所見黎文休《大越史記》的史學思想 ……………… （22）
　四　"黎文休曰"的史論體例與影響 ………………………… （32）
　五　結論 ………………………………………………………… （33）

**第二章　《安南志略》的編撰與思想** ………………………… （35）
　一　《安南志略》的版本 ……………………………………… （35）
　二　《安南志略》的編撰背景和過程 ………………………… （41）
　三　《安南志略》的編撰思想 ………………………………… （52）
　四　結論 ………………………………………………………… （58）

**第三章　陳朝《大越史略》的編撰與內容** …………………… （60）
　一　《大越史略》的版本和流傳 ……………………………… （60）
　二　《大越史略》與《十八史略》 …………………………… （64）
　三　《大越史略》的作者 ……………………………………… （66）
　四　《大越史略》與《大越史記》 …………………………… （69）
　五　《大越史略》關於李陳換代的記載 ……………………… （73）

## 第四章　《大越史記全書》的成書、雕印與版本 ……………（78）
　　一　《大越史記全書》刻本的形成 ……………………………（78）
　　二　現存最早的版本：戴密微藏內閣官板
　　　　《大越史記全書》……………………………………………（90）
　　三　內閣官板《大越史記全書》的刻印時間推斷 …………（105）
　　四　阮朝國子監板《大越史記全書》的雕印 ………………（107）
　　五　結論 ………………………………………………………（120）

## 第五章　吳士連《大越史記全書》十五卷的編撰與思想 ……（122）
　　一　吳士連私撰《大越史記全書》十五卷 …………………（123）
　　二　吳士連效法司馬遷發憤著書 ……………………………（127）
　　三　朱子綱目思想在《大越史記全書》中的確立 …………（129）
　　四　《大越史記全書》的書法體例 …………………………（131）
　　五　吳士連的史論 ……………………………………………（146）
　　六　結論 ………………………………………………………（150）

## 第六章　內閣官板《大越史記全書》的編撰體例 ……………（152）
　　一　吳士連《大越史記全書》十五卷編撰體例 ……………（152）
　　二　范公著撰述體例 …………………………………………（163）
　　三　黎僖撰述體例 ……………………………………………（170）
　　四　結論 ………………………………………………………（171）

## 第七章　《大越史記全書・鴻厖紀・蜀紀》析論 ……………（172）
　　一　《大越史記全書・鴻厖紀・蜀紀》與《南越志》………（174）
　　二　《大越史記全書・鴻厖紀・蜀紀》與《嶺南摭怪》……（176）
　　三　《鴻厖紀》《蜀紀》古史考證 ……………………………（179）
　　四　結論 ………………………………………………………（187）

## 第八章　黎嵩《越鑑通考總論》的史論與史學 ……………（189）
　一　從"史記"到"通鑑" …………………………………（190）
　二　正統論 ……………………………………………………（193）
　三　《越鑑通考總論》與朱子史學 …………………………（198）
　四　黎嵩的儒佛觀 ……………………………………………（205）
　五　黎嵩的理學觀 ……………………………………………（209）
　六　結論 ………………………………………………………（211）

## 第九章　越南後黎朝鄧明謙《詠史詩集》的撰述與思想 ……（213）
　一　《詠史詩集》對史書的選擇 ……………………………（214）
　二　《詠史詩集》的撰著宗旨 ………………………………（216）
　三　《詠史詩集》與紀傳體史書 ……………………………（220）
　四　《詠史詩集》的內容 ……………………………………（222）
　五　《詠史詩集》的價值和影響 ……………………………（229）

## 第十章　《重刊藍山實錄》與《大越黎朝帝王中興功業實錄》的政治史觀 ………………………………………………（231）
　一　黎察祠堂抄本《藍山實錄》（下简稱祠堂本） ………（232）
　二　《藍山實錄》的重刊與改編 ……………………………（240）
　三　胡士揚與《大越黎朝帝王中興功業實錄》的編撰 ……（247）
　四　《大越黎朝帝王中興功業實錄》的政治史觀 …………（252）
　五　結論 ………………………………………………………（257）

## 第十一章　黎貴惇《大越通史》的史學研究 ………………（259）
　一　黎貴惇其人及相關著述 …………………………………（259）
　二　《大越通史》的版本 ……………………………………（264）
　三　《大越通史》的體裁與體例 ……………………………（268）
　四　《大越通史》的"論"和"序" ……………………………（277）
　五　《大越通史》與中越史學的交流 ………………………（283）

六　《大越通史》的史料價值 …………………………………… (287)
　　七　《大越通史》的史觀 ………………………………………… (290)
　　八　結論 …………………………………………………………… (293)

第十二章　內閣官板《大越史記全書》與《大越史記本紀
　　　　　續編》 …………………………………………………… (295)
　　一　《大越史記本紀續編》殘刻本與 A4《大越史記續編》
　　　　抄本 ……………………………………………………… (296)
　　二　內閣官板《大越史記全書》與《大越史記本紀續編》：
　　　　"刪削"還是"增補"？ …………………………………… (301)
　　三　誰為至尊：《大越史記全書》與《大越史記本紀續編》的
　　　　修史傾向 ………………………………………………… (308)
　　四　黎貴惇《國史續編》與《大越史記本紀續編》 ………… (315)
　　五　《大越史記本紀續編》的價值和命運 …………………… (320)
　　六　結論 …………………………………………………………… (324)

第十三章　《大越史記全書》的評論與改編：從《越史標案》
　　　　　到《大越史記前編》 …………………………………… (326)
　　一　阮輝僅《國史纂要》 ………………………………………… (327)
　　二　吳時仕《越史標案》 ………………………………………… (331)
　　三　《大越史記前編》 …………………………………………… (353)
　　四　結論 …………………………………………………………… (360)

第十四章　阮朝的通史編撰：從集賢院《大越史記》
　　　　　到國史館《欽定越史通鑑綱目》 ……………………… (363)
　　一　明命、紹治時期的通史修撰准備 ………………………… (363)
　　二　集賢院《大越史記》 ………………………………………… (368)
　　三　國史館《欽定越史通鑑綱目》 ……………………………… (379)
　　四　結論 …………………………………………………………… (394)

**總論　越南古代史學與國家歷史的構建** …………………（396）

　　一　越南古代史學与國家歷史起源 …………………（397）

　　二　越南古代史學中的國家自主思想 ………………（408）

　　三　越南古代史學的特點和主旨 ……………………（427）

　　四　結論 ………………………………………………（430）

**附　相關論文目錄** ………………………………………（432）

**徵引文獻** …………………………………………………（434）

# 第一章

# 典籍所見黎文休《大越史記》的編撰与史學思想

越南在五代宋初立國，宋太祖開寶元年（九六八），丁部領稱"大勝明皇帝"，此後安南歷代在國內皆稱皇帝，並以帝制為政治構架，逐步完善制度禮法。太平興國五年（九八〇），黎桓廢丁氏，並擊敗討伐的宋軍，丁氏二傳十三年亡。大中祥符二年（一〇〇九），黎朝大校李公蘊自立為帝，黎朝經三代二十九年而亡。此後交阯政權逐步穩定下來。宋理宗嘉定十七年（一二二四），李惠宗無嗣，傳位於六歲的女兒昭聖公主，號昭皇。宋寶慶元年（一二二五），李昭皇禪位於其夫八歲的陳日煚，由其叔父陳守度和父親陳承執政，陳朝建立。一二七二年，陳朝翰林院學士兼國史院監修黎文休編撰完成《大越史記》三十卷，此書在後世佚失，內容被吳士連吸收進一四七九年成書的《大越史記全書》十五卷之中，並保留了黎文休的部分評論。黎文休《大越史記》的編撰與思想對越南後世史學產生了持久深遠的影響。沃爾特斯指出，黎文休在《大越史記》中以趙佗為越南確立了"自帝其國"的敘史傳統，同時以儒家思想衡斷越史，並由此在忽必烈汗的巨大壓力下為陳朝爭取平等。沃爾特斯確定陳太宗深受李朝佛教傳統的影響，沉迷其中，但在一二五七年蒙古進攻之後，開始尋求孟子的交鄰之法，他肯定陳太宗繼承了趙佗執行的孟子"交鄰"之道，而黎文休也就是在陳太宗的

"慕古"（Learn of antiquity）环境下完成了自己的撰著事業。[1] 因黎文休《大越史記》在吳士連之後即亡佚，對其編撰和史學思想的探究亦僅是依靠吳士連《大越史記全書》和其他典籍的相關記載。《大越史記》完成于一二七二年，《大越史記全書》則遲至一六九七年方刊刻流布，中間歷經多位史家之手，因此即便吳士連記載的黎文休史論也不能排除被修改的可能，本章以典籍所載相關內容盡力勾稽呈現黎文休《大越史記》的編撰與史學思想。

## 一 《大越史記》的修撰和其他史籍的关系

黎貴惇《大越通史·藝文志》和潘輝注《歷朝憲章類志·文籍志》均以黎文休《大越史記》為越南最早的國史著作，沒有記載李朝史籍。但李朝傳國二百一十六年，文教興盛，當有史籍修撰，可惜沒有流傳下來。《鉅越國太尉李公石碑銘序》記述李朝太尉杜英武（一一一四至一一五九）事蹟，可以確定碑文撰于李朝。杜英武在一次出征之後，"主上憂其賞賜，史册記其戎勛"，[2] 宋景德三年（一〇〇六），黎龍鋌"改文武臣僚僧道宮制及朝服，一遵於宋"，[3] 李朝官制當亦仿效宋朝，杜英武官制爵級與宋朝相仿，碑文中的"史册"應指國家機構修撰的史籍。《奉聖夫人黎氏墓誌》記述李神宗第三夫人黎蘭春（一一〇九至一一七一）生平事蹟，夫人卒後，李英宗"恩旨別葬於地鄉所，璞山延齡福聖寺之西隅。乃命國史述此芳猷，誌于墓石"，[4] 此處的"國史"不應是人名，當為李朝修史

---

[1] O. W. Wolters, "Historians and Emperors in Vietnam and China: Comments arising out of Le Van Huu's History, Presented to the Tran court in 1272", in Anthony Reid & David Marr (eds.), *Perceptions of the Past in Southeast Asia*, Singapore: Heineman Educational Books [Asia] Ltd., 1979 [Asian Studies Association of Australia, pp. 69–89.

[2] 《越南漢喃銘文彙編》第一集"北屬時期至李朝"，遠東學院漢喃研究院1998年版，第190頁。

[3] 陳荊和校合本：《大越史記全書》本紀卷之一，東京大學東洋文化研究所1984—1986年，第199頁。以下簡稱"校合本"。

[4] 《越南漢喃銘文彙編》第一集"北屬時期至李朝"，第218頁。未載立碑年代。

機構的人員官職。奉聖夫人出身高貴，母為瑞聖公主，祖上為黎朝大行皇帝，深為李英宗及皇太后敬重，葬禮如李仁宗（一〇七二至一一二八年在位）昭聖皇后故事，奉聖夫人得李英宗如此禮遇，撰文之"國史"應當是機構內級別較高之人。①結合銘文中的"史冊"和"國史"，李朝應該有自己的史籍修撰機構和人員。立於一一二六年的《仰山靈稱寺碑銘》為僧人釋法寶所撰，"秘書省校書郎管勾御府財貨、充清化郡通判李允慈書並篆額"，②李允慈能夠書寫碑文並撰寫碑額，顯然是以書法見長，聯繫其"秘書省校書郎"的官職，李朝官方應有典籍收藏機構——秘書省。李朝很可能既有史籍編撰機構，又有史職人員。

李朝太祖李公蘊曾遊學于六祖寺，受教于僧萬行，涉獵經史，得到僧侶力量的很大幫助，一〇〇九年自立為帝，建立李朝，隨即大力興建佛寺，崇奉佛教。陳朝承繼李朝風氣，繼續推崇佛教。但一〇七〇年李聖宗"修文廟，塑孔子、周公及四配像，畫七十二賢像，四時享祀"，③一〇七五年，李仁宗"詔選明經博學及試儒學三場"，④儒家力量逐漸振作，至陳朝初年已有相當的規模，陳太宗時的兩位歷史學家陳周普和黎文休皆出身科舉。

《大越史記全書》記載陳太宗天應政平十六年（宋淳祐七年，一二四七）："春二月，大比取士。賜狀元阮賢、榜眼黎文休、探花郎鄧麻羅、太學生四十八名出身有差。"⑤中興黎朝景興四十年（一七七九）修成的《鼎鍥大越歷朝登科錄》記載："黎文休，東山甫里人，十八歲中，仕至兵部尚書、仁淵侯，修《大越史記》。"⑥阮朝嗣德二十年（一八六七）十二月十五日，黎文休十三世孫在清化

---

① 請參看耿慧玲《李英宗朝婚姻與權力結構關係研究》，載《越南史論》，新文豐出版公司2004年版，第67—96頁。
② 《越南漢喃銘文彙編》第一集"北屬時期至李朝"，第168頁。
③ 校合本《大越史記全書》本紀卷之三，第245頁。
④ 校合本《大越史記全書》本紀卷之三，第248頁。
⑤ 校合本《大越史記全書》本紀卷之五，第333頁。
⑥ 《鼎鍥大越歷朝登科錄》卷一，河內：越南國家圖書館藏抄本，藏書號R.114·NLVNPF—0573。

省紹和縣紹和社立《榜眼黎先生神碑》曰：

  陳朝須賢先生，（原文註：左從人，右從木），鎮國僕射黎相公七世孫，庚寅年生，十八戊未，我越中科始也，進士及第第二名，翰林院侍讀，兵部尚書，修史記，仁淵侯，壽九十三，葬於瑪瑤之原。①

若如碑文所記，黎文休生於庚寅年，即在陳太宗建中六年（一二三〇），卒于陳明宗大慶九年（一三二二）。《大越史記全書》記載黎文休史事不多，中榜眼之外，又修《大越史記》一部。② 越南學者潘輝黎在《〈大越史記全書〉的作者和文本》中介紹俄羅斯學者 A. B. Polyakov 的研究觀點，認為李朝時期杜善曾編撰了一部《史記》兩卷，記載南越武帝趙佗至李仁宗（一一二七年）時期的歷史，一二三三年，陳周普在此書基礎上增修一卷，名《越志》；又介紹山本達郎和陳荊和也認為黎文休在陳周普《越志》的基礎上修成《大越史記》，但山本達郎認為胡宗鷟在《大越史記》的基礎上修成《越史綱目》，又稱《大越史略》，陳荊和則認為《越志》就是《大越史略》。③《大越史記》雖被黎貴惇和潘輝注記為越史第一著作，但與前史當有密切的關係。

### （一）杜善《史記》

《大越史記全書》未載杜善修史之事，但卻有杜善其人。一一二七年李仁宗駕崩，"群臣皆拜賀慟哭。使內人杜善，舍人蒲崇以

---

 ① 《榜眼黎先生神碑》，河內：漢喃研究院藏拓本，編號 54214。
 ② 校合本《大越史記全書》本紀卷之五，第 348 頁。
 ③ （越南）潘輝黎：《〈大越史記全書〉的作者和文本》（越南語），載《大越史記全書》第一冊，河內：社會科學出版社 1993 年版，第 17—18 頁。山本達郎文見「越史略と大越史記」（『東洋學報』第 32 卷，1950 年，第 53—76 頁），陳荊和文見「『大越史略』——その內容と編者——」（『東南アジア・インドの文化』、山本達郎博士古稀記念論叢編集委員會（編）、山川出版社、1980）。

其事告崇賢侯"①，A. B. Polyakov 言杜善《史記》時間下限為一一二七年，可能即據此而言。成書于陳朝的兩部神怪故事集《嶺南摭怪》和《粵甸幽靈集》曾引"杜善《史記》"，黎貴惇《見聞小錄》介紹《粵甸幽靈》時言，"其中引曾袞《交州記》、杜善《史記》與《報極傳》，今皆不傳"②。

《越南漢文小說集成》收入三種版本的《嶺南摭怪列傳》。根據黎聖宗洪德二十三年（一四九二）武瓊之序，《嶺南摭怪》有兩卷，共二十二個故事，第一個版本甲種即如是。其中《蘇瀝江傳》武瓊序中言："蘇瀝為龍肚之神，猖狂為栴檀之神，一則立祠以祭而民受其福，一則用樂以除而民免其禍。"③ 十六世紀中葉段永福將此書增補為三卷，並增加"續類"，共四十二個故事，此即《集成》所收丙本④。丙本的卷一卷二的編目順序與甲本相同，卷三和"續類"諸篇故事皆來自《粵甸幽靈集》。甲本卷一《蘇瀝江傳》中的"龍肚之精"，在丙本卷三中成為單獨的一篇《龍肚王氣傳》，篇末言"出杜善《史記》並《報極傳》云"⑤，《集成》所收乙本不分卷，共收三十八個故事，《蘇瀝江神傳》和《龍肚正氣神傳》前後相連。《集成》所收三種《嶺南摭怪列傳》的蘇瀝江神和龍肚故事，僅有丙本的《龍肚王氣傳》指明引用杜善《史記》，他者皆未引用，然武瓊最初編訂的《嶺南摭怪列傳》並無此篇，《龍肚王氣傳》來自《粵甸幽靈集》。丙本所收的另外三個引用杜善《史記》的故事，也皆來自《粵甸幽靈集》，非武瓊原本所有：

  丙本《明應安所神祠傳》：按杜善《史記》，王姓李，名服

---

① 校合本《大越史記全書》本紀卷之三，第268頁。
② ［越南·中興黎朝］黎貴惇：《見聞小錄》卷四，《黎貴惇全集》第4冊，河內：教育出版社2008年版，第650—651頁。
③ 《嶺南摭怪列傳》（甲種），《越南漢文小說集成》第1冊，上海古籍出版社2010年版，第15頁。
④ ［越南］陳義、［中國］任明華：《〈嶺南摭怪〉四種總提要》，《越南漢文小說集成》第1冊，第5—6頁。
⑤ 《嶺南摭怪列傳》（丙種），《越南漢文小說集成》第1冊，第205頁。

蠻，安所鄉人。①

丙本《大灘都魯石神傳》：按杜善《史記》，王姓皋，名魯，乃安陽王之良佐也。②

丙本《開天鎮國藤州福神傳》：按杜善《史記》云，神本藤州古廟土地神也。③

甲本《貞靈夫人》有"按《史記》，二徵夫人，本姓雄氏，……"④，吳士連根據黎文休《大越史記》記趙武帝至李昭皇之間的史事，根據潘孚先的《大越史記》記陳朝史事，吳士連吸收了兩部《大越史記》的內容，並對其中的一些史事進行考證修訂，注于文後，也稱《大越史記》為《史記》。陳太宗元豐二年（一二五二）："冬十二月，獲占城主妻布耶羅及其臣妾、人民而還"，下有注釋："或云獲占城主布耶羅，非也。若果然，文休作《史記》，何不引與擒乍斗並稱哉？今從孚先為是"⑤，此即明證。一五一一年，武瓊以史官總裁身份編成《大越通鑑通考》，也曾參考吳士連的著作和觀點，因此《貞靈夫人》中的"按《史記》"很可能是指黎文休《大越史記》，未必就是杜善《史記》。

《越南漢文小說集成》所收五種《粵甸幽靈》，以《粵甸幽靈集錄》和《粵甸幽靈集全編》時間早且完整，《新訂校評粵甸幽靈集》內容則最豐富，但成書時間也最晚。《粵甸幽靈集錄》和《粵甸幽靈集全編》關於《史記》的引用情況不同，如表1-1：

---

① 《嶺南摭怪列傳》（丙種），《越南漢文小說集成》第1冊，第214頁。
② 《嶺南摭怪列傳》（丙種），《越南漢文小說集成》第1冊，第215頁。
③ 《嶺南摭怪列傳》（丙種），《越南漢文小說集成》第1冊，第219頁。
④ 《嶺南摭怪列傳》（甲種），《越南漢文小說集成》第1冊，第43頁。
⑤ 校合本《大越史記全書》本紀卷之五，第336頁。

表 1-1　　《粵甸幽靈集錄》和《粵甸幽靈集全編》
　　　　　　關於《史記》引用情況一覽

| 傳主 | 粵甸幽靈集錄 | | 粵甸幽靈集全編 | |
|---|---|---|---|---|
| | 篇名 | 引文 | 篇名 | 引文 |
| 趙光復 | 明道開基聖烈神武皇帝 | 按《史記》，帝姓趙，諱光復，朱鳶人也。頁十 | 趙越王、李南帝 | 未引 |
| 李常傑 | 太尉忠輔勇武威勝公 | 按《史記》，公姓李名常傑，泰和坊人。頁十七 | 太尉忠輔勇武威勝公 | 未引 |
| 范巨倆 | 洪聖佐治大王 | 按《史記》，王姓范名巨倆，安州令范占之孫。頁十九 | 洪聖匡國忠武佐治大王 | 按《史記》，王姓范名匡倆，頁七九 |
| 黎奉曉 | 都統匡國王 | 按《史記》，王姓黎，名奉曉，清華那山社人。頁二十 | 都統匡國佐聖王 | 按《史記》，平占還定功，奉曉不欲爵賞。頁八十二 |
| 穆慎 | 太尉忠惠公 | 按《史記》，公姓穆，名慎，以漁為業。頁二十一 | 太尉忠慧武亮公 | 按《史記》及《世傳》，公姓穆名慎。頁八十三 |
| 李服蠻 | 證安佑國王 | 按《史記》，王姓李，名服蠻，佐李南帝，官將軍。頁二十三 | 證安明應佑國公 | 按杜善《史記》，王姓李，名服蠻。頁八十七 |
| 高魯 | 果毅剛正王 | 按《史記》，王姓高，名魯，乃安陽王之將也。頁二十五 | 果毅剛正威惠王 | 按杜善《史記》引《交趾記》，王本名高魯。頁九十二 |
| 藤州土神 | 開天鎮國大王 | 按《史記》，王是藤州土神也。頁三十二 | 開天鎮國忠輔佐翊大王 | 按杜善《史記》，王本藤州土地神。頁一百〇六 |
| 張吁、張喝兄弟 | 禦敵威敵二大王 | 未引 | 禦敵善佑助順大王　威敵勇敢顯勝大王 | 按杜善《史記》，二王兄弟也。頁八十五 |

续表

| 傳主 | 粵甸幽靈集錄 |  |  | 粵甸幽靈集全編 |  |
|---|---|---|---|---|---|
|  | 篇名 | 引文 |  | 篇名 | 引文 |
| 徵側 | 徵聖王 | 未引 |  | 二徵夫人 | 《史記》，姊名側，妹名貳。頁六十五 |

説明：本表據《越南漢文小説集成》第2冊《粵甸幽靈》諸版本編制，文後為引用頁碼。

根據上表可以發現：

1. 表中所引自《史記》或杜善《史記》的神靈故事二書皆重複；

2. 《粵甸幽靈集錄》引文皆言"按《史記》"，而非"按杜善《史記》"；

3. 《粵甸幽靈集全編》中范巨倆、黎奉曉、穆慎和徵側四位神靈故事出自《史記》，李服蠻、高魯、滕州土神、張吽張喝兄弟出自杜善《史記》；

4. "《史記》"和"杜善《史記》"同在《粵甸幽靈集全編》中出現，說明作者很清楚兩種書的區別；

5. 出自《史記》和杜善《史記》互相重複者僅李服蠻、皋魯、滕州土神三位神靈。

結合丙本《嶺南摭怪列傳》，現在可以確認出自杜善《史記》的共三位神靈，即李服蠻、高魯、滕州土神；可能也出自杜善《史記》的神靈有兩位，即龍肚王氣和張吽張喝兄弟。儘管《嶺南摭怪列傳》和《粵甸幽靈集》的版本體系複雜，但出自杜善《史記》的神靈故事畢集於此。李服蠻自述是李南帝李賁的部將，張喝張吽兄弟則為趙越王部將，高魯是秦代安陽王時期的大臣，皆是傳說中人；龍肚王氣和滕州土神則為自然神靈。杜善《史記》敘述的這五位神靈皆是神人志怪故事。

"史記"在先秦時期為諸家史書之稱，但在司馬遷《太史公書》被定名為《史記》之後，逐漸成司馬遷書的專稱。魏晉時期延續秦漢時期的記述傳統，又發展出志人和志怪類作品，分別以《世說新

# 第一章　典籍所見黎文休《大越史記》的編撰與史學思想

語》和《搜神記》為代表。武瓊在《嶺南摭怪列傳》序中即言："其視晉《搜神記》，唐人《幽怪錄》，同一致也。"① 《粵甸幽靈集全編》中范巨俩、黎奉曉、穆慎和徵側四位真實歷史人物出自《史記》，李服蠻、高魯、滕州土神、張吽張喝兄弟六位神靈故事則出自杜善《史記》，《粵甸幽靈集全編》能夠將真實歷史人物和傳說的神靈故事的來源分辨的這樣清楚，說明杜善《史記》很可能是一部神怪故事集。至於《粵甸幽靈集錄》所有人物皆出自《史記》，而無杜善《史記》，則很可能是作者出於體例規整的原因做的修改。

那杜善《史記》是那個時期的書籍呢？很可能是黎文休《大越史記》之後的作品。李服蠻自稱"佐李南帝為將軍，以忠烈知名"②，張喝張吽兄弟自稱"皆為越王將。越王為李南帝所敗，南帝具禮迎臣等"③，二人均提到了梁陳時期在交州起兵的李南帝，名李賁，但在《大越史記》中，黎文休對李賁做了如下評價：

> 兵法云：三萬齊力，天下莫能當焉。今李賁有眾五萬，而不能守國。然則賁短於為將耶？抑新集之兵不可與戰耶？李賁亦中才之將，其臨敵制勝，不為不能，然卒以兩敗身亡者，蓋不幸而遇陳霸先之善用兵也。④

黎文休認為李賁的能力僅是"中才之將"而已，且直呼其名。黎文休身為翰林院學士兼國史院監修，如果朝廷對李賁有所褒封，黎文休應該比較恭敬才是。梁武帝大同十年（五四四），"李賁竊號於交阯，年號天德"，⑤《大越史略》記載："初州人阮賁反，據龍

---

① 《嶺南摭怪列傳》（甲種），《越南漢文小說集成》第1冊，上海古籍出版社2010年版，第15頁。
② 《粵甸幽靈集全編》，《越南漢文小說集成》第2冊，上海古籍出版社2010年版，第87頁。
③ 《粵甸幽靈集全編》，《越南漢文小說集成》第2冊，上海古籍出版社2010年版，第85頁。
④ 校合本《大越史記全書》外紀卷之四，第150頁。
⑤ 《南史》卷七《梁本紀中》，中華書局1975年版，第216頁。

編城，自稱越南帝，置百官，改元天德，國號萬春。"①《大越史略》成書于陳朝晚期，記李賁自稱"越南帝"而非"李南帝"，《大越史記全書》記載李賁"稱為南帝"，② 也就是說，"李南帝"這個稱呼應當出現在《大越史略》和吳士連《大越史記全書》二書之間，即陳朝末期至黎朝初期的這段時間。如此一來，《粵甸幽靈集全編》所引的"按杜善《史記》"，應該是後人託名李朝杜善所輯的一部神怪書籍，也命名《史記》。因"杜善《史記》"僅見於此處，其全貌已不得而知。

### （二）陳周普《越志》

前文提及A. B. Polyakov的觀點，陳周普一二三三年在杜善《史記》兩卷的基礎上增修一卷，名《越志》。③陳太宗建中八年（一二三二），"二月，試太學生。中第一甲張亨、劉琰，第二甲鄧演、鄭缶，第三甲陳周普"④。《大越史記全書》又記載天應政平二十年（一二五一）：

> 帝賜宴內殿，群臣皆預，及醉，坐者皆起，攔手而歌。御史中相陳周普隨人攔手，然不他歌，但云："史官歌云爾，史官歌云爾。"厥後宴席有負籌槌行酒令，則愈籠矣。⑤

黎崱《安南志略》記載："陳普，太王用為左藏，遷翰長，嘗作《越志》"⑥，"黎休，才行俱備，為昭明王傅，遷檢法官，修

---

① ［越南·陳朝］佚名：《大越史略》，見李永明主編《北京師範大學圖書館藏稿抄本叢刊》第39冊，國家圖書館出版社2011年版，第478頁。阮賁即李賁，越南陳朝代替李朝之後，為絕民望，改"李"為"阮"，歷史人物姓"李"者亦改姓"阮"。
② 校合本《大越史記全書》外紀卷之四，第147頁。
③ ［越南］潘輝黎：《〈大越史記全書〉的作者和文本》（越南語），載《大越史記全書》第一冊，河內：社會科學出版社1993年版，第17頁。
④ 校合本《大越史記全書》本紀卷之五，第326頁。
⑤ 校合本《大越史記全書》本紀卷之五，第335頁。
⑥ （元）黎崱著，武尚清校：《安南志略》，中華書局2000年版，第353頁。

《越志》"①，陳普即陳周普，黎休即黎文休。吳士連記述越南古代修史情況：

> 奈史籍闕於記載，而事實出於傳聞，文涉恠誕，事或遺忘，以至謄寫之失真，記錄之繁冗，徒為駴目，將何鑒焉。至陳太宗，始命學士黎文休<u>重修</u>，自趙武帝以下，至李昭皇初年。②

吳士連言"黎文休重修"，即在《大越史記》之前尚有史書，根據黎崱的記載，當為陳周普《越志》。但黎崱所記陳周普之書名《越志》，黎文休書亦名《越志》，根據《大越史記全書》的記載情況，黎文休《越志》即《大越史記》。黎崱北居元朝，根據中國史學思想修史，對越史的真實情形有很大的改動，如將越史稱"紀"的南越國、丁、黎、李、陳降為"世家"，故稱陳太宗為"陳太王"。因此陳周普的《越志》原名很可能應為《越記》或《大越史記》才對。但關於陳周普著作的記載僅及於此，其他情形則不得而知。

杜善《史記》不可信，陳周普《越志》即是先于黎文休之前的一部史書，吳士連所述亦僅是陳朝修史情況而已。陳周普在宮廷宴會上唱"史官歌云爾"應付了事，當為陳朝史官，其作《越志》亦應有官方思想在內，黎文休應當對其進行了一定程度的繼承。

《大越史記全書》的陳朝史事為後黎朝初期的潘孚先所撰。吳士連寫"黎文休重修"，很可能知曉陳周普作《越志》之事，但一則《越志》很可能已經被吸收進黎文休《大越史記》之中，二則吳士連對陳周普態度不佳。吳士連如此評論陳周普中庭作歌之事：

> 觀此，雖見當時君臣同樂，不拘禮法，亦風俗之簡質，然無節矣。有子曰：知和而和，不以禮節之，亦不可行也。御史

---

① （元）黎崱著，武尚清校：《安南志略》，中華書局2000年版，第354頁。
② 校合本《大越史記全書》卷首，第55頁。

諍臣，職當繩糾，不言則已，乃與之同流，惡在其為朝廷綱紀哉。①

吳士連認為陳朝宮廷宴會無節、無禮又粗俗，陳周普身為御史本應勸諫，卻同流而為之，難當其職，故在序中不言陳周普作史之事，直接言黎文休"重修"。吳士連雖為史官，但《大越史記全書》卻為其未奉詔私撰。在吳士連之前的黎文休、潘孚先、胡宗鷟等人的官修史書，以及之後武瓊的《大越通鑑通考》均亡佚，《安南志略》撰成之後在中國流傳，故而吳士連的著作之後成為官方版本。越南後世史家遂不知陳周普修史之事。

## 二 《大越史記》的"國統"論及影響

黎文休《大越史記》在吳士連撰述《大越史記全書》之後，逐漸失傳。後黎朝鄧明謙《脫軒詠史詩集序》言："洪德年間，余入史館，竊嘗有志于述古，奈中秘所藏，屢經兵燹，史文多缺，見全書者，惟吳士連《大越史記全書》、潘孚先《大越史記》、李濟川《越甸幽靈集錄》、陳世法《嶺南摭怪錄》而已"②，鄧明謙此時已經沒有見到黎文休《大越史記》。吳士連在《大越史記全書序》中記述了黎文休修史的狀況，並在史書正文中保留了黎文休的一些評論，我們亦藉此探知黎文休和《大越史記》的部分思想，其中影響最大的當推"國統"論，並以創設國統起源和論述正統互相匹配，對後世影響極巨。

### （一）國統之首：南越國

安南在唐代安南都護府的地域上建國，以漢字為文化承載主體，

---

① 校合本《大越史記全書》本紀卷之五，第335—336頁。
② （越南·黎初）鄧明謙：《脫軒詠史詩集序》，河內：漢喃研究院藏抄本，編號A440。

第一章 典籍所見黎文休《大越史記》的編撰与史學思想 | 13

制度或繼承漢唐，或借鑒宋朝，思想則儒釋道兼收並蓄，並未選擇與之相鄰的梵文和印度文化。① 安南立國時間雖在五代宋初，但自秦至唐的郡縣時代皆有較為清晰、完整的歷史記載。追尋本國歷史起源，是歷史學家的天然使命，因此安南官修通史越過丁部領稱帝的時間，上溯千年。

陳聖宗紹隆十五年（一二七二），"春，正月，翰林院學士兼國史院監修黎文休奉敕編成《大越史記》，自趙武帝至李昭皇，凡三十卷上進。詔加獎諭"②。很顯然《大越史記》是以趙武帝為國史開端，述至李昭皇初年，未論陳朝本事，此即陳朝為前朝修史。黎文休以趙佗為國史起源，自有緣由，《大越史記全書·趙紀》保存了黎文休對南越武帝趙佗的評價：

> 遼東微箕子，不能成衣冠之俗；吳會非泰伯，不能躋王霸之強。大舜，東夷人也，為五帝之英主；文王，西夷人也，為三代之賢君。則知善為國者，不限地之廣狹，人之華夷，惟德是視也。趙武帝能開拓我越，而自帝其國，與漢抗衡，書稱老夫，為我越倡始帝王之基業，其功可謂大矣。後之帝越者，能法趙武、固守封圻，設立軍國，交鄰有道，守位以仁，則长保境土，北人不得复恣睢也。③

黎文休以趙佗比之於箕子、泰伯、舜和周文王，評價不可謂不高。趙佗能夠在秦漢之際建國稱帝，與漢朝抗衡而不落下風，功勞最大，為"我越"帝王基業之始。④ 黎文休雖先稱趙佗之"德"，

---

① 參看 G. 賽代斯《東南亞的印度化國家》，蔡華、楊保筠譯，商務印書館 2018 年版。
② 校合本《大越史記全書》本紀卷之五，第 348 頁。
③ 校合本《大越史記全書》外紀卷之二，第 113—114 頁。
④ 請參看 O. W. Wolters, *Historians and emperors of Vietnam and China: Comments arising of Le Van Huu's history, Presented in Tran Court in 1272*, 沃爾特斯由此段評論確立了陳太宗繼承孟子"交鄰有道"思想與趙佗"自帝其國"的政策思想，論述趙佗事則強調其同於堯、舜、文王的"聖賢"功德和基業，並且為越地建立了與中國相類的制度體系。

但實際要突出的則是抗衡漢朝之"功"。一二五七年，蒙古軍隊攻滅大理國，借道雲南攻宋，並順勢攻入安南，後退兵。一二六〇年，忽必烈即位。一二六一年，遣禮部郎中孟甲、員外郎李文俊齎書來諭，其略曰：

  安南官僚士庶，凡衣冠禮樂風俗百事，一依本國舊例，不須更改，況高麗國比遣使來請，已下詔悉依此例，除戒雲南邊將，不得擅興兵甲，侵掠疆場，撓亂人民，爾國官僚士庶，各宜安治如故。①

雙方暫時相安無事。元世祖至元四年（一二六七）九月："詔諭安南國：俾其君長來朝，子弟入質，編民出軍役，納賦稅，置達魯花赤統治之"②，詔書全文被黎崱收入《安南志略》卷二，但此事《大越史記全書》未載。《大越史記全書》記載至元八年（一二七一）："蒙古建國號，曰大元，遣使來諭帝入覲。帝辭以疾不行。"③《安南志略》卷三記載：

  中統三年（一二六二），命耨剌丁為安南達魯花赤。
  至元七年（一二七〇），命也寶納為安南達魯花赤，歿於其國。④

陳朝面臨來自元朝的巨大壓力，元朝要求安南國王入朝，但陳朝屢辭不赴。黎文休《大越史記》就是在陳朝國王拒絕入覲的次年完成的，此時選擇以趙佗南越國作為國統起源，就別有深意了。南越國滅亡與質子入長安有很大的關係。趙佗卒後，孫胡立，是為文帝，漢朝在解決南越國與閩越的紛爭後，漢使南來：

---

① 校合本《大越史記全書》本紀卷之五，第342頁。
② 《元史》卷六，中華書局1976年版，第116頁。
③ 校合本《大越史記全書》本紀卷之五，第348頁。
④ 黎崱著，武尚清校：《安南志略》卷三，中華書局2000年版，第66頁。

第一章 典籍所見黎文休《大越史記》的編撰與史學思想 | 15

天子使莊助往諭意南越王，胡頓首曰："天子乃為臣興兵討閩越，死無以報德！"遣太子嬰齊入宿衛。謂助曰："國新被寇，使者行矣。胡方日夜裝入見天子。"助去後，其大臣諫胡曰："漢興兵誅郢，亦行以驚動南越。且先王昔言，事天子期無失禮，要之不可以說好語入見。入見則不得復歸，亡國之勢也。"於是胡稱病，竟不入見。①

《大越史記全書》將此事錄入《趙紀》。趙胡因趙佗不得入見之言，拒不赴長安。太子嬰齊在長安時取樛氏女，生子興，嬰齊即位，立樛氏為后。"漢數使使者風諭嬰齊，嬰齊尚樂擅殺生自恣，懼入見要用漢法，比內諸侯，固稱病，遂不入見"②，國君不入長安遂成南越國規制。吳士連對趙文王不入漢朝的做法表示讚賞："文王交鄰有道，漢朝義之，致為興兵助擊其讎。又能納諫，稱疾不朝于漢。遵守家法，貽厥孫謀，可謂無忝厥祖矣。"③嬰齊卒後，子興立，樛氏為太后，漢朝派曾與樛氏有關係的安國少季為使，二人舊情復萌，樛氏和新王準備內屬漢朝。國相呂嘉不滿，與樛氏爭鬥。漢武帝聞呂嘉不聽王令，遂派兵介入，呂嘉起兵攻殺樛氏、王和漢使。漢朝遂大舉進軍，南越國亡。

安南立國之時距離南越國已有千年，但卻在南越國一隅建國，因此將本國歷史上溯，以"趙紀"稱之，實際上，在世系、傳承上並無直接聯繫，僅有部分地域的重疊。此時對於元朝的要求，陳朝以不合作的態度進行，近於趙佗抗衡漢朝。而對於元朝要求君長入朝，因南越國嬰齊入漢導致亡國的前車之鑒，陳朝自然予以拒絕。陳朝此刻完成國史《大越史記》，以趙佗南越國為國統之首，已經顯示將抗衡元朝，不會入覲。但元朝並不打算善罷甘休，元世祖於至元十二年、十五年、十八年屢次下詔要求安南君主入朝，但均為

---

① 《史記》卷一一三，中華書局1959年版，第2971頁。
② 《史記》卷一一三，中華書局1959年版，第2971頁。
③ 校合本《大越史記全書》外紀卷之二，第116頁。

陳朝所拒。最終元朝不承認自然承襲的安南世子的繼承權，另立安南國王，雙方大打出手。

　　前文述及李朝應該有史籍修撰，又曾在宋神宗熙寧年間主動與宋朝開戰，面臨來自宋朝的壓力，趙佗"與漢抗衡"的情況，於李朝亦可施用。一二七二年《大越史記》完成之時，開國君主太宗陳日煚仍然在世為太上皇，陳朝以南越國作為國統開端，不知是陳朝自創還是傳承自李朝，但經黎文休之手，被確立為國統之始。

　　黎文休以南越國為國史起源的觀點在後世產生了巨大的影響。北居元朝的陳朝歷史學家黎崱在《安南志略》中設《南越世家》；後黎朝吳士連鑒於趙佗不足以體現越地之興，結合《嶺南摭怪》中的傳說，撰《鴻龐紀》，以炎帝神農氏為國史起源，仍以南越國為正統，以"趙紀"繼於"鴻龐紀"和"蜀紀"之後。鄧明謙依照吳士連《大越史記全書》作《詠史詩集》，即以鴻龐氏為開端。吳士連的觀點亦為武瓊所認可，書之於《大越通鑑通考》，之後范公著、黎僖在吳士連書的基礎上續修史書，於一六九七年刊刻《大越史記全書》二十四卷，以炎帝神農氏為國史起源的觀點深入人心，西山朝《大越史記前編》亦以鴻龐氏作為開端，但卻對趙佗南越國進行了全面的否定。《大越史記前編》採入吳時仕（一七二六至一七八〇）《越史標案》的評論否定趙佗的國統地位：

　　　　自安陽之亡國，統無所繫，編史者見趙佗併有交趾，以南越王稱帝，即以帝紀接安陽，大書特書，似誇本國倡始帝業之盛，後人相沿莫知其非。夫南海桂林之越非交趾九真日南之越也，……我國號稱文獻，一國之史豈宜以他邦紀之，輒敢釐正黜趙佗之紀。蓋以國統歸佗，非史法也。佗與漢抗，交州未與中國通，故以外屬起例，別內屬云。①

---

① ［越南・西山朝］《大越史記前編》卷二，河內：漢喃研究院藏刻本，編號Vhc612。

第一章　典籍所見黎文休《大越史記》的編撰与史學思想

吳時仕批評趙佗於越地無功而有過，與箕子、泰伯相差甚遠，"我邦外屬於趙，遂內屬於漢，以迄于唐，國統頓絕，推原首禍，非佗而誰歟"，"至以倡始帝王之業，推大其功，則臣固已論之矣。黎文休創此書法，立此議論，吳士連因其陋而不改，至於歷嵩之總論，鄧明謙之詠史，更相稱贊，以為本國之盛帝，至今歷千載而莫克正之，此臣所以深為之辨"①，吳時仕對前代史家以趙佗為國統、帝業之盛的觀點進行了批評，最後以趙佗南越國為"外屬"，別于漢唐之"內屬"。

阮朝嗣德帝因前史未依朱熹通鑑綱目書法體例，導致正統不明，遂要求重新撰寫史書。嗣德帝直接將趙佗南越國斥為"非正統"，認為前史所載"鴻龐紀"荒誕不羈，而雄王載之書史，遂以雄王為國史起源，編撰《欽定越史通鑑綱目》以明其意。此後學者多以雄王為國家歷史起源，但雄王為炎帝神農氏之後，因此對鴻龐氏的傳說大多同時記取，雄王歷史起源實際上涵蓋了越南古代歷史學家創設的各種國史起源。黎文休以南越國為越南歷史起源和國統之首的觀點在得到後世的長期認可之後，最終被新的歷史觀點顛覆并替代。

**（二）國統·治統·大一統**

黎文休以南越國作為越南的國統之首，國統如何延續就成了即將面臨的問題。南越國亡後，漢朝在南越故地設置郡縣，直至五代時期，除了幾位短期稱帝、稱王的豪傑之外，交州地區不再擁有王國或者皇帝級別的政權。黎文休認為能夠接續南越國統的標準是稱帝建國，奄有領土。越史極力稱頌的二徵起事，吳士連認為："徵氏憤漢守之虐，奮臂一呼，而我越國統幾乎復合"②，黎文休卻不認為二徵可以接續南越國統，因此發出"惜乎繼趙之後，以至吳氏之前，千餘年之間，男子徒自低頭束手，為北人臣僕，曾不愧二徵之女子"的感歎。③ 三國時據有交州的士燮，黎文休曰："士王能以

---

① ［越南·西山朝］《大越史記前編》卷二，河內：漢喃研究院藏刻本，編號 Vhc612。
② 校合本《大越史記全書》外紀卷之三，第 127 頁。
③ 校合本《大越史記全書》外紀卷之三，第 126 頁。

寬厚，謙虛下士，得人親愛，而致一時之貴盛。又能明義識時，雖才勇不及趙武帝，而屈節事大，以保全疆土，可謂智矣。惜其嗣子弗克負荷先業，使越土宇既皆全盛，而復分裂。悲夫！"①黎文休論稱帝的李賁亦僅中才之將。黎文休認為吳權雖然建政，但也不足以接續南越國統：

> 前吳王能以我越新集之兵，破劉弘操百萬之眾，拓土稱王，使北人不敢復來者，可謂以一怒而安其民，善謀而善戰者也。雖以王自居，未即帝位改元，而我越之正統，庶幾乎復續矣。②

黎文休認為接續南越國統的是掃平群雄、一統交州的丁部領。黎文休曰：

> 先皇以過人之才明，蓋世之勇畧，當我越無主，群雄割據之時，一舉而十二使君盡服。其開國建都，改稱皇帝，置百官，設六軍，制度略備，殆天意爲我越復生聖哲，以接趙王之統也歟。③

丁氏之後，即前黎、李、陳代興了。黎文休以何種形式來連接自主建國後各代之間的承續關係，因《大越史記》亡佚不得而知，黎文休創設的南越國統之首以及對國統的建構與論述直接影響了後世史家和史籍的國統理論與撰述。黎文休以南越國、丁朝、前黎朝、李朝、陳朝為國統的觀點，首先影響了黎崱，《安南志略》即分別設《趙氏世家》《丁氏世家》《黎氏世家》《李氏世家》《陳氏世家》。黎文休創設的這一國統順序大致未變，但關於前黎朝的國統地位在後世發生了變化，《平吳大誥》言"粵趙、丁、李、陳之

---

① 校合本《大越史記全書》外紀卷之三，第132頁。
② 校合本《大越史記全書》外紀卷之五，第172頁。
③ 校合本《大越史記全書》本紀卷之一，第180頁。

第一章 典籍所見黎文休《大越史記》的編撰與史學思想

肇造我國"①，黎嵩言黎利建國"豈趙、丁、李、陳所能及哉"②，二者皆是官方文獻，均取消了前黎朝的正統地位。

吳士連對黎文休僅以趙佗南越國為國統的觀點不大認同，亦不認可南越國之後、丁部領之前國祚不繼的情況。③ 因此，對黎文休的國統順序做了很大的修改，除了創設《鴻龐紀》將南越國統提前至炎帝神農氏之外，又創設諸紀以示國祚延續。吳士連以"紀"的形式將上古鴻龐氏、屬漢唐郡縣至丁部領稱帝之後各代史事統一銜接起來，以體現安南與中國"天限南北，各帝一方"，在理清郡縣時期的正統和自主思想之後，丁黎李陳即是諸家正統的自然延續。《大越史記前編》在吳士連書的基礎上，設"紀"之外，又據吳時仕觀點提出"內屬"和"外屬"的概念。《欽定越史通鑑綱目》在前代典籍基礎上修史，對已有觀點提出了很多顛覆性意見，該書在篇目中不再設"紀"，以年相系，《凡例》明確表示遵照朱熹《資治通鑑綱目》的要求"大書以提要，分注以備言"④，以"大書"和"分注"體現正統：

表 1 – 2　　　　　《大越史記全書》《大越史記前編》
　　　　　　　　　《欽定越史通鑑綱目》史事比較

| 史事 | 大越史記全書 | 大越史記前編 | 欽定越史通鑑綱目 ||
|---|---|---|---|---|
| 涇陽王、貉龍君 | 鴻龐氏紀 | 鴻龐氏紀 | | 分注 |
| 雄王、文郎國 | 鴻龐氏紀 | | 雄王，前編之首 | 大書正統 |
| 安陽王 | 蜀氏紀 | | | 分注非正統 |

---

① ［越南·黎初］阮廌：《抑齋集》卷三《文類》，河內：文化通訊出版社 2001 年版，第 319 頁。

② 校合本《大越史記全書》卷首，第 93 頁。

③ 可參看韓國學者 Yu InSun 劉仁善，*Lê Văn Hưu and Ngô Sĩ Liên*, *A Comparison of Their Perception of Vietnamese History*, *Việt Nam Borderless Histories* edited by Nhung Tuyet Tran and Anthony Reid Madison, The University of Wisconsin Press, 2006, pp. 45 – 71.

④ 朱熹：《資治通鑑綱目》，《朱子全書》第八冊，上海古籍出版社、安徽教育出版社 2002 年版，第 21 頁。

续表

| 史事 | 大越史記全書 | 大越史記前編 | 欽定越史通鑑綱目 | |
|---|---|---|---|---|
| 南越國 | 趙氏紀 | 外屬趙紀 | | 分注非正統 |
| 屬西漢 | 屬西漢紀 | 內屬西漢紀 | | 分注干支之下 |
| 徵側徵貳 | 徵女王紀 | 徵女王紀 | 削紀，屬漢 | 因事直書 |
| 屬東漢 | 屬東漢紀 | 內屬東漢紀 | | 分注干支之下 |
| 士燮治交州 | 士王紀 | | | 分注干支之下 |
| 屬吳晉宋齊梁 | 屬吳晉宋齊梁紀 | 內屬吳晉宋齊梁紀 | | 分注干支之下 |
| 李賁 | 前李紀 | 前李紀 | | 分注非正統 |
| 趙光復 | 趙越王紀 | | | 分注非正統 |
| 李佛子 | 後李紀 | | | 分注非正統 |
| 屬隋唐 | 屬隋唐紀 | 內屬隋唐紀 | | 分注干支之下 |
| 曲承美、楊廷藝 | 南北分爭紀 | 南北分爭紀 | | |
| 吳權 | 吳氏紀 | 吳紀 | | 黜吳昌熾正統 直書楊三哥事 以記其篡 |
| 丁朝 | 丁紀 | 丁紀 | 正編之首 | 大書正統 |
| 前黎朝（黎桓） | 黎紀 | 黎紀 | | 大書正統 |
| 李朝 | 李紀 | 李紀 | | 大書正統 |
| 陳朝 | 陳紀 | 陳紀 | | 大書正統 |
| | 後陳紀 | 後陳紀 | | 分注 |
| 明朝佔領 | 屬明紀 | 屬明紀 | | |
| 後黎朝（黎利） | 黎皇朝紀 | 無 | | 大書正統 |

說明：本表據越南的社會科學出版社一九九三年影印內閣官板《大越史記全書》、河內漢喃研究院藏《大越史記前編》景盛八年（一八〇〇）刻本、越南國家圖書館藏《欽定越史通鑑綱目》建福元年（一八八四）刻本制。

吳士連為歷代設"紀"，效法《資治通鑑》的寫作計畫，以吳權之前的歷史為"外紀"，吳權之後的歷史為"本紀"，為越史設計了悠遠不絕的國祚。不僅如此，在吳士連的設計之中，安南不僅繼承了來自炎帝神農氏、趙武帝、二徵、李南帝等國統，還繼承了郡縣時期以士燮、陶璜①、高駢、趙昌等行政長官為代表的良好"治統"②，吳士連對郡縣時期守任官員的政績和功勳均加以肯定和讚揚，並以"紀"的形式表現出來。在郡縣時期，"國統"與"治統"分離，安南自主建國之後，二者又合而為一。

武瓊以丁部領為"大一統"，將吳權列入"外紀"。武瓊書亡佚，但從《越鑑通考總論》中仍可看出武瓊繼承了吳士連大部分的史學思想。吳士連的思想與後黎朝官方思想有一定的差異，范公著在吳士連書基礎上修史，為吳士連書及思想賦予了官方地位。《大越史記前編》因吳時仕認為"佗與漢抗，交州未與中國通，故以外屬起例，別內屬云"，因此以趙佗為"外屬"，漢晉南朝隋唐為"內屬"；《大越史記前編》雖然刪去了吳士連所設的"蜀氏紀""士王紀""趙越王紀""後李紀"，但其事皆有所系，列於各"紀"之下。儘管吳時仕大作翻案文章，對前朝已有的觀點做出了顛覆性的修改，並被吸收進《大越史記前編》之中，但吳士連為越史設計的國統體系仍被繼承下來。《欽定越史通鑑綱目》在正文各卷中以年系事，在《凡例》中對正統、書法、體例、人物、敘事等做了極為詳細明確的規定和說明，一遵朱熹思想。作為越南古代最後一部官修通史，《欽定越史通鑑綱目》儘管在史學評價方面對郡縣時期和自主各代與前朝史籍有所不同，但是，君臣共重、考證詳細，越史在此擁有完備、細緻的記述和敘事，既是朱熹史學在越南發展的體現，也是越南古代官修通史的集大成之作。③

---

① 可參看丁克順、葉少飛《越南新發現〈晉故使持節冠軍將軍交州牧陶列侯碑〉初考論》，《元史及邊疆與民族研究集刊》第三十輯，上海古籍出版社2015年版，第1—10頁。
② 請參看羅厚立（羅志田）《道統與治統之間》，《讀書》1998年第7期，第144—152頁。
③ ［越南］阮方（Nguyễn Phương）：《越南的誕生》（*Việt Nam thời khai sinh*），順化大學院歷史研究室，1965年，第203—208頁。阮方對黎文休、吳士連、嗣德君臣的國統觀做了分析，認為古代史家設立的國統差別很大，且相互之間並無關聯。

## 三　典籍所見黎文休《大越史記》的史學思想

　　中國古代史學自孔子刪《春秋》開端之後，由司馬遷《史記》發揚光大，之後典籍紛呈，光輝燦爛。自漢至宋，史學體裁和體例不斷創新，但在史學思想上能夠對後世施以影響的當推孔子和司馬遷。司馬遷論孔子"'高山仰止，景行行止'，雖不能至，然心鄉往之"，"中國言六藝者折中于夫子，可謂至聖矣"①，《史記》論贊多以孔子言辭論史。司馬光《資治通鑑》是傑出的歷史著作，但在史學思想上產生巨大影響的卻是朱熹的《資治通鑑綱目》，後世依照朱熹思想述史的著作極多，稱"綱目體"史書。

　　慶元六年（一二〇〇）朱熹卒，壽七十一。《資治通鑑綱目》在朱熹生前未刊印，嘉定十一年（一二一八），方刻於泉州，版藏南宋國子監。第二次刻印卻已在元世祖至正二十一年（一二九一）。明初曾頒國子監印本於北方學校，中國國家圖書館藏有《資治通鑑綱目》宋刻明印本。② 吳士連曾提及"胡宗鷟《越史綱目》有作，書事慎重而有法，評事切當而不冗，殆亦庶幾。然而兵火之後，其書不傳，蓋成之至難"③，胡書很早就亡佚，由題目可知是根據《大越史記》編撰的"綱目體"著作。胡宗鷟為陳朝末期人，經歷陳藝宗（一三七〇至一三七二）、陳睿宗（一三七三至一三七七）和陳廢帝（一三七七至一三八八），胡朝（一四〇〇至一四〇七）時卒于家，壽八十。④ 可知朱熹《資治通鑑綱目》在陳朝傳入安南，並為學者所借鑒。

　　《大越史記》完成於一二七二年，黎文休並未提及朱熹或論及《資治通鑑綱目》，此時《綱目》僅刻印一次，流傳有限，應該尚未

---

　　① 《史記》卷四七，中華書局1959年版，第1947頁。
　　② 嚴文儒：《〈資治通鑑綱目〉校點說明》，《朱子全書》第8冊，上海古籍出版社、安徽教育出版社2010年版，第3—4頁。
　　③ 校合本《大越史記全書》外紀卷首，第55頁。
　　④ 《李陳詩文》，河內：社會科學出版社1977年版，第三冊，第67頁。

傳入安南。黎文休的諸多歷史評論則是受到孔子思想的巨大影響。孔子思想博大精深，黎文休即依照孔子的核心觀念來論史，對儒學亦有自己的理解。

### （一）黎文休史論與孔子思想

#### 1. 崇周

孔子謂："吾說夏禮，杞不足徵也，吾學殷禮，有宋存焉，吾學周禮，今用之吾從周"，又謂："周監於二代，鬱鬱乎文哉，吾從周"，此外如哀公問政，則舉文武之方策，自歎其衰，則以不夢周公為徵兆。故孔子奉周政為矩範，似無可疑。① 周政是孔子心目中理想的政治時代，故孔子以之為楷模。黎文休創設越史，推崇本國之政，將黎桓與李公蘊這兩位開國之君互相比較：

> 黎大行之誅丁佃，執阮匐，擒君辨，虜奉勳，如驅小兒，如役奴隸，曾不數年而疆土大定，其戰勝攻取之功，雖漢唐無以過也。或問大行與李太祖孰優，曰自其削平內奸，攘挫外寇，以壯我越，以威宋人而言，則李太祖不如大行之功爲難。自其素著恩威，人樂推戴，延長國祚，垂裕後昆而言，則大行不如李太祖之慮爲長。然則太祖優歟？曰優則不知，但以李德鑒黎爲厚爾，當從李。②

黎文休在事功與崇德之間選擇，最後依照孔子的標準，認為李朝德厚，當從李，且李朝國祚綿長，黎朝在黎桓卒后四年即亡。黎文休論李公蘊尊父之舉：

> 有周興王，其追封則曰大王王季。大宋稱帝，其追封則曰僖祖翼祖，蓋父為子貴之義。我李太祖既稱帝，而追封其父曰

---

① 蕭公權：《中國政治思想史》，遼寧教育出版社1998年版，第52頁。
② 校合本《大越史記全書》本紀卷之一，第188—189頁。

顯慶王，當時禮官不能正之，所謂自卑矣。①

李公蘊封父為顯慶王，黎文休以其不能從周、宋之政，禮官復不能正其名，顯然制度不醇，又使李朝建國卑下於宋。黎文休論人物，多以周朝聖人相比。論帝王尊號，則言：

> 帝堯、帝舜、文王、武王皆以一字為號，未嘗有增其尊號也。後世帝王好為誇大，乃有累至數十餘字者，然以功德稱之，未有以物件及蠻夷聯綴於其間者也。太宗乃納群臣所上"金湧銀生儂平藩伏"八字為號，則於誇大中，又失於麓矣。太宗不學，無以知之，而儒臣進此以諛媚其君，不可謂無罪也。②

《中庸》曰，孔子"祖述堯舜，憲章文武"，孔子亦多次言文武之道，李太宗納群臣所上尊號"金湧銀生儂平藩伏"，黎文休認為"未有以物件及蠻夷聯綴於其間者"，即誇大之中，又見粗俗，與聖人之一字尊號相去萬里。黎文休論趙佗功績，則言"遼東微箕子，不能成衣冠之俗；吳會非泰伯，不能躋王霸之強。大舜，東夷人也，為五帝之英主；文王，西夷人也，為三代之賢君"，即以趙佗比古之聖人，泰伯為其一。黎文休所論上古聖賢，周太王、箕子、泰伯、堯、舜、文王、武王，均是孔子仰慕稱頌的聖人，雖然現在黎文休史論僅見於此，但管中窺豹，以聖人之行論斷，可知黎文休以孔子"尊周"為準繩。

## 2. 正名

孔子之時，"禮樂征伐自諸侯出"，周公所制之禮樂制度多被破壞，故孔子要求正名，以恢復周代秩序。安南自五代立國之後，經過丁黎草創時期，李朝制度文物雖然豐富，但李朝崇佛，故施政亦受佛教影響。黎文休論李朝諸帝自稱：

---

① 校合本《大越史記全書》本紀卷之一，第203頁。
② 校合本《大越史記全書》卷之二，第228—229頁。

# 第一章　典籍所見黎文休《大越史記》的編撰与史學思想

　　天子自稱曰朕，曰予一人，人臣稱君曰陛下，指天子所居曰朝廷，指政令所出曰朝省，自古不易之稱也。太宗使群臣呼己為朝廷，其後聖宗自號為萬乘，高宗使人呼為佛，皆無所法，而好為誇大。孔子所謂名不正，則言不順，此也。①

　　"予一人"乃周天子自稱，在黎文休看來，李朝太宗、聖宗、高宗自立名目，隨心所欲，肆無忌憚，且事出多端，名不正之至。李朝陵寢制度不完備，黎文休認為儒臣失職：

　　夫古者天子既崩，安靈柩有陵，或號茂陵，或號昌陵；遺宸章有閣，或名顯謨，或名寶文。今李家歷代陵祇曰壽陵，閣祇曰龍圖，蓋時君不學，而儒臣不能潤色，或無稽古之力也。②

　　儒臣不能稽古，遂使李朝帝陵"名不正"。另安南自丁朝以後，黎文休認為，君主謚號粗陋：

　　天子與皇后初崩殂，未歸山陵，則號大行皇帝、大行皇后。及寢陵既安，則會羣臣，議其德行之賢否以為謚，曰某皇帝、某皇后，不復以大行稱之。黎大行乃以大行為謚號，相傳至今，何哉？蓋以不肖之臥朝為子，又無儒臣弼亮之以議其謚法故也。③

　　以"先皇"稱丁部領，以"大行"稱黎桓，皆不符合謚法。黎文休將原因歸於臥朝王的不肖，但實際上是當時制度草創、文物不備的原因。孔子言"君君臣臣父父子子"，楊三哥逐吳昌岌，以吳昌文為己子，吳昌文驅逐楊三哥登基為王，又因楊三哥的養育之

---

① 校合本《大越史記全書》卷之二，第224頁。
② 校合本《大越史記全書》卷之二，第220頁。
③ 校合本《大越史記全書》本紀卷之一，第197頁。

恩，賜其食邑，黎文休論此事曰：

> 逐君之子而自立，公罪也；養君之子為己子而食邑，私恩也。逐昌岌而自立，篡逆之臣，於義固不容誅矣。後吳王不正其罪，乃以口體私恩，不忍加刑，又賜之食邑，豈不大謬乎。①

在黎文休看來，吳昌文與楊三哥的關係複雜又混亂，但完全違背了君臣之道，僅從"私恩"而已，"豈不大謬"！黎桓死後，諸子相殘，黎文休曰：

> 臥朝弒其兄而自立，虐其眾以自逞，以至亡國失祚，非黎氏之不幸也，其過在大行不早正儲位，與中宗不能防其微，以致之也。②

黎桓征戰一生，對國內政治頗不在意，封十二子為王，不立太子。一○○五年黎桓死，諸子攻殺，最後臥朝王黎龍鋌登基，殘虐異常，一○○九年即卒，李公蘊奪權，黎朝亦亡。李公蘊死後，太子即位，但其餘諸子引軍相攻，黎桓死後一幕再次上演，幸賴黎奉曉平之。黎文休曰：

> 李家封嫡子皆為王，庶子皆為皇子，而皇太子之位不設。及至宮車大漸，方擇諸子一人，入繼大統。傳之成俗，不知何意也。或曰李家不先正儲位，蓋欲使諸子亹亹為善，謂儲位既定，則君臣分定，雖有微子之賢，將何以處之哉。曰天下之本既定，猶有楊廣飾行奪嫡之禍，況儲貳不正，事至倉卒，方欲擇立。萬一有三夫人強請之嗣君，徐文通弄筆之遺詔，雖若不

---

① 校合本《大越史記全書》外紀卷之五，第173頁。
② 校合本《大越史記全書》本紀卷之一，第198頁。

第一章　典籍所見黎文休《大越史記》的編撰與史學思想　|　27

允，其可得乎。有國家者，當以此為戒。①

有君臣然後有父子，在黎文休看來，"不正儲位"是倡亂之源。李公蘊在即位之始，即"冊長子佛瑪為皇太子"②，《大越史略》亦記李公蘊立太子，顯然李朝已有皇太子，黎文休言"皇太子之位不設"不知何故。黎文休論黎朝亡國原因，在於黎桓不能立太子以定國本。李朝有太子，黎奉曉以太子為正，奉令誅殺反王，李朝亦因此得以傳承。

黎、李時期與諸子爭位摻雜在一起的還有立后之事。自丁朝創建，即開創了一個極為不好的制度，即立皇后多人。丁部領立皇后五人③，黎桓亦立五位皇后④。李公蘊先立皇后六人⑤，再立皇后三人⑥。李太宗立皇后七人⑦。諸王與母后相連接，極易生亂。設立多位皇后在丁、黎、李三朝引起很大的問題，丁部領在世之時，長子丁璉殺太子項郎；黎桓卒後，諸子爭立；李公蘊卒，太子即位，諸王攻至殿前。黎文休曰：

> 天地並其覆載，日月並其照臨，故能生成萬物，發育庶類，亦猶皇后配儷宸極，故能表率宮中，化成天下。自古祇立一人，以主內治而已，未聞有五其名者。先皇無稽古學，而當時群臣，又無匡正之者，致使溺私，並立五后。下至黎、李二家，亦多效而行之，由先皇始唱其亂階也。⑧

---

① 校合本《大越史記全書》本紀卷之二，第217頁。黎文休論李朝不設太子之事，與《大越史記全書》記載李朝儲君之事有明顯的衝突，何以致此尚不明晰。
② 校合本《大越史記全書》本紀卷之一，第203頁。
③ 校合本《大越史記全書》本紀卷之一，第180頁。
④ 校合本《大越史記全書》本紀卷之一，第189頁。
⑤ 校合本《大越史記全書》本紀卷之一，第203頁。
⑥ 校合本《大越史記全書》本紀卷之二，第212頁。
⑦ 校合本《大越史記全書》本紀卷之二，第219頁。
⑧ 校合本《大越史記全書》本紀卷之一，第180頁。

孔子雖然沒有講到夫婦之道，但《詩經》第一篇《關雎》，儒家認為是講后妃之德。丁、黎、李三代立皇后多人，可謂"失序"，亦是名不正之舉。黎文休針對丁部領立五皇后而言，但於黎、李二代亦有鑒戒。李仁宗卒，李神宗繼位，以生父為太上皇，黎文休曰：

> 神宗以宗室之子，仁宗育爲子，使繼大統，義當以仁宗爲父。而稱所生父崇賢爲皇叔，封生母杜氏爲王夫人，如宋孝宗之於秀安僖王及夫人張氏，以一其本可也。今乃封崇賢侯爲太上皇，杜氏爲皇太后，無乃二其本乎。蓋神宗時方幼沖，而在朝公卿如黎伯玉、牟俞都，又無知禮者故也。①

黎文休認為李神宗當以仁宗為父，又崇生父為太上皇，是國有二本。雖言父以子貴，但於國而言，堪稱"君臣""父子"失序。

### 3. 孝

孔子多次言何為孝的真諦。黎文休曰：

> 人子生三年，然後出於懷抱，而免於父母。故自天子至於庶人，雖貴賤不同，而三年哀慕之情則一，蓋所以報其劬勞也。矧神宗之於仁宗，鞠在宮中，恩莫厚矣。義當慎終追遠，其報可也。今未閱月，而遽命群臣除服，未卒哭，而迎兩妃后入宮。不知當時將何以儀刑四海，表率百官哉。神宗雖幼弱，而在朝之臣，亦幸其短喪，無一言及之者，可謂朝無人矣。②

李神宗君臣對於仁宗之喪，當月即除喪服，與孔子所言"三年無改于父之道"差之萬里，如此行為，"何以儀刑四海，表率百官"？朝臣無人指正，黎文休曰"可謂朝無人矣"。此舉雖不符合儒

---

① 校合本《大越史記全書》本紀卷之三，第272頁。
② 校合本《大越史記全書》本紀卷之三，第268頁。

家宗旨，但李朝崇佛，由此亦可見李朝施政並不完全遵照儒家思想。

4. 辟異端

孔子不言怪力亂神。在孔子身後，興盛于漢朝的讖緯重災異祥瑞，西來的佛教教人事佛以求虛無，此皆是孔子所未見，但以孔子的想法，定不樂見於此。黎文休抨擊李太祖崇佛：

> 李太祖即帝位，甫及二年，宗廟未建，社稷未立，先於天德府創立八寺，又重修諸路寺觀，而度京師千餘人為僧，則土木財力之費，不可勝言也。財非天雨，力非神作，豈非浚民之膏血歟？浚民之膏血，可謂修福歟？創業之主，躬行勤儉，猶恐子孫之奢怠，而太祖垂法如是，宜其後世起淩霄之堵坡，立削石之寺柱，佛宮壯麗，倍扵宸居，下皆化之，至有毀形易服，破產逃親，百姓太半為僧，國內到處皆寺，其源豈無所自哉！①

丁部領、黎桓出身武將，丁、黎二代皆及身而亡。李公蘊在創建李朝時借助了佛教僧侶的力量，故而在建政之初，須對其籠絡安撫。佛教也的確在李朝政權的穩定中發揮了巨大的作用。李常傑破敵，李神宗至寺觀謝神佛保佑，黎文休曰：

> 夫運籌帷幄之中，決勝千里之外，皆良將臨戎制勝之功也。太傅李公平破真臘之寇於乂安州，遣人奏捷。神宗當告捷於太廟，論功於廟堂，以賞公平等克敵之勳。今乃歸功於佛道，臨寺觀而拜謝之，非所以勞有功鼓士氣也。②

以儒家思想所論，佛教實為異端。李朝以社會的精神和物質皆歸之于佛，長久以下將使社會喪失發展的動力，黎文休認為佛教靡

---

① 校合本《大越史記全書》本紀卷之二，第208—209頁。
② 校合本《大越史記全書》本紀卷之三，第271頁。

費國力，並不為過。

5. 夷狄之道

安南立國之後，與南方的占城互相攻伐，其對北方地區部族的統治也極為棘手。安南自認為"華夏"，視他者為"夷狄"。黎文休曰：

> 夫帝王之於夷狄，服則綏之以德，叛則示之以威。英宗使李蒙領五千餘人，援立雍明些疊爲占城國王，而爲制皮囉筆所殺，義當興師問罪，擇立一人，代王其國，則威加殊俗，而德在後王。今乃受其女，而不問其罪，可謂逸矣。其後占城、真臘連年入寇，乂安一路，不勝其弊，英宗實啓之也。①

李朝自認對占城有存亡繼絕的義務，因此扶立國王，但為新君所殺，李英宗不興師問罪，卻受占城之女，是釋罪不誅，威德不行。儂存福叛亂，李太宗东之，又放歸其子儂智高。黎文休認為"今智高復踏蹈其父之不軌，則其罪大矣，誅之可也。奪其爵邑，降為庶人亦可也"，李太宗却賜州郡，封為太保，"賞罰無章"，終於釀成大亂。②孔子曰："遠人不服，則修文德以來之"，但李太宗和李英宗的舉措文德不施，威刑不加，即黎文休所言，"溺佛氏之小仁，而忘有國之大義"③。

## （二）論"儒臣"

黎文休雖然以孔子思想為宗，但儒學在孔子之後代有發展，黎文休所處的時代儒學流派紛呈，黎文休在史論中常論"儒臣"，即是對儒家思想的部分自我闡釋。

孔子曰，"女為君子儒，毋為小人儒"，於"儒"的含義尚未完

---

① 校合本《大越史記全書》本紀卷之四，第294頁。
② 校合本《大越史記全書》本紀卷之二，第233頁。
③ 校合本《大越史記全書》本紀卷之二，第233頁。

全界定明晰。儒家在戰國時代勃興之後，習儒術者秦漢時世稱"儒者"、"儒生"，亦稱"儒士"，亦有稱"儒臣"者，揚雄《博士箴》云："儒臣司典，敢告在賓"①。漢代以後，諸家學說多廢，法家、道家亦緣儒術以奮進，隋唐行科舉，朝臣多有科舉取士所進階者，兩唐書中"儒臣"使用增多，漸成風氣。宋代科舉更加繁榮，故《宋史》中"儒臣"十分常見。

黎文休談黎大行諡號時首次論及"儒臣"："蓋以不肖之臥朝爲子，又無儒臣弼亮之以議其諡法故也。"又論李太宗納群臣所上"金湧銀生儂平藩伏八字"為號："太宗不學，無以知之，而儒臣進此以諛媚其君，不可謂無罪也。"論李朝陵寢之別："今李家歷代陵祇曰壽陵，閣祇曰龍圖，蓋時君不學，而儒臣不能潤色或無稽古之力也。"黎文休三次言及"儒臣"，所論皆是"諡法""尊號""陵寢"等典章制度，其職能略同於揚雄所言博士諸生"儒臣司典，敢告在賓"。李太宗明道二年（一〇四三）：

　　帝幸武寧州松山古寺，見其人跡蕭然，基址暴露，中有石柱，欹斜欲傾。帝慨嘆，意欲重修之。言未發，石柱忽然復正。帝異之，命儒臣作賦以顯其靈異。②

黎文休對此類靈異事物極不認可，故而對李朝重祥瑞之事大力否定，儒臣在此"作賦以顯其靈異"，在黎文休看來，恐非聖人之願。在李朝歷史記述中，此處用"儒臣"，黎文休評論中又使用三次，對儒臣的理解近于漢代博士諸生，非唐宋時之儒家社稷臣。由此可見，黎文休有很強烈的儒家復古思想。儒臣不能正君主禮法之失，實為失職。黎文休以"儒臣"來論制度不足，實際是孔子思想向朱熹思想的过渡，在吳士連的評論中，即明確以朱子思想作為準繩來衡量君臣行為了。

---

① 《全上古三代秦漢三國六朝文·全漢文》，商務印書館1999年版，第553頁。
② 校合本《大越史記全書》本紀卷之二，第232頁。

## 四 "黎文休曰"的史論體例與影響

　　儘管《大越史記》在黎貴惇和潘輝注的時代已經亡佚很久，但仍被其列為越史第一著作，可見影響之大，《大越史記》的體例亦為後世所效法。《大越史記》正文亡佚，吳士連在《大越史記全書》中保留了黎文休的三十條歷史評論，皆以"黎文休曰"的形式開端。劉知幾《史通·論贊》曰：

　　《春秋左氏傳》每有發論，假君子以稱之。二《傳》云公羊子、穀梁子，《史記》云太史公。既而班固曰贊，荀悅曰論，東觀曰序，謝承曰詮，陳壽曰評，王隱曰議，何法盛曰述，常璩曰譔，劉昞曰奏，袁宏、裴子野自顯姓名，皇甫謐、葛洪列其所號。史官所撰，通稱史臣。其名萬殊，其義一揆。必取便於時者，則總歸論贊焉。①

　　劉知幾概括總結了唐代以前史書中的評論方式，總稱為"論贊"，這也是《史通》之前中國史學評論的主要形式。《左傳》論史稱"君子曰"，《史記》稱"太史公曰"，袁宏《後漢紀》則稱"袁宏曰"，黎文休書名《大越史記》，在各種論贊名稱之中綜合諸家，以姓名自顯，為"黎文休曰"②。

　　"黎文休曰"的史學評論方式對後世影響很大，《大越史記全書》記載了多處"潘孚先曰"對陳朝歷史的評價，又保留了"潘孚先論曰"論黎仁宗③；吳士連修《大越史記全書》，以"史臣吳士連曰"的方式論史，或獨立評論，或在黎文休、潘孚先的史論之後

---

　　① 劉知幾撰，浦起龍釋：《史通通釋》，上海古籍出版社1978年版，第81、84頁。
　　② "黎文休曰"保存於吳士連《大越史記全書》之中，稍後的潘孚先史論亦記為"潘孚先曰"，但吳士連以"史臣吳士連曰"的方式論史，因黎、潘二人著作亡佚，我們並不能確定"黎文休曰"是否經過吳士連的改動。
　　③ 校合本《大越史記全書》本紀卷之十一，第634頁。

評論；之後又有"武瓊贊曰"①、"登柄評曰"②，又有未署名的"論曰"和"史臣論曰"③。《大越史記全書》所載論贊形式並未超出《史通》所載。後黎朝末期出現了兩部專門的史論著作，即阮儼（一七〇八至一七七五）的《越史備覽》和吳時仕（一七二六至一七八〇）的《越史標案》。

西山朝建立之後，國史館在前史基礎上修成《大越史記前編》，記述鴻龐氏至明軍北返時期的歷史，于景盛八年（一八〇〇）進呈，採用了黎文休、吳士連、阮儼和吳時仕四人的史論，成為西山朝的官修國史。但溯其源流，仍是來源於"黎文休曰"。

## 五　結論

黎文休《大越史記》的編撰與完成是越南古代史學發展完善的標誌。黎文休在李朝史學和陳周普《越志》的基礎上修史，體現了對前代史學的繼承與發展。《大越史記》採用編年體通史的體裁，直接繼承中國史學思想和傳統，並以"史記"為名。黎文休確立了南越國統并構建了完整的國統體系，深刻影響了後世史家對國統的認知與構建，對政治與歷史文化產生了巨大的作用。

《大越史記》正文亡佚，我們僅從《大越史記全書》保存的"黎文休曰"的史學評論方式方窺知其史學思想，黎文休以儒家思想論斷史事，更多地以孔子思想為準繩。後世史家繼承了黎文休的史論形式，并對其觀點與思想進行再評論，越南古代史學評論自此傳承不絕。

黎文休編撰《大越史記》之時朱熹思想尚未傳至越南，黎文休的撰著體現了越南古代對前朱子時期的中國史學和儒家思想的理解、運用與創造，因其書散佚，僅可知其一端。黎文休《大越史

---

① 校合本《大越史記全書》本紀卷之十一，第 608 頁。
② 校合本《大越史記全書》本紀卷之十五，第 837 頁。
③ 校合本《大越史記全書》本紀卷之十，第 565 頁。

記》之後，又有胡宗鷟《越史綱目》和潘孚先《大越史記》，但均亡佚。故而我們只能根據吳士連《大越史記全書》來探知越南古代對新時期朱熹史學思想的認識與發展了。

# 第 二 章

# 《安南志略》的編撰與思想

《安南志略》是陳朝人黎崱北居元朝時編撰的一部紀傳體通史，書成之後，有元代儒者十一人為其作序，盛讚黎崱史才及其書，第一篇序的作者白雲老人蔡罕言其書"信而有征，異時列之史館，將不在遷、固下"①。因《安南志略》精贍，纂修《經世大典》之時，由歐陽玄據以撰成《安南附錄》一卷，"載之地官賦典"②，黎崱之書亦得居官修典籍之中。《安南志略》是現存編撰時間最早的由越南古人編撰的史籍，是越南歷史和中越關係史研究的重要著作。

## 一 《安南志略》的版本

《安南志略》撰成之後，長期在中國流傳，後被收入《四庫全書》。日本人岸吟香在得到黃丕烈過錄錢大昕校本之後，於一八八四年由上海樂善堂出版銅活字排印本，序、跋及錢、黃校註完整，《安南志略》遂廣為流佈。此鈔本現藏日本國會圖書館。③

法國學者最早對《安南志略》展開現代學術研究。一八九六年，宋嘉銘（Camille Sainson, 1868-1954）推出《安南志略》法譯本，此本據一八八四年岸吟香排印本譯出，以《安南回憶錄》（Mémoires sur l'Annam）之名出版，前有考證之文，編有名詞索引及

---

① （元）黎崱撰，武尚清校註：《安南志略》，中華書局2000年版，第1頁。
② （元）黎崱撰，武尚清校註：《安南志略》，中華書局2000年版，第9頁。
③ http://dl.ndl.go.jp/info:ndljp/pid/2570895?tocOpened=1.

歷史、地理詞彙表。① 一九〇〇年，《安南回憶錄》獲得儒蓮獎（Prix Stanislas Julien）。一九〇四年，卡迪艾爾（L. Cadière）和伯希和（P. Pelloit）繼續對《安南志略》進行研究，至一九五五年，現代學者關於《安南志略》的編撰時間形成了八種觀點。② 在山本達郎的巨著《安南史研究 I——元明兩朝的安南征略》中，《安南志略》是基礎史料之一，採用了岸吟香的樂善堂本，並參考了日本內閣文庫藏黃丕烈過抄本和靜嘉堂藏文瀾閣抄本。③

一九五八年，陳荊和任順化大學客座教授，并擔任"越南史料編譯委員會"主席。陳荊和指出，伯希和對樂善堂本的錯訛極不滿意，並將之與大英博物館藏鈔本進行比較研究。④ 鑒於《安南志略》的重要史料價值和影響，樂善堂本及其他刊本又都有很大的不足，因而陳荊和以樂善堂排印本以及內閣文庫藏校抄本、靜嘉堂文庫藏文瀾閣傳抄本和大英博物館藏抄本對《安南志略》進行點校，於一九六一年由順化大學院正式出版，漢文本以樂善堂排印本的格式繁體豎排，在頁底出校記，並將校訂的史文譯為越南語。陳荊和又以越語作《〈安南志略〉的版本、材料與編撰年代》一文置於書首。此校訂本極為精贍，為中文和越南語學界提供了一個優秀的版本。一九六三年，Maurice Durand 在《通報》發表書評介紹了陳荊和的校本，並指出越語譯文的一些錯誤。⑤ 陳荊和校本出版於順化，但越南的南北局勢不斷惡化，此本流傳亦有限。二〇〇九年，勞動出版社將此本重印，並編制了越文索引，但漢文部分模糊不清。二〇

---

① Paul Pelliot, L. Cadière, "Première étude sur les sources annamites de l'histoire d'Annam", *Bulletin de l'école fran? aise d'Extrême – Orient*, Vol. 5（1904），p. 625.

② 陳荊和：《〈安南志略〉的版本、材料與編撰年代》，載校合本《安南志略》，順化大學院1961年版，第 VII—VIII 頁。

③ ［日］山本達郎：《安南史研究 I——元明兩朝的安南征略》，山川出版社1950版，第6頁。

④ 陳荊和：《〈安南志略〉的版本、材料與編撰年代》，載校合本《安南志略》，順化大學院1961年版，第 XV—XVI 頁。

⑤ Maurice Durand, "An – nam chi – lưọc 安南德略, en 19 quyền by Lê Tắc 黎崱", *T'oung Pao*, Second Series, Vol. 50, Livr. 1/3（1963），pp. 343 – 355。此文書名誤排爲"安南德略"。

一八年，洪德出版社據一九六一年校訂本排印出版，漢文部分清晰可用。

圖二之一　一九六一年刊本　　圖二之二　二〇一八年重印本

一九八七年，孫曉明簡述了黎崱生平、成書過程，並與越南史籍進行了比較，介紹史料價值，但對於史學價值則未提及。① 一九九一年，陳捷先利用台北商務印書館影印文淵閣《四庫全書》中的《安南志略》闡明了黎崱的生平事業，此書與中國地志的關係，以及史料價值。但並未提及《安南志略》與越南史學的關係。②

一九八八年，武尚清對黎崱與其書進行了詳細的考察，並認為樂善堂本錯訛極多，期待重校。③ 武氏遂提槍上馬，在沒有見到陳荊和校本的情況下，取樂善堂本、一九八六年台北商務印書館影印文淵閣《四庫全書》本以及一九七九年上海書店的複印本點校注

---

① 孫曉明：《試論〈安南志略〉的史料價值》，《東南亞》1987年第3期，第52—57頁。
② 陳捷先：《黎崱〈安南志略〉研究》，載《第四屆中國域外漢籍國際學術會議論文集》，聯合報文化基金會國學文獻館，1991年，第181—210頁。
③ 武尚清：《〈安南志略〉在中國——成書、版本及傳藏》，《史學史研究》1988年第2期，第65—72頁。

釋，複印本來源未明，但具有錢大昕和黃丕烈的題跋，武尚清斷定其為來源於此一系統的抄本。一九九五年，由中華書局出版校註本《安南志略》，"前言"作於一九八九年五月。此本校註亦很精湛，並結合《大越史記全書》《越史通鑑綱目》以及相關中越史籍進行注釋，是一部優秀的古籍整理著作。武尚清根據澀江全善、森立之《經籍訪古志》中記載日本藏黃丕烈過抄錢大昕《安南志略》抄本錄文進行判斷，發現錄文確與黃丕烈《士禮居藏書題跋記續》記載一致，但因未見抄本原貌，因而難以確定此本與樂善堂所採用黃丕烈校本的關係。① 國會圖書館藏《安南志略》抄本有"佞宋""士禮居精校書籍"印章，當為黃丕烈的校訂原本，內閣文庫本則為此本的臨摹本。②

　　陳荊和校本的底本選取要多於武尚清校本，總體而言校訂優於武尚清本。但陳本重校訂而少注釋，而武尚清本的注釋則極為可觀。陳、武二人皆以樂善堂本為底本，樂善堂本又以黃丕烈過抄錢大昕本為底本。而乾隆五十五年（一七九〇）錢大昕父子鈔本仍存留於世，一九三七年，賀次君撰文介紹中山圖書館藏錢氏抄本，錢大昕之後，經胡茨村、袁壽階，輾轉至黃丕烈之手，黃氏由此過錄重校，此即樂善堂本所據底本。錢大昕原本後來流入吳春生之手，最後收入中山圖書館。③ 同年，"善本室所藏錢大昕校本安南志略書影"照片收入《廣州學報》。④ 錢大昕父子鈔本現藏台灣"國家"

---

①　武尚清：《〈安南志略〉在中國——成書、版本及傳藏》，《史學史研究》1988年第2期，第70—71頁。

②　上文所列各類版本，皆是根據陳荊和與武尚清兩位前輩學者的校本涉及的版本溯源而來。2019年11月16日，筆者以《〈安南志略〉的編撰與思想》一文在南京大學參加"色目（回回）人與元代多元社會國際學術研討會暨2019年中國元史研究會年會"，評議人四川大學羅鷺教授指出尚有北京大學圖書館藏道光五年吳翌鳳抄本，上海圖書館藏清彭元瑞校跋本。國家圖書館、重慶圖書館、華南師範大學圖書館亦分別藏有一部清抄本，這些不同版本應當比較研究，並提出相關建議。之後羅鷺教授又幫助確定國會圖書館和內閣文庫藏兩部抄本的關係，筆者對羅鷺教授謹致謝忱！

③　賀次君：《館藏鈔本〈安南志略〉跋》，《書林》第1卷第2期，1937年，第9頁。

④　《善本室所藏錢大昕校本安南志略書影》，廣州市立中山圖書館《广州学报》第1卷第1期，1937年，第7頁。

圖書館，①館內又藏一部舊抄本，格式相近，當據錢氏校本所錄的舊抄本。②就日本國會圖書館藏書影而言，黃丕烈校本的"大羅城"僅"大"與"安南志略卷第一"持平，"唐張伯儀"之"唐"與"路""制"等齊。

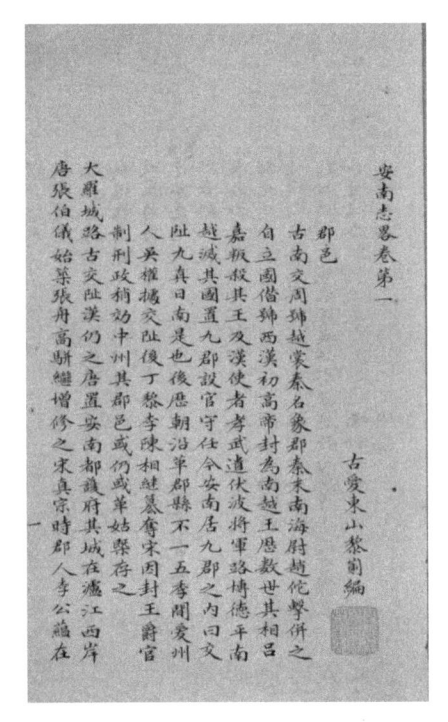

圖二之三 "國家"圖書館藏錢大昕父子鈔本《安南志略》書影

圖二之四 本館另藏舊鈔本書影

二〇〇二年，王頲與湯開建探討了元朝在境內設置的"安南國"及兩位"安南國王"陳益稷和陳端午的史事，此即黎崱追隨之主。③二〇〇四年，王頲和張玉華窮搜中越典籍史料和各種文集，

---

① http://catalog.digitalarchives.tw/item/00/07/f9/8a.html.
② http://catalog.digitalarchives.tw/item/00/08/64/a4.html.
③ 王頲、湯開建：《元"僑安南國"與陳益稷》，《海交史研究》2002年第2期，第70—80頁。

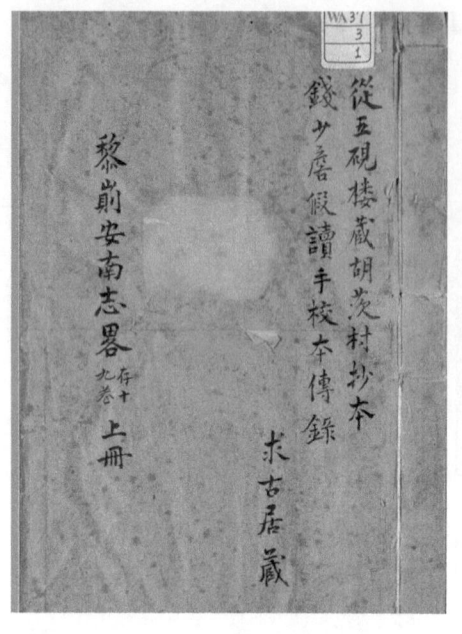

圖二之五　日本國會圖書館藏
黃丕烈過錄錢大昕校本書影

圖二之六　黃丕烈題辭

對黎崱在中國的生活、學問以及交流做了深入廣泛的考證。① 至此，黎崱在中越的政治、社會和文化生活已大致研究清楚。② 二〇一五年，張翰池完成碩士論文《〈安南志略〉研究》，主要依靠國內文獻，多為對武尚清等學者觀點的發揮，未參閱越南史籍，也未涉及域外相關研究。③

黎崱以陳朝當代人撰述越南通史，並對陳朝與元朝的當代史多

---

① 王頲、張玉華：《"郎官湖"与安南旅寓士人黎崱》，《湖北大學學報》2004 年第 2 期，第 158—163 頁。

② 2013 年 9 月，筆者在暨南大學參加"環南海與海防建設"學術研討會，提交《中越典籍中的南越國與安南國關係》一文，適坐於王頲教授旁，王教授閱讀拙文之後，提示越南王朝對內和對外使用不同的國號，筆者深受啟發，後撰成《越南古代"內帝外臣"政策與雙重國號的演變》，並進一步思考中越宗藩關係的形式和執行問題。2018 年王頲教授仙逝，睹文思人，深切緬懷。

③ 張翰池《〈安南志略〉研究》，碩士學位論文，安徽大學，2015 年。

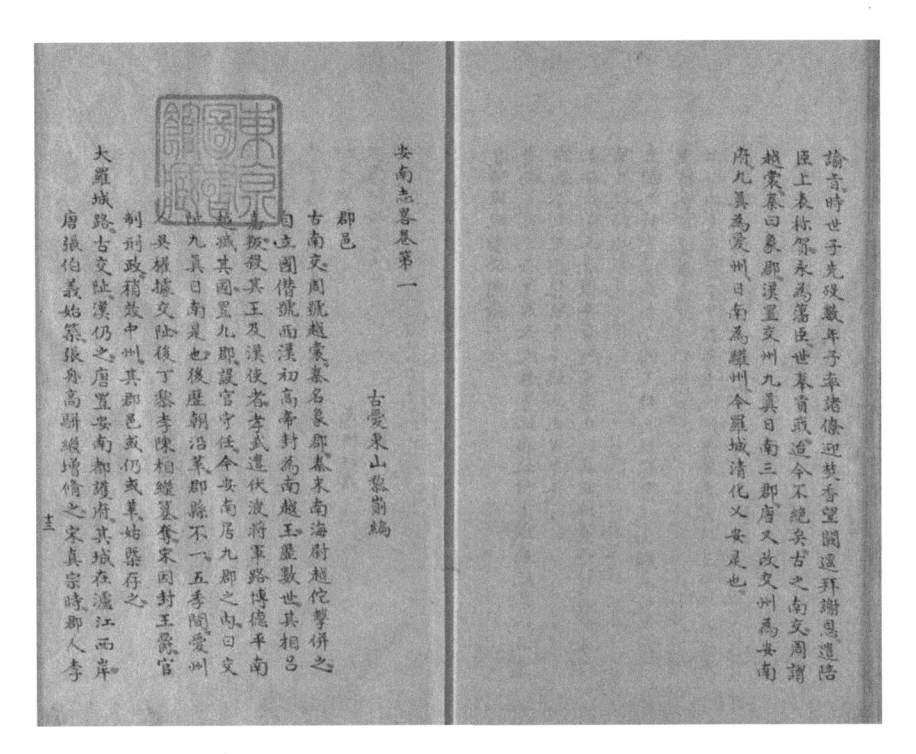

圖二之七　日本國會圖書館藏黃丕烈過錄錢大昕校本《安南志略》卷一書影

有涉及。九六八年，越南自主建國後，根據自身的政治文化需要和繼承先前之隋唐時期的政治文化思想建立自己的史學系統，其對本國歷史的記載與中國頗有歧異。《安南志略》所記雖是越南史事，但黎崱在中國著述越南史卻必須符合元代政治以及中國史學傳統的要求。黎崱一方面繼承了來自黎文休《大越史記》的思想和內容，另一方面則根據中國史學傳統以及典籍進行修訂，以達到既符合中國史學要求又表述了越史觀點的目的。《安南志略》是一部兼具中國和越南史學特點的史書。

## 二　《安南志略》的編撰背景和過程

討論《安南志略》的編撰，就不得不講元朝和陳朝的戰爭。一二五七年，蒙古遣兀良合台攻滅大理，兵鋒掃入安南，國王陳太宗在太師陳守度的支持下，抵禦蒙軍，但大敵南宋仍在，兀良合台隨即退兵。一二五八年，陳太宗臣服蒙古，改名陳光昺，受封安南國王。一二六二年，向南宋報聘請求禪位於子陳威晃，南宋最終同意。陳朝即在蒙元和南宋之間遊走支應，在宋元戰爭中兩不相幫，也未刺激雙方麾軍攻己。一二七六年，元世祖攻佔南宋都城臨安，一二七八年，陳太宗去世，陳聖宗即位。① 元世祖要求安南國王親自入覲，但為陳聖宗堅拒，因而元朝未封其為"安南國王"，稱為"世子"。

至元十七年（一二八〇），陳聖宗在元世祖的壓力下，遣其叔陳遺愛代為入覲，元朝即立陳遺愛為安南國王。至元十九年，由柴椿帶兵護送回國，陳聖宗廢陳遺愛為庶人。此為元世祖震懾陳聖宗之舉，再諭其入覲，陳聖宗仍然稱病不赴。至元二十一年（一二八四），鎮南王攻安南，陳聖宗戰敗逃逸，宗室近親陳文弄、陳益稷、陳鍵等人降，黎崱即為陳鍵屬官。② 陳鍵為陳太宗之孫，爵彰憲侯，知曉陳聖宗逃亡，對黎崱等言："世子被召不朝，以致征討，危在旦夕，執迷不悟，其忍國覆家亡乎？"遂"明年正月，率崱等數萬眾，獻兵器降"③。至元二十二年（一二八五）二月，陳鍵等入元時，"興道家奴阮地爐射鍵殺之。崱把鍵屍上馬宵遁，馳數十里，至丘温葬之"④。同年五月，元軍戰敗退兵。

黎崱入元，覲見元世祖。至元二十四年（一二八六），忽必烈封陳益稷為安南國王，黎崱受敕從侍郎，遙授紙縣令尹。至元二十四年（一二八七），元世祖派遣鎮南王再率軍攻安南，陳益稷、黎

---

① 葉少飛：《安南陳太宗對南宋與蒙元雙重外交政策探析》，李治安主編《元史論叢》特輯，"慶祝蔡美彪教授九十華誕元史論文集"，中國社會科學出版社2019年版，第497—510頁。
② 陳荊和校本《安南志略》卷十三《陳氏世家》，第128頁。
③ 陳荊和校本《安南志略》卷十三《陳氏世家》，第132頁。
④ 陳荊和校合本《大越史記全書》本紀卷之五，東京大學東洋文化研究所1984年版，第358頁。下同。

崱等亦從，陳聖宗及興道王陳國峻率軍抵抗，元軍再次戰敗，撤退回國。黎崱在撤退路上引達萬戶、焦千戶、黎晏等逃亡，彼等感恩。① 至元三十年（一二九三），元世祖立安南行省，集結大軍準備再度進攻，但次年即駕崩，成宗即位詔罷兵，元朝不再征伐安南。陳仁宗請封，但為元朝所拒，終元一代，沒有在安南國內封"安南國王"。②

自一二八七年元軍戰敗撤退之後，黎崱追隨安南國王陳益稷留居中國，未能再返安南。元朝政府將他們安置在漢陽，頗受禮遇。至元二十九年（一二九二），安南使臣入貢時途徑漢陽曾遇陳益稷：

> 阮代乏至元，元呼為老令公。代乏至鄂州，見行省諸平章，昭國王益稷時亦在坐，代乏獨不禮焉。益稷曰："汝無乃昭道王家書兒耶？（註：昭道先名光昶，太宗庶子，益稷同母兄）。代乏曰："時事變遷，代乏素為昭道王書兒，今為使者。亦如平章初為帝子，今反為降虜人也。"益稷有慚色，自此我使至，不復坐省堂矣。③

此事載於《大越史記全書》，於陳益稷多有折損，盡顯使臣風采。越南語與漢語的語音差別很大，二人以越南語交談，是有可能的。陳益稷極富才學，至元四年（一二六七）五月：

> 封弟益稷為昭國王。益稷上皇次子，聰明好學，通經史六藝，文章冠世。雖小技如蹴毱、圍棋，無不精諳。嘗開學堂于第之右，集四方文士習學，給以衣食，造就成材，如旁河莫挺

---

① 陳荊和校本《安南志略》卷十九《敘事》，第180頁。
② 關於元世祖朝與安南交涉及紛爭的思想根源，請參看于磊《元朝"六事"外交模式再探》，載《史林》2023年第1期。另黨寶海《試論13世紀後期元朝與安南的外交文書》（《北大史學》第24輯，社會科學文獻出版社2022年版）亦分析"六事"之制與元越關於"君長親朝"的爭持，請參閱。
③ 校合本《大越史記全書》本紀卷之五，第369頁。

之、洪州裴放等二十人，皆資用於世。①

當至元二十二年（一二八五）陳益稷降元時，史書記載：

> 初，益稷未生時，太宗夢見神人有三眼，從天而下，言於太宗曰："臣為上帝所責，願託於帝。"後乃北歸。及益稷生，額中有文，隱然如眼形，貌似所夢之人。年十五，聰明過人。通書史及諸技術，潛有奪嫡之心。嘗挾私書，寄雲屯商客，乞元師南下。至是元人入寇，遂降之，冀有其國。元封為安南國王，及元敗衂，心懷愧，卒于北地。②

《大越史記全書》的陳朝部分出自黎初的潘孚先之手，認為陳益稷以陳太宗之子潛有奪嫡之意，降元以遂其心。以元朝待高麗來看，雖然百般控制，但並未吞併其國，權貴雖覺受辱，但國祀未絕。陳益稷可能是看到這一點，毅然降元以逞其志。一二六七年，陳聖宗封陳益稷為"昭國王"，此時陳聖宗雖然可以發佈政令，但國政實際掌控在太上皇陳太宗之手，聖宗此舉實為討好太上皇，並非出自本心，亦可見陳益稷深為陳太宗所喜愛。一二七八年，陳太宗死後，陳聖宗實際掌權，但不過一年即傳位於子陳仁宗，自己以太上皇繼續掌握實權，此舉最初有效法以父應對元朝、子應對南宋的舉措。③但一二七九年南宋徹底滅亡，國政為陳聖宗、陳仁宗父子掌控，陳益稷再無繼位的機會，應該由此有所圖謀，希望借元朝力量奪得大統。潘孚先為前代修史，很可能獲得了較多的史料，故有此說。至元二十六年（一二八九），陳聖宗論功行賞之後，處理降臣：

---

① 校合本《大越史記全書》本紀卷之五，第346頁。
② 校合本《大越史記全書》本紀卷之五，第359頁。
③ 葉少飛：《安南陳太宗對南宋與蒙元雙重外交政策探析》，《元史論叢》特輯"慶祝蔡美彪教授九十華誕元史論文集"，中國社會科學出版社2019年版，第497—510頁。

初，元人入寇，王侯臣僚多送款虜營。及賊敗，獲降表一篋。上皇命焚之，以安反側。惟向之降者，雖身在虜庭，亦遙議以流死，田產沒官，去其國姓。如陳鍵，靖國之子，改姓為枚。餘以例改，如枚弄之輩。益稷以骨肉之親，治罪雖同，不忍改姓及斥名，乃命曰妸陳，謂其柔懦似婦人也。故當時記載皆稱妸陳、枚鍵焉。①

陳文弄、陳鍵兩人為宗室近親，特改姓加以羞辱，陳益稷為陳聖宗的兄弟，未改姓而稱"妸陳"。陳益稷依然受到元朝的禮遇，且以自己的才華在元廷和地方精英之中奔走交遊，頗為時評所重。就陳益稷所作詩文而言，確實才華橫溢，且善於洞悉把握時機。元朝改變征伐安南政策之後，拒絕冊封陳仁宗，仍以陳益稷為"安南國王"，並維持其尊崇地位，但陳益稷本人的長袖善舞應該也是重要因素。② 元文宗天曆二年（一三二九）陳益稷去世，享年七十六歲。③

黎崱為陳益稷屬官，同在漢陽，作《安南志略》，陳益稷定當知曉此事。即便黎崱史才卓越，但以降臣為故國撰史，稍有差池，受到連累的必然是安南國王陳益稷。且陳益稷本人長於文學，雖不至於親自捉刀，但共商討論則是應有之意。劉必大序曰：

欽惟聖朝，天開萬年之運，地大一統之勢，薄海內外，罔不朝貢。至元年間，世祖在御，詔宰臣召秘書少監虞應龍、著作郎趙烁，以方職所上版圖，纂為一統志，如交趾遠在越南，恐未詳盡。大德十一年，今上嗣登寶位，太子奉制東宮，安南國王遣使臣馳驛奉表箋稱賀，會同館正在翰林院之右，安暹州同知黎奉事，訪余於玉堂之署，出示安南志略，觀其上下古今，

---

① 校合本《大越史記全書》本紀卷之五，第366頁。
② 王頲、湯開建：《元"僑安南國"與陳益稷》，《海交史研究》2002年第2期，第70—80頁。
③ 陳荊和校本《安南志略》卷十三《內附侯王》，第130頁。

參考史傳，國土之源流，封爵之沿襲，山川風俗，人物官職，使介往來，朝覲賜賚，纖細備載，噫！用心亦云至矣。①

這篇序的寫作時間為"大德丁未秋九月重陽"，即文中所言的大德十一年（一三〇七）。元武宗即位，安南國王陳益稷遣黎崱奉表箋稱賀，黎崱持《安南志略》示國史院編修劉必大，劉必大所見已近於現在傳本的主要內容。

一二八五年，忽必烈下旨修撰《一統志》，至一二九四年完成初稿，之後續修，至一三〇三年全書完成，共一千三百卷，六百冊，定名《大元大一統志》。劉必大言"以方職所上版圖，纂為一統志，如交趾遠在越南，恐未詳盡"，一三〇七年為黎崱之書作序卻言及十餘年前《一統志》編撰之事，顯示黎崱《安南志略》應該是因元修《一統志》交州之事不明而作。

一二八七年，陳益稷和黎崱隨元軍回國，應該逐漸知曉修《一統志》之事，陳益稷長於文學之事，且善於揣測上意，因而指示黎崱修《安南志略》。但此事難度太大，至一三〇三年《一統志》修成亦未完成，因而《安南志略》在政治上已經沒有多少價值。黎崱繼續編撰，幾年之後終於完成，於大德十一年借公務奉表箋的機會到京，以安遍州同知的身份拜會劉必大，奉上《安南志略》，說明了此書實為《一統志》而作，應該是希望劉必大能夠幫助其呈上朝廷。劉必大雖盛讚其書，但《一統志》的編撰已經結束，遂婉拒：

及陛辭而歸，因語之曰：此書再加繕輯，行當言之史館，白之廟堂，詔取付之于秘府，以補一統典策之缺，以備一覽輿圖之盛，顧不偉歟。②

劉必大讓黎崱帶回修改，之後有機會再言於朝廷，"以補一統

---

① 陳荊和校本《安南志略》，第5—6頁。
② 陳荊和校本《安南志略》，第6頁。

典策之缺"，在此也表明《安南志略》確實是為《一統志》而編纂。最後劉必大作此序交付黎崱。《安南志略》十一篇序，除了察罕和元明善二序寫作年代不明，他篇皆清晰，諸序也並未按照寫作時間排列。與劉必大同年作序的還有程鉅夫和許善勝，能得程鉅夫寫序已經是莫大的榮耀，但程序位列第二，排在首位的是"榮祿大夫平章政事商議中書省事條山白雲老人察罕"，《元史》記載"皇慶元年（一三一二），進榮祿大夫、平章政事、商議中書省事"，[①] 趙炳亦在皇慶初元（一三一二）正月為《安南志略》作序，因而察罕序應該也是在此年所作，當是黎崱祝賀元仁宗即位入京請察罕和趙炳作序。

  黎崱這兩次入大都為慶賀新帝即位而來，並請五位大臣作序。黎崱因公務而來，卻辦成了自己的事，很難說這裡面沒有安南國王陳益稷的影子。只就劉必大序中所言《安南志略》的內容已經非常豐富，與後世傳本內容相近，這樣的一部大書不可能悄無聲息的編撰，尤其是元朝的政令、使臣往來、大軍行動、糧餉餽運等內容，只能根據第一手的政府文書中得來，即便是黎崱身為安南國王陳益稷的屬官，王府中保留這些文書，要閱讀也需要得到陳益稷的首肯，至於不易得到的，則需要與地方軍政部門協調閱讀，或許陳益稷不願出面或不願意惹麻煩，但作為安南國王屬官的黎崱則可以通過自己的身份在允許的範圍內獲得便利。因而陳益稷必定知曉《安南志略》的編撰，應該給予了閱覽利用王府藏書及公文的便利，並提供了支持，至於是否參與討論《安南志略》的體例和具體的編撰問題，因史料不載，則無能而知了。而奇異的是，《安南志略》諸序之中竟然沒有陳益稷之作。

  大德十一年（一三〇七），黎崱進京獲得程鉅夫、劉必大和許善勝三位大臣學者作序，得到了朝臣的一致認可，應該是掃清了黎崱以降臣著故國史的顧慮。皇慶元年（一三一二）又入大都得到察罕和趙炳作序。可以說《安南志略》在學術上獲得了成功和認可，

---

[①] 《元史》卷一三七《察罕傳》，中華書局1976年，第3311頁。

但距離最初的目的即列入官修典籍的目標仍很遙遠。之後又有龍仁夫在延祐五年（一三一八）和高宋氏堂在至治壬戌（一三二二）為《安南志略》作序，這些無疑都是私人形式的交遊作序。黎崱送出的《安南志略》文本應該還有不少，終於有一部發揮了作用。歐陽玄在序中言：

> 天曆（一三二八至一三三〇）中玄象奎章學士，同被命纂修經世大典，書成將進，大學士何榮，以古愛黎崱所撰安南志來上，詔付書局，乃作安南附錄一卷，載之地官賦典。至元（一三三五至一三四〇）年，玄被召北上，適江漢，黎君以是誌請玄序。①

《經世大典》天曆二年（一三二九）開始編修，一三三一年五月完成，書將成時何榮上進《安南志》。但很可能是黎崱因為朝廷編撰《經世大典》，將書送呈何榮。何榮將此書上交朝廷，詔付書局，歐陽玄因而撰成《安南附錄》一卷，《安南志略》終於得以側身官修大典之中。之後歐陽玄到達漢陽，黎崱請其作序。至元五年（一三三九）十月許有壬作序，言其"入中國伍十年來，稽諸載籍，參以所習，編為《安南志略》二十卷"，"至順（一三三〇至一三三三）初，朝廷有制許上之，于是景高之書，與其名不朽矣。好事將板之士，乞余序之"②，許有壬所言"朝廷有制許上之"很可能指的就是何榮上進《安南志》一事，即將原先的私人行為轉變為官方的征召之事。

一三二九年陳益稷已去世，一三三〇年至一三三一年的某個時間《安南志略》上呈朝廷，且被編錄進《經世大典》，此舉足以告慰先王。大願完成，黎崱在"元統初元乙卯"作"自序"，陳荊和

---

① 陳荊和校本《安南志略》，第9—10頁。
② 陳荊和校本《安南志略》，第7頁。

校"疑為元統初三乙亥之誤",① 即一三三五年,筆者深然之。此後又有夏鎮為之作序,又再次敘述了黎崱撰寫《安南志略》與《一統志》的關係,時在至元六年(一三四〇)。

許有壬之序作於一三三九年,乃是應"好事將板之士"的請求而作,如果隨即刻印完成,便不應該有次年夏鎮的序收入。但現在許有壬和夏鎮之序赫然在列,顯示兩序應該都到了黎崱之手,那麼前面的"好事將板之士"很可能就是黎崱或其親近之人。一三三五年,黎崱寫"自序"之時,"內附聖朝,至是五十餘年矣"②,此時《安南志略》應該已經定稿,可能後面會有小的修改。但《安南志略》刻本未見著錄,僅有抄本傳世。③

《安南志略》作序諸人,前後所聞所見雖大致相近,但個人理解卻有差異,且文多貴歧,因而突出的主旨也不盡相同。元明善序曰:

> 往年王師伐罪安南,安南族子彰憲侯圖存國中,率三萬人求降,而黎君在焉。俄而彰憲為我戰沒,黎君得至朝廷,遂為我臣。每哀彰憲之志不伸,而名亦隳泯,常懷報國之願,乃撰安南志二十卷。④

---

① 陳荊和校本《安南志略》,第 11 頁。
② 陳荊和校本《安南志略》,第 11 頁。
③ 陳荊和:《〈安南志略〉的版本、材料與編撰年代》,載校本《安南志略》,順化大學院 1961 年版,第 XV—XVI 頁。陳荊和考證黎崱 1335 年寫自序之後,《安南志略》有機會印行,因而許有壬在 1339 年作序,最快 1340 年可以印出。(頁 XI—XII)武尚清認為"元統初元乙卯","考无此年,可能是'至元五年己卯'",即 1339 年。(武尚清:《〈安南志略〉在中國——成書、版本及傳藏》,《史學史研究》1988 年第 2 期,第 65—67 頁)但"元統"為元順帝第一個年號,時為 1333 年十月至 1335 年十月,十一月改"至元",1335 年即為乙亥年,因而陳荊和校"疑為元統初三乙亥"。張翰池認為《安南志略》卷十四《歷代遣使》最後為"至元己卯遣大夫陳國實賀",此年為 1339 年,因而認可武尚清提出的"自序"作於 1339 年的觀點。(張翰池:《〈安南志略〉研究》,碩士學位論文,安徽大學,2015 年,第 16 頁)筆者認可陳荊和的觀點,即自序作於元統乙亥(1335),此時已經完稿,但之後又收入一些內容如至元己卯陳國實入賀,又收入 1340 年夏鎮所作之序,但《安南志略》總體應無大的改變。
④ 陳荊和校本《安南志略》,第 4—5。

在此黎崱書名《安南志》，歐陽玄序中何榮所進亦為《安南志》，但在黎崱自序中則是《安南志略》二十卷，當是最後定稿時黎崱改定書名。許有壬亦稱"編為《安南志略》二十卷"。元明善記述黎崱"每哀彰憲之志不伸，而名亦墜泯，常懷報國之願"，因哀彰憲而著書應當也是黎崱所言，元明善深為感觸，寫入序中。

元明善時為"翰林學士中奉大夫知制誥同修國史"，作序時間不明。一三〇七年，作序的劉必大時為"翰林修撰文林郎同知制誥兼國史院編修官"，黎崱希望劉必大幫助奉進《安南志略》，但為其婉拒，序中寫明了為《一統志》著書的緣由。元明善也是"同修國史"，黎崱告訴元明善的情況應該和劉必大相差不大。但兩人之序呈現的黎崱修書目的不同，應該是二人根據黎崱的敘述做出了不同的采擇，兩種觀點並不矛盾，可以互補。吳元德亦持與元明善相近觀點，作《題黎靜樂所編安南志後》：

世皇居潛邸，杖鉞示天討。牧馬崑崙山，洗戈滇池沼。西鄙指掌收，安南效臣妾。至尊登大寶，馹騎相聯接。厥後昧事大，驕盈敢逆天。召之三不朝，封爵亦自專。聖心赫斯怒，皇子總六軍。六軍壓其境，孽竪逃海濱。彰憲慭宗祀，亟召黎侍郎。侍郎參帷幄，首議謀出疆。夜發三萬人，請命惟恐後。豈斯追者至，強半罹虎口。彰憲手短兵，逆敵心靡轉。渾身被重創，垂絕猶力戰。黎侯挾屍歸，血皸馬上衣。悔不偕一死，恥獨脫其圍。二公勤王事，忠義星日垂。軍中失紀錄，朝廷寧盡知。于今五十年，舊事漸磨滅。黎侯髮種種，感嘆肝膽裂。端居日無事，閉門志安南。書成無處用，往往如空談。憶昔天曆初，開閣修大典。四方貢書至，此志亦在選。詞臣緩敷陳，天子動顏色。黎侯志獲伸，彰憲功暴白。當其纂修際，小臣事供給。目擊信有徵，詎同聞所得。歸來江漢上，黎侯來相訪。從容及志書，喜極復悽愴。石室藏信史，彰顯乃不死。回首語黎

## 第二章 《安南志略》的編撰與思想

侯，江漢恆東流。①

詩中"於今五十年"當是吳元德化自黎崱自序"內附聖朝，至是五十餘年矣"。"當其纂修際，小臣事供給"表明吳元德應該參與了《安南志略》被納入《經世大典》的過程，秩滿後又因妻故去南歸，②"歸來江漢上，黎侯來相訪"，二人談論《安南志略》，並聽黎崱講述元世祖征南及陳鍵內附之事，彰憲侯之忠義因此書而不死，這與元明善序中的觀點一致。很可能是黎崱晚年之後，回首往事，彰憲侯之事縈懷於心，故告知吳元德。吳元德此詩，幾乎是對元明善序中內容的發揮演繹，完整記述了征安南之事與黎崱著書的前因後果，亦述黎崱因陳鍵而著書。吳元德感慨不已，"回首語黎侯，江漢恆東流"。

元明善序位列第三，劉必大的序位列第五。《四庫全書總目提要》即採納了元明善的觀點：

> 以鍵志不伸而名泯，乃撰此志以致其意。元明善、許有壬、歐陽元皆為之序。③

四庫館臣之所以如此，很可能是因為劉必大序中並未直接明言黎崱因《一統志》編撰《安南志略》，且其書也未入《一統志》，因而根據元明善的序中明黎崱因哀陳鍵忠義而著書。四庫館臣進而點明元明善、許有壬、歐陽玄三人作序，除了劉必大序之外，最重要的序確實就是許、歐二人之序，四庫館臣採用了元明善的觀點，故而將其置於首位。

---

① 楊鐮主編：《全元詩》第30冊，中華書局2013年版，第384—385頁。
② 楊鐮主編：《全元詩》第30冊，中華書局2013年版，第368頁。
③ 永瑢等：《四庫全書總目》卷六六"史部""載記類"，中華書局1960年版，第588頁。"歐陽元"即"歐陽玄"，避諱康熙帝"玄燁"之名作"元"。

## 三 《安南志略》的編撰思想

一二八七年後，黎崱隨安南國王陳益稷長住漢陽。以元朝對陳益稷的重視以及陳益稷的交遊能力，應該很快就知曉元朝修撰《一統志》之事，因而由黎崱撰寫《安南志略》以滿足元朝修《一統志》的需要，但直至《一統志》完稿的三年後，即大德十一年（一三〇七）《安南志略》才告完成，這顯然是陳益稷和黎崱的單方面行為。然而《安南志略》的編撰遠超出黎崱和陳益稷的設想期限，從開始到完稿當在十年左右，可見編撰難度之大，首先須解決編撰思想的問題。

陳益稷降元，受封安南國王，黎崱為屬官，必然要站在元朝的立場修史。然而安南乃是桑梓之地，父母之邦，即便陳朝和元朝爆發戰爭，將安南置於完全的敵對立場亦未妥當。儘管《安南志略》是寫給元朝看的，但《一統志》和《經世大典》頒布天下，亦有可能傳回安南國，《安南志略》的修史立場就要經得起元朝和陳朝雙方的考驗和錘煉，這也就意味著黎崱需要建構一個陳朝和元朝雙方共通的修史觀念，這樣徙居北地的陳益稷和黎崱亦可釋懷。

黎崱撰著安南史，很大的一個麻煩在於安南自丁部領以來皆稱帝紀元，一〇五四年，李聖宗建國號大越，陳朝亦繼承，李陳兩代國君皆為"大越皇帝"。而且元朝知道陳朝在國內稱帝之事，至元二十二年（一二八五）元軍攻入昇龍城：

> 日烜僭稱大越國主憲天體道大明光孝皇帝陳威晃，禪位於皇太子，立太子妃為皇后，上顯慈順天皇太后表章，於上行使"昊天成命之寶"。日烜即居太上皇之位，見立安南國王係日烜之子，行紹寶年號。①

---

① 《元史》卷二百九《外夷傳二》，中華書局1976年版，第4644頁。

然而元朝征伐安南並不是因為陳朝稱帝。至元四年（一二六七），元世祖下詔安南：

> 太祖皇帝聖制，凡有歸附之國，君長親朝，子弟入質，編民數，出軍役，輸納賦稅，仍置達魯花赤統治之，以數事，以表來附之深誠也。①

"君長親朝"一事為陳太宗和陳聖宗堅拒，其他幾項則使計支應。元世祖至元十二年（一二七五）要求陳太宗入覲，至元十五年（一二七八）下詔陳聖宗入朝，但均被拒。元世祖大怒，至元十八年（一二八一）封來朝的陳聖宗叔叔陳遺愛為安南國王以示震懾，陳聖宗廢陳遺愛為庶人。一二八四年，雙方大打出手，元軍次年攻入昇龍見到陳朝稱帝文書，但很快戰敗撤兵。至元二十三年（一二八六）元世祖下詔：

> 曩以爾國陳，既稱臣服，歲輸貢獻，而不躬親入朝，因彼叔父陳遺愛來，以安南事委之，至則已為戕害。所遣達魯花赤不眼帖木兒，又却之弗納。至於出師占城，宜相餽餉，而畧不供給，以致鎮南王脫懽，行省阿里海牙進兵，彼兵交之際，互有殺傷。②

此時元世祖已經知道陳朝稱帝之事，但征伐卻不因此而起。至元二十五年（一二八八），元軍再次戰敗，忽必烈下詔斥責陳聖宗。一二九〇年陳聖宗去世，陳仁宗實際掌權。至元二十八年（一二九一），再次下詔要求陳仁宗親朝，至元二十九年（一二九二）斥責"徒以虛文歲幣，巧飾見欺，於義安在"③，陳朝亦就此上書辯解：

---

① 陳荊和校本《安南志略》卷第二"大元詔制"，第33頁。
② 陳荊和校本《安南志略》卷第二"大元詔制"，第35頁。
③ 陳荊和校本《安南志略》卷第二"大元詔制"，第37頁。

天詔曰，徒以歲幣虛文，巧飾見欺，於義安在。臣讀此段，凜然，肝膽墜落，雖若聞此，一身不幸莫大，既不得生於天子之庭，其得表誠者，在乎土宜而已。臣豈不知聖朝天覆，梯航萬里。奇貨珍寶，靡所不有，何以臣小國進獻為哉？然臣猶不顧其罪，而復冒昧者，誠以事君之義，不可廢也。在天詔雖以義安，在臣下安敢失職耶？伏望皇帝陛下，父母其心，乾坤其量，包荒含穢，曲賜矜存。臣赤心欣順，忝受封冊，俾臣襲恩，獲供職貢如故。上以盡事天之誠，下以克承先之志，豈惟微臣一介，獲保延殘喘，抑亦百萬生靈，同享天地好生之德。臣犬馬下情，區區自謂，雖千生萬死，粉骨碎身，亦不足以圖報。①

　　元越戰後，元世祖嚴詞斥責，陳仁宗艱難辯解，雙方往來詔書多是如此。陳朝完全遵從自李朝與宋朝形成的中華天子——安南國王秩序。李陳王朝雖然在國內稱"大越皇帝"，但對中國宋元王朝時均以"安南國王"的規制行文，且嫻於朝貢禮儀文書，這在陳朝所上表章之中有充分的體現，故而忽必烈斥責其徒弄虛文。但在所有文書中元世祖並不言及陳朝稱帝之事，安南答書也都在大元天子——安南國王的秩序中進行，也並不以"大越皇帝"自居。

　　陳朝和元朝在文書往來之時，可以迴避陳朝稱帝的問題，按照大元天子——安南國王的體制進行交接。孫來臣研究元朝使臣到安南時，安南國王受詔不拜，引發元帝斥責，其事見於《元史・安南傳》。他進一步指出越南史書關於元越相爭的記載在於爭取與元朝平等的地位。② 其實陳朝的對元行為當遵循元越朝貢制度，安南國王雖與元朝使臣"均禮"，但仍在固有體系中進行。元朝詔書的語言彰顯大汗天子的無上威權，安南國王的文書自然位於朝貢體系的

---

　　① 陳荊和校本《安南志略》卷第六"表章"，第78—79頁。
　　② Sun Lai Chen（孫來臣），"Imperial Ideal Compromised: Northern and Southern Courts Across the New Frontier in the Early Yuan Era", in China's Encounters on the South and Southwest: Reforging the Fiery Frontier Over Two Millennia, Edited by James A. Anderson John K. Whitmore, Brill, 2015, pp. 209 - 216.

等級之中，陳朝的辯解亦遵循朝貢語言體系的位階層次，儘管是以下對上的語言，但陳朝畢竟是戰爭的勝利者，忽必烈對此惱怒而無奈。① 而陳朝本國的記載則在大越皇帝制度下進行，彰顯大越皇帝的威權。擁有絕對權力的天子語言與對應位階的國王權力語言並行不悖，陳朝在漢字體系內進行語言和思想的轉換，更見其"內帝外王"政策施用的高明。黎崱本人即在傳統的天子與國王秩序之下論述，"自序"云：

> 僕生長南越，竊祿仕途，十歲間奔走半國中，稍識山川地理，內附聖朝，至是五十餘年矣。自愧樸愚，舊學蕪落，垂老嗜書，卒恨晚，於古今文籍，不能徧覽，聊乘暇日，綴葺異同，采撫歷代國史、交趾圖經，雜及方今混一典故，作《安南志畧》二十卷，以敘事附於卷末，庸表天朝德化所被，統一無外，而南越其有惓惓嚮慕朝廷之心，亦可槩見于此者。昔人有言曰："夫道一而已矣"，今則同處覆載之內，君君臣臣父父子子，而不均此性，豈具此理哉。況南交唐虞聲教所暨，以迄於今三千餘年，是宜聲名文物所尚，近乎中國，雖曰風土之異，而事之可為紀述，不可泯也，然諸家博載，牴牾為多，是書之作，雖本之見聞，徵之記載，豈無訛焉，君子見其疏畧，尚改而正諸。元統初元乙卯，春清明節，古愛黎崱序。②

在古代中華政治結構中，以天子為中心形成上下、遠近、親疏、內外的層級關係，聲教遠暨，遠人來歸，是一個總體的目標，因而黎崱言："庸表天朝德化所被，統一無外"，因而謹遵君臣父子之道。且本國自唐虞以來三千多年，"聲名文物所尚，近乎中國"，正當如此。

---

① 參看淺見洋二、高橋文治、谷口高志著，黃小珠、曹逸梅譯：《有皇帝的文學史——中國文學概論》第一章《言語和權力》，鳳凰出版社2021年版。
② 陳荊和校本《安南志畧》，第11頁。

但此序中黎崱自稱本國為"南越","僕生長南越""而南越其有惓惓嚮慕朝廷之心",南越武帝趙佗受封"南越王",呂后時去王號稱帝,至漢文帝時再次受封南越王向漢稱臣,但國內繼續稱帝,實行"內帝外王"政策,直至漢武帝攻滅南越國。黎崱此時稱"南越",顯示本國慕朝廷之心,本國亦大元之諸侯國,取南越國稱王於漢之意,這與中國史書的記載是一致的,也易於得到元朝士人的理解和回應。

然而一二七二年陳朝史官黎文休撰成國史《大越史記》之時,即以趙佗南越王為"趙紀",立為國統之始,且此書是在元世祖要求君長親朝的重壓下完成。趙佗稱臣於漢,孫趙文王拒不入長安,遣子嬰齊入漢。南越亡國的起因即是嬰齊在長安所娶樛后。因而《大越史記》取趙佗稱帝於國之意,此時完成即預示陳太宗不會親自入覲。黎崱在《安南志略》中記載晉(普)"黎休,才行具备,为昭明王傅,迁检法官,修《越志》"①,"黎休"即"黎文休",編撰《大越史記》三十卷,很可能因"史記"言帝王之事,黎崱改稱"越志"。黎崱知曉《大越史記》的內容,認可黎文休以南越國為國統之始設"趙紀"的做法,故言本國為"南越"。《大越史記全書》記載李昭皇退位詔書曰:

> 自古南越帝王,治天下者有矣。惟我李受天眷命,奄有四海,列聖相承二百餘年,奈以上皇嬰疾,承統無人,國勢傾危,命朕受明詔,勉強即位,自古已來未之有也。②

李朝即以南越國的繼承者自居,陳朝亦是,兩代均是取其稱帝與漢抗衡之意。而南越國又對漢稱臣的故史與後世藩國稱臣於中華天子的情況頗為類似,黎崱本人在思想上認可此事,故而能夠以安南國王——大元天子的關係從容著史,黎崱以安南國王的角度成功

---

① 陳荊和校本《安南志略》卷第十五"人物",第146頁。
② 陳荊和校合本《大越史記全書》本紀卷之四,第316頁。

消解了大越國內稱帝的內容，完全符合中國史學思想和大元政治的要求。南越國與漢朝之事，元越雙方各取所需，構建自己的政治話語。

之後黎崱即以南越王稱臣於漢之事，敘述本國受封安南國王，稱臣宋元王朝，這與本國實施的"內帝外王"政策確實一致。這一做法也得到作序元朝大臣的一致認可，並進一步引申闡釋。黎崱根據《史記》諸侯國"世家"體，將黎文休《大越史記》中的趙、丁、李、陳諸"紀"為"世家"，撰寫"趙氏世家""丁氏世家""黎氏世家""李氏世家"和"陳氏世家"，并去掉历代年号，分別記丁朝、黎朝、李朝和陳朝史事，其結構與黎文休在《大越史記》中設立的正統王朝次序一致，並在篇章之中對歷代諸帝不再稱帝而稱王，如陳太宗稱"陳太王"，陳聖宗稱"陳聖王"等。黎崱在細節中仍保留有越史的痕迹，"十年，部領卒"①，此處實指丁部領太平年號的第十年。②

而趙佗南越國在《史記》中為"南越列傳"，黎崱的"趙氏世家"實際上提升了趙佗在中國史書中的地位。黎崱敘史完整，邏輯嚴密，說服力強，因而元朝學者對黎崱改易"南越列傳"為"世家"的方式沒有提出疑問。《安南志略》以"世家"和"國王"的形式完成了對黎文休《大越史記》和本國史的改造，完全符合中國史學的編撰思想，因而備受讚譽。

陳捷先教授認爲黎崱以中國史法結合中國方志傳統撰成《安南志略》，確是的論。③但顯然黎崱還继承了來自黎文休的本國史學傳統。黎崱去帝稱王的方式影響到了四庫館臣。四庫館臣刪去《大越史略》的"大"，改名《越史略》，歷代稱帝者一律稱"王"，但卻

---

① 陳荊和校本《安南志略》卷第十一"丁氏世家"，第116頁。
② 葉少飛：《丁部領、丁璉父子稱帝考》，《宋史研究論叢》第16集，河北大學出版社2015年版，第451—487頁。
③ 陳捷先：《黎崱〈安南志略〉研究》，載《第四屆中國域外漢籍國際學術會議論文集》，聯合報文化基金會國學文獻館1991年版，第194—198頁。

繼續保留了原書中的"紀"。①

## 四　結論

　　越南自主建国之後，逐漸與中國隔絕，李朝時政權日趨穩定成型，在北宋熙寧戰爭中主動攻掠欽州、邕州之後，北部與中國維持現狀，向南攻打占城，形成"北守南進"的國家戰略，以"內帝外王"政策配合"大越"和"安南"雙重國號應對中國。雖然中國使臣頻繁往來，但由於越南王朝以"安南國王"應付中國，且有意隱瞞，因而中國對越南的情況往往難得其實。

　　黎崱的《安南志略》是越南自主之後，中國人第一次見到的交州本地人士撰寫的區域史著，內容詳實，敘史完整，尤其是丁、黎、李、陳四代王朝之事，尤能補中國史籍的不足。黎崱參考的書籍大多亡佚，《安南志略》的成書尚在《宋史》之前，其研究和史料價值不可謂不大，這一點已有多家學者論述，此不贅言。然而黎崱以中國史學思想結合天子—國王體制述史，對安南國內稱帝的情形盡量刪削，雖合主旨，卻失其實，當然這也確是黎崱不得已而為之。黎崱由此展現出中國史學思想和特征，《安南志略》亦因此得以為朝廷采納，進入《經世大典》之中。

　　黎崱以大元天子—安南國王的秩序編撰本國史，且陳朝的制度和政策也確實在此體制下運作，具有相應的歷史環境。越南古代士人並沒有機會看到《安南志略》，②因而沒有留下評論文字。《安南志略》在近代回流越南已是民族國家史學發軔之時，黎崱站在元朝的立場述史，即便依照越南历代王朝"內帝外王"政策的"外王"部分述史，從民族國家的角度而言，必然招來猛烈的批判和非議。且黎崱与陳益稷引導元軍攻打陳朝的行為，也為越南史家

---

　　① 成思佳：《現存最早的越南古代史籍——〈大越史略〉若干問題的再探討》，《中國典籍與文化》2017 年第 3 期，第 26—36 頁。

　　② 漢喃研究院現藏一部《安南志略》抄本（藏號 vhv.1334）即據樂善堂本所抄。

所不容。

　　歷史倏然而往，是非功過皆成煙雲，黎崱在漢陽郎官湖居所早已成為丘墟，昇龍舊京亦已歷數代興廢，唯有漢水與珥河悠然流過。

# 第三章

# 陳朝《大越史略》的編撰與內容

《大越史略》成書于陳朝昌符（一三七七至一三八八）年間，是越南古代學者仿照曾先之《十八史略》刪削黎文休《大越史記》而成的史書，此書在越南長期失傳。約在明初傳入中國，後被收入《四庫全書》，在近代回流越南。《十八史略》在中國、日本、韓國均有重大影響，翻刻、補注、續作眾多，堪稱"史略"體史書。越南雖僅有《大越史略》一部仿作，但時間較早，因其體例特殊，故而也是最接近已經亡佚的《大越史記》原貌的史書。"史略"體史書在越南的傳播，是中國古代史學為東亞史學發展所作的又一巨大貢獻。

## 一 《大越史略》的版本和流傳

《大越史略》在現存的越南古代典籍及書目中從未被著錄引用。在中國首次著錄於正統六年（一四四一）編成的《文淵閣書目》，卷六"史附"中有"大越史略 一部二冊闕"。① 《〈文淵閣書目〉題本》曰：

> 少師兵部尚書兼華蓋殿大學士臣楊士奇等謹題：為書籍事，

---

① （明）楊士奇：《文淵閣書目》，馮惠民、李萬健等選編：《明代書目題跋叢刊》上冊，書目文獻出版社1994年版，第64頁。

查照本朝御製及古今經史子集之書,自永樂十九年,南京取回來,一向于左順門北廊收貯,未有完整書目。近奉聖旨,移貯于文淵閣東閣,臣等逐一打點清切,編置字號,寫完一本,總名曰《文淵閣書目》。合請用廣運之寶鈐識,仍藏于文淵閣,永遠備照,庶無遺失,未敢擅便,謹題請旨。正統六年六月二十六日,少師兵部尚書兼華蓋殿大學士臣楊士奇、行在翰林院侍講學士臣馬愉、翰林院侍講臣曹鼐,當日早,于奉天門欽奉聖旨,是欽此。次日,於左順門用寶訖,右文淵閣書目壹冊,用廣運之寶鈐縫壹百叄拾陸顆外,蓋總數壹顆,通壹百叄拾柒顆。①

這是《文淵閣書目》編撰的始末以及請旨鈐印的過程,用"廣運之寶"顯系皇家藏書。《文淵閣書目》按照"天地玄黃,宇宙洪荒,日月盈昃,晨宿列張,寒來暑往"分類編號,一類一廚至數廚不等,共四十七廚,於每種書籍均注明保存狀態"部""冊""闕""完全"等。書目分類很細,有的類下又分"附""雜",此非學養醇厚、認真負責的人不能完成。

成化二十二年(一四八六)錢溥(一四〇八至一四八八)在《秘閣書目》中收入"大越史略 二"。②錢溥自序曰:

溥自舉正統乙未(正統四年,一四三九)進士,明年詔選入東閣為史官,日閱中秘書。書凡五十餘大廚,森然如檢武庫兵而目不暇接也,浩然如望洋海而芒無際涯也。雖欲盡之,恐皓首不能,於是僅錄其目,藏以待考。③

王儵為錢溥撰寫的行狀記載,錢溥中進士後觀政吏部,"庚申

---

① (明)楊士奇:《文淵閣書目》,第1頁。
② (明)錢溥:《秘閣書目》,馮惠民、李萬健等選編:《明代書目題跋叢刊》上冊,書目文獻出版社1994年版,第654頁。
③ (明)錢溥:《秘閣書目》,第639頁。

（一四四〇），英宗皇帝御文華殿，召試薔薇露詩，稱旨，即日授行在翰林院檢討，命教內書館"①；《明實錄》記載正統五年夏四月，"命行在吏部考功司主事宋琰、進士錢溥于內府授小內使書"。② 正統六年六月《文淵閣書目》編成。錢溥行狀記載："辛酉（一四四一）上少師楊文貞，長揖謝曰：'某不知人，某不知人，古稱韓歐亦頗涉功名，而此書純是學問中來，無一點功名氣。'"③

　　文貞即楊士奇（一三六六至一四四四），時居首輔要職，正統五年七十四歲，錢溥三十二歲。楊士奇當為編訂書目的負責人，具體工作則由年富力強的錢溥完成。錢溥"日閱中秘書"一年有餘，在正統六年編成一書目，得到楊士奇的高度評價。楊士奇本人亦是學者，應該在書目編成之後總其成，並進行審定。

　　錢溥仍隸屬翰林院，《〈文淵閣書目〉題本》由楊士奇和行在翰林院侍講學士馬愉、翰林院侍講曹鼐共同上奏，實際進行編制工作的錢溥沒有得到上奏署名的機會。錢溥晚年因子錢山帶回新的內閣書目，故取自己所藏的書目刪除重複者，合而為一。錢溥本人認為書目"固能博矣，而如其約何使"，並告誡錢山："徒博而不會於約，汗漫而無歸。徒學而不見諸用，亦空腐於山林。此則儒者之所通患者。汝當知書以一中為帝王禪位之本，傳以一貫見聖賢授道之要，是豈徒務乎博哉？先博而後約可也。"④ 錢溥借此指出讀書的博約之道。就《文淵閣書目》的情況而言，錢溥做了大量的實際編寫

---

① （明）王輿：《榮祿大夫南京吏部尚書太子少保諡文通錢公行狀》，朱大韶編：《皇明名臣墓銘》（一）艮集，臺北：明文書局影印本，1969年，第585頁。

② 《明英宗實錄》卷之六十六正統五年四月，"中研院"史語所影印本，1962年，第1267頁。

③ （明）王輿：《榮祿大夫南京吏部尚書太子少保諡文通錢公行狀》，朱大韶編：《皇明名臣墓銘》（一）艮集，第585—586頁。墓誌往往有讚頌傳主之事，但楊士奇名重天下，錢溥亦望重朝野，正統六年楊士奇以古稀長者誇讚錢溥的話很有可能屬實，錢溥後學晚輩受此鼓舞，並將其轉述他人，最後被王輿寫入行狀。《文淵閣書目》刻本署名楊士奇，後世皆以楊士奇為編撰者。楊士奇學養宏富，但年逾古稀，且身居首輔要職，事務繁多。錢溥三十二歲入東閣，一年多時間完成如此工作，故能得楊士奇嘉獎。《文淵閣書目》應該是錢溥做實際工作，楊士奇最後審定並總其成，當是二人共同完成之作。

④ （明）錢溥：《秘閣書目》，第639頁。

| 第三章　陳朝《大越史略》的編撰與內容 | 63 |

工作，楊士奇總其成，當是兩人合作完成的目錄著作。① 一四六二年，錢溥受命出使冊封黎聖宗為安南國王，② 著有《使交錄》。

錢溥在東閣編制書目時讀到了《大越史略》，並將之編進書目。《四庫全書總目》中記《大越史略》的來源為"山東巡撫采進本"，該書原名《大越史略》，因其僭越稱帝，《四庫全書》收入時更名《越史略》，並對其中稱帝的內容作了大幅更改。後世諸本皆來源於《四庫全書》，《越史略》成為通名。③ 錢熙祚又據此收入《守山閣叢書》，《皇朝藩屬輿地叢書》《叢書集成初編》均收入，皆稱《越史略》。④ 一九〇四年，法國學者卡迪艾爾（Léopold Cadière）與伯希和（Paul Pelliot）根據《守山閣叢書》本介紹了《越史略》。⑤ 一九〇九年，任職於河內遠東博古學院的迷芘（Charles Maybon, 1872-1926）⑥ 和茹西埃爾（Henry Ruissier）編成越南通史著作 Notion d'Histoire d'Annam 以法語和越南語對照的形式在該院出版，同年譯為漢語文言文，名《安南初學史略》，⑦ 漢文參考書目第九種即《越史略》。越南當代著名學者陳文玾據《守山閣叢書》和《皇朝藩屬輿地叢書》收入的《越史略》做了詳細的解題，⑧ 陳國旺根據《守山閣叢書》本做了越文注釋、翻譯，⑨ 諸本皆名《越史略》。一

---

① 李丹：《〈秘閣書目〉作者辨正》，《古典文獻研究》第 8 輯，鳳凰出版社 2005 年版，第 182—187 頁。該文認為《文淵閣書目》的編撰者就是楊士奇，錢溥《秘閣書目》的前半部分是抄自《文淵閣書目》，與本書觀點有異。

② 校合本《大越史記全書》本紀卷之十二，第 646 頁。

③ 永瑢等：《四庫全書總目》卷六六《載記類存目》，中華書局 1960 年版，第 589 頁。

④ 劉玉珺：《越南漢喃古籍的文獻學研究》，中華書局 2008 年版，第 43—45 頁。

⑤ Cadière Léopold, Pelliot Paul, "Première étude sur les sources annamites de l'histoire d'Annam", Bulletin de l'Ecole françaised'Extrême-Orient. Tome 4, 1904. pp. 625-626.

⑥ 《法國遠東博古院在越南一個世紀的研究》，河內：知識出版社、遠東博古院 2014 年版，第 287、303 頁。Lịch sử một thế kỷ nghiên cứu Viện viễn Đông bác cổ Pháp tại Việt Nam, Un sièle D'histoire l'école D'extrême-Orient au Vietnam, nhà xuất bản thế giới École D'extrême-Orient, 2014.

⑦ 河內：漢喃研究院藏刻本，編號 A.3114。

⑧ （越南）陳文玾：《對漢喃書庫的考察》第 1 集，河內：文化出版社 1984 年版，第 189—192 頁。

⑨ （越南）陳國旺注譯：《越史略》，河內：順化東西語言文化中心 2005 年版。

九八七年，陳荊和教授結合諸本，恢復原名，出版了校合本《大越史略》。① 二〇一七年，成思佳發現北京師範大學藏抄本《大越史略》與四庫本《越史略》及其衍生諸本差異很大，原為曹寅藏書，題為《大越史略》，四庫館臣所改歷代王朝帝號等皆未變更，考證此抄本是未經四庫館臣修改過的版本。② 筆者考察此抄本，發現其中有大量越南官方諱字，與現存越南陳朝碑刻諱字使用情況相同，③此本為越南傳來的原本抑或是依據原本重抄尚無法確定，但為未經四庫館臣刪改的早期抄本，應無疑問。

## 二 《大越史略》與《十八史略》

宋末元初人曾先之根據歷代史書編撰了一部自上古至宋亡之間歷史的《十八史略》兩卷，最早刊行於元成宗大德元年（一二九七），元代刊本有兩卷本和十卷本。現存的元刻兩卷本有《增修宋際古今通要十八史略》《古今歷代十八史略》《新增音義釋文古今歷代十八史略》《新增音義釋文古今歷代十八史略》等多種不同版本，尚有不少佚失的版本，官私學塾皆用為教本。《十八史略》在元代即以其簡約風靡，明朝重刻續作亦多，並傳入朝鮮、日本，產生了巨大影響。④

《十八史略》內容極為簡約，將上古至宋亡的數千年史事簡明扼要敘述清楚，舍去歷代史家的評論，只以編年敘述史事，一代結束，則記其傳幾世凡多少年。《大越史略》為編年體，敘述安南自

---

① 陳荊和校合本《大越史略》，創価大學アジア研究所叢刊第一輯，1987年。
② 成思佳：《現存最早的越南古代史籍——〈大越史略〉若干問題的再探討》，《中國典籍與文化》2017年第3期，第26—36頁；《現存最原始的越南史籍文本的發現——北京師範大學圖書館藏抄本〈大越史略〉考論》，《元史及民族與邊疆研究集刊》第四十一輯，上海古籍出版社2021年版，第235—251頁。
③ ［越南］阮金杖：《越南寧平省陳朝碑刻避諱字研究》，大韓中國學會編：《中國學》第56輯，2016年9月，第71—83頁。
④ 喬治忠：《〈十八史略〉及其在日本的影響》，載《中國官方史學與私家史學》，北京圖書館出版社2008年版，第417—433頁。

黃帝時期、郡縣時期以及吳權至李朝的歷史，以干支和帝王年號紀年，逐年紀事，極其簡略，沒有序言和凡例，無作者評論，也不引用其他史家的論述，一代結束則言傳幾世凡多少年。《大越史略》共三卷，卷上有"國初沿革""趙紀""歷代守任""吳紀""丁紀""黎紀"；卷中為"阮紀"，記李太祖至李仁宗時期史事；卷下亦為"阮紀"，記李神宗至李惠宗時史事，終於李昭皇遜位陳日煚。《大越史略》雖分為三卷，但就其內容而言，分為兩部分，即李朝以前為一部分，李朝史事為一部分。李朝和陳朝國號皆為"大越"，就名稱和編撰方式來看，《大越史略》很可能是模仿《十八史略》的作品。

《大越史略》在越南長期失傳，越南古代典籍也從未對《十八史略》是否傳入越南做過記述，現在越南也沒有發現《十八史略》的版本，但確實有宋代史書傳入陳朝，並影響了當時的歷史撰述。一四七九年，吳士連敘述越史著作，曾提及："胡宗鷟《越史綱目》有作，書事慎重而有法，評事切當而不冗"[1]，《越史綱目》在吳士連的時代就已亡佚，這是根據《大越史記》編撰的"綱目體"著作。可知朱熹《資治通鑑綱目》在陳朝傳入安南，並為學者所借鑒。

《大越史略》三卷之後附"皇朝紀年"，最後為"今上皇帝　昌符元年（一三七七）丁巳"[2]，即洪武十二年，此時已在明初，《十八史略》的刻本遠較《資治通鑑綱目》為多，且易於攜帶，故而陳朝學者有可能按照《十八史略》的撰述方式簡述本國史，以國號"大越"為名，以"史略"為題，撰成《大越史略》三卷。《大越史略》內容實際分成兩個部分，可能作者見到的是《十八史略》兩卷本。

---

[1] 陳荊和校合本《大越史記全書》卷首，東京：東京大學東洋文化研究所1984年版，第55頁。
[2] ［越南·陳朝］佚名：《大越史略》，見李永明主編《北京師範大學圖書館藏稿抄本叢刊》第39冊，國家圖書館出版社2011年版，第610頁。

## 三 《大越史略》的作者

　　《大越史略》撰者不詳。《四庫全書總目》經過考證，結合《安南志略》："崱志又載陳普嘗作越志，黎休嘗修越志，俱陳太王時人"，認為"此書或即出普、休二人之手，未可知也"，① 陳普即陳周普，黎休即黎文休。但黎崱所記陳周普之書名《越志》，黎文休書亦名《越志》，根據《大越史記全書》的記載，黎文休《越志》即《大越史記》。《四庫全書總目》最早對《大越史略》的作者進行考證，對後世學者影響很大。

　　一九五〇年，日本學者山本達郎提出黎文休《大越史記》繼承了陳周普的《越志》，《越史略》是黎文休《大越史記》的節略本，《越史略》即胡宗鷟《越史綱目》；② 一九七〇年，陳文玾提出《大越史略》的作者可能為陳周普；③ 一九八〇年，陳荊和不同意山本達郎的觀點，根據《安南志略》的記載認定《大越史略》的作者是陳周普，亦稱《越志》，黎文休在此基礎上修成《大越史記》。④ 一九八三年，潘輝黎認為山本達郎和陳荊和的觀點並沒有確切的文獻證據，其結論亦只是假設而已。⑤

　　陳國旺肯定《大越史略》的編撰晚於黎文休，沒有表明作者是

---

　① 永瑢等：《四庫全書總目》，中華書局1960年版，第589頁。
　② ［日本］山本達郎「越史略と大越史記」、『東洋學報』第32卷，1950年，第53—76頁。
　③ ［越南］陳文玾：《對漢喃書庫的考察》第1集，河內：文化出版社1984年版，第37—38頁。
　④ 陳荊和「『大越史略』——その內容と編者——」、『東南アジア・インドの文化』、山本達郎博士古稀紀念論叢編集委員會（編）、山川出版社、1980。陳荊和著，李塔娜譯：《〈大越史略〉——它的內容與編者》，《中國東南亞研究會通訊》1983年第3—4號，（1983年12月），第42—49頁。
　⑤ ［越南］潘輝黎：《大越史記全書的作者、文本與作品》，河內：《歷史研究》雜誌1983年第3期，第28頁。

誰。① 張笑梅、郭振鐸則認為《越史略》和黎文休《大越史記》是完全不同的兩本書。② 二〇〇九年，吳秋燕在臺灣完成碩士論文，認定《大越史略》的作者為陳周普，即《安南志略》中的《越志》，是陳荊和觀點的延續。③

據第一章和第二章的研究，陳周普《越志》與黎文休《大越史記》是不同時期完成的兩部史書，黎崱鄭重其事將之分別記載，顯然絕非一書。《大越史略》是《大越史記》的節略本，成書時間更晚，與陳周普及《越志》的關係更加遙遠。

陳荊和教授根據四庫本《大越史略》最後所附"陳朝紀年"的"今王昌符元年（一三七七）丁巳"，提出"陳朝紀年"未必就是《大越史略》原文所附，亦可能是"陳朝紀年"的寫者抄寫陳周普的《大越史略》後附上。④《大越史略》的編撰體例明顯而突出，與《十八史略》幾乎相同，必然是先有《大越史記》，再刪削為《大越史略》，不可能是先有陳周普撰《大越史略》，黎文休再增補為《大越史記》。

現在所知陳朝末年最活躍的歷史學家即編撰《越史綱目》的胡宗鷟，故山本達郎教授將二書有所聯繫，認為胡宗鷟即《大越史略》的作者，《越史略》即胡宗鷟《越史綱目》。⑤ 但《大越史略》的編撰體例和內容並不符合朱熹《資治通鑑綱目》確定的"大書以提要，分注以備言"⑥的宗旨。《資治通鑑綱目》在司馬光《資治通鑑》的基礎上編撰，胡宗鷟所撰應當有所本，據《越史綱目》的名

---

① ［越南］陳國旺注譯：《越史略》，河內：順化東西語言文化中心 2005 年版，第 6—7 頁。
② 張笑梅、郭振鐸：《越南〈越史略〉編撰的若干問題》，載《河南大學學報》1997 年第 1 期。
③ ［越南］吳秋燕：《明代中國所見越南漢籍研究》，成功大學 2009 年碩士論文，第 42—51 頁。
④ 陳荊和著，李塔娜譯：《〈大越史略〉—它的內容與編者》，第 47 頁。
⑤ ［日］山本達郎「越史略と大越史記」、『東洋學報』第 32 卷，1950 年，第 64—68 頁。
⑥ 朱熹：《資治通鑑綱目·序例》，《朱子全書》第 8 冊，上海古籍出版社、安徽教育出版社 2010 年版，第 21 頁。

稱，原名很可能是《大越史記綱目》。但並不排除《大越史略》是胡宗鷟在《越史綱目》之外編撰的作品。

史書記載黎文休《大越史記》共三十卷，山本達郎教授和陳荊和教授都提出"三卷"可能訛為"三十卷"。但《大越史記全書》中保留的關於黎文休的史文內容和"黎文休曰"的史論證明《大越史記》有史有論，一四七九年吳士連完成的《大越史記全書》亦有十五卷，一五一一年武瓊在吳士連書基礎上完成的《大越通鑑通考》則有二十六卷，自趙佗至李昭皇之間的史事恐非三卷所能容載。能夠將《大越史記》三十卷內容的史書節略為三卷，非史才卓越者不能為之。《大越史略》篇幅雖小，但結構精贍，史事明晰，辭達意旨，行文扼要簡約，雖不排除有其他學者編撰的可能，但胡宗鷟編撰的可能性很大。《十八史略》現在流傳諸本無曾先之所作之序，大德元年（一二九七）刊本前有周天驥所序：

  韓文公送子讀書，深以人不通古今為戒。何如斯可謂之通矣？精通固難，粗通正亦未易，史冊浩瀚，初學望洋。今有一編書，使十行俱下者讀之，不三二日，而數千載之本末大略已在胸次，其于訓蒙便甚。好事者於是刻梓以傳，所以惠後學廣矣。[1]

周天驥是江西南昌人，曾先之是吉水人，二人均由宋入元。周天驥認為《十八史略》是教授兒童訓蒙的歷史書，應該比較符合曾先之的想法。《四庫全書總目》亦認為其是"鄉塾課蒙之本"[2]。《十八史略》為訓蒙之書當無疑問，曾先之或因其簡單而不作序說明。《大越史略》亦無序，內容極為簡略，很可能也是蒙學教材。若因《大越史略》與《十八史略》同是簡略的課蒙之書，作者不作

---

[1] 轉引自喬治忠《〈十八史略〉及其在日本的影響》，載《中國官方史學與私家史學》，北京圖書館出版社2008年版，第418頁。

[2] 永瑢等：《四庫全書總目》卷五十《別史類存目》，中華書局1960年版，第454頁。

序的方式是可以理解的，甚或編者姓名亦為人所不知。

就《大越史略》及"史略"體裁而言，我們可以初步確定《大越史略》是刪削《大越史記》而來的史著，至於作者是誰已經無關緊要了。因《大越史記》亡佚，《大越史略》的價值亦因此凸顯。

## 四 《大越史略》與《大越史記》

昌符年間已經有陳朝初年陳周普編撰的《越志》，陳聖宗紹隆十五年（一二七二）黎文休編成的《大越史記》三十卷，以及胡宗鷟《越史綱目》，另有黎崱北居元朝撰成紀傳體史書《安南志略》二十卷。《越志》《越史綱目》在吳士連的時代已經亡佚，黎文休《大越史記》在後世亦亡，內容被吸收進吳士連《大越史記全書》中，保留了黎文休的一些歷史評論，《安南志略》現存十九卷，近代回流越南。《大越史略》的體例與《十八史略》基本相同，我們有理由相信《大越史略》是在《大越史記》的基礎上編撰完成的。朱熹《資治通鑑綱目》在司馬光《資治通鑑》基礎上完成，陳朝在胡宗鷟之前只有黎文休《大越史記》流傳，《越史綱目》應該是根據《大越史記》編撰完成，"綱目"與"史略"是兩種不同的編撰方式。

《大越史略》開篇的"國初沿革"不涉及國統問題，只是簡述上古之事。若僅以國統來看，《大越史略》和《大越史記》的上下限是一致的。黎文休以趙佗南越國為安南國統之始，在論述二征起事時評論："惜乎繼趙之後，以至吳氏之前，千餘年之間，男子徒自低頭束手，為北人臣僕，曾不愧二征之為女子。吁！可謂自棄矣！"[1]即黎文休認定的能夠接續南越國統的僅有吳權而已，作"吳紀"，但在論述吳權功績時又說："雖以王自居，未即帝位改元，而

---

[1] 校合本《大越史記全書》外紀卷之三，第126頁。

我越之正統，庶幾乎復續矣"①，又認為吳權沒有達到正統的要求。《大越史略》對各代的劃分基本按照黎文休的做法，即南越國設《趙紀》，吳權設《吳紀》，趙、吳之間皆不列"紀"，設"歷代守任"。《安南志略》因在元朝創作，遵守中國要求，降"帝紀"為"世家"，稱帝者皆稱王，故僅有趙、丁、黎、李、陳諸世家。吳權稱王未得中國之封，故列入"五代時僭竊"，但可以看出《安南志略》也受到了黎文休的影響。

吳士連自述根據黎文休《大越史記》記趙武帝至李昭皇之間的史事，根據潘孚先的《大越史記》記陳朝史事。吳士連吸收了兩部《大越史記》的內容，並對其中的一些史事進行考證修訂，註於文後。陳太宗元豐二年（一二五二）："冬十二月，獲占城主妻布耶羅，及其臣妾、人民而還"，下有注釋："或云獲占城主布耶羅，非也。若果然，文休作史記，何不引與擒乍鬥並稱哉？今從孚先為是"②，能將黎文休和潘孚先放在一起評論，這顯然是吳士連所為，與擒乍鬥並稱的即指黎文休對元嘉九年林邑求領行為所做評論：

林邑乘我越無君之時，乃寇日南、九真而求領之，豈當時我越不能支此林邑耶？特以無統率之者故也。時不終否而必泰，勢不終屈而必伸。李太宗斬其主乍鬥③，聖宗擒其主制矩④，而繫其民五萬人，至今為臣僕，亦足以雪數年污辱之讎恥也。⑤

黎文休《大越史記》的記史下限在一二二五年李昭皇禪位之時，完成《大越史記》在一二七二年。吳士連應該是因黎文休經歷了元豐二年陳太宗攻打占城、擒布耶羅妻之事，卻沒有與擒乍鬥、制矩並稱，從而肯定潘孚先的觀點正確，即布耶羅為占城主之妻，

---

① 校合本《大越史記全書》外紀卷之五，第172頁。
② 校合本《大越史記全書》本紀卷之五，第336頁。
③ 事見校合本《大越史記全書》本紀卷之二，第233—234頁。
④ 事見校合本《大越史記全書》本紀卷之三，第245頁。
⑤ 校合本《大越史記全書》外紀卷之四，第144頁。

第三章　陳朝《大越史略》的編撰與內容 | 71 |

並引用注明。

　　吳士連的《大越史記全書》十五卷經過范公著和黎僖增補，共計二十四卷，於一六九七年刊印，其中范公著也對吳士連的原文做了注釋，因此現行的《大越史記全書》僅有部分注釋可以根據內容來確定出自誰的手筆。

　　《大越史略》卷中和卷下均為"阮紀"，《大越史記全書》記載陳太宗天應政平八年（一二三三）："夏，六月，頒國諱、廟諱。元祖諱李，因改李朝為阮朝，且絕民之望李氏也"①，《大越史記》成書於一二七二年，如何處理避諱"李"呢？黎文休評論李祿和李子克上白鹿為祥瑞而得官職：

　　　　夫古人所謂瑞者，以得賢與豐年，外此不足為瑞也。況珍禽異獸不育于國，亦先王之遺戒也。神宗因阮祿、阮子克（注：祿、子克本姓李，文休避陳朝諱，故稱阮）獻白鹿以為瑞物，拜祿為大僚班，子克為明字，則賞者、受者皆非也。何則神宗，以獻獸拜官，是濫其賞也。祿、克以無功受賞，是欺其君也。②

　　《大越史記全書》正文記為李祿、李子克，但黎文休的評論中則記為阮祿、阮子克。吳士連在二人名後做了避諱注釋，可見黎文休《大越史記》已經改"李"為"阮"。吳士連是黎朝人，無須避陳朝的諱，但仍儘量保留了黎文休評論的原貌。《大越史略》中凡"李"姓者皆改為"阮"，"李紀"亦稱"阮紀"。根據《十八史略》摘抄原文的撰述方式，《大越史記》原本即作"阮紀"。

　　《大越史略》模仿《十八史略》簡寫《大越史記》，並不以考證為主，因此將《大越史記》的錯誤也延續下來。《大越史略》記載丁部領"以趙宋太祖開寶元年（九六八）即皇帝位於華閭洞，起

---

① 校合本《大越史記全書》本紀卷之五，第326頁。
② 校合本《大越史記全書》本紀卷之三，第273頁。

宮殿,制朝儀,置百官,立社稷,尊號曰大勝明皇帝"①,太平二年(宋開寶四年,九七一)宋朝傳書交州:

> 宋聞帝稱尊號,使遺帝書,其略曰:中夏之於蠻貊,猶人之有四肢也;苟心腹未安之体,庸能治乎?蕞尔交州,遠在天末,唐季多難,未遑區處,今聖朝盖覆萬國,太平之業,亦既成矣,俟尔至止,康乎帝躬,尔毋向隅,為我小患,俾我為絕蹯斷節之計,用屠尔國,悔其焉追。②

此事實際發生在太平興國五年(九八〇),傳書乃王禹偁的《諭交址文》,並非宋太宗討交州詔書,《大越史記全書》記載此事在太平興國五年,但卻錄入《諭交址文》全文,亦誤。文下有吳士連的注釋:

> 舊史載此書於丁紀太平二年之下,今按宜在此。宋王禹你所撰之文也。又按文休於此之上提起"改元稱帝"四字,則是年秋為天福元年明矣。又書中云我太祖受周禪,我嗣守丕基,則為宋太宗之書明矣。文休不應太誤,而紀於先皇之世,蓋後人抄錄于殘編斷簡之餘,妄(妄)意竄入,致誣誤文休之誤耳。③

"天福元年"即"太平興國五年","王禹你"即"王禹偁","文休"即黎文休,"舊史"當為黎文休《大越史記》。吳士連對黎文休記載詔書的時間,做了比較和考證,認為其記載于太平二年是錯誤的,而《大越史略》正記載此事于太平二年,即延續了《大越史記》的錯誤。④

---

① [越南·陳朝]佚名:《大越史略》,第492頁。
② [越南·陳朝]佚名:《大越史略》,第493頁。
③ 校合本《大越史記全書》本紀卷之一,第187頁。
④ 葉少飛:《〈大越史記全書〉載宋太宗討交州詔辨析》,《域外漢籍研究集刊》第9輯,中華書局2013年版,第325—338頁。

《大越史記全書》記載黎桓卒年："（應天）乙巳十二年（宋景德二年，一〇〇五），春三月，帝崩于長春殿，號大行皇帝，因為廟號而不改，藏長安州山陵。"下有小字注："按舊本地志，記帝崩在丙午（一〇〇六）年，乃黎臥朝請命之時，而言非實也。今從黎文休為是。"①《大越史略》亦從黎文休記載黎桓卒年在乙巳年："帝崩于長春殿，謂之大行皇帝，因為廟號。在位二十七年，壽六十五，改元者三，葬長州德陵。"②

吳士連對於黎文休沒有記載的一些史事，特意予以指出。黎文休曾評價李賁為中才之將，應當記述了李賁之事，但對李賁之後的趙光復的史事則沒有記載。吳士連以李賁為"前李紀"，以趙光復為"趙越王紀"，並在標題下注釋："按舊史不載趙越王、桃郎王，今采野史及他書，始載越王位號，附桃郎王，以補之"③，"舊史"當指《大越史記》，《大越史略》也沒有記載趙光復之事。

因《大越史記》的內容被吳士連吸收進《大越史記全書》，故而《大越史略》與《大越史記全書》的內容有很高的相似性。④但凡吳士連指出的黎文休的錯誤和正確之處、沒有記載的部分、避諱，《大越史略》均與《大越史記全書》中關於黎文休的記載保持一致。

## 五 《大越史略》關於李陳換代的記載

《大越史略》根據《大越史記》編纂，其簡略的內容很難體現出史學思想。《大越史記》雖然亡佚，卻被吸收進《大越史記全書》，因此仍然可以根據《大越史略》和《大越史記全書》的相關記載一窺《大越史記》的部分內容和思想。

---

① 校合本《大越史記全書》本紀卷之一，第197頁。
② ［越南·陳朝］佚名：《大越史略》，第499頁。
③ 校合本《大越史記全書》外紀卷之四，第150頁。
④ 可參看葉少飛《丁部領、丁璉父子稱帝考》，《宋史研究論叢》第16輯，河北大學出版社2015年版，第452—457頁。

《大越史略》時間下限在李昭皇遜位於陳日煚，《安南志略》記載："今李傳八世，共二百二十餘年，無子，國歸其婿"①，《大越史略》記載："右阮朝自李祖至惠宗，凡八主，始庚戌，終乙酉，共二百一十六年而亡"②，《大越史記全書》記載："右李朝九帝，始太祖庚戌，終昭皇乙酉，共二百六十年"，陳荊和教授校記言："《越史略》'二百六十年'作'二百十六年'，《越綱目》作'三百十六年'，按應以'二百十六年'為準確年數"③。《安南志略》與《大越史略》的觀點一致，即李朝八主，自太祖至惠宗。《大越史記全書》則認為李朝九帝，自太祖至昭皇，但起迄年與《大越史略》相同。

《大越史略》記載李朝之亡在於李惠宗，雖傳位於女兒昭聖公主，時年僅六歲，因以"女主而幼為憂"，召馮佐周謀曰：

> 朕以不德，獲戾于天，絕無繼嗣，傳位幼女。以一陰而御群陽，眾所不與，必致悔亡。以吾觀之，莫若遠法唐堯，近休仁祖，擇其賢者而授之。今所見太尉仲子某，年雖沖幼，相貌非常，必能濟世安民。欲以為子而主神器。仍以昭皇配之。卿等為朕言于太尉。④

《大越史略》記載惠宗主動提出以陳日煚為子，配以昭皇，陳日煚年方八歲，由其父陳承謀劃繼位成功。卷末又敘："太上皇與其母譚太后出居扶列寺，號惠光禪師。以建中二年八月丙戌，崩于善教寺，廟號惠宗，在位十五年有奇。改元者一，曰建嘉，凡十五。壽三十三，殯于安華府寶光寺。"⑤ 顯然《大越史略》記載李朝禪讓的主持者為李惠宗，亦成李朝最後一位君主。

---

① 《安南志略》卷十二《李氏世家》，中華書局 2000 年版，第 307—308 頁。
② [越南·陳朝] 佚名：《大越史略》，第 608 頁。
③ 校合本《大越史記全書》本紀卷之四，第 317 頁。
④ [越南·陳朝] 佚名：《大越史略》，第 606 頁。
⑤ [越南·陳朝] 佚名：《大越史略》，第 607—608 頁。

第三章　陳朝《大越史略》的編撰與內容 | 75 |

《大越史記全書》記載陳日煚之叔陳守度威逼李惠宗自縊，後又坑殺李氏宗室，遠非《大越史略》記載的這般平和。《大越史記全書》關於李昭皇禪位的記載充滿了陰謀，遜位的主導者則為陳守度，遜位詔書出於昭皇而非惠宗：

  自古南越帝王，治天下者有矣。惟我李受天眷命，奄有四海，列聖相承，二百餘年，奈以上皇嬰疾，承統無人，國勢傾危，命朕受明詔，勉強即位，自古已來未之有也。嗟！朕懼為女主，才德俱傾，輔弼無人，盜賊蜂起，安可秉持神器之太重，朕夙興夜寐，惟恐難堪，每念求賢良君子，同輔政治，夙夜拳拳，於斯極矣，詩曰："君子好逑，求之不得，寤寐思服，悠哉悠哉。"今朕反覆獨算，惟得陳煚，文質彬彬，誠賢人君子之體，威儀抑抑，有聖神文武之資，雖漢高唐太，未之能過。想熟晨昏，驗之有素，可遜大位，以慰天心，以副朕懷，庶可同心戮力，共扶國祚，以享太平之福。布誥天下，咸使聞知。①

隨後，"昭皇設大會于天安殿，御寶床，百官朝服進，朝拜於庭下。昭皇乃降服，勸進陳煚即皇帝位。改元建中元年，大赦，稱禪皇，尋改文皇，群臣上尊號曰：啟天立極至仁彰孝皇帝。拜陳守度為國尚父，掌理天下事"，陳守度請陳日煚之父陳承"權攝國政為上皇，後一二年，天下一統，復政二郎"②。之後陳太宗屢為陳守度所壓迫，一二三七年，因昭皇無子，陳守度奪陳日煚兄陳柳懷孕的妻子，嫁給陳太宗。③《大越史記全書》記載陳初"規畫國事，皆陳守度所為"，④雖肯定其功績，但史文所見之陳守度實為一奸雄。

關於李朝之亡，《大越史略》與《大越史記全書》的記載差別極大。《大越史略》推崇太祖陳承達成禪讓之功，《大越史記全書》

---

① 校合本《大越史記全書》本紀卷之四，第316頁。
② 校合本《大越史記全書》本紀卷之四，第316頁。
③ 校合本《大越史記全書》本紀卷之五，第328頁。
④ 校合本《大越史記全書》本紀卷之五，第321頁。

則記載陳守度謀劃其事，前書有崇抑，而後書記述無所忌憚。一二六四年陳守度已經去世①，黎文休修史自當尊崇太宗之父，故將禪讓之功歸於太祖陳承，以美陳朝得國之事，陳守度謀劃之功則被隱去，自然沒有《大越史記全書》記載的政治陰謀。就此推斷，《大越史記》當亦記載李朝國運傳八世，亡于惠宗。

## 六　結論

喬治忠先生指出《十八史略》及續作《十九史略》在朝鮮具有崇高的地位，在日本更受重視，續作、仿作長盛不衰，將日本這種對"史略"的接續行為稱為"'史略'文化現象""'史略'文化潮""'史略'之書"②。《十八史略》自誕生之後，在中國仿作、續作盛行，在朝鮮地位崇高，在日本影響持久，在越南雖僅有《大越史略》一部仿作，但價值重大。鑒於《十八史略》在中、越、日、朝史學發展中產生的長期影響，可以借鑒《資治通鑑綱目》衍生作品稱為"綱目體"史書的情況，③將之統稱為"史略"體史書，這是中國史學播揚域外，對東亞史學發展所做的又一個重要貢獻。

"史略"體在越南古代史學發展中曇花一現，《大越史略》之後再無類似著作。《大越史略》節略《大越史記》而來，內容簡約，無序無史論，僅作童蒙書籍使用。在《大越史記》流傳的情況下，《大越史略》這樣的童蒙書籍自然難以受到史家重視，故而一四七九年吳士連撰著《大越史記全書》時便沒有提及。④一五二〇年，鄧明謙編撰完成《詠史詩集》，《大越史記》仍在，亦未提及《大越史略》。一六六五年范公著整理《大越史記全書》之時，《大越史記》已經亡佚，而《大越史略》亦不知何時湮沒于越南歷史發展進

---

① 校合本《大越史記全書》本紀卷之五，第343頁。
② 喬治忠：《〈十八史略〉及其在日本的影響》，《中國官方史學與私家史學》，北京圖書館出版社2008年版，第417—433頁。
③ 金毓黻：《中國史學史》，商務印書館2009年版，第256—258頁。
④ 校合本《大越史記全書》卷首，第55頁。

程之中。

　　《大越史略》在明初被帶至中國，流傳後世。根據"史略"體史書的特點，《大越史略》的內容最接近越南古代第一部史籍《大越史記》，其編撰與內容對早期越南歷史及史學發展有極為重大的研究意義。而北京師範大學藏《大越史略》早期抄本的發現，則為探討該書的價值與越南史學的發展提供了珍貴的文獻依據。

第 四 章

# 《大越史記全書》的成書、雕印與版本[*]

## 一 《大越史記全書》刻本的形成

《大越史記全書》是越南古代最重要的歷史典籍之一，是越南歷史研究的基礎著作。陳聖宗紹隆十五年（一二七二），黎文休編撰完成《大越史記》三十卷，記述自趙武帝至李昭皇時期的歷史，這是越南最早見諸載籍的史著。一四四五年，黎仁宗命潘孚先撰寫自陳太宗至明軍北返時期的歷史，亦名《大越史記》，又稱《史記續編》。黎聖宗洪德十年（一四七九），史官修撰吳士連在黎文休和潘孚先兩部史籍的基礎上，完成《大越史記全書》十五卷，敘述自上古鴻龐氏至明軍還國的歷史。之後黎文休和潘孚先兩書亡佚，部分內容和史論賴吳士連《大越史記全書》得以傳世。一五一一年，史館總裁武瓊根據吳士連《大越史記全書》撰成《大越通鑑通考》二十六卷，後佚失。一五一四年，黎嵩根據武瓊書撰成《越鑑通考總論》，這是越南古代最早的史論著作，後與《大越史記全書》合刊流傳。

景治三年（一六六五），范公著等奉執政的鄭氏之命，"叨承成命，不敢以淺拙辭"，整理了吳士連《大越史記全書》，並增加了黎太宗至黎恭皇時期的歷史，即後黎朝統一時期的歷史，名《本紀實

---

[*] 本章法國巴黎亞洲學會圖書館藏《大越史記全書》版本圖片由中山大學牛軍凱教授提供，黃胤嘉先生查閱了日本慶應義塾大學藏各種《大越史記全書》版本，筆者謹致謝忱！

| 第四章 《大越史記全書》的成書、雕印與版本 | 79 |

錄》；自黎莊宗至黎神宗時期史事，即中興黎朝的歷史，名《本紀續編》。范公著等史臣重新編成《大越史記全書》二十三卷，"述為成書，鋟梓頒行"①。

正和十八年（一六九七），黎僖整理前史，發現范公著書"付諸刊刻十纔五六，第事未告竣，猶藏於秘閣"，在范書基礎上，又續編一卷，"其世次、凡例、年表一如前所著述"，"書成上進御覽，遂命工刊刻，頒布天下，使從前千百年未集之事蹟遹底于成"②，此即正和本《大越史記全書》二十四卷。范公著為鄭柍、鄭柞父子倚重的股肱之臣，自陽和八年（一六四二），"以副都將太保西郡公鄭柞鎮山南處，太常寺卿范公著為贊理"③，自此君臣相濟，黎貴惇言："推結分誼，贊成勳業，位至輔相，他人莫得比焉，君臣之緣，豈偶然哉！"④一六六五年，鄭柞愛屋及烏，"吏部尚書范公著之子公兼由參議陞任參政，朝臣以為不可，相率力爭，王不悅，即命公著與黎敦查刷諸司所行事故，並被貶黜"⑤，此即鄭王暗地授權范公著打擊政敵，此年亦正是范公著編《大越史記續編書》之時。之後范公著王眷不衰，一六六八年，"參從吏部尚書兼東閣大學士少保燕郡公范公著年老乞謝事，上慰諭眷留，公著懇請益力，上許之，加陞國老太保參預朝政致仕"，一六七三年，"起復參從吏部尚書兼東閣大學士國老參預朝政太保燕郡公致仕范公著入朝掌六部事，參贊機務"，"令文官入王府內閣議事，奉侍內閣自此始"⑥。一六七四年，由范公著賚金冊前往冊封世子鄭根。一六七五年范公著去世，史書評價甚高：

---

① 內閣官板《大越史記全書》影印本，河內：社會科學出版社 1993 年版，第 15 頁。下同。
② 內閣官板《大越史記全書》影印本，第 11—12 頁。
③ 內閣官板《大越史記全書》影印本，第 603 頁。
④ ［越南·中興黎朝］黎貴惇：《見聞小錄》卷五，夏威夷大學藏抄本。
⑤ 內閣官板《大越史記全書》影印本，第 626 頁。
⑥ 內閣官板《大越史記全書》影印本，第 630，637 頁。原文缺字，據陳荊和校合本《大越史記全書》本紀卷之十九補，東京大學東洋文化研究所 1986 年版，第 997 頁。

十月，吏部尚書兼東閣大學士國老參預朝政掌六部事太保燕郡公范公著卒。公著爲人深沉簡重，行有操術，輔王於潛邸日，籌畫居多，當國日久，法度屢有建明，年七十有六卒，贈太宰，賜謚忠勤。①

范公著位高權重，為鄭氏所寵信，受命著史，自當完成，"述為成書，鋟梓頒行"。在黎僖所述之中，范公著等人已經刊刻的史書如何成為"刊刻十纔五六"未完工程，尚是未解之謎。但范公著著史之後權位日隆，書成十年之後方去世，應該不會任由刊書之事中止。范公著領銜著史之事，內閣官板《大越史記全書》沒有記載，黎僖著史之事則記入後來的《越史續編》：

十一月，黎僖等進國史續編實錄。景治初，命宰臣范公著等續史。自莊宗至神宗，刻事未竣，王復命黎僖、阮貴德等撰集自玄宗至嘉宗，凡十三載事實，亦命曰續編。至是書成上進，遂命併刻頒行。②

永祐二年（一七三六），范公著外孫女之子黎有謀根據家藏文獻撰《丞相范公年譜》，景治三年（一六六五）：

八月，奉命纂修國史續編成。先是，公以經兵燹之後，典籍散亡，啓請求遺書，又奉訂考國史，曰外紀，曰本紀，曰續編，分為二十三卷，至是成。

黎有謀又記錄了纂修人的姓名和籍貫，位列第一的是嘉林樂道人左侍郎陳玉厚，排第二的左侍郎楊淐當為內閣官板《大越史記全

---

① 內閣官板《大越史記全書》影印本，第641頁。
② 校合本《大越史記全書》續編卷之一，東京大學東洋文化研究所，1986年，第1025頁。

書》記錄的第一位纂修左侍郎楊澔。①（圖四之一）陳玉厚之外，黎仁傑、黎禧、吳策諭、武公平四人也不在內閣官板的纂修人員之中。②

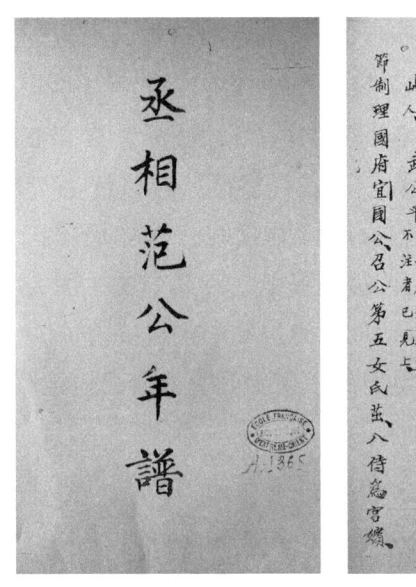

圖四之一　漢喃研究院藏《丞相范公年譜》阮朝抄本

作為編撰負責人，范公著家族文獻記錄的纂修人員應該是可信的。但是，最終被內閣官板記錄的人員則少於范公著年譜五人，內閣官板來自於一六九七年的正和刻板，已是范公著撰史的三十二年之後，刪減修撰人員可能出現在黎僖編訂刻印之時。史書記載一七〇二年七月：

   參從兵部尚書萊山伯黎僖卒。僖十九登第，閒廢累載，結廬西湖，以詩文自娛。既起用，深被簡注，當國十年，參議帷

---

 ①　校合本《大越史記全書》卷首，東京大學東洋文化研究所1984年版，第60頁。
 ②　[越南・中興黎朝] 黎有謀：《丞相范公年譜》，漢喃研究院藏抄本，藏號A1368，第79—80頁。

幄，言無不從。朝野以嚴見憚，性頗猜忌。嘗因事黜（黃）公寅，又以私囑致（吳）策諭於死，不為公論所歸。至是卒，年五十七，贈吏部尚書萊郡公。（注：東山石溪人）。①

黎僖生於一六四五年，一六六四年十九歲登第，一六六五年二十歲，史書記載此年武公平和吳策諭爲翰林院校討。②《丞相范公年譜》記錄的纂修人翰林黎禧寫明是"東山石溪人"，黎僖在鄧族家譜中則寫為"迨黎熙公奉修國史"③。"黎禧"應該就是"黎僖"，即在传抄过程中出现的讹误。景治修史之时，翰林阮曰庶、武惟斷、黎禧、吳策諭、武公平五人级别最低。正和修史之时，黎僖已经贵为"特進金紫榮祿大夫參從刑部尚書知中書監萊山子"④，绝非刚刚登第时的翰林可比。《名臣傳記·東山尚書黎僖記》記載：

黎公，石溪人也，登景治甲辰（一六六四）科進士，自草制辭末句云：作朕股肱耳目，未有所對，尚書何宗穆同坐，應云：保我子孫黎民。黎大稱賞，即舉以貳銀子贈之。黎公秉政，專事苛察，妒賢嫉能。有俗望者，必因事排擯。天下咸畏其威。時挽河尚書同在政府，以德厚稱，人為之語曰：宰相黎僖天下愁悲，宰相挽河天下謳歌。有人聞空中神語曰：黎僖苛烈，理應削落。未幾公死，人以為驗。⑤

"挽河尚書"為阮冠儒，繼黎僖執政，務持大體，事從寬厚。⑥

---

① 校合本《大越史記全書》續編卷之一，東京大學東洋文化研究所1986年版，第1029頁。
② 校合本《大越史記全書》本紀卷之十九，東京大學東洋文化研究所1986年版，第980頁。
③ 《鄧家譜記續編》影印本，河內：世界出版社2006年版，第969頁。
④ 校合本《大越史記全書》卷首，東京大學東洋文化研究所1984年版，第62頁。
⑤ 《名臣傳記》，漢喃研究院藏抄本，藏號A.506。
⑥ 校合本《大越史記全書》續編卷之二，東京大學東洋文化研究所1986年版，第1036頁。

傳記與史書對黎僖均評價不佳。以黎僖苛烈的性格，很大可能不願意看到景治修史時自己叨陪末座，故而刪掉。正和修史時，黎僖排第一，"光進慎禄大夫陪從户部右侍郎廉堂男臣阮貴德"排第二；① 一六五五年，陳玉厚為"鴻臚寺卿桂林男"，② 景治修史時為左侍郎，亦僅次於范公著。一六五五年之後，陳玉厚沒有在史書中出現。景治修史之後的三十多年中，官場恩怨紛繁複雜，黎僖"嘗因事黜（黄）公寘，又以私囑致（吳）策詢於死，不為公論所歸"，《丞相范公年譜》中的纂修第一人陳玉厚以及其他三人，應該也是被黎僖刪落。

　　正和修史阮貴德居於黎僖之後的第二位，應該做了重要的工作，故《越史續編》記"王復命黎僖、阮貴德等撰集"，但因為編撰工作任務分配並未記載明確，故而難知黎僖和阮貴德具體做何貢獻。（圖四之二）

**圖四之二　河內慈廉大姥社阮貴德家族祠堂收藏阮貴德画像③**

---

① 校合本《大越史記全書》卷首，東京大學東洋文化研究所1984年版，第62頁。
② 校合本《大越史記全書》本紀卷之十八，東京大學東洋文化研究所1986年版，第955頁。
③ 轉引自鄭光武《黎鄭服飾》，河內：百科辭典出版社2008年版，第207頁。Trịnh Quang Vũ, *Trang phục TriệuLê-Trịnh*, Nhà xuất bản Từ điển Bách khoa, năm 2008, tr.207.

黎僖所編與范公著之書究竟有何關係，是否就與現存最早的《大越史記全書》版本內閣官板一致呢？《大越史記全書·凡例》最後附錄了"續編凡例"：①

> 一、外紀全書，自鴻龐氏至吳使君，舊史編為一集，并本紀全書自李太祖至昭皇編為一集，自陳太宗至明宗編為一集，陳憲宗至重光帝編為一集，及本紀實錄，國朝聖宗淳皇帝，備載為一集，茲以其刪繁，每一集分為上下二集，以便觀覽。
> 二、恭皇為權臣莫登庸篡弒，自丁亥至壬辰凡六年，無有位號，則以次年紀之，其莫僭則兩行分註於次年之下，以尊正統，沮僭竊也。
> 三、莊宗自癸巳年起義，即位于行在萬賴冊，雖未混一中原，亦以正統書之，明其為帝冑，承大統也。
> 四、中宗、英宗起義即位，并以繼統書之，明國緒相傳也。
> 五、神宗在位二十五年，書為神宗上，其遜位六年，書在真宗紀，又復帝位十三年，書為神宗下。

黎僖在《大越史記續編序》中說："其世次、凡例、年表一如前所著述。"② 如此一來，"續編凡例"就有可能是出自范公著的手筆，范公著所撰史書部分為《大越史記本紀續編》，作"續編凡例"亦是應有之意。第一條說，"外紀全書，自鴻龐氏至吳使君，舊史編為一集"。外紀始於鴻龐終於吳使君的史書，有武瓊《大越通鑑通考》和范公著《大越史記全書》，因而此處的"舊史"可能指這兩部書，而吳士連《大越史記全書》以"吳紀"為本紀之首，終止於明軍還國。接著說，"及本紀實錄，國朝聖宗淳皇帝，備載為一集"，武瓊之書下限到黎太祖"大定初年"，③ 以"本紀實錄"記述

---

① 內閣官板《大越史記全書》影印本，第22—23頁。
② 內閣官板《大越史記全書》影印本，第12頁。
③ 校合本《大越史記全書》本紀卷之十五，東京大學東洋文化研究所1985年版，第796頁。

黎聖宗的史事則只有范公著《大越史記全書》，且"本紀實錄"亦為范公著首創的體例，因而"凡例續編"所言"舊史"即是范公著之書。"續編凡例"的作者認為"舊史"篇章佈局不合理，因而"茲以其刪繁，每一集分為上下二集，以便觀覽"，范公著自己刪削著作無須寫入"凡例"之中，能夠對范公著書進行刪削改編的只可能是黎僖。但後面幾條的内容則与范公著《大越史記續編序》所言極為接近：

  凡所續編，其繫年之下，非正統者及北朝年號，皆兩行分註，與夫凡例所書一遵前史書式，皆所以尊正統而黜僭偽，舉大綱而昭監戒耳。間或字義之未精，句法之未當，幸賴博洽諸君子補正之，使人知是史之作，其言政治亦古史之尚書，其寓褒貶亦魯史之春秋，庶有補於治道，有裨於風教。①

這裡表明范公著的"續編"也採用兩行分註的形式，并用以標明正統。因范公著所撰内容亦不在少數，很可能按照撰史慣例也編撰了"凡例"，與黎僖的"續編凡例"後幾條主旨相同。因此，"續編凡例"第一條應當是出自黎僖之手，後面幾條應該出自范公著的手筆，黎僖可能有所修改。②

凡例中所言將"聖宗淳皇帝"拆分為兩集，内閣官板中的"聖宗淳皇帝"即分為兩卷，分別為"聖宗淳皇帝"和"聖宗淳皇帝下"，而内閣官板卷十八神宗皇帝之事則記為"神宗上""真宗紀"和"神宗下"，與"續編凡例"描述相同。可知"續編凡例"所說的"集"就是"卷"。

范公著修史之時，吳士連《大越史記全書》十五卷，武瓊《大越通鑑通考》，黎朝太祖、太宗、仁宗朝的實錄以及登柄《野史》

---

① 内閣官板《大越史記全書》影印本，第15頁。
② 塤山堂本《大越史記全書》中，"續編凡例"下有引田利章注文"按是例係學士范公著所識"當據黎僖之序所言，與"續編凡例"實際情況有所出入，引田利章可能意識到了第一條"外紀全書，自鴻龐氏至吳使君"是黎僖所撰，因而刪去，而只留下了范公著撰寫的"恭皇為權臣莫登庸弒殺"等後面四條凡例。

等,並非一個整體,不能稱為擁有統一體例的"舊史"。范公著《大越史記全書》二十三卷完成,黎僖則可以稱其為"舊史",他對篇幅巨大的"集"做了描述,并分別拆分為上下兩集。但內閣官板之中,除了陳太宗至明宗、黎朝聖宗淳皇帝分別析為兩卷之外,其他"續編凡例"提及的四集拆分部分,皆與之不同。由此可證,內閣官板《大越史記全書》並非黎僖在"續編凡例"中確定的章節。

我們也可根據范公著"舊史""續編凡例"和內閣官板所記諸帝的情況來嘗試恢復范公著和黎僖原來的分卷和篇章佈局:

表4-1 內閣官板《大越史記全書》與范公著本、黎僖本篇章比較

| 內閣官板內容 | 范公著舊史 | | 黎僖正和本 | | 內閣官板 | 備註 |
|---|---|---|---|---|---|---|
| 鴻龐氏至吳使君 | 一集 | 卷一 | 分為上下兩集 | 卷一、二 | 外紀全書卷之一至卷之五 | |
| 丁朝 | | 卷二 | | 卷三 | 本紀全書卷之一 | |
| 黎朝 | | 卷三 | | 卷四 | | |
| 李太祖至昭皇 | 一集 | 卷四 | 分為上下兩集 | 卷五、六 | 本紀全書卷之二、三、四 | |
| 陳太宗至明宗 | 一集 | 卷五 | 分為上下兩集 | 卷七、八 | 本紀全書卷之五、六 | |
| 陳憲宗至重光帝 | 一集 | 卷六 | 分為上下兩集 | 卷九、十 | 本紀全書卷之七、八、九 | |
| 屬明 | | 卷七 | | | | |
| 黎太祖 | | 卷八 | | 卷十一 | 本紀全書卷之十 | |
| 黎太宗 | | 卷九 | | 卷十二 | 本紀寔錄卷之十一 | |
| 黎仁宗 | | 卷十 | | 卷十三 | | |
| 聖宗淳皇帝 | 一集 | 卷十一 | 分為上下兩集 | 卷十四、十五 | 本紀實錄卷之十二、十三 | |
| 憲宗 | | 卷十二 | | 卷十六 | 本紀實錄卷之十四 | |
| 肅宗 | | 卷十三 | | | | |
| 威穆帝 | | 卷十四 | | | | |
| 襄翼帝 | | 卷十五 | | 卷十七 | 本紀實錄卷之十五 | 昭宗神皇帝 |
| 陀陽王 | | 卷十六 | | | | |
| 恭皇 | | 卷十七 | | | | |

第四章 《大越史記全書》的成書、雕印與版本

续表

| 內閣官板內容 | 范公著舊史 | 黎僖正和本 | 內閣官板 | 備註 |
|---|---|---|---|---|
| 莊宗 | 卷十八 | 卷十八 | 本紀續編卷之十六 | |
| 中宗 | 卷十九 | | | |
| 英宗 | 卷二十 | | | |
| 世宗 | 卷二十一 | 卷十九 | 本紀續編卷之十七 | |
| 敬宗 | 卷二十二 | | | |
| 神宗、真宗、神宗 | 一集 卷二十三 | 分為上下兩集 卷二十、二十一、二十二 | 本紀續編卷之十八 | |
| 玄宗 | | 卷二十三 | 本紀續編卷之十九 | |
| 嘉宗 | | 卷二十四 | | |

上表呈現的范公著《大越史記全書》和黎僖正和本的分卷均只是推測。"陀陽王"為內閣官板目錄所記，但正文則是"昭宗神皇帝"，[1] 如此看來，范公著應該是對陳朝以前的歷史實行一朝一紀，如丁、黎，或者數帝合紀的方式來編撰，而黎朝帝王則是一帝一紀一卷，神宗皇帝雖曾退位數年真宗登基，但仍設為一卷，大原則沒有變化，總計二十三卷，與范公著序中所言相同。

黎僖鑒於范公著的一些分卷內容過多，因此將其中的六卷拆分為上下兩集，即兩卷，也就意味着需要對其他內容進行合併。筆者結合內閣官板的合併方式，對黎僖正和本的佈局進行了反推，如上表所示，應該有一定的合理性。

范公著和黎僖之書均有"外紀"和"本紀"，范公著言"述自鴻龐氏至十二使君，別為外紀"。[2] 范公著的"外紀"僅有一卷，黎僖的也不過兩卷，似乎並無以"本紀"重新編卷的必要，二者很可能是"外紀"和"本紀"連續編號。內閣官板將"外紀"拆分為五卷，"本紀"則或合或拆，分為十九卷，且重新編號，打破了黎

---

[1] 內閣官板《大越史記全書》影印本，第503頁。
[2] 內閣官板《大越史記全書》影印本，第14頁。

僖正和原本的編撰佈局。

總體而言，范公著的分卷方式為陳朝及以前的諸帝合卷，後黎朝則是一帝一紀一卷。內閣官板中黎聖宗是一帝一紀分二卷，其他帝王則是諸帝合卷。黎僖應該是繼承了范公著的分卷方式，但因為拆分多出六卷，因而其他部分則需要合併。內閣官板將"外紀"由黎僖的兩卷再拆分為五卷，因而其他部分即需要在黎僖的基礎上再合併。應該說范公著和內閣官板分別體現了分卷與合卷的編撰方式和方法。

從史書體例和結構來看，范公著《大越史記全書》二十三卷與黎僖刊刻的《大越史記全書》二十四卷有遞進傳承的關係，但結構發生了改變。現存最早的內閣官板《大越史記全書》結構亦與黎僖刊刻的正和本不同，當在後者的基礎上發展而來。下面的兩段引文亦可證明內閣官板《大越史記全書》有一個編撰的基礎：

> 辛亥，三年（莫景曆四年，明嘉靖三十年）［一五五一］
> 莫使敬典等督兵，討莫正中及范子儀于安廣。逐之，獲子儀，送赴京斬之，傳首於明，明人不受，還之。正中奔入明國，竟死于明。（小字雙行注：<u>本紀云</u>，初范子儀常欲立弘王正中爲莫嗣，而莫諸宗王大臣謀立福源。正中不得立，乃與子儀作亂，入寇于明，明人多被其害。至此，明責于莫曰：藩臣無禮，容縱劫人，侵掠大國，可興兵致討，以免邊釁。時明欲起兵來，莫氏大恐，密使小卒擒獲之，斬首，使人送于明，每至其地常爲瘟災，人畜病瘴，因此明人還之。）①

范子儀謀立莫正中，引發莫朝繼承的混亂，其失敗之後劫掠中國邊境，最後由明朝派大軍剿滅，此事對明朝和莫朝產生了很大的衝擊。中興黎朝史書如此即輕描淡寫記述其事。② 此處注釋中的"本紀云"內容，

---

① 內閣官板《大越史記全書》影印本，第533頁。
② 葉少飛：《安南莫朝范子儀之亂與中越關係》，《元史及邊疆與民族研究》第31輯，上海古籍出版社2016年版，第172—184頁。

| 第四章 《大越史記全書》的成書、雕印與版本 | 89 |

非內閣官板正文，當來自於所引的"本紀"。一五七三年，黎英宗因謀奪鄭松專權失敗被逼殺，內閣官板在史事后接著記載：

> 本紀曰：英宗起身，出自寒微，以黎氏之玄孫，爲帝室之胄，賴左相鄭松及諸臣僚尊立之，君臨天下，圖濟厥艱，後信任群小，自咱（聽）間言，輕將神器播遷于外，害及其身甚矣。小人之言，自誤人國家也如此，可不戒哉。①

范子儀之事"本紀云"是間接引述，即總結史文而來。英宗之事為"本紀曰"是直接引述，當為"本紀"中的原文，很可能就是"本紀"對英宗的評論原文。內閣官板對"曰"和"云"表述清晰，即在內閣官板之前尚有一部史書，"本紀"的內容和原文被引用於內閣官板之中。

范公著記述中興黎朝的史料來源，"又參究登柄野史，及署取當時所獻各遺編，述自國朝莊宗裕皇帝至神宗淵皇帝，增入國史，命曰大越史記本紀續編"②。黎僖則直接記述范公著撰史之事：

> 迨至我朝玄宗穆皇帝臨御之初，賴弘祖陽王興建治平，造就學問，命宰臣范公著等，參考舊史，有如史記外紀、本紀全書、本紀實錄，並依前史名例，又參究編述自國朝莊宗裕皇帝至神宗淵皇帝，增入國史，命曰本紀續編。③

根據范、黎二人所記，中興黎朝修史，除"登柄《野史》"之外，僅有自己所編的正和本《大越史記全書》。內閣官板中的"本紀云"和"本紀曰"引文應該來自正和本《大越史記全書》的"本紀續編"，這一段歷史當是范公著所編，為黎僖所繼承，又以引

---

① 內閣官板《大越史記全書》影印本，第548—549頁。"咱"為"聽"。越南俗字。
② 內閣官板《大越史記全書》影印本，第15頁。
③ 內閣官板《大越史記全書》影印本，第11頁。

注的形式進入內閣官板《大越史記全書》。

## 二　現見存最早的版本：戴密微藏內閣官板《大越史記全書》

　　現在所知最早的《大越史記全書》刻本為內閣官板《大越史記全書》，此本刻於中興黎朝當無疑問，但關於刊刻的具體時間，學界爭論很大。內閣官板《大越史記全書》原為法國漢學家戴密微教授藏書，戴密微教授去世之後，為法國亞洲學會所藏，中越各國學者均予以深入研究。（圖四）一九七七年，陳荊和教授詳細考訂了《大越史記全書》的編撰過程以及續編情況，各種傳世版本。陳荊和的校訂工作所取各種版本以天理大學圖書館藏《大越史記全書》最早，但亦是不同版本的拼配本，以引田利章翻刻本為底本進行校訂。①

　　一九八四年，校合本《大越史記全書》刊印，陳荊和在一九七七年舊作的基礎上重做《解題：〈大越史記全書〉の撰修と傳本》，置於書前，重點介紹了選取的各種底本。校勘底本從引田利章本替換為戴密微教授藏本。文中記述一九七八年六月陳荊和與汪德邁（L. Vandermeersch）在戴密微教授家中見到所藏的內閣官板《大越史記全書》，戴密微慨然相贈，陳荊和隨即將此本作為校勘的底本。他根據戴密微本中無黎皇、鄭主避諱，不同來源的錯頁，與其他傳本體例頗不相同，且全書刻本字體亦不一致，認為戴密微所藏內閣官板並非正和原本。②

---

　　① 陈荆和：《大越史记全书全书の撰修と传本》，《东南アジア的历史と文化》第7号，1977，第3—36页。

　　② 陈荆和：《解题：〈大越史记全书〉の撰修と传本》，第14—46页。陳教授介紹《大越史記全書》的版本有黎朝正和十八年本、西山景盛庚申本、阮朝國子監覆刻本、引田利章校訂鉛活字排印本，筆者認為西山景盛庚申本實為《大越史記全書》的改編本，已經不能算作原書的刻本。陳先生參校所用諸本，戴密微本即內閣官板，天理大學圖書館本（天理本）為戴密微藏本中兩種"內閣官板"刻本的一種（詳見下文），山本達郎藏甲本（山本甲本）、東洋文庫本、東方文化學院東京研究所（東研本）皆為國子監本；山本達郎藏別本（山本乙本）僅殘存第一冊，避阮朝皇帝的諱，當為國子監本，引田利章覆刻本亦為國子監版所改。

一九八三年，潘輝黎教授（Phan Huy Lê）自法國亞洲學會帶回內閣官板《大越史記全書》刻本的縮微膠片，有"PAUL DÉMIVILLE"印章，此即陳荊和教授參校《大越史記全書》的戴密微教授藏本。潘輝黎根據"內閣"及全書沒有阮朝避諱，斷定此刻本即正和原刻本。① 越南社會科學委員組織將戴密微藏本翻譯為越語，綴有潘輝黎關於版本與作者的專論。一九八三年出版第一冊，一九八五年出版第二冊。

一九八六年八月，陳荊和見到越譯本，發現封面寫"正和十八年刻印本《大越史記全書》，社會科學出版社 Nhà xuất bản Khoa học xã hội, Đại Việt sử ký toàn thư, Bản khắc in năm Chính Hòa thứ 18（1697）"，再次撰文論證並強調戴密微本並非正和刻本，而是出自正和本的一個後世版本。②

一九八八年四月十六日，社會科學委員會（現越南社會科學翰林院）組織了一場關於內閣官板《大越史記全書》的學術會議，之後有十六篇專題論文發表在當年的《歷史研究》第五至六合輯中。具體內容如下：黎重慶（Lê Trọng Khánh）、潘輝黎（Phan Huy Lê）、阮才謹（Nguyễn Tài Cẩn）、陳義（Trần Nghĩa）、阮光紅（Nguyễn Quang Hồng）、武明江（Vũ Minh Giang）、吳世隆（Ngô Thế Long）對《大越史記全書》的編撰時期及內閣官板的年代做了研究；杜文寧（Đỗ Văn Ninh）、潘大允（Phan Đại Doãn）、阮嘉孚（Nguyễn Gia Phu）對中國和越南古代的"內閣"進行了研究；裴鐵（Bùi Thiết）肯定內閣官板並非一六九七年刻印的正和本《大越史記全書》，阮光玉（Nguyễn Quang Ngọc）提出內閣官板可能刻印於阮朝嗣德年間，即在一八五六年；范氏心（Phạm Thị Tâm）、陳伯志（Trần Bá Chí）、朱光著（Chu Quang Trứ）對內閣官板中的鈐印進行了研究。最後大會得出結論，內閣官板《大越史記全書》出自一六九七年的正和本《大越史記

---

① ［越南］潘輝黎 Phan Huy Lê, Đại Việt sử ký Toàn thư: Tác giả-văn bản-tác phẩm, Tạp chí Nghiên cứu Lịch sử, số 4 năm 1983, tr.9-10.

② 陳荊和：《『校合本・大越史記全書』の刊行とその體裁・凡例について》，《創大アジア研究》，1987、第 263—266 頁。

全書》，刻印年代應該在黎鄭時期，具有很高的研究價值。①

一九九三年，內閣官板《大越史記全書》影印出版，在封面寫上"根據正和十八年刻本翻譯 dịch theo bản khắc năm Chính Hòa thứ 18 (1697)"，潘輝黎教授在長篇序文中再次肯定內閣官板《大越史記全書》即正和原本。②顯然與陳荊和及一九八八年會議的結果有異。蓮田隆志支持潘輝黎內閣官板即正和原本的觀點，但持論謹慎，認為應當是最接近正和本。③

一九九九年，裴鐵再次確定"內閣"是阮朝成立的機構，因而"內閣官板"當是嗣德九年（一八五六）刻印於順化，並非刻於前代。④黎重慶對此表示支持。⑤二〇〇八年，俄羅斯學者費多林 A. L. Fedorin 出版專著，認為內閣官板《大越史記全書》是十八世纪吳時仕（一七二六至一七八〇）、范阮攸（一七四〇至一七八六）等人根據前史刪改雕印的的教科書，名"內閣官板"是藉以提高影響。⑥費多林所用 SA. PD 2310 本即戴密微藏內閣官板《大越史記全書》。⑦

---

① "內閣官板《大越史記全書》鑒定年代結果"，*Kết quả giám định niên đại khắc in Nội các quan bản, bộ ĐVSKTT*, Khoa Lịch sử, trường ĐHTH, Tạp chí Nghiên cứu Lịch sử,1988, số 5-6, tr.75.

② （越南）潘輝黎 Phan Huy Lê，"《大越史記全書》的作者和文本*Đại Việt sử ký Toàn thư: Tác giả-văn bản-tácphẩm*"，（越南語），載《大越史記全書》第一冊，河內：社會科學出版社 1993 年版，第 43—50。此文為潘氏 1983 年論文的修改本。

③ ［日本］蓮田隆志，"《大越史記本紀統編》研究ノート"，*Journal of Asian and African Studies*，No. 66，2003.

④ ［越南］裴鐵Bùi Thiết，*Sách Đại Việt sử ký toàn thư bản nôi các quan bản không phải được khắc in từ năm 1697, Đối thoại sử học*, nhà xuất bản Thanh niên, Hà Nội, 1999, tr.314-317.

⑤ ［越南］黎重慶Lê Trọng Khánh，*Quan hệ biến chứng về niên đại bộ Đại Việt sử ký toàn thư Bản in Nội cácquan bản và vấn đề chủ quyền quốc gia về di sản văn hoá dân tộc Đối thoại sử học*, nhà xuất bản Thanh niên, Hà Nội, 1999, tr.318-325.

⑥ ［俄羅斯］A. L. Fedorin，（越南）谢自强（Tạ Tự Cường）译，《越南历史编撰的新资料 *Những cứ liệu mới về việc chép sử Việt Nam*》，Nhà xuất bản Văn hóa thông tin，2011，第 51、105—106、172—173 頁。

⑦ ［俄羅斯］A. L. Fedorin，（越南）谢自强（Tạ Tự Cường）译，《越南历史编撰的新资料*Những cứ liệu mới về việc chép sử Việt Nam*》，Nhà xuất bản Văn hóa thông tin，第 76—77 頁。A. L. Fedorin 在此引用了 1988 年 4 月 16 日，越南社會科學委員會（現越南社會科學翰林院）關於內閣官板《大越史記全書》學術會議的結論，可知 SA. PD 2310 本就是戴密微藏本。

第四章 《大越史記全書》的成書、雕印與版本 | 93

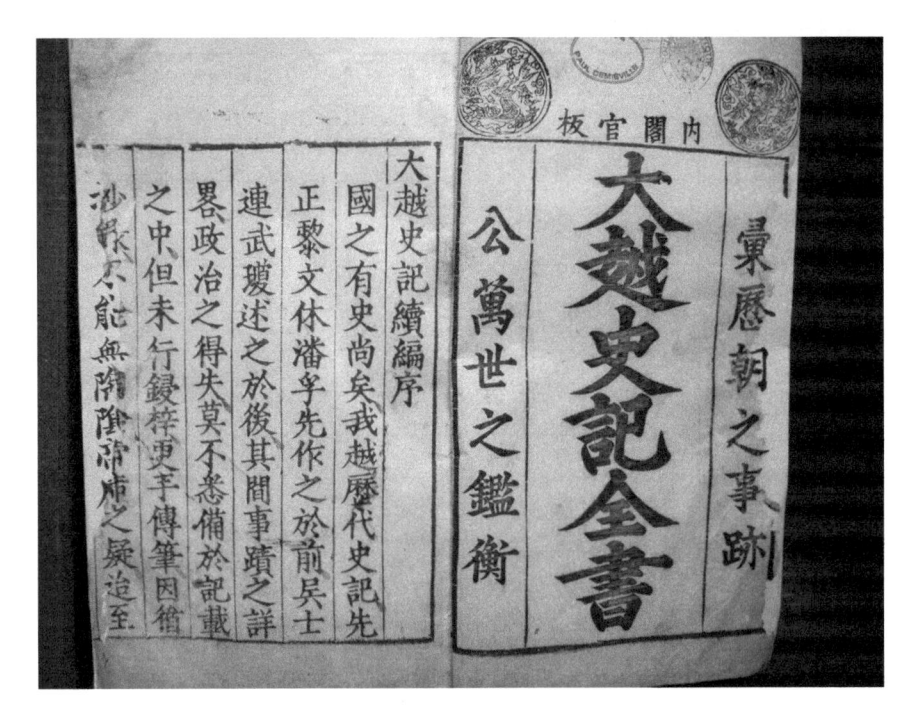

圖四之三 法國巴黎亞洲學會圖書館藏內閣官板《大越史記全書》

陳荊和教授指出，戴密微本內閣官板《大越史記全書》來自不同的版本。筆者根據史書內容的格式、版心信息以及雕刻字體，可以確定戴密微藏本總體出自兩個不同的刻本。戴密微藏本序文信息如下：

黎僖"大越史記續編序"，版心無刻字；

范公著"大越史記續編書"、吳士連"大越史記全書外紀全書序"及"擬進大越史記全書表"、"纂修大越史記全書凡例"、"續編凡例"、"大越史記紀年目錄"，版心均刻"大越史記全書"；

黎嵩"越鑑通考總論"，版心刻"越鑑通考總論"。

全書各卷卷首、版心、卷尾內容形式多有不同，版心下部為頁碼，如表4-2所示：

表4-2　　　內閣官板《大越史記全書》篇章分布情況

| 卷首 | 版心上部 | 版心中部 | 卷尾 | 備註 |
|---|---|---|---|---|
| 大越史記續編序 | — | — | — | |
| 大越史記續編書 | 大越史記全書 | — | — | |
| 大越史記全書外紀全書序 | 大越史記全書 | — | — | |
| 擬進大越史記全書表 | 大越史記全書 | 表 | — | |
| 纂脩大越史記全書凡例 | 大越史記全書 | 凡例 | — | |
| 續編凡例 | 大越史記全書 | 凡例 | — | |
| 大越史記紀年目錄 | 大越史記全書 | 目錄 | — | |
| 越鑑通考總論 | 越鑑通考總論 | — | — | |
| 大越史記外紀全書卷之一 | 大越史記全書 | 鴻龐氏紀卷一<br>蜀紀卷一 | 大越史記外紀全書卷之一終 | |
| 大越史記外紀全書卷之二 | 大越史記全書 | 趙武帝紀卷二<br>趙文王紀卷二<br>趙哀王紀卷二<br>趙術陽王紀卷二 | 大越史記外紀全書卷之二終 | |
| 大越史記外紀全書卷之三 | 大越史記全書 | 屬西漢紀卷三<br>屬東漢紀卷三<br>士王紀卷三 | 大越史記外紀全書卷之三終 | |
| 大越史記外紀全書卷之四 | 大越史記全書 | 屬吳晉宋齊梁紀卷四<br>前李紀卷四<br>趙越王紀卷四<br>後李紀卷四 | 大越史記外紀全書卷之四終 | |
| 大越史記外紀全書卷之五 | 大越史記全書 | 屬隋唐紀卷五<br>屬唐紀卷五<br>南北分爭紀卷五<br>前吳王紀卷五<br>楊三哥紀卷五<br>後吳王紀卷五 | 大越史記外紀全書卷之五終 | |

续表

| 卷首 | 版心上部 | 版心中部 | 卷尾 | 備註 |
|---|---|---|---|---|
| 大越史記本紀全書卷之一 | 大越史記全書 | 丁先皇紀卷一<br>丁廢帝紀卷一<br>黎大行紀卷一<br>黎中宗紀卷一<br>黎臥朝紀卷一 | 大越史記本紀全書卷之一終 | |
| 大越史記本紀全書卷之二 | 大越史記全書 | 李太祖紀卷二<br>李太宗紀卷二 | 大越史記本紀全書卷之二終 | |
| 大越史記本紀全書卷之三 | 大越史記全書 | 李聖宗紀卷三<br>李仁宗紀卷三<br>李神宗紀卷三 | 大越史記本紀全書卷之三終 | |
| 大越史記本紀全書卷之四 | 大越史記全書 | 李英宗紀卷四<br>李高宗紀卷四<br>李惠宗紀卷四<br>李昭皇紀卷四 | 大越史記本紀全書卷之四終 | |
| 大越史記本紀全書卷之五 | 大越史記全書 | 陳太宗紀卷五<br>陳聖宗紀卷五<br>陳仁宗紀卷五 | 大越史記本紀全書卷之五終 | |
| 大越史記本紀全書卷之六 | 大越史記全書 | 陳英宗紀卷六<br>陳明宗紀卷六 | 大越史記本紀全書卷之六終 | 頁221盆入卷七裕宗一頁 |
| 大越史記本紀全書卷之七 | 大越史記全書 | 陳憲宗紀卷七<br>陳裕宗紀卷七<br>陳藝宗紀卷七<br>陳睿宗紀卷七 | 大越史記本紀全書卷之七終 | |
| 大越史記本紀全書卷之八 | 越史本紀卷八 | 陳廢帝<br>陳順宗<br>陳少帝<br>胡季<br>胡漢蒼 | 大越史記本紀全書卷之八終 | |
| 大越史記本紀全書卷之九 | 越史本紀卷九 | 陳簡定帝<br>陳重光帝<br>屬明紀 | 大越史記本紀全書卷之九終 | |

续表

| 卷首 | 版心上部 | 版心中部 | 卷尾 | 備註 |
|---|---|---|---|---|
| 大越史記本紀全書卷之十 | 越史實錄卷之十 | 黎朝太祖紀 | 大越史記本紀全書卷之十終 | |
| 大越史記本紀實錄卷之十一 | 越史實錄卷十一 | 黎朝太宗<br>黎朝仁宗 | 大越史記通鑑續編卷之十一終 | 頁366後變為黎朝仁宗紀 |
| 大越史記本紀實錄卷之十二 | 大越史記實錄 | 黎朝圣宗紀卷十二 | 大越史記本紀實錄卷之十二終 | 卷首：圣宗淳皇帝 |
| 大越史記本紀實錄卷之十三 | 越史實錄卷十三 | 黎朝圣宗 | 大越史記本紀實錄卷之十三終 | 卷首：圣宗淳皇帝 下 |
| 大越史記本紀實錄卷之十四 | 越史實錄卷十四 | 黎朝憲宗<br>黎朝肅宗<br>黎朝威穆帝 | 大越史記本紀實錄卷之十四終 | |
| 大越史記本紀實錄卷之十五 | 越史實錄卷十五 | 黎朝襄翼帝<br>黎朝昭宗<br>黎朝恭皇<br>莫登庸<br>莫登瀛 | 大越史記本紀實錄卷之十五終 | |
| 大越史記本紀續編卷之十六 | 越史續編卷十六 | 黎朝莊宗<br>黎朝中宗<br>黎朝英宗 | 大越史記本紀續編卷之十六終 | |
| 大越史記本紀續編卷之十七 | 越史續編卷十七 | 黎朝世宗 | 大越史記本紀續編卷之十七終 | |
| 大越史記本紀續編卷之十八 | 越史續編卷十八 | 黎朝敬宗<br>黎朝神宗上<br>黎朝真宗<br>黎朝神宗 | 大越史記本紀續編卷之十八終 | 正文有：神宗淵皇帝上<br>神宗淵皇帝下 |
| 大越史記本紀續編卷之十九 | 越史續編卷十九 | 黎朝玄宗<br>黎朝嘉宗 | 大越史記本紀續編卷之十九終畢 | |

表4-2中，從各序、大越史記外紀全書卷之一至卷之五、本紀全書卷之一至卷之七，版心均刻"大越史記全書"。黎嵩"越鑑通考總論"則題原名，此文雖與《大越史記全書》有關，但並非直接聯繫，可能是編者根據范公著的序文編入。從外紀卷之一到本紀卷

# 第四章 《大越史記全書》的成書、雕印與版本

之七，版心格式完全一致，可以肯定從各序到本紀卷之七為一個版本，可稱為"大越史記"本。

從大越史記本紀全書卷之八到大越史記本紀續編卷之十九，除卷之十二以外，其餘諸卷版心上部分別為"越史本紀""越史實錄""越史續編"，且與本卷數相同。大越史記本紀全書卷之十的版心按照格式當為"越史本紀"，但卻為"越史實錄"。大越史記本紀實錄卷之十一的卷尾為"大越史記通鑑續編"，僅此一處。但總體而言，各卷雖略有不同，但仍在"越史"體系之內。可稱"越史"本。

這兩個版本不但版心格式完全不同，內容格式差別也非常大。大體而言，即"越史"版本中，干支年頂格刻印，正文空一格；"大越史記全書"版本干支和正文皆頂格書寫，大越史記本紀實錄卷之十二版心雖為"大越史記實錄"，但行文格式卻與"大越史記全書"版本完全相同，當屬同一版本。如下：

| 大越史記本紀實錄卷之十二 | ○黎皇朝紀 | 聖宗淳皇帝　在位三十八年諱思誠又諱灝太宗第四子壽五十六而崩也 | 體葬昭陵○帝真創英製雄才度量文物主可觀漢拓之土武開於古唐制之兄弟之莫義能失過於土友然于此所之短興也逾 | 其母光淑皇太后吳氏清化安定洞滂人 | 也初太后為婕妤祈嗣夢天帝錫以僊童 |

**戴密微本卷之十二卷首①**

---
① 內閣官板《大越史記全書》影印本，第379頁。

> 樂善好賢亹亹不倦宣慈太后視若己生
> 仁宗推為難弟及延寧年間宜民僭位改
> 封帝為嘉王仍建邸右內殿以居之未幾
> 大臣阮熾丁列等共以禁兵討屯殷等遂
> 廢宜民迎帝即位時帝年十八入承大統
> 稱天南洞主廟號聖宗
> 庚辰光順元年〔興二年以前宜民僭稱天明天順四年春二月宜民議〕
> 府縣〇有李星見于翼分野〇宜民分設六部六科
> 府縣州官〇夏五月蚩尤白旗自東至西橫天散彩〇

**戴密微本卷之十二正文**①

> 大越史記本紀實錄卷之十三
> 黎皇朝紀
> 聖宗淳皇帝下
> 癸巳洪德四年〔明成化九年〕春正月帝親耕籍田群
> 臣耕〇行郊禮〇禁酒色敕旨官員及百姓等
> 繼今家非實筵不酧飲妻非犯罪不應出敢有
> 縱酒亂性家道不齊無媒妁之言為踰墻之態
> 抵罪〇二月幸西京拜陵廟帝乘輕舟泝濫江
> 拜謁西都城原廟後至江表淳茂祠堂〔其堂乃聖母皇〕

**戴密微本卷之十三卷首及正文**②

---

① 內閣官板《大越史記全書》影印本，第379頁。
② 內閣官板《大越史記全書》影印本，第416頁。

"大越史記"版本正文繁密，因此在頂格的干支加方框，如 丁亥 ,① 以示醒目。現在可以肯定，在戴密微本《大越史記全書》中，存在兩個形式不同的刻本，但差異只在版心信息和正文的排列上，內容則完全相同，因此兩個版本可以錯亂組合為一個整體，全書的章節分篇佈局基本一致，屬於一個文本衍生的不同刻本。

日本慶應義塾大學斯道文庫接收了法國學者加斯帕東的藏書，其中有兩部開本不同的內閣官板《大越史記全書》刻本，筆者比較之後認定這兩部刻本均與戴密微本《大越史記全書》相同，當出自同一雕版。大開本現存十冊，藏號 322/10（圖四之四），用墨筆在冊底書寫越史數如下：

"越史一"：外纪全书卷一、卷二；

"越史二"：外纪全书卷三、卷四、卷五；

"越史三"：本纪全书卷一、卷二；

"越史八"：本纪全书卷十；

"越史九"：本纪全书卷十一；

"越史十二"：本纪实录卷十四；

"越史十三"：本纪实录卷十五；

"越史十四"（分装两册）：本纪续编卷十六、卷十七

"越史十五"：本纪续编卷十八、卷十九

小開本現存四冊，藏号 321/4，冊底用墨筆書寫某帝至某帝，情況如下：

"陳自英宗至睿宗"：本紀全書卷六、卷七

"陳自廢帝至屬明紀"：本紀全書卷八、卷九

"黎太宗仁宗"：本紀實錄卷十一

"黎自憲宗至恭皇"：本紀實錄卷十四、卷十五

这两部刻本的版式内容完全一致，只是印刷纸张开本不同，应该是同一雕版的不同批次的印本。（圖四之五）

---

① 內閣官板《大越史記全書》，第 391 頁。

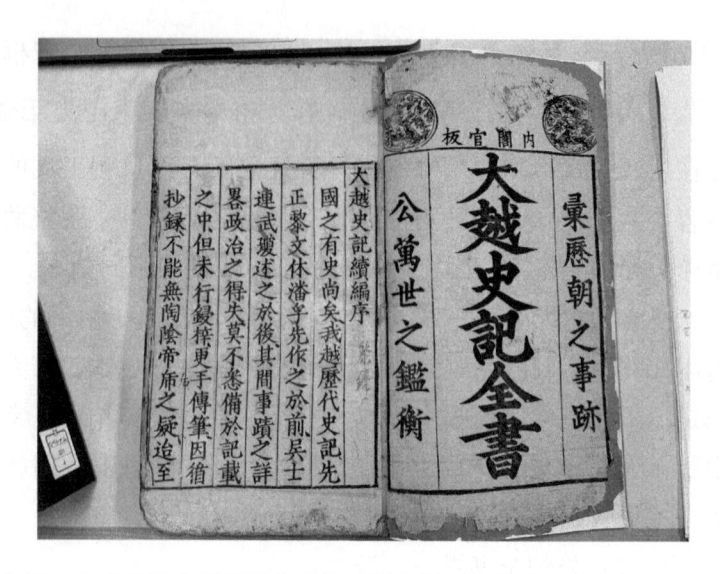

圖四之四　慶應義塾大學斯道文庫藏內閣官板《大越史記全書》藏號 322/10

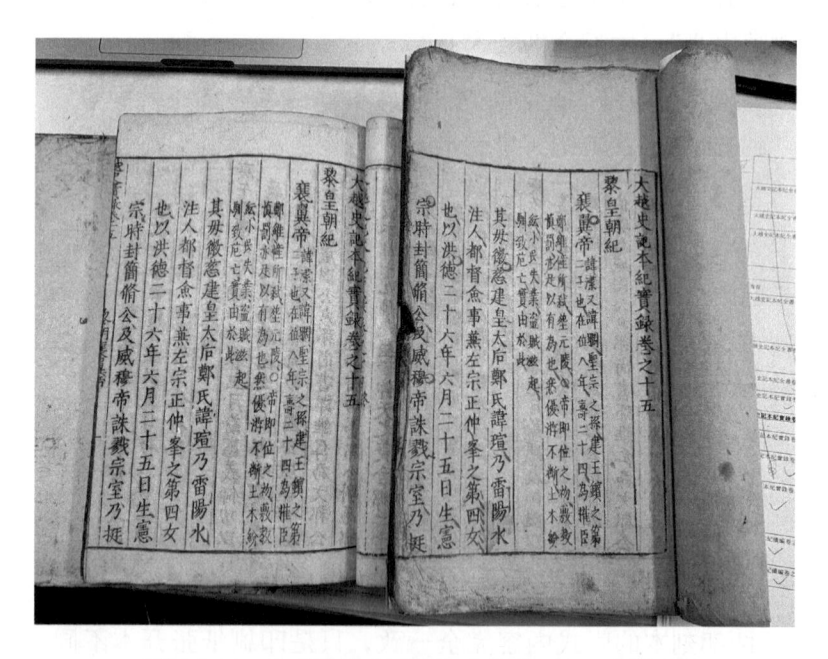

圖四之五　慶應義塾大學斯道文庫藏兩部內閣官板
《大越史記全書》不同版本的刻本比較

## 第四章 《大越史記全書》的成書、雕印與版本

兩部刻本內容均不完整，且關鍵的本紀卷十二和卷十三都殘缺。大開本的"大越史記"本卷七和"越史"本卷八亦佚失，幸運的是小開本予以保留（圖四之六），與戴密微本完全一致。

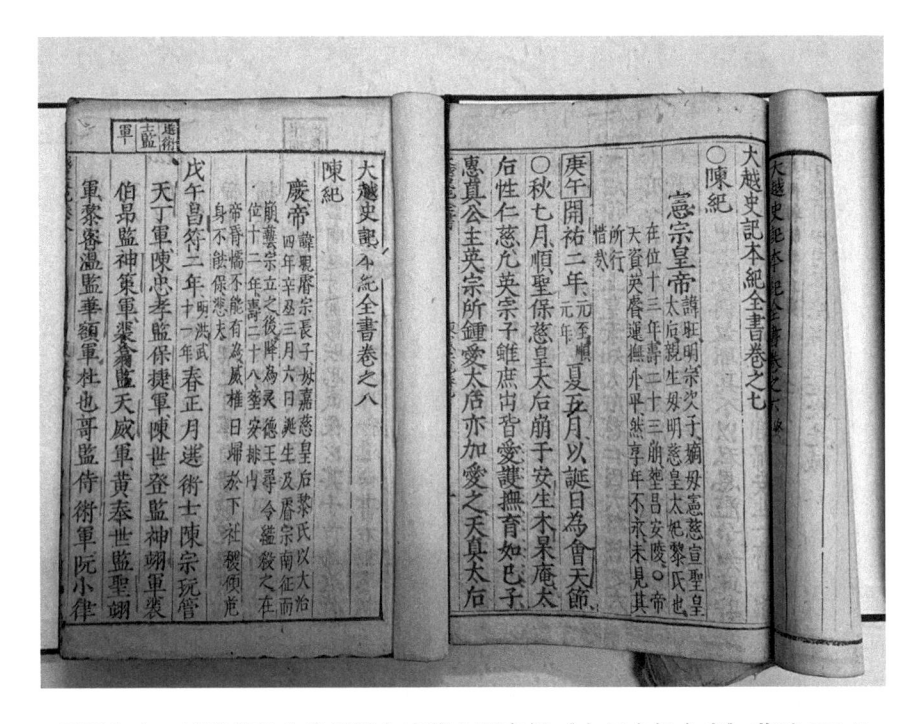

圖四之六　慶應義塾大學斯道文庫藏內閣官板《大越史記全書》藏號321/4

我們就此提出疑問：首先加斯帕束藏兩部刻本和戴密微藏一部是相同的刻本，那"大越史記"本和"越史"本是分別刻印之後形成殘版，然後拼接為一個整體再進行印刷，形成了現存加斯帕束藏兩部和戴密微藏一部共三部的《大越史記全書》，但"大越史記"本和"越史"兩個雕版及刻本毫無蹤影；其次，是否有可能這三部《大越史記全書》刻本最初雕版的時候，就是由不同的刻工根據設計的版式雕刻，但這不符合版式內容一致的原則，"大越史記"本和"越史"本刻印字體和版式差別太大，有悖於常理。

現在沒有更多的資料能夠解決這個問題，因而仍然認定戴密微本為"大越史記"本和"越史"本的殘存雕版合併拼接而來。

戴密微藏本應該是不同的雕版進行拼接的，形成一個完整的內閣官板《大越史記全書》，然後刷印成書，至今留存三部。隨後由"大越史記"版本的刻工重新雕印了一個新版。漢喃研究院藏 Vhv. 2330－2336 殘本即是新雕板的印本。

Vhv. 2330－2336 頁邊常鈐一枚菩提葉形藏書章，印文"康祿"上下排列於右側，沒有阮朝避諱，當完成於中興黎朝，現存"大越史記全書本紀全書卷之一"、"大越史記全書本紀全書卷之二"、①"大越史記全書本紀全書卷之三"、"大越史記全書本紀全書卷之四"、②"大越史記全書本紀全書卷之五"、③"大越史記全書本紀全書卷之六"、"大越史記全書本紀全書卷之七"、④版心皆為"大越史記全書"；"大越史記本紀實錄卷之十"、⑤"大越史記本紀實錄卷之十一"、⑥"大越史記本紀實錄卷之十四"、"大越史記本紀實錄卷之十五"、⑦版心皆為"越史實錄"。此本仍然能夠看出"越史"和"大越史記"兩個版本的信息，但雕印字體前後一致，僅與戴密微藏

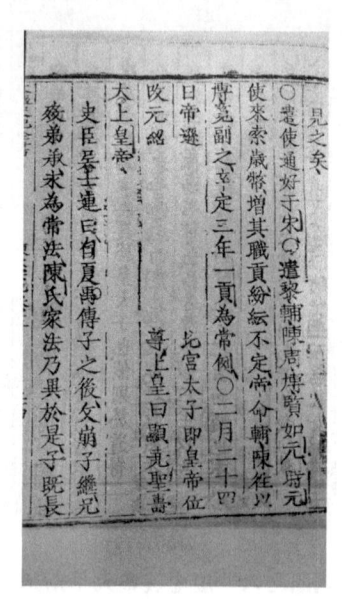

圖四之七　Vhv. 2332 卷五刪版

本中的"越史"版本有細微差別，通過字體比較，可以肯定此本不是戴密微藏本中的"越史"版本。此本刷印時已經有補版及刪版（圖四之七，圖四之九）的情況，如下所示：

① 原藏號 Vhv. 2330，圖書館（Thu vien）索書號 Vhv. 1729
② 原藏號 Vhv. 2331，圖書館（Thu vien）索書號 Vhv. 1731
③ 原藏號 Vhv. 2332，圖書館（Thu vien）索書號 Vhv. 1733
④ 原藏號 Vhv. 2333，圖書館（Thu vien）索書號 Vhv. 1735
⑤ 原藏號 Vhv. 2334，圖書館（Thu vien）索書號 Vhv. 1737
⑥ 原藏號 Vhv. 2335，圖書館（Thu vien）索書號 Vhv. 1739
⑦ 原藏號 Vhv. 2336，圖書館（Thu vien）索書號 Vhc. 1741

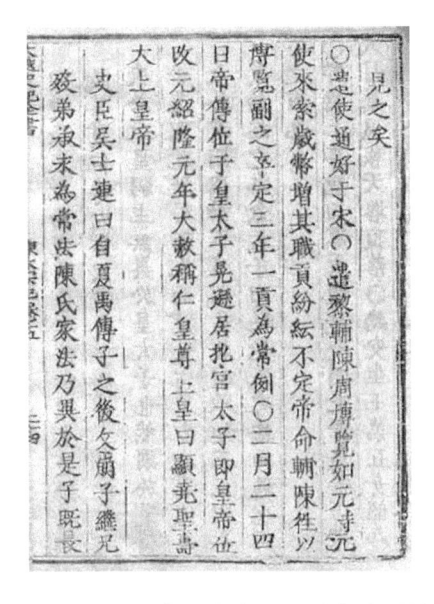

第四章 《大越史記全書》的成書、雕印與版本 103

圖四之八　喃遺產保存會國子監本重刻補版

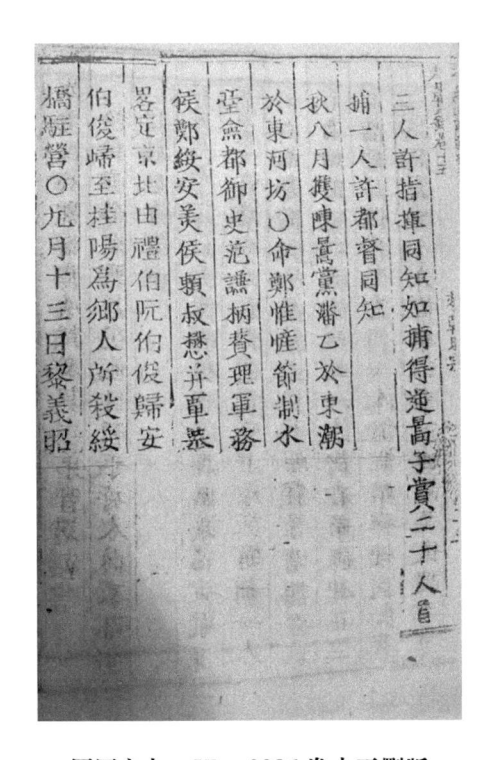

圖四之九　Vhv. 2336 卷十五刪版

圖四之一〇　喃遺產保存會國子監本重刻補版

　　此本重刻之时，还出现了一些错别字。這是一個最接近戴密微藏本的內閣官板《大越史記全書》版本當無疑問，具有巨大的價值。將一個拼配而成的版本重新雕版刻印，顯然"越史"版本和"大越史記"版本均遭受了極大的厄運，而難有全本留存。

　　關於內閣官板《大越史記全書》的形成時間，除了潘輝黎認定的正和原本之外，費多林明確此本為一七七五年由吳時仕等人刪成，但作者並無直接證據，而是根據書中所記錄的集權的情況推斷而來。吳時仕所著《越史標案》雖是史論著作，但有撰述的基礎"舊史"，關於趙越王的記載可見吳時仕的主張：

　　　　按舊史以趙越王接前南帝正統，而附桃郎王，第光復南帝之臣，天寶南帝之兄，雖僻處桃江，未能掩有龍編，然於名義為順，國其國也。仍據紫陽書法，庶幾統紀不紊，而史法有所準也。①

--------

①　［越南・中興黎朝］吳時仕：《越史標案》，漢喃研究院藏抄本。

李賁死後，諸將自立，內閣官板《大越史記全書》設"趙越王紀"，"趙越王　附桃郎王"，① 吳時仕認為不當，將其調整為"桃郎王　附趙越王"。內閣官板《大越史記全書》若出自吳時仕之手，在此當有所調整。

費多林直接使用了戴密微本的相關內容，但並未提及書中混搭的兩種刻本并進行分析。戴密微藏內閣官板《大越史記全書》的撰定與刊版時間仍不能確定。

## 三　內閣官板《大越史記全書》的刻印時間推斷

盛德二年（一六五四），中興黎朝名臣鄧訓之孫鄧世科曾編撰家譜，其後裔又據此重編。漢喃研究院現藏《鄧家譜記續編》即鄧訓後裔據史書與家族譜記編撰而來。②《鄧家譜記續編》為"顯忠侯鄧寧軒編輯，自甲午盛德二年至癸未景興二十四年，并得一百八年"，即鄧廷瓊，時間在"皇朝景興之二十四年（一七六三）歲在癸未端陽穀日"，③漢喃院所藏 A.133 為阮朝抄本。一七六三年，鄧廷瓊編撰的《鄧家譜記續編》大量采入了《大越史記全書》的內容。正治五年（一五六二），鄧訓降莫，鄧廷瓊注釋：

> 昔年尊堂作家譜，查舊史編，此條書公降于莫，素所目視，經四十餘年編集尚存，迨黎熙公奉修國史，改書公又歸于莫，不知何據？夫曰降曰歸，不亦異乎？④

"迨黎熙公奉修國史"，當為黎僖一六九七年編修刻印正和本

---

① 內閣官板《大越史記全書》，第72頁。
② 關於鄧氏家族的歷史，請參看蓮田隆志「華麗なる一族」のつくりかた——近世ベトナムにおける族結合形成の一形態——，環東アジア地域の歴史と「情報」，知泉書館，2014年3月，第27—57頁。
③ 《鄧家譜記續編》影印本，河內：世界出版社2006年版，第945頁。
④ 《鄧家譜記續編》影印本，第969頁。

《大越史記全書》，此書之前的"舊史編"，很可能是景治三年（一六六五）范公著編撰的《大越史記全書》。黎僖改"降莫"為"歸莫"，引起鄧氏後裔極大的不滿。內閣官板《大越史記全書》記載："十一月，太師回兵清華，使義郡公鄧訓守營。訓反歸於莫"。①

《大越史記全書》記載鄧訓卒於癸未光興六年（一五八三）六月十八日，②《鄧家譜記續編》則記在庚寅光興十三年六月十八去世，下有注釋："嘗聞之尊堂辨曰：史臣記字，癸未六月十八日公卒……竊謂史臣記為誤，府祠編為是。"③此處"史臣記字"當是《大越史記全書》。

乙未盛德三年（一六五五）鄭阮大戰，郑氏重臣鄧世科之名不見於當時的史書記載。家譜在鄧世科卒時注釋："嘗按國史編年，順化起於乙未，併得是年，公已六十三歲也，凡有差扒征討阮孽，六七年一南河之地。始復公之姓名不見於國史何哉？……"④此即後裔對鄧世科之名不見於史有所疑問。鄧廷瓊所言"國史編年"當指《大越史記全書》。

鄧廷瓊只見到了《大越史記全書》，因而以此結合家譜進行記載，并根據家譜對史書所載進行辯解。鄧廷瓊辯解的三處史事均與內閣官板《大越史記全書》內容一致，其所見到的可能就是此書，由此推斷內閣官板《大越史記全書》當刻印于一七六三年之前。同時鄧廷瓊也留下了關於范公著景治本《大越史記全書》的珍貴信息。

現在可以得出結論，內閣官板《大越史記全書》應刻印於一七六三年鄧廷瓊編撰《鄧家譜記續編》之前。但中興黎朝內閣官板《大越史記全書》共有三種刻本，鄧廷瓊所用為那種版本則無從考證。

---

① 影印本戴密微藏內閣官板《大越史記全書》本紀續編卷十六，第538頁。
② 影印本戴密微藏內閣官板《大越史記全書》本紀續編卷十七，第554頁。
③ 《鄧家譜記續編》影印本，第975頁。
④ 《鄧家譜記續編》影印本，第1020頁。

## 四　阮朝國子監板《大越史記全書》的雕印

在黎朝復國的過程中，阮淦之婿鄭檢逐漸獲得大權，開創了鄭王事業。阮淦之子阮潢一五五八年出鎮順化，勢力不斷壯大，稱"阮王""阮主"。一六二七年鄭阮反目開戰，雙方征戰多年，但均奉黎朝正朔，未稱帝自立。黎朝、鄭氏、阮氏最後都倒在西山阮朝的狂飆之下。阮朝的開創者阮福映出自南方阮主勢力，一八〇二年攻滅西山朝建國。中興黎朝的史臣多為鄭氏下屬，因此揚鄭抑阮，阮朝諸帝於此多有不滿。明命十九年（一八三八）春二月，明命帝下詔："禁民間家藏黎史續編。"① 黎玄宗之後的史事，中興黎朝史臣雖有修撰，但未刊版印行。② 但黎莊宗至玄宗史事卻是《大越史記全書》的本紀卷十六至卷十九，與前史一同刊版刻印。阮朝朱本檔案記載（圖十二）：

> 嗣德貳年拾貳日初壹日，內閣臣阮文長、臣阮儆、臣阮文豐、臣枚英俊奉上諭，茲據都察院裴櫃等摺請命官校正大越歷代史記，付梓頒行，鄉會科期，參為策問題目。……③

這道朱本中，"命官校正大越歷代史記，付梓頒行，鄉會科期，參為策問題目"，此"大越歷代史記"即是紹治帝時集賢院撰《大越史記》，之後並未校訂，而是新撰了《欽定越史通鑑綱目》。但很可能由此促成了國子監藏板《大越史記全書》的刊刻，國子監刻書，確是為了士子科考所用。下面就現存國子監藏板《大越史記全書》的印本進行分析。

---

① 阮朝國史館《大南寔錄》正編第二紀，卷一八九，東京：慶應義塾大學言語文化研究所1975年版，第4227頁。
② 牛軍凱：《〈大越史記全書〉"續編"初探》，《南洋問題研究》2015年第3期，第82—90頁。
③ 越南國家第一档案馆（TTLTQGI）藏，編號，CBTN - Tự Đức tập 11, tờ 355.

| 108 | 越南古代史學研究 |

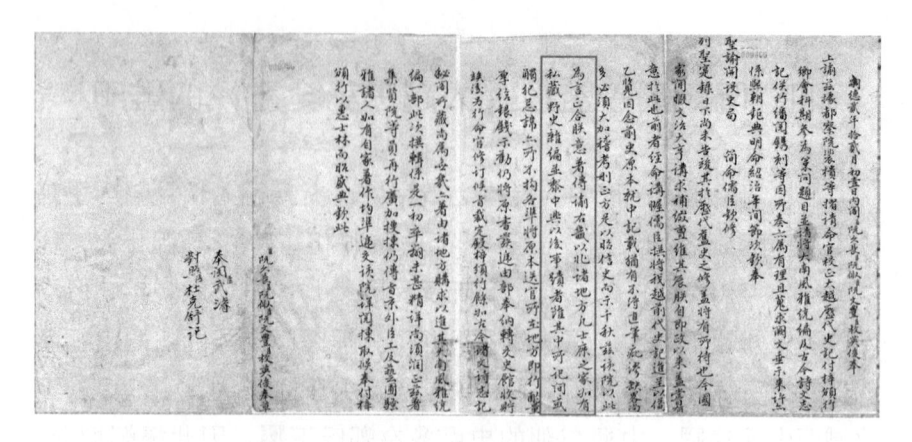

圖四之一一　越南國家第一檔案館藏CBTN - Tự Đức tập 11, tờ 355.

## （一）國子監原本（喃遺產保存會本）

喃遺產保存會公佈了一個原藏遠東學院的刻本，① 這一版本中各序的版心加入了新的信息：

表4-3　國子監原本《大越史記全書》（喃遺產保存會本）版心信息

| 卷首 | 版心上部 | 版心中部 | 卷尾 | 備註 |
|---|---|---|---|---|
| 大越史記續編序 | 史記續編序 甲 | — | — | |
| 大越史記續編書 | 大越史記全書 乙 | — | — | |
| 大越史記全書外紀全書序 | 大越史記全書 丙 | — | — | |
| 擬進大越史記全書表 | 大越史記全書 丁 | — | — | |
| 纂脩大越史記全書凡例 | 大越史記全書 戊 | — | — | |
| 續編凡例 | 大越史記全書 戊 | — | — | |
| 大越史記紀年目錄 | 大越史記全書 己 | — | — | |
| 越鑑通考總論 | 越鑑通考總論 | — | — | |

諸序之後，從外紀卷之一到本紀卷之七，版心上部均刻"大越史記全書"。但本紀卷之八到本紀卷之九刻"越史本紀"，本紀卷之十刻

---

① http：//www.nomfoundation.org/nom-project/History-of-Greater-Vietnam?uiLang=vn.

"越史實錄"，卷十一亦刻"越史實錄"，但本紀十二又為"大越史記實錄"，之後直至卷之十九亦如戴密微本中的"越史"版本。

統觀此本，除了諸序版心增加了信息，此本"大越史記"版本和"越史"版本的雕刻字體前後相同，各卷版心信息和卷首情況與戴密微本基本一致。但喃遺產保存會公佈本的封面卻與社會科學出版社影印本一致，這是兩個不同的版本。

漢喃研究院藏 A. 3/1-4 本與喃遺產保存會本中的字體以及補版情況完全相同，但封面為"大越史記全書 國子監藏板"，并鈐"秀亭"菩提葉形章、"演溪主人"方章等五枚藏書印。喃遺產保存會本亦有這五枚藏書印，鈐印位置及在全書中的分佈與 A. 3/1-4 相同（圖四之一二，圖四之一三）。如此可見，喃遺產保存會本就是國子監本，而錯將戴密微本內閣官板的封面使用於此。但 A. 3/1-4 中，范公著"大越史記續編書"在"凡例"之後，目錄之前，應該是喃遺產保存會為與內閣官板保持一致，做了調整。

圖四之一二　漢喃研究院藏 A. 3 國子監藏板刻本封面

圖四之一三　漢喃研究院藏 A.3 國子監藏板刻本序首頁

　　喃遺產保存會國子監本中，"種"字缺左邊，僅留右邊"重"；"華"字缺中間一豎；"時"字左邊"日"空缺；僅餘右邊"寺"字；"宗"字"示"缺上面一橫，明朝"崇禎"、莫朝"崇康"年號之"崇"亦缺"示"字上面一橫。"種"為嘉隆帝阮福映之名，"華"為明命帝母胡氏華諱字，"宗"為紹治帝阮綿宗諱字，"時"為嗣德帝阮福時諱字。

　　比較之後發現，A.3/1－4 國子監本與漢喃研究院藏中興黎朝 Vhv. 2330－2336 殘本基本一致，後者沒有缺少偏旁、部首的阮朝避諱，顯然前者是挖改後者、補版刷印而來（圖四之一四，圖四之一五，圖四之一六）。A.3/1－4 的補版對避諱字亦以缺筆和缺部首、偏旁的形式呈現，盡量與原版保持一致。但原版之中的避諱字，偏旁和部首缺處的空隙較補版要大。可以確定，嗣德二年阮朝對中興黎朝的原版進行挖改、增補（圖四之八，圖四之九），重刻刪版的版面，調換封面，形成國子監藏板《大越史記全書》。

| 第四章　《大越史記全書》的成書、雕印與版本 | 111 |

圖四之一四、四之一五、四之一六　從左至右：戴密微本，
Vhv. 2336 補版未挖改，喃遺產保存會國子監本挖改本

《大南實錄》記載嗣德九年（一八五六）五月：

> 充越史總裁潘清簡等將修史事宜奏請（小字雙行排印：一請印刷大越史記，原本發文稽查；一請內閣集賢撰出應需稽究諸書備考；一請派往北圻，訪求私藏野史並黎中興以後事蹟及諸名家譜記、雜編）。許之。①

潘清簡奏請印刷《大越史記》，即《大越史記全書》，明確記載為"印刷"，而非刻印，同時"原本發文稽查"，即尋訪更早的刊本。嗣德二年距嗣德十年時間不遠，潘清簡要查找的原本當是中興黎朝的刻本。

A. 3/1－4 國子監本補版甚多，且因 Vhv. 2330－2336 亦是殘本，因此我們難以確定 A. 3/1－4 是否是嗣德二年國子監版形成之後的第一次印刷本。觀 A. 3/1－4 有五枚藏書印，足見藏者的珍愛，

---

①　阮朝國史館《大南實錄》正編第四紀卷十四，東京：慶應義塾大學言語文化研究所1979年版，第6000頁。

很可能就是初印本。戴密微藏內閣官板拼合本、中興黎朝重刻本、阮朝國子監挖改本如下（圖四之一七、四之一八、四之一九）：

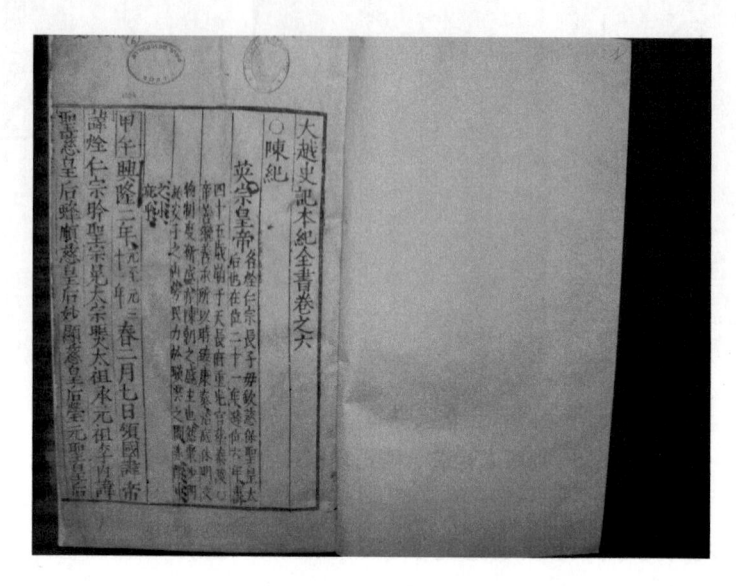

圖四之一七　法國巴黎亞洲學會圖書館藏

陳荊和先生在校訂《大越史記全書》時發現"楊三哥"一節內容中，天理大學圖書館藏本中有"三哥以吳王 第 二子昌文為己子"、"當 時 國人皆 巳 君三哥"，山本甲本為"三哥以吳王 弟 二子昌文為己子"、"當 時 國人皆 以 君三哥"，而其他版本皆為"三哥以吳王 弟 二子昌文為己子"、"當　寺 國人皆 以 君三哥"，此即在阮朝"時"被挖掉"日"部。① 現在戴密微藏本的內容與天理大學圖書館殘本相同，均是"三哥以吳王 第 二子昌文為己子"、"當 時 國人皆 巳 君三哥"，② 據戴本重刻的 Vhv. 2330－2336 沒有"外紀

---

① 陳荊和：《解題：大越史記全書的撰修與版本》，校合本《大越史記全書》，東京大學東洋文化研究所1984年版，第43—44頁。

② 內閣官板《大越史記全書》，第86頁。

大越史記本紀全書卷之六

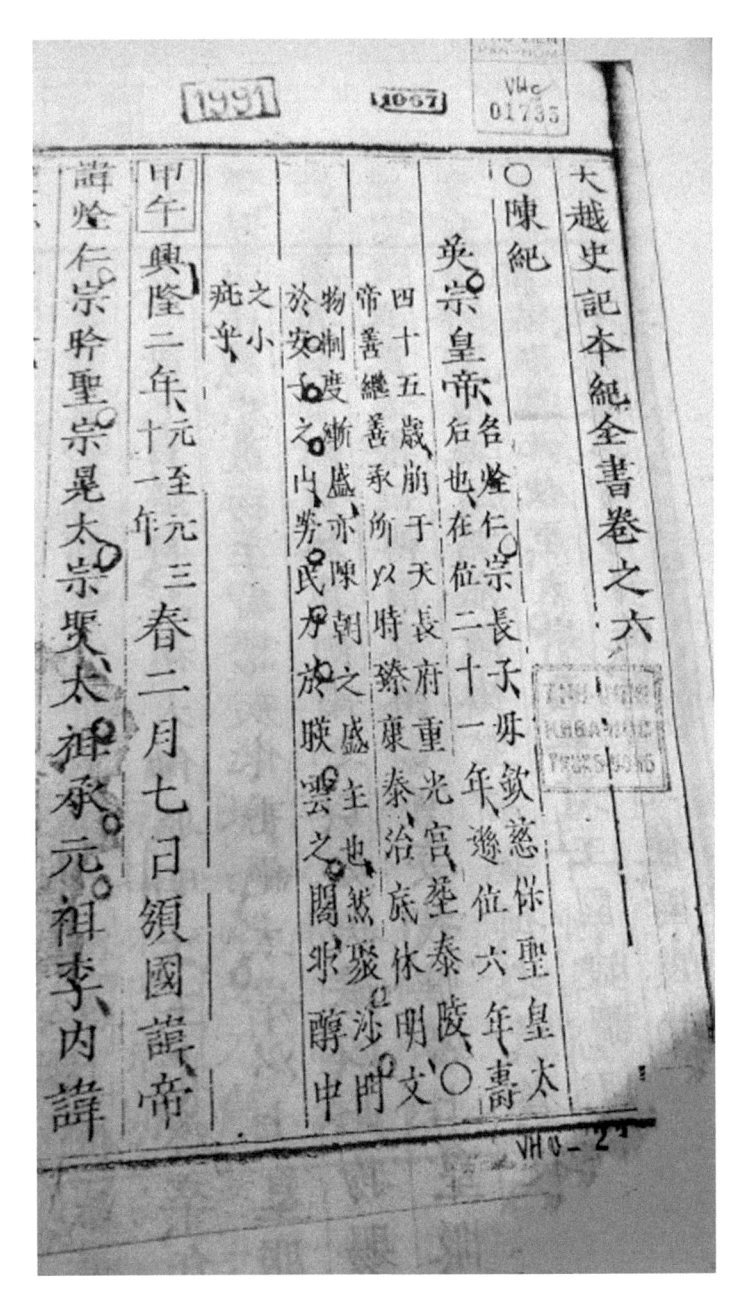

○陳紀

英宗皇帝名烇仁宗長子母欽慈保聖皇太后也在位二十一年遜位六年壽四十五歲崩于天長府重光宮塟泰陵○帝善繼善承所以時臻康泰治底休明文物制度漸致盛主也然駭涉沙門中於安子之山勞民力旋映雲之閣汞醇亦陳朝之小疵乎

甲午興隆二年元至元三十一年春二月七日領國諱帝諱烇仁宗胎聖宗晃太宗煚太祖承元祖李內諱

圖四之一八　中興黎朝 Vhv. 2333 重刻本

圖四之一九　喃遺產保存會國子監本挖改本

"全書"的內容，但喃遺產保存會的國子監本則是"三哥以吳王 弟 二子昌文為己子"、"當 □ 寺國人皆 以 君三哥"，現在看來山本甲本當為 Vhv. 2330－2336 印本的殘缺部分，據此推斷戴本重刻之時"第"和"已"已經被誤刻。①

---

① 慶應義塾大學斯道文庫所藏兩部內閣官板刻本，均做"第"和"以"，與戴密微本相同。

第四章　《大越史記全書》的成書、雕印與版本　│115│

### （二）國子監版重刷本

現在已知嗣德二年、嗣德九年國子監藏板《大越史記全書》印刷兩次，但因刻本中沒有刷印時間，因此不能將現存版本與印刷時間對應起來。A. 3/1 – 4 為國子監本補版最少者，筆者所見刻本中，至少還有兩次重刷，并再次補版。漢喃研究院藏 VHv. 179 有非常嚴重的缺版，因此補刻更多。而補版之後再重刷之時又進行補版，且有刪版的情況出現，越南國家圖書館公佈的殘本即為此次刪版的重刷本。①

圖四之二〇國圖藏本補版（藏号 R. 3563）中"時"依舊刻為"寺"；但"宗"因挖去短橫，原版空隙很大，補版中的"宗"雖然沒有短橫，但空隙很小。且刻工無意識中直接使用了阮朝的避諱，"實錄"作"寔錄"，"時司寇黎克復"刻為"辰司寇黎克復"。圖四之二一喃遺產保存會國子監本的版面則僅是挖改避諱，沒有補刻，此頁漢喃研究院 VHv. 179 與喃遺產保存會本相同。

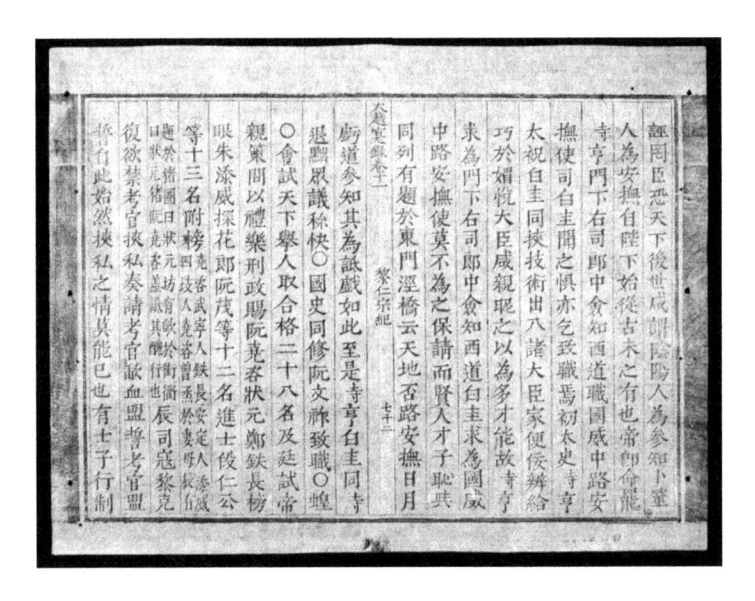

圖四之二〇　國圖藏本

---

① 漢喃研究院藏 A. 2694 本與國圖公佈的藏本相同。

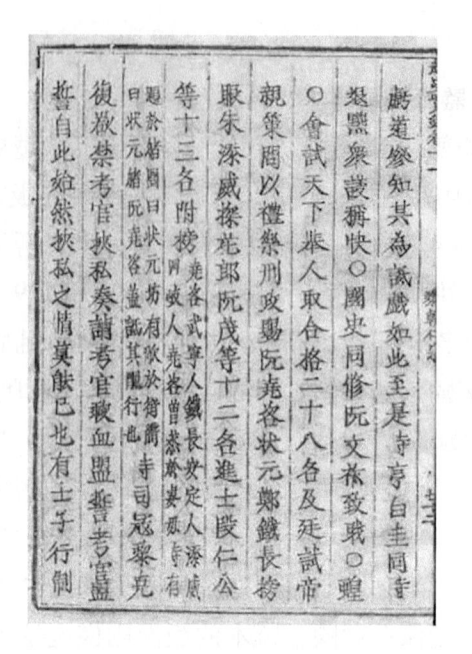

圖四之二一　喃遺產保存會國子監原本

國圖藏本還存在刪版的情況，見圖四之二二、圖四之二三：

被刪改的三行，內閣官本、國子監原本、漢喃研究院 VHv. 179 藏本皆完整無缺，且刪版中"黎朝太宗"被改為"黎明太宗"。① 國圖藏本在 VHv. 179 本的基礎上補版更多，兩次印刷之間應該間隔了一段時間。因戴密微混合本和國子監原本都有留存，所以重刷本的挖改和刪減情況對史料影響不大，但對於阮朝的雕版印刷研究價值特殊。

《越南阮朝木版題目總觀》介紹，位於大叻的越南第四國家檔案館尚保存有國子監藏板《大越史記全書》的雕版三百三十塊，於二〇〇六年重新刷印成書後，雕版封存（圖四之二四，圖四之二五）。②

---

①　漢喃研究院藏 VHv. 1499 本與國圖藏國子監本阮朝補版刪字頁相同，二者當為同次刷印。

②　*Mộc bản triều nguyễn đề mục tổng quan*，Trung tâm lưu trữ Quốc gia IV (Vietnam)，Nhà xuất bản Chính trịquốc gia, 2008, 365 - 371.

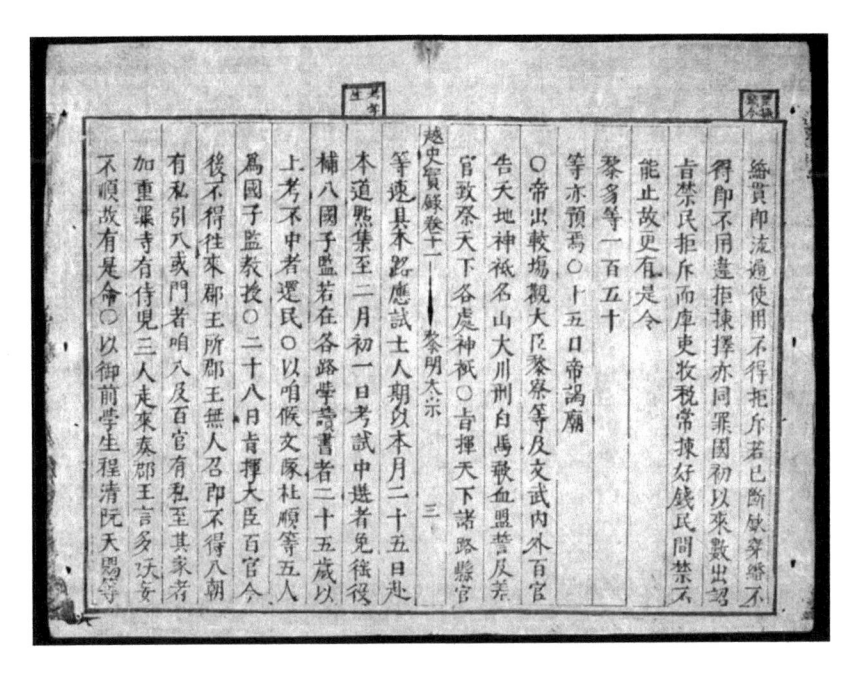

第四章　《大越史記全書》的成書、雕印與版本　　117

圖四之二二　國圖藏國子監本阮朝補版刪字頁

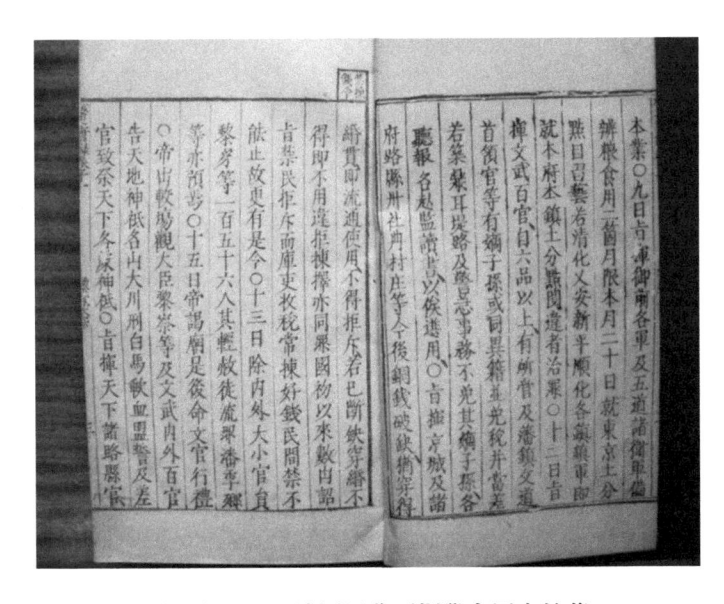

圖四之二三　法國巴黎亞洲學會圖書館藏

圖四之二四　2006年重刷本封面

圖四之二五　2006年重刷本內容

　　在此需要介紹一個特殊的版本，即陳荊和教授最初選擇為校訂底本的天理大學藏本《大越史記全書》，這是一個拼配的版本，慶應義塾大學藏有此本的複印本，筆者據此呈版本情況於下：

第一冊："大越史記本紀全書卷之一"，中興黎朝抄本；

第二冊："大越史記全書本紀全書卷之二"，中興黎朝抄本；

第三冊："大越史記全書本紀卷之三""卷之四"，戴密微本中的"大越史記全書"本；

第四冊："大越史記本紀全書卷之五""卷之六"，國子監本；

第五冊："大越史記本紀全書卷之七"，中興黎朝抄本；

第六冊："大越史記本紀全書卷之八""卷之九"，"大越史記全書"本；

第七冊："大越史記本紀全書卷之九""卷之十"，國子監本，"卷之九"與第六冊重複，版本不同；

第八冊："大越史記本紀實錄卷之十一"，國子監本；

第九冊："大越史記本紀實錄卷之十二"，國子監本；

第十冊："大越史記本紀實錄卷之十三"，國子監本；

第十一冊："大越史記本紀實錄卷之十四"，國子監本；

第十二冊："大越史記本紀實錄卷之十五"，國子監本；

第十三冊："大越史記本紀續編卷之十六""卷之十七"，國子監本；

第十四冊："大越史記本紀續編卷之十八""卷之十九"，國子監本；

第十五冊："大越史記外紀全書卷之一"，中興黎朝抄本；

第十六冊："大越史記外紀全書卷之二""卷之三""卷之四""卷之五"，"大越史記全書"本。

第一冊、第二冊、第五冊、第十五冊中的中興黎朝抄本之中無阮朝的避諱字，第四、第八—十四冊中的"國子監本"則挖改"宗"和"時"，第六冊和第十六冊中的"大越史記全書"本與戴密微藏本中"大越史記全書"本的字體一致，從墨色濃淡可以確定是同一刻版的不同印本。但天理大學本中的"大越史記全書"本僅存六卷，且戴密微藏"大越史記全書"均有，遠少於戴本所有，沒有"越史"本的內容。

## （三）引田利章翻刻本

引田利章在《反刻大越史記全書凡例》寫道："客歲七月，參謀本部將校奉命赴其國，知河內府事阮有度（一八三二至一八八八）贈以此書，攜歸示諸余，遂有反刻之舉"，反刻在一八八四年，參謀將校獲書即在上年。陳荊和教授根據書中殘留的避諱字斷定此本當為國子監本。① 引田利章盡量恢復了阮朝的避諱，增加了日本學者的序和凡例，重新設計了版心，此本是《大越史記全書》首次在越南以外的國家和地區印行，流傳極廣。

## 五　結論

　　戴密微藏內閣官板《大越史記全書》是現存最早的刻本，與加斯帕東藏兩部刻本屬於同一個刻本，應該是由"大越史記"和"越史"兩個不同版本的殘存雕版拼接合併而成，但差異只在版心信息和史文版面排布上，兩個刊本內容一致，是同一文本的不同雕版，因此可以組合為一個完整的全本。"大越史記"本和"越史"本由誰何時雕印則不得而知。戴密微本內閣官板《大越史記全書》的章節佈局與黎僖"續編凡例"所記不同，證明內閣官板並非一六九七年的正和原刻本。內閣官板在何時由何人編撰刻印亦不得而知，一七六三年，鄧廷瓊在編撰家譜時曾經引用內閣官板的史料內容，應在此前即已刻印流布。

　　戴密微本混合成書之後，由"越史"本的刻工重新根據印本刻版，完全依照戴密微混合本的原有格式雕印，形成了新的內閣官板《大越史記全書》雕版。新的內閣官板刻版在阮朝仍然保存，并於嗣德年間挖改、補版，更換封面刷印，成為國子監藏板《大越史記全書》。國子監本刻版繼續使用，但殘缺嚴重，第一次重刷之時就已經大量補版，第二次重刷之時補版更多并進行刪版，這兩次重刷本現在都有保留。一八八四年，引田利章重刻國子監本《大越史記全書》，流傳世界。

----

　　① 陳荊和"解題"，校合本《大越史記全書》，東京：東京大學東洋文化研究所1984年版，第33頁。

# 第四章 《大越史記全書》的成書、雕印與版本

現存的《大越史記全書》各類刻本為我們呈現了內閣官板及之後的雕印情況，但從景治本到正和本再到內閣官板的形成過程，進一步的深入研究尚有待于新資料的發現。

**附圖：《大越史記全書》雕印版本流變圖**

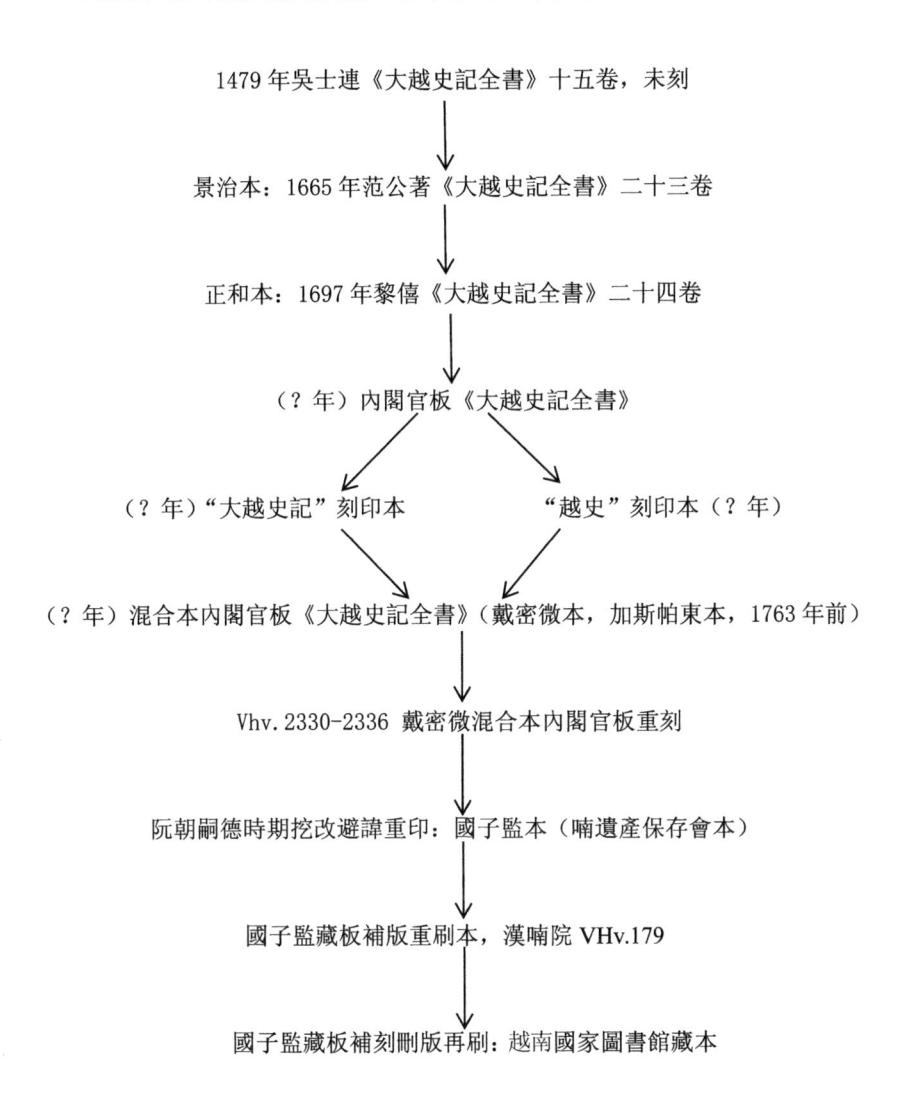

1479 年吳士連《大越史記全書》十五卷，未刻

↓

景治本：1665 年范公著《大越史記全書》二十三卷

↓

正和本：1697 年黎僖《大越史記全書》二十四卷

↓

（？年）內閣官板《大越史記全書》

↙　　　　↘

（？年）"大越史記"刻印本　　　　"越史"刻印本（？年）

↘　　　　↙

（？年）混合本內閣官板《大越史記全書》（戴密微本，加斯帕東本，1763 年前）

↓

Vhv.2330-2336 戴密微混合本內閣官板重刻

↓

阮朝嗣德時期挖改避諱重印：國子監本（喃遺產保存會本）

↓

國子監藏板補版重刷本，漢喃院 VHv.179

↓

國子監藏板補刻刪版再刷：越南國家圖書館藏本

第 五 章

# 吳士連《大越史記全書》
# 十五卷的編撰與思想

  吳士連是越南古代最重要的史家之一,一四七九年編撰完成《大越史記全書》十五卷。吳士連之書後來成為中興黎朝修史的基礎,范公著於一六六五年增補至二十三卷,黎僖於一六九七再增補一卷,并在當年刊刻,此即正和本《大越史記全書》二十四卷。吳士連雖是史官,卻非奉令著史,其觀點與官方史學思想有較大的差距。一九九七年越南學術界在正和本《大越史記全書》刊印三百週年之際舉辦了"吳士連與《大越史記全書》"國際學術研討會,與會學者對吳士連的"史筆"與思想等方面進行多方面的探討,並於次年結集出版。① 二○○六年,韓國學者劉仁善(Yu InSun)研究了黎文休和吳士連所在的陳朝和黎初時期的史學觀念,並分析異同,考察其中的思想繼承關係。②

  根據范公著的記載和評價,由吳士連編纂的《大越史記全書》十五卷,是吳氏據黎聖宗之命、奉詔編纂的,其性質即官修史書。然而根據吳士連本人的記述及其依附諒山王黎宜民(厲德侯)的經

---

  ① [越南]潘大允主編:《吳士連與〈大越史記全書〉》,河內:國家政治出版社 1998 年版。 Phan Đại Doãn(chủ biên)*Ngô Sĩ Liên và Đại Việt sử ký toàn thư,* Nhà xuất bản Chính trị Quốc gia, 1998.

  ② 劉仁善 Yu InSun, "Lê Văn Hưu and Ngô Sĩ Liên", A Comparison of Their Perception of Vietnamese History, Việt Nam Borderless Histories *edited by Nhung Tuyet Tran and Anthony Reid Madison*, The University of Wisconsin Press, 2006, pp. 45 – 71.

# 第五章 吳士連《大越史記全書》十五卷的編撰與思想

歷,《大越史記全書》十五卷是吳士連在不能參加黎聖宗組織的國史修纂,且不能閱覽新修國史的情況下,效仿司馬遷發憤著書,編寫完成的私撰史書。吳士連書成之後,其撰寫情況史書記載極簡。而之前黎文休奉旨所纂《大越史記》和之後的武瓊《大越通鑑通考》兩部官修史書,史書不僅詳錄其修纂情況,且書成後均為朝廷所重。吳士連以《大越史記全書》十五卷立言於後世。

## 一 吳士連私撰《大越史記全書》十五卷

范公著在《大越史記全書·本紀實錄》記載,黎聖宗洪德十年（一四七九）正月:"令史官修撰吳士連撰《大越史記全書》十五卷。"① 范氏又在景治三年（一六六五）撰寫的《大越史記續編書》中記述了吳士連編纂《大越史記全書》十五卷的過程:"追聖宗淳皇帝,稟睿智之資,厲英雄之志,拓土開疆,創法定制,尤能留意史籍。乃於洪德十年間,命禮部右侍郎兼國子監司業吳士連,纂修《大越史記全書》。"② 根據范公著的記載和評價,吳士連編纂的《大越史記全書》十五卷是據黎聖宗之命、奉詔編纂的官修史書。然而對比《大越史記全書》十五卷之前的官修史書《大越史記》和之後的《大越通鑑通考》,吳士連雖然身為史官,但《大越史記全書》卻並非奉詔編纂,而是吳士連本人的私撰史著。陳荊和亦認為吳士連撰《大越史記全書》是自發的行為,但並未闡明因何而撰。③

《大越史記全書》十五卷是越南古代歷史上的重要史著。然而,關於這部史書的作者吳士連及其編撰情況,史書有關的記載並不多。關於吳士連編纂《大越史記全書》十五卷的情況,目前僅能從吳士連自撰的《大越史記外紀全書序》、《擬進大越史記全書表》和《纂修大越史記全書凡例》中得知。吳士連於黎太宗大寶三年（一

---

① 校合本《大越史記全書》本紀卷之十三,第706頁。
② 校合本《大越史記全書》卷首,第59頁。
③ 陳荊和:《解題》,校合本《大越史記全書》,第10頁。

四四二）中進士，① 黎聖宗洪德二年（一四七一）被任命為史官撰修。② 洪德十年（一四七九），《大越史記全書》十五卷書成，吳士連在《擬進大越史記全書表》中自敘官職為"禮部右侍郎朝列大夫兼國子監司業兼史官修撰"③。

《本紀實錄》記載，洪德十年（一四七九）正月，"令史官修撰吳士連撰《大越史記全書》十五卷"④，吳士連的《序》和《擬進表》記載奉書朝廷是在同年的冬至節。以不到一年的時間編纂完成十五卷史書，成為國史，難度可想而知。且朝廷下令修纂如何能提前得知史書卷數？范公著記述的吳士連奉詔編修《大越史記全書》十五卷與吳士連的《大越史記外紀全書序》和《擬進大越史記全書表》內容差別極大。

吳士連在《序》中言編書之由，黎聖宗"光順年間，詔求野史，及家人所藏古今傳記，悉令奏進，以備參考，又命儒臣討論編次。臣前在史院，嘗豫焉。及再入也，而其書已上進，藏之東閣，莫得之見"⑤。黎聖宗命儒臣討論編次，最後修成一部史書，吳士連最初曾經參加這項工作，因故離去，及再入史館，身為史官，竟然連儒臣編纂的那部書都不能看見。越南歷史學家潘輝黎考證，這部書只是在吳士連的記述中曇花一現，他處均無記錄。⑥

此事吳士連在《擬進表》中再次提及："下明詔以購求，蒐散書而萃集。既命朝士，檢閱討論，又勅儒臣總裁潤色，茲務簡實，捐批浮華。臣當值館之初，得預濡毫之列。倏遭家禍，莫覯成書。"⑦ 加斯帕東推測是父喪或母喪，而陳荊和認為是因為父喪而臨

---

① 校合本《大越史記全書》本紀卷之十一，第606頁。
② 校合本《大越史記全書》本紀卷之十二，第690頁。
③ 校合本《大越史記全書》卷首，第57頁。
④ 校合本《大越史記全書》本紀卷之十三，第706頁。
⑤ 校合本《大越史記全書》卷首，第55頁。
⑥ [越南]潘輝黎著，曾廣森譯：《〈大越史記全書〉的編纂過程和作者》，《東南亞縱橫》1985年第1期，第55—58頁。
⑦ 校合本《大越史記全書》卷首，第57頁。

## 第五章　吳士連《大越史記全書》十五卷的編撰與思想

時還鄉。① 吳士連既沒有參與完成黎聖宗下詔編修的國史，身為史臣同樣也不能閱覽修成的國史。此事既有黎聖宗對史官的忌憚，也有對吳士連的不滿甚至憤怒。光順八年（一四六七），黎聖宗打算觀看起居注，史官不能拒：

> 帝欲觀國史，令內官就翰林院密諭史官黎義曰："昔房玄齡為史官，唐太宗欲觀實錄，玄齡不與之觀，今爾與玄齡孰（孰）賢？"義曰："玄武門之事，玄齡卻不直書，唐太使之而後書。恐未為賢。"內官曰："帝欲觀光順元年至八年日曆。"義曰："人君觀國史，固非美事。唐太、玄齡所為，而後世非之。"內官曰："帝謂觀日曆，向者有過，得以悛改耳。"義曰："陛下強為善而已，何必觀史乎？"內官諭之再三，義曰："聖主實能改過，社稷無疆之福，此是不諫而諫。"遂進日曆，帝觀畢，遂還史院。②

在中國古代，帝王觀看實錄，唐太宗首開紀錄，為後世史家所訾病。黎聖宗擔心自己將來在史書的形象，向史官黎義索要日曆。黎義有心抗命，但帝王勢大，難以回絕。黎聖宗此舉充分顯示了對史官的不信任。而對於史官吳士連，黎聖宗在不信任的同時，復有憎恨之情。天順二年（一四六一），黎聖宗對吳士連痛加羞辱：

> 帝諭都御史臺吳士連、汧仁壽曰："我新服厥政，惟新厥德，乃循我聖祖、神宗之舊典，而春首謁郊也。爾謂祖宗設郊，亦不足述，爾謂我國是古諸藩，是爾從死之道、無君之心。且厲德侯篡時，士連不為激揚風憲乎？寵遇隆矣！仁壽不為替畫帷幄乎？位任極矣！今厲德侯為我失國，爾不能以祿死，反去事吾。縱我不言，爾心不愧死乎？真賣國奸臣也！"③

---

① 陳荊和：《解題》，校合本《大越史記全書》，第9頁。
② 校合本《大越史記全書》本記卷之十二，第666—667頁。
③ 校合本《大越史記全書》本記卷之十二，第645頁。

諒山王黎宜民於黎仁宗延寧六年（一四五九）弑黎仁宗自立為帝，旋即為大臣阮熾、丁列等誅殺，迎立仁宗之弟黎灝，是為黎聖宗，降諒山王黎宜民為厲德侯，① 此即黎聖宗所言"厲德侯為我失國"一事。從黎聖宗斥責吳士連的話可以看出，吳士連曾一度依附于諒山王，且為其看重。諒山王自立為帝時，吳士連也居於高位，故而聖宗說"士連不為激揚風憲乎？寵遇隆矣！"對於黎聖宗而言，吳士連曾侍奉殺兄之人，又轉而事己，實為首鼠兩端，非大臣之風節，故而對其惡毒辱罵，說吳士連"縱我不言，爾心不愧死乎？真賣國奸臣也！"吳士連在諒山王這場政權變故中是什麼樣的經歷，詳情已經不得而知，但卻因為這段經歷為黎聖宗所憎恨，因設郊之事借題發揮。② 故而吳士連因家禍沒有參與國史編修，但返回之後竟連閱覽已修成的國史亦不能，恐與黎聖宗憎恨吳士連有關。

對於一個優秀的歷史學家而言，不能參與修史事宜是極度痛苦的。世掌天官的太史令司馬談在漢武帝第一次封禪泰山，也是漢朝第一次封禪時，"留滯周南，不得與從事，故發憤且卒"，司馬談在臨終時說："今天子接千歲之統，封泰山，而余不得從行，是命也夫，命也夫！"③ 阮芝生先生指出司馬談不能參加封禪大典，應當是為漢武帝所拒絕，並將其留在洛陽，司馬談因此抑鬱而終。④ 司馬談要修史卻不能親自參與國家大典，對此極度恐懼，臨終之時將修史大業付與其子司馬遷。

無獨有偶，千年之後的越南歷史學家吳士連遇見了相似的問題，因遭當上忌恨，既不能參與国史編纂，也不能閱覽修成的国史。雖然内心極度恐懼，但他並沒有放棄歷史學家的職責。吳士連在《序》中言"竊自惟念幸際明時，慚無補報，輒不自揆，取先正二

---

① 校合本《大越史記全書》卷之十一，第634—641頁。
② 參看王柏中《越南後黎朝郊祀禮探析》，《廣西民族大學學報》（哲學社會科學版）2023年第3期。
③ 《史記》，中華書局1959年版，第3295頁。
④ 阮芝生：《三司馬與漢武帝封禪》，《台大歷史學報》第20期，1996年11月，第307—340頁。

第五章　吳士連《大越史記全書》十五卷的編撰與思想

書，校正編摩……極知僭妄，罪無所逃，然職在當為，不敢以才識譾陋為辭，謹編成定書，留之史館"①，在《擬進表》中又言"念夙志之之酣，采群言而增校"②。吳士連在不得預觀新編國史的情況下，因歷史學家的職責以及自己所處的史官之職，不忘修史，採編黎文休和潘孚先分別編撰的兩部《大越史記》，獨立著述，完成了《大越史記全書》十五卷。吳士連雖為史臣，但未奉詔而修史，所以《大越史記全書》十五卷為私撰之作，故而其在《序》和《表》中均未提到自己是奉詔修史。而《本紀實錄》記載洪德十年（1479年）正月"令史官修撰吳士連撰《大越史記全書》十五卷"，實為范公著因是年冬至《大越史記全書》十五卷已經修成，因其私撰，故而追記於春正月。

## 二　吳士連效法司馬遷發憤著書

吳士連見憎於當上，又為上所用，私撰國史，成書後奉獻國家，實為發憤著書之舉。吳士連這樣的情形與撰寫《史記》的司馬遷經歷極為相似。司馬遷因為李陵辯護，激怒漢武帝，受宮刑，在身體和人格上受到了極大侮辱。雖然隨後擔任武帝親要中書令，但司馬遷對受刑一事耿耿於懷，認為侮辱祖先，"所以隱忍苟活，函糞土之中而不辭者，恨私心有所不盡，鄙沒世而文采不表於後也"③，只為完成《史記》著述。司馬遷在《報任少卿書》中說：

> 僕以口語遇遭此禍，重為鄉黨戮笑，汙辱先人，亦何面目復上父母之丘墓乎？雖累百世，垢彌甚耳！是以腸一日而九回，居則忽忽若有所亡，出則不知所如往。每念斯恥，汗未嘗不發背霑衣也。④

---

① 校合本《大越史記全書》卷首，第 55 頁。
② 校合本《大越史記全書》卷首，第 57 頁。
③ 《漢書》，中華書局 1962 年版，第 2733 頁。
④ 《漢書》，中華書局 1962 年版，第 2736 頁。

所以班固說司馬遷"既陷極刑，幽而發憤"①，而司馬遷也需要完成《史記》來最終證明自己的價值，以《史記》報父母之命，以《史記》為自己立名。②司馬遷發憤著書也成為千年以來忍辱勵志的典範。吳士連在《序》中言"效馬史之編年"，顯然要借鑒《史記》體裁，其本人因依附諒山王的經歷而見憎于黎聖宗，帝王權勢形成的巨大恐懼也需要一個精神偶像。吳士連效法司馬遷發憤著書，在不得觀新修國史的情況下，私撰《大越史記全書》十五卷，以是書立名於當時後世。司馬遷《史記》書成，"藏之名山，副在京師"，《史記索隱》言"正本藏之書府，副本留京師也"③，吳士連《大越史記全書》既"留之史館"，又"裝潢成帙封全，隨表上進"④，吳士連已得司馬遷藏書之旨。身為歷史學家，吳士連見憎於當上，忍辱修史的司馬遷就成為他敬奉追隨的楷模。郭振鐸先生也認為吳士連《大越史記全書》十五卷為私撰史著。⑤

在此需要指出的是，司馬遷接受父親司馬談的遺命編纂《史記》，在李陵之禍發生時《史記》已完成多篇。司馬遷受刑方有發憤著書之說，而《史記》的思想內涵也因此而昇華。吳士連則是在

---

① 《漢書》，中華書局1962版，第2738頁。
② 阮芝生：《司馬遷之心——〈報任少卿書〉析論》，《台大歷史學報》第26期，2000年12月，第184—185頁。
③ 《史記》，中華書局1959年版，第3320—3321頁。
④ 校合本《大越史記全書》，第57頁。
⑤ 郭振鐸：《〈大越史記全書〉初探》，《印度支那》1987年1月，第57—61頁。郭先生認為吳士連《大越史記全書》為私撰，但編纂原因則與本文不同，郭先生提出吳士連"不是受黎聖宗之命，而是由於失職内疚，主動採納群臣之言，才編寫這部史書的"，理由是"由於黎聖宗對他未完成朝廷交給的編史任務，而下詔革除其官職，吳士連在《進大越史記全書表》中說'茲者伏蒙聖恩，除臣館職。'吳士連認為自己失職，未受到嚴懲，只是革黜史館之職，算是萬幸。而後為報皇恩，主動從事編寫一部史記"。郭先生認為"除臣館職"的"除"是革職的意思。然而在古漢語中與官職有關的"除"是"拜授"的意思。《說文》："殿陛也。"段玉裁注："殿謂宮殿，殿陛謂之除。因之凡去舊更新皆曰除，取拾級更易之義也。"（上海古籍出版社1981年版，第736頁）與官職相聯繫，"除"某官者，即為晉升、擢升官職之義。故阮元編《經籍籑詁》釋"除"之義為："凡言除者，除故官就新官也"（中華書局1982年版，第209頁）。"茲者伏蒙聖恩，除臣館職"，指的就是洪德二年（1471）吳士連被黎聖宗任命為史官撰修，郭先生釋"除"為"革除"，其義於原文未安。報恩著書之說恐非是。

# 第五章 吳士連《大越史記全書》十五卷的編撰與思想

自己不得參修國史，也不能閱覽國史的情況下，面對帝王的權勢，以歷史學家的職責編修完成《大越史記全書》十五卷。吳士連修史過程雖然與司馬遷不同，但在精神上卻是完全一致的。

## 三　朱子綱目思想在《大越史記全書》中的確立

一九六二年，越南史家阮方著文研究《大越史記外紀全書》的史料來源，指出是黎文休最先抄《資治通鑑》的內容進行刪削，並以二書中唐高祖武德元年的史文進行比較，[①] 筆者檢閱兩書史料，阮方這個結論應該是靠得住的。一二七二年黎文休編撰《大越史記》之時，《資治通鑑》已經行世百年，參考借鑒完全可能，而且在司馬光的史文基礎上進行編撰也確實更加便利。因黎文休《大越史記》內容已經確定，故而吳士連取而承之，並將《資治通鑑》的撰著之法施用於《大越史記全書》整體。

儘管吳士連在《纂修大越史記全書凡例》表明以朱子綱目為鈞衡："趙紀當北朝漢高、惠、文、景之世，以建亥為歲首者，庶考之朱子綱目，不爲謬矣"[②]，並對《資治通鑑綱目凡例》亦步亦趨，然而在撰史形式上吳士連並沒有採用朱熹 "大書以提要，分注以備言" 的敘史方式，而是沿用了《資治通鑑》的編撰形式。

朱熹《資治通鑑綱目》生前未全部完成，由門人補綴成袠。真德秀和李方子在泉州將之付梓，嘉定十二年書成（一二一九）。朱熹自作《凡例》一卷，單獨流傳，王柏後得之於趙與訔，於度宗咸

---

[①] 阮方：《〈大越史記全書〉的一些錯誤》，載《發展與研究雜誌》2014年第1期，第130—142頁。Nguyễn Phương, "Những sai lầm của Đại Việt sử ký toàn thư", Tạp chí Nghiên cứu và Phát triển, số 1（108），2014. 篇前編輯部介紹阮方（1921—1993）此文最早於1962年10月發表於《順化大學院雜誌Tạp chí Đại học viện của Đại học Huế》第5期，此篇亦是其未發表的著作《〈大越史記全書〉"外紀"與中國史料（Phần Ngoại kỷ của toàn thư với sử liệu Trung Quốc）》的開端，因此文的重要性，《發展與研究雜誌》特予以重印以餉讀者。

[②] 校合本《大越史記全書》卷首，第67頁。

淳元年（一二六五）刻印，《凡例》遂與《資治通鑑綱目》共同流傳。①《資治通鑑綱目》在宋元時代多次刻印，據筆者管見，朱熹《資治通鑑綱目》在陳朝末年即傳入越南，已經亡佚的《越史綱目》即是胡宗鷟据黎文休《大越史記》所作的綱目體史書。現在僅知曉有《越史綱目》這部書存在過，其師法朱子綱目的具體情況則無從考究。

《資治通鑑綱目》在後黎朝頒發於各地官學，具有全國性的影響。黎聖宗洪德十五年（一四八四）：

> 時禮部尚書兼左春坊左中允郭廷寶奏："前遞年官書領降在外各府，如四書、五經、登科錄、會試錄、玉堂文範、文獻通考、文選、綱目及諸醫書之類，間有貪冒府官，擅自固執，以爲己私，不曾交付學官醫官，殊甚非理。爲此陳奏，各處憲司檢刷該內各府前項諸書，而本府官擅自固執，學書不與交付學官，醫書不與交付醫官者，具實糾奏，送刑部治罪。"上從之，故有是令。②

上文所言諸種書籍皆是朝廷發付學官，用於學校教育，"綱目"即爲朱熹的《資治通鑑綱目》。郭廷寶奏稱"前遞年官書領降在外各府"，顯然這些書籍的頒發已經執行多年。吳士連一四七九年編撰完成《大越史記全書》在此事五年前，既是后黎朝官方史學的發展，亦是史家的自我選擇。儘管現代學術界對於《資治通鑑綱目凡例》是否爲朱熹自撰有所爭議，③但當時的吳士連則不會對此產生懷疑。

吳士連在《大越史記外紀全書序》和《擬進大越時間全書表》中并沒有明確提及朱熹與《資治通鑑綱目》，而是說"效馬史之編

---

① 嚴文儒：《〈資治通鑑綱目〉校點說明》，《朱子全書》第 8 冊，上海古籍出版社、安徽教育出版社 2010 年版，第 2—5 頁。
② 校合本《大越史記全書》本紀卷之十三，第 720 頁。
③ 顧少華：《朱熹"八书"與〈資治通鑒綱目凡例〉真偽新考》，《史學月刊》2016 年第 8 期，第 85—93 頁。

第五章　吳士連《大越史記全書》十五卷的編撰與思想 | 131

年，第慚補綴；法麟經之比事，敢望謹嚴"①，即效法司馬遷和孔子的著史精神。然而，實際上，《大越史記全書》在編撰形式上延續了黎文休借鑒《資治通鑑》的做法，史學思想上則一遵朱熹綱目之法，據朱子思想論史。

## 四　《大越史記全書》的書法體例

孔子開創的春秋筆法，微言大義，使亂臣賊子懼，孔子確立了大方向，在《春秋》中亦有相應的筆法，但這些內容不能滿足後世史家撰寫史書的需要，史家欲使用春秋筆法，除了從《春秋》中借鑒成例，則需要史家自身具有極高的史才和史識才能熟練駕馭。朱熹以理學宗師將繁複的《資治通鑑》提綱挈領，壓縮內容的同時必然要求微言大義，盡現春秋筆法，同時體現其理學和史學思想。朱熹撰寫的《資治通鑑綱目凡例》內容非常細緻，涉及的歷史階段、歷史範圍和史書也極為廣泛，對孔子的春秋筆法做了發展，實現了系統化和具體化，為史書撰寫樹立了規範的話語以及政治思想標桿，一旦熟悉朱熹創建的這套話語體系，往往會大加服膺。

吳士連大體依照其中的思想和原則來編撰史書，越史發展階段和內容情形與與中國史頗有不同，因而吳士連撰寫《纂修大越史記全書凡例》以明其書法體例，對朱熹《資治通鑑綱目凡例》亦只是混合摘取，但著史精神則一致。他在《纂修大越史記全書凡例》表明"庶考之朱子綱目不爲謬矣"②，吳士連凡例所論定，皆為范公著所繼承，《大越史記全書續編書》中言：

> 凡所續編，其繫年之下，非正統者及北朝年號，皆兩行分註，與夫凡例所書，一遵前史書式。③

① 校合本《大越史記全書》卷首，第57頁。
② 校合本《大越史記全書》卷首，第67頁。
③ 校合本《大越史記全書》卷首，第60頁。

范公著在此明確以朱子綱目為準繩，繼續貫徹"提要"和"分注"的方式。"與夫凡例所書，一遵前史書式"，顯示其遵從前史凡例的相關書法，這也證明現在的《纂修大越史記全書凡例》確是吳士連所撰，引田利章即在標題下注"按是例是大史吳士連之所識"。范公著大體遵循吳士連的編撰方式，對於自己改變的部分，則以兩行分注的形式說明。吳士連著有凡例二十四條，思想豐富，筆者分類予以解讀。

## （一）尊正统，明国统

朱熹在《资治通鑑綱目》中最重要的思想就是尊正统，《凡例》开篇："统系一　正統、列國、篡賊、建國、僭國、無統、不成君小國"①，又以此位列第一，朱熹論及宋代以前的諸王朝，尤其是政權並立時期的正統尤為重要，正統與國統相輔相成。吳士連撰著越史，分為自主之前交州地區的歷史和建國之後各王朝的國家歷史兩大部分，前者吳士連以"外紀"統攝各個時段的"紀"，將交州歷史重塑為具有連續國統的歷史；後者則以"本紀"樹立自主王朝各代的正統性，並遵朱熹思想斥責僭越與不臣，並確立了越南與中國"各帝一方"的政治原則。

### 1. 南北國統

吳士連借鑒司馬遷《史記·五帝本紀》以黃帝為國祖的寫作方法，將《嶺南摭怪》中記載的流傳於越地的泾阳王、貉龍君故事引入正史，創建了悠久的炎帝神農氏國家起源，即炎帝三世孫帝明生帝宜，帝明又南遊五嶺與婺仙女生涇陽王，"王聖智聰明，帝明奇之，欲使嗣位。王固讓其兄，不敢奉命。帝明於是立帝宜為嗣，治北方，封王為涇陽王，治南方"②。吳士連記述帝明與涇陽王兄弟讓國，各治南北，中越即為兄弟之國，亦由此各傳國統：

---

① 朱熹：《凡例》，《朱子全書》第 11 冊，上海古籍出版社、安徽教育出版社 2010 年版，第 3476 頁。

② 校合本《大越史記全書》本紀卷之一，第 97 頁。

## 第五章　吳士連《大越史記全書》十五卷的編撰與思想

第三條　涇陽王爲大越始封之王，與帝宜同時，故紀元與帝宜初年同。①

吳士連在史書正文之下又再作評論：

天地開肇之時，有以氣化者，盤古氏是也。有氣化，然後有形化，莫非陰陽二氣也。《易》曰：天地絪縕，萬物化醇。男女媾精，萬物化生。故有夫婦，然後有父子。有父子，然後有君臣。然而聖賢之生，必異乎常，乃天所命。吞玄鳥卵而生商，履巨人跡而興周，皆紀其實然也。神農氏之後帝明，得婺僊女而生涇陽王，是爲百粵始祖。王娶神龍女生貉龍君，君娶帝來女而生育有百男之祥。此其所以能肇我越之基也歟。考之《通鑑外紀》，帝來，帝宜之子。據此所載，涇陽王，帝宜之弟，乃相爲婚姻，蓋世尚鴻荒，禮樂未著而然者歟。②

據吳士連所言，帝來、帝宜之事見於劉恕的《資治通鑑外紀》，並結合越地傳說敷衍其事。《資治通鑑外紀》卷一載："帝明元年丁亥，在位四十九年。帝直元年丙子，在位四十五年"，"宜""直"字形相近，易混淆誤寫。帝直之後爲"帝釐，一曰克"，未見帝來。③吳士連所見或與四部叢刊有異。

吳士連在外紀全書第一卷中設"鴻龐紀"和"蜀紀"展現上古洪荒時代的國統存續，但其中內容多取自神怪故事集《嶺南摭怪》，故在凡例中說明：

第四條　外紀所載，本之野史。其甚恠誕者，削之不錄。雄王以上無年表者，世主傳序，不可得而知也。或云十八世，

---

① 校合本《大越史記全書》卷首，第67頁。
② 校合本《大越史記全書》本紀卷之一，第97—98頁。
③ 劉恕：《通鑑外紀》卷一，四部叢刊本。

恐未必然。①

史事雖然存疑，但國統延續卻不可否認，即涇陽王生雄王，傳十八世，為蜀安陽王所滅，安陽王又為秦將趙佗所滅，趙佗建南越國，又為漢武帝所滅，治統歸於中央。漢唐時期的交州實為中央王朝治下的地方政府，吳士連重塑歷史首先需要處理与中央王朝的关系，说明中央王朝各阶段的情况：

  第六條　每年甲子之下分註，止書曆代繼正統者。其餘列國不書，無接我也，如吳、魏、南漢事有接我，則書某主。②

吳士連所言"歷代繼正統者"即朱熹在《資治通鑑綱目》中確定的正統王朝。吳士連只記述和交州相關的歷史，有自主政權和起事者以"紀"書之，完全屬於中央王朝管轄時期的交州歷史，則為"属某朝紀"，紀年則用干支，下分註中國年號與紀年。吳士連對紀年的記述非常細緻，以《資治通鑑綱目》的標準設定：

  第五條　趙紀當北朝漢高、惠、文、景之世，以建亥爲歲首者，庶考之<u>朱子綱目</u>，不爲謬矣。③

《趙紀》南越武帝趙佗最初的幾年，"甲午元年"下分註"秦二世三年"，"乙未二年"下分註"西楚霸王項籍元年 漢王劉邦元年"，此年朱熹《資治通鑑綱目》記："乙未 楚義帝心元、西楚霸王項籍元、漢王劉邦元、韓三年"④，吳士連只記了和交州相關的項籍和劉邦的紀年，劉邦後為天下主，故前事亦記。"戊戌五年"下

---

① 校合本《大越史記全書》卷首，第67頁。
② 校合本《大越史記全書》卷首，第67頁。
③ 校合本《大越史記全書》卷首，第67頁。
④ 朱熹：《資治通鑑綱目》，《朱子全書》第8冊，上海古籍出版社、安徽教育出版社2002年版，第144頁。

| 第五章　吳士連《大越史記全書》十五卷的編撰與思想 | 135 |

分註"楚項籍四年 漢劉邦四年"，此年項羽敗亡，劉邦即皇帝位，"己亥六年"下分註"漢高帝五年"，延續之前劉邦為漢王的四年。

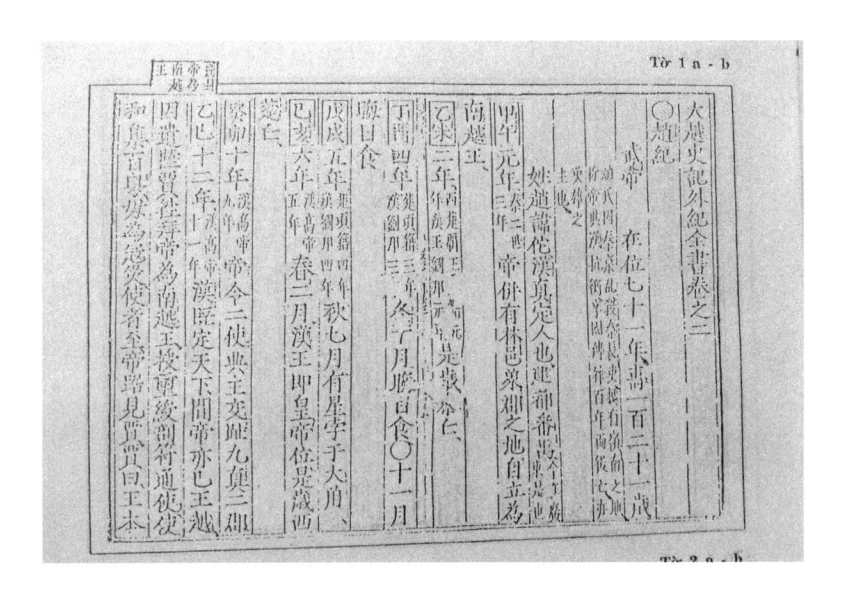

南越國為漢武帝所滅，交州歸屬漢朝，吳士連記交州事，設《屬西漢紀》，干支紀年下分注"漢元封元年"，如下圖：①

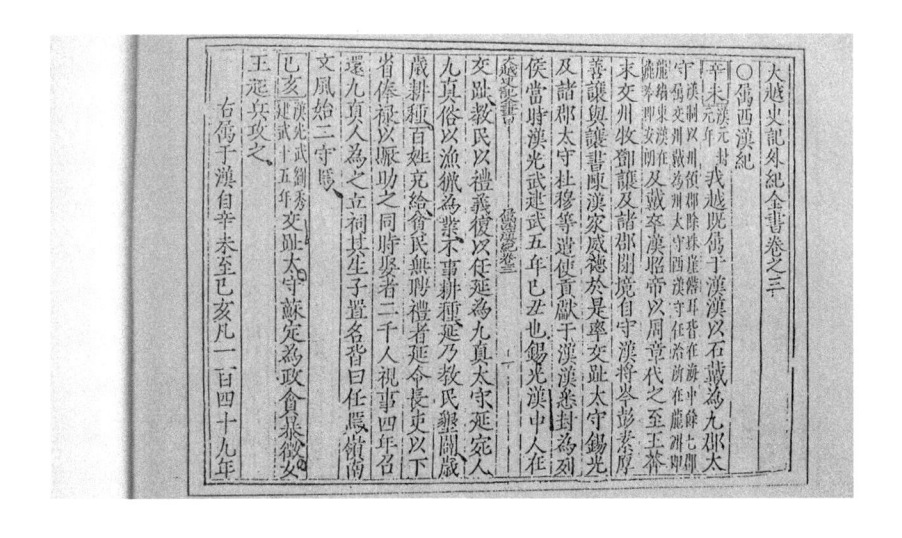

---

① 內閣官板《大越史記全書》影印本，第58頁。

吳士連設立了《鴻龐紀》《蜀紀》《趙紀》《徵女王紀》《士王紀》《前李紀》《後李紀》，以此展示越南國統不輟，諸紀皆設有"元年"，并逐年記事。這些"紀"僅有記述南越國歷史的《趙紀》為信史所載，即從《史記》《漢書》記載的南越國列傳改編而來，且趙佗確實在國內稱帝，其他諸紀情況不一而同：

　　　第九條　凡我越人憤北人侵暴，因人心甚惡，攻殺郡守以自立，皆書起兵稱國。不幸而敗亡者，亦書起兵以予之。①

　　《徵女王紀》《前李紀》及《後李紀》皆是此類。徵側起事僅三年，亦設"紀"稱"元年"，如圖：②

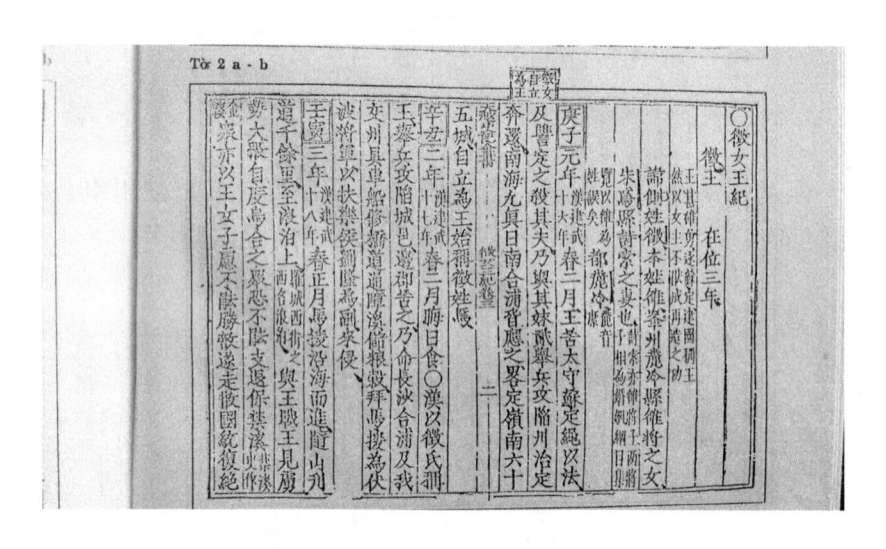

　　吳士連對士燮的情況特別做出說明：

　　　第十條　士王之時，雖有守任，然王以諸侯當國，國人皆呼爲王，守任徒爲虛設，而王之貴重，威服百蠻，不下趙武，

----

① 校合本《大越史記全書》卷首，第67—68頁。
② 內閣官板《大越史記全書》影印本，第58頁。

| 第五章　吳士連《大越史記全書》十五卷的編撰與思想　|137|

後代追封王爵，故表而出之，與諸王同。①

　　吳士連只書和交州相關之事，以漢朝為正統，儘管實際上士燮並未割據稱王，先為漢官，再歸東吳，但吳士連以士燮別為《士王紀》，士燮在越地何時稱為"士王"已不可考。吳士連設《士王紀》完全按照"紀"的要求標準敘述行文，如下圖：②

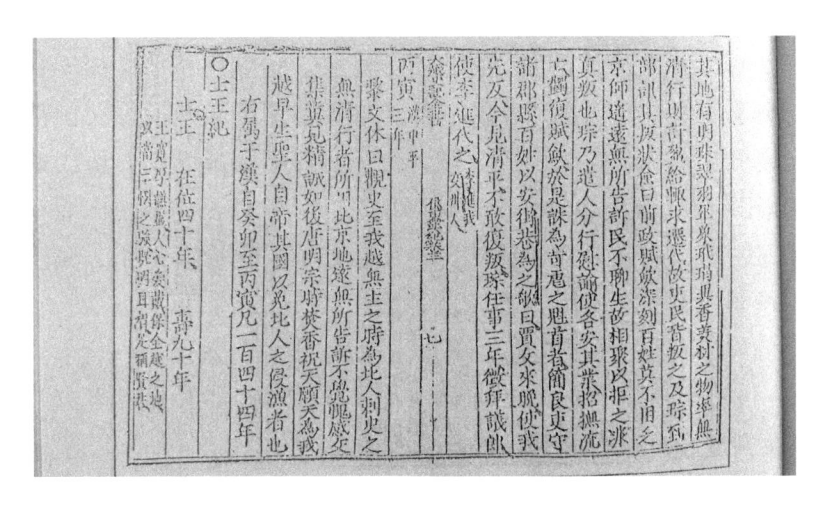

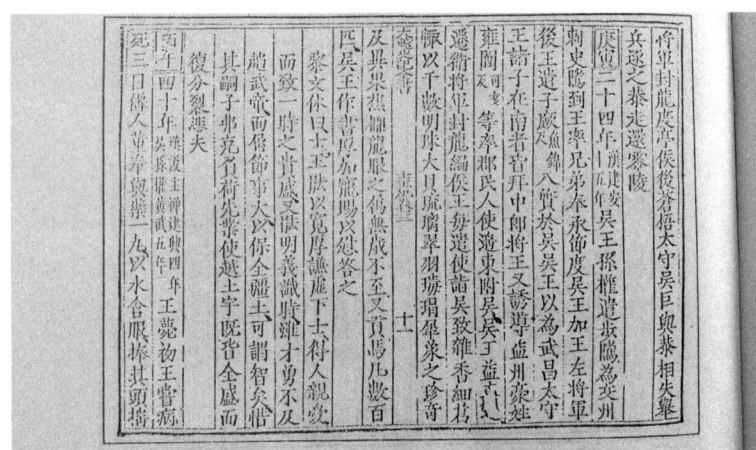

---

① 校合本《大越史記全書》卷首，第68頁。
② 內閣官板《大越史記全書》影印本，第58頁。

吴士连以士燮治理交州的时间纪年，干支之下大书，又分注汉某年、吴某年。士燮二十四年即汉建安十五年，之后士燮归吴。士燮治交第四十年去世，即汉后主禅建兴四年、吴孙权黄武五年。分注黄武五年在于交州此时受吴国辖制，书汉主刘禅则因其继承汉家正统，虽与交州无关，仍书在前，秉承朱熹的原则以汉后主继汉献帝，即以蜀汉为正统，不书曹魏。之后又以晋武帝继汉后主。吴士连依据朱熹《资治通鉴纲目》确定的正统记中国事，在交州又开新"纪"，以示南北各有国统，鸿庞开基之后，统绪不辍。之后李贲起事，称李南帝，设《前李纪》，李贲为陈霸先所破，战亡之后部将赵光复继起，陈霸先因侯景之乱北归，赵光复占据龙编，吴士连设《赵越王纪》。李贲之兄李天宝建野能国，称桃郎王，卒后部将李佛子继立，击杀赵光复重建国统，袭南帝位号，称后李南帝，吴士连设《后李纪》，《凡例》申明：

  第十一条　前后李南帝，乃当时称号，非真即皇帝位，故生则书帝，没则书薨，从诸侯例。
  第十二条　赵越王时，李天宝虽称王立国，然其迹微，国统已属赵王，故附录于赵纪。①

李贲起事，国号万春，自称"南越帝"，但很快败亡，吴士连言此为当时称号，未真即皇帝位，意为李贲并未真正实现建国治土的目标，因而未以诸侯例书"薨"。李天宝虽称王建国，但僻在夷僚之地，且事迹不显，故而不设"纪"，附于赵越王纪之下。此即吴士连以撰史书法明国统之存续。至唐代冯兴占据安南都护府，卒后称布盖王，吴士连写道：

  第十三条　布盖王豪富勇力，亦一时之雄，然乘乱用杜英翰计，围都护府，守任官病死，乃入居府治，未正位号，寻没，

---

① 校合本《大越史记全书》卷首，第68页。

| 第五章 吳士連《大越史記全書》十五卷的編撰與思想 | 139 |

其子始尊以王爵，故微之也。①

馮興之事，兩唐书未載，吳士連以其"布蓋大王"之號為世所傳，特別予以說明。②中央政府統轄交州之時，吳士連在凡例中申明鴻龐所創國統在後世傳繼不絕，但交州確為中央遣官治理，吳士連指出：

第十四條 北人守任有政蹟者必書，好善惡惡，人心所同，天下之公也。③

吳士連在此論治政善惡，實為天下至理，亦是樸素的願望。

## 2. "各帝一方"

一四七九年吳士連編撰《大越史記全書》之時，距離九六八年丁部領稱"大勝明皇帝"已經超過五百年，經歷了丁、前黎、李、陳、胡五代王朝，雖然國統相繼，卻枝節橫生，因而吳士連在凡例中做出解讀，他對與中國王朝的關係做出界定：

第八條 北朝歷代主皆書帝，與我各帝一方也。④

中國與越南南北王朝各帝一方，即是吳士連設定的漢唐時期交州與中原以及自主之後的政治原則，"各帝一方"即要明正統：

第一條 是書之作，本黎文休、潘孚先大越史記二書，參以北史、野史、傳志諸本，及所傳授見聞，考校編輯為之。其記始於吳王者，王我越人，當南北分爭之時，能撥亂興邦，以

---

① 校合本《大越史記全書》卷首，第68頁。
② 請參看耿慧玲《馮興考——未見於中國新舊〈唐書〉的一位越南英雄》，載《越南史論》，台北：新文豐出版公司2004年版，第201—223頁。
③ 校合本《大越史記全書》卷首，第68頁。
④ 校合本《大越史記全書》卷首，第67頁。

繼雄王、趙武之統故也。（分註：今依武瓊所述著，本紀全書始自丁先皇，以明其大一統也。）①

吳士連以吳權為本紀全書之首，接續雄王、趙武帝的國統。之後范公著根據武瓊《大越通鑑通考》丁先皇大一統的觀點，以其為本紀全書之首，此即"分註"所言，現存的內閣官板《大越史記全書》結構即是如此。之後的"本紀"與國統即由此傳遞下去。正常的朝代更替如李陳之際不會出現大的問題，乱世之时則需要申明國統與正統。

吳、丁、黎三代形勢混乱，楊廷藝為曲承美部將，據有交州，九三八年為矯公羨所殺，楊廷藝女婿吳權攻殺矯公羨，又戰敗南漢軍隊，次年稱王。九四四年吳權去世，妻弟楊三哥即位，以吳權之子吳昌文為養子，九五一年吳昌文逐楊三哥自立，九六五年戰死於太平、唐阮二村，交州隨即大亂，崛起多股勢力，史書稱"十二使君"之亂，九六八年丁部領掃平各路勢力，稱"大勝明皇帝"。因丁部領立少子項郎為太子，引起長子南越王丁璉不滿，九七九年殺項郎，丁部領和丁璉旋即為杜釋所殺，丁璿即位，將軍黎桓趁機黃袍加身，並娶丁璿之母為皇后，篡丁建黎，廢丁璿為衛王。這段歷史吳士連設凡例三條：

第十五條　十二使君乘時無主，各據地自守，莫能相統。然吳昌熾以正統書，吳氏之後也。

第十六條　楊三哥、前後胡皆以王莽篡例，書名者，沮僭竊也。

第十七條　黎大行雖承正統，然衛王璿猶在，紀元分註如宋太祖之於周鄭王也。②

---

①　校合本《大越史記全書》卷首，第67頁；內閣官板《大越史記全書》影印本，第21頁。

②　校合本《大越史記全書》卷首，第68頁。

第五章　吳士連《大越史記全書》十五卷的編撰與思想 | 141

吳士連以吳權為本紀之首，吳即為正統，南晉王吳昌文死後，以其侄吳昌熾繼之，"吳使君 凡二年 附各使君"①，凡例第十五條雖以吳昌熾為正統書之，但僅稱"吳使君"。最後吳士連寫"右吳氏三王，并楊三哥僭位，起己亥，終丁卯，共二十九年"②，即列入正文的"前吳王"吳權、"後吳王"吳昌文、"吳使君"吳昌熾，天策王吳昌岌附於吳昌文之下，不在三王之列，很可能是吳士連以吳昌熾為不能守國的使君而未稱王號。

第十六條中，楊三哥實為楊廷藝之子，很難說其即位就是篡奪，但在以吳權為正統的情況下，吳士連即如此認定，將其與篡奪陳朝的胡季犛和胡漢蒼父子並列，並以王莽篡漢相比。第十七條吳士連認為黎桓得國如宋太祖得國于周，接續丁朝的正統，這與黎嵩在《越鑑通考總論》中以黎桓為非正統的官方觀點有很大的差別。

一四〇〇年，胡季犛、胡漢蒼父子篡奪陳朝，建立胡朝，改國號為"大虞"，潘孚先以之為閏朝，吳士連以其為僭偽，故不大書其國號紀年，書以干支，下有分註，如"辛巳"下分註"漢蒼紹成元年，明建文三年"③。之後永樂帝出兵擒拿胡氏父子至金陵，胡朝滅亡，陳氏勢力起兵反抗，此即"後陳"，吳士連以之為正統：

　　第二十條　簡定即位建元在丁亥年（一四〇七）十月，而稱一年者，尊正統黜僭偽，與紹慶元年（一三七〇）同。④

簡定帝之後，又有重光帝，但均亡於君臣內耗殘殺，永樂十二年夏四月明軍徹底撲滅陳朝反抗勢力，"國統遂屬於明"⑤。永樂十六年黎利藍山起兵，國統復續，之間四年為"屬明紀"，之後為"黎皇朝紀"，吳士連寫道：

---

① 內閣官板《大越史記全書》影印本，第88頁。
② 內閣官板《大越史記全書》影印本，第88頁。
③ 內閣官板《大越史記全書》影印本，第267頁。
④ 校合本《大越史記全書》卷首，第68頁。
⑤ 內閣官板《大越史記全書》影印本，第287頁。

第二十一條　陳末二胡之後，明人併據，凡二十年，止以四年屬明者，蓋癸巳以前，簡定、重光猶係陳緒，戊戌以後，我朝太祖高皇帝已起義兵，故不以屬明書，正國統也。①

吳、丁、前黎、李、陳、黎為國統正統，胡為僭偽篡逆，明軍滅胡、後陳，國統屬明，旋即由黎利接續。吳士連在《凡例》中以朱熹《資治通鑑綱目凡例》的書法清晰的表明了歷代國統相繼不絕、大越與中國各帝一方的政治和歷史理念。范公著在《續編凡例》中繼承了朱熹和吳士連關於正統的觀點，寫明莫登庸篡奪黎朝之後的國統存續：

第二條　恭皇為權臣莫登庸篡弒，自丁亥至壬辰，凡六年，無有位號，則以次年紀之，其莫僭則兩行分註於次年之下，以尊正統，沮僭竊也。

第三條　莊宗自癸巳年起義，即位于行在萬賴冊，雖未混一中原，亦以正統書之，明其為帝冑，承大統也。②

一五二七年黎恭皇被殺，莫登庸建立莫朝，但范公著不以其為正統，故不書其年號，儘以干支紀年。一五三三年，黎莊宗即位開始復國，正統復續，即以黎朝紀年書之。在吳士連和范公著的記述下，越南歷代王朝統緒清晰，傳承不輟，"凡例"之中即已申明。

## （二）書法

吳士連在《纂修大越史記全書凡例》中申明政治思想的同時，也展示了史籍的書法：

第二條　歷代帝王在位久近，前帝前王於某年創業，以是

---

① 校合本《大越史記全書》卷首，第68頁。
② 校合本《大越史記全書》卷首，第69頁。

| 第五章　吳士連《大越史記全書》十五卷的編撰與思想 | 143 |

年爲在位之首年。至某年崩、薨、禪讓或弒，後帝後王即位改元，則是年猶爲前帝前王在位之末年。其或崩、薨、禪讓在某年之春夏，則是年爲後帝後王在位之首年，而春夏之月爲前帝前王之奇零月。如崩、薨、禪讓在歲終，逆數在位之年，猶有不盡之月，亦爲奇零月。至若楊日禮借位，雖已逾年，然陳家曆數猶相接，故以前年属裕宗，後年属藝宗，而通計焉。（分注：附録日禮。）①

此條對帝王的正統、即位及紀元方式做了詳細的規定，涉及崩薨逝世，即位當年改元或次年改元皆有成例。吳士連對於情況特殊的楊日禮特別做出說明。一三六九年，陳裕宗駕崩無嗣，詔迎楊日禮即位：

> 憲慈皇太后使人迎故恭肅大王昱庶子日禮即位，改元大定元年。日禮優人楊姜子，其母號王母者為傳戲時方有娠，昱悅其艷色納之，及生，以為己子。至是，太后謂群臣曰："昱嫡長不得位，且早棄世，日禮非其子耶？"遂迎立之，追封昱為皇太伯。②

不久太后悔立日禮，為其所弒。楊日禮倒行逆施，百官怨望："日禮借位，縱酒淫逸，日事宴遊，好為雜技之戲，欲復姓楊，宗室百官皆失望"，"太宰元暉及子元偰等誅日禮，不克，死之"③。在天寧公主以及楊日禮親信陳吾郎的支持下，十一月，陳藝宗領軍回京，十三日"下令廢日禮為昏德公"，十五日即皇帝位，二十一日，駕至東步頭：

---

① 校合本《大越史記全書》卷首，第67頁。
② 校合本《大越史記全書》本紀卷之七，第436—437頁。
③ 校合本《大越史記全書》本紀卷之七，第438頁。

吾郎請日禮卑服遜位，下舶奉迎。帝謂之曰："不圖今日事勢至此。"命囚於江口坊。日禮召吾郎入幕，詐之曰："我有金甕，藏於宮中，爾當徃取。"吾郎跪聽，日禮扼殺之。吾郎姪陳世覬以聞，命格殺日禮及其子柳，葬大蒙山。贈吾郎入內司馬，謚忠敏亞王。①

楊日禮為憲慈皇太后所立，改元大定，這是合法的即位，倒行逆施乃是後話，至於其如何能夠以楊氏子繼承大統，且廢稱"昏德公"，陳吾郎"請日禮卑服遜位"，藝宗感歎"不圖今日事勢至此"，這都顯示楊日禮之事當另有內情。宗室百官以他姓之子繼承大統，這是很難想象的事情，日禮為他姓子之事在其即位之後當有傳聞，故而天寧公主言："天下祖宗之天下，何乃棄國與人，君須去，我以家奴平之"②，藝宗即位之後，則將此事坐實，故而史家以楊日禮為昏德公，儘管改元一年，但史家根據書法將日禮即位當年屬裕宗，即位次年屬藝宗，以其事附於二帝之後。吳士連對楊日禮之事發出疑問：

史臣吳士連曰：裕宗因溺嬰疾，豈不知其無嗣耶。日禮優人之子，豈不知其非昱子邪。況明宗諸子，皆有才藝，苟念社稷之重，擇其才德者，立為儲嗣，以繫天下之望，則國本固矣。既不能然，及寢疾，又不以謀之太皇為社稷計，乃詔日禮繼統，以絕其嗣，身崩之後，禍及太皇及太宰等人。不有藝皇及諸宗室，則國家已非陳有矣。帝能尊師重傅，而不與謀及國事，故賢者不可虛拘。朱安之去，無人告以善道，所謂不信仁賢，則國空虛是也。③

史臣吳士連曰：日禮之干天位，為陳宗室者豈可恝然坐視，

---

① 校合本《大越史記全書》本紀卷之七，第439—440頁。
② 校合本《大越史記全書》本紀卷之七，第439頁。
③ 校合本《大越史記全書》本紀卷之七，第436頁。

## 第五章 吳士連《大越史記全書》十五卷的編撰與思想

使社稷移他姓哉。當是時也，日禮有殺太后之罪，惜宗室大臣不能正其罪，以誅之也，顧乃謀拙術疎，反為所害，哀哉。①

儘管楊日禮的史事在吳士連的記載中以書法消解，但畢竟是真實存在，吳士連尋找原因：

> 史臣吳士連曰：太宗冒取兄子為己子，厥後裕宗、憲慈皆以日禮為恭肅子，致陳業幾墜，其源豈無所自哉。②

一二三七年，因陳太宗無子，其叔太師陳守度遂取太宗兄安生王柳孕妻予太宗，安生王怒反，太宗奔逃，柳之後面見太宗乞降，兄弟痛哭。吳士連認為這是陳裕宗和憲慈太后以日禮為恭肅王之子的根源，即陳朝宗室的混亂關係及後果影響了後世的行為。吳士連又申明：

> 第十八條 衛王靈德，前已即帝位，後降王爵，從史法書曰廢帝。③

丁部領封子丁璿為衛王，六歲即位，黎桓建立新朝、娶丁璿之母，降其號為衛王，之後由黎桓撫養，十八歲時同黎桓出征，為流矢所中而卒，吳士連根據書法稱"廢帝"。"靈德"為陳睿宗之子，太上皇陳藝宗立為帝，在位十二年，謀制藝宗寵臣黎季犛（即胡季犛），為其所讒，藝宗廢帝為靈德王，旋即縊死，吳士連亦稱為"廢帝"。

朱熹確立了"大書以提要，分註以備言"的撰寫原則，吳士連將之運用於史事記述之中：

---

① 校合本《大越史記全書》本紀卷之七，第438頁。
② 校合本《大越史記全書》本紀卷之五，第329頁。
③ 校合本《大越史記全書》卷首，第68頁。

第七條　凡紀本事而涉前後事，本事大書，前後事分註，庶得互見無遺。

第二十二條　人名、地名有考據，分註其下，無則闕之。

第二十三條　凡書日，舊史甲子有闕，依日次書之。

第二十四條　凡正誤，必分註所由，庶無惑於舊史，間猶謬誤，知者幸正之。①

這幾條凡例涉及史書編撰中的注釋方式、人名地名考釋、日期、史事考證，編撰過程按例而行，可保前後一致無虞。第二十四條特別說明對舊史正誤予以考證，分註正文之下。可以說吳士連在凡例中申明書法，規範了史書內容的撰寫，是對朱熹《資治通鑑綱目》凡例的熟練運用。

## 五　吳士連的史論

黎文休在《大越史記》中以"黎文休曰"的形式論史，這為潘孚先所繼承，吳士連亦以"史臣吳士連曰"的形式論史，並在《大越史記全書》中保留了黎文休和潘孚先的史論。黎文休的史論分析見第一章，潘孚先的史論內容較少。總體而言，吳士連的史論從形式上分為兩種，即獨立評論與合併評論，內容涉及多個方面。吳士連服膺孔子思想，對胡季犛非議孔子及前賢的行為極力抨擊：

季犛作明道十四篇上進，大略以周公為先聖，孔子為先師，文廟以周公正坐南面，孔子偏坐西面。論語有四疑，如子見南子、在陳絕糧、公山佛肸、召子欲往之類。以韓愈為盜儒，謂周茂叔、程顥、程頤、楊時、羅仲素、李延平、朱子之徒，學博而才疏，不切事情，而務為剽竊。上皇賜詔獎諭之。國子助教段春雷上書言其不可，流近州。詞連行遣陶師錫嘗見其書，

---

① 校合本《大越史記全書》卷首，第67—69頁。

## 第五章 吳士連《大越史記全書》十五卷的編撰與思想

降為中書侍郎，同知審刑院事。①

此事在陳順宗光泰五年（一三九二），胡季犛所言實為儒學內部的問題，孔子一生坎坷，理想不能施為，周遊列國多有困厄不得已之時。而後世儒學也確實存在空疏難以施為的問題，胡季犛"不切事情"在理，"務為剽竊"則屬胡言。陳朝朝野仍崇信佛教，雖然亦重儒學，但並不佔據絕對優勢，胡季犛為權臣，自然不會完全按照儒家思想行事。後黎朝建立之後，對佛教保持克制，儒家大興，故而吳士連評論曰："前聖之道，非孔子無以明；後聖之生，非孔子無以法。自生民以來，未有盛於孔子者，而敢輕議之，亦不知量也。"② 對胡季犛的言行大力抨擊。

光泰七年（一三九四），陳藝宗駕崩，胡季犛大權獨攬，開始了篡奪陳朝大統的準備。光泰九年（一三九六），"十一月，季犛作國語詩義并序，令女師教后妃及宮人學習。序中多出己意，不從朱子集傳"③，對此吳士連大加抨擊：

　　自孟氏没，師各專其門，士各私其學，源分而流支，差之毫釐，謬以千里。或流而為他岐，或倒戈而相攻，莫能歸一。其可稱者，雖曰大醇，未免小疵，未有克醇乎其醇者也。朱子生於宋末，承漢唐諸儒箋疏六經之後，泝流求源，得聖人之心於遺經，明聖人之道於訓解，研精殫思，理與心融，其說也詳，其指也遠。所謂集諸儒之大成，而為後學之秝式者也。況有程子倡之於前，而朱子補其未圓於後，則其義精矣。後之有作，恢廓而充大之，膏沃而光澤之，如斯而已，烏得而非議之哉。④

吳士連論朱熹"理與心融"，為孟子之後儒學之集大成者。理

---

① 校合本《大越史記全書》本紀卷之六，第467—468頁。
② 校合本《大越史記全書》本紀卷之六，第468頁。
③ 校合本《大越史記全書》本紀卷之六，第471頁。
④ 校合本《大越史記全書》本紀卷之六，第472頁。

學思想程子發於前，朱熹補於後，義理精深，恢弘大度。朱熹的理學思想確為儒家發展史上的一座高峰，吳士連掌握了其中精髓和關竅，評論很準確。胡季犛"作國語詩義并序"即以喃字重解《詩經》，多不從朱子《詩集傳》的觀點，此書現已不存，不知胡季犛如何解釋。但胡季犛以外戚圖謀奪取陳朝大統，自然視朱熹"尊王"思想為眼中釘。吳士連抨擊其非議朱子之說，並非否定其以喃字解讀詩經的行為。

一四〇〇年，胡季犛篡奪陳朝稱帝，國號"大虞"，建元"聖元"，復姓胡。對此大逆不道的行為，潘孚先評論：

> 孔子曰："非其鬼而祭之，諂也。"故狄青辞不為梁惠公之後，劉曄謝不爲劉太后之親，唐禘帝堯，而先儒譏之，昭烈出中山靖王，而溫公不取，夫豈私於取舍哉。蓋族屬疎遠，世代變遷，難於必信也。季犛乃遠引胡公滿之後，禘虞舜之所自出，其誣世借竊之罪，莫大焉。①

《大越史記全書》記載其家世：

> 季犛字理元，自推其先祖胡興逸，本浙江人，五季後漢時，來守演州。其後家居本州之泡突鄉，因為寨主。至李時，娶月的公主，生月端公主。至十二代孫胡廉徙居清化大吏鄉，為宣尉黎訓義子，自此以黎為姓。季犛其四世孫也。②

季犛復姓胡，建國號"大虞"，潘孚先論其以此欺世，竊聖賢之名，罪莫大焉。推崇遠祖原是權臣竊國慣用伎倆，潘孚先由此抨擊，並以孔子之語和先賢不亂攀祖先之事為例，即從根本上斷絕季犛取國建號的合法性。吳士連對此無異議，但潘孚先認為劉備出自

---

① 校合本《大越史記全書》本紀卷之六，第476頁。
② 校合本《大越史記全書》本紀卷之六，第475頁。

第五章　吳士連《大越史記全書》十五卷的編撰與思想

中山靖王之後不可信，吳士連表示不同意：

> 孚先從溫公之說，謂昭烈出自中山靖王，族屬疏遠難信，是不信諸葛武侯之言矣。夫以諸葛之賢，且世代未甚遠，其稱昭烈為帝室之冑，豈無所據，而鑿空言之哉。朱子已從其說，夫復奚疑哉。①

潘孚先據司馬光之說，認為諸葛亮所說劉備出自漢中山靖王後裔之事疏遠難信，故不可取。吳士連則認為諸葛亮去時未遠，所言當實，且朱熹已經認定此事為真，怎能生疑？劉備和諸葛亮以匡復漢室為號召，必然稱昭烈為漢室後裔。朱熹以劉備為正統，亦當從其所論。司馬光為史學家，朱熹為思想家，所重不同。但由此可見吳士連深為服膺朱子之說。

沃爾特斯撰文指出，吳士連對陳朝君臣史事的評價甚低，原因在於陳朝可能擁有較多的東南亞文化特徵，與吳士連本人堅持的儒家孔孟之道、朱子理論差別很大，故而以教化的語言評論陳朝。沃爾特斯的觀點相當犀利，指出了吳士連為黎朝建立儒家秩序的努力。② 陳朝毫無疑問是一個強悍而成功的王朝，抗住了蒙元王朝的重壓，賢君名將儒臣輩出，傳十三帝共一百七十四年。但陳太宗嫁妻昭皇與黎輔陳、陳守度嫁陳柳孕妻與陳太宗、陳仁宗出家為佛皇號"竹林大士"、上皇與今上並立等史事均匪夷所思，確實遠超儒家思想之外。故而史籍中的陳朝歷史與吳士連的史論產生了巨大的反差。

總體而言，吳士連論史事多以孔子春秋大義、朱熹綱常之道以及儒家德治、仁政、禮法、名實等入手，對於佛教盛行、祥瑞災異、宗室關係等問題均持批判態度，在"史臣吳士連曰"皆可見其觀點。

---

① 校合本《大越史記全書》本紀卷之六，第476頁。
② O. W. Wolters, "What Else May Ngo Si Lien Mean? A Matter of Distinctions in the Fifteenth Century", in *Sojourners and Settlers: Histories of Southeast Asia and the Chinese*, edited by Anthony Reid (St. Leonards, NSW): Allen & Unwin, 1996, pp. 94–114.

## 六　結論

　　吳士連的《大越史記全書》十五卷在其《序》和《表》中均未有奉詔編纂的字樣，書成之後也只是簡單的進奉朝廷，全然沒有對官修史書的重視。吳士連在《序》中提到的那部黎聖宗下令修纂的史書，顯然得到了與武瓊《大越通鑑通考》相類似的待遇，受命修纂，藏於東閣。吳士連編纂的《大越史記全書》十五卷是在不能閱覽官修國史的情況下，曾遭黎聖宗羞辱，效法司馬遷發憤著書，編寫完成的私撰史著。成書之後又效法司馬遷"藏於名山，副在京師"，一部進奉朝廷，一部留於史館。吳士連以其才智努力編纂完成《大越史記全書》十五卷，而在他之前和之後的數部官修史書因為種種原因亡佚，吳士連編纂的《大越史記全書》十五卷也就成為記述鴻龐氏至黎太祖初年歷史的基本依據。吳士連即以私撰《大越史記全書》十五卷立言、立功於後世。

　　吳士連的《大越史記全書》十五卷繼承了黎文休開創的編年體通史的傳統，從史學思想上則完成了孔子到朱熹的轉變。此後史家黎嵩、范公著等多依朱熹綱目思想述史。吳士連充分借鑒了司馬光及同仁關於《資治通鑑》的撰寫計劃和方式，吸收朱熹《資治通鑑綱目》的內容和思想，創建了《鴻龐氏紀》涇陽王和雄王的國統世系，將後世各個時期的歷史以"紀"統攝，使越史成為一個具有悠久歷史的整體，與北方的中國並駕齊驅，南北為兄弟之國，各有國統。對自主時期的歷史以朱熹綱目的思想論斷正統與僭偽，並進行評論。

　　吳士連《大越史記全書》十五卷撰成之後，即產生了巨大的影響，武瓊據其撰成《大越通鑑通考》，黎嵩又撰成史論《越鑑通考總論》。一六六五年，范公著選擇以吳士連《大越史記全書》十五卷為主體，吸收了武瓊書的觀點，編訂增補，增至二十三卷，一六九七年黎僖又增補一卷，並刻印，即正和本《大越史記全書》二十四卷，後世史家對其做了大量的續寫和改編。吳士連的史學著作和思想

| 第五章　吳士連《大越史記全書》十五卷的編撰與思想　|151|

傳承後世，成為越南古代社會思想文化的基礎之一。①

---

① 在此有一個問題，即吳士連身為史官，卻未奉詔著成《大越史記全書》十五卷，書成上進朝廷，這部書屬於私撰還是官修？昂加爾關於越南早期文獻提出了三種類型，首先是"官方"，即由政府組織或下令編撰的典籍；第二種是"半官方"，即具有儒家思想的文人根據官方標准自我編撰的典籍；第三種為"非官方"，即以非正統的思想編撰的典籍，往往超出儒家思想範圍之外。按照昂加爾的分類，吳士連《大越史記全書》十五卷當為"半官方"典籍，但此文重點分析陳朝典籍，直接判定黎初阮廌《輿地志》為"半官方"，吳士連《大越史記全書》為"官方"，其實恰好相反，《輿地志》的編撰和注釋顯然是官方行為，吳士連以史官未受命撰史為"半官方（Semi‐official）"行為。（E. S. Ungar, "From Myth to History: Imagined Polities in 14$^{th}$ Century Vietnam", in David G. Marr and A. C. Milner, eds., *Southeast Asia in the 9th to 14th Centuries* (Singapore: ISEAS‐Yusof Ishak Institute, 1986), p. 177‐178；葉少飛：《越南歷史地理典籍〈輿地志〉解題》，《環南海歷史地理與海防建設會議論文集》，西安地圖出版社 2014 年版，第 109—125 頁）。

就史學傳統和影響而言，吳士連撰史的情形類似於司馬遷，雖未奉命，卻是職責之內，並且運用了官府藏書。司馬遷撰《史記》是中國史學奠基之時，官修私撰不易界定。吳士連撰史已經是朝廷官修史籍大行其道之時，儘管其修史是私人行為，但因其史官身份，仍應視為官修典籍。吳士連在《大越史記外紀全書序》中說："極知僭妄，罪無所逃，然職在當為，不敢以才識譾陋為辭，謹編成定書，留之史館"，私撰史書應該確實存在風險，但史官職責所在，仍然編書獻於朝廷。就後世典籍記載來看，吳士連《大越史記全書》十五卷確實被視為與黎文休、潘孚先、武瓊等人所著官修典籍共同的地位。

本章涉及的吳士連"家禍"和"私撰"問題，筆者在《吳士連〈大越史記全書〉十五卷略論》一文中曾有論述，書稿亦延續舊說，但於"家禍"未曾考索清晰，"私撰"之論亦有缺漏。承蒙孫來臣教授賜序並就兩個問題提出意見，筆者補充了加斯帕東、陳荊和、昂加爾等諸位學者的相關論述。孫教授並指示當深入參考沃爾特斯、惠特莫、基斯·泰勒等學者的越南思想研究著述。孫教授說："我寫序是為了促進，不為發表"，故筆者將孫教授序中意見皆補充修訂進全書之中，讀者察之。

第 六 章

# 內閣官板《大越史記全書》的編撰體例

現存最早的戴密微藏內閣官板《大越史記全書》並非正和原本，因正和原本失傳，因而只能根據內閣官板的內容形態來討論《大越史記全書》的編撰體例。

## 一　吳士連《大越史記全書》十五卷編撰體例

吳士連《大越史記全書》十五卷是正和本的基礎，其體例的選擇直接影響了范公著、黎僖。吳士連書最重要的體例是編年記載各代史事的"紀"，在各"紀"之中又分"外紀"和"本紀"。

### （一）"紀"

越南自丁部領九六八年稱"大勝明皇帝"以來，前黎、李、陳、後黎幾代均稱帝，"紀"就成為記載各代史事的最佳體例[1]。中國最早的編年體史書《春秋》並無"紀"體例，編年體或者紀傳體史書的"紀"來自於《史記》的"本紀"體。阮芝生先生考證認為"'本紀'的名稱來自古代的《禹本紀》，而其體例實是學自《春秋》"，"'本紀'體裁的作法有三：一、以編年為主。其無年可編或有年而不能逐年編出者，乃是不得已。二、以宰制天下者為中

---

[1] 越南各代王朝對內稱帝建元，與中國交往則稱宋元明清各代封贈的"安南國王"名號。中國史書則以中央封贈名號稱呼安南國君，在名義上不承認其稱帝之事，實際交往中也僅以"王爵"待安南。參看葉少飛《越南歷代"內帝外臣"政策與雙重國號的演變》，《形象史學研究》2016年上半年，人民出版社2016年版，第134—166頁。

# 第六章　內閣官板《大越史記全書》的編撰體例

心。此絕大多數為帝王。三、體貴簡嚴，僅書大事。由此三點看來，本紀所記的乃是歷史的綱要，它是以人群組織的宰制者為統系，按照時間的順序來記載人群各種重要的活動"[1]。可見"本紀"之名，在司馬遷之前就有，但經《史記》發揚光大，成為紀傳體史書的正體。編年體史書亦用"本紀"體例，作法上以時間為綱，逐年月詳述史事。《史記》之後編撰的紀傳體史書或編年體史書亦稱"本紀"為"紀"。吳士連《擬進〈大越史記全書〉表》言："效馬史之編年，第慚補綴；法麟經之比事，敢望謹嚴"[2]，顯然是效法《史記》的"本紀"體例和《春秋》的紀事方式來撰述《大越史記全書》。

"紀"關係國統之所在，何代何人稱"紀"，體現了史家的歷史觀和政治觀。吳士連《大越史記全書》與陳朝《大越史略》對"紀"的採用就有極大的區別。越南後黎朝之前的史書傳世者少，《安南志略》為黎崱北居元朝時以中國史書體例編撰完成的紀傳體史書，以"世家"記錄歷代史事，其"世家"同於二書之"紀"，且與《大越史略》成書時間相近，故而本文將三書進行比較：

表 6-1　　　　　《大越史記全書》《大越史略》
　　　　　　　《安南志略》三书史事比较

| 史事 | 大越史記全書 | 大越史略 | 安南志略 | |
|---|---|---|---|---|
| 涇陽王、貉龍君 | 鴻龐氏紀 | 無 | 無 | |
| 雄王、文郎國 | 鴻龐氏紀 | 國初沿革 | 無 | |
| 安陽王 | 蜀氏紀 | 國初沿革 | 無 | |
| 南越國 | 趙氏紀 | 趙紀 | 趙氏世家 | |
| 屬西漢 | 屬西漢紀 | 歷代守任 | 無 | |
| 徵側起義 | 徵女王紀 | 歷代守任 | 無 | 馬援南征即因徵側，《大越史略》記徵氏事于馬援下 |

---

[1] 阮芝生：《論〈史記〉五體及"太史公曰"的述與作》，載《台大歷史學報》第 6 期，1979 年 12 月，第 21—23 頁。

[2] 陳荊和校合本《大越史記全書》卷首，第 57 頁。

续表

| 史事 | 大越史記全書 | 大越史略 | 安南志略 | |
|---|---|---|---|---|
| 屬東漢 | 屬東漢紀 | 歷代守任 | 無 | |
| 士燮治交州 | 士王紀 | 歷代守任 | 無 | |
| 屬吳晉宋齊梁 | 屬吳晉宋齊梁紀 | 歷代守任 | 無 | |
| 李賁 | 前李紀 | 無 | 無 | 《大越史記全書》稱前李南帝 |
| 趙光復 | 趙越王紀 | 無 | 無 | 《大越史記全書》稱趙越王 |
| 李佛子 | 後李紀 | 無 | 無 | 《大越史記全書》稱後李南帝 |
| 屬隋唐 | 屬隋唐紀 | 歷代守任 | 無 | |
| 曲承美、楊廷藝 | 南北分爭紀 | 歷代守任 | 五代時僭竊 | |
| 吳權 | 吳氏紀① | 吳紀 | 五代時僭竊 | 以上為《大越史記外紀全書》 |
| 丁朝 | 丁紀 | 丁紀 | 丁氏世家 | |
| 前黎朝（黎桓） | 黎紀 | 黎紀 | 黎氏世家 | |
| 李朝 | 李紀 | 阮紀 | 李氏世家 | 陳朝建國後，為絕民望，改"李"為"阮" |
| 陳朝 | 陳紀 後陳紀 | | 陳氏世家 | 《越史略》成書于陳朝，未記本朝史事，《安南志略》所載《陳氏世家》未完 |
| 明朝佔領 | 屬明紀 | | | |
| 後黎朝（黎利） | 黎皇朝紀 | | | 以上為《大越史記本紀全書》 |

説明：本表據越南社科出版社影印內閣官板《大越史記全書》《大越史略》（《北京師範大學圖書館藏稿抄本叢刊》第39冊，國家圖書館出版社2011年版）、武尚清點校本《安南志略》（中華書局2000年版）制定。

---

① 內閣官板《大越史記全書》目錄題"鴻龐氏紀""蜀氏紀""趙氏紀""吳氏紀"，正文則題"鴻龐氏紀""蜀紀""趙紀""吳紀"。陳荊和校合本分別將目錄和正文統一，目錄題為"鴻龐氏紀""蜀氏紀""趙氏紀""武氏紀"，正文題"鴻龐紀""蜀紀""趙紀""吳紀"。

| 第六章　內閣官板《大越史記全書》的編撰體例 | 155 |

　　從上表我們可以看出，《大越史略》認定的國統只有南越國、吳權及越南立國之後的丁、黎、李三朝。《安南志略》與之類似，惟以吳權未受中國之封，不立"世家"。《大越史略》《安南志略》均以南越國為國統之始，二書並未言明立"趙紀"的宗旨，但黎文休對趙佗及南越國的評價足以體現以趙佗為國統之始是陳朝的共識。① 黎文休以趙佗比于上古聖王，南越為越南開國之端，趙佗能以南越一地對抗漢朝，功業最大，又有賢德，實為越南帝業之始，南越國為越南國統之始當之無愧。

　　吳士連對五代前的越南歷史有自己的認知，全部設"紀"以貫穿始終。司馬遷雖在《史記》中設十二"本紀"，但"本紀"所記並非全是天子史事，《秦本紀》記秦始皇之前秦為諸侯之事，《項羽本紀》記滅秦戰爭及楚漢之間事，《呂太后本紀》記女主。項羽未稱天子，故而《項羽本紀》尤為後人攻訐。阮芝生先生曰："司馬遷並未自言本紀述天子，自班彪言'序帝王則曰本紀'後，才有這種說法。因此後人批評司馬遷不應為項羽與呂后立本紀，乃是以後論定前說，並無根據。"② 阮先生解釋司馬遷立項羽、呂后二紀的思想：

　　　　史公之立項羽、呂后二紀，純粹是從政治權勢中心與政權接替順序的觀點來看，與道德的善惡或名號的高下無關。故靳德峻說："桀紂雖虐，不能不列本紀，孔孟誠仁，豈可上躋天子？此不能與道德仁義為權與也。"又說："五帝而稱帝，三王而稱王，至乎秦氏，改為皇帝，名號雖殊。其宰制天下一也。齊曾稱帝，而不列本紀，楚早名王，仍躋世家，虛名號之無關也明矣。"反觀項羽雖暴，號僅"霸王"；呂后雖殘，號僅"太后"。但既為當時權勢之中心，又承接政權之交替，則立為本紀自是順理成章的事。③

---

① 校合本《大越史記全書》外紀卷之二，第 113—114 頁。
② 阮芝生：《論〈史記〉五體及"太史公曰"的述與作》，第 19 頁。
③ 阮芝生：《論〈史記〉五體及"太史公曰"的述與作》，第 20 頁。

顯然司馬遷立本紀,以權勢所出、政權中心為主,未必皆為天子。越南自主建國前的歷史,陳朝史學家以趙佗為國統之始,但畢竟距離千年,漢至隋唐交州皆為郡縣。《大越史記》《大越史略》《安南志略》直接記載中央派駐交州地方長官,雖是實錄史事,但卻不足以體現越南國統之悠遠。吳士連在撰述越史的過程中,體會司馬遷立"本紀"的思想,越南建國前的歷史皆以"紀"統之,既明權勢之所出,亦使人知越地"統緒之傳億萬年,與天罔極;英明之君六七作,于古有光。雖強弱時或不同,而豪傑世未嘗乏"①。

1. "建國設統"

吳士連認為趙佗為秦漢之際一世雄傑,雖崛起建國,但仍不能開創越地國統。吳士連選擇神農氏作為越地始祖,以之為國史開端,他在《大越史記外紀全書序》中說:

> 大越居五嶺之南,乃天限南北也。其始祖出於神農氏之後,乃天啟真主也,所以能與北朝各帝一方焉。②

吳士連遂采越地流傳的鴻龐氏、涇陽王、貉龍君、雄王傳說,效法司馬遷《五帝本紀》,立《鴻龐氏紀》。這樣越南國統就從南越國提前到傳說中的炎帝時代。

2. "權勢所出"

蜀王子泮攻滅雄王,建安陽王國。安陽王雖是蜀人,但統治越地,權勢所出,故立《蜀紀》。漢武帝平南越,郡縣越地,權勢出於中國,令行于天子,吳士連遂設《屬西漢紀》《屬東漢紀》《屬吳晉宋齊梁紀》和《屬隋唐紀》。

3. "越人自立"

漢唐郡縣交州之時,其地多珍寶,常有守任官員貪漁侵刻,激起民變。吳士連對此"凡我越人憤北人侵暴,因人心甚惡,攻殺郡

---

① 校合本《大越史記全書》卷首,第57頁。
② 校合本《大越史記全書》卷首,第55頁。

守以自立,皆書起兵稱國。不幸而敗亡者,亦書起兵以予之"①。徵側憤蘇定冤殺其夫,與妹徵貳起兵,吳士連立《徵女王紀》。李賁不得志于梁庭,又因官吏侵暴,起兵稱帝,部將趙光復、族將李佛子繼之,遂立《前李紀》《趙越王紀》《後李紀》。梁大將陳霸先擊李賁,趙光復、李佛子與陳朝對抗,因越人自立,權勢出于交州,故吳士連不設《屬陳紀》。

4."垂範後世"

吳士連所立諸紀,最特殊者當為《士王紀》。士燮為交州刺史,治政四十年,教化一方,兵戈無事,越人對其評價最高,尊稱"士王":

> 黎文休曰:"士王能以寬厚,謙虛下士,得人親愛,而致一時之貴盛。尤能明義識時,雖才勇不及趙武帝,而屈節事大,以保全疆土,可謂智矣。惜其嗣子弗克,負荷先業,使越土宇既皆全盛,而復分裂。悲夫!"②
>
> 吳士連曰:"我國通詩書,習禮樂,為文獻之邦,自士王始。其功德豈特施於當時,而有以遠及于後代,豈不盛矣哉!"③

士燮治交州數十年,民不受兵火之災,地多賢者,功績最大,又以教化垂范後世,越人德之千古,稱"南交學祖",吳士連遂立"士王紀",以明越南不僅國祚悠遠,亦是文獻之邦。司馬遷立《孔子世家》以傳聖賢之道,吳士連立《士王紀》追慕前賢道德功業。

### (二)"外紀"和"本紀"

吳士連在各代設"紀"的基礎上又分"外紀"和"本紀",

---

① 校合本《大越史記全書》卷首,第67—68頁。
② 校合本《大越史記全書》外紀卷之三,第132頁。
③ 校合本《大越史記全書》外紀卷之三,第133頁。

《大越史略》和《安南志略》均沒有這種體例。吳士連這種撰著方法實為效法《資治通鑑》而來。

吳士連"外紀"體例來源於北宋劉恕《資治通鑑外紀》。宋神宗御撰《資治通鑑序》曰"凡十六代，勒成二百九十六卷，列于戶牖之間而盡古今之統"①，十六代均立"紀"。為司馬光所推重且共同參與編撰《資治通鑑》的劉恕鑒於周威烈王二十三年之前、周世宗顯德四年之後未包含於《資治通鑑》之中，計劃撰寫《資治通鑑》前紀和后紀。劉恕《通鑑外紀引》曰：

> 嘗思司馬遷《史記》始於黃帝，而包犧神農闕漏不錄，公為歷代書而不及周威烈王之前，學者考古當閱小說，取捨乖異，莫知適從，若魯隱之後，止據《左氏》、《國語》、《史記》、諸子，而增損不及春秋，則無與於聖人之經，包犧至未命三晉為諸侯，比於後事，百無一二，可為前紀。朝一祖四宗，一百八年，可請實錄國史，於朝廷為后紀。②

后劉恕因家禍癱瘓，右肢麻痹不能執筆，遂口授其子羲仲：

> 常自念平生事業無一成，就史局十年，俛仰竊錄，因取諸書以國語為本，編通鑑前紀。家貧書籍不具，南微僻陋，士人家不藏書，臥病六百日，無一人語及文史，昏亂遺忘，煩簡不當，遠方不可得國書，絕意於後紀。乃更前紀曰外紀，如國語稱春秋外傳之義也。……聊敘不能作前後紀，而為外紀焉。佗日書成，公為前後紀，則可刪削外紀之繁冗而為前紀，以備古今一家之言。恕雖不及見，亦平生之志也。③

---

① 司馬光：《資治通鑑》，中華書局1956年版，第33頁。
② 劉恕：《通鑑外紀》，四部叢刊本。
③ 劉恕：《通鑑外紀》，四部叢刊本。

| 第六章　內閣官板《大越史記全書》的編撰體例 | 159 |

劉恕欲以一己之力完成《資治通鑑》"前紀"和"後紀",但因病不能執筆,且書籍不具,遂改《前紀》為《外紀》,又因己書之不足,希望司馬光日後刪削《外紀》,復為《前紀》,并完成《後紀》。劉恕元豐元年九月因病四十七而卒,司馬光於十月作《資治通鑑外紀序》,盛讚故友的才華際遇,曰:

> 道原好著書,志欲籠絡宇宙而無所遺,其著《資治通鑑外紀》十卷,未以傳人。……今上即位,賜名曰《資治通鑑》,道原所編之事,皆在通鑑之前,故曰外紀焉。①

顯然劉恕《資治通鑑外紀》已是司馬光認可的記載《資治通鑑》周威烈王之前史事的著作。《資治通鑑》的"紀"體例,胡三省注曰"溫公繫年用《春秋》之法,因《史》、《漢》'本紀'而謂之'紀'"②,因《資治通鑑》全書皆為"紀",稱其為《資治通鑑本紀》亦未嘗不可。按照司馬光及同仁劉恕的計劃,《資治通鑑》應該有《資治通鑑前紀》《資治通鑑本紀》《資治通鑑後紀》,最終完成的只有劉恕《資治通鑑前紀》和司馬光《資治通鑑本紀》,前者易名《資治通鑑外紀》,後者以《資治通鑑》名世。③吳士連曾參考引用《通鑑外紀》,《大越史記全書》"外紀"和"本紀"兩種體例即由此而來。劉恕《通鑑外紀引》記與司馬光關於《資治通鑑》起始的一段問答:

> 恕蒙辟寘史局,嘗請於公曰:公之書不始於上古或堯舜何也?公曰:周平王以來,事包春秋,孔子之經不可損益。曰:曷不始於獲麟之歲?曰:經不可續也。恕乃知賢人著書尊避聖人也如是,儒者可以法矣。④

---

① 劉恕:《通鑑外紀》,四部叢刊本。
② 司馬光:《資治通鑑》卷第一,中華書局1956年版,第1—2頁。
③ 校合本《大越史記全書》外紀卷之一,第98頁。
④ 劉恕:《通鑑外紀》,四部叢刊本。

劉恕以是年前上溯至包犧氏史事作《前紀》，因成於病中，采摭未備，謙不敢當，改稱《外紀》。《資治通鑑》"外紀"和"本紀"並無內外之分。

通觀吳士連書諸"紀"，連貫一體，亦無內外之分。《大越史記外紀全書序》曰"大越居五嶺之南，乃天限南北也。其始祖出於神農氏之後，乃天啟真主也，所以能與北朝各帝一方焉。奈史籍闕於記載，而事實出於傳聞，文涉恠誕，事或遺忘，以至謄寫之失真，記錄之繁冗，徒為冗目，將何鑒焉？……取先正二書，校正編摩，增入外紀一卷，凡若干卷，名曰《大越史記全書》"①，《擬進大越史記全書表》曰"……名曰大越史記全書。增入鴻龐、蜀王外紀，總若干卷，今已成編"②，吳士連自撰《鴻龐紀》《蜀紀》為越史開國之端，為《大越史記外紀全書》第一卷，之後自趙武帝至明人還國，本黎文休和潘孚先舊著，校正編摩，共成《大越史記全書》。吳士連以吳權作為《本紀》之始，《凡例》第一條曰："其記始于吳王者，王我越人，當南北分爭之時，能撥亂興邦，以繼雄王、趙武之統，故也。③"《大越史略》也是以吳權遠接南越國統，吳權之後即丁、前黎、李、陳諸代，吳士連遂以吳權為"本紀"之始，吳權之前則以《外紀》記之，記述開國之鴻龐氏、雄王、趙武之統皆在《外紀》。因此斷不可因"外紀"之名而有內外之別。

### （三）"本紀實錄"

吳士連效法《資治通鑑》的撰著計劃，修成《外紀》和《本紀》，若欲得全璧之功，亦當修成後紀。范公著言"其自國朝太宗至恭皇，則因前書所載，題曰本紀實錄"④，《大越史記全書》卷十一即《本紀實錄》第一卷注明作者為"朝列大夫國子監司業兼史官

---

① 校合本《大越史記全書》卷首，第55頁。
② 校合本《大越史記全書》卷首，第57頁。
③ 校合本《大越史記全書》卷首，第67頁。
④ 校合本《大越史記全書》卷首，第60頁。

| 第六章　內閣官板《大越史記全書》的編撰體例 | 161 |

修撰臣吳士連編"①，此卷記載黎太宗、黎仁宗和諒山王黎宜民事，吳士連完成了三朝實錄，范公著以其完備，直錄其書，自己編撰的四卷亦沿用吳士連"本紀實錄"名稱體例。吳士連在越史撰著中已經完成了司馬光和劉恕編撰前紀、本紀、後紀的計劃，但吳士連尊避前儒，雖修成《外紀》，而不言《前紀》，雖如劉恕"本朝一祖四宗，一百八年可請實錄國史，於朝廷為後紀"，撰成《本紀實錄》，而不稱《後紀》，實為對史學的最大禮敬。

然而"本紀實錄"之名之前未見書於史學。"實錄"為中國編年體官修史書體裁，金毓黻先生考訂其沿革：

　　古者左史記言，右史記事，自漢以來，更多修起居注，以舉記言記事之職。《隋志》著錄《周興嗣梁皇帝實錄》三卷，紀武帝事，謝吳（《唐志》作昊）《梁皇帝實錄》五卷，紀元帝事，皆為官撰之書，原出於記注，而所取材，則不以記注為限，迨唐以後，則每帝崩殂後，必由繼嗣之君，敕修實錄，沿為定例。②

"實錄"即為本朝修撰，多成于國史館史官之手。越南後黎朝極重修史，太祖黎利兵戈止息，即命修史，順天四年（一四三一）"十二月六日，帝命作《藍山實錄》，帝自作序，著藍山洞主"③。黎太宗太和六年（一四四八），"国史同修阮文柞致職"④，進士"裴福、阮文質、潘歡、阮叔通為国史院同修史"⑤，遲至黎太宗時後黎朝國史館已經設置完備。國史館為在世之君作日曆，黎聖宗光

---

①　內閣官板《大越史記全書》本紀卷之十一，第329頁。陳荆和校合本刪去了此列"吳士連編"的內容將之列入校記（第569頁），陳先生實際改變了內閣官板的部分結構。
②　金毓黻：《中國史學史》，商務印書館2009年版，第130頁。
③　校合本《大越史記全書》本紀卷之十，第564頁。
④　校合本《大越史記全書》本紀卷之十一，第618頁。
⑤　校合本《大越史記全書》本紀卷之十一，第620頁。

順八年（一四六七），黎聖宗打算觀看起居注，史官不能拒。① 由此可見後黎朝史官、史館制度頗為完備。黎朝史官確是根據歷代"實錄"修史，這與中國唐代以後的官修史書的編撰是一致的。

"實錄"體史書與編年體、紀傳體中的"本紀"是兩類史書體例，合二為一並無前例。吳士連依例編撰三朝實錄，又在"實錄"之上加"本紀"二字，既指明此書為"實錄"，又以"本紀"延續其《大越史記全書》十五卷的名山事業，司馬光、劉恕的計劃吳士連於越史修撰一人而當之。但吳士連並未將《本紀實錄》合於《大越史記全書》十五卷上進朝廷，黎太宗暴亡，導致開國功臣中文臣第一的阮廌被誅族，黎仁宗、諒山王黎宜民、黎聖宗三人為兄弟，黎宜民弒黎仁宗，旋即大臣誅黎宜民，黎聖宗即位，吳士連本人曾參與黎宜民政事，深為黎聖宗所忌恨。依慣例實錄為後世修史的依據，又出於為尊者諱的考慮，傑出的史學家吳士連將《本紀實錄》與《大於史記全書》十五卷分離，僅在"本紀實錄"的名稱中體現了該書與《大越史記全書》十五卷的關係，以示自己已然追跡司馬溫公及其同仁。

**（四）"全書"**

關於史書名稱，吳士連使用了越南史籍從未使用過的"全書"，這個名稱很可能來自於影響廣泛的《性理大全書》。一四一五年，胡廣奉永樂皇帝之命，編輯前賢諸儒議論，撰成《性理大全書》，以指導士子學習理學思想。永樂帝命頒官修典籍於交阯：

> 己亥（明永樂十七年，一四一九）春二月，明遣監生唐義頒賜五經四書、性理大全、為善陰騭、孝順事實等書於府州縣儒學。②

---

① 校合本《大越史記全書》本紀卷之十二，第 666—667 頁。
② 校合本《大越史記全書》本紀卷之十，第 517 頁。

吳士連是黎仁宗大寶三年（一四四二）進士，曾經參加太祖藍山起兵，應該對《性理大全書》印象深刻，而且服膺其中的朱熹學說。吳士連編撰《大越史記全書》，名為"史記"，但編撰方式則學習司馬光《資治通鑑》，思想上在受朱熹影響很大，他希望自己的書：

> 但於彝倫日用之常，與其致知格物之學，嘗於燕暇，少備覽觀，傳信傳疑，期汗青之無愧，繫辭繫事，庶文獻之足徵。①

吳士連期望《大越史記全書》能夠指導格物致知、日用倫常，最終修齊治平，這與《性理大全書》的目標是一致的。他應該是從《性理大全書》繼承使用了"全書"之名以稱己書。日本學者引田利章在數百年後評論：

> 安南國之史，莫備於此書，所以有全書之名也。②

儘管吳士連並未解釋為何名"全書"，但就內容而言，《大越史記全書》缺少黎太宗、黎仁宗、黎宜民的內容，顯然不全。因而當是哲理和史學的全書，而非專指內容的完備。但引田利章所見乃是國子監全本《大越史記全書》二十四卷，如此評價，實不為過。

## 二　范公著撰述體例

范公著對正和本《大越史記全書》的完成貢獻極大。范公著延續了吳士連"外紀""本紀""本紀實錄"的體例，但對越南自主立國時間重新做了劃分，在編撰體例上亦有創新。

---

① 校合本《大越史記全書》卷首，第57頁。
② 校合本《大越史記全書》卷首，第66頁。

## （一）武瓊《大越通鑑通考》與"大一統"史觀

范公著《大越史記續編書》言："編集国史者，屢至再四，但未刊板頒佈，致傳錄錯謬，不能無亥豕魚魯之失，若不委之校正，何以洗相沿之故習哉"①，因此其"摭取自鴻龐氏至吳使君，題曰《大越史記外紀全書》。自丁先皇至我國朝太祖高皇帝為本紀全書，並依如前史臣吳士連、武瓊等之所著述也"②。

吳士連《大越史記全書》十五卷成書於一四七九年，武瓊《大越通鑑通考》成書在一五一〇年，一五一四年黎嵩奉襄翼帝之命根據《大越通鑑通考》撰寫《越鑑通考總論》。武瓊書現已亡佚，但根據《越鑑通考總論》及其成書時間來看，武瓊書與吳士連書史學思想較為相近，應當對《大越史記全書》采寫較多。然而吳士連《大越史記全書》實為私撰之作，武瓊《大越通鑑通考》方為官修史書。范公著以私撰的《大越史記全書》為新史之名，很可能是因吳時連本為史官，此書為編年體，而武瓊的《大越通鑑通考》學習馬端臨《文獻通考》側重於考證，但此書亡佚，亦只是猜測。

武瓊書雖亡佚，但卻開啟了越史的"大一統觀"。《大越史略》以吳權為越南自主建國之始，吳士連"本紀"十卷亦以吳權為開端，《凡例》第一條曰"其記始于吳王者，王我越人，當南北分爭之時，能撥亂興邦，以繼雄王、趙武之統，故也"③，吳士連曰："前吳之興，非徒有戰勝之功，其置百官，制朝儀，定服色，帝王之規模可見矣。"④《越鑑通考總論》曰："吳先主誅公羨之賊臣，破宏操之勁敵，置文武百官之階，定律令衣服之制，真濟世之奇才也。"⑤以吳權為"奇才"自然難比吳士連認可的"帝王"。

《越鑑通考總論》認定的越南立國之統是丁部領，"丁先皇因吳

---

① 校合本《大越史記全書》卷首，第59頁。
② 校合本《大越史記全書》卷首，第60頁。
③ 校合本《大越史記全書》卷首，第67頁。
④ 校合本《大越史記全書》卷首，第172頁。
⑤ 校合本《大越史記全書》卷首，第86頁。

| 第六章　內閣官板《大越史記全書》的編撰體例 | 165 |

國之喪亂，平十二使君，天與人歸，興圖混一。……我越正統之君，實自此始"①。范公著在吳士連《凡例》第一條下注明："今依武瓊所述著，本紀全書始自丁先皇，以明其大一統也"②。因此，范公著以吳權列于外紀，以丁部領為本紀之始。越南"大一統"史觀亦由此始。

范公著不僅繼承了武瓊的"大一統"史觀，而且繼承了其關於黎太祖"大定初年"的觀點，將潘孚先《大越史記》的時間下限"明人還國"延伸至太祖治國之時。范公著寫道：

> 按全書以起甲午，終丁未，凡十四年屬于明。通計趙武帝甲午以下，至明人還國丁未，該一千六百三十四年，并外紀二千六百七十二年。今從越鑑所編，然不敢不錄全書，以備考焉。③

"全書"即《大越史記全書》，終於丁未年"明人還國"，即一四二七年，這應該就是吳士連根據潘孚先《大越史記》所設的時間下限。"越鑑"即武瓊《大越通鑑通考》，其述史時間上下限為：

> 兵部尚書國子監司業兼史官都總裁，進《大越通鑑通考》。述自鴻龐氏自十二使君以前為外紀，自丁先皇自本朝太祖高皇帝大定初年為本紀。並詳節歷代紀年，凡二十六卷。④

《大越史記全書》記載："戊申順天元年（明宣德三年）春正月，明人既還國，帝遂混一天下，以是年爲大定之年"⑤，"大定之年"可理解為"大定初年"，但"初年"多模糊指年號的頭幾年。

---

① 校合本《大越史記全書》卷首，第87頁。
② 校合本《大越史記全書》卷首，第67頁。
③ 校合本《大越史記全書》本紀卷之十，第550頁。
④ 校合本《大越史記全書》本紀卷之十五，第798頁。
⑤ 校合本《大越史記全書》本紀卷之十，第550頁。

《大越史記全書》卷之十一為太宗、仁宗實錄,范公著在卷首寫道:"朝列大夫、國子監司業、兼史館修撰 臣 吳士連 編撰。"①這顯示范公著對《大越史記全書》的"明人還國"、《大越通鑑通考》的"大定初年"和吳士連編撰的太宗和仁宗實錄,分辨的很清楚。黎貴惇在《大越通史·藝文志》中記載:

> 洪德年間,祭酒吳仕連編述自順天(黎太祖,一四二八至一四三三)至延寧(黎仁宗,一四五四至一四五九),為三朝本紀,敘事頗詳,粗有端緒。是時史官選用頗重,如黎義之類,直書守正,有古人之節,其所編日曆,今不復傳。洪順中總裁官武瓊繼編次,自光順(黎聖宗,一四六〇至一四六六)至端慶(黎威穆,一五〇五至一五〇九)為四朝本紀,於敕令條格粗具,而事任除授,臣僚奏疏,尚多遺漏。②

根據《大越通史》的內容,吳士連編撰了黎太祖順天年間之事,武瓊很可能在此基礎上撰太祖實錄,范公著則引用了武瓊《大越通鑑通考》的內容,故未言吳士連撰太祖實錄。范公著在《大越史記全書》中收入武瓊關於黎聖宗的和黎憲宗的"讚曰",③這已是《大越通鑑通考》下限之後的事,應是武瓊任史官總裁所撰史書中的論讚,這與黎貴惇關於武瓊撰本紀的記載一致。

### (二)"本紀實錄"

范公著曰:"其自國朝太宗至恭皇,則因前書所載,題曰本紀實錄"④,吳士連完成了黎太祖、太宗、仁宗三朝實錄,編為"本紀實錄",范公著以其精良,為《大越史記全書本紀實錄》第一卷,又根據國史館編存的實錄完成了黎聖宗至恭皇時期的歷史記錄,編

---

① 內閣官板《大越史記全書》影印本,第329頁。
② [越南·中興黎朝]黎貴惇:《大越通史》序,夏威夷大學藏抄本。
③ 校合本《大越史記全書》,第746、777頁。
④ 校合本《大越史記全書》卷首,第60頁。

為四卷，延續"本紀實錄"之名，與吳士連書相合，共成《大越史記全書本紀實錄》五卷。

**（三）"本紀續編"**

范公著"又參究登柄野史，及略取當時所獻各遺編，述自國朝莊宗裕皇帝至神宗淵皇帝，增入國史，命曰大越史記全書本紀續編"[1]，《本紀實錄》五卷，吳士連完成一卷，范公著編著四卷，與《本紀續編》三卷同為范氏所著，均記載後黎朝史事，卻另取名稱，頗可考究。

"續編"一體，亦淵源於《資治通鑑》。朱熹以《資治通鑑》部大事繁，遂以正統觀為主導節略為《資治通鑑綱目》，以利學者。朱熹思想多為後世所遵循，元末陳桱著《通鑑續編》，周伯琦序云：

> 近世浙東大儒金仁山（履祥）氏，由周威烈王而溯其年代，始于陶唐，名曰前編。四明陳君桱子經，甫世其史學，尊承先志（其父泌為元校官），嘗續《歷代紀統》，世傳著史之業，纂輯前聞，凡方冊所載，若盤古至高辛，考其紀年事為第一卷，以冠金氏之所述。又撫拾契丹遼氏建國之始，並於五代為第二卷，迄宋有國三百二十年為二十二卷。其建號也，系於甲字，逮于太平興國四年混一中原，始大書其年代為正統，至國亡而遼金之事附見之，一以《通鑑綱目》為法。蓋地有偏全，而統無偏全，勢有強衰而分無強弱，總之為卷二十有四，名之曰：《通鑑續編》，實有繼宋宗之志，為萬世之計。[2]

謝國楨先生言："蓋其書雖續朱熹《通鑑綱目》之作，抱有正旨，然因統之五代擾攘之際，蒙古貴族建立元朝，蹂躪中上之時，著

---

[1] 校合本《大越史記全書》卷首，第60頁。
[2] 轉引自謝國楨《春明讀書記》，載《文獻》1979年第1期，第113頁。

者目睹時艱，編為是書，實負有愛國之思想，未可以其意見迂腐忽之。"①"續編"一體亦自此始。

范公著編撰史籍，以"續編"為名，即在形勢紛亂之時申明正統。一五二七年恭皇為莫登庸所弒，一五三二年十二月老臣阮淦立莊宗，以次年為元和元年（一五三三），黎氏開始了艱辛慘烈的復國之路。黎世宗嘉泰十六年（一五九三）莫氏亡，殘部退守高平一隅，黎氏重返東京（今河內），復國成功。莊宗起兵之時，莫氏勢大難敵，但黎氏乃正統之所在，道義之所歸。范公著《續編凡例》曰：

> 莊宗於癸巳年起義，即位于行在萬賴冊。雖未混一中原，亦以正統書之，明其為帝胄，承大統也。②

後黎朝復國之後，鄭氏輔佐黎氏佔據東京（今河內），南方則被阮氏佔據。黎氏雖為正統所在，但南方阮氏往往時來攻擊，鄭氏則挾黎皇討伐阮氏，雙方從明天啟七年（一六二七）至康熙十一年（一六七二），四十五年間互相征戰七次，各有勝負③。范公著為鄭氏權臣，其史書維護黎氏正統地位，即維護輔國的鄭氏。范公著以"續編"著書，為後人指明正統非以勢力之強大，亦不可因強弱而分離。范公著清楚表明自己遵朱子綱目思想：

> 凡所續編，其繫年之下，非正統者，及北朝年號，皆兩行分註，與夫凡例所書，一遵前史書式，皆所以尊正統而黜僭偽，舉大綱而昭鑒戒耳。間或字義之未精，句法之未當，幸賴博洽諸君子補正之，使人知是史之作，其言政治，亦古史之尚書，

---

① 謝國楨：《春明讀書記》，載《文獻》1979 年第 1 期，第 113 頁。
② 校合本《大越史記全書》卷首，第 69 頁。
③ 陳荊和：《朱舜水〈安南供役紀事〉箋注》，香港中文大學中國文化研究所學報第一卷（1968）抽印本。陳先生對鄭、阮互相攻擊的歷史作了詳細的分析。

其寓褒貶，亦魯史之春秋，庶有補於治道，有神於風教。①

范公著對"續編"寄予厚望，申明此書一遵朱子正統之分，遠跡《尚書》《春秋》。范公著又以"本紀"與"續編"相合，遂為《本紀續編》三卷。

基斯·泰勒指出鄭柞（一六五七至一六八二年在位）為維護鄭主政治權勢，及對抗南方阮主的需要，提拔儒臣，下令編撰官方典籍，重興文教，而這距離黎初官修典籍的時代已經很遙遠了，距離一五九三年黎朝中興也已經超過六十年。他指出鄭柞振興文治並非只是學習中國傳統，還有複雜的自我政治和文化建設發展需要。②范公著即鄭柞重點提拔的儒臣，胡士揚則繼承了范公著的修史事業。

泰勒的重點在於鄭柞振興文治的原因和過程，范公著修史是其中一部分。范公著史書的時間下限為萬慶（一六六二）年間，即黎神宗駕崩之年，距離景治三年《大越史記全書》修成不過三年，即此書成為事實上的當代史。吳士連和武瓊依照慣例修先帝實錄，但並未將實錄改撰為一代之史書。范公著《大越史記續編書》曰：

> 欽惟皇上陛下嗣守丕基，率循大卞，日與大元帥掌國政尚師西王，整飭紀綱，作興文教，專委欽差節制各處水步諸營兼總政柄太尉宜國公鄭根，典司政本，講求治理，深知夫史乃正當時之名分，示來世之勸懲。於是渙起宸斷，紬繹書史，特命臣與左侍郎臣楊澔、右侍郎臣胡士揚……等訂玫國史，自鴻厖氏至恭皇紀，又命續編自莊宗裕帝至神宗淵皇帝萬慶年間，述為成書，鋟梓頒行。③

---

① 校合本《大越史記全書》卷首，第60頁。
② Keith W. Taylor, "The Literati Revival in Seventeenth–century Vietnam", *Journal of Southeast Asian Studies* 18, 1 (1987): 1–23.
③ 校合本《大越史記全書》卷首，第59—60頁。

范公著在鄭柞"作興文教"的背景下撰史，編輯前史之外，略去先帝實錄這一環節，直接撰史並"鋟梓頒行"，實際將神宗實錄和神宗一朝國史編撰合二為一。鄭松（一五七〇至一六二三年在位）時尚有黎英宗和黎敬宗圖謀奪回政權，鄭椾（一六二三至一六五七年在位）則基本馴服黎氏皇權，"黎皇鄭王"制度結構穩定，但因為南方阮主的持續攻擊，鄭王仍要高舉尊黎大義。鄭柞與文臣如范公著等親善，振興文教，以《大越史記全書》表達鄭氏尊黎的政治行為。之後的《重刊藍山實錄》和《大越黎朝帝王中興功業實錄》均是鄭柞政治思想的表達。

## 三　黎僖撰述體例

黎僖亦為鄭氏之臣。黎僖著史受命于鄭根，"自玄宗穆皇帝景治之初年，至嘉宗美皇帝德元之二年，凡十有三載（一六六三至一六七五）事實，亦命曰本紀續編"，黎僖將自己所著"本紀續編"一卷與吳士連和范公著二書合併，"書成上進御覽，遂命工刊刻，頒佈天下，使從前千百年未集之事績通底于成。天下之人目是編者豁然如覩青天，坦然如循大路"，黎僖希望該書"善者知所激昂，惡者知所懲艾，推而為修齊治平之極功，綏來動和之大效，端在是矣"①。黎僖顯然學習了范公著不撰先帝實錄直接撰史刻印的做法。自此《大越史記全書》二十四卷遂成完璧。

黎僖所著《本紀續編》一卷，陳荊和先生校合本和內閣官板黎僖序均名《大越史記續編序》，因此將其與范公著"本紀續編"三卷相合。然明治十七年埴山堂版《大越史記全書》黎僖序名《大越史記續編追加序》，將黎僖所著名為《大越史記本紀續編追加》，并單獨列出，顯然引田利章據國子監本翻刻，但又根據自己的認識做了改變。

---

① 校合本《大越史記全書》卷首，第61頁。

## 四　結論

越南歷史學家根據《春秋》《史記》《資治通鑑》《資治通鑑外紀》《資治通鑑綱目》《通鑑續編》《性理大全書》等典籍的體例，在編年體通史《大越史記全書》中創設了"紀""外紀""本紀""本紀實錄""本紀續編"等多種撰著體例，並以"全書"統稱為《大越史記全書》，這既是越南史家根據本國史事做的體例選擇，也是其對史學思想的發展和創造，幾代歷史學家整合多種體例於一書的編撰方式是史學發展中的一個創舉。①

---

① 在此有一個問題要作探討，即《資治通鑑》《資治通鑑外紀》《資治通鑑綱目》《通鑑續編》等典籍在安南是否有流傳，筆者就《大越史記全書》編撰體例及編撰思想而言，應該是有的。這裡有一個旁證，雖然沒有直接提及上述諸書，但可見中國典籍在安南流傳之廣博。朱舜水《安南供役紀事》第二十九條記與訪客問答："不知是何官職，來問古文中義理。……黎云：'此公極好學，家有多書。'余問曰：'尊府古書多否？'答曰：'少少足備觀覽'。余問《通鑑綱目》、《前後漢》、廿一史、《史記》、《文獻通考》、《紀事本末》、《潛確類書》、《焚書》、《藏書》、及《古文奇賞》、《鴻藻》等書。答云：'俱有，惟《鴻藻》無有'。"朱舜水博學儒者，所問多是學者著述，李贄《焚書》、《藏書》不過數十年，即在安南流傳。朱舜水所在乃是阮氏所在的廣南，來訪者私人藏書已是豐富，黎朝正統所在的東京藏書應當更加可觀，吳士連、范公著、黎僖以史官身份閱覽政府藏書是完全有可能的，吳士連在鴻龐氏史論中言"考之《通鑑外紀》"，確實見到了相關書籍。朱舜水問書事見陳荊和《朱舜水〈安南供役紀事〉箋注》，香港中文大學中國文化研究所學報第一卷（1968）抽印本，第222—223頁。

第 七 章

# 《大越史記全書・鴻龐紀・蜀紀》析論

　　內閣官板中吳士連《大越史記全書》分為《大越史記外紀全書》五卷和《大越史記本紀全書》十卷，其中《大越史記外紀全書》第一卷記載的是遠古時代到南越王趙佗以前的歷史和神話，分為《鴻龐紀》和《蜀紀》。吳士連在《大越史記外紀全書序》中言："取先正二書，校正編摩，增入外紀一卷，凡若干卷，名曰《大越史記全書》"①。在吳士連撰著《大越史記全書》之前，有黎文休和潘孚先兩部史書，均名《大越史記》。吳士連在《擬進大越史記全書表》中記載，"臣取前《大越史記》二書，參以野史，輯成《大越史記全書》，謹謄為十五卷奏進"②，顯然吳士連是在這兩部史書的基礎上編撰新史。那麼吳士連在序中所言"增入外紀一卷"又何指？《擬進大越史記全書表》中言"增入鴻龐、蜀王外紀，總若干卷，今已成編"③，顯然吳士連所增為《大越史記外紀全書》第一卷，即《鴻龐紀》和《蜀紀》。

　　《鴻龐紀》和《蜀紀》是吳士連采自越地傳說編纂而成。黎文休編纂的《大越史記》記述趙佗稱王到李朝末年的歷史，潘孚先編著的《大越史記》則記述陳朝建立至明朝從交趾撤兵的歷史。從陳朝移居元朝的黎崱撰寫的紀傳體史書《安南志略》以越王趙

---

① 校合本《大越史記全書》卷首，第55頁。
② 校合本《大越史記全書》卷首，第57頁。
③ 校合本《大越史記全書》卷首，第57頁。

佗為安南開國之祖，並無之前的神話傳說①。那麼吳士連撰寫《大越史記外紀全書》第一卷中的《鴻龐紀》和《蜀紀》其材料來源於何處，又秉承了什麼樣的編纂思想，這將是本章所要探討的問題。②

① 黎崱著，武尚清點校：《安南志略》，中華書局 2000 年版，第 270 頁。
② 請參看戴可來、于向東《越南早期傳說與古代史跡》，載戴可來、于向東著：《越南歷史與現狀研究》，香港社會科學出版社 2006 年版，第 47—64 頁。《越南研究雜誌》2012 年第 2 期（*Journal of Vietnamese Studies*, Vol. 7, No. 2, Summer 2012）發表了一組論文探討《大越史記全書·鴻龐紀·蜀紀》的相關問題。首先是黎明楷（Liam C. Kelley）"The Biography of the Hồng Bàng Clan as a Medieval Vietnamese Invented Tradition"（pp. 87 - 130）認為，"鴻龐氏紀"是吳士連創造的帝王世系，其素材當來源於《嶺南摭怪》，並探討了涇陽王和唐代傳奇柳毅傳書的關係，最後確認吳士連以"鴻龐紀"塑造了"我越"的文化自覺和民族自信，表明雄王是創造的傳統。基斯·泰勒（Keith Taylor）"Comments on 'The Biography of the Hong Bang Clan as a Medieval Vietnamese Invented Tradition' by Liam Kelley"（pp. 131—138）認可黎明楷提出的創造傳統和構建世系之說，越南古代學者也確實在致力於建立一個"非中國"的傳統，"鴻龐氏紀"構造了一個可與中國比肩的世系，指出阮方在二十世紀六十年代即已經進行相關的研究，與黎明楷的觀點多有重合，但泰勒本人也是八十年代才知曉阮方的成果，而黎明楷則沒有見到並使用。最後提出潘陽（John Duong Phan）關於早期漢語和越南語關係的研究及其中展示的越南國家意識可以為阮方和黎明楷的研究提供支持。謝志大长和陳幸（Tạ Chí Đại Trường and Trần Hạnh）Comments on Liam Kelley's "The Biography of the Hồng Bàng Clan as a Medieval Invented Tradition"（pp. 139 - 162）亦認可黎明楷的觀點，進一步陳述了《鴻龐紀·蜀紀》材料與《嶺南摭怪》和《粵甸幽靈集》之間的關聯，探討了古籍中"雄"和"貉"的來源和演化，認為"越"名稱來源於漢文史籍，但其傳統則來自於更加遙遠的青銅時代的東山文化。黎明楷"Response to the Commentaries by Tạ Chí Đại Trường and Keith Taylor"（pp. 163 - 169）對二人的評論做了回應，回顧了二十世紀五十年代以來對越南國祖起源的研究，認為謝志大长所言《安南志原》中的涇陽王史料當來自於屬明時期的傳抄，史源則是《交州外域記》；他指出自己的觀點和阮方大不相同，儘管都用了《柳毅傳書》，但阮方認為創造東山文化的是印度尼西亞人，與漢人南下之後的主體不同，東山銅鼓的主人並非徵氏姊妹等人，人群主體不同自然不能成為一個世系。他期待更多的學者對此問題進行理性深入地探討。與此同時，筆者發表了《〈大越史記全書·鴻龐紀·蜀紀〉析論》（《域外漢籍研究集刊》第八輯，中華書局 2012 年版，第 233—245 頁），從史學編撰的角度探討《鴻龐紀·蜀紀》與《史記·五帝本紀》的關係，認為是吳士連效法司馬遷引傳說入手的方式撰著了鴻龐世系，並以之加於南越國之前。本次略作修改，收入書中。

## 一 《大越史記全書·鴻龐紀·蜀紀》與《南越志》

編撰《舊唐書》的史官在撰寫《地理志·安南都護府·平道》時，採用《南越志》中的文獻材料，刪削之後將其置入史書正文：

> 平道　漢封溪縣地，南齊置昌國縣。南越志：交趾之地，最為膏腴。舊有君長曰雄王，其佐曰雄侯。後蜀王將兵三萬討雄王，滅之。蜀以其子為安陽王，治交趾。其國地，在今平道縣東。其城九重，周九里，士庶蕃阜。尉佗在番禺，遣兵攻之。王有神弩，一發殺越軍萬人，趙佗乃與之和，仍以其子始為質。安陽王以媚珠妻之，子始得弩毀之。越兵至，乃殺安陽王，兼其地。①

這一段根據《南越志》編撰的史文是《舊唐書》的正文而非注釋，記載了雄王、蜀王、安陽王、趙佗、始和媚珠之事。《南越志》為南朝劉宋沈懷遠所著，記錄了三代至晉時期嶺南的地域沿革、風俗習慣、神話傳說、地方山川以及珍稀物產，但是此書早已失傳，只有少數條文記載於他書之中②。但是《舊唐書》史文所記《南越志》傳說故事均保存了下來：

> 《太平廣記》卷四八二：
> 交趾：交趾之地，頗為膏腴，從民居之，始知播植，厥土

---

① 劉昫等：《舊唐書》，中華書局1975年版，第1750—1751頁。《太平寰宇記》有"平道縣"（中華書局2007年版，第3256頁）一條，全部抄錄《舊唐書·平道》的內容，與《舊唐書》所引《南越志》文字有兩處不同：一、《舊唐書》記載"後蜀王將兵三萬討雄王"，《太平寰宇記》"蜀王"記為"蜀王之子"；二、《舊唐書》記載"其國地，在今平道縣東"，《太平寰宇記》"其國地"作"其城城"。

② 駱偉：《〈南越志〉輯錄》，載《廣東史志》2000年第3期，第37—49頁。以下《太平廣記》《太平寰宇記》《廣東新語》史料均依據此文檢索，筆者不敢掠美。關於《南越志》輯文亦可參看劉緯毅《漢唐方志輯佚·南越志》，北京圖書出版社1997年版。

## 第七章 《大越史記全書·鴻龐紀·蜀紀》析論 | 175 |

惟黑壤，厥氣惟雄，故今稱其田為雄田，其民為雄民，有君長，亦曰雄王，有輔佐焉，亦曰雄侯，分其地以為雄將。

南越：南越民不恥寇盜。其時趙陀治番禺，乃興兵攻之。有神人適下，輔佐之。家為造弩一張，一放，殺越軍萬人。三放，三萬人。陀知其故，卻壘息卒，還戍武寧縣下。乃遣其子始為質，請通好焉。（自註：出《南越志》）①

《太平寰宇記》卷一百七十：安陽王故城。《南越志》云："交趾之地，最為膏腴。有君長曰雄王，其佐曰雄侯，其地為雄田。後蜀王子將兵討取之，因為安陽王，治交趾。尉佗興軍攻之，安陽王有神人曰皋通輔佐之，造弩一張，一放殺越軍萬人，三放殺三萬人，佗知其故，便卻壘息卒，還戍武寧，乃遣其次子始為質，請通好焉。後安陽王遇皋通不厚，皋通去之。安陽王之女曰媚珠，見始風姿閑美，遂私焉。始後誘媚珠求看神弩，請觀其妙，媚珠示之，因毀其機，即馳使報佗。佗復興師襲之，軍至，安陽王又如初放弩，弩散，眾皆奔散，遂破之。安陽王御生文犀入水走，水為之開。"②

《廣東新語》：古越人能為連弩。《南越志》稱，交趾之地最腴，舊有君長曰雄王，其佐曰雄侯。地曰雄田，一曰駱田，食其田者曰駱侯，諸縣則曰駱將。銅印青綬，如今之令尹然。蜀王常將兵三萬，討雄王滅之，以其子為安陽王。治交趾，其城九重、周九里。土庶蕃富，尉佗竊據番禺，遣兵攻之。安陽王有弩一張，一放殺越軍萬人，三放殺三萬人。佗乃卻壘息卒，還戍武寧。遣次子始為質通好。王之女媚珠，見始丰資閑美，遂私焉。始求觀神弩之妙，媚珠示之，因潛毀其機。馳使報佗，復興師襲之。軍至，安陽王如初放弩，弩敗，師徒崩散。遂破之，佗遣二使者，典主交趾、九真，即甌駱也。相傳安陽王弩，

---

① 《太平廣記》，中華書局1961年版，第3971—3972頁。
② 《太平寰宇記》，中華書局2007年版，第3255頁。

有神人皋通教為之。①

　　與《南越志》這三條文獻相比較，《舊唐書》史文顯然經過了史官的刪述，去掉神人皋通，簡述媚珠之事，減輕了神話傳說色彩，以人的行為為主線，也更加符合歷史敘事。交州早期的傳說經《舊唐書》編撰者重新編纂，已經符合五代時歷史敘事的要求，成為在南越國以前交州最早的歷史記載。

　　吳士連在序和表中說《鴻龐紀》和《蜀紀》是自己撰寫，在凡例中則言"是書之作，……參以北史、野史、傳志諸本、及所傳授見聞"②，吳士連將"北史"即中國史書置於第一參考位置，《舊唐書》自然在其參考之列，將傳說和歷史糅和在一起撰寫史書的做法實際上是借鑒了《舊唐書》刪削《南越志》的前例。

## 二　《大越史記全書·鴻龐紀·蜀紀》與《嶺南摭怪》

　　《南越志》在中國元明時期已經失傳，但該書記載的神話傳說卻繼續在交州和後來的安南流傳，並被部分載入越南古代神話傳說故事集《嶺南摭怪》一書中。《嶺南摭怪》內容繁雜，包括遠古神話、佛教聖跡以及傳說人物等內容。《歷朝憲章類志·文籍志》記載"不知何人作，相傳為陳世法，今其序不見，止有武瓊校正一序"③，武瓊作序在一四九二年④，陳世法生卒事蹟已不傳⑤。《嶺南摭怪》是單篇故事，前後之間並無關聯，但其于南越國之前的事蹟多有陳述，故而吳士連將《嶺南摭怪》中關於南越之前的傳說故事

---

①　屈大均：《廣東新語》，中華書局1985年版，第445—446頁。
②　校合本《大越史記全書》，第67頁。
③　佚名著，戴可來、楊保筠校注：《〈嶺南摭怪〉等史料三種》，中州古籍出版社1991年版，第5頁。
④　佚名著，戴可來、楊保筠校注：《〈嶺南摭怪〉等史料三種》，第4頁。
⑤　戴可來：《關於〈嶺南摭怪〉的編者版本和內容》，載《嶺南摭怪等史料三種》，第257—259頁。

第七章 《大越史記全書·鴻龐紀·蜀紀》析論 | 177 |

編纂為《大越史記外紀全書》第一卷中的《鴻龐紀》和《蜀紀》，藉以推演越地文明之初始。

為《嶺南摭怪》作序的武瓊曾撰寫了《大越通鑑通考》（又稱《越鑑通考》）一書，今已不傳。與武瓊同時的黎嵩在《越鑑通考總論》中記述武瓊"述自鴻龐氏至十二使君，別為外紀"①。武瓊接受了吳士連《大越史記外紀全書》第一卷《鴻龐紀》和《蜀紀》的編纂思想，並見到了記載《鴻龐紀》和《蜀紀》原始材料的《嶺南摭怪》。武瓊顯然意識到《嶺南摭怪》的重大價值，故而"抄得是傳，批而閱之，不能無魯魚陰陶之舛，於是忘其固陋，校而正之，釐為二卷，目為《嶺南摭怪列傳》，藏於家，以便觀覽"②，《嶺南摭怪》也確賴武瓊而流傳於世。

郭振鐸先生在《〈大越史記全書〉初探》一文中依據《大越史記全書》凡例第一條中"今依武瓊所著述，本紀全書始自丁先皇，以明大一統也"，說"吳士連曾參考過武瓊的《越鑑通考》（二十六卷）"，進而指出《鴻龐紀》和《蜀紀》是武瓊首創，吳士連采寫照錄③。據潘輝黎研究，吳士連《大越史記全書》本紀部分從吳朝開始，武瓊則將本紀修訂為丁朝開始，范公著接受了武瓊的觀點，對《大越史記全書》的結構進行調整，並在凡例第一條下作了注釋④，即"今依武瓊所著述，本紀全書，始自丁先皇，以明大一統也"⑤。

吳士連在《擬進大越史記全書表》中並未提及武瓊著作。武瓊生於一四五二年，一四七八年中進士，一四九二年為《嶺南摭怪》作序，一五一〇年奉命編撰《大越通鑑通考》，並於次年完成。吳士連撰著成書在一四七九年，從時間上推算，吳士連之書早于武瓊

---

① 校合本《大越史記全書》，第83頁。
② 佚名著，戴可來、楊保筠校注：《〈嶺南摭怪〉等史料三種》，第4頁。
③ 郭振鐸：《〈大越史記全書〉初探》，載《印度支那》1987年第1期，第59頁。
④ [越南]潘輝黎：《〈大越史記全書〉的編纂過程和作者》〈續一〉，載《東南亞縱橫》1985年第1期，第58頁。
⑤ 校合本《大越史記全書》，第67頁。

書三十二年。吳士連壽至九十八，生卒年不詳，武尚清先生推斷以其參加過藍山起義（一四二六至一四二八）計算，《大越史記全書》完成時已在七十左右①。待得武瓊史學思想成熟，吳士連即便在世，參考之事恐極難。

武瓊所著《大越通鑑通考》佚失，其對《嶺南摭怪》的材料如何剪裁已不得而知。但一五一四年黎嵩寫作的《越鑑通考總論》敍鴻龐氏至蜀王失國一段歷史，與《鴻龐紀》和《蜀紀》的記載如出一轍②，由此亦可見武瓊接受了吳士連關於南越國之前的歷史記述。下文即對《鴻龐紀》和《蜀紀》與《嶺南摭怪》的材料逐一對照。

### （一）《鴻龐紀》

《鴻龐紀》從材料上來源於《嶺南摭怪》的《鴻龐氏傳》《董天王傳》《傘圓山傳》和《白雉傳》③。這幾個故事前後並無關聯，吳士連使用模糊的時間順序將其排列起來。

《鴻龐氏傳》有一個很大的特點就是神話色彩極其濃重，其中龍君的神術發揮了很大的作用，《鴻龐紀》則舍去龍君的神術，只是敍述涇陽王、貉龍君和雄王的世系。吳士連以婺僊女、神龍女來記述越始祖之配偶，即以神跡顯示越之興盛。越之始祖父系為神農氏之後，母系為神。吳士連照錄《鴻龐氏傳》關於越之分部、地域以及風俗之本源。

《董天王傳》事在殷初，吳士連或以此事神跡雖顯，於事則太過詭異，略述其事，隱去時間、對方國號，簡述為"雄王六世"之時。《白雉傳》事在周成王時，戴可來先生認為此篇或根據中國古

---

① 武尚清：《從〈大越史記〉到〈大越史記全書〉》，載《史學史研究》1986 年第 4 期，第 58 頁。
② 校合本《大越史記全書》，第 84 頁。
③ 佚名著，戴可來、楊保筠校注：《〈嶺南摭怪〉等史料三種》，《鴻龐氏傳》見第 9—11 頁，《董天王傳》見第 15—16 頁，《傘圓山傳》見第 35—37 頁，《白雉傳》見第 23 頁。

第七章 《大越史記全書‧鴻龐紀‧蜀紀》析論 | 179

籍演化而成①。吳士連簡略記述，沒有記載《白雉傳》的眾多問答言辭。

《傘圓山傳》記述山精、水精爭聘王女媚娘之事，吳士連多加引述。山精、水精之事本屬子虛烏有，但吳士連屬意於此，實為越地民眾山居而受水之困。山精、水精之爭最終山精取勝，即越地水勢退去，人民安居于山之喻。

### （二）蜀紀

《蜀紀》主體組成部分是《嶺南摭怪》中的《金龜傳》②，金龜除怪、築城、神弩、防禦趙佗等事吳士連基本照錄，只是加入任囂之事。吳士連雖紀金龜之事，仍論此事似不可信③。

## 三 《鴻龐紀》《蜀紀》古史考證

《鴻龐紀》和《蜀紀》雖然來自《嶺南摭怪》，但經吳士連史筆刪削，神話色彩已經減輕不少。儘管如此，仍然可以看出其與中國古史的關聯來。饒宗頤先生在分析《嶺南摭怪》的《鴻龐傳》後指出：

> 祿續讓兄，類似虞仲與吳太伯故事。帝明南巡狩而接仙女，似帝舜與之湘夫人；雄王世世以雄為號，如楚國世系皆以熊為名；百男即附會百越。中國古史分為炎黃兩大系統，越南神話詫始於神農氏，乃屬於炎帝系統，故知越南古史乃雜揉楚與吳、越傳說加以捏造而成。……雄王之稱曰雄，實即是熊，疑受楚熊氏的影響，故雒越的雄王十八世，皆稱為雄某者，乃仿效楚

---

① 佚名著，戴可來、楊保筠校注：《〈嶺南摭怪〉等史料三種》，第23頁。
② 佚名著，戴可來、楊保筠校注：《〈嶺南摭怪〉等史料三種》，第27—29頁。
③ 校合本《大越史記全書》，第103頁。

國世系，甚為顯然。①

戴可來先生認為涇陽王一事來源於唐代著名的傳奇《柳毅傳書》②，農學冠先生也認可此說③。戴可來先生認為金龜築城源于《華陽國志》"秦惠王十三年，張儀、司馬錯伐蜀，克之，儀因築城，城終頹壞。後有一大龜從硎而出，周行旋走。乃以龜行所築之，乃成"④。黃軼球先生考證金龜傳說來源於干寶《搜神記》："秦惠王二十七年，使張儀築成都城，屢頹。忽有大龜浮于江，至東子城東南隅而斃。儀以問巫，巫曰：依龜築之，便就。"⑤《太平寰宇記》引《周地圖記》曰："初，張儀築城，城屢壞，不能立。忽有大龜，周行旋走，巫言依龜行處築之，城乃得立。所掘處成大池，龜乃伏於中。龜每出，則州境有賊，刺史或病。"⑥《華陽國志》《搜神記》《周地圖記》所引大龜之事情節區別較大，但龜行築城則沒有差別。但是，越南金龜傳說已經沒有前三書的災異性，而轉變為神靈祥瑞。

饒宗頤先生考證安陽王實有其人，為蜀王子，持神弩與趙佗相爭，首見於三國時期成書的《日南傳》⑦。《日南傳》中神弩無金龜

---

① 饒宗頤：《吳越文化》，載《中研院史語所集刊論文類編·民族與社會編》，中華書局 2009 年版，第 1109—1110 頁。

② 戴可來：《關於《〈嶺南摭怪〉的編者版本和內容》，載《嶺南摭怪等史料三種》，中州古籍出版社 1991 年版，第 265 頁。

③ 農學冠：《同為龍種淵源長——中越文化交流研究課題之二》，載《廣西右江民族師專學報》2005 年第 2 期，第 81—85 頁。

④ 戴可來：《關於《〈嶺南摭怪〉的編者版本和內容》，載《嶺南摭怪等史料三種》，中州古籍出版社 1991 年版，第 265 頁。《太平御覽》引《華陽國志》原文見河北教育出版社 1994 年版，第 10 冊第 477 頁。

⑤ 黃軼球：《越南古代文學名著成書溯源》，載《黃軼球注譯選集》，暨南大學出版社 2004 年版，第 34—35 頁。干寶《搜神記》原文見中華書局 1979 年版，第 161 頁，汪紹楹先生注曰："本事亦見《太平御覽》九三一，《事類賦注》二八引《華陽國志》（今本《華陽國志》無）"，戴可來先生所引《華陽國志》為《太平御覽》之文，非今本《華陽國志》所有。

⑥ 《太平寰宇記》，中華書局 2007 年版，第 1466 頁。

⑦ 饒宗頤：《〈日南傳〉——安南古史上安陽王資料》，載《饒宗頤東方學論集》，汕頭大學出版社 1999 年版，第 386—390 頁。

| 第七章　《大越史記全書·鴻厖紀·蜀紀》析論　|181|

之爪，有神人皐通，《嶺南摭怪》於神弩中加入金龜之爪，成為金爪神弩。金龜築城來源張儀筑成都，安陽王為蜀王子，故而《嶺南摭怪》將之合併。

夏曾佑先生《中國古代史》言"《帝典》稱洪水滔天，浩浩懷山襄陵。…考天下各族，述其古書，莫不有洪水。巴比倫古事言洪水乃一神西蘇詩羅斯所造。…希伯來《創世記》言耶和華鑒世人罪惡貫盈，以洪水滅之。…最近發見雲南猓猓（倮倮）古書，亦言洪水"①，《傘圓山傳》中山精和水精爭勝之事，即人民與洪水的鬥爭，最終洪水退去，人民安居。但越地水患極多，所以又說是山精水精世代為仇相攻。積極以人力整頓防禦水患，《傘圓山傳》顯然受到了大禹治水的影響。大禹率領部族艱辛治水，導流入海，功成之後，九州貢牧，開萬世之基業。《鴻厖紀》中"王與山精張鐵網橫截慈廉上流以扞之"，"山精神化，呼得蠻人，編竹為籬禦水，以弩射之，鱗介諸種，中箭避走，終莫能犯也"②，作者在將治水之功賦予山精的同時，人民也發揮了巨大的作用③。人民才是治水成功的實踐者，這一點與大禹治水是相同的。

《董天王傳》記述扶董鄉三歲小兒禦敵保國之事。鄭阿財教授考證董天王是越南本土產生的神話英雄，原型是北甯扶董鄉一位保全鄉土的佚名英雄，為人民祭祀感念，奉為土神。之後附會神跡，帝王褒封，又經文學之士創作，形成越南著名的抗敵神話英雄扶董天王。《鴻厖紀》采入《董天王傳》既強調越地的英雄崇拜，也凸顯了吳士連的國家意識。④

---

① 夏曾佑：《中國古代史》，河北教育出版社 2000 年版，第 29 頁。
② 校合本《大越史記全書》，第 99 頁。
③ 梁遠：《越南水文化研究》，載《廣西民族大學學報》2008 年第 4 期，第 80—85 頁。
④ 鄭阿財：《從越南漢文社會史料論人物傳說與地方神祇之形成——以扶董天王為例》，載《成大中文學報》第 17 期，2007 年 7 月，第 153—186 頁。

## 四 《鴻龐紀》《蜀紀》編纂思想析論

《鴻龐紀》和《蜀紀》為吳士連單獨撰寫,但此二紀內容實屬荒誕。《欽定越史通鑑綱目》的總裁潘清簡認為:"茲奉查之舊史,鴻龐氏紀、涇陽王、貉龍君之稱,緣上古世屬渺茫,作者憑空撰出,恐無所取信,又附於小說家唐柳毅傳以為印證,夫涇陽屬秦,洞庭屬楚,於我何關?況怪誕之談,不經殊甚,安所取據,而儼為建國立統之首君哉?"①

然而吳士連並非不知《鴻龐紀》和《蜀紀》的材料怪誕。吳士連自己在《凡例》中即寫到"外紀所載,本之野史。其甚怪誕者,削之不錄。雄王以上無年表者,世主傳序,不可得而知也。或云十八世,恐未必然"②,又言"若山精、水精之事,亦甚怪誕,信書不如無書,姑述其舊,以傳疑焉"③。但吳士連將《鴻龐紀》《董天王傳》《白雉傳》《金龜傳》的材料刪削之後編入信史,是以什麼樣的編纂思想作為指導的呢?

《鴻龐紀》和《蜀紀》是吳士連效法司馬遷《史記・五帝本紀》而作。吳士連在《擬進大越史記全書表中》言"效馬史之編年,第慚補綴;法麟經之比事,敢望謹嚴"④,顯然吳士連編纂《大越史記全書》述史以司馬遷《史記》為宗,論義則法孔子《春秋》。

《史記》篇首《五帝本紀》確是司馬遷采補傳說而成。司馬遷於《五帝本紀》贊言:

> 太史公曰:學者多稱五帝,尚矣。然尚書獨載堯以來;而百家言黃帝,其文不雅馴,薦紳先生難言之。孔子所傳宰予問五帝德及帝繫姓,儒者或不傳。余嘗西至空桐,北過涿鹿,東

---

① [越]潘清簡:《欽定越史通鑑綱目》,卷之首,建福元年(1884)刻本。
② 校合本《大越史記全書》,第 67 頁。
③ 校合本《大越史記全書》,第 99 頁。
④ 校合本《大越史記全書》,第 57 頁。

漸于海，南浮江淮矣，至長老皆各往往稱黃帝、堯、舜之處，風教固殊焉，總之不離古文者近是。予觀春秋、國語，其發明五帝德、帝繫姓章矣，顧弟弗深考，其所表見皆不虛。書缺有間矣，其軼乃時時見於他說。非好學深思，心知其意，固難為淺見寡聞道也。余并論次，擇其言尤雅者，故著為本紀書首。①

五帝之事因久遠難言，文不雅馴，儒者不傳，但司馬遷仍采傳說編纂為本紀第一，其意為何？司馬遷在《太史公自序》中言《五帝本紀》的編纂主旨：

維昔黃帝，法天則地，四聖遵序，各成法度；唐堯遜位，虞舜不台；厥美帝功，萬世載之。作五帝本紀第一。②

但以無稽之傳說述華夏文明之初始，難度亦是不小。故而司馬遷自己又說"非好學深思，心知其意，固難為淺見寡聞道也"。司馬遷關於《五帝本紀》的編纂宗旨最直觀的體現即在上述兩段引文中，他者則體現於《五帝本紀》的敘事中。

《太史公自序》言"卒述陶唐以來，至於麟止，自黃帝始"③，《五帝本紀》雖以黃帝為首，但史實詳於堯舜。班固即言"唐虞以前雖有遺文，其語不經，故言黃帝、顓頊之事未可明也"④，黃震言"顓頊、帝嚳紀皆稱頌語，非有行事可考。唐虞事雖頗詳，皆不過二典所已載"⑤。近人劉咸炘《太史公書知意·五帝本紀》中詳考黃帝事之來歷，言"史公於堯、舜事皆本《尚書》、《孟子》而加以

---

① 《史記》卷一《五帝本紀》，中華書局1959年版，第46頁。
② 《史記》卷一三〇，《太史公自序》，第3301頁。
③ 《史記》卷一三〇，《太史公自序》，第3300頁。
④ 《漢書》卷六二《司馬遷傳》，中華書局1962年版，第2737頁。
⑤ 淩稚隆：《史記評林》，天津古籍出版社1998年版，第80頁。

訓詁"①。儘管後世學者認為《五帝本紀》事多虛妄，將之納入信史證據不足，但司馬遷採集傳說撰寫《五帝本紀》之意吳士連深有體會，並在《蜀紀》和《鴻龐紀》中體現出來。

### （一）越地之興

軒轅黃帝"生而神靈，弱而能言，幼而徇齊，長而敦敏，成而聰明"②，此為聖人將興之兆。隨後戰神農、破蚩尤，封禪泰山，巡狩天下，置官監萬國，順天地之紀，德被蒼生。黃帝正是華夏興盛之奠基人物。

吳士連以神農氏為越地之祖，以神人之合為越地興盛之兆，並以商周之興論證：

> 然而聖賢之生，必異乎常，乃天所命。吞玄鳥卵而生商，履巨人跡而興周，皆紀其實然也。神農氏之後帝明，得婺僊女而生涇陽王，是為百粵始祖。王娶神龍女生貉龍君。君娶帝來女而生育有百男之祥。此其所以肇我越之基也歟。③

吳士連於神話傳說中賦予越地興盛之力，其意在於此為上天所賜，越人自當順天而行。隨後貉龍君為雄王，世享越地。

### （二）創設制度

黃帝草創國家制度，"官名皆以雲命，為雲師。置左右大監，監于萬國"④，其粗略可見；顓頊、帝嚳於國家制度無所發明，堯時制度又有發展，任官四方以治國導民：

---

① 劉咸炘：《劉咸炘學術論集·史學編》，廣西師範大學出版社2007年版，第30—31頁。
② 《史記》卷一《五帝本紀》，第1頁。
③ 校合本《大越史記全書》，第98頁。
④ 《史記》卷一《五帝本紀》，第6頁。

第七章 《大越史記全書·鴻龐紀·蜀紀》析論 | 185 |

乃命羲、和，敬順昊天，數法日月星辰，敬授民時。分命羲仲，居郁夷，曰暘谷。敬道日出，便程東作。……申命羲叔，居南交。便程南爲，敬致。……申命和仲，居西土，曰昧谷。敬道日入，便程西成。……申命和叔，居北方，曰幽都。便在伏物。日短，星昴，以正中冬。……信飭百官，眾功皆興。①

舜有賢臣二十二人，職責明晰，制度完備：

皋陶為大理，平，民各伏得其實；伯夷主禮，上下咸讓；垂主工師，百工致功；益主虞，山澤辟；棄主稷，百穀時茂；契主司徒，百姓親和；龍主賓客，遠人至；十二牧行而九州莫敢辟違；唯禹之功為大，披九山，通九澤，決九河，定九州，各以其職來貢，不失厥宜。②

從黃帝至舜，國家制度已然創設完備，後世皆被其餘蔭。吳士連在《鴻龐紀》中先以涇陽王、貉龍君預示越地之興，貉龍君之子雄王建國設制，確立風俗：

雄王之立也，建國號文郎國。分國為十五部，曰交趾、曰朱鳶、曰武寧、曰福祿、曰越裳、曰寧海、曰陽泉、曰陸海、曰武定、曰懷驩、曰九真、曰平文、曰新興、曰九德，以臣屬焉。其曰文郎，王所都也。置相曰貉侯，將曰貉將。王子曰官郎，王女曰媚娘。有司曰蒲正，世世以父傳子，曰父道。世主皆號雄王。時山麓之民，見江、河、濮水，皆聚魚蝦，率相漁食，為蛟蛇所傷，白于王。王曰：山蠻之種，與水族實殊。彼好同惡異，故有此病。乃令人以墨蹟畫水怪於身，自是蛟龍見

---

① 《史記》卷一《五帝本紀》，第16—17頁。
② 《史記》卷一《五帝本紀》，第43頁。

之，無咬傷之害。百粵文身之俗，蓋始此。①

越地制度、風俗于雄王之世均已創立，實為國家之肇興。此與司馬遷紀黃帝、堯、舜創設制度立意相同。吳士連雖然以雄王分部建國之事久遠難以考證，但其風俗至於當世，實雄王制度之流波。吳士連曰：

> 雄王之世，建侯立屏，分國為十五部。十五部之外，各有長佐，而庶子以其次分治焉。其五十子從母歸山，安知不如是耶？蓋母為君長，諸子各主一方也。以今蠻酋有男父道、女父道之稱觀之，理或然也。②

此風俗流傳即如司馬遷所見"西至空桐，北過涿鹿，東漸于海，南浮江淮矣，至長老皆各往往稱黃帝、堯、舜之處，風教固殊焉，總之不離古文者近是"③。

### (三) 治國以德

《五帝本紀》後二帝為堯舜，皆以德享天下，故而司馬遷說"唐堯遜位，虞舜不台；厥美帝功，萬世載之"④，堯舜之德遂為後世所敬仰。末代雄王徒仗神力，"廢武備而不修，需酒食以為樂。蜀軍逼近，猶沉醉未醒，乃吐血墮井薨"⑤。末代蜀王則恃金爪靈弩而失防，二人均以失德而亡國，吳士連論曰：

> 金龜之說信乎？有莘降神，石能言，容或有之。蓋神依人而行，託物以言也。國之將興，神明降之，以監其德。將亡，

---

① 校合本《大越史記全書》，第98頁。
② 校合本《大越史記全書》，第99頁。
③ 《史記》卷一《五帝本紀》，第46頁。
④ 《史記》卷一三〇，《太史公自序》，第3301頁。
⑤ 校合本《大越史記全書》，第100頁。

神亦降之，以觀其惡。故有待神以興，亦有以亡。安陽王興功築城之後，有不節民力，故神託金龜告之。非怨（讟）動乎民，而能然也，猶似之也。及其憂後患而要請於神，則私意起矣。私意一萌，則天理隨滅，神安得不羞以禍耶？其脫靈爪付之，謂足以禦敵，其禍之萌乎？如神有賜貔土田之命，而貔隨以亡也。厥後果然，何莫非依人而行也。如無要請之言，但循理而行，安知國祚之不長久乎？至於媚珠鵝毛表道之事，未必有也。如或有之，僅一見焉，可也。後趙越王女，再模做言之，何耶？蓋編史者以蜀趙亡國之由，皆由於女婿，故因一事而兩言之歟？然則鬼能釁城亦信乎？曰伯有為厲之類也，彼立其後，得所歸而止。此除其妖，無所附而止。至於史記安陽王敗亡，因神弩易機，趙越王敗亡，因兜鍪失爪，乃假辭以神其物爾。若夫固國禦戎，自有其道，得到者多助而興，失道者寡助而亡，非為此也。①

鑒於雄王、蜀王徒仗鬼神之力，不修德而滅國，吳士連提出"固國禦戎，自有其道，得到者多助而興，失道者寡助而亡"，此正為享國者所警戒之事。司馬遷以堯舜以德享國為楷模，吳士連以雄王、蜀亡國為警戒，二人實殊途而同歸，誠享國者當治國以德。

吳士連效法司馬遷《五帝本紀》採集越地傳說神話撰寫《鴻龐紀》和《蜀紀》，用以確立越地文明之始，國家創設之初，風俗所及，餘蔭所至，最後以文郎、蜀失德亡國為戒鑒，以之為《大越史記全書》篇首，誠實至名歸。

## 四 結論

《大越史記外紀全書》第一卷《鴻龐紀》和《蜀紀》是吳士連採集越地的故事傳說集《嶺南摭怪》中的材料，借鑒《舊唐書》刪削

---

① 校合本《大越史記全書》，第103—104頁。

《南越志》的編纂方法，效法司馬遷《史記‧五帝本紀》，以炎帝神農氏為越南國史起源，建國設制，體現了越地文明之興。《鴻龐紀》和《蜀紀》採用的這些傳說多與中國古史有關。吳士連採集傳說編纂的南越國之前的歷史為後世所信服，被之後的歷史學家武瓊、黎嵩、范公著、黎僖等人所遵循和繼承，成為越南國史的開端。

# 第八章

# 黎嵩《越鑑通考總論》的史論與史學

考黎貴惇《大越通史·藝文志》及潘輝注《歷朝憲章類志·文籍志》，《越鑑通考總論》當是越南最早的史論，也是首次集中展現越南古代歷史觀的史學專著。[1]

襄翼帝洪順三年（一五一一），"兵部尚書、國子監司業、兼史館都總裁武瓊進《大越通鑑通考》。述自鴻龐氏至十二使君以前為《外紀》，自丁先皇自本朝太祖高皇帝大定初年為《本紀》。並詳節歷代紀年，凡二十六卷"[2]。潘輝黎引潘輝注《登科錄備考》說武瓊於洪順二年（一五一〇）受襄翼帝之命編纂《大越通鑑通考》，并於次年完成奉進[3]。洪順六年（一五一四），"命少保、禮部尚書、兼東閣大學士、兼國子監祭酒、知經筵事、敦書伯黎嵩撰《大越通鑑總論》"[4]。黎嵩詳細記述了武瓊撰著和自己撰寫《總論》的緣由，襄翼帝"日啟經筵，講求治理，乃命兵部尚書、國子監司業、兼史館都總裁臣武瓊撰《越鑑通考》"，"又命秘書監黃樞等寫為別

---

[1] 關於黎嵩《越鑑通考總論》的研究，可參看越南學者阮登那《從黎嵩〈總論〉看古漢語文本翻譯問題》，載《漢喃雜誌》1987 年第 2 期，河內，第 75—78、85 頁。亦可參看郭振鐸《〈越鑑通考總論〉初探》，《東南亞縱橫》1990 年第 2 期，第 41—45 頁；竺天、葛振《越南〈越鑑通考總論〉的編撰及其若干問題》，《河南大學學報》（哲社版）1994 年第 3 期，第 70—75 頁。

[2] 校合本《大越史記全書》本紀卷之十五，第 798 頁。

[3] ［越南］潘輝黎：《〈大越史記全書〉的編纂過程和作者》（續一），《東南亞縱橫》，1985 年第 1 期，第 55—58 頁。

[4] 校合本《大越史記全書》本紀卷之十五，第 807 頁。

本,以垂永久","欲撮其大要,使一覽之間,而天地綱常之道益著,帝王治平之道益明。如大綱既舉而眾目畢張,如明鏡既懸而萬象皆照,其有關於世教者大矣。乃命臣黎嵩,爲之總論"①。

武瓊(一四五三至一五一六),字守璞,一字晏溫,號澤塢,唐安慕澤人(今越南海陽省平江縣新紅社),黎聖宗洪德九年(一四七八)進士。黎嵩原名楊邦本,後賜國姓,改名嵩,黎聖宗洪德甲辰科(一四八四)進士。黎嵩在結尾部份記述:"方今皇上陛下,恢太祖高皇帝之洪圖,纘太祖高皇帝之良法,特命臣撰《越鑑通考總論》"②,由此可見黎嵩所作名稱當爲《越鑑通考總論》。《大越史記全書》記黎嵩撰《大越通鑑總論》,③范公著《大越史記續編書》寫道"黎嵩撰《大越通鑑總論》",④二者記述一致,卻非黎嵩書之本名。內閣官板《大越史記全書》將《越鑑通考總論》置於卷首,⑤後世多依此例,二書合璧流傳。

## 一 從"史記"到"通鑑"

蒙文通先生言:"經學莫盛於漢,史學莫精於宋,此涉學者所能知也。漢代經學以西京爲宏深,宋代史學以南渡爲卓絕,則今之言者未盡同也。……唯三百年間治史者鮮,今茲言史者雖稍眾,然能恪宗兩宋史學以爲軌範者,殆不可數數觀,而況於南宋之統緒哉!"⑥中國史學發展至南宋,史學與史體皆大致完備。洪德十年

---

① 校合本《大越史記全書》卷首,第83頁。
② 校合本《大越史記全書》卷首,第93頁。
③ 校合本《大越史記全書》本紀卷之十五,第807頁。《大越史記全書》本紀實錄共五卷,卷之十一爲吳士連所著,后四卷爲范公著撰。陳荆和校合本《大越史記全書》卷之十五即內閣官板《大越史記本紀實錄》卷十五。
④ 校合本《大越史記全書》卷首,第59頁。
⑤ 范公著景治三年(1665)在《大越史記續編書》中則提到"黎嵩撰《大越通鑑總論》",黎僖正和十八年(1697)所作《大越史記續編序》並未提及黎嵩及《越鑑通考總論》,黎嵩書雖居卷首,但並未進入目錄,就此而言,並不能完全確定《越鑑通考總論》何時與《大越史記全書》一起合併流傳。
⑥ 蒙文通:《中國史學史》,蒙默《緒言》,上海人民出版社2006年版,第1頁。

（一四七九）吳士連完成《大越史記全書》十五卷，記述越南古代修史情況：

> 奈史籍闕於記載，而事實出於傳聞，文涉怪誕，事或遺忘，以至謄寫之失真，記錄之繁冗，徒為眊目，將何鑒焉。至陳太宗，始命學士黎文休<u>重修</u>，自趙武帝以下，至李昭皇初年。本朝仁宗又命修史，潘孚先<u>續編</u>，自陳太宗以下，至明人還國，皆以《大越史記》名。然後歷代事蹟，彰彰可鑒。文休，陳時大手筆也。孚先，聖朝故老人也，皆奉詔編其本國之史，旁蒐遺史，會輯成書，使後之覽者無遺憾焉，可也。而<u>記志</u>猶有未備，<u>義例</u>猶有未當，<u>文字</u>猶有未安，讀者不能無憾焉。獨胡宗鷟《越史綱目》有作，<u>書事</u>慎重而有法，<u>評事</u>切當而不冗，殆亦庶幾。然而兵火之後，其書不傳，蓋成之至難。①

其後便是黎聖宗時期的修史活動了。黎文休"重修"，之前可能有史書，但已經不得而知。黎文休和潘孚先書均名《大越史記》，吳士連評其"記志猶有未備，義例猶有未當，文字猶有未安"，僅胡宗鷟《越史綱目》"書事慎重而有法，評事切當而不冗"。越南大規模修史之時，中國史學與史體皆已豐富，故可靈活借鑒選用。吳士連所記三部史書選用了"史記"和"綱目"兩種體裁，"記志""義例""書事""評事"均是史學標準和撰著方法。吳士連亦選用"史記"，書名《大越史記全書》，但並非紀傳體，而是編年體通史，名為"史記"，更多的仍是效法司馬溫公《資治通鑑》。

武瓊書今已不傳，但從黎嵩《越鑑通考總論》的記述中可以看出對吳士連《大越史記全書》十五卷有很多借鑒。與後世范公著繼續採用《大越史記全書》的"史記"之名不同，武瓊採用了更為官方看重的"通鑑"名稱，黎嵩《越鑑通考總論》踵隨其後，繼續使用"通鑑"之名。

---

① 校合本《大越史記全書》卷首，第55頁。

"史記"原為先秦史書通名,因司馬遷《太史公書》后稱《史記》,故劉知幾《史通》專列"史記家"以論紀傳體通史類史書。《漢書》雖源於《史記》,但因其典贍,後世遂依其斷代紀傳體為修史之指歸,唐代官修諸史皆依《漢書》,因官方主導,遂據優勢,地位高於《史記》。司馬光修史"監前世之興衰,考當今之得失"①,書成之後得宋神宗嘉許,賜名《資治通鑑》,并親自作序。神宗序先論司馬遷《史記》:"後之述者不能易此體也。惟其是非不繆於聖人,褒貶出于至當,則良史之才矣",次論司馬光書之佳美,曰:"列于戶牖之間而盡古今之統,博而得其要,簡而周于事,是亦典刑之總會,冊牘之淵林矣。"②宋神宗將《史記》和《資治通鑑》相提並論,給予了很高的評價,也給《史記》賦予了濃厚的官方色彩。

越南經過丁、前黎的草創時期之後,到李朝時已經逐步穩定下來。李朝在崇奉佛教的同時,亦大力提倡儒學。末代李昭皇禪位,陳朝建立,亦沿用李朝制度。陳聖宗紹隆十五年(一二七二),"春,正月,翰林院學士兼國史院監修黎文休奉敕編成《大越史記》,自趙武帝至李昭皇,凡三十卷上進。詔加獎諭"③。此時陳太宗雖退位為太上皇,但仍掌國政,故吳士連言"至陳太宗,始命學士黎文休重修"。黎文休書已亡佚,僅知曉起始,但仍可看出該書為編年體通史。"奉敕""獎諭"顯示此為官修史書,或許因為之前李朝並無史書,宋神宗褒獎《史記》在前,而《資治通鑑》在後,黎文休可能因己所撰為越史第一書,故名《大越史記》,以為國史開篇之作。越南后世史書多有以"史記"為名者,實自黎文休始。

黎仁宗時潘孚先續編國史,仍名《大越史記》。吳士連《大越史記全書》主要依據黎文休、潘孚先兩部官修《大越史記》,自一四七九年完成至武瓊奉詔編撰史書,中間未經戰亂,黎、潘、吳三

---

① 司馬光:《〈資治通鑑〉進書表》,《資治通鑑》第 20 冊,中華書局 1956 年版,第 9608 頁。
② 宋神宗:《〈資治通鑑〉序》,《資治通鑑》第 1 冊,中華書局 1956 年版,第 33 頁。
③ 校合本《大越史記全書》本紀卷之五,第 348 頁。

書應該俱存。"史記"在武瓊修史之時,已是官修和私著、通史與斷代俱存的局面。武瓊要凸顯己書的"帝王治平之道",最直觀的方式就是以宋神宗所賜"通鑑"為名。就《越鑑通考總論》而言,可以看出武瓊《大越通鑑通考》的確以治平天下的內容為主。武瓊同時還用了"通考"二字,當來自元馬端臨《文獻通考》。馬端臨言:

> 至司馬溫公作《通鑑》,取千三百餘年之事跡,十七史之紀述,萃為一書,然後學者開卷之餘,古今咸在。然公之書詳於理亂興衰,而略於典章經制,非公之智有所不逮也,編簡浩如煙埃,著述自有體要,其勢不能以兩得也。①

因感《資治通鑑》闕於制度,故馬端臨效唐杜佑《通典》而撰《文獻通考》。後世以司馬光書簡稱《通鑑》,馬端臨書簡稱《通考》。武瓊書已亡,從書名采"通鑑""通考"來看,應該是編年述史與典章制度的兩全之作。武瓊及之前的越南史書,采"史記""綱目""通鑑""通考"等為名,大致遵循史學傳統,但已不完全拘于前書體裁與體例,是結合越史實際所作的選擇和創新。

## 二 正統論

饒宗頤先生言:"中國史學觀念,表現於史學史之上,以'正統'之論點,歷代討論,最為熱烈。說者以為起於宋,似是而實非也。治史之務,原本《春秋》,以事繫年,主賓旺分,而正閏之論遂起。歐公謂'正統之說始於《春秋》之作'是矣。正統之確定,為編年之先務,故正統之義,與編年之書,息息相關,其故即在此也"②,故明正統、定朔閏即為修史之要義。越南史學承中國史學之

---

① 馬端臨:《自序》,《文獻通考》,中華書局1986年影印本,考三。
② 饒宗頤:《中國史上之正統論》,上海遠東出版社1996年版,第1頁。

緒，於統朔之事亦尤為明鑒。黎嵩記"讀趙、丁、李、陳之事，則知天命人心之去留，識國統邦圖之隆替，辨君子小人之消長，察氣數風俗之盛衰，而歷代政事之得失可得而明矣"①，黎嵩據《大越通鑑通考》論史，表現了黎太祖以來的正統論。

### （一）大一統

越南自主時期的歷史，首先以吳權得國最正，內誅矯公羨之亂賊，外敗南漢劉弘操之勁旅。陳朝成書的《大越史略》設"吳紀"，繼之以丁部領之"丁紀"。《大越史略·吳紀》稱吳權為吳王，南晉王、天策王為後吳王。吳士連即延續陳朝觀點，以吳權作為自主建國開端，在《大越史記全書》中立"吳紀"。陳朝以吳權為正統，後黎朝卻有改變。太祖黎利建國，阮廌起草《平吳大誥》："惟我大越之國，實為文獻之邦，山川之封域即殊，南北之風俗亦異。粵趙、丁、李、陳之肇造我國，與漢唐宋元而各帝一方，雖強弱時或不同，而豪傑世未嘗乏。"②黎仁宗太和四年（一四四六）朱車《上〈越音詩集〉表》言："況國家素稱文獻之邦，而制（製）作昔號禮樂之國。自丁、李之肇造，豈乏作者於其間。及程、胡之迭興，咸有鳴之於當世。"③黎嵩論後黎太祖黎利功績言："豈趙、丁、李、陳所能及哉。"④三種文獻不列吳氏，均表明後黎朝並不以吳權作為一代之統，故而武瓊降稱"吳王"為"吳先主"，與曲氏同列，曲承裕為"曲先主"，曲承美為"曲中主"，曲顥為"曲後主"⑤，

---

① 校合本《大越史記全書》卷首，第93頁。
② ［越南·黎初］阮廌：《抑齋集》卷三《文類》，河內：文化通訊出版社2001年版，第319頁。這一段文字成為後黎朝對明清的主要思想，即各帝南北。黎聖宗時吳士連修《大越史記全書》也秉承其意，《擬進〈大越史記全書〉表》言："粵肇南邦之繼嗣，實與北朝而抗衡。統緒之傳億萬年，與天罔極；英明之君六七作，于古有光。雖強弱時或不同，而豪傑世未嘗乏"（陳荊和校合本《大越史記全書》卷首，第57頁）。
③ ［越南·黎初］朱車：《上〈越音詩集〉表》，《越音詩集》，遠東博古學院藏本，現藏於漢喃研究院，藏號 A.1925。"程"指陳朝，後黎朝諱"陳"為"程"。
④ 校合本《大越史記全書》卷首，第93頁。
⑤ 校合本《大越史記全書》卷首，第86頁。

黎嵩亦認可其說。

　　武瓊要確立的是丁部領建立的"正統"："自丁先皇以後，著為正統，以明君臣之分，世道升降之幾，於此可以見矣。"① 到范公著之時，武瓊書仍在，存黎嵩之論，故在吳士連書的基礎上，稱吳權為"吳王"，置於"外紀"，以丁部領為"本紀"之首②。吳士連《凡例》曰："其記始於吳王者，王我越人，當南北分爭之時，能撥亂興邦，以繼雄王、趙武之統，故也"，范公著注明："今依武瓊所述著，本紀全書始自丁先皇，以明其大一統也。"③

　　饒宗頤先生論："向來說者以'正統'之義，本於一統"，"夫一統之事，始於秦，而從空間以言'天下一統'之稱，恐亦導源於此。歐陽修之論正統，舉《公羊傳》'君子大居正'及'王者大一統'為說。"④ 故武瓊以丁部領為"正統"，以明其大"一統"。但吳士連《大越史記全書》中"丁紀"原為接續"吳紀"之作，武瓊則以"丁紀"為首，同時以吳權為"吳先主"。按照史書體例，武瓊應該沒有再立"吳紀"。黎嵩並未將武瓊和自己為何不以吳氏作為正統的緣由明確表述出來。

### （二）黜"黎紀"

　　繼丁部領而起的黎桓，北退宋師，南敗占城，掃平交州各股勢力，又與宋朝修好。儘管黎桓死後四年黎氏即亡，其功績陳朝史家均予以肯定，《大越史略》立"黎紀"，《安南志略》稱"黎氏世家"，即以黎氏為一代正統。然而《平吳大誥》言，"粵趙、丁、李、陳之肇造我國"；朱車《上〈越音詩集〉表》言，"國自丁、李之肇造"，黎嵩言，黎利建國"豈趙、丁、李、陳所能及哉"，三者皆是官方文獻，卻不言黎氏，直接以李氏承接丁氏，黜"黎紀"，

---

① 校合本《大越史記全書》卷首，第87頁。
② "外紀"出於劉恕《資治通鑑外紀》，"本紀"出於《史記》，《資治通鑑》實可稱《資治通鑑本紀》，吳士連設"外紀""本紀"，原無內外之分，但黎嵩加以區別。
③ 校合本《大越史記全書》卷首，第67頁。
④ 饒宗頤：《中國史上之正統論》，上海遠東出版社1996年版，第3、4頁。

卻未表明如何述黎氏之史。代表後黎朝官方思想的武瓊《大越通鑑通考》亡佚，後黎朝為何否定黎氏的正統地位，原因不得而知。

吳士連復以黎氏為"黎紀"，但其書為私撰，故武瓊、黎嵩仍然秉承了《平吳大誥》和《上〈越音詩集〉表》不言黎氏的做法，對吳士連的觀點不加理會。

### （三）閏胡

一三九九年，胡季犛遣人縊殺陳順宗，立順宗子為帝，一四〇〇年廢之自立稱帝，隨後以子漢蒼為帝，自為太上皇，一四〇一年為漢蒼紹成元年。胡季犛大肆誅殺陳朝宗室和異己力量，南征占城，北與明朝持續衝突。一四〇六年，明成祖遣人護送陳朝宗室陳天平返回安南，為胡季犛劫殺。明成祖大怒，出兵征安南，擒胡季犛、胡漢蒼父子。隨後明朝在安南復置郡縣，交州龍蛇大起，宣德二年（一四二七），明軍退出安南，黎利稱帝，建後黎朝。

胡氏篡陳，又導致明軍進攻，自不能為正統。潘孚先論："胡氏篡逆，斲喪自招。狂明狡虐，思改封土，假仁滅國，殺戮恣行"①，追隨胡氏之臣死於明軍戰陣，先論其背陳之不忠不義②。吳士連曰："亂臣賊子，人人得而誅之，而天討之，在天下不容一日捨也。國人誅之不克，鄰國人誅之可也。鄰國人誅之不克，夷狄誅之可也。故夫明人得以誅之也。"③黎嵩與潘孚先和吳士連態度一致，論："若夫胡季犛，倚掖庭之親，稔姦臣之惡，肆虐以暴其民，欺君而篡其位。罪盈怨積，海內離心。明人入寇，身虜國亡，死作他鄉之鬼，卒為天下所笑。胡漢蒼承篡國之後，行暴民之政。明人南侵，而關河失守，社稷為墟。天網恢恢，疏而不漏。"④黎嵩重名分綱常，批判了有史臣稱胡季犛為先主的觀點：

---

① 校合本《大越史記全書》本紀卷之十，第549頁。
② 校合本《大越史記全書》本紀卷之九，第496—497頁。
③ 校合本《大越史記全書》本紀卷之九，第497頁。
④ 校合本《大越史記全書》卷首，第91頁。

## 第八章　黎嵩《越鑑通考總論》的史論與史學

季犛以臣事君，而奪其位，是姦臣之魁也。而史臣乃以先主書之，則分不明矣。若按春秋之法，定褒貶之公，固當削偽朝之僭稱，以誅逆賊。去季犛之僭號，以討姦臣。然後正名分於當時，扶綱常於萬世。而史臣之謬，可盡洗矣。①

黎嵩未明言哪位史臣稱胡季犛為先主。武瓊稱曲氏三代為先主、中主、後主，稱吳權為吳先主，故稱胡氏為先主亦很可能是武瓊的手筆。為保持體例的完整，曲、吳、胡三氏皆非正統，而稱"主"。然胡氏又與曲、吳不同，雖篡權自立，但轄有全境，又亡於外敵之手，故有"閏胡"之說。

"閏胡"即以胡氏為"閏朔"。"閏朔"出於五德終始說，漢儒以秦政暴虐，不當居水德，故以漢接周統，稱秦為"閏朔"。"閏朔"雖別于"正朔"，但仍是一統，惟其不正而已。②"閏胡"之說始於潘孚先。潘孚先續編《大越史記》，自陳太宗至明軍還國，其書今已亡佚，內容被吳士連《大越史記全書》吸收。潘孚先在修史之時，又編《越音詩集》，表明了自己的觀點，卷一陳朝諸帝之後為"閏胡"，下有胡季犛詩三首，卷三陳朝大臣之後又有"閏胡"，錄五人詩十一首。朱車《上〈越音詩集〉表》言，"及程、胡之迭興"，即以胡氏為一代，應該是爲了行文，未稱"閏胡"。黎嵩記"閏胡既虜"③，因此武瓊應亦稱"閏胡"，并稱胡季犛為先主，記述其尊號。黎嵩對此大為不滿，要"去季犛之僭號，以討姦臣"，洗史臣之謬。

潘孚先和黎嵩對胡氏雖以大義相責，但同時又認可胡氏亦為一代，應該是從歷史延續的角度出發。然胡氏得國不正，故以"閏胡"稱之，此亦是後黎朝官方觀點。但表述之時，似可有可無，故黎嵩在《越鑑通考總論》結尾論讀丁、李、陳之史如何鏡鑒之後，

---

① 校合本《大越史記全書》卷首，第92頁。
② 饒宗頤：《中國史上之正統論》，上海遠東出版社1996年版，第16—23頁。
③ 校合本《大越史記全書》卷首，第92頁。

不提"閏胡",直接論讀黎太祖之史如何。吳士連對胡氏既做出激烈的批評,又不認可"閏胡"之說,故《大越史記全書》以胡氏父子附于陳紀之後,稱"季犛""漢蒼",不稱尊號。季犛稱帝,年號"聖元",因其篡陳,故仍書陳少帝建新三年。同年季犛傳位其子漢蒼,翌年漢蒼年號"紹成",後又有年號"開大",陳氏已亡,為述史記事,故吳士連仍記其年號。《大越史記全書》中胡氏不再成為一代之閏朔。

## 三 《越鑑通考總論》與朱子史學

黎嵩受命撰史,自武瓊二十六卷史書中提煉出一篇總論,"欲撮其大要,使一覽之間,而天地綱常之道益著,帝王治平之道益明"①,因此黎嵩寓史事於議論之中。黎嵩總論主旨有二,一在治亂,一在興亡,其核心即在綱常。《越鑑通考總論》開篇言儒家聖賢之治:

> 臣聞《虞典》即《虞書》,自孔子刪《尚書》以為典謨,而帝王修齊治平之道益彰。《春秋》本魯史,自孔子修《春秋》以定褒貶,而天子典禮命討之權益重。是以聖帝明王之治天下,有志於任君師之責,不可不究帝王之學。有志於究帝王之學,不可不明古今之理。然則諸史有作,所以為歷代人君之龜鑑,意有在矣。②

黎嵩所聲明者為聖賢治國之道,史書的作用即在於為君主所借鑒。黎嵩繼言"綱常"之道:

> 臣聞《周易》曰:"有天地,然後有萬物。有萬物,然後

---

① 校合本《大越史記全書》卷首,第83頁。
② 校合本《大越史記全書》卷首,第83頁。

有夫婦。有夫婦,然後有父子。有父子,然後有君臣",此綱常之道所由著也。《大學》曰:"心正,而后身修。身修,而后家齊。家齊,而后國治。國治,而后天下平",此治平之道所由行也。然則天地之道,不能外綱常以立極。帝王之道,豈能外綱常以為治哉?①

故黎嵩論越南歷代之治亂興亡皆以"綱常"為準繩進行衡量,"綱常"也就成為黎嵩史學思想的中心。歷史如何存在與發展,又是受何種力量推動及制約,這是前賢不懈探索的問題之一。湯勤福先生總結提出朱熹的歷史哲學包含了"會歸天理綱常的歷史決定論",朱熹認為決定歷史存在與發展的是"理","理"雖不可捉摸,但卻可以轉換為現實存在的綱常,朱熹說:"宇宙之間,一理而已。……其張之為三綱,其紀之為五常,蓋皆此理之流行,無所適而不在"②,"道即理也,以人所共由而言則謂之道,以其各有條理而言則謂之理,其目則不出乎君臣、父子、兄弟、夫婦、朋友之間,而其實無二物也"③;在世界中,"最其大者,則仁、義、禮、智之性,君臣、父子、昆弟、夫婦、朋友之倫是已。是其周流充塞,無所虧間,夫豈以古今治亂為存亡者哉!"④ 朱熹認為綱常即是決定社會發展的原動力和決定力量。《資治通鑑綱目凡例》言:"歲周于上而天道明矣,統正於下而人道定矣。大綱概舉,而鑒戒昭矣;眾目畢張,而幾微著矣。"⑤ 朱熹欲在歷史哲學中探究天道和人道的演變,"天道"即"理","人道"即"綱常","綱常"即主

---

① 校合本《大越史記全書》卷首,第83—84頁。
② 《晦庵先生朱文公文集》卷七十《讀大紀》,《朱子全書》第二十三冊,上海古籍出版社、安徽教育出版社2010年版,第3376頁。
③ 《晦庵先生朱文公文集》卷四十九《答王子合》,《朱子全書》第二十二冊,上海古籍出版社、安徽教育出版社2010年版,第2257頁。
④ 《晦庵先生朱文公文集》卷七十八《江州重建濂溪先生書堂記》,《朱子全書》第二十四冊,上海古籍出版社、安徽教育出版社2010年版,第3740頁。
⑤ 《資治通鑑綱目》,《朱子全書》第八冊,上海古籍出版社、安徽教育出版社2010年版,第22頁。

导歷史發展演變的原因和動力。①

黎嵩認為：天地之道、帝王之道、治平之道，其支點皆在綱常之道；因此綱常之道便成為黎嵩論史的主軸，此亦是治亂之根本。黎嵩對朱子歷史哲學中"綱常"的作用在越史的發展進行了充分的演繹。

越南自主建國前的歷史，雖為吳士連設"紀"以相統屬，但實際上雄王出於傳說，安陽王來自蜀地，趙佗則是秦將，徵氏姐妹抗暴，士燮、高駢為郡守，李賁起兵號李南帝，諸"紀"之間並無緊密關聯。因此首先要體現的則是越地之興。

綱常之道，夫婦為先，次父子，君臣再次之。黎嵩即以此為圭臬，越地之興，首先在於夫婦敦睦。"粵自鴻龐氏涇陽王繼神農之後，娶洞庭君女，明夫婦之道，正風化之原……貉龍君繼鴻龐之世，娶嫗貉氏女，而生有百男之祥。百粵之祖，實始於此。"② 以鴻龐氏、貉龍君為越地始祖，此為吳士連所創，但吳士連認為的越地之興，非因黎嵩所稱的夫婦之道，而是神靈之佑。吳士連曰："大越居五嶺之巔，乃天限南北也。其始祖出於神農氏之後，乃天啟真主也。"③《左傳·昭公十八年》子產曰："天道遠，人道邇，非所及也，何以知之？"④ 貼近社會的夫婦之道相較于遙遠的神靈護佑，既體現了夫婦之道為綱常之首，也避免了天道遙遠而產生的疑惑。

自十世紀曲承裕以州人執政開始，越南逐漸拉開了自主建國的大幕。曲顥為南漢所擒，曲氏將楊廷藝擊敗南漢軍隊，自稱節度使、領州事。楊廷藝旋即為部將矯公羨所殺，廷藝牙將、婿吳權攻殺矯公羨，在白藤江擊敗南漢軍，即位稱王。吳權死，妻兄楊三哥奪權稱平王。嗣後吳權次子吳昌文廢楊三哥，稱南晉王，迎兄吳昌

---

① 湯勤福：《朱熹的史學思想》第二章《朱熹的歷史哲學》，齊魯書社2000年版，第17—22頁。本書所論朱子史學"會歸天理綱常的歷史決定論"觀點和材料均引自湯先生著述，幸得湯先生之研究，本章於黎嵩與朱子史學的淵源方可稍作揭示。
② 校合本《大越史記全書》卷首，第84頁。
③ 校合本《大越史記全書》卷首，第55頁。
④ 楊伯峻：《春秋左傳注》，中華書局1995年版，第1395頁。

第八章　黎嵩《越鑑通考總論》的史論與史學 | 201 |

岌歸，稱天策王，兄弟治國。吳昌文為吳昌岌威逼，俟吳昌岌死，吳昌文復位，後戰歿於軍陣之中。交州大亂，群雄蜂起，丁部領率子丁璉蕩平各地，稱"萬勝王"，968年即位，稱"大勝明皇帝"。黎嵩對這段混亂相攻的歷史作了評價：

> 嗟夫！自有天地，即有綱常。父為子綱，君為臣綱，萬古截然，而不可紊。彼矯公羡乃楊正公之義兒，忘其鞠養之恩，率其黨而殺正公，是以子而殺其父，竟為先主所誅。三哥乃吳昌岌之舊臣，背其顧托之言，逐其君而自立，是以臣而叛其君，又為後主所戮。亂賊之輩，生前則不容天地之間，沒後則難逃春秋之法。故史臣筆之《通鑑》，深致意於其間焉。①

先主即吳權，後主即吳昌文。楊三哥乃吳權舊臣，吳昌岌為吳權長子，吳權死當立，楊三哥逐之而自立，故黎嵩言"三哥乃吳昌岌之舊臣"。矯公羡殺楊廷藝和楊三哥逐吳氏自立是這段歷史中最關鍵的兩個事件，矯公羡亂父子之道，楊三哥壞君臣之道，故黎嵩特予以譴責，生前不容于天地，死後難逃史筆貶斥。吳昌文死後，十二使君作亂，黎嵩曰：

> 何則十二使君，皆吳王之舊臣。當後主親征唐阮為毒矢所中而殂，為臣下者，固宜復讎致討，而雪後主之恥可也。亦當圖立嗣君，以繼先主之統可也。胡乃君既遇害，臣皆恝心，各相雄長，僭偽紛紜，非惟得罪於當時，抑亦貽譏於後世。②

在黎嵩看來，十二使君多為吳氏舊臣，而袖手吳氏之亡，壞君臣之道於前，又貽譏於後世。③從楊廷藝到十二使君紛爭，君臣、

---

① 校合本《大越史記全書》卷首，第86頁。
② 校合本《大越史記全書》卷首，第87頁。
③ 請參看葉少飛《十世紀越南歷史中的"十二使君"問題考論》，《唐史論叢》第26輯，三秦出版社2018年版，第325—356頁。

父子綱常大壞為首要原因。這段混亂時期過後，越南迎來了實現短暫安定的丁、前黎兩朝。

丁部領掃平了交州境內所有的割據勢力，并收服了楊廷藝和吳權兩系的力量，建立穩定政權，對外以長子丁璉出使宋朝，受封於宋，內政外交均取得了成功。然而丁部領晚年廢長立幼，以四歲的少子項郎為太子，引起長子丁璉不滿，遂殺項郎。丁部領和丁璉又為杜釋所殺，六歲的丁璿即位，大將黎桓逼丁氏遜位，丁氏歷十三年而亡。黎嵩評論丁氏：

> 蓋丁氏之興，雖出於天數，及其衰也，由三綱之不正焉。先皇廢嫡立少，而父子之恩睽。五后并立，而夫婦之倫紊。寵任杜釋，以成篡弒之禍，而君臣之道喪。是則丁氏之興，由於先皇，丁氏之亡，亦由於先皇。非天命之不佑，蓋人謀之弗臧也。①

丁氏之亡，疑點頗多。首先丁部領為何堅持不立丁璉為太子，而選擇稚齡兒童。第二杜釋因何謀刺丁部領與丁璉，以流星入口為休徵，行謀殺之事，理由頗為牽強。但丁部領因私愛棄長立幼，導致丁氏亡國，卻是事實。黎嵩以夫婦、父子、君臣綱常紊亂來解釋丁氏之亡，是可以成立的。

黎桓原為丁朝大將，宋太宗聞丁氏內亂，遂發兵交州，黎桓趁機黃袍加身，取代丁氏稱帝，降丁璿為衛王。黎桓北拒宋軍，南定占城，內弭阮匐、丁佃之亂，交州局勢重新穩定下來。但黎氏亦僅二十九年，黎桓死後四年黎氏即亡。黎嵩評論：

> 蓋大行之興，雖出於眾心，及其亡也，亦由三綱之不正焉。大行廢丁皇之子，而降為衛王，則無君臣之義。生子有九，而不早定皇儲，則無父子之恩。立后有五，而上蒸丁后，則無夫

---

① 校合本《大越史記全書》卷首，第87頁。

第八章　黎嵩《越鑑通考總論》的史論與史學　203

婦之道。知有欲而不知有義，知有身而不知有子，好殺而不好生，好刑而不好德，身既亡而國隨滅，由不仁之積也。①

　　黎桓出身軍伍，征戰多年，威名素著，具梟雄之資。黎桓個人雖勇武，但朝政並無制度成法。黎桓立丁璿母楊氏為大勝明皇后，又立四皇后；封太子鍮為擎天大王，第二子銀錫為東城王，第三子鉞為南封王，第四子釘為禦蠻王，第五子鋌為開明王，第六子釿為禦北王，第七子鏦為定藩王，第八子鏘為副王，第九子鏡為中國王，第十子鋥為南國王，第十一子為行軍王，義兒為扶南王。黎桓所封十二王各有封地，且名目並無一定之制，全在己好與實際需要，含有"禦""行軍"等字號必定轄有軍隊。黎桓死後，南封王鉞、東城王錫、中國王鏡、開明王鋌爭立，八月無主。最後南封王鉞即位，三日即為開明王鋌所殺。鋌遂即位，伐禦北王與禦蠻王。鋌暴虐，四年而亡。大校李公蘊早有異心，俟鋌死，即自立為帝。黎桓分封諸子，諸子又與母后連結，諸子爭位，黎氏亦因此而亡。黎嵩論黎桓無夫婦、父子、君臣之義，不仁之積，議論確切，黎桓在立后、封子上的不謹慎確是黎氏滅亡的主因。丁部領、黎桓身死國即亡，實為武人政權的一個突出特點，生前政權維系于一己之威，而不能以制度成法導之，遂旋起旋滅。

　　李公蘊建政，宋真宗不願南疆再生事端，遂予以承認，故此公蘊有暇專營內政。佛教在交州自三國至唐代都很興盛，丁、黎二代雖有僧人的影響，但並不明顯，之後僧人完全插入黎、李換代事中。李公蘊幼時曾遊學六祖寺，為僧萬行所讚。及長不事生產，惟涉獵經史，慷慨有大志。相傳李公蘊圖謀廢立之時，木棉樹現文字，僧萬行解以吉言，遂下決心自立。李公蘊稱帝后即將都城從華閭遷往昇龍，崇佛法，建寺廟，立子李佛瑪為太子。李公蘊崩，即有藩王反叛，李佛瑪不願手足相殘，大將黎奉曉遂以君臣、父子大義斬叛王，佛瑪即位為李太宗。李太宗又以古禮敬奉神明，約束臣

---

① 校合本《大越史記全書》卷首，第88頁。

子。"封銅鼓山神以王爵,立廟時祭,仍行盟禮",有誓書曰"為子不孝,為臣不忠,神明殛之"①,此事在李太宗即位之初,能夠對盟誓之禮非常熟練的運用,推想李公蘊之時應該已有章法制度,當有僧、儒飽學之人為之立謀,措置朝政。李朝隨之穩定發展下去,傳國二百餘年亡。

李惠宗時朝政大壞,因無子,傳位公主,是為李昭皇。在陳守度的操縱下,昭皇禪位於陳日煚,即陳太宗,李氏亡。陳朝繼續崇佛重儒,陳朝皇帝晚年多出家為僧,陳仁宗建立竹林禪宗,號"佛皇"。陳朝儒者輩出,到末年即有大儒朱文安名傳千古。陳朝正當蒙元馳騁之時,但抗住了蒙元三次南征,國祚延續。一個重要原因當在於陳朝特殊的太上皇制度,即皇帝壯年傳位於太子,為上皇,仍掌國政,太子為帝。這樣既保證內部傳承時不發生變亂,也能在受到外部攻擊時留有後手,可圖恢復。陳朝為胡季犛所篡,傳一百七十餘年。

後黎朝太祖黎利擊敗明軍建國,得國正,史臣讚譽有加,其勃興乃天意,實仁道臻治,湯武再現:

　　觀其帝之神武不殺,即天地之心也。秋毫無犯,即天地之量也。收養諸路流民,即天地之仁也。放歸十萬降卒,即天地之德也。賢舉有令,則成湯之立賢無方也。諭降有書,即成湯之代虐以寬也。兵農有法,即武王之農用八政也。牧民有條,即武王之寵綏四方也。諭以十條軍政,講君臣之義也。布以六條教化,明父子之倫也。慎重刑罰,謹號令之信也。結好明國,存交鄰之禮也。若夫建太廟以奉祖考,設學校以明人倫。《平吳大誥》,無非仁義忠信之言。《藍山實錄》,無非修齊治平之道。宜乎定大越之乾坤,奠皇圖之社稷,豈趙、丁、李、陳所能及哉。然後知帝王大業也,綱常正道也。綱常立,而帝王之大業以成。仁義明,而天下之大器以定。湯武推仁義之心,爽

---

① 校合本《大越史記全書》本紀卷之二,第218頁。

仁義之師，其得天下以正，守天下以仁，故能臻有道之長。欽惟太祖高皇帝取天下於狂明亂寇之餘，其得天下也甚正，其守天下也以仁，尤必維持之以義，團結之以仁，照臨之以智，範圍之以信，其修齊治平之道，則與唐虞三代而比隆，于以衍億載綿洪之業，其積累固非一日矣。①

這一段讚揚太祖高皇帝黎利的言辭，體現了儒者的追求：（一）三代湯武之政。儒家認為只有三代之政才是臻於完美、符合大道的時代。黎嵩以黎太祖的治政比附於湯、武之政，體現了儒者的至高追求。（二）綱常之道。綱常之道既是黎嵩論史的核心，也是現實政治的核心，所以說"然後知帝王大業也，綱常正道也。綱常立，而帝王之大業以成"。（三）修齊治平之道。無論任何的理想與追求，均須在行為中體現出來，而行為必須是合理而有效、且能夠循序漸進，修身、齊家、治國、平天下正是這一過程的完美展現。黎嵩同時又提出"維持之以義，團結之以仁，照臨之以智，範圍之以信"，仁、義、禮、智、信是儒家的另一行為和精神要求，與修齊治平之道相輔相成。

最後黎嵩提出黎太祖"得天下也甚正，其守天下也以仁"，頗覺勉強。黎利雖擊敗明軍建政，但明朝要求黎利立陳朝之後，安南國內亦有立陳氏之后的呼聲②。雖然黎利威望無人能及，安南亦非陳氏所有，但"存亡繼絕"的觀念仍有影響；另史載黎利"多忌好殺，此其所短也"③。但黎嵩以臣論君，認為黎利之功業比於湯武仁政，誠為儒家之臻治。

## 四　黎嵩的儒佛觀

越南自丁朝開始，佛教即參與世俗政權。丁部領微時曾打魚得

---

① 校合本《大越史記全書》卷首，第93頁。
② 鄭永常：《征戰與棄守》，台南市：成大出版組1997年版，第138—146頁。
③ 校合本《大越史記全書》本紀卷之十，第515頁。

圭，在船頭觸殘一角，投宿膠水寺，寺僧嘆曰："吾子他日富貴不可言，但恨福不長耳"①，稱帝之後以"僧統吳真流賜號匡越大師，張麻尼為僧錄"②，吳真流後又參與到黎桓政權之中，黎桓政權中又有法師順③。李公蘊受計於僧萬行，建政之后即崇奉佛教。黎文休曰："李太祖即帝位，甫及二年，宗廟未建，社稷未立，先於天德府創立八寺，又重修諸路寺觀，而度京師千餘人為僧"④，由此可見佛教勢力之強，以至於李公蘊必須迅速籠絡。李朝時雖建文廟，定科舉，但極為崇奉佛教。陳朝亦是，高僧與儒者相映，到後黎朝時儒家思想方壓倒佛教，大為昌明。

丁、黎二代四十餘年可稱越南歷史的草創時期，李、陳四百年則是穩定發展時期。在李、陳朝時期越南完成了從局部政權到國家政權的轉變，國家形態、制度、意識、統治力均發展完成。黎嵩如此評價李、陳之亡：

> 大抵李、陳之亡，雖由綱常之紊亂，亦由異端之蠱惑。發庫錢而造佛像，發庫銅而鑄洪鐘，發庫紙而寫佛經，李朝之事佛謹矣。然殺李氏之子孫者，纔出於陳守度之兇險，而佛不能救。以天子而為大士，以妃嬪而為丘尼，以王主而為僧眾，陳家之事佛篤矣。然弒陳氏之宗室者，皆出於胡季犛之姦欺，而佛不能救，則奉佛之事，果何補哉。⑤

李、陳二代皆是長壽之朝，早期君臣多奮發有為，中期尚能守持，後期君主昏庸，奸臣遂起，朝政糜爛，終至內憂外患，即便新君奮發亦無力回天。夫婦、父子、君臣綱常此時亦是大壞。但黎嵩論李陳之亡，重點不在綱常，而在崇佛。

---

① 校合本《大越史記全書》外紀卷之一，第183頁。
② 校合本《大越史記全書》外紀卷之一，第181頁。
③ 校合本《大越史記全書》外紀卷之一，第191—192頁。
④ 校合本《大越史記全書》外紀卷之一，第208頁。
⑤ 校合本《大越史記全書》卷首，第91頁。

佛教西來與儒家思想產生了極大的衝突。在融合三教思想的理學出現之前，高僧大儒關於儒佛義理的論辯代不絕書。而佛教也因與儒、道的衝突及國家政權的打擊，發生過"三武一宗"之法難。越南與中國皆崇漢傳佛教，黎崱論李、陳崇佛而亡國，實學自韓愈《論佛骨表》言事佛國滅：

> 漢明帝時，始有佛法，明帝在位纔十八年耳，其後亂亡相繼，運祚不長。宋、齊、梁、陳、元魏已下，事佛漸謹，年代尤促。惟梁武帝在位四十八年，前後三度捨身施佛，宗廟之祭，不用牲牢，晝日一食，止於菜果。其後竟為侯景所逼，餓死臺城，國亦尋滅。事佛求福，乃更得禍。由此觀之，佛不足事，亦可知矣。①

佛教對社會有巨大的滲透力和影響力，公開提倡必然導致舉國事佛，影響正常的國家生活。黎崱在對李、陳每位君主的賢德評論之後，再依次批判其崇佛之舉：

> 李太祖：然聖學不聞，儒風未振，僧尼半於人間，佛寺滿於天下，非創業垂統之道也。
> 李太宗：然耽倡遊詩偈之禪，惑西天歌調之曲，非經國子民之道也。
> 李聖宗：然疲民力以築報天之塔，費民財以造靈潭之宮，此其短也。
> 李仁宗：鑄龜田鐘，而陷僧尼之簧惑，此其失也。
> 李神宗：然酷好祥瑞，崇尚浮屠，破敵而歸功於佛，獻鹿而得濫其官，何其愚也。

---

① （唐）韓愈撰，馬其昶校注，馬茂元整理：《韓昌黎詩文集校注》第八卷，上海古籍出版社1986年版，第613—614頁。

李英宗：崇信佛老，而制僧道之科，何其暗也。①

之後的李高宗和李惠宗時期，黎嵩專論國政糜爛，綱常不振，奸邪當道，未論崇佛，但李高宗"亡國之兆，已萌於此矣"、李惠宗"喪國之兆，已決於斯矣"②。黎嵩論陳朝諸帝，未言陳太宗崇佛，以下三帝賢德而佞佛：

陳聖宗：然釋教耽心，流於梁武之弊習。
陳仁宗：然游心釋典，而筑天健之庵。給養僧尼，而鑄普明之鼎。非帝王之治也。
陳英宗：然從沙門於安子之山，勞民力於暎雲之閣，非帝王之量也。③

黎嵩繼論三帝之後朝綱不舉，亂政頻出，事佛則僅論及陳憲宗"消遙於甘露之峰，勤懇於瓊林之佛"④。黎嵩所論即韓愈所言"亂亡相繼，運祚不長"的演繹。然韓愈辟佛，僅以梁武帝餓死臺城為例，黎嵩則將李陳事佛之君依次評判，不可謂不激烈。但佛教影響國家興亡是一個緩慢的過程，否則何以李朝傳國二百餘年、陳朝延續一百七十餘年。要將一代之亡完全歸因於佛教，亦不客觀。黎嵩論陳朝後期亂政：

然惠宗見弒，而君臣之道喪，仁者不為也。靈慈見娶，而夫婦之恩乖，義者不為也。以堂堂之天子，而為竹林之禪，智者不為也。以肅肅之王姬，而為占城之配，禮者不為也。親迎其子之妻，則倫之亂矣。嬖幸倡人之女，則禍之胎矣。後宮苑池之遊，則志荒矣。外戚權臣之寵，則政蠹矣。帝王修齊治平

---

① 校合本《大越史記全書》卷首，第88—89頁。
② 校合本《大越史記全書》卷首，第89頁。
③ 校合本《大越史記全書》卷首，第89—90頁。
④ 校合本《大越史記全書》卷首，第90頁。

之道，果如是乎？在朝之臣，則有日燏建鹹子之功，國峻獻白藤之捷，亦頡頏於郭汾陽、寇萊公之名譽，固可稱矣。至於陳光啟、馮佐周、陳元旦、范五老、段汝諧、張漢超、丁拱垣、苑（范）師孟、阮忠彥、黎伯適之諸賢，而時君或以見疏，宜其治之不古若也。他如陳克終之姦邪，陳慶餘之貪鄙，何足議哉。①

黎嵩所論皆以儒家立場出發，指出亂政諸端，雖代有賢臣，但君臣多不守聖賢之道，以致國亡。故佛教禍國亦只是一端而已。然佛教在李、陳朝於治國亦有益，尤其是李陳之初穩定政權功不可沒。黎嵩受詔論史，李、陳亡國一在綱常，一在事佛，顯然是得到官方認可的史家觀點。而後黎朝也的確在佛教信仰上保持克制，少有李、陳朝的崇佛之弊。

## 五　黎嵩的理學觀

黎嵩在《越鑑通考總論》最後寫道：

> 所以為天地而立心，所以為綱常而立極，為生民而立命，為億萬世而開太平，于以奠國勢於泰磐，于以措生民於衽席，而帝王大業宏圖，與天地同悠久矣。②

此當據張載"四為句"而來。此有兩個版本，宋明諸本作："為天地立志（心），為生民立道，為去聖繼絕學，為萬世開太平"③，《宋元學案》則作："為天地立心，為生民立命，為往聖繼

---

① 校合本《大越史記全書》卷首，第91頁。
② 校合本《大越史記全書》卷首，第94頁。
③ 張載著，章錫琛點校：《張載集》，中華書局1978年版，第320頁。林樂昌先生據宋元本指出中華書局排印本"為天地立志"為誤排，當改為"為天地立心"（《為天地立心——張載"四為句"新釋》，《哲學研究》2009年第5期，第58頁）。

絕學，為萬世開太平"①，張岱年先生認為宋明諸本當為原文，《宋元學案》則經修飾，但流傳較廣②。林樂昌先生據後者做了新的闡釋。③

黎嵩之"四為"句，與兩個版本的"四為句"差別很大。張載"四為句"原僅四句；黎嵩則措詞發揮，實為自我解讀。黎嵩著史在一五一四年，時間遠早於《宋元學案》，黎嵩所寫之"為生民立命"很可能是據己意所改。黎嵩"四為"句去除了原來的"為往聖繼絕學"，改作"所以為綱常而立極"。黎嵩在開篇即已強調："然則天地之道，不能外綱常以立極。帝王之道，豈能外綱常以為治哉？"④黎嵩將朱熹倡導的"綱常"代替原先的"為往聖繼絕學"，認定朱熹的"綱常之道"即為聖賢之學，遵而行之即可，可見朱子理學在黎嵩心中的地位。

張載"四為句"原為語錄，並無自我闡釋，學者多據張載著作加以解釋。黎嵩"四為"句後又論"于以奠國勢於泰磐，于以措生民於衽席，而帝王大業宏圖，與天地同悠久矣"，其中尤為關鍵者為"于以措生民於衽席"，此句是黎嵩對"為生民而立命"的解釋。《詩經》有《生民》一篇，述周人始祖后稷及周人發展與祭祀⑤；《尚書》《左傳》《禮記》等經典亦言"生民"，以指人民。"衽席"原指臥席或臥具，后衍生多義；《大戴禮記·主言》："行施彌博，得親彌眾，此之謂衽席之上乎還師"⑥，此即以"衽席"指太平之世。"措生民於衽席"即為人民帶來安定太平生活之意，這正是儒家治政的一個理想。雍正皇帝《大義覺迷錄》亦言："登生民於衽

---

① 黃宗羲、全祖望著，陳金生等點校：《宋元學案》卷十七，中華書局1986年版，第664頁。
② 張岱年：《試談橫渠四句》，載《中國文化研究》春之卷（總第15期），1997年5月，第2頁。
③ 林樂昌：《為天地立心——張載"四為句"新釋》，《哲學研究》2009年第5期，第58—63頁。本書關於"四為句"的文本考證皆來源於林先生，特予感謝。
④ 校合本《大越史記全書》卷首，第83—84頁。
⑤ 朱熹：《詩集傳》，中華書局1958年版，第190—192頁。
⑥ 王聘珍撰，王文錦點校：《大戴禮記解詁》卷一，中華書局1983年版，第8頁。

席，遍中外而尊親者"①，用以反駁曾靜攻擊清朝的言論。

黎崧所總結"四為句"將張載"四為句"的精神和朱熹綱常之道融為一體，是對理學思想的綜合運用，體現了黎崧對朱熹綱常之道的高度認可與發揮，而其目標則是儒家不懈探索的聖賢之治。

## 六　結論

越南並未經歷一個如同漢代儒學獨尊的時代，自主建國以後，即面臨對儒、佛、道的選擇，雖三教皆可接受，但實有輕重。李、陳朝在崇佛的同時，儒家思想亦蓬勃發展，名儒輩出。儒家所重，一在教化萬民，一在述興亡廢衰，其衡量標準則是綱常和治平之道。儒臣修史，即以此為準，歐陽修《新五代史》、司馬溫公《資治通鑑》、朱子《資治通鑑綱目》無不如是。越史撰述雖晚，但亦是儒者修史，故多論治亂興亡之道。《大越史記全書》保存的黎文休、潘孚先、吳士連、武瓊皆以儒家聖賢之道立論，雖散見於史書，實為儒學昌明之徵。

吳士連未受命私撰《大越史記全書》十五卷，其史觀與潘孚先、武瓊所持官方思想有很大的不同。因潘孚先和武瓊書亡佚，吳士連的史觀多為范公著、黎僖所認可，并以己書與吳士連書相合，仍稱《大越史記全書》，於正和十八年（一六九七）刊刻流傳，故吳士連的史觀為後世廣知，而潘孚先、武瓊之官方觀點則逐漸隱晦。武瓊《大越通鑑通考》是對後黎朝官方史學的一次展示，惜其書亡，幸賴黎崧《越鑑通考總論》方能有所認識。

史論不同於著史，著史者可寓評論於敘述，亦可立論如太史公、司馬溫公。史論則全須論史，其觀點明確無礙，思想性也最為突出直接。黎崧觀點雖偶別於武瓊，但秉承朱熹綱常之道論史，以之為

---

① 雍正：《大義覺迷錄》，《近代中國史料叢刊》第36輯，文海出版社1966年版，第2—3頁。

衡量越史興衰治亂的準繩，并撰寫《越鑑通考總論》交付朝廷，廣為流傳。因《越鑑通考總論》具備的官方特點，既可稱作是後黎朝對越史治亂的歷史總結，亦可見朱子史學觀以及理學在越南官方及士庶中的流布與巨大影響。

　　於儒者而言，最痛心者莫過於雖有治平之道，而亂臣賊子頻出。黎嵩卒年不詳，但應該在一五一四年完成《越鑑通考總論》之後，武瓊一五一六年卒，權臣莫登庸一五二七年弒黎恭皇自立，黎氏在忠臣阮淦的領導下開始了艱辛慘烈的復國之路。

# 第九章

# 越南後黎朝鄧明謙
## 《詠史詩集》的撰述與思想[*]

鄧明謙（生卒年不詳），字貞譽，號脫軒，黎聖宗洪德十八年（一四八七）進士，[①] 光紹五年（一五二〇）鄧明謙撰成《詠史詩集》，該書以洪德十年（一四七九）吳士連編撰的編年體通史《大越史記全書》十五卷為根據，吟詠越南歷史人物，以詩論史。黎貴惇《大越通史·藝文志》稱其"褒貶去取，殊有深意，允稱名筆"[②]。《詠史詩集》依託編年體通史而作，撰有凡例，史學思想充

---

[*] 2016 年河內的文學出版社印行了由黃氏午和阮文原主編的《脫軒詠史詩集》越文本，附漢文詩，原序為越文。該本以漢喃研究院藏 VHV.1506《咏史詩集》刻本為底本，該本沒有阮朝避諱，序中后黎朝年號頂格書寫，當為后黎朝刻本。黃氏午博士在序中詳細介紹了《詠史詩集》的內容、藝術特點、版本收藏以及研究價值等，讀者可參看。漢喃研究院另藏 A.440《脫軒詠史詩集》抄本文詞與 VHV.1506《咏史詩集》刻本有異，且《凡例》"史文有未安者"和"馮王生時"兩條抄本內容多於刻本，且文詞更加完善規整，抄本又較刻本多"媚珠、呆娘其事同，歇驕野象其志同，鄧藻黎鐘其節同，然媚珠視呆娘為詳，歇驕鄧藻視野象黎鐘為優，今表媚珠歇驕鄧藻命題，而呆娘野象黎鐘則略之"和"北朝併外國人，竝不得入本集。唯占城國主占斗妻妾媚醯，舍生取義，顯靈於南土，今特附於本集之末，以表貞節"兩條，抄本《凡例》與《脫軒詠史詩集》的內容均相符合，但文字多有誤，如序中"潘孚先"寫作"潘夫生"，"《嶺南摭怪錄》"寫作"《嶺南誌怪錄》"，故抄本讀者在旁改之，正文亦有誤書人名者。本書以 A.440《脫軒詠史詩集》抄本為研究對象，引文皆出此本，有誤者在注釋中說明。VHV.1506《咏史詩集》與 A.440《脫軒詠史詩集》抄本內容相差較大者，研究過程中有所涉及均予以表現。A.440 抄本序前有"公，山圍帽浦人"，"脫軒"當為後人所加，本章皆稱《詠史詩集》。

① ［越南］鄭克孟：《越南漢喃作家人名字號詞典》，河內：社會科學出版社 2012 年版，第 469 頁。

② ［越南·中興黎朝］黎貴惇：《大越通史》，夏威夷大學藏本。

盈其中，是別具一格的史學著作。

## 一 《詠史詩集》對史書的選擇

鄧明謙《詠史詩集》序云：

  詠史有作，所以寓褒貶也。其命題，或以人名，或以地名，或以山川宫室。古今人文才子，往往表出，宋之胡曾、明之錢子義，是其尤者。天南自開闢以來，帝王后妃，公侯相將，士庶婦孺，載諸史冊，不為不多，而曾經題品，十纔一二。洪德年間，余入史館，竊嘗有志于述古，奈中秘所藏，屢經兵燹，史文多缺，見全書者，唯吳士連《大越史記全書》、潘孚先《大越史記》、李濟川《越甸幽靈集錄》、陳世法《嶺南摭怪錄》而已。載筆之暇，披而閱之，臧而否之，又從而歌詠之，日積月累，凡若干首，子侄輩彙錄成集，分為三卷。余因授凡例，俾繫其事于下，以便觀覽。然自知才疎，識卑學淺，是非有謬，必取笑于高見遠識之君子。然於家庭之傳習，史學之芹藻，未必無補云。

  光紹五年禮部尚書、史館總裁①、知昭文館秀林局、山圍脫軒鄧明謙尚馨序

  鄧明謙洪德十八年（一四八七）中進士，光紹五年（一五二〇）為《詠史詩集》作序，所依據的《大越史記全書》完成于洪德十年（一四七九），是吳士連未奉詔而作的史著。一五二〇年之前，后黎朝又完成了一部官修史書，即洪順三年（一五一一）武瓊所撰《大越通鑑通考》。

  鄧明謙進入史館，若作系列詠史詩，當以武瓊書為主較為妥當。鄧明謙也很可能是繼武瓊之後出任史館總裁。黎貴惇《大越通史·

---

① VHv. 1506 刻本為"史官都總裁"。

# 第九章　越南後黎朝鄧明謙《詠史詩集》的撰述與思想

藝文志》即稱："《越鑑詠史詩集》二卷，鄧明謙撰"，即以鄧明謙《詠史詩集》與《大越通鑑通考》有所聯繫。

A. 440抄本作"洪德年間，余入史館"，VHv. 1506刻本序中言"洪順年間，余入史館"，洪德（一四七〇至一四九七）與洪順（一五〇九至一五一六）兩個年號相差十餘年。但鄧明謙自稱"日積月累"作詠史詩，且能對史學有深刻的理解，應在洪德年間進入史館。鄧明謙不選武瓊官修史書《大越通鑑通考》而以吳士連私撰的《大越史記全書》為依據，當如A. 440抄本作記"洪德年間，余入史館"，即洪德十八年（一四八七）中進士之後即進入史館，到武瓊一五一一年撰成《大越通鑑通考》之時，《詠史詩集》中的詩及注文已經基本完成。

鄧明謙雖然在序中沒有提到《大越通鑑通考》，但卻見過此書並有所參考，A. 440抄本《杜天覷》中引："《皇越通考》，青衫，宦官服"，越南史籍稱"通考"者，在《大越通鑑通考》之外，僅黎嵩據此書編撰的《越鑑通考總論》，後者並無"青衫"的內容，顯然此處的《皇越通考》即《大越通鑑通考》。① VHV. 1506在《阮士固》詩后言："《越鑑通考》陳朝姓阮名士固，凡二，竝以文學顯。一人在仁宗時，與韓佺齊名，仕至天章閣學士。一人在明宗時，范遇所從學者，仕至翰林學士"，《越鑑通考》即武瓊的《大越通鑑通考》。這應該是鄧明謙在武瓊書完成之時，《詠史詩集》已經撰述完畢，因此書是"家庭之傳習"，即教導子侄所用，故未重新以《大越通鑑通考》史文作注，僅以此書有所補充。

VHv. 1506刻本中，鄧明謙在《凡例》第一條中即述明："所繫之事，竝以吳士連《大越史記全書》為正"，即以洪德十年（一四七九）吳士連所著《大越史記全書》十五卷為編撰依據。在吳士連撰史之時，越南本土流傳的歷史著作僅有黎文休、潘孚先兩部《大越史記》，吳士連看重的胡宗鷟《越史綱目》已經亡佚。鄧明謙進入史館之時，只見到了吳士連《大越史記全書》和潘孚先《大越史

---

① VHv. 1506刻本此處有引文卻未出現《皇越通考》書名。

記》的全本，黎文休《大越史記》可能已經佚失。潘孚先之書記錄陳朝到明軍北返的歷史，吳士連《大越史記全書》的"外紀"五卷記載傳說時期的鴻龐氏至十世紀吳權自立，"本紀"十卷記載丁部領至後黎朝黎利建國之間的史事。

然而擺在鄧明謙面前的《大越史記全書》卻是吳士連未奉詔而為的私撰史著，但因吳士連的史官身份，所以並未對鄧明謙產生影響。鄧明謙"筆載之暇，披而閱之，藏而考之，又從而歌詠之，日積月累，已若干首"，詩成之後，"余因授凡例，俾繫其事于下，以便觀覽"，又以史文注詩，即成《詠史詩集》。

## 二　《詠史詩集》的撰著宗旨

鄧明謙在序中闡述了詠史詩的宗旨之後，提到了胡曾和錢子義的詠史詩作。元代辛文房《唐才子傳》記胡曾及其作品：

> 曾，長沙人也。咸通中進士。……曾天分高爽，意度不凡，視人間富貴亦悠悠。遨歷四方，馬跡窮歲月，所在必公卿館穀。上交不諂，下交不瀆，奇士也。嘗為漢南節度從事。作《詠史詩》，皆題古君臣爭戰廢興塵跡。經覽形勝，關山亭障，江海深阻，一一可賞。人事雖非，風景猶昨，每感輒賦，俱能使人奮飛。至今庸夫孺子，亦知傳誦。後有擬效者，不逮矣。至於近體律絕等，哀怨清楚，曲盡幽情，擢居中品不過也。惜其才茂而身未穎脫，痛哉！今《詠史詩》一卷，有咸通中人陳蓋註，及《安定集》十卷行世。[1]

今傳《新雕注胡曾詠史詩》宋人米崇吉序云：

---

[1] 辛文房撰，周本淳校正：《唐才子傳校正》卷八，江蘇古籍出版社1987年版，第249頁。

| 第九章　越南後黎朝鄧明謙《詠史詩集》的撰述與思想　|217|

> 近代前進士胡公名曾，著詠史律詩一百五十篇，分為三卷。余自丱歲以來，僶嘗諷誦，可為是非罔墜，褒貶合儀，酷究佳篇，實深降嘆。①

米崇吉極力推崇胡曾的《詠史詩》，可見宋人對其評價很高。但後世對胡曾《詠史詩》褒貶不一，②《四庫全書總目提要》云：

> 《詠史詩》二卷。唐胡曾撰。曾，邵陽人。……是編雜詠史事，各以地名為題。自共工之不周山，迄於隋之汴水，凡一百五十首。《文獻通考》載三卷。此本不分卷數，蓋後人合而編之。其詩興寄頗淺，格調亦卑。何光遠稱其中《陳後主》、《吳夫差》、《隋煬帝》三首。然在唐人之中，未為傑出。惟其追述興亡，意存勸戒，為大旨不悖於風人耳。每首之下，鈔撮史書，各為之註……③

關於胡曾《詠史詩》的地位、價值和評論，請參看趙望秦先生著作④，茲舉兩家褒貶之說。鄧明謙誤將唐人胡曾誤為"宋之胡曾"，但對其著作持欣賞態度當無疑問。鄧明謙提到的另外一位"明之錢子義"，錢謙益《列朝詩集》記載：

> 子義字□□，子正之弟也。馬季常有《續胡曾詠史詩》，子義不仍舊題，別成一百五十首，大率《兔園冊》中語耳。程

---

① 《新雕注胡曾詠史詩》，《四部叢刊》三編集部，上海涵芬樓影印常熟瞿氏鐵琴銅劍樓影宋鈔本。關於此本，請參看趙望秦《〈四庫全書〉本胡曾〈詠史詩〉的文獻價值》，《古籍整理研究學刊》2008年第2期，第3—6頁。
② 請參看陳伯海主編《唐詩匯評》，浙江教育出版社1995年版，第2785頁。
③ 《四庫全書總目提要》卷一五一《集部》別集類四，中華書局1960年版，第1301頁。
④ 趙望秦：《唐代詠史組詩研究》，南京師範大學2002年博士學位論文，2003年三秦出版社以《唐代詠史組詩考論》為名出版。

克勤詠史絕句亦采之。①

錢子義的《續詠史詩》一百五十首收入《種菊庵集》，自序作於洪武八年，明英宗正統年間族人錢公善將《種菊庵集》四卷與兄錢子正《錦樹集》八卷、侄錢仲益《綠苔軒集》六卷合刊，名《三華集》，后一起收入《四庫全書》。鄧明謙盛讚胡曾《詠史詩》與錢子義《續詠史詩》"是其尤者"，顯然是有深刻的認識，然而胡曾和錢子義的著述思想並不相同。

胡曾《詠史詩》序中，首先指出"夫詩者，蓋盛德之形容，刺衰政之荒怠，非徒尚績麗瑰奇而已"，接著批判前代詩篇的缺點，"觀乎漢□子、晉宋詩人佳句名篇，雖則妙絕，而發言指要亦已疎，齊代既失執範，梁朝文加穿鑿，八病興而六義壞，聲律摧□雅崩良不能也"，對六朝尚音律、辭藻、空洞無物的詩表示強烈不滿。因而"曾不揣庸陋，轉采前王得失，古今□□，成一百五十首，為上中下三卷，便已首唱相次，不以□先，雖則譏諷古人，實欲裨補當代，庶幾與大雅相近者也"②。胡曾是晚唐士人，卻對本朝前期詩作沒有評價。從其序中可以看出，胡曾秉承古代"詩教""詩刺"的傳統來詠史。然而錢子義所作，卻是為了啟蒙童稚，其序云：

邵陽胡氏《詠史詩》傳誦於世久矣。馬孝常先生嘗謂予曰："胡公之詩，多幽僻塞淺，欲就其舊題別作一百五十篇，以噯學子"。愚以胡詩固有淺而僻者，奈何兒童聽習之熟，恐卒難改也。不若別命題而為之，如何？馬曰：善。及其出宰內丘，四五年間，意其付之度外矣。近因見姪仲益佩小冊於張玄齋處，乃其手鈔湖海士君子之新作也。而孝常詠史詩在焉，皆仍胡之舊題而新之也。蓋向者與言之後，即以其已志而成之矣。第余

---

① 錢謙益：《列朝詩集小傳》，上海古籍出版社1959年版，1983年新1版，第141—142頁。
② 《新雕注胡曾詠史詩》，《四部叢刊》三編集部，上海涵芬樓影印常熟瞿氏鐵琴銅劍樓影宋鈔本。

| 第九章 越南後黎朝鄧明謙《詠史詩集》的撰述與思想 | 219 |

相去邈然，不及知之耳。暇日甄詠之餘，不自揣量，窺竊陳篇，類出黃帝鼎湖已降，泊趙宋崖山共一百五十題，各述以七言一首。辭庸意陋，固弗足齒於二公，但欲儁故事百餘，叚授之童稚，肄業之暇，使之講習，庶幾亦有所裨益云爾。①

"姪仲益"當為《綠苔軒集》的作者錢仲益，"佩小冊"以學詩。趙望秦先生指出胡曾《詠史詩》後世雖褒貶不一，但因其淺顯易懂，意義深刻，在唐末五代時及已成為兒童讀物，在後世的蒙學教育中發揮了重要的作用。② 馬孝常為元末明初詩人，即錢謙益所言之馬季常，欲因舊題重作，錢子義即認為："胡詩固有淺而僻者，奈何兒童聽習之熟，恐卒難改也"，因而另起爐灶重作。錢子義即以胡曾《詠史詩》和自己的《續詠史詩》皆為童蒙教材，故而"但欲儁故事百餘，叚授之童稚，肄業之暇，使之講習，庶幾亦有所裨益云爾"，這與胡曾"實欲裨補當代，庶幾與大雅相近者也"的主旨已然具有極大的差別。

鄧明謙言"詠史有作，所以寓褒貶也"，此與胡曾"夫詩者，蓋盛德之形容，刺衰政之荒怠"主旨相同。自己"竊嘗有志于述古"，又秉承"詩教"傳統，"載筆之暇，披而閱之，臧而否之，又從而歌詠之，日積月累，凡若干首，子侄輩彙錄成集，分為三卷"，胡曾《詠史詩》亦分為三卷。最後"余因授凡例，俾繫其事于下，以便觀覽"，即以史文注詩。最後謙虛的表示"然自知才疎，識卑學淺，是非有謬，必取笑于高見遠識之君子"，"然於家庭之傳習"表示這是家庭教育子侄的書籍，但于"史學之芹藻，未必無補云"。

胡曾《詠史詩》屬於《詩經》傳承而來的"詩"的範疇，錢子義則以《續詠史詩》為蒙學教材，便於兒童以詩習史，二者雖以詠

---

① 錢子義：《種菊庵集》，影印文淵閣四庫全書，第1372冊，台灣商務印書館1986年版，第87頁。
② 趙望秦：《〈詠史詩〉與蒙學關係尋緣》，載《唐代詠史組詩研究》，南京師範大學2002年博士學位論文，第49—55頁。

史為題材，卻並非史學著作。而鄧明謙的《詠史詩集》同時具備"詩教"傳統和蒙學的特點，但卻及於"史學"，這是胡曾和錢子義所不具備的。在鄧明謙心中，《詠史詩集》是一部史學著作。

## 三 《詠史詩集》與紀傳體史書

中國傳統史書編撰，以編年體和紀傳體為兩大主流。就現有史料來看，越南史學編撰自陳周普以下至吳士連，皆是編年體史書，並無紀傳體史書。鄧明謙雖"竊嘗有志于述古"，但並未重新編撰史書。胡曾《詠史詩》詠史事兼及人物，標題皆為地名，僅《四皓》為人物。錢子義《續詠史詩》與胡曾相類，全以地名為標題。《詠史詩集》則以歷史人物為標題，全書皆為人物，又以史書自期，鄧明謙在《詠史詩集》中借鑒紀傳體史事的編撰方式，對自己的詠史詩進行分類佈局。VHV.1506《咏史詩集》刻本章節分佈如下①：

　　卷上　帝王
　　卷中　宗室　名臣上　名臣下
　　卷下　名儒　節義　奸臣　女主　后妃　公主　節婦

刻本在三卷中分出十個主題，已然具備了紀傳體史書的形態。關於人物的史事皆出於《大越史記全書》，鄧明謙並進行考證說明，A.440抄本凡例云：

　　一、繫之皆竝以吳士連《大越全書》② 為正，中間詞迂意複，則不泥前，更加潤色，以便觀覽，若互出他書有不同者，

---

① A.440《脫軒詠史詩集》篇目較VHV.1506刻本粗略，如下：脫軒先生詠史詩集卷之一二：帝王上紀、帝王中紀、帝王下紀；脫軒先生詠史卷之三：宗室紀；脫軒先生詠史卷之四：名臣上紀、名儒紀、姦臣紀、女主紀。

② 原文《大越全書》當為《大越史記全書》。

## 第九章　越南後黎朝鄧明謙《詠史詩集》的撰述與思想

於本處分註，以廣見聞。

一、題意所主，繫于本題之下，詩意所及，附于全書之末，以便觀覽。

一、事出某紀，以某冠之，如張吇、張喝，雖外紀趙越王時人，事出黎紀，分註令以黎紀冠之，以便參考。

一、史文謬誤者正之，如韓佺，陳仁宗時人，仕至刑部尚書，《披沙集》中事跡可考，而全書以為李仁宗時人，今還陳紀，以正其誤。

一、史文有鄙俚者，如人名有范巨佾、黃巨佗，器用有麻雷笠，今削"巨"字、"麻"字，止稱范佾、黃佗、雷笠，以祛其鄙俚。

一、史文有未安者改之。如士王史文云：林邑入寇，發王塚，"塚"字改為"陵"字。馮王，史文云：夷言父稱布，母稱蓋，今改"夷"字為"方"字。至於伯耆為陳渴真之黨，今改陳渴真謀誅季犛，時霸者預焉，凡此蓋有深意，可以類推。①

一、馮王時稱為都君，其歿後追尊為布蓋大王，而全書不例以本紀，而稱猶為布蓋大王，則嫌於鄙俚。今從士王例，以馮王稱之，蓋以能平寇而立國也。②

一、昭聖公主，曾居尊位，靈慈國母，曾主宮中，其後一歸黎輔陳③，一嫁陳守度，今歿稱號，以示貶黜。然敘昭聖在徵王之下，靈慈在順慈之上，猶用公主皇后例。

一、媚珠、杲娘其事同，歇驕、野象其志同，鄧藻、黎鐘其節同，然媚珠視杲娘為詳，歇驕、鄧藻視野象、黎鐘為優，

---

① 此條 VHV.1506《咏史詩集》刻本作："史文有未安者，改之，如士王。史文云：夷言父稱布，母稱蓋，今改'夷'字為'方'。至於裴泪耆預焉。凡此蓋有深意，餘可以類推。"

② 此條 VHV.1506《咏史詩集》刻本作："馮王生時為都君，沒後其子追尊為布蓋大王，而全書不例本紀，而稱布蓋大王，則嫌於為鄙俚。今從士王例，以馮王稱之，以其平此寇而立國也。"作者按："此"旁有讀者書"北"。

③ 原文為"黎輔秦"，"秦"旁有墨書"陳"，本章逕稱"黎輔陳"。

今表媚珠、歇驕、鄧藻命題，而杲娘、野象、黎鐘則略之。①

一、徵王、徵將、都君、都保、張吽、張喝、公輔、公復、常傑、常憲、范遇、范邁、廷琛、廷瑾，其事業出處畧同，今表其姊而畧其妹，表其兄而畧其弟。鄧悉、鄧容父子，世篤忠貞，克終克覰，一賢一否，故兩存焉。至於景異死節，優於其父景真。杜慧度政績優於父杜瑗，故特表出景異、慧度命題，而景真、杜瑗則略之。

一、僧道異端，竝不得入本集。如杜法順、僧匡越、僧明空、大灘國師，於當時雖有功勞，亦削之以崇正道。

一、北朝併外國人，竝不得入本集。唯占城國主占斗妻媚醯，舍生取義，顯靈於南土，今特附於本集之末，以表貞節。②

一、國名、地名、都邑、山川、古今沿革有所不同者，詳註名號於其下，如或未詳者，欽之。

鄧明謙《凡例》所言多在人物，吳士連《纂修大越史記全書凡例》所明則在編年與正統。鄧明謙所作雖是詩集，但以史書論，則屬於紀傳體通史。

## 四　《詠史詩集》的內容

### （一）《詠史詩集·帝王》與《大越史記全書》諸"紀"

《大越史記全書》是編年體通史，《詠史詩集》基本按照《大越史記全書》的順序設置篇目，這在卷上《帝王》中表現的最為明顯，國統所關，皆有吟詠，如下表：

---

① 此條 VHV.1506《咏史詩集》刻本無。
② 此條 VHV.1506《咏史詩集》刻本無。

## 第九章 越南後黎朝鄧明謙《詠史詩集》的撰述與思想

表9-1 《脫軒詠史詩集》与《大越史記全書》所述帝王比較

| | 脫軒詠史詩集 | 大越史記全書 | |
|---|---|---|---|
| 卷上帝王 | 涇陽王 貉龍君 雄王 | 鴻龐氏紀 | |
| | 安陽王 | 蜀氏紀 | |
| | 趙武皇 | 趙氏紀 | |
| | 士王 | 士王紀 | |
| | 馮王 | 屬隋唐紀 | 鄧明謙升馮興為馮王 |
| | 李南帝 | 前李紀 | |
| | 趙越王 | 趙越王紀 | |
| | 後李南帝 | 後李紀 | |
| | 前吳王 | 吳氏紀 | |
| | 後吳王 | 吳氏紀 | |
| | 丁先皇 | 丁紀 | |
| | 黎大行皇帝 黎中宗 黎臥朝 | 黎紀 | |
| | 李太祖 李太宗 李聖宗 李仁宗 李神宗 李英宗 李高宗 李惠宗 | 李紀 | 鄧明謙降李昭皇為昭聖公主，入《女主紀》 |
| | 陳太宗 陳聖宗 陳仁宗 陳英宗 陳明宗 陳憲宗 陳裕宗 陳藝宗 陳睿宗 陳順宗 | 陳紀 | |
| | 前胡 後胡 | （胡朝無紀，附陳紀後） | 鄧明謙稱"胡紀" |
| | 陳簡定帝 陳重光帝 | 後陳紀 | |

國統的延續與傳承是越南古代歷史編纂的重要內容，鄧明謙所吟詠古之帝王均按照吳士連諸"紀"進行，但將《大越史記全書·屬隋唐紀》中的馮興升為馮王，馮興之事在唐貞元七年（七九一），《大越史記全書》記載：

> 夏四月，交州唐林人（注：唐林在福祿縣）馮興起兵圍府。正平以憂死。先是，馮興豪富有勇力，能排牛搏虎。於唐

代宗大曆中，因交州亂，與其弟駭相率服諸鄰邑，興號都君，駭號都保，與正平相攻，久不能克。至是用本鄉人杜英翰計，率眾圍府。正平憂憤成疾，疽發背死。興因居府治，未幾卒。子安尊為布蓋大王。（注：俗謂父曰布，母曰蓋，故以為名焉。）王能顯靈異，眾以為神，乃於都府之西立祠，歲時奉祀。（注：即孚祐彰信崇義布蓋大王。其神祠今在盛光坊籍田東西）。①

馮興與安南都護高正平之事，學者已有研究，此不贅述。②"布蓋大王"之稱雖然鄙俗，但鄧明謙"今從士王例，以馮王稱之，蓋以能平寇而立國也"，士燮生前並未稱王，越南後世仍以"士王"尊之，譽為"南交學祖"。③吳士連在凡例中寫道："凡我越人憤北人侵暴，因人心甚惡，攻殺郡守以自立，皆書起兵稱國。不幸而敗亡者，亦書起兵以予之"④，徵側徵貳起兵，立《徵女王紀》。李賁起兵稱帝，部將趙光復、族將李佛子繼之，立《前李紀》《趙越王紀》《後李紀》。鄧明謙說馮興"平寇而立國"實屬牽強，但卻與

---

① 校合本《大越史記全書》外紀卷之五《屬隋唐紀》，第160—161頁。

② 耿慧玲：《馮興考——未見於中國新舊〈唐書〉的越南英雄》，載《越南史論》，台北：新文豐出版公司2004年版，第201—223。該文以今位於河內市山西市唐林社的光泰三年（1390）和洪德四年（1473）馮興吳權奉祀碑研究馮興史事，以該地為馮興吳權故鄉。但越南學者陳玉王、阮蘇蘭、陳仲洋：《唐林在何處？——尋找匡越大師吳真流的家鄉》（《發展與研究雜誌》，總第85期，2012年，第115—137頁。Trần Ngọc Vương, Nguyễn Tô Lan, Trần Trọng Dương, "Đương Lâm là Đương Lâm nào?-Tìm về quê hương Đaisư Khuang Việt Ngô Chân Lưu", Tạp chí ngiên cứu và phát triển, số 2（85），2012，tr. 115 - 137）研究，現在有觀點認為越南河內市山西市的地名"唐林"即是吳權的家鄉，但此地名1960年方才確定。早期史料中記載的唐代唐林州僅有一個，位於驩州北、愛州南，即今乂安北、清化南，肯定吳權是乂安、清化之間的唐林州人，絕非河內山西人。馮興亦為唐林人，情況當與吳權相同。根據字形、藝術風格、規制、碑文中的地名判斷，光泰三年的碑刻當是阮朝嘉隆到明命初年（1802—1821）所造，阮文超在《大越地輿全編》中將其確定為馮興和吳權的家鄉，朝廷延續這一觀點。鄧春榜則較為謹慎，註明唐林屬於峰州。總之馮興和吳權並非今河內市山西市人。

③ 請參看川手翔生《ベトナムの教化者たる士燮像の形成過程》，早稲田大学大学院文学研究科紀要，第4分冊59，2013年，第141—157頁。

④ 陳荆和校合本《大越史記全書》卷首，第67—68頁。

吳士連"皆書起兵稱國"的思想是一致的。

《詠史詩集》還有一點比較突出,即鄧明謙降李昭皇為昭聖公主,將其寫入《女主紀》。李昭皇"初諱佛金,後改天馨,惠宗次女也。惠宗無嗣,立爲皇太子以傳位。在位二年,遂禪位于陳"①,李朝是在昭皇手中終結,繼位時(一二二三)年僅六歲,陳守度將之嫁給侄子陳日煚,禪位其夫,即陳太宗。后被降號,因無子,由陳太宗將其嫁給抗元有功的黎輔陳。吳士連記:"李朝九帝,始太祖庚戌,終昭皇乙酉。"②《大越史記全書》本紀卷之四"李紀"最後一位即"昭皇",陳聖宗紹隆十五年(一二七二),黎文休奉敕編成《大越史記》:"自趙武帝至李昭皇,凡三十卷上進。詔加獎諭。"③昭皇是李朝的最後一位君主,鄧明謙將之移出"帝王",A.440抄本序及詩云:

> 昭聖公主
> 《陳紀》,公主,李惠宗之女,惠宗無子,傳位于公主,稱昭皇,才八歲,見祗侯陳日煚入侍,悅之,遂下詔禪位于陳日煚,是為陳太宗。後昭皇無子,降為昭聖公主,及元兵南侵,御史中丞黎輔陳擊賊有功,論賞,太宗曰:朕非卿不復有今日,以昭聖歸之。生子琮及二女。
> 
> 女主親逢國步屯,輕將神器付他人。晚來不守長門節,更為文皇賞輔陳。

昭皇雖是前朝帝王,但陳太宗將自己的妻子嫁給大臣,亦是匪夷所思。李朝之亡,在李惠宗,將亡國之禍繫於末代君主,雖是史家慣例,於小兒女卻是苛責。吳士連曰:

---

① 校合本《大越史記全書》本紀卷之四,第315頁。
② 校合本《大越史記全書》本紀卷之四,第317頁。
③ 校合本《大越史記全書》本紀卷之五,第348頁。

惠宗之世，天下之蠹已深。而人君非陽剛之主，當國以柔懦之臣，欲幹深弊之蠹，其何能濟。況帝嬰惡疾，治之弗效，又無嗣子以承大統，危亡之兆，已先見矣。①

鄧明謙不以昭皇入"帝王"，既是自己對李朝歷史的認識，亦是對昭聖公主的同情。②

后黎朝官方確認的越南正統王朝，《平吳大誥》言"粵趙、丁、李、陳之肇造我國"③，朱車《上〈越音詩集〉表》言"國自丁、李之肇造"④，黎嵩言黎利建國"豈趙、丁、李、陳所能及哉"⑤，黎桓建立的前黎朝皆不在其中，但吳士連仍以前黎朝為"黎紀"，與官方思想有很大的區別。鄧明謙詠黎大行皇帝、黎中宗、黎臥朝，注皆出《黎紀》，顯然是繼承了吳士連的思想，並未接受后黎朝的官方觀點。

吳士連以胡朝附於"陳紀"之後，不設紀，對胡季犛、胡漢蒼父子不稱"紀"，而直稱其名，以示貶黜。潘孚先編《越音詩集》卷一陳朝諸帝之后為"閏胡"，下有胡季犛詩三首，卷三陳朝大臣之後又有"閏胡"，錄五人詩十一首，黎嵩記"閏胡既虜"⑥，但吳

---

① 校合本《大越史記全書》本紀卷之四，第316—317頁。
② 《安南志略》記載："今李傳八世，共二百二十餘年，無子，國歸其婿"（《安南志略》卷十二《李氏世家》，中華書局2000年版，第307—308頁），《大越史略》記載："右阮朝自李祖至惠宗，凡八主，起庚戌，至乙酉，共二百一十六年而亡"（見李永明主編《北京師範大學圖書館藏稿抄本叢刊》第39冊，國家圖書館出版社2011年版，第608頁），二書皆以李惠宗為李朝最後一位君主。鄧明謙將李昭皇移出"帝王"，即以李惠宗為李朝亡國之君，是否是因為鄧明謙見到了其他典籍故有此舉。《詠史詩集·序》中言及潘孚先《大越史記》，或許這是潘孚先的觀點。但潘書已經亡佚，真實情形已不可考。
③ ［越南·后黎朝］阮廌《抑齋集》卷三《文類》，河內：文化通訊出版社2001年版，第319頁。
④ ［越南·后黎朝］朱車《上〈越音詩集〉表》，《越音詩集》，遠東博古學院藏本，現藏於漢喃研究院。"程"指陳朝，後黎朝諱"陳"為"程"。
⑤ ［越南·后黎朝］黎嵩《越鑑通考總論》，載陳荊和校合本《大越史記全書》卷首，第93頁。
⑥ 校合本《大越史記全書》卷首，第92頁。

士連並不認可"閏胡"之說,故將胡氏二帝附於"陳紀"之後,并直呼其名。A.440《脫軒詠史詩集》抄本中,鄧明謙稱胡氏為"胡紀",仍以其入"帝王""小引"曰:

  古史云,昇龍城西有小石山,山有白狐九尾。常為妖怪,貉龍君令水府引水攻之,破其山,成大江,殺白狐八子,其一子走至演州,稱姓胡,季犛其苗裔也。今按此說未必然,蓋胡氏惡,故極言耳。世傳前胡北去,素食以齋味,當作國語一首云:……今譯其辭曰:更改多端死又生,懸懸鄉里不勝情。南冠久帶任頭白,北館淹留和夢驚。相國才難慚李泌,建都計拙笑盤庚。金甌見缺無由合,待價須知玉匪輕。……
  鄧明謙詩曰:欺孤計就便遷都,狡險深於九尾狐。北去不知天假手,猶稱美玉說求沽。

"國語"即喃字。VHV.1506《詠史詩集》刻本未稱"胡紀",且"小引"中無國語喃字詩,僅有漢譯。詠詩明顯與引文相契合。鄧明謙詠二胡詩對胡氏持強烈的譴責態度,應該不會稱其為"胡紀",筆者推測可能是稱"閏胡紀"在傳抄過程中訛為"胡紀",而VHV.1506《詠史詩集》刻本徑直刪去。

## (二)《詠史詩集》的取捨

鄧明謙在吳士連《大越史記全書》的基礎上以詩論史,詩意多對史事及吳士連史學思想進行闡發。但《大越史記全書》體大思精,鄧明謙在《凡例》中進行取捨,人名之鄙俚則去其鄙,名號未安則正之,皆是改正史事的行為。但鄧明謙完全將僧道排除在外:

  一、僧道異端,竝不得入本集。如杜法順、僧匡越、僧明空、大灘國師,於當時雖有功勞,亦削之以崇正道。

李朝佛教大興,陳朝儒佛并爭,陳朝末年儒家力量已經取得了對佛教的壓倒性優勢，后黎朝儒教興盛，儒生官員強力辟佛，吳士連《大越史記全書》雖否定佛教，但尚能肯定僧侶的功績，黎嵩《越鑑通考總論》抨擊佛教更加嚴厲。鄧明謙則直接將僧道排除在外，即便有功，亦不錄入，以尊崇儒教。這一行為於史書而言，顯然過分。鄧明謙如此作為並未阻止佛教的繼續發展。后黎朝官方雖然不再大力推崇佛教，但佛教在越南的民間社會生活中仍然發揮著極為巨大的作用，形成了"儒國、佛村、儸風景"的社會現象。①后黎朝佛教、道教、儒教合流，又形成了極具特色的三教思想，並有專門的"三教"寺院道場。②

鄧明謙在《凡例》中又表明：

一、北朝併外國人，竝不得入本集。唯占城國主占斗妻媚醯，舍生取義，顯靈於南土，今特附於本集之末，以表貞節。

"北朝"即中國。到鄧明謙的時代，越南在制度上對中國確立了"內帝外臣"與雙重國號政策，對周邊其他國家則確立了以自己中心的區域秩序，思想上則以自己為"中國""華夏"③，經過陳朝抵抗蒙元和黎利抵抗明朝的錘煉，越南的國家自主意識完全確立，"天限南北，各帝一方"的思想深入人心，後黎朝在文化上親近中國，但在政治上則越發疏離。黎聖宗在位時是後黎朝的全盛時期，對明朝持守禦態度，同時征占城、哀牢，對明帝降敕責問亦不理會。鄧明謙洪德十八年中舉，之後入史館，正當後黎朝鼎盛時期，因而受當時政治環境影響，直接不收入北朝及其他外國人，以體現

---

① ［越南］鄭克孟：《十至十九世紀越南思想史發展中的的三教（儒佛道）並行》，河內：《漢喃雜誌》2015 年第 1 期，第 18 頁。Trịnh Khắc Mạnh, "Tam giáo(Nho, Phật Đạo) tịnh hành trong tiến trình lịch sử tư tưởng Việt Nam từ thế kỷ X đến XIX", *Tạp chí Hán Nôm*, số 1 năm 2015, tr. 18.

② 牛軍凱：《十八世紀越南的三教寺和三教思想》，《东南亚南亚研究》2013 年第 2 期，第 76—82 頁。

③ 李焯然：《越南史籍對"中國"及"华夷"观念的诠释》，《復旦學報》2008 年第 2 期，第 10—18 頁。

本國的政治自主及優越性。

但中越歷史交錯複雜，《詠史詩集》收入人物中，趙武皇趙佗是河北真定人，樛后則是漢長安人，士王是漢蒼梧郡人，三人皆非越地之人，趙武皇與樛后出自《大越史記全書·趙氏紀》，士王出自《大越史記全書·士王紀》，三人已然成為越史人物，雖出身北人，卻不屬於"北朝"。陳朝即以趙武皇為國統之首，吳士連又以士燮入"紀"，鄧明謙雖是取法前史，但對越史的獨立則更加堅定。

## 五　《詠史詩集》的價值和影響

光紹五年（一五二〇）鄧明謙《詠史詩集》書成，在其之前的黎文休《大越史記》、潘孚先《大越史記》、武瓊《大越通鑑通考》在後世全部亡佚，僅黎嵩《越鑑通考總論》流傳。鄧明謙所依託的吳士連《大越史記全書》十五卷經中興黎朝范公著和黎僖續編，於正和十八年（一六九七）刻板刊行。但范公著明言："自丁先皇至我國朝太祖高皇帝為本紀全書，并依如前史臣吳士連、武瓊等之所著述也"[1]，即這一段歷史加入了武瓊的觀點。武瓊書亡佚，因此難以確定范公著以何種方式修訂了吳士連的撰著。鄧明謙《詠史詩集》以吳士連《大越史記全書》為正，史文注於下，因而可以《詠史詩集》來認識吳士連《大越史記全書》十五卷的原貌。就《詠史詩集》存世的內容而言，沒有超出內閣官板《大越史記全書》二十四卷中吳士連所纂十五卷的思想和內容。且鄧明謙皆以七絕詠史，受制于體裁與"詩教"的傳統，也確實難以展開論述，如吳士連多次闡述朱熹觀點，但鄧明謙則未涉及。鄧明謙先詠史，再以史文注詩，《詠史詩集》就其整體而言，自是史書無異，但就成書過程而言，詩才是其重點。

黎貴惇雖然在《大越通史·藝文志》中給予鄧明謙《詠史詩集》很高的評價，但卻將其置於一眾詩文集中，並未側身史書之

---

[1] 校合本《大越史記全書》卷之首，第60頁。

列。黎貴惇編《全越詩錄》，在第十五卷中收入《越鑑詠史詩集》七絕一百二十五首，但刪掉了史文。黎貴惇博通經史，所看重者在於鄧明謙之詠史，這也正是鄧明謙所鐘意者。①

阮朝嗣德三十年，嗣德帝君臣共撰的《御製越史總詠》書成，有"帝王""后妃""尊臣""賢臣""忠義""文臣"烈女""僭偽""姦臣"等目，皆以七絕詠歷史人物，并以史文注詩。最後附"佳事補詠"，兼及人物與史事。群臣在上表中言及"鄧明謙《脫軒遺草》，罕見公傳"，可以肯定《御製越史總詠》從體例到內容均受到了《詠史詩集》的影響，二者一同構成了越南古代史學中別具特色的史書類別。

---

① 黎貴惇《大越通史·藝文志》記"《嘯詠詩集》二卷，何任大撰，倣脫軒詠史詩而作。任大，立石屏山社人"。

第十章

## 《重刊藍山實錄》與《大越黎朝帝王中興功業實錄》的政治史觀[*]

　　黎太祖順天四年（一四三一），黎利总结自己开基创业之功，君臣撰成《藍山實錄》三卷，并亲制"御製藍山實錄序"，确立了黎初功臣的次序、功勋和爵职，书成之后，"藏于金櫃"。[①] 永治元年（一六七六）胡士揚等受命於鄭柞、鄭根父子，修訂黎太祖《藍山實錄》，名《重刊藍山實錄》刻印傳佈，《藍山實錄》原本遂逐漸湮沒。同年"季冬穀日"，胡士揚等原班人馬又受命修撰《大越黎朝帝王中興功業實錄》，刻本亡佚，現僅有抄本傳世。《重刊藍山實錄》和《大越黎朝帝王中興功業實錄》在同一年編撰完成，後者直承前者宗旨，《大越黎朝帝王中興功業實錄》總結了莊宗以來中興黎朝的歷史，對其中涉及的重大政治問題進行闡釋定論，樹立的政治史觀進而影響了之後百年的史書編撰。

---

[*] 關於《藍山實錄》，請參看八尾隆生《藍山蜂起と『藍山実録』編纂の系譜——早咲きヴェトナム「民族主義」》（《歷史學研究》第798號，2004年，第42—57頁），該文以阮延年發現的黎察祠堂本《藍山實錄》和胡士揚等《重刊藍山實錄》為研究對象，此書涉及黎初功臣及後世的封贈和祭祀，介紹了越南各個歷史時代的修史情況，探索了社會、家族與史學和史書的關係。本章所引《大越黎朝帝王中興功業實錄》為筆者據漢喃研究院藏VHv. 1478抄本和A. 19抄本互校而來，抄本無頁碼，故引文多標出干支紀年，以便讀者閱校。

[①] 《藍山實錄》，阮延年考證，黎文汪譯注，河内：社會科學出版社2006年版，第263頁。

## 一　黎察祠堂抄本《藍山實錄》（下简称祠堂本）

胡士揚等人重編《藍山實錄》，以官方形式刻印流布，但其對原本的改編使得後世史家黎貴惇極為不滿，黎貴惇在《大越通史·藝文志》中言：

> 藍山實錄三卷。本朝太祖御製，紀起兵至平吳時事，舊本猶存，但人家抄錄，多有訛字，今印本乃永治年間儒臣奉命訂正，只據所見，以意刪改，增損失真，非全書也。①

顯然黎貴惇同時見到了《藍山實錄》的舊抄本和永治刊本，做出"增損失真，非全書也"的評價。黎貴惇是史學家，以《大越通史》為越史新開紀傳一體，得出這樣的觀點，可見問題之嚴重。

一九七一年，清化省安定縣定海社的初中教師在黎初功臣黎察的祠堂中蒐集了幾冊漢文書，後贈予越南學者阮延年（Nguyễn Diên Niên）及同事，其中即有《藍山實錄》抄本，阮延年據此研究，於2006年出版了整理本《藍山實錄》，並影印抄本附錄於後，由黎文汪（Lê Văn Uông）譯為越文。阮延年指出此本以"朕"為敘事主體，與後世胡士揚《重刊藍山實錄》以"帝"為敘事主體截然不同，應該就是《藍山實錄》原本。② 筆者考察漢文整理本和抄本原文後，同意阮延年先生的觀點，此本確是《藍山實錄》，並由後世增加了部分內容。③

---

① 黎貴惇《大越通史》，漢喃研究院藏抄本，藏號 VHv1330/2。
② Trần Hồng Ánh, *Gặp gỡ người khảo chứng Lam Sơn thực lục*, 2022 年 7 月 26 日閲, http://baotanglichsu.vn/vi/Articles/3091/13272/gap-go-nguoi-khao-chung-lam-son-thuc-luc.html.
③ 《藍山實錄》阮延年先生考證部分為越南文，筆者結合阮先生的研究重新考察，或有重複之處，讀者察之。

## （一）祠堂本的抄錄時間

黎察祠堂本為抄本，開篇寫道：

> 奉記一本
> 禮部尚書嘉行大夫左春坊諭德兼東閣大學士太保瓊郡公臣譚文禮謹奏：計 一奉頒藍山實錄事跡，於順天時藏於金櫃中，至景統二年（一四九九）拾月拾壹日，禮部尚書臣譚慎徽奉勅校定廟諱御名，凡正字臨文，寫用看側書籍刊並不之禁，聲讀皆禁，應回避連字，如徵在之不得寫用，違者依律治罪，欽此。①

此處是對黎朝帝王名諱的書寫和臨讀作出規定。這裡記載譚文禮（一四五二至一五〇五）上奏《藍山實錄》的情況。肅宗景統元年（一四九八），聖宗歸梓，禮官奏請立功德碑，"命東閣大學士兼國子監祭酒申仁忠，禮部尚書兼東閣大學士覃文禮，東閣大學士劉興孝撰文"②，覃文禮即譚文禮，與祠堂本的官職與史書相合。威穆帝端慶元年（一五〇五），"六月初五日貶禮部尚書覃文禮，御史臺都御史阮光弼等于廣南，尋殺之"③，即七年間譚文禮為禮部尚書，直至被貶殺。《大越史記全書》記載光紹二年（一五一七）：

> 仍勅禮部尚書譚慎徽校定廟諱御名，（註：廟諱二十字，御名椅、譓二字）。凡臨文寫用，刊書籍，皆不之禁，聲讀皆應回避，連字如徵在之類，不得寫用。④

---

① 《藍山實錄》，阮延年考證，黎文汪譯注，第373頁。
② 校合本《大越史記全書》本紀卷之十四，第756頁。
③ 校合本《大越史記全書》本紀卷之十四，第781頁。
④ 校合本《大越史記全書》本紀卷之十五，東京：東京大學東洋文化研究所1985年版，第813頁。

譚慎徵即譚慎徽。此節內容與祠堂本相近。顯然是誤書光紹為景統。之所以在開篇對名諱問題作出解釋，可能還在於接下來的內容及《藍山實錄》正文涉及帝王名諱及大量的諱字，因其書為御制又不便避諱，故而先寫明避諱制度以避免不必要的麻煩。此舉表明抄手或下令抄寫的人明於禮制，當是朝廷中人。

祠堂本接著記錄的歷代帝王名諱則已經到了中宗武皇帝（一五三五至一五五六年在位），"聖節字號"最後為"恭皇帝欽天聖節七月二十六"，① 即黎恭皇（一五二二至一五二七年在位）。祠堂本接著記載"奉事圖式"按照昭穆制度排列歷代君王靈位，最兩側為德宗和明宗，黎昭宗光紹二年（一五一七）"春，追尊皇祖建王爲德宗建皇帝，皇父莊定大王爲明宗哲皇帝"②，昭宗為聖宗的曾孫，祖父和父親均未登基為帝，顯然圖式是繪於昭宗登基之後。

接著是"太廟圖"，中有唐王和宋王等，此制出於威穆帝，史載洪順五年（一五一三）：

> 帝於奉先殿前作穆清殿東西夾室，以梁王銓，宋王錠以下祔薦。先是奉先殿以太祖高皇帝居中，宣祖皇帝居左，顯祖皇帝居右，太宗、聖宗、肅宗居宣祖左之東，仁宗、憲宗、德宗居顯祖右之西。孝敬堂以昭孝大王、郡哀王居東，忠勇王居西。至是作穆清殿堂，東夾室曰彰德堂，以昭孝大王、郡哀王、梁王、唐王、演王（註：名鎬）、應王（註：名韶）、肇王（註：名鋑）祔之。西夾室曰昭勳堂，以忠勇王（註：名石）、恭王、宋王、福王（註：名錚）、廣王（註：名鐫）、鎮王（註：名鏗）、義王（註：名〈金耿〉）、荊王（註：名鋧）祔之。③

祠堂本接著記"東京太廟諸宮寢殿堂"，分為"在內奉事諸殿"

---

① 《藍山實錄》，阮延年考證，黎文汪譯注，第 373 頁。
② 校合本《大越史記全書》本紀卷之十五，第 813 頁。
③ 校合本《大越史記全書》本紀卷之十五，第 805 頁。

和"在外奉事諸殿"。祠堂本關於帝號祭祀的諸多記載，"奉事圖式"和"太廟圖"非禮官或曾參與祭祀者不能為，是東亞禮制的寶貴文獻。綜合考慮，此本最初應該抄於黎昭宗光紹（一五一六至一五二二）後期，此時黎朝亂而未亡，故而禮制尚全。一五二七年莫登庸弒殺黎恭皇，一五三三年阮淦扶持黎莊宗復國，黎氏四處播遷，禮制不備，故莊宗和中宗的祭祀圖式不全，在英宗（一五五七至一五七三）時期按照光紹年間的內容增補或重抄。

### （二）祠堂本《藍山实录》的特點与內容

祠堂本開篇即為《藍山實錄序》：

> 朕惟物本乎天，人本乎祖，譬猶木水必有根源。是以自古帝王之興，若商之始於有娥，周之始於有邰。蓋其本盛則木茂，源深則流長，非先世之仁恩所培者厚，澤慶之所鐘者洪，安能若是哉！朕時遭多難，開創尤艱，幸而应天順人之歸，功業有成者，實由朕祖宗積德累仁之所致也。朕念之弗已，乃筆于書，目曰藍山實錄。所以重其本始之義，亦以敘朕艱難之業，永垂後世子孫云。
> 
> 順天肆年拾壹月吉日
> 藍山崗主序①

黎利的序主要敘述強調自己創業艱難，賴祖宗積德累仁，方能成功，以此傳於子孫。此序的思想性較為有限。黃春瀚藏胡士揚《重刊藍山實錄》刻本首尾完整，開篇是胡士揚撰寫的《重刊藍山實錄序》，接著就是正文三卷，最後附有《御製藍山實錄序》，頁左下角題"黃春瀚寫"，實為黃春瀚依照刻本字體抄寫上去，未寫明序的文獻來源，與祠堂本的字句有所差異。黃春瀚抄序字句或有不

---

① 《藍山實錄》，阮延年考證，黎文汪譯注，第373頁。

通之處，當是長期流傳導致的訛誤。①

黎貴惇言"藍山實錄三卷。本朝太祖御製"，祠堂本序之後為《藍山實錄》正文，也確如黎貴惇所言，不僅序為御制，正文亦是黎利以第一人稱"朕"進行敘述。祠堂本原文未分卷，阮延年以《重刊藍山實錄》的分卷對祠堂本的重排內容分了三卷。祠堂本正文開篇介紹黎利的家世：

> 藍山崗主朕皇曾祖姓黎諱誨，清化府梁江縣藍山鄉如盎村人也。…朕皇祖考諱汀，克承其家，以繼先志。…皇祖妣阮氏郭，勤儉持家，最有賢行，閨閫之內，輔助居多，生二子，長曰從，次曰麒，乃朕之皇考也。…皇妣鄭氏諱蒼緣，雷陽縣水註冊人，又勤於婦道，事父母盡其孝敬，撫宗族以恩，教子孫以禮，閨門和睦，家道益昌，生三子，長曰學，仲曰除，季曰利，是朕也。伯兄受祖父之傳，不幸短命，朕承父兄之業，不敢廢墜，雖時遭之大亂，而志且益堅。②

"實錄"原為中國史書體例，記述帝王行跡，現存最早的實錄為韓愈撰寫《順宗實錄》，至宋代蔚為大觀。③ 越南現在可知最早的實錄為陳仁宗重興五年（一二八九）："定前後諸功臣，有先登破陣奇功者，著在《中興實錄》，仍命圖形焉。"④ 陳英宗興隆七年（一二九九），段汝諧為御史中贊，"觀史臣所載實錄頗有謬誤，乃為改

---

① 《重刊藍山實錄》，河內：社會科學出版社1992年版，第97—98頁。黃春瀚抄序原文如下："朕惟物本乎天，人本乎祖，譬如木水必有根源。是以自古帝王之興，若商之始於有娀，周之始於有邰。蓋其本盛則葉茂，源深則流長，非先世仁恩之所培者厚，慶澤之所鐘者洪，安能若是哉！朕遭時多難，開創尤艱，幸而天與人歸，功業有成者，實由祖宗積德累仁之所致也。念之弗已，乃筆於書，目曰藍山實錄。所以重其本始其義，亦以敘朕艱難之業，以垂示後世子孫云。時順天四年仲冬月穀日。藍山洞主序。"劃橫線者與祠堂本不同。

② 《藍山實錄》，阮延年考證，黎文汪譯注，第375—376頁。

③ 參看謝貴安《中國已佚實錄研究》，上海古籍出版社2013年版。

④ 校合本《大越史記全書》本紀卷之五，第366頁。

第十章 《重刊藍山實錄》與《大越黎朝帝王中興功業實錄》的政治史觀

正,仍焚舊藁"①;陳憲宗開祐元年(一三二九),"上皇(陳明宗)巡狩沱江道,親征牛吼蠻。命僉知阮忠彥從,編修實錄"②。陳朝編撰的實錄沒有傳世,詳情不得而知。中國早期實錄皆由史官所作,記錄君王行跡,君王或御制序文,但沒有以自己為第一人稱敘述撰寫的情況,明清實錄亦是如此。但祠堂本《藍山實錄》確是黎利以"朕"第一人稱敘述家世,並暢言自己的事業功績,其間有不便敘述者,則以注釋的形式補充進來,祠堂本緊接上部分記述:

註曰

初帝未生時,本鄉油山處桂林樹下如盎後村常有黑虎,與人相親,未嘗為害,至乙丑年八月初六日子時生帝,自此其虎不見,人以為異。帝之生有赤光滿室,奇香滿里,少有神采英毅,眼光口大,隆准竜顏,左肩有七黑子,竜行虎步,毛髮滿身,聲如洪鐘,坐如虎踞,識者知其至貴。及長,聰明勇智,復出尋常,為藍冊輔導。自甘晦跡山林,以稼穡為業,以書史自娛。……③

越南史書這類出注的方式並不陌生,稍晚於《藍山實錄》,由阮廌編撰的《輿地志》即由李子縉和阮天縱作注,正文和注釋成為完善的整體。之後祠堂本又錄《藍山洞主述天與人歸序》:"藍山崗主黎皇朝姓黎諱利,德昭儀崗主佛皇所生,時於明國洪熙年間,我越胡虜僭國,自此至永樂嗣位",接著記述黎利得鄭姓白衣僧人指點獲得極貴地脈,"昭儀之洞有一頃地,當半高,形如國印,坐坤向艮,太乙靈山,內有仙伴","葬之三十年成天子帝位,吾恐後子孫分居別隔,皇祚有中興,綿綿至三百年餘,而天命所知",遂移葬父母,拜祭而歸,當晚山晶來謁,靈車葬處明日自有銘曰:

---

① 校合本《大越史記全書》本紀卷之六,第377頁。
② 校合本《大越史記全書》本紀卷之六,第408頁。
③ 《藍山實錄》,阮延年考證,黎文汪譯注,第376頁。

天与人歸情，德重鬼神驚。山晶朝拱伏，的是聖人生。①

鄭姓僧人提示黎利改葬父親墓地，以此地脈奠定黎家帝業，并指出"祚有中興，天命可知也"，黎朝也確實在一五二七年國祚中斷，之後一五三三年黎莊宗開始中興。

其次為《藍山記跡序》，"有註云：此時其目山人黎慎與帝接近相識，能作浮筏，拋網藍川水底，夜見水底光如火燭，夜夜畢見，黎慎拋網得之一片鐵，長一尺余，形如口舊刀，將回置於暗處"，黎利至其家以刀易之，將回不磨而光，"認見篆字，知是天劍"。後日在菜園見神人跡，"印之葉菜芥，乃知國寶，以筆畫取體式字樣"，皇后鋤園得印，"長闊四圍，內彩篆依如前日見印葉芥，此知天之所與，其背印有黎誨利"，之後黎利又在桂樹得劍柄，與劍刃相合②。"葉菜芥"即越語"lá rau cải"，"葉芥"即"lá cải"，均是定語後置的越語語法，以漢字書寫。時於閏胡篡陳，帝讀書史兵法，守己待時，有贊云：

書藏依八百，手可串千鈞。慎守天人與，基園遇會雲。③

繼以《卑辭厚惠序》："帝見于時人民厭思陳氏，今有胡氏子孫名曰琴貴，避大明賊，隱於林山，詐曰陳氏之後，帝遂迎歸尊立，號為天慶元年，保為稱位"，召集豪傑功臣起兵，"以耒園陵為遊仙殿，奉事祖先宣帝顯祖外慈等位"，"以昭儀洞立為小庵，號昭儀洞皇陵處，乃發跡基培仁厚德木址生之厚福也"，注云：

天人相感應，鯨鰐翼摧傾。除腥流萬里，復振晏南漠。④

---

① 《藍山實錄》，阮延年考證，黎文汪譯注，第376—377頁。
② 請參看馮渝傑《漢唐中國的"神劍—王權"敘事及其對日韓越的影響》，《學術月刊》2023年第8期。
③ 《藍山實錄》，阮延年考證，黎文汪譯注，第377頁。
④ 《藍山實錄》，阮延年考證，黎文汪譯注，第377—378頁。

第十章 《重刊藍山實錄》與《大越黎朝帝王中興功業實錄》的政治史觀 | 239 |

接下來為《藍山實錄》史事正文"戊戌年正月初二日 帝方三十四歲"起兵反明，① 未分卷，行文中有帝亦有"朕"，用"朕"處並非引用黎利言辭，而是正常敘事，如下：

> 癸卯年四月初十日，朕伏領雷眾等回居藍山處，纔開年，賊知朕意，外托和親，內有掩襲之志，自是信使不通，往來絕路。賊情洶洶，日夜相驚怖，朕知之甚。②

甲辰年九月與明軍的戰爭，"賊將花瑛史伏引兵來救，朕乘勝擊之，賊又大敗，走入西都城"，"我軍腹背俱以受敵，日且將暮，朕遂設伏兵象以待之"，"朕復領兵象直衝師祐等"③，此即以第一人稱敘述戰鬥經過。之後記述平定琴彭之事，"時琴彭等賊之元惡據守其地，不肯順從，朕招撫其民，使還本業"，之後圍攻岑彭，彭出降：

> 朕命令軍中曰："賊首已降，秋毫無犯，眾無大小皆赦之。"後彭再生異心，率眾逃去，朕使人截路捉旗斬之，遂定茶麟洲，朕慰其酋長，撫其部眾，人民咸服，皆願効力建功。④

祠堂本對史書的正文和引用言辭分辨的很清晰，確實是黎利以"朕"第一人稱敘史，但同時也用"帝"第三人稱，敘史至順天元年黎利登基稱帝，遂以胡翁假冒陳氏除之，大封功臣。最後附譚文禮等錄天慶元年黎利與諸將的誓文。另有景統三年（一五〇〇）由太監鄧俊傳出御批的藍山開國功臣名錄。

總體而言，祠堂本《藍山實錄》以"朕"第一人稱作為敘史主體，又夾以"帝"第三人稱；與其他實錄體史書迥異，在正文中以

---

① 《藍山實錄》，阮延年考證，黎文汪譯注，第378頁。
② 《藍山實錄》，阮延年考證，黎文汪譯注，第380頁。
③ 《藍山實錄》，阮延年考證，黎文汪譯注，第380頁。
④ 《藍山實錄》，阮延年考證，黎文汪譯注，第380頁。

現成篇章加註釋與稍後的《輿地志》較為接近。這或許是黎利出自本願以朕述史，史臣再增潤注釋，這種撰史方式雖然別出心裁，但內容稍顯混亂而不純粹。

## 二 《藍山實錄》的重刊與改編

一五二七年，後黎朝權臣莫登庸弒殺黎恭皇建立莫朝。一五三二年十二月阮淦（一四六八至一五四五）黎朝殘餘勢力擁立黎莊宗，一五三三年正月即位，建元元和，開始艱辛的復國之路。一五四五年，後黎朝大將阮淦被毒殺，大權落入其婿鄭檢（一五〇三至一五七〇）之手。一五五八年阮淦之子阮潢（一五二五至一六一三）自請出鎮順化、廣南。後黎朝內部遂形成南阮、北鄭兩大權臣勢力，雙方尚能精誠合作。一五九二年，後黎朝在鄭檢之子鄭松的帶領下，攻殺莫朝皇帝莫茂洽，正式復國，史稱"中興黎朝"。鄭氏掌握大權，以王爵秉持國政，世代相傳。一六一三年，阮潢去世，鄭、阮摩擦日漸，黎朝陷入分裂。一六二七年雙方開戰，大戰七次，一六七二年停戰，不再互相攻打，直到百年之後西山阮文惠崛起，攻滅南阮北鄭。鄭氏佔據北方，以"聖帝明王""尊扶黎氏"相標榜。阮氏雖實際割據南方，但仍奉中興黎朝正朔。因此南北雙方名義上仍屬於中興黎朝一統之下。一六六五年范公著受命撰成《大越史記全書》二十三卷的十一年後，《藍山實錄》也進入了鄭柞振興文教事業的規劃之中，由胡士揚領銜重新編訂，即《重刊藍山實錄》，序中記載重刊原由：

  （鄭柞）乃於暇日數引宰執儒臣共論自古帝王經營大業，以為舊本雖有抄記，間猶錯簡，未易盡曉，茲欲纂取精純，用鋟諸梓，庶幾先帝之功業，復明於世，乃命臣等參以舊錄家編而重修之，舛者正，漏者補，得便觀覽，以廣其傳。①

---

① 《重刊藍山實錄》，第4頁。

鄭王扶持黎皇，因此《重刊藍山實錄》尊崇太祖功勳，"以正國統而明帝業"，尊黎宗旨不變。但鄭柞"乃於暇日數引宰執儒臣共論自古帝王經營大業，以為舊本雖有抄記，間猶錯簡，未易盡曉"，儒臣因而受命重修，《重刊藍山實錄》明顯加入了鄭王的意願和要求。

《重刊藍山實錄》第一卷和第二卷記錄後黎朝太祖黎利的家世，以及從戊戌年（一四一八）藍山起兵至明軍北還的史事，言辭多盛讚黎利雄才偉略，仁德信義，君臣相合，終於功成。第三卷記順天元年（一四二八）黎利建國稱帝之事，錄入阮廌所作《平吳大誥》，以及黎利君臣論治亂之道。此卷末有"附錄評曰"論黎利功德與國之正統，與《大越黎朝帝王中功業實錄》卷末的"附錄評曰"形式相近，觀點相似，當同出於胡士揚等人之手。

一九四四年，莫寶臣（Mạc Bảo Thần）將《藍山實錄》譯為拉丁國語字，由新越出版社（Tân Việt）出版，在"跋"中肯定此書為阮廌編撰，並對永治年間中興黎朝史臣改編的內容提出了疑問，並指出此書具有極高的史料價值。但"跋"中沒有指出所根據的版本。此本之後曾多次重印。一九九一年，漢喃研究院的陳義教授根據《重刊藍山實錄》刻本重新翻譯，一九九二年由社會科學出版社出版。此刻本原為黃春瀚（一九〇八至一九九六）舊藏，後入藏漢喃研究院，藏號 VHv.4088，無黎利序和封面，"御制藍山實錄序"為黃春瀚重抄，附于全書末尾。印本"重刊藍山實錄"封面為據"重刊藍山實錄序"挖來，內容有殘損處，亦為黃春瀚抄補。陳教授同時介紹了漢喃研究院等公藏機構的《藍山實錄》版本，以及阮延年發現的祠堂本，刻本僅有黃春瀚藏唯一一部，他者皆為抄本。①因刻本首尾完整，如此一來就出現了一個嚴重的問題，即胡士揚可能刪掉了黎利的《藍山實錄序》。

胡士揚基本改變了全書以"朕"第一人稱敘史的行文方式，全

---

① ［越南］陳義：《介紹詞》，《重刊藍山實錄》，河內：社會科學出版社1992年版，第5—6頁。

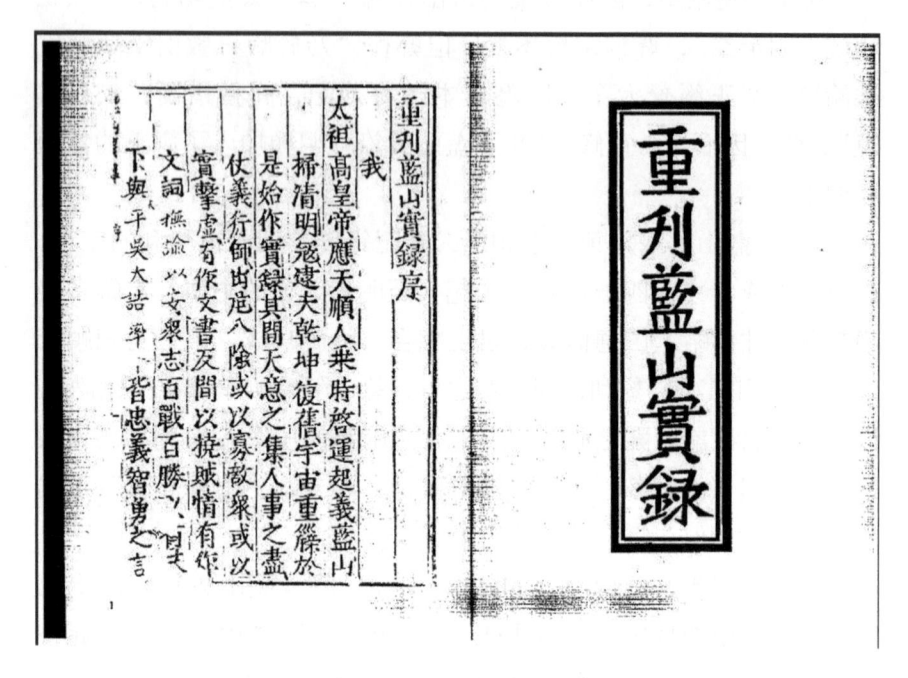

圖一〇之一　一九九二年《重刊藍山實錄》附刻本書影

部改易為"帝"第三人稱，僅在卷三末尾黎利君臣論治政之道作實錄以傳子孫之時仍稱"朕"。祠堂本正文的"注"以及《藍山洞主述天與人歸序》《藍山記跡序》《卑辭厚惠序》等內容基本被胡士揚編撰進《重刊藍山實錄》卷一之中，與正文成為一個混融的整體，祠堂本以大量內容注正文的形式基本消弭，從述史和閱讀的角度而言，確實敘史才能卓越。除了形式的改變，胡士揚還進一步明確發展了祠堂本得國於明的觀念。

"天慶"為陳暠即胡翁的年號，此事不能等閒視之。阮廌《平吳大誥》言：

代天行化之皇上若曰：仁義之舉，務在安民，吊伐之師，莫先去暴。惟我大越之國，寔為文獻之邦，山川之封域既殊，南北之風俗亦異。粵趙丁李陳之肇造我國，與漢唐宋元而各帝

第十章 《重刊藍山實錄》與《大越黎朝帝王中興功業實錄》的政治史觀 | 243

一方，雖彊弱時或不同，而豪傑世未嘗乏。①

随後舉例宋李熙寧戰爭、元陳戰爭以示大越獨為一國，豪傑輩出，方不為強梁所敗。此後大越"頃因胡政之煩苛，致使人心之怨叛，狂明伺隙，因以毒我民，偽黨依奸，竟以賣我國"②，有英雄黎利起兵攻戰，最後"一戎大定，迄成無覯之功，四海永清，誕布維新之誥"③。阮廌提出"粵趙丁李陳之肇造我國"，即諸代皆是正統。陳朝為國之正統，明朝一直要求立陳氏之後，黎利不得已立胡翁，祠堂本確定其人為假冒。然而陳朝影響巨大，以陳氏子孫之名坐上主位，即擁有陳氏的政治影響力，這必然成為黎利政權合法性的阻礙。祠堂本《藍山實錄》必須解決此事：

> 先是有胡翁者，乃丐者之子，竄身與琴貴，假稱陳氏之後。彼時國人，苦賊苛虐之政，思得其主，而朕急於滅賊救民，遂使人立，以權一時之事。初不擇其賢愚真假，事平之後，群臣皆上疏力爭，謂胡翁無功於民，何以居人上，宜早除之。朕知其然而心不忍，遇之益厚。彼自知國人不服，乃有依慚，乃陰與逆人曲文睿通為謀叛，以速厥辜，非孽由已作，何以至是哉？④

黎太祖武功開國，以《平吳大誥》宣示自己戰勝明軍，得國於明。戰功赫赫的君臣以胡翁無功於民"宜早除之"，視此為自然而然之事。但後世史家看出了殺陳暠的隱患，《大越史記全書》記載：

> （正月）十日，陳暠飲毒卒。時群臣皆上疏，言陳暠無功

---

① 《重刊藍山實錄》，第69—70頁。
② 《重刊藍山實錄》，第70—71頁。
③ 《重刊藍山實錄》，第79頁。
④ 《藍山實錄》，阮延年考證，黎文汪譯注，河內：社會科學出版社2006年版，第386頁。

於民，何以居人上，宜早除之。帝自知其然，而心有不忍，遇之益厚。暠知國人不服，乃潛駕海船，迤入玉麻州，至麻港，官軍追及獲之，回至東關城，飲毒卒。①

群臣請殺陳暠的理由並非其胡翁之子的假冒身份，而是"無功於民，何以居人上，宜早除之"，与祠堂本同。史文下有注釋云：

一云先是帝既立暠，暠駐營空路山，徙寧江。是歲遷古弄城，自謂天無二日，國無二王，我無功於天下而居尊位，若不早圖，恐有後悔。乃潛駕海船而卒。一云暠自知國人不服，乃陰與文銳等潛駕海船，迤至古弄隘，帝令人追殺之，投屍入叢棘中。暠死時，有祝天而言，聞者莫不悲慟，天下冤之。後黎末陳暠作亂，傳以爲陳暠後身也。一云陳暠名頔，明人之難，頔隱迹民間。及太祖起兵，以人心思陳，故立之以從人望。至是寇平，猶居位。太祖密言曰："我以百戰得天下，而暠居大位。"暠畏懼，走至古弄隘，太祖令人追殺之，投屍入叢棘中。②

陳暠之死，注釋中列出三種不同觀點，第一種是"潛駕海船而卒"，后兩種皆爲黎利遣人追殺，但都肯定陳暠爲陳氏之後，史書正文綜合三種觀點，記爲陳暠駕船潛逃，被官軍捉回毒殺。至於陳暠初立時是否爲陳氏之後，此事並不重要，且殺陳暠時的史書正文和注釋皆不言其胡翁之子的假冒身份，而多有同情，即是認定其爲陳氏之後。陳暠死而黎利稱帝，無論如何解釋，都將得出黎朝得國於陳朝的結論。

《大越史記全書》較《藍山實錄》後出，雖在史文中記述陳暠是陳朝之後，但卻繼承了《藍山實錄》中黎利得國於明軍的觀點：

① 校合本《大越史記全書》本紀卷之十，第551頁。
② 校合本《大越史記全書》本紀卷之十，第551頁。

第十章 《重刊藍山實錄》與《大越黎朝帝王中興功業實錄》的政治史觀 | 245 |

> 論曰：自天地既定，南北分治。北雖強大，而不能軋南，觀於黎、李、陳之時可見矣。是以三國之末，雖既衰微，然徒內亂而已。至於閏胡暴虐既極，而致國亡身辱，北寇凶殘，南民困屈。幸天心有在，稟生聖主，以義而征，以仁而討，山川以之改觀，日月以之復明，生民以之奠安，國家以之順治。由君臣同德，上下一心也。噫！亂極則治，於今見之矣。①

"論曰"的觀點與阮廌《平吳大誥》和《藍山實錄》的國統觀是一致的。有感于祠堂本《藍山实录》解釋不足，《重刊藍山實錄》第三卷最後的"附錄評曰"以批評前史所稱的前朝國統的方式，進一步突出黎利得國於明軍的正當性。首先說：

> 我越自閏胡不道，海內失望，明人乘此舉兵來侵，陽為仁義之師，陰圖攻取之計，掠取貨寶，殘害生民，既而兼併我國，分置郡縣，變易我之國俗，脅授彼之官爵。吾民於是時也，既苦於胡政之煩苛，重慘於明官之刻剝，群聚咨嗟，無由叩籲。縱當時有達變智識之士，亦不過斂跡韜蹤，隱名避世，以全身遠害而已。使非有聖人者出，以拯其渙而亨其屯，則我國之方言，已為北語。我國之衣冠，已為北衽。而國統其將何復？吾民其將疇依者哉？②

這一部分極力陳述明朝郡縣安南時的嚴峻形勢，風俗語言盡皆改變，國統亦斷絕不復。最終"天佑我邦，篤生我太祖高皇帝，以聰明智勇之資，大仁義吊伐之舉……"③明軍退走，黎利功成，建國設統，評曰：

---

① 校合本《大越史記全書》本紀卷之十，第550頁。
② 《重刊藍山實錄》，第87—88頁。
③ 《重刊藍山實錄》，第88—89頁。

趙武帝與漢祖各帝其國，奄有嶺表，都于番顒，英雄之主也，然不過以北方之人侵治我國而統未甚正。丁先皇克平十二之使君，混一版圖，肇造我國，正統之君也。然失於防微之不謹，卒致不祥，而國旋以亡。李太祖因臥朝之失德，乃有天下，君臣之義舛紊，名分不能無慚負於天地之間。陳太宗因昭皇之牽愛，併取其國，閨門之內，斁亂彝倫，難乎免貽笑於萬代之後。帝則自藍山而起義，憤北寇以舉兵，卒能以仁而誅不仁，以正而伐不正，復我國於明僭之餘，取天下於明人之手。迄于一戎大定，四海底清，誕布大誥以即帝位，其得天下也如此甚正。傳曰：君子大居正。又曰：王者大一統。於帝得之矣。①

這一段內容對前史以及阮廌所認可的趙武帝、丁先皇、李太祖、陳太宗的國統地位從不同角度提出了不足和批判之處，所言皆有依據，雖無過激言辭，卻與前史所述諸位君王建國設統的功績相差很大。《大越史記全書》即載一四一四年四月重光帝死後，"國統遂屬于明"②。胡士揚等進而以此體現黎太祖"復我國於明僭之餘，取天下於明之手"，得國最正，達到了"大居正"和"大一統"的境界。太祖黎利的功勳再次得到了肯定，但前代國統則因此多有不足稱之處。

就歷史情勢而言，胡季犛篡奪陳朝，明軍滅胡氏，黎利擊敗明軍建國，黎利得國於明並沒有大的疑問，但黎利立陳氏之後陳暠以及陳朝巨大的影響力，史家仍然需要對陳暠之事做出解釋，在政治上鞏固黎利得國於明的正當性與合法性，並肯定其開國的正統性。

---

① 《重刊藍山實錄》，第 91—92 頁。
② 校合本《大越史記全書》本紀卷之九，第 508 頁。

## 三　胡士揚與《大越黎朝帝王中興功業實錄》的編撰

應該是《重刊藍山實錄》獲得了極好的政治效果和影響，同年胡士揚等原班人員再次受命編撰《大越黎朝帝王中興功業實錄》，並於冬季完成上進，得到鄭王嘉賞，刻印流傳。胡士揚是慶德四年（一六五二）進士，之後任督視，並在一六六二年、一六六三年兩次前往鎮南關迎接清使，一六六五年加入范公著《大越史記全書》編撰團隊之中，排位僅次於范公著和楊濂。之後多次升遷，并隨軍出征高平。一六七三年，胡士揚出使清朝。一六七五年回國，以出使之功升任工部尚書。一六七六年七月，"命工部尚書胡士揚監修國史"[1]。一六八一年，以刑部尚書卒，贈戶部尚書、少保。胡士揚是中興黎朝著名的大臣、學者，撰《壽梅家禮》，又稱《胡尚書家禮》，在越南的社會生活中產生了巨大的影響。永治四年（一六七九），胡士揚撰《南郊殿碑記》，此碑現移立於越南國家博物館，但《大越史記全書》誤記撰寫碑文之事於景治元年（一六六三）："王復命詞臣胡士揚等撰文勒石，以紀其事。"[2]

胡士揚的時代，最受鄭王寵信的文臣當首推范公著，一六四二年其贊理鄭柞鎮守山南，之後君臣相得數十年。一六七五年范公著七十六歲去世，因此《藍山實錄》的重編工作即由胡士揚領銜完成，并再接再厲，編成《大越黎朝帝王中興功業實錄》。

《大越黎朝帝王中興功業實錄》又簡稱"中興實錄"。漢喃院現存抄本四種，無刻本。VHv.1478抄本題名"大越黎朝帝王中興功業實錄"，正文有中興黎朝避諱的"邦"字，無阮朝避諱，書寫規格與《重刊藍山實錄》刻本相同，可能為中興黎朝時期據刻本

---

[1] 校合本《大越史記全書》（下），續編卷之一，東京大學東洋文化研究所1986年版，第1007頁。

[2] 校合本《大越史記全書》（下），本紀卷之十九，東京大學東洋文化研究所1986年版，第975頁。

抄寫。

A. 19 為阮朝抄本，避"宗"為"尊"，"實"為"寔"，或上"人人人"下"實"，"時"為"辰"，書寫工整，序中帝、王高出正文一格，與《重刊藍山實錄》刻本相同，"鄧逢春奉寫"，很可能是阮朝官方據刻本抄寫。題名"黎朝帝王中興功業實錄"。

VHv. 1705，阮朝抄本，避"實"為"寔"，"宗"為"尊"，"時"為"辰"，抄寫於印製的稿紙之上，魚尾處有"龍崗"二字，高春育（一八四三至一九二三）號龍崗，《中興實錄》抄本筆跡與《龍崗文集》筆跡相近，可能出自高春育之手。此本題"黎朝中興實錄"，與《北南實錄》合抄為一冊。

A. 2369 抄本，成泰十六年（一九〇四）抄，第一部分為據永治元年刊本重抄的《藍山實錄》，綴太祖至恭皇帝號、在位年數以及年號。第二部分為"大越黎朝帝王中興功業實錄"，最後寫"永治元年冬季穀日"，用小字注"其《藍山實錄》與《中興實錄》重刊"，抄寫者因二書同在永治元年刻印，故而抄寫為一書。

四個抄本封面題名均有不同，但序和卷名皆是"大越黎朝帝王中興功業實錄"。據序中"天語鼎裁，賜名《中興實錄》，即命鋟梓，頒布天下"，推測當有刻本。抄本中記錄的編撰人與《重刊藍山實錄》相同，刻印者亦同為"梓人紅蓼柳幢等社人奉刊"，版式規格亦當與《重刊藍山實錄》相同。

在形式上，《重刊藍山實錄》因黎利反抗明軍佔領，所以不用明朝年號，而採用干支紀年。《大越黎朝帝王中興功業實錄》敘史起於莊宗元和元年，之後歷代君主皆有年號，但書中只是記設立年號之事，卻不以年號紀年，仍以干支紀年，這既可視作對與《重刊藍山實錄》規格的統一及對黎利事業功績的追慕，但同時也可視為鄭王治下對黎氏皇帝權威的消解，即政出於鄭王，中興大業由鄭王而功成。

與《重刊藍山實錄》在原有舊本基礎上重編不同，《大越黎朝帝王中興功業實錄》是由胡士揚領銜自主編撰的史書，從形式到內容，從史學到政治，皆可自由發揮。《藍山實錄》舊本僅有黎利御

第十章 《重刊藍山實錄》與《大越黎朝帝王中興功業實錄》的政治史觀 |249|

製序文一篇,對何為"實錄",為何選擇"實錄"紀事並未予以闡釋。胡士揚首先在序中解決了這個問題:

> 實錄何為而作也?蓋所以述其事,紀其功,以明正統,以錄賢裔,故有為而作也。粵自北朝漢唐宋有史記以載興亡治亂,而別錄又有兩漢志隋唐志宋志,皆直書其事,足以補史學之漏處,而觀者侈為美談。其如世家本紀皇明實錄,或傳或記,或表或書,這般事跡,昭垂簡冊,令觀者易曉,足以察古今而驗得失,味聖賢而求義理者歟!我越自建國以來,舊有史記,其間聖君賢相,修政立事,世道之隆污,人物之賢否,與夫法令之條,兵師之要,靡不備具,而實錄之書,則自我太祖高皇帝藍山起義,平吳復國,有藍山實錄,諸凡天意人事,忠臣義士,征戰之勞苦,勳業之艱難,與夫布誥之文,垂裕之辭,無不備載。聖宗淳皇帝聰明天縱,聖學淵深,有天南餘暇等錄,留傳於世,天下可誦,萬古可法矣。

胡士揚明確了"實錄"的功能和作用,以及中國實錄的淵源和發展。而且胡士揚見到了《皇明實錄》,認識到其內容可以"令觀者易曉,足以察古今而驗得失,味聖賢而求義理"。自黎文休《大越史記》之後,越南史籍多以"史記"為名,歷代編修。而"實錄"一體,陳朝已有修撰,又見於本朝太祖黎利《藍山實錄》。黎聖宗"天南餘暇等錄"實為一君臣唱和的詩文集,並非史書。

胡士揚並未提及《大越史記全書》中的"實錄",此書中後黎朝太祖、太宗、仁宗三朝史事名"大越史記本紀實錄",為吳士連所撰,范公著又續編至黎恭皇,仍名"大越史記本紀實錄"。可見"實錄"之體,自有傳承。

史體既明,來源有自,胡士揚接著闡述本書撰著的宗旨。此書敘黎朝自莫登庸篡弒以來至當下的歷史,首先"歷見鄭家功德,自布衣起義,剿除莫僭,尊立帝室,有大勳勞",胡士揚非常直白地體現鄭王功績,鄭王於黎氏,"時乎未定,則以身任征伐之責,而靡憚驅馳之勞，時乎既定，則以身任天下之重，而益篤匡扶之力，世代相傳，一以尊君為念，功德極其隆盛，蓋古今所未有也"。鄭王功德昭彰於天地之間，"若不書之于錄，何以得其詳而便後人之觀覽者哉？爰命臣等採以國語舊錄，參諸國史續編，撰作實錄"，因而史臣不揣鄙陋淺薄，"編集成錄"。此書"是錄也，初非有臆度其說，華靡其辭，而有所增減，只是據事直書，事涉於僭竊者，一字有鈇鉞之貶，事歸於正統者，一字有華袞之褒"，明正統，貶僭越，春秋大義，凜然不犯。

內容已明，則要達到相應的目的。"天語鼎裁，賜名中興實錄，即命鋟梓，頒布天下，使人知黎家億年基業正統之傳，多鄭王世代忠貞翊扶之力，其統紀與日月而並明，其氣節與秋霜而爭厲，於以顯功德而正名分，於以沮僭竊而扶綱常，其有關於國本世教也不淺矣"，要使世人盡知鄭王"世代忠貞翊扶"，黎氏方有"億年基業正統之傳"，聖帝明王，日月齊輝，國本世教，綱常名分，皆在鄭王匡扶之功。

胡士揚所撰之序，彰顯鄭王匡扶黎氏的大功，旗幟鮮明地將國本正統繫於鄭王一身。書雖名"大越黎朝帝王中興功業實錄"，但實際內容卻是記載鄭王起兵輔佐黎氏中興。胡士揚在三卷正文之後，又有一段"附錄評曰"，陳述太王鄭檢之功：

> 幸而天啟中興之運，挺生鄭太王，以撥亂之才，輸盡忠之節，奮起布衣，糾率義旅，訪求帝冑，而尊立之。身經行陣，百戰間關，蹈危履險，勳積居多。三分天下有其二，將以用集大勳，使其天假之年，何難成一統之功哉！

這一段話與《藍山實錄》中的高僧鄭白石所言中興之事可以呼應。之後又有哲王鄭松、誼王鄭柤，至今王鄭柞，世子鄭根，歷代匡扶。最後胡士揚總結鄭氏大功：

> 鄭家則初非舊臣，亦非懿親，特以布衣起義，一城一旅，

第十章 《重刊藍山實錄》與《大越黎朝帝王中興功業實錄》的政治史觀

卒能誅殘賊,而立帝室,畧無一毫纖芥於其間,傳至于王,繼志述事,尊立四朝,始終一節,語功孰大,語德最賢,其精誠仰貫日月,忠義對越神明,比之伊尹、周公,其世異而其義同,其事難而其功倍,又豈陳興道所能仿佛其萬一哉!且又專委元帥典國政定南王,監軍國之權,外事征伐,而邊境奠安。內修政事,而朝綱畢舉。一堂告語,家法相傳,無非以尊扶帝室為心,懷保生民為念,以如是之心,行如是之政,傳于永久,率由而行,世世子孫,保有天祿,不亦宜乎。

鄭氏以布衣異姓,歷世匡扶黎氏,功績德行超越伊尹、周公及陳朝的興道王陳國峻。歷代鄭王"一堂告語,家法相傳,無非以尊扶帝室為心",鄭柞、鄭根父子在此明確表示鄭氏將一如既往尊扶帝室,家法相傳。鄭柞、鄭根父子如此行為,不止是對莊宗以來中興黎朝歷史的總結,也是對業已形成的黎皇鄭主制度的確定,即鄭氏將一心尊扶黎氏,絕無異心,之後的歷代鄭王亦當如是,"以如是之心,行如是之政,傳於永久"。

至於為何鄭王要在此時將尊扶帝室的思想以撰史刻印的方式確定下來,恐怕還與不能平滅阮氏割據有關。自從一六二七年鄭、阮翻臉正式開戰,雙方大戰,均未能消滅對方,直至一六七二年鄭、阮停戰。① 阮氏雖然割據,但並未扯旗自立稱帝,名義上仍奉黎氏正朔。鄭王輔政體制已然穩固,保持黎皇之位,可以繼續以君臣大義壓制阮氏,形成政治優勢。倘若廢黎自立,則定為阮氏所乘,亦將為世人所背棄。因而此時鄭王以《大越黎朝帝王中興功業實錄》確立尊扶帝室的政策和思想,并要求後世遵循,獲得了中興黎朝士人的支持,并在政治上對阮氏保持優勢。

胡士揚在《大越黎朝帝王中興功業實錄》中成功解決了鄭王輔政的合法性問題。鄭王大權獨攬,生殺廢立,這是古代王莽、曹操

---

① 陳荊和:《十七、十八世紀之越南南北對立》,高麗大學亞細亞問題研究所:《亞細亞研究(The Journal of Asiatic Studies)》第20卷第1號,1977年1月,第213—223頁。

一類人物的做派，鄭王行事與此無異。在胡士揚的敘述中，鄭王忠貞為國，匡扶黎氏，一心尊扶，成就中興大業，不僅仁德淳厚，且有豐功偉績，在中興黎朝的歷史發展之中均有呈現，并由此泯滅了鄭王的權臣形象，使得鄭王輔政具有政治合法性，并進而為中興黎朝所接受，天下士人拜謁效力，成就黎氏尊榮、鄭家事業。①"尊扶黎氏"在胡士揚之前就已經有相當的理論積累，如范公著景治本《大越史記全書》的序中即如此論，但經胡士揚的發揮，成為完整的解釋體系，後世即以此為準則，敘述黎鄭關係以及中興黎朝的政治運作方式。官方著作如阮文喧舊藏《大越史記本紀續編》殘刻本，學者著述如《海東志略·人物誌》以及黎貴惇《大越通史》，皆依此論述。

## 四 《大越黎朝帝王中興功業實錄》的政治史觀

惠特莫指出黎初"實錄"即吳士連編撰的太祖、太宗、仁宗三朝實錄，國史館編撰的聖宗到恭皇的實錄，這些皆由范公著編入《大越史記全書》二十三卷，並且確立了黎聖宗"中興"的史學和政治思想。在范公著編撰的黎莊宗到神宗時期的歷史中，黎朝中興是無可撼動的政治原則。惠特莫肯定莫朝也編撰了史書並宣稱自己獲得並繼承了黎朝的正統，但被中興的黎朝堅決否定，而且宣稱聖宗的中興事業在一五〇四年肅宗駕崩後即告終結，之後黎朝陷入混亂，至一五三三年莊宗即位才重新接續中興大業。胡士揚繼承了范公著的觀點，編成《大越黎朝帝王中興功業實錄》，將聖宗以來的

---

① 鄭王輔政一事，在整個東亞世界中，惟有日本將軍輔政天皇可堪比擬，因而其他了解此事的人，皆驚詫莫名。1627 年，福建晉江人潘鼎珪漂流至鄭王轄地，即知曉黎氏被權臣所圈養軟禁，載其事於《安南紀游》（潘鼎珪：《安南紀遊》，王雲五主編，叢書集成初編 3256，《安南傳（及其他二種）》，上海：商務印書館 1937 年版）。1654 年朱舜水為阮主所征，為阮主一方草擬文書招降鄭將，言"先王之冢子，幽之於別宮。孟賊之宗盟，竊之以重任"，即指鄭王輔政之事，見《安南供役紀事》［陳荊和：《朱舜水〈安南供役紀事〉箋註》，《香港中文大學中國文化研究所學報》第一卷，1968 年，第 220 頁］潘鼎珪聽聞其事，朱舜水則為阮主張言，但可見此事遠超常理。

"中興"思想推向新的高度。① 惠特莫的分析極有穿透力，但在論述黎朝的中興和正統時將黎鄭並論，儘管事實上確實是鄭檢和鄭松輔佐黎氏中興，但鄭主畢竟是以權臣執國政，他需要確立自己的政治準則，妥善處理與黎皇的關係，以消弭黎皇權力的不斷反噬。

中興黎朝歷史最重要者有四，即黎氏中興、鄭王輔政、莫氏叛逆、阮氏割據，《大越黎朝帝王中興功業實錄》以官修史書的地位，給予這四件大事以定論，形成統一的認識。莫氏篡奪叛逆，毫無疑問，這是南北雙方的共識，但另外三件事則相互交錯，大費周章。

### (一) 黎氏中興和鄭王輔政

胡士揚延續了《重刊藍山實錄》的觀點，認為後黎朝國統最正，"太祖高皇帝藍山起義，平吳復國，其得天下也甚正，綱疇統紀因而復明，禮樂文章，煥然可述，端本洪源，自足與天無極矣"，這也是黎朝國祚被篡，又得以復國的政治基礎。胡士揚記述莫登庸篡逆之後的形勢：

> 黎朝大臣，俱憤莫氏無君，自相雄長，方民愈滋受害，獨有安清侯阮淦以世名將，唱義舉兵，訪求帝胄，乃得昭宗之子於哀牢，迎立為帝，紀元元和（注：是為莊尊裕皇帝），遠近影從，豪傑響應，然忠藎未篤，（注：附錄元和十四年（一五四六），莊尊裕皇帝有敕諭錦水縣古壟冊瑞山侯何仁政，謂：比年阮淦奉迎朕回岑下，號令諸將，不期阮淦陰謀篡弒，爾等能為國捐軀，朕甚嘉焉。今存其跡云。）功業未就，而公卒已中削瓜之計矣（注：莫人忠厚侯詐降，以瓜獻於公，公誤食而卒）。

---

① John K. Whitmore, "Chung-hsing and Cheng-t'ung in Texts of and on Sixteenth-Century Viêt Nam", in Keith W. Taylor and John K. Whitmore, eds., *Essays into Vietnamese Pasts*, Ithaca, New York: Southeast Asia Program, Cornell University, 1995, pp. 116-136.

這段記述非常詭異，在正文中肯定了阮淦尋訪黎氏後裔，擁立莊宗為帝，重續國統的大功，卻在注釋之中指出阮淦曾有篡弒之心。胡士揚如此記述，實要將中興大功附於鄭檢之身，他接著寫道："所幸天心眷祐黎家，篤生鄭太王，輔翼匡扶，立為萬世帝王之業"，進而對鄭檢與阮淦的關係也進行剝離：

此辰王即隨與興國公阮淦，公見其志氣有大略，以為翼義侯，兼知馬奇，給以糧食，待之甚厚，仍以少女嫁之，以此結知於帝，帝推心委用，拜為大將軍翼郡公，賜以本部兵印，凡有領兵進討各處，軍氣益銳，賊多敗北。帝於是委以兵政，加封為節制太師諒國公，凡國家事務，一切擔當，其謀略如神，精忠貫日，故上悉以政事大權委任之，由是決斷分明，機務畢舉，而湯沐之民，得賴其安，四方之民，亦歸心焉。

鄭檢為阮淦之婿，卻因阮淦的看重自此與莊宗君臣相得，"帝推心委用"，最終統領軍政，中興大業由此確定。莊宗駕崩，鄭檢繼續擁立黎氏帝胄，以保黎氏國祚不絕：

戊申年（一五四八），莊宗裕皇帝崩，是時王任托孤之重，乃尊立太子即皇帝位，紀元順平（注：是為中宗武皇帝）。王以天下之事為己任，內則典司政本，外則經營四方，惟以尊君愛國為念。王之高節，子儀之節也；王之忠義，狄公之義也。當時四方賢士，多歸附之。

在胡士揚看來，鄭氏對黎皇的節義，可比於郭子儀、狄仁傑，鄭王尊扶黎氏之心，天地可鑒。鄭檢去世之後，鄭松驅逐長兄鄭檜，繼掌國政，最終掃滅莫氏，中興復國，鄭王忠謹如一，尊扶黎氏之心可昭日月：

己亥年（一五九九），秋八月，世宗毅皇帝崩。王深念聖

| 第十章　《重刊藍山實錄》與《大越黎朝帝王中興功業實錄》的政治史觀　|255|

人之大寶曰位，惟賢有德者可以繼嗣，乃遵先帝囑托之言，尊立次子黎（注：諱維新）即天子位，紀元慎德（注：是為敬宗惠皇帝），明年改元弘定，以正大統，帝垂拱而治，多賴王內輔君德，外總兵權，上下一無猜忌，國家賴以安平。

胡士揚記載，帝皆委朝政於鄭王裁決，之後奏知於帝即可，"辛未年（一五七一），帝以鄭松有翊運大功，晉封為節制內外諸營，太尉長國公，凡國家庶務，事無大小，帝悉委之處決，然後奏聞"。鄭王以女嫁於黎皇，自此"黎鄭一家，親而益親，黎氏為帝，鄭氏為王，世代相傳"，鄭氏一心尊扶黎氏，與國同休。最終在"附錄評曰"之中將黎氏中興大功歸於鄭檢之身：

> 幸而天啟中興之運，挺生鄭太王，以撥亂之才，輸盡忠之節，奮起布衣，糾率義旅，訪求帝冑，而尊立之。

然而鄭王秉持大權，黎皇自然不忿，因此多有圖謀，一五七二年黎英宗不滿鄭松專權，與隨從逃至乂安，鄭松果斷擁立黎世宗，并派宋德位逼殺英宗。鄭松晚年，禍事再起：

> 己未年（一六一九），王子鄭椿與帝陰謀殺王，按得其狀，王嘆與僚佐曰："鄭家出危入險，累代尊扶，多有勳勞，今帝不念及功臣之子，而反忍為若是？"言畢慟哭垂淚，文武臣僚見之者無不感動流涕。是日帝崩，遂監鄭椿於府內，王處危疑之際，以國家自任，謀與文武大臣尊立皇儲黎（注：諱維祺）即皇帝位，紀元永祚（注：是為神宗淵皇帝），以承大統。

反狀敗露之後，鄭王慨歎"帝不念及功臣之子"，辜負鄭家勳勞，黎世宗當天即被殺，而鄭椿只是被監禁，後釋放。一六二三年，鄭椿再次發兵叛亂，為鄭松所敗，鄭松隨即去世，鄭梉繼位。胡士揚對這樣的亂事多簡單記述，以無損於鄭王英晷。

## （二）阮氏割據

鄭檢是阮淦之婿，阮潢是鄭檢的妻弟，在胡士揚抹去阮淦的擁立之功後，阮潢成為鄭檢的部屬。一五五八年，阮潢出鎮順化、廣南：

> 王又以端公阮潢有椒房之義，信任一無所疑，乃奏知許以行下順廣二處，納其租稅，使無忘厥服。王丁寧告戒，至於再三。阮潢奉命就鎮，遵如明訓，指天地江山以自誓，恩深義重，無有絲毫敢虧。

鄭檢的信任，阮潢的恩義，在此表露無遺。鄭松攻滅莫氏復國，阮潢親來朝賀：

> 夏四月，臣委差重臣，飭駕回清華，奉迎皇上，進御京城，人民喜見天子威儀，九州四海，共樂昇平，宣光則和郡武（注：缺名）傾心臣服，景仰皇風，順化則端公阮潢入朝拜賀，供納貢賦。王以端公曾無汗馬之勞，第有莘莩之義，示以殊禮，仍奏知皇上加陞右相，預坐廟堂，參議國事，王益加信用，一無疑惑。

宣光和郡即武德恭，[1] 與阮潢同至慶賀。阮潢留居昇龍七年，於一六〇〇年設計南歸順化，"庚子年夏四月，叛臣裴文奎、潘彥、吳廷峩等謀反，又有右相阮潢，既促使彼等作亂，因而遁去"，遂有自立之心。阮潢和鄭松尚能顧及舅甥之情，相安無事。鄭、阮開戰之後，雙方成為生死仇敵，胡士揚記述：

---

① 韓周敬：《越南宣光武氏（哀主）政权考论》，《暨南史學》第13輯，廣西師範大學出版社2017年版，第213—231頁。

乙未年（一六五五），順廣阮逆乘隙侵擾乂安南河七縣，荼毒方民，累差將士，戰數不利，邊方為之騷動。

一六一三年阮潢去世，阮福源繼立。一六二七年鄭、阮雙方開戰，但胡士揚對此並未詳細記載，卻在一六五五年方記載"阮逆"，確定阮氏為逆賊。也就是阮潢為勳戚，但此時的阮主阮福瀕則為逆賊，對阮氏一方分階段視之。胡士揚分而論之的態度比較實際，既維護了阮淦和阮潢的勳戚地位和姻親關係以及鄭王在復國戰爭中的權威，又將阮氏子孫置於叛逆行列。內閣官板《大越史記全書》亦對阮潢多有褒揚，卻在一六二七年雙方開戰之時即稱阮氏為"賊"，雖與胡士揚的記述不同，但對阮氏分階段記述的原則是一致的。因范公著景治本《大越史記全書》不存，尚不知曉以一六二七年分階段對待阮氏是范公著所為，還是黎僖受胡士揚影響而作。

## 五　結論

《重刊藍山實錄》在《藍山實錄》舊本的基礎上編成，改變了原書以第一人稱"朕"敘史的方式，將原書的注釋內容皆吸納進史書正文，并在最後由胡士揚等史臣附錄了對黎太祖建國設統及仁德的讚許。《大越黎朝帝王中興功業實錄》直承《重刊藍山實錄》的宗旨，凸顯太祖功績，以體現鄭王中興輔政的合法性。胡士揚等記述莫登庸篡弒到鄭柞、鄭根父子黨政時期的歷史，將莫氏徹底釘上謀逆的恥辱柱上，確定了鄭王尊扶黎氏、中興黎朝的大功，展現了黎鄭一家、聖帝明王的政治模式，同時理清了鄭王與阮潢、阮淦的關係，保持了阮氏父子的勳戚地位，又將其與後世子孫阮福瀕的逆反行為做了切割。胡士揚對中興黎朝這些重要政治問題均做出解釋和裁定，得到鄭柞、鄭根父子的認可，并以此傳於後世，既成為鄭王輔政的政治準則，也成為修史的依據。《大越黎朝帝王中興功業實錄》的刊布，體現出書中雖有"鄭家"之稱，但鄭王輔政、尊扶黎氏的政治形式不會改變，也預示鄭氏不會廢黎自立。視此書為中興黎朝的政治綱領，當不為過。①

　　《重刊藍山實錄》继承祠堂本《藍山實錄》敘述黎太祖的功績，成為後世遵循的政治原則。《大越黎朝帝王中興功業實錄》亦步亦趨，也確立了中興黎朝的政治準則。胡士揚雖然對中興黎朝大的政治問題提出了見解，但對於史事記載，則迴避闕漏，敘史也很簡略，相關事件亦因而割裂難明。胡士揚多記鄭王書表訓令，以展現鄭王謀略、德行。就史學而言，此書展現了對史體的認識，以及卓越的政治史觀，但敘史則有很大的缺陷。

　　《重刊藍山實錄》和《大越黎朝帝王中興實錄》雖然敘述時段相距近百年，但其中的政治史觀卻相互依存，敘史方式也基本相同，二書相互支撐，成為一個政治思想整體。胡士揚在突出黎利正統地位的同時，就中興黎朝的四大政治問題作出闡釋，後世史官皆依此著述，如內閣官板《大越史記全書》、黎貴惇《大越通史》以及阮文喧舊藏《大越史記本紀續編》殘刻本，雖傾向側重不同，但關於中興黎朝歷史的敘史格局與基本觀點均未超出《大越黎朝帝王中興功業實錄》的範圍。

---

　　① 胡士揚確立的"王皇一體""聖帝明王""一心尊扶""鄭家功德"的政治觀念影響非常大，士人參加黎朝科舉，卻入鄭王之門，士人形成了對鄭氏忠義的觀念，請參看葉少飛《巨變下的安南儒醫命運——以阮嘉璠為例》（載《醫療社會史》第9輯，社會科學文獻出版社2020年版，第119—140頁）。

# 第十一章

# 黎貴惇《大越通史》的史學研究[*]

## 一 黎貴惇其人及相關著述

一五九二年，後黎朝攻殺莫朝皇帝復國，但朝政為鄭氏把持，以王爵世代相傳，稱"鄭主"或"鄭王"，大臣亦出鄭氏之門，黎氏皇帝僅為傀儡，廢立皆操于鄭氏之手。因鄭、阮相互牽制，故而兩家均奉黎朝正朔，鄭氏雖覬覦帝位，但未敢擅自稱號。[①]

自一五九二年中興黎朝復國，至一七八九年昭統帝（一七八七

---

[*] 關於黎貴惇的史學研究，于向東《黎貴惇及其〈撫邊雜錄〉研究》（鄭州大學 1988 年碩士學位論文，第 33—36 頁）曾根據"大越通史序""作史旨要"分析黎貴惇的史學思想，闡明與中國史學的關係，但此文重點不在《大越通史》；丁公偉 Đinh Công Vĩ《黎貴惇的著史方法 Pương pháp làm sử của Lê Qúy Đôn》（河內：社會科學出版社 1994 年版）主要對黎貴惇《芸臺類語》《大越通史》《撫邊雜錄》等史著的史料來源和史料搜集進行研究，並對史料擷取和剪裁做了分析，對史學體裁和思想進行了研究，是黎貴惇史學研究的優秀作品；鍾彩鈞《黎貴惇〈大越通史〉的文化意識》（載《黎貴惇的學術與思想》，"中研院"文哲所 2012 年版，第 57—86 頁）分析了書中呈現的"天命意識""主體意識"和"歷史意識"，以體現"文化意識"。這些意識是自 1272 年黎文休《大越通史》以來，越南史籍呈現本國歷史的基本狀態，黎貴惇多有繼承，此文予以揭示。
《大越通史》抄本眾多，本章引文系筆者根據漢喃研究院 VHv. 1685 和 Vhc. 1648，Vhc. 1650 合併而來的中興黎朝抄本及阮朝抄本（藏號 A. 1389）采錄，并以夏威夷大學藏本和 2007 年河內的教育出版社《大越通史》影印本互勘。
王國良教授就本章"直筆"和"史觀"等提出意見；宗亮博士、韓周敬博士、成思佳博士均提出了建設性意見。筆者在此對諸位學者謹致謝忱！

[①] 阮氏請封清朝之事，請參看牛軍凱《王室後裔與叛亂者——越南莫氏家族與中國關係研究》，世界圖書出版公司 2012 年版，第 124—131 頁。鄭氏希圖求封中國，請閱牛軍凱《安南莫朝與中越關係制度的變化》，《南洋問題研究》2004 年第 2 期，第 69—70 頁。

至一七八九年在位）流亡入清，鄭氏執國政近二百年，形成了與之相配合的制度以保障權力運行，黎裕宗時設置"六番"，朝廷六部徒為虛名。儘管親黎皇勢力有所反擊，但都被鄭主撲滅，權勢更盛。① 朝臣名屬黎氏，但皆投效鄭氏，成為常態。②

黎貴惇（一七二六至一七八四），字允厚，號桂堂，越南太平省延河縣人，景興十三年（乾隆十七年，一七五二），"賜黎貴惇進士及第第二名"（注：貴惇，自鄉舉至廷試，皆第一），③ 景興二十一年（乾隆二十五年，一七六〇），出任副使如清歲貢，④ 景興四十五年（一七八四）卒。黎貴惇宦海沉浮數十年，筆耕不輟，著述宏富，是越南古代著名學者和思想家。黎貴惇生平事業，以阮朝甲辰（一八四四）科進士山西督學阮有造（一八〇九至？）所撰《黎公行狀》和外孫范芝香（一八〇五至一八七一）所撰《太傅穎郡黎公碑銘》最為詳細。阮有造摘錄"黎公行狀石誌"，"間有補錄南史輯編三段"，記述黎貴惇著作情況：

所著書：《易經膚說》、《書經衍義》、《春秋略論》、《詩說》、《禮說》、《連山》、《歸藏》、《二易》、《群書考辨》、《聖模賢范錄》、⑤《金鏡錄註》、⑥《存心要錄》、《增補政要大全》、《大越通史》、《國史續編》、《皇朝治鑑綱目》、《皇越文海》、《全越詩錄》、《芸臺類語》、《見聞小錄》、《續應答邦交集》、《北使通錄》、《聯珠全集》、《征西全集》、《撫邊雜錄》、《師律

---

① 請參看張文亮《越南後黎朝後期的"黎皇鄭主"體制》，鄭州大學 2007 年碩士學位論文。

② 請參看阮承喜 Nguyễn Thừa Hỷ《黎鄭時期儒士官僚的人格(Nhân cách người nho sĩ-quan liêu thời Lê-Trịnh)》，載《越南歷史文化與人物研究（Một góc nhìn lịch sử văn hóa con người Việt Nam）》，河內：信息與傳媒出版社 2016 年版，第 333—348 頁。

③ 校合本《大越史記全書》續編卷之四，東京大學東洋文化研究所 1986 年版，第 1135 頁。

④ 校合本《大越史記全書》續編卷之四，第 1148 頁。

⑤ 當為《聖謨賢範錄》。

⑥ 《延河譜記》（漢喃研究院藏號 A.42）作《金鑑》。

纂要》、《武備心略》、《地理選要》、《地學精華》、《太乙易簡錄》、《太乙卦運》、《六壬會通》、《六壬選粹》、《活人新書》、《陰騭文註》、《金剛經註》、《解弘教錄》、《道德經演說》行於世。①

可惜的是阮有造並未指明所錄"黎公行狀石誌"的刻立年代。范芝香為黎貴惇外孫，所錄著述較阮有造為少，其以至親為外祖作傳，本人亦為學者，對黎貴惇事業評價雖較為中肯，但多有溢美之詞：

> 公負宏博之學，抱經濟之畧，既登政府，慨然欲大有施展，前後章疏數千言，經畫措置，皆有條理，忌嫉者叢謗沮之，不能究其所蘊，乃私筆之於書，所著《聖模賢范》②及諸經論說，《群書考辨》、《國史續編》、《全越詩錄》、《皇越文海》、《芸臺類語》、《邦交續集》、《北使通錄》、《見聞小錄》、《撫邊雜錄》、《大越通史》，與夫桂堂文集、詩集，無慮數十百篇。沒後遭兵燹，其書頗散逸。聖朝龍興，累次訪求，稍復出，至今《考辨》、《類語》、《雜錄》、《通史》諸書登之館閣，公之士林，道問學者有所取益，斷國史者有所折衷，越南累朝千數百年，瀚爛畧存之典章，因之以不墜；英君令辟名臣相將之功業，因之以益著。善之有所勸也，惡之有所懼也。尚論有黎一代能文章善著述，足以行世而傳後者，微公其誰？③

范芝香所錄未出阮有造所列黎貴惇著述範圍，除了《邦交續集》和《國史續編》（詳見第十二章）之外，其餘著作皆流傳至今。阮有造开列黎貴惇撰著的的經學書籍，范芝香则以"所著《聖

---

① 《黎公行狀》，漢喃研究院藏号 A.43。
② 當為《聖謨賢範》。
③ 漢喃研究藏抄本，《太傅穎郡黎公碑銘》附於《黎公行狀》之後，抄為一種，藏號 A.43。

模賢范》及諸經論說"略述之。但阮有造錄入的《書經衍義》為傳世刻本，范芝香則沒有錄入。范芝香記載公開流傳的黎貴惇著作不過《群書考辨》《芸臺類語》《撫邊雜錄》《大越通史》四種。范芝香很可能是據己所知所見錄入外祖著作。阮有造和范芝香所錄黎貴惇著述的文獻和史料來源可能並不相同。

　　范芝香並未提及黎貴惇在黎皇鄭主政治環境下的困擾，但黎貴惇對越南古代文化事業的繼承和發展做了巨大的貢獻，不容置疑。二〇〇七年越南的教育出版社影印出版《黎貴惇全集》，但仍不完整，僅收入《大越通史》《撫邊雜錄》《芸臺類語》《見聞小錄》四種。筆者所見黎貴惇著作共十種，但仍不完整，按編撰時間排列如下：

　　《大越通史》，"序"作於景興十年（乾隆十四年，一七四九）

　　《群書考辨》，"序"作於乾隆二十年（景興十六年，一七五五）

　　《北使通錄》，"序"作於景興二十四年（癸未，一七六三），"北使通錄題辭"作於景興四十一年（一七八〇）；

　　《書經衍義》，"序"作於景興三十三年（一七七二）

　　《芸臺類語》，"序"作於景興三十四年（癸巳，一七七三）

　　《撫邊雜錄》，"序"作於景興三十七年（一七七六）

　　《見聞小錄》，"序"作於景興三十八年（丁酉，一七七七）

　　另有《聖謨賢範錄》《全越詩錄》《桂堂詩匯選》三種編撰時間不明。在使清過程中，黎貴惇曾以《聖謨賢範錄》和《群書考辨》出示中國士人和朝鮮使臣，應是景興十三年進士及第後出仕，觀覽官方藏書編輯而成。《全越詩錄》時間未明，但搜羅廣博，當在黎貴惇出仕之後藉助官方藏書方可實現，因其編輯類書籍的特徵，其工作可能與《聖謨賢範錄》和《群書考辨》同時開始，但又延續了更長的時間。《聖謨賢範錄》黎貴惇在回國之後亦有少量增補。《桂堂詩匯選》多記錄景興二十一年北使中國詩賦，編成當在回國之後，可能與《北使通錄》前後完成。

　　黎貴惇的大部分著作，皆在出仕之後完成，且為學者私人著述。

第十一章 黎貴惇《大越通史》的史學研究 | 263 |

按照中興黎朝慣例，使臣歸國須上呈北使記錄於鄭主，《北使通錄》"序"作於景興二十四年（癸未，一七六三），"僕隨筆所記也，始於奉命始行，終於度關修聘，訖於回朝奏啟表"①，"題辭"作於景興四十一年（一七八〇），"庚子秋，阮侍講惟紘奉差正使，索覓是編，尋舊籝中得之"②，這顯然是黎貴惇所藏藁本，並非上奏之本。"題辭"中有一段話揭示了黎貴惇與鄭王的關係：

> 時先聖王方眷注深，不欲僕遠行。己卯秋，諭滾郡公，欲留陪政地，又以問僕，僕跪啟萬謝聖聰栽培之德，臣上恋君，下思親，豈不請留？但念昔人入仕，必須歇歷三年，往返亦不為久，乞得仍往。③

"先聖王"和"聖聰"指當時在位的鄭楹（一七二〇年生，一七四〇至一七六七年在位），"王方眷注"即獲得鄭主的支持。鄭楹不欲黎貴惇往使中國，但經乞求仍得出使，"題辭"顯示黎貴惇志在遠方。黎貴惇後來又獲得了鄭森（一七三九年生，一七六七至一七八一年在位）的賞識，不斷升遷。阮有造在《黎公行狀》中稱黎貴惇"鄭王信用尤篤"。

除《大越通史》之外，明確為黎貴惇所著且留存至今的著作，皆是未奉令而作的私人著述。他處於黎皇的君臣大義和尊奉鄭主一展抱負的矛盾之間，因而在這些著作的序中並不指明依歸。《大越通史》作於景興十年，三年後黎貴惇方入第出仕，尚未捲入紛亂的政治形勢之中，體現了黎貴惇史學思想的原初狀態。

---

① 黎貴惇：《北使通錄》，《越南漢文燕行文獻集成》第4冊，復旦大學出版社2010年版，第7頁。（以下同書不出作者版本名）
② 《北使通錄》，第13頁。
③ 《北使通錄》，第11頁。

## 二 《大越通史》的版本

《大越通史》無刻本，以抄本傳世，各本皆不完整，筆者所見情況如下。

**（一）中興黎朝抄本**

1. 漢喃研究院藏 VHv. 1685 和 Vhc. 1648，1650①

VHv. 1685 本為"開智進德會Hội Khai trí tiến đức"舊藏，抄為一冊，"大越通史序"、"作史要旨"、"通史凡例"，繼為：

大越通史目錄

卷一　帝紀　太祖

卷二　列傳　后妃　帝系　功臣　逆臣上

卷三　列傳　逆臣下

卷四　藝文志

"大越通史卷一　臣惇撰　帝紀　太祖"

Vhc. 1648，1650 兩冊：

第一冊："大越通史卷二"、"列傳一　后妃"、"列傳二　帝系"、"列傳三　功臣傳"、"列傳四逆臣傳"，記投明之陳封至莫登庸事；

第二冊："大越通史卷三"、"列傳四　逆臣　下"，記莫登瀛至順治元年鄭柞討高平之事；"大越通史卷四"、"藝文志"。

Vhc. 1648，1650 與 VHv. 1685 目錄所記相同，二者當為同一部書，后因故分散流傳，此本无阮朝避諱，②且未將莫登庸單列。

---

① 《越南漢喃文獻目錄提要》錄此本的遠東學院 Vhv. 1330 舊藏號，現 Vhv. 1330/1 藏號改變為 Vhc. 1648；Vhc. 1330/2 藏號改變為 Vhv. 1650，本章使用新藏號。

② 嘉隆帝阮福映（1762—1820）認為明命帝之妻胡氏華賢淑，賜名"胡氏實"，遂諱"實"為"寔"。紹治帝名阮福綿宗（1841—1848 年在位），諱"宗"為"尊"，嗣德帝名阮福時（1848—1883 年在位），諱"時"為"辰"。為保持歷史典籍原貌，本書引文涉及阮朝書籍中的避諱字皆依原貌不改。

2. 漢喃研究院藏 Vhv. 1555，原為黃春瀚藏書，不諱"宗""時"，筆者根據陳舊程度確定為中興黎朝抄本，抄為一冊：

"大越通史序"，殘；"作史要旨"，殘；"通史凡例"，殘；

"大越通史卷之一　帝紀第一　太祖　上"

"大越通史卷之二　帝紀第二　太祖　下"

"皇朝通史卷　藝文志序"

"前朝通史卷　列傳第一　后妃傳序"

"前朝通史卷　列傳第二　帝系傳序"

"前朝通史卷　列傳第三　諸臣列傳"，黎石等；

"前朝通史卷　列傳第四　諸臣列傳"，陳元扞等；

"前朝通史卷　列傳第五　諸臣列傳"，范問等，此卷殘。

### （二）阮朝抄本

3. 漢喃研究院藏 A. 1389，扉頁題"大越通史　一帙"，此本避諱"宗—尊""時—辰"，当为阮朝抄本。内容如下：

"大越通史序"，"作史要旨"，"通史凡例"

"大越通史卷之一　帝紀第一　太祖　上　臣惇撰"

"大越通史卷之二　帝紀第二　太祖　下　臣惇撰"

"皇越通史卷　　藝文志序　　　　臣惇撰"，繼錄歷代書籍

"前朝通史卷之二十九　后妃傳序"，繼錄顯祖至恭皇后妃；

"前朝通史卷之三十　列傳第二　帝系傳序　臣惇撰"，記太祖兄至憲宗子諸宗室王；

"前朝通史卷之三十一　臣惇撰"，記諸功臣之事；

"前朝通史卷之三十二　臣惇撰"，記諸功臣之事；

"前朝通史卷之三十三　臣惇撰"，記諸功臣之事；

"前朝通史卷之三十　列傳　逆臣傳　臣惇撰"，降明之陳封、梁汝笏，弒殺仁宗之太宗子黎宜民，弒殺襄翼帝之鄭惟憽，弒殺昭宗之黎惟岱，陳珣、陳暠、阮敬、阮克諧、武獲等後黎朝叛臣；

"大越通史卷之三十一　逆臣傳　臣惇撰"，記莫登庸事；

"前朝通史卷之三十一　逆臣傳　中　臣惇撰"，記莫登瀛、莫

福海事；

"大越通史卷之三十二　逆臣傳　臣惇撰"，記莫福源事；

"大越通史卷之三十三　逆臣傳　臣惇撰"，記莫茂洽、莫敬典事；

"大越通史卷之三十四　逆臣傳　臣惇撰"，記莫敬止至鄭柞攻高平事。

4. 漢喃研究院藏 A.18，題名"大越通史"，此本對阮朝的"宗—尊""時—辰"避諱不完整，可能為未嚴格避諱的阮朝抄本。原分有上、中、下，上缺四頁即序的內容，其他連同中、下合訂為一冊。該本從第五頁開始，有"景興十年己巳秋仲延河桂堂黎貴惇允厚序"單獨一列文字，即失序，继為"作史要旨"、"通史凡例"，"大越通史卷之一　帝紀第一　太祖　上　臣惇撰"、"大越通史卷之二　帝紀第二　太祖　下　臣惇撰"。

中　范夢鑫奉寫

"大越通史卷之　列傳　逆臣傳　臣惇撰"，記莫登庸事；

"大越通史卷之　列傳　逆臣傳　臣惇撰"，記莫登瀛事；

"大越通史卷之　列傳　逆臣傳　臣惇撰"，記莫福源事；

下　胡宏精寫

"大越通史卷之　列傳　逆臣傳　臣惇撰"，記莫茂洽事。

5. 漢喃研究院藏 A.2759，題"大越通史"，抄为兩冊，阮朝抄本。

第一冊："序"、"作史要旨"、"凡例"、"帝紀第一"、"帝紀第二"、"后妃傳"、"逆臣傳"四卷；

第二冊："大越通史卷　逆臣传"，不分卷。

6. 夏威夷大學藏本，分裝四冊，無次序，有阮朝避諱，內容與漢喃研究院 A.1389 基本相同，但將黎太祖事和莫氏之事按照順序編為六卷，與黎貴惇本意不合，當是抄者所為。

冊："序"、"藝文志"；

冊："逆臣傳"，記莫敬止至鄭柞攻高平事；

冊："大越通史　上"，卷一至六，"作史要旨"、"通史凡例"，卷一"太祖　上",卷二"太祖　下";"大越通史　中",卷三"逆臣傳",莫登庸事;卷四"逆臣傳",莫登瀛、莫福海事;卷五"逆臣傳",莫福源事;"大越通史　下",卷六"逆臣傳",莫茂洽事;

　　冊:"前朝通史",卷之二十九"后妃",卷之三十"帝系",卷之三十一、三十二、三十三,功臣;卷之三十"逆臣傳",陳封至陳暠等事。

　　7.《大越通史》漢越對譯本。一九七三年南方的青年教育與文化部選擇了一個阮朝抄本譯為越語,并附漢文:①

　　著史要旨
　　凡例
　　卷一　帝紀第一　太祖　上
　　卷二　帝紀第二　太祖　下
　　卷三　列传　逆臣傳　莫登庸　莫登瀛　福海　福源　莫茂洽　莫敬典

　　就筆者所見七個抄本而言,當以 VHv. 1685 與 Vhc. 1648, 1650 合併本和 A. 1389 價值最高。A. 1389 内容最多,但目錄混亂,雖是阮朝抄本,且章節內容不連續,殘缺很多,但很可能保持了黎貴惇最初設想的内容和次序。②

　　VHv. 1685 與 Vhc. 1648, 1650 合併本沒有阮朝避諱,考察紙張陳舊程度,當是中興黎朝抄本。此本與 A. 1389 内容基本相同,但將後者的混亂目錄重新排列接續成為整體,抄者又在不能確定的字旁邊寫一猜測的字,"凡例"中曾聱所論,"其明足以周事物之理",A. 1685 抄本似不能確定,在"理"旁寫一"情"字,A. 1389 則抄為"其明足以周事物之情",夏威夷大學本又為"理"。"太祖紀"中論黎利功績有"除殘禁暴",A. 1685 抄本在"殘"邊寫一"苛"

---

①　1993 年,同塔出版社將越文内容重印;2007 年,河内的教育出版社將 1973 年版本修訂重印,亦附漢文。
②　1976 年,吴世隆根據七種抄本整理了一本越文本,在越文下出校記。2007 年文化通訊出版社重印越文本。

字，A. 1389 寫為"苟"字。夏威夷大學藏本應該又是根據 A. 1389 本所整理。

VHv. 1685 與 Vhc. 1648，1650 合併的黎朝抄本與 A. 1389 阮朝抄本內容相差無幾，兩個抄本應該來自一個卷數混亂的文本。阮朝潘輝注（一七八二至一八四〇）《歷朝憲章類志》的"文籍志"記："《黎朝通史》三十卷，延河榜眼黎貴惇撰。"① 一九〇四年，法國學者卡迪艾爾和伯希和《有關安南歷史的安南史料初探》介紹了《大越通史》的內容。② 一九三四年，加斯帕東的《安南書目》又以潘輝注的記載介紹了《大越通史》，並提及另一部《國史續編》。③ 陳文珥根據卡迪艾爾和加斯帕東的研究記載此書："《黎朝通史》三十卷，延河榜眼黎貴惇撰"，此即延續了潘輝注的稱謂，并認為內容散佚，錄入《歷朝憲章類志》所錄的"序"，介紹了 A. 18 和 A. 2759 兩個抄本。④

然而 A. 1389 阮朝抄本卷數已至三十四，超出了三十卷的範圍。那麼黎貴惇究竟有沒有寫完《大越通史》，抑或是完成了後來散佚，潘輝注見到的《大越通史》三十卷是不是全本？現存抄本無法看出有效信息，筆者將結合《大越通史》的內容及編撰來分析上述問題。

## 三 《大越通史》的體裁與體例

陳文珥根據潘輝注所記"《黎朝通史》三十卷""該洽詳備，足為一代全史"的言辭，提出黎貴惇所書並非多個朝代的歷史，而只是黎朝一代之事，因此認定黎貴惇書原名當為《黎朝通史》，《欽定

---

① 潘輝注：《歷朝憲章類志》卷之四十二《文籍志》，漢喃研究院藏 A. 1551 抄本。
② Cadière Léopold, Pelliot Paul, "Première étude sur les sources annamites de l'histoire d'Annam", Bulletin de l'Ecole françaised'Extrême - Orient. Tome 4，1904. pp. 635–636.
③ Emile GASPARDONE, "Bibliographie Annamite", Bulletin de l'École française d'Extrême - Orient, Vol. 34, No. 1 (1934), pp. 25.
④ 陳文珥：《對漢喃書庫的考察》，河內：社會科學出版社 1970 年版，第 110—120 頁。

越史通鑑綱目》所記的《大越通史》有誤。①

"大越"為一〇五四年李英宗所建國號，陳朝繼承了"大越"國號。陳朝權臣黎季犛於一四〇〇年篡奪陳朝政權稱帝，因先祖胡興逸姓氏改國號為"大虞"，建立胡朝。② 一四二八年佔領安南的明軍全部退出，黎利稱帝，"帝即位于東京，大赦，改元順天，建國號大越"③，在經過胡季犛的"大虞"之後，黎利將國號改回"大越"。之後的莫朝、中興黎朝以及阮朝嘉隆、明命二帝均以"大越"為國號。一八三九年明命帝將國號改為"大南"，"大越"棄置不用。

黎貴惇所用"大越"實為黎利所建國號，"大越通史"即記述黎朝一代之事，並無不當。一八二一年潘輝注上進《歷朝憲章類志》，序云"日積月累，蓋經十年"④，此時黎朝已經滅亡數十年，阮朝獲得"大越"國號，因而潘輝注記為《黎朝通史》三十卷。《欽定越史通鑑綱目》編撰於明命帝之孫嗣德帝之時，此時國號為"大南"，故史臣仍然使用《大越通史》原名。現存《大越通史》序文如下：

> 史有二體，《尚書》每事別記，以具事之首尾，而後世紀傳之體祖之。《春秋》逐年通紀，以見事之先後，而後世編年之體宗之。戰國先秦如《竹書紀年》、《虞氏春秋》皆用編年體。漢司馬遷始作《史記》，創為紀傳，自後班⑤、范、陳、沈之流，依倣纂述，《文獻通考》，類為正史。編年諸作，如荀悅《漢紀》，孫盛《陽秋》，祖禹《唐鑑》之類，亦間有之。一時學者，未甚崇尚，自涑水、考亭出《治鑑》、《綱目》一書，照耀千古，而世始爭言編年史矣。夫文不可雜，體裁自別，故

---

① 陳文玾：《對漢喃書庫的考察》，第116頁。
② 校合本《大越史記全書》本紀卷之八，第477。
③ 校合本《大越史記全書》本紀卷之十，第553。
④ 《歷朝憲章類志》"序"，東洋文庫本。
⑤ A.1685序文中，班固、班彪之"班"皆作"斑"。

《書》也，《春秋》也，皆出於史而聖人分之，然精慎同其歸，訓範一其致。後儒取法，無所不可。貴乎事跡詳核，敘述簡嚴，以無失古人公是非，垂勸戒之意焉耳。

我越立國，設修史之書①，相承用編年記事，如文休之李紀，孚先之陳書，簡潔雅正，頗有可采。第一代之典章多湮沒不見，覽者惜之。先朝之有天下也，太祖以神武開基，太尊以英明紹統，淳皇才略雄邁，一新百度，憲廟天性寬厚，率循舊章，謨烈訓誥之盛，文物章程之懿，不遜中國，而考之實錄，蓋闕如也。洪德年間，祭酒吳仕連編述自順天至延寧，為三朝本紀，敘事頗詳，粗有端緒。是時史官選用頗重，如黎義之類，直書守正，有古人之節，其所編日曆，今不復傳。洪順中總裁官武瓊繼編次，自光順至端慶為四朝本紀，於敕令條格粗具，而事任除授，臣僚奏疏，尚多遺漏。洪順以下，迄于中興初，則陽德間諸臣所續編，採摭不廣，義例未具。百有餘年之事，撰次者非一人，而簡略如此。哲君良輔，相與創業守成，卓行嘉言，密謀大計，皆闇而不章，鬱而不發，而奸回逆惡，酷吏邪臣之情狀，亦幸得以自掩，可勝嘆哉！

大抵作史之法，所貴該括無遺，令人一披卷之餘，便盡得其端倪，識其本末，雖耳目所不及，而了如親見。聞之者姑以大要言之，如天文災祥地道變異當書，車駕行幸后妃太子冊立當書，詔令天下，宰臣奏擬，群臣章奏，公卿侍從之拜免，鎮衛將官之遷補，內外文武之差行，尊室勳戚之陞賞，皆當實書，內而法度之廢興，如選舉官制兵政國用，征榷錢幣之類。外而邦交之好惡，如北朝使聘，占牢貢獻，往復文辭，賜遺數目，與夫征占盆，討老撾之類。禮樂沿革，如郊社宗廟，山川命祭祀，樂舞樂音朝儀軍禮之類。世系名號，如外戚宗派，帝系封爵，功臣氏族之類。雖其常事，固不必贅書，然有大議論，大製作，皆當逐一具日月以書。舉此例言，舊史所載，十不及一，

---

① A. 1685 和 A. 1389 為"修史之書"，夏威夷本為"修史之官"，筆者以後者為是。

稽古典持國論者，將安所考究哉？觀諸二十一史，如周齊梁陳，辟陋一隅，政微祚短，僅五十年或二三十餘年，后之通儒，尚尋討撰述為一代史，使其事業云為粲然，白於後世。

況以大越百餘年太平之治，開創粉飾，章章如彼，而論次記載，寥寥如此，豈不取愧前代！竊不自揣，欲做紀傳體例，事類想從，區別條貫，兼附己意，論贊序述，其諸志仿魏徵《隋書》《晉書》例，兼載李陳政事於前朝格例之上，勒成通史，以為一代大典。第今日之距前朝已數百載，殘編新簡，久已散佚，故家遺俗，無可詢究，欲就纂次，為力良難，又先儒諸史之作，皆會集群書，采摭訂補，然後就緒。太史公紬金匱石室之藏，以成《史記》，班固因之，又采劉歆所撰，班彪所纂，方成《漢書》，陳壽范曄①歐陽修之類，莫不皆然。今傳志所輯，從前未有片紙只字，茲始創為實錄，簡略有舛謬，未足全據，竟須旁求，采雜書遺記，別傳野史，與金石遺文，世家譜系，及北朝諸儒所抄記，是非相濟，真錯參半，蒐訪既難，而鑑別亦復不易，本末宏闊，功力浩瀚，每一操筆欲書，輒懷審重，屢至逡巡，豈敢自謂，結構崇成，仰追班馬，姑以整齊年月，綴輯放逸，補前史之未備，垂往跡于方來，庶幾文獻足徵，可以稽典故，可以示監戒，<u>雖僭逾纂述</u>，貽誚大方，所不敢辭也。

黎貴惇的這篇序內容非常豐富，對編年紀傳二體的起源、演變都有自己的認識，接著敘述了越南自黎文休（一二三〇至一三二二）至當代史學的發展，最後提出述史當詳於典章制度，遂效法馬班，撰著紀傳體。諸本"序"最後皆寫"景興十年己巳秋仲延河桂堂黎貴惇允厚序"，"序"作於景興十年，當無疑問，此年黎貴惇二十三歲，能夠寫出這樣的序，足證其史才卓越。"今傳志所輯，從前未有片紙只字，茲始創為寔錄"，此言雖有誇張，但顯示黎貴惇

---

① A.1389本"曄"字缺筆，"華"字無一豎，即避諱明命帝之妻胡氏華之諱。

已經完成了一部分內容。現存《大越通史》最晚的史事為"逆臣傳"最後順治元年（一六四四）鄭柞率軍攻高平，而一六九七年刻印的編年體通史《大越史記全書》史事截止到一六七五年，這是經鄭氏認定的官修史書，且是當時唯一刻印的通史。《大越通史》沒有超出正和本《大越史記全書》的時間範圍，刻本流傳較廣，黎貴惇應該是以此書為主體，重撰紀傳體，現存的"太祖紀"和"后妃""帝系""逆臣"諸列傳以及"藝文志"，① 很有可能在作序之時已經完成。但觀黎貴惇在最後一部分感慨修史之難，文獻不足，很可能是全書未完，尚待來日。

《大越通史》為斷代紀傳體史書，記述黎朝統一時期和篡逆的莫朝之事，一五九二年莫朝殘餘勢力退守高平，雖偶有反撲，但在中興黎朝的持續攻擊下逐漸衰弱，最終在康熙年間被攻滅。鄭主治下的官方史籍修撰，有自己的格式特徵。景治三年（一六六五）范公著《大越史記續編書》言：

> 欽惟皇上陛下，嗣守丕基，率循天下，日與大元帥掌國政尚師西王，整飭紀綱，作興文教，專委欽差節制各處水步諸營兼總政柄太尉宣國公鄭根，典司政本，講求治理，深知夫史乃正當時之名分，示來世之勸懲，於是渙起宸斷，紬繹書史，特命臣……等訂攷國史……②

永治元年（一六七六）《重刊藍山實錄序》：

> 肆今皇上陛下誕膺駿命，肆守鴻圖，其德義日進，學年日長，寔賴大元帥掌國政尚師太父德功仁威明聖西王，涵養薰陶，匡扶造就，思昔先王之德，振飭禮樂之綱，以為憑藉扶持之本，

---

① "藝文志"收錄極眾，多有珍本秘笈，黎貴惇可能在入史館之後有所增補。但"藝文志序"應該在景興十年已經完成。

② 校合本《大越史記全書》卷首，第59—60頁。

专委元帅典国政定南王维持世教，兴致太平，暨亲勋僚佐，讲求治道，繙阅书籍，目诸旧录，见先祖创业之难，得国甚正，功德兼隆，自我越建国以来未之有也。……乃于暇日数引宰执儒臣共论自古帝王经营大业，以为旧本虽有抄记，间犹错简，未易尽晓，兹欲纂取精纯，用锓诸梓，庶几先帝之功业，复明于世，乃命臣等参以旧录家编而重修之，舛者正，漏者补，得便观览，以广其传。臣等叨奉德音，敢不搜阅补缀，彙以成编，谨录上进，以俟睿览，奉赐名曰《重刊蓝山实录》。①

同年胡士扬再领衔修《大越黎朝帝王中兴功业实录》，序曰：

肆今皇帝陛下天资聪睿，圣学光明，寔赖大元帅掌国政尚师太父德功仁威明圣西王，涵养圣功，作兴文教，专委元帅典国政定南王，兴起治功，弘恢道统，暨亲勋辅弼诸臣，同协寅恭，讲求治理，切思帝王盛德大业，间已略载于方册之中，盖未详也。乃于万幾之暇，日与儒臣讲究书籍，考自国朝统元年间，以至于今，历见郑家功德，自布衣起义，剿除莫僭，尊立帝室，有大勋劳，时乎未定，则以身任征伐之责，而靡惮驱驰之劳，时乎既定，则以身任天下之重，而益笃匡扶之力，世代相传，一以尊君为念，功德极其隆盛，盖古今所未有也。若不书之于录，何以得其详而便后人之观贤者哉？爰命臣等采以国语旧录，参诸国史续编，撰作实录，……阅月书成，谨录上进，于是宸衷涣起，天语鼎裁，赐名中兴实录。

正和十八年（一六九七）黎僖撰《大越史记续编序》言：

钦惟皇上陛下理会道源，缉熙敬学，寔赖大元帅统国政上圣父师盛功仁明威德定王整顿乾坤，纲维治教，专委钦差节制

---

① 《重刊蓝山实录》，河内：社会科学出版社1992年版，第2—5页。

各處水步諸營兼掌政權太尉晉國公鄭柄，贊襄治化，振作文風，深惟史記之中，明是非而公好惡，森乎華袞斧鉞之榮嚴，寔爲萬世衡鑑，乃於事幾之暇，特命臣等訂考舊史，訛者正之，純者錄之。……①

鄭氏在輔政過程中，形成了特殊的"太上王"制度，即父爲上王，子爲國王或亦封王，父子同掌國政。②四部文獻之中，"皇上陛下"垂拱而治，國政"寔賴"鄭氏上王，"專委"今王，范公著和黎僡的修史工作即續修《大越史記全書》，皆奉鄭王之命而爲，《藍山實錄》的重編工作"叨奉德音"，即鄭氏之命。《大越黎朝帝王中興功業實錄》亦是奉鄭主之命而爲。四部文獻之中的黎皇皆是幼童，由鄭氏遣人教導，③鄭主竭力塑造自己盡心輔政的"純臣"形象。正和十八年《大越史記全書》和永治元年《重刊藍山實錄》皆爲刻本，流佈天下。《大越黎朝帝王中興功業實錄》当亦有刻本，惜未留傳。

但黎貴惇在序中沒有像前述文獻中提及黎皇鄭主，最後言"雖僭逾纂述，貽誚大方，所不敢辞也"，顯然這是一部未奉命修撰的私著史书。黎貴惇書名"大越通史"，抄本基本一致，又有"皇越通史"，黎朝常稱本朝為"皇越"。但漢喃研究院藏的 Vhv. 1555 中興黎朝抄本和 A. 1389 阮朝抄本以及夏威夷大學藏本中，皆有"前朝通史"字樣，將"后妃""帝系""逆臣"列於其下。黎貴惇在序中言"況以大越百餘年太平之治，……兼載李陳政事於前朝格例之上，勒成通史，以為一代大典。第今日之距前朝已數百載……"書以"大越"為名，但序中兩次出現"前朝"，諸本皆同，正文亦有，當是有意為之，中興黎朝在鄭主治下，雖未廢立，但實與新朝

---

① 校合本《大越史記全書》卷首，第61頁。
② 請參看成思佳《越南古代的上皇現象研究（968—1759）》，鄭州大學2014年碩士學位論文，第86—87頁。
③ 張文亮：《越南後黎朝後期的"黎皇鄭主"體制》，鄭州大學2007年碩士學位論文，第21頁。

## 第十一章 黎貴惇《大越通史》的史學研究 | 275 |

無異。筆者揣測黎貴惇史才卓越，對黎朝中興以來的國家政治狀態有自己的理解，故而以"前朝"示之，而統屬于"大越通史"之下。①

黎貴惇在"通史凡例"中首先言"今撰史，據自太祖皇帝以下至恭皇帝，為本紀為志為列傳"，之後為莫氏逆臣，是否《大越通史》的本紀便止於恭皇？現存諸本僅有"太祖紀"上下，黎貴惇藉助已有的史料《大越史記全書》等完成黎初其餘諸帝的本紀並非難事，也無撰寫時的棘手問題。《大越通史》的諸紀很可能是撰寫完成之後散佚不存。黎貴惇在"通史凡例"中指出全書的篇章設置：

>列傳先后妃，配帝系，重倫敘也；次功臣、相將，表功德也；次儒林，次節義，重才學褒忠節也；次高士，次列女，旌恬退表閨行也；次方技、外戚，備事也；次佞倖、奸臣、逆臣，懲惡也；終以四夷，嚴內外之防也。

莫登庸弒殺黎恭皇在一五二七年，但《大越通史》的"逆臣傳"述史已到順治元年（一六四四），即 A.1389 抄本"大越通史卷之三十四　逆臣傳　臣惇撰"結尾所記鄭柞攻高平事，此卷已到卷三十四，中興黎朝徹底攻佔高平莫氏在康熙十六年（一六七七），倘若此卷寫完，那應該還有卷三十五。"逆臣"之後為"四夷"，則最少有一卷，當為卷三十六。

《大越通史》記莫朝之事，亦述莫朝文籍。"藝文志序"明言錄典籍至中興，即一五九二年滅莫之時，包括了莫朝典籍，如《烏州近錄》為莫朝楊文安所著，《應答邦交》為莫朝狀元甲澂撰，亦錄有莫朝狀元、大儒阮秉謙文集詩歌。

現存《大越通史》的"志"和"傳"已经突破了"紀"的時間下限，其他的傳亦有可能突破。然而黎貴惇所列諸傳的部分篇

---

① 陳文珝認為此"前朝"很可能是阮朝史臣所為（《對漢喃書庫的考察》，河內：社會科學出版社1970年版，第117頁），筆者不認可這一觀點。

目，則因鄭王無法著筆。首當其衝的是"外戚"。鄭氏執掌大權，黎皇不甘心為傀儡，因此多蓄謀奪權。一六一九年黎敬宗聯合鄭松之子鄭椿謀劃刺殺鄭松事泄，《大越史記本紀續編》記載阮名世、黎弼四、阮維時等朝臣廷議囚禁鄭椿，廢黜敬宗，敬宗當夜自縊，鄭松放棄了孫女鄭氏玉竹的丈夫強郡公黎柱，選擇了敬宗皇后、女兒鄭氏玉楨所生的外孫，立為帝，即黎神宗。① 因此鄭氏念骨肉之情，之後對神宗廢而不殺，需要時又重新立為帝。在此鄭氏既是權臣，又是外戚，黎貴惇的"外戚傳"到此必然無法撰寫。而請求廢黜敬宗的阮名世、黎弼四、阮維時等人皆是投效鄭氏的名臣，忠於鄭則逆於黎，且之前已有臣子忠於鄭王而逼殺黎皇。一五七二年，黎英宗不滿鄭氏挾制外逃，鄭檢遂立英宗子黎維潭為帝，是為世宗，後尋獲英宗：

> 左相鄭松遣阮有僚等進兵至城，帝避于蔗田，有僚等跪拜于田曰："請陛下速還宮，以慰天下臣民之望，臣等無異志。"乃以雄象四隻迎帝以歸，使榜郡公宋德位等扈從，日夜偕行，二十二日，還至雷陽。是日帝崩。時左相鄭松使宋德位陰逼，陽言自縊。上尊號曰"英宗峻皇帝。"②

阮有僚、宋德位助鄭逆黎，與請求廢黜敬宗的阮名世等人，於黎氏而言大逆不道，當入"佞倖""奸臣""逆臣"，鄭氏行徑，亦與篡權的莫登庸無異，當入"奸臣"傳。但諸人於鄭氏則是忠臣。

就《大越通史》殘本所見，黎貴惇充分肯定鄭主的中興之功，在"逆臣傳"中對鄭氏扶黎滅莫的史事予以直錄，并諱書鄭氏內亂。且黎貴惇之時，鄭氏權勢熏天，與鄭氏主臣相關的"外戚"、奸逆等傳是無法寫作的。

---

① 《大越史記本紀續編》卷之二十，附影印本《大越史記全書》之後，河內：社會科學出版社1993年版，第655—656頁。關於鄭氏玉楨和鄭氏玉竹，請參看陳田穎《越南後黎朝寧福禪寺研究——以碑刻材料為中心》，北京大學2021年碩士學位論文。

② 校合本《大越史記全書》本紀卷之十七，第874頁。

按照 A.1389 抄本所列篇章，《大越通史》按計劃至少有三十六卷，其中的"外戚""奸臣"等傳則因鄭氏執政的形勢無法完成。一八二一年潘輝注完成《歷朝憲章類志》，記載"《黎朝通史》三十卷"，所見可能為一部沒有完成的文本。綜合考察七個抄本，黎貴惇完成的當有"太祖紀"上下共兩卷，"后妃傳"一卷，"帝系"一卷，功臣傳三卷，"逆臣傳"六卷，"藝文志"一卷，共十四卷，只有 A.1389 抄本所列的三分之一多。由此筆者推論《大越通史》當是一部既沒有完成、後世又有散佚的史著。

## 四 《大越通史》的"論"和"序"

黎貴惇在"大越通史序"中言述大越之史，"欲仿紀傳體例，事類相從，區別條貫，兼附己意，論贊序述"，現存諸本中，存有"論"一篇，序三篇，即"后妃傳序""帝系傳序""藝文志序"，"功臣傳"和"逆臣傳"無序。

《史記》中的"太史公曰"雖未有"論""贊""序""評"等專稱，但將之置於篇前、篇中或篇後，內容豐富，形式多變，為司馬遷首創。[①] 觀"大越通史序"和"作史要旨"，黎貴惇對中國古代史學的發展極為熟悉，其於紀傳體，尤為推崇司馬遷，但選擇了後世的專稱。"太祖紀"為"論曰"，"后妃""帝系""藝文志"為"序"。"論"和"序"實為黎貴惇的史論之作。

### （一）論黎太祖
黎貴惇對黎太祖的功業如此評價：

> 論曰：仲虺稱湯曰，天乃錫王智勇，表正萬邦，言帝王之興自有天命也。太祖善用兵，建義之初，止有鐵突二百，勇士

---

[①] 張大可：《史記論贊輯釋·序論》，《張大可文集》第四卷，商務印書館2013年版，第1—32頁。

二百,義士三百,西摧哀牢,北平吳寇。考其奇謀秘計,有得於韜略為多,又明於治國,纔至菩提行營,求才用士,設官分職,除殘禁暴,恤兵撫民,懷集夷落,防守邊塞,已有定天下之規模。海內既一,錄勳臣,禮儒雅,制禮樂,定律令,申軍制,修戶籍,正稅額,革鈔法,施為政事,寬大周密,觀其一時詔敕,所以敷求典訓,講明治道者,詳矣。光復土宇,身致太平,功德施於時,基緒垂諸後,猗歟盛哉!

這段史論明顯脫胎于《大越史記全書》關於黎太祖的史論:①

論曰:太祖即位以來,其施為政事,藹有可觀,如定律令,制禮樂,設科目,置禁衛,設官職,立府縣,收圖籍,創學校,亦可謂創業之宏謨。然多忌好殺,此其短也。又曰:帝承祖父之業,時遭大亂,而志益堅,晦跡山林,以稼穡為業。由其憤強賊之陵暴,尤留心於韜畧之書,罄竭家貲,厚待賓客。及戊戌年起集義兵,經營天下,前後凡數十戰,皆設伏出奇,避實擊虛,以寡敵眾,以弱敵強。及明人出降,戒戢軍士,秋毫無犯。兩國自是通好,南北無事,忙禮、哀牢,俱入版圖,占城、闍槃,航海修貢。帝宵衣旰食,凡十年而天下大治。

史臣論曰:帝起義兵,未嘗濫殺一人,惟能以柔制剛,以弱制強,以寡敵眾,不戰而屈人兵,故能革否為泰,転危為安,易亂為治,所謂仁者無敵於天下,其帝之謂歟。其有天下而傳萬世之業也宜哉。

《大越史記全書》中的"論曰"僅存在於後黎朝統一時期,即太祖至恭皇,莫氏代黎又作一總論。《大越史記全書》這段時期歷史的編撰者范公著言:"自丁先皇至我國朝太祖高皇帝為本紀全書,並依如前史臣吳士連、武瓊等之所著述也。其自國朝太宗至恭皇,

---

① 校合本《大越史記全書》本紀卷之十,第565頁。

則因前書所載，題曰本紀實錄"①，卷十一太祖部分雖由吳士連原作，但其史論為"史臣吳士連曰"，因此筆者推測"論曰"的作者應該是景治三年（一六六五）修史的范公著，而"史臣論曰"的作者當是正和十八年（一六九七）繼范公著整理史籍的黎僖。

范公著言："幸天心有在，稟生聖主，以義而征，以仁而討，山川以之改觀，日月以之復明，生民以之奠安，國家以之順治"②，范公著、黎僖皆論太祖之仁義、韜略和治政。二人的史論明顯來源於黎嵩1514年完成的《越鑑通考總論》中關於黎太祖的史論。黎嵩此文是後黎朝官方史學思想的集中呈現，論太祖得國之正，以殷湯、周武比黎太祖，論太祖之仁德寬厚，體天地之心量，守天下以仁義智信。黎貴惇論太祖得天命，如殷之成湯，并未出黎嵩所論範圍；論治政則糅合了范公著和黎僖的史論。儘管范公著、黎僖、黎貴惇三人對黎太祖的史論都沒有達到黎嵩的高度和深度，但所處時代相異的三人均論太祖受聖王之天命，以仁義得天下，則是儒家史學思想的集體呈現。③

### （二）"后妃"和"帝系"二序

歷代紀傳體正史之中，《史記》以"后妃"入"外戚世家"，《漢書》則以"后妃"入"外戚傳"。《三國志·魏書》最早以"后妃"為列傳之首，繼以功臣，《後漢書》則設"皇后紀"。之後的史書多以"后妃"為列傳之首，《宋書》《魏書》《新唐書》等繼以

① 校合本《大越史記全書》卷首，第60頁。
② 校合本《大越史記全書》本紀卷之十，第550頁。
③ 鍾彩鈞《黎貴惇〈大越通史〉的文化意識》（載《黎貴惇的學術與思想》，"中研院"文哲所2012年版，第57—86頁）專設"天命意識"一節，論《大越通史》史文內容中以神話體現得天命，即祥瑞符應以見聖主之興，但未言及黎貴惇史論。這並非黎貴惇首創，丁黎建國即有濃厚的讖緯氣息，李朝尤重祥瑞符應，且有儒佛祥瑞之別。《大越史略》和《大越史記全書》均有詳細記載。《大越通史》記載的後黎朝祥瑞承前代而來，但只有儒家符應，佛教符應已經消失。後黎朝儒教勃興，對前代李陳的崇佛之弊，祥瑞災異之變，已經大為警惕，故而於天命之事亦簡言之，君臣多崇尚仁義治政，因此太祖親撰《藍山實錄》鑒戒後世，范公著、黎僖、黎貴惇亦多論韜略治政。

"宗室",《隋書》《晉書》《舊唐書》等則繼以人物。《宋史》《元史》《明史》皆在列傳中首"后妃"而次"宗室"。

黎貴惇言"列傳先后妃、帝系,重倫敘也",亦沿用了這樣的次序。儘管歷代史家對"后妃"和"宗室"都有精到的見解和評價,但對後宮外戚之禍和宗室作亂都只能提出防禦的建議,歷代君主也難以斷絕其禍。黎貴惇在"后妃傳序"中以"易曰:至哉坤元,萬物資生,乃順承天"開篇,接著論述后妃德範禮儀,最終"宣明內教,德潤四海",這段論述並未超出《史記》"外戚世家"、《三國志·魏書》卷五"后妃傳"、《後漢書》"皇后紀"及之後紀傳體正史的論贊範圍層次。隨後黎貴惇敘述歷代王朝后妃史事,對自丁部領立五皇后以來的後宮亂政進行批評,最後指出"國朝家法最正,倫教最明","無前代閨門不正之失"。但對黎太祖不設皇后之政,認為"未能助天子以聽內治也","稽之古典,曠闕多矣"。李亡於陳,陳亡於胡,陳、胡雖是權臣,亦是外戚,黎太祖鑒於前代外戚之禍,故不立皇后。但太子繼位為帝,母為皇太后,仍然出現了女主專權,外戚篡奪如莫登庸,此亦黎太祖所料不及。

"后妃"尚有古典可稽,但對於宗室,黎貴惇幾乎一籌莫展,"帝系傳序"開篇言:"嗚呼!國於天地有興立焉,封建尊號,其為保國之最上策歟!周漢晉魏分封之得失,姑置勿論,就我越言之……"越南歷代王朝先帝崩而諸王擁兵攻殺最慘烈者首推前黎朝,繼為李太宗平兄弟叛王之亂,而陳朝則因諸王之分封,宗親一心,成功抵抗了蒙元三次南征。黎貴惇仔細羅列了歷代分封諸王得失,最後批評黎太祖只以功臣待宗室英傑,"不得列茅土之爵",之後諸君皆不分封,"枝葉既盡,根本隨之","自古削弱同姓以致傾敗者多矣","考其覆亡之禍,未有若前朝之酷可慨也"。黎貴惇認為莫登庸篡黎的根子在於黎太祖沒有分封宗室,建列屏藩,之後內亂不斷,終於覆亡。

以"倫敘"來看,女主專權和宗室攻殺自是慘劇,但就政治權力的運作規律而言,則是皇權暫移導致的必然結果。而持續不斷的皇權暫移必然導致王朝傾覆。從君主本人的角度來看,國家和君權最大的危險來自於具有合法繼承權的宗室對自己或繼承人持續不斷的挑戰，因此封建諸侯當為下策。黎貴惇書生意氣，以古典論后妃之德，以封建論宗室之立，這二者皆是皇權政治的痼疾。黎貴惇所論，既未高出前賢史家，亦未就越史歷代后妃和宗室問題提出有效見解。

### （三）"藝文志序"

黎貴惇在"通史凡例"中言：

> 修史之難，無過於志，《漢書》《唐書》備載法制，雜以議論，文法雖妙，而觀者苦之。惟《宋史》區別條目，事類粲然，便於批閱。今修國朝志，準《宋史》志。

黎貴惇推崇《宋史》諸志，現在《大越通史》僅有"藝文志"，前有長序，恰是對《宋史·藝文志》開篇所論的回應。《宋史·藝文志》云：

> 易曰：觀乎天文，以察時變；觀乎人文，以化成天下。文之有關於世運，尚矣。然書契以來，文字多而世代日降；秦火而後，文字多而世教日興，其故何哉？蓋世道升降，人心習俗之致然，非徒文字之所為也。然去古既遠，苟無斯文以範防之，則愈趨而愈下矣。故由秦而降，每以斯文之盛衰，占斯世之治忽焉。①

黎貴惇"藝文志序"云：

> 易稱：觀乎天文，以察辰變；觀乎人文，以化成天下。唐呂溫論之曰：察乎變者，立德以貞其象，感其化者，立言以贊

---

① 《宋史》卷二百二《藝文志一》，中華書局1977年版，第5031頁。

其功。至哉文乎！五經四書，鴻裁大筆，直與五緯四宮相為表裏，相為始終。後之名公碩儒，代有撰作，雖一二議論，未能盡醇，要亦鍾於灝氣之精英，本於道心之淵懿，各自以其所見，成一家言，賢者足以博物洽聞，增神長智，其可以為枝葉而不讀耶？

《宋史·藝文志》以文論世，并進而論宋代學術之發展，"宋之不競，或以為文勝之弊，遂歸咎焉，此以功利為言，未必知道者之論也"①，對認為宋代因文而衰的觀點並不認可。黎貴惇則以文論人，卻並沒有提出一個異常宏大的目標，而是落腳於"博物洽聞，增神長智"這樣的個人修養之上。隨後黎貴惇效法《宋史·藝文志》論兩宋書籍聚散的方式，陳述越南歷代書籍的聚散興毀，并設"憲章""詩文""傳記""方技"四類，錄陳歷代書籍目錄：

"憲章"，典制刑禮邦交；

"詩文"，歷代詩文集；

"傳記"，史籍輿地兵書傳奇；

"方技"，釋道醫算堪輿。

黎貴惇的方法不同於《宋史·藝文志》的經史子集四類，排在首位的是"憲章"，而非"經部"，黎貴惇知曉經部，阮有造的"黎公行狀"首先錄入《易經膚說》、《書經衍義》、《春秋略論》、《詩說》、《禮說》"②。黎貴惇言"我國號為文獻，上而帝王，下而臣庶，莫不各有著述。會而總之，不過百有餘帙，視中華作者，不能以什一也"，顯示越南典籍總量不足。黎貴惇推重《宋史·藝文志》，但並不遵循其分類法，而是以典章制度體史書作為四分法的首位，這很可能是出於歷史學家本人的個人選擇，但從側面也可說明黎貴惇本人沒有深刻的四部分類意識。因黎貴惇之前的越南文獻目錄著作不存，筆者難以判斷這是黎貴惇的個人行為抑或是越南文

---

① 《宋史》卷二百二《藝文志一》，第5031頁。
② 《黎公行狀》，漢喃研究院藏抄本，藏號 A.43。

獻目錄的通例。但黎貴惇的四分法卻影響到了阮朝的潘輝注。

潘輝注《歷朝憲章類志・文籍志》沒有使用經史子集四部分類法，而是分為"憲章""經史""詩文""傳記"，此即從黎貴惇"傳記"中分出"經史"，又將黎貴惇的"方技"納入"傳記"之中，但"經部"仍然不在首位。潘輝注以史家名世，以"憲章"為首顯然是接受了黎貴惇的史學理念。①

## 五 《大越通史》與中越史學的交流

越南古代史學的發展基本受中國史學的影響而來，自一二七二年黎文休撰成《大越史記》開始，歷代史家無不受到中國史學的影響。南宋時期中國史學大體發展完成，越南史家撰著越史，並不受中國史學家法源流、官修私著的制約。黎貴惇之前的越南史著多將中國史學思想運用於史著之中，且受到中越官方史學思想的巨大影響。而黎貴惇在中國古代史學的浩瀚資源中自由採擷，不僅運用於史文之中，而且在"序""通史凡例"中直接呈現，更是留下了採集中國史學思想的"作史要旨"，呈現自己對史學的理解和認識。

黎貴惇"大越通史序"的第一部分對"編年""紀傳"二體的起源、演變以及歷代史家所宗皆有清晰的論述，進而論述越史編年體的發展，最終何以選擇紀傳體著史，并提出了自己的著史目標。這是黎貴惇對史體的選擇，足見其對傳統中越史學的精湛理解和把握。

"通史凡例"中說明在黎初諸侯篡弒以及年號記載中春秋筆法的使用；又言"登庸凌逼，凡諸爵命皆所自建置，非恭帝詔旨，遵朱子書法，一切書自，以正其罪"，以莫氏為偽逆在中興黎朝已是鐵律，黎貴惇再次以朱熹"綱目體"史筆將莫登庸及莫氏後裔置入

---

① 《四庫全書簡明目錄》以及《四庫全書》相關典籍傳入之後，很快被越南官方和學者實踐運用。請參看謝貴安、宗亮《崇慕與實踐：清修〈四庫全書〉在越南的傳播與影響》，《河南師範大學學報（哲學社會科學版）》2017年第3期，第44—49頁。

"逆臣",這與中興黎朝的官方史學思想一致。黎貴惇在"作史要旨"中收入十一位中國史家的史論：

1 漢荀悅曰：古者朝有二史，左史記言，右史書事，君舉必書，善惡成敗，無不存焉，下及士庶，苟有茂異，咸在載籍，得失一朝，而榮辱千古。

2 文中子曰：聖人述史有三焉，書也，詩也，春秋也，三者同出于史而不可雜也，故聖人分焉。

3 袁山松曰：史之為難有五，煩而不整一也，俗而不典二也，書不實錄三也，賞罰不中四也，文不勝質五也。

4 劉知幾曰：史有三長，才也，學也，識也。

5 唐李翱①上疏曰：今之作行狀，非其門生，即其故吏，莫不虛假仁義禮智，妄言忠肅惠和，曾不直敘其事，故善惡混然不辨，今但令指事說實，直載其詞，則善惡功跡皆足以自見矣。

6 宋張似②奏曰：史官之職，凡天地日月之祥，山川封域之分，昭穆繼世之序，禮樂師旅之政，本於起居註，以為寔錄，凡記事以事繫日，以日繫月，以月繫時，以時繫年，必書朔日甲乙，以紀曆數，典禮文物，以考制度，遷拜旌賞以勸善，誅罰黜免以懲惡，記言必錄制詔德音政事之大者。

7 歐陽公曰：近年以來，撰述簡畧遺漏，百不存一，至於事關大體，皆沒而不書，其弊在於修撰之官，惟據諸司供報而不敢書所見聞故也。

8 曾鞏曰：古之所謂良史者，其明必足以周事物之理，其道必足以通天下之用，其智必足以通難知之意，其文必足以發難顯之情。

---

① A.1685為"劉翺"，A.1389為"李翺"，後者為是。
② A.1685為"張泌"，A.1389為"張似"，後者為是。

9 汪藻①曰：治道之大，見於史者，不過政事弛張，人才升黜，弛張有本有末，升黜有先有後，不以歲月辰日繫之，將安所考乎？

10 陸游曰：史官紬繹之所修者，上則中書密院，下則百司庶府，以至四方郡國之遠，重編累牘，源源而集，然後以耳目所接，察隧碑行述之辞，以眾論所存，删野史小說之謬妄，取天下之公，去一家之私，而史成焉。

11 揭傒斯②曰：修史以用人為本，有文學而不知史事者不可預，有文學知史事而心術不正者，不可預。

上文所錄順序諸抄本一致。黎貴惇所采非常廣泛，正體現了自己對史學的認識。其中荀悅、李翱、張俶、歐陽修、汪藻、陸遊的史論出現在《歷代名臣奏議》卷二七六至二七七"國史"之中，③袁崧、劉知幾、揭傒斯之論見於《御定淵鑑類函》卷六九"史官"，④袁崧之論又見於卷一九三"文學部"，此處寫作"袁山松"，恰在文中子"《中說》謂薛收曰：聖人述史三焉，書也，詩也，春秋也，三者同出于史而不可雜也，故聖人分焉"之後，曾鞏和劉知幾之論亦見此卷。⑤

黎貴惇所錄中國古代史家的史論，集中出現在《歷代名臣奏議》和《御定淵鑑類函》兩書的史部。《歷代名臣奏議》有永樂

---

① 諸本皆作"江藻"，王國良教授指出當為"汪藻（1079—1154）"，陳文珥誤認為是"江德藻（509—565）"（《對漢喃書庫的考察》，第一集，河內：文化出版社1984年版，第118頁）。

② A.1685為"楊傒斯"，A.1389為"揭傒斯"，後者為是。

③ 黃淮、楊士奇等：《歷代名臣奏議》，文淵閣《四庫全書》影印本第440冊，台灣商務印書館1986年版，荀悅之論見第760頁，李翱之論見第767頁，張俶之論見第769頁，歐陽修之論見第770頁，汪藻之論見第787—788頁，陸遊之論見第797—798頁。

④ 張英等：《御定淵鑑類函》，文淵閣《四庫全書》影印本第983冊，台灣商務印書館1986年版，袁崧和劉知幾之論見頁788，揭傒斯之論見第792頁。

⑤ 張英等：《御定淵鑑類函》，文淵閣《四庫全書》影印本第987冊，袁山松、文中子和劉知幾之論見第23頁，曾鞏之論見第24頁。

本、崇禎本及《四庫全書》本，①《御定淵鑑類函》康熙年間即有刻本流傳。② 一七二六年，雍正帝賜書安南，"諭以國王好學崇儒，增賞書三部（小字注：《古文淵鑑》、《韻府》、《類函》）"，《類函》當為《御定淵鑑類函》。③ 這兩部書當是黎貴惇"作史要旨"的文獻來源。黎貴惇看過宋代阮逸《文中子中說》序，因而知曉《中說》的作者是文中子，薛收為文中子的弟子，《中說》即為弟子姚義、薛收所輯，因此直接言"文中子曰：聖人述史有三焉"。《御定淵鑑類函》卷六九作"袁崧"，卷一九三作"袁山松"，引文內容相同，但黎貴惇保留了"袁山松"，顯然是與卷一九三保持一致。

"作史要旨"按照時代順序錄十一位中國史家的史論，但文中子王通和袁山松袁崧的時代順序顛倒了，《御定淵鑑類函》卷一九三中即是如此，可能是黎貴惇有所疑慮但無法求證，因此仍按照卷一九三錄入。

《歷代名臣奏議》錄漢至元史家史論，《御定淵鑑類函》則至明代史家。黎貴惇極為博學，所見當不止此二書，但黎貴惇只選擇了漢至元的史論，而不錄明清史家之論。黎貴惇讚頌黎太祖敗明軍恢復安南的事業，雖降莫氏為逆臣，但對嘉靖帝派遣大軍壓服莫氏出降極為憤慨，故而不收入明代史論。王夫之、顧炎武、黃宗羲、談遷等明遺民學者的史著流傳有限，黎貴惇極難看到。而清代史學發展的高潮尚要到乾嘉時期方才到來，趙翼、王鳴盛、錢大昕、章學誠等人在黎貴惇著《大越通史》之時尚在成長階段。因此故，黎貴惇沒有采入明清史家的史論。"作史要旨"所錄史論可分為以下幾

---

① 王德領：《〈歷代名臣奏議〉（宋代部分）考析》，河北大學 2010 年碩士學位論文，第 13—14 頁。

② 戴建國：《〈淵鑑類函〉康熙間刻本考》，《圖書館雜誌》2012 年第 12 期，第 90—93 頁。

③ 陳荊和校合本《大越史記全書》續編卷之二，東京大學東洋文化研究所 1986 年版，第 1060。乾隆二十六年（1761）十一月陳輝泌、黎貴惇、鄭春澍出使清朝返程桂林時，購買的部分書籍經地方官員查檢禁止帶出，黎貴惇特地作書援引雍正帝賜書之事申請發還《淵鑑類函》成功。見黎貴惇《北使通錄》卷四，《越南漢文燕行文獻集成》（越南所藏編）第 4 冊，復旦大學出版社 2010 年版，第 280—286 頁。

類，體現了黎貴惇對史學的認識，關注了傳統史學的諸多要素：

著史宗旨：荀悅，文中子，袁山松，劉知幾

史官：張佖，揭傒斯

史弊：歐陽修

史法：曾鞏，汪藻，陸游

史材：李翺

"作史要旨"體現了黎貴惇對史學觀點的理解和選擇，但若只是摘錄則難見黎貴惇的史學才華，他在"大越通史序"中呈現了編年、紀傳二體的源流和演繹，"通史凡例"中展現了己書的宗旨和書法，共同呈現了黎貴惇對古代史學的掌握和運用。

黎貴惇之前的越南史籍在以中國古代史籍體裁進行撰著的基礎上，對來源於中國史學的思想均有不同程度的發揮，但限於著作體例和官方著史的要求，彰顯不一。黎貴惇以青年學者私撰《大越通史》，雖未完成，但卻全面展示了對中國史學思想的選擇、吸收和運用，是中越史學交流的結晶。

## 六 《大越通史》的史料價值

現存《大越通史》的內容中，黎利建國和莫氏篡逆是兩個重點內容，前者有"太祖紀"和"功臣"，後者有"逆臣傳"。山本達郎在其史學名著《安南史研究I——元明兩朝的安南征略》一書中，大量採用《大越通史》黎利建國的史料，與《大越史記全書》和《藍山實錄》進行對勘研究，足以證明黎貴惇《大越通史》的史料價值。而黎貴惇對莫朝歷史的記載，尤為珍貴。

越南王朝國家時期正統觀極為盛行，後黎朝史學勃興，正逆朔閏是其重要內容，史家對前黎、胡朝這兩個爭議很大的朝代都進行了評論。莫登庸建立的莫朝，更是在一五九二年中興黎朝復國之後，被釘上"逆""偽"的標籤，不得更改。因黎莫死仇，后黎朝對莫朝典籍文物大肆毀棄，因此為研究莫朝歷史形成了巨大的障礙和困難。①《大越通史》將莫登庸及其後裔列入"逆臣傳",稱"僞莫",體現了中興黎朝的官方思想。但黎貴惇在"逆臣傳"中大量採用奏章和文書,既體現了自己對典章文物的重視,也保存了大量的莫朝史料。

莫氏雖然"逆取",但"順守",傳國六十餘載,並非一無是處,《莫氏略説》記載:

> 莫以篡得國,內修仁政,外結邦交,發政施仁,設科取士,四宣人傑,爭為之用,……內修外舉,不乏其人。蓋其太祖登庸、太宗登瀛、憲宗福海、宣宗福源,至末帝茂洽,一代五君之治体,略有可觀。然順逆既判,歷數有歸,六七十年之基圖,遂為禾刀之復有。……②

這是阮朝人對莫朝的歷史評價,盡管斷定莫氏爲逆,但對其治政多有肯定之處。黎貴惇不能對莫朝治政進行評論,因此非常詳細地記載了莫氏篡位的過程,以及莫朝官員重臣的官職、事跡和部分奏章,如莫敬典、黎伯驪、甲澄、黎光賁等,並對莫朝內部的紛爭和叛亂進行記載。中興黎朝官修《大越史記全書》記載莫朝史事極爲簡略,盡量少錄文書,且多有詆毀之詞,基本以黎氏復興攻伐莫朝爲敘史主線,也記錄了中興黎朝內部的紛爭和叛亂。黎貴惇則重點記載莫氏之事,於中興黎朝內部之事如鄭檜鄭松之爭則多有隱晦。

莫登庸篡位建國,黎氏向明朝求救,明世宗派遣仇鸞、毛伯溫率軍南征,行存亡繼絶之義。明軍到達廣西之後,莫登庸迫不得已,率領群臣泥面出降。嘉靖帝覽莫登庸降表之後,不再進軍,命降安南國王為安南都統使衙門,莫登庸為從二品安南都統使。明莫

---

① 丁克順利用越南殘存的莫朝碑刻進行研究,撰成《越南莫朝歷史研究》(河內:社會科學出版社2012年版);牛軍凱鉤沉中越史料,撰成《王室後裔與叛亂者——越南莫氏家族與中國關係研究》(世界圖書出版公司2012年版),對莫氏退守高平之後的活動進行深入研究。

② 載《皇越歷代合編》,河內:漢喃研究院藏抄本,藏書號:A.503。

戰爭危機就此解除。① 黎貴惇在"逆臣傳"莫登庸部分詳細記錄了明莫往來文書，尤其是莫氏對明朝出兵的猜測和判斷，以及化解戰爭的對策。這些文書皆不見於《大越史記全書》。黎貴惇能夠記載雙方文書，應該是掌握了甲澄所撰《應答邦交》十卷，此書記錄於《大越通史·藝文志》，今已失傳。莫登庸死於嘉靖二十年秋八月，年五十九，"是日，明世尊下詔赦登庸父子之罪"，黎貴惇記載莫登庸死於明莫交涉的過程之中，雖然沒有對其出降進行任何評論，但如此記述，或欲彰顯莫登庸忍辱負重，安南免受兵革之禍。

莫氏在中興黎朝為"僭偽"，但莫氏本朝士人如何看待莫朝？"逆臣傳"莫福源部分記載數份文書，可見莫朝文武官員對本朝的認可和尊崇。大將范子儀叛亂，數朝臣阮敬叛逆之罪，引經據典，以郭子儀復長安自比，言："我國家自太祖開基，寔黃天生德，得名得位得祿，膺曆數之傳，同文同軌同倫，統混春秋之大。有不服者，從而征之。……" 謝廷光上疏："《春秋考異》及《文獻通考》諸書皆書，雹者，陰脅陽之象，蓋強臣專權之應，亦蔽賢用邪，信讒取利，徭役急促，法令數變以致之也……"指謙王莫敬典（？至一五八〇）專權之事，"福源不能從"。阮季廉、阮彥宏上疏官府兵將擾民："國家預有紀綱，紀綱既正，天下大定，周王振修紀綱而中興之名以成，唐宗振舉紀綱而中天之業克濟，良由紀律之持于上，而臣不敢專故也。……"，"福源是之"。

莫福源（一五四七至一五六一年在位）卒後，莫茂洽（一五六二至一五九二年在位）即位，中興黎朝的力量已經佔有很大的優勢，莫朝全靠莫敬典支撐。甲澄因颶風上疏："伏願以天變為必可畏，以人事為必可修，敬天之怒，不敢逸豫，敬天之渝，不敢驅馳，絕嬖幸之路，杜貨利之門，訓迪百官，興舉百廢"，又因彗星等上疏以聖賢書及前史論朝政得失、天意人心，危亡鑒戒之事。又有大臣阮光亮等六人聯名上疏言時事艱危，紀綱紊舛，政事姑息等

---

① 參看杜樹海《皇帝、"國王"與土司——從"議征安南"事件前後看明嘉靖時期的帝國意識形態》，《廈門大學學報（哲社版）》2016年第1期。

弊端。之後朝臣甲澂、賴敏、陳文宣多有上疏言政,戮力國事。

莫敬典卒后,莫朝將帥無人,在鄭松的持續攻擊下,終於敗亡。莫茂洽被俘,送之京師,"至行營獻俘,節制府大陳兵馬,引茂洽入見","文武臣僚共論以為按律諸篡弑惡逆者,凌遲示眾,合依國法,并傳首告廟,以雪先朝之恥,舒神人之憤","節制不忍加之極刑"云云。宋代及以後,大將已無受降權利,皆執送降人或俘虜至京師,由皇帝行受降禮後處置。黎貴惇記載以莫茂洽獻俘于鄭松,鄭松確定如何處置,滅莫大功歸於鄭氏,又言黎氏為"先朝",① 由此可見黎貴惇尊鄭之意。《大越史記全書》則言:"武郡公令人以象載之及二妓女,還至京師獻俘,生梟三日,斬于菩提,傳首詣清華萬賴行在,釘其兩眼,置于市",② 隱去了鄭松受降之事。

儘管黎貴惇貶黜莫朝為"逆臣""僭偽",但其著史大量錄入文書材料,於敘述之間較多呈現了莫朝的政治狀態,在莫朝歷史的記述方面擁有《大越史記全書》無可比擬的史料價值,正是傳統史家"直錄"精神的體現。

## 七 《大越通史》的史觀

自黎文休《大越史記》開始,即以"我越"為述史主體,逐漸形成越南古代史觀,《大越史記全書》即呈現了以越南歷史為主的"天命""華夷""正統""變易"等歷史觀,孔子、朱熹的史學思想亦運用於越史的發展之中。黎嵩《越鑑通考總論》則是後黎朝官方史學思想的集中呈現。

《大越通史》撰著之時,越南史觀已經基本形成,黎貴惇即以"我越"為述史主體。因黎莫形勢的巨變,儘管《大越通史》沿

---

① 《大越通史》中亦稱先帝為"先朝",但觀"大越通史序",黎貴惇所言"先朝"即是黎太祖至恭皇這一段時期的黎朝,即"黎初Lê sơ"。此處當指莫登庸篡弑黎氏之恥。

② 校合本《大越史記全書》本紀卷之十七,第894頁。

用了前代史籍中形成的史觀，但在敘述中卻產生了巨大的衝突和矛盾。

**（一）"天命"何指？**

儘管黎貴惇以韜略治政論黎太祖的功績，但首先言"帝王之興自有天命也"，黎氏得天命自不待言。但莫登庸篡奪黎氏大統，亦得"天命"，黎恭皇禪讓詔書先云"惟我太祖乘時革命，誕受多方，列聖相傳，嗣有曆服，蓋由天命人心叶應以致然也"，洪順以後，"人心既離，天命弗祐，是時天下已非我家所有"，莫登庸"功大德懋，天與人歸，茲酌厥中，乃遜以位，惟克允德，永保天命，以康兆民。"范子儀檄文亦言："我國家自太祖開基，寔黃天生德。"甲澂言："我朝革命一初。"莫登庸禪讓雖是改朝換代常用的把戲，但"天命"指歸卻是政治家和史家必須面對的問題。

與"天命"相表裡的則是"正統"。黎氏得天命為正統，莫氏亦得天命，自當為正統，惟因中興黎朝復國，莫氏遂成"篡逆""偽朝"。如何分辨黎氏之天命和莫氏之天命的正逆，正是史家應有之義。黎朝復起，形勢天命如何變易？① 然而《大越通史》未完，黎貴惇對此如何分析已不得而知。

憑藉滅莫而興的鄭氏獲得了中興黎朝的實際權力，因為各種束縛和顧忌而沒有廢立，但其做派已與帝王無異。儘管黎貴惇敘述了鄭氏滅莫的史事，鄭氏的崛起是否亦擁有天命，或者擁有何等天命，這已非黎貴惇所能解釋。而觀黎貴惇之後著作的序文，並不輕言黎皇鄭主，極力淡化二者的政治色彩，或許他亦不願面對如此棘手的政治問題。

**（二）誰為"華夷"？**

自李朝以來，越南即施行"內帝外王"與雙重國號政策，即以

---

① 登柄就莫氏篡逆之事對越史的篡逆行為進行了總的評論，見校合本《大越史記全書》本紀卷之十五，第841—842頁。

安南國王應對中華天子，以"大越皇帝"應對國內和中國之外的周邊力量。中國視安南國王為"外夷"，但大越皇帝自認為"中夏"，大越國亦為"天下"。中越古代典籍大多依據自己的政治和思想標準進行記述，因此儘管雙方史觀嚴重錯位，但在沒有引發政治外交糾紛之前，並不會互相干擾。① 陳興道《檄將士文》以我為"中國"，北為"宋人"，南為"占人"。② 一五九二年，莫茂洽被殺，莫氏殘餘勢力繼續活動。一年後，重臣莫玉璉臨終之時，面對莫朝敗亡的情形，告誡莫敬恭：

> 茲莫家氣運已終，黎氏復興，乃天數也，我民無罪而使罹鋒刃，又何忍也。我等宜避居他國，養成威力，屈節待時，伺天命有歸而後可。尤不可以力鬭力，兩虎相爭，必有一死，無益於事。如見彼兵所至，我當避之，慎勿與鬭，要宜謹守爲望。又切勿邀請明人入我中國，致民塗炭，是亦罪之莫大也。

黎貴惇將此告誡莫敬恭之言記入"逆臣傳"，《大越史記全書》記載亦相近。③ 莫朝繼承了"大越"國號，同時也繼承了前代的"中國"觀念。中興黎朝在國內繼續使用"中國"稱本國。④

明朝出動大軍壓服莫朝上降表，面對莫朝竊據、黎朝求援的局面，黎貴惇記錄嘉靖帝敕諭毛伯溫之旨，最後言："期于僭亂底平，罪人必得，以彰天討，以彰遠夷，斯負委任之重"；江一桂檄莫朝之文曰："我皇上中興撫運，統一華夷，遐方絕域，無不賓服，獨爾國久不來庭"，"天子為華夷之主，必敦興滅繼絕之仁，聖人為綱常之尊，必彰討叛除兇之義"。黎貴惇將中國慣稱安南為"夷"的

---

① 請參看葉少飛《中越典籍中的南越國與安南國關係》一文，載《中國邊疆史地研究》2016年第3期，第111—120頁。
② 校合本《大越史記全書》本紀卷之六，第380—382頁。
③ 校合本《大越史記全書》本紀卷之十七，第902頁。
④ 請參看陸小燕《康熙十三年安南使者的中國觀感與應對——兼和朝鮮燕行文獻比較》，載《域外漢籍研究集刊》第十輯，中華書局2014年版，第241—260頁。

文書載之於史，這與越南歷代自認為"中國""中夏"的觀點產生了激烈的衝突。黎貴惇對中越的"華夷"轉換問題，述而不論，在《大越通史》中沒有就此進行解釋。①

《大越通史》延續了前代的"天命"觀和"華夷"觀，但黎貴惇出於種種顧忌，沒有進行闡釋，成為《大越通史》在史學思想方面的缺憾。

## 八 結論

越南古代史學自黎文休《大越史記》發軔以來，形成了濃厚的編年史傳統，黎貴惇精研史學，在編年之外，為越史又開紀傳一體。②黎貴惇在書中對典章制度有充分的論述和重視，且其別開一體的探索精神，應該影響到了後來的潘輝注，撰成《歷朝憲章類志》。《大越通史》大量采入文書制度等，為後世留下了寶貴的歷史資料。然而黎貴惇這部登第入仕之前的少作，因為鄭王主政的形勢下既沒有完成，在黎貴惇身故之後又大量散佚，為越南史學留下了巨大的遺憾。

在《大越通史》中，黎貴惇長於史體和史法，短於史論和史觀。黎貴惇對歷代史家的著作和思想有深刻的理解，熟練掌握春秋筆法、朱子書法，在黎皇鄭主的新形勢下，黎貴惇根據中興黎朝官方思想尊鄭，充分體現於中興黎朝的復國戰爭等內容之中，表彰鄭氏再造輔政之功。《大越通史》繼承了前代史著的"天命"

---

① 乾隆二十六年，黎貴惇為副使如清返國之時，因廣西地方迎候官員稱安南使臣為"彝官""彝目"，三名使臣聯名遞書，指出朝廷皆稱"安南國使臣""該國官員"，要求清朝地方不要使用"彝"字稱安南，之後布政使葉存仁予以認可，行文要求地方停呼"彝"字，見黎貴惇《北使通錄》(《越南漢文燕行文獻集成》第四冊，復旦大學出版社2010年版，第273—276頁)。黎貴惇參與其事，但中越的"華夷"轉換在理論闡釋上難度極大，黎貴惇在撰寫《大越通史》之時應該已經有所體會，因此述而不論，在經歷"彝"稱事件之後，也未改寫原文或增加評論。

② 黎崱以中國史學方法和思想撰成紀傳體通史《安南志略》二十卷，此書長期在中國流傳，近代方回流越南，因此沒有在越南古代史學發展過程中產生影響。

"華夷"等史觀，但出於各種顧忌，黎貴惇未能對黎氏、莫氏的天命問題和明、莫的華夷問題進行闡釋。黎貴惇關於黎太祖的史論沒有超出黎嵩的水平，關於封建屏藩和后妃的史論也欠深刻。黎貴惇作《大越通史》掌握了豐富的史學思想，影響了他之後的著述，其中《撫邊雜錄》突出體現了黎貴惇重視典章制度的史學思想。①

與黎貴惇之後的著作比較，《大越通史》沒有其他學者作序或題跋，很可能是黎貴惇秘藏少作，不示外人。裴輝璧在為恩師所作《桂堂先生成服禮門生設奠祭文》中敘述黎貴惇著述，沒有列入《大越通史》，②顯然此書在黎貴惇生前沒有流傳。現存中興黎朝《大越通史》抄本已經不知究竟保留了黎貴惇原本的幾分面貌，之後《大越通史》仍以抄本的形式在阮朝流傳。

黎貴惇《大越通史》是現存越南古代唯一一部紀傳體斷代史，體現了黎貴惇對史體和史法的理解和掌握，采入了大量中國史家的史論、史觀和修撰方法，最大程度呈現了對中國古代史學的認識和運用，是越南古代史學中的重要著作，亦是中越史學交流的傑作，在東亞史學中具有獨特的價值。

---

① 請參看于向東《黎貴惇及其〈撫邊雜錄〉研究》，鄭州大學1988年碩士學位論文。
② 《皇越文選》卷四，越南國家圖書館，希文堂刻"存庵家藏"本。

# 第十二章

# 内閣官板《大越史記全書》與《大越史記本紀續編》[*]

一九九三年，越南的社會科學出版社影印出版内閣官板《大越史記全書》二十四卷，并在最後附著名學者阮文喧（Nguyễn Văn Huyên，1905—1975）舊藏《大越史記本紀續編》刻本的殘卷，卷首均題"黎皇朝紀"，下題"大越史記本紀續編卷之二十"，版心上部刻"越史續編卷二十"，下部刻"黎朝敬宗"；"大越史記本紀續編卷之二十一"版心上部刻"越史續編卷二十一"，下部刻"黎朝神宗"；"越史續編卷二十二"殘存一頁。此殘本的解題由吴世隆（Ngô Thế Long）所作，他在一九八八年的考證論文中根據范公著和黎僖的序文内容，認定此即景治三年（一六六五）范公著編撰完成的二十三卷《大越史記全書》刻本，正和十八年（一六九七）黎僖在此版本的基礎上進行改動續編，重刻為《大越史記全書》二十四卷。① 二〇〇三年，蓮田隆志發表了

---

[*] 阮文喧藏刻本僅為殘卷，卷首題名"黎皇朝紀"，下題"大越史記本紀續編"第某卷，無封面，漢喃研究院藏A.4抄本則題名《大越史記本紀續編》，因刻本所有的權威性與真實性，筆者根據殘刻本卷前題名稱此書為《大越史記本紀續編》。内閣官板《大越史記全書》卷之十六至十九，亦題名"大越史記本紀續編"，黎利建國至嘉宗諸代皆稱"黎皇朝紀"，為便於區别，統一稱此書為《大越史記本紀續編》，以别於内閣官板《大越史記全書》。本章所用《大越史記本紀續編》卷十六至卷十九内容來自A.4抄本，因無頁碼，故僅標明卷數。卷二十和卷二十一的内容A.4抄本與刻本基本相同，因此採用殘刻本，并標明頁碼。

① 内閣官板《大越史記全書》影印本，河内：社會科學出版社1993年版，第644頁。下同。吴世隆的考證論文為Về bản Đại Việt sử ký Toàn thư in ván gỗ của Phạm Công Trứ mới được tìm thấy, Tạp chí Hán Nôm, số 1, năm 1988。

《『大越史記本紀續編』研究ノート》，通過與漢喃研究院藏《大越史記續編》（藏號 A.4）阮朝抄本和阮文喧藏殘刻本進行比較，認為不能確定這一刻本就是范公著在景治年間完成的著作，應該是更後時代的作品。殘刻本與 A.4 本應該出自同一史源，殘刻本很多內容為內閣官本所無，應當是後者增補而來。①

費多林在沒有參考蓮田隆志研究的情況下，根據潘輝注《歷朝憲章類志》卷四十二"文籍志"所載的"國史續編 八卷"，認定阮文喧藏殘刻本的作者為黎貴惇，②這一觀點很有分量，但并沒有提出更多的證據。而蓮田隆志在研究中亦認為阮文喧藏本為後世增補。

筆者重新對內閣官板《大越史記全書》、《大越史記本紀續編》殘刻本、漢喃研究院藏 A.4《大越史記續編》以及黎貴惇《大越通史》進行比較，認為《大越史記本紀續編》極大可能就是黎貴惇繼承胡士揚（一六二一至一六八一）永治元年（一六七六）修成的《大越黎朝帝王中興功業實錄》尊鄭扶黎的思想，在內閣官板《大越史記全書》的基礎上增補而來，即潘輝注記載的《國史續編》八卷。《大越史記本紀續編》以鄭主入"本紀"的編撰方式和思想實為中興黎朝"黎皇鄭主"政治體制下的應對。亦因此故，該書遭到阮朝的全面禁毀，僅有殘本流傳。

## 一 《大越史記本紀續編》殘刻本與 A4 《大越史記續編》抄本

阮文喧藏《大越史記本紀續編》刻本僅殘存兩卷，并無首尾及其他有效信息判斷其作者和撰著年代。漢喃研究院藏一部《大越史記續編》（藏號 A4）抄本，各卷首題"大越史記續編卷之多少"，

---

① 蓮田隆志：《『大越史記本紀統編』研究ノート》，*Journal of Asian and African Studies*, No. 66, 2003.

② 費多林（A. L. Fedorin）著，謝自強（Tạ Tự Cường）譯：《越南歷史編撰的新資料（Những cứ liệu mới về việc chép sử Việt Nam）》，*Nhà xuất bản Văn hóa thông tin*, 2011, 第 174—188 頁。

| 第十二章　內閣官板《大越史記全書》與《大越史記本紀續編》　| 297 |

A4/1 包括卷之十六莊宗裕皇帝，卷之十七中宗武皇帝；A4/2 包括卷之十八英宗峻皇帝，卷之十九世宗毅皇帝，卷之二十敬宗惠皇帝；A4/3 包括卷之二十一神宗淵皇帝，之後的"神宗淵皇帝　下"則抄自內閣官板《大越史記全書》。A4 抄本與《大越史記本紀續編》殘刻本的卷二十和二十一基本相同，可以確定二者出自同一史源，或前者據後者所抄。

《大越史記本紀續編》殘刻本的內容涉及黎敬宗和黎神宗，這一時期的史事尚有范公著景治本、黎僖正和本以及內閣官板三種《大越史記全書》與此相關，且均是刻本。三種刻本的《大越史記全書》現僅有內閣官板存世，但毫無疑問《大越史記本紀續編》並非內閣官板，筆者根據研究將《大越史記本紀續編》與景治本和正和本的關係略呈於下。

### （一）《大越史記本紀續編》不是景治本《大越史記全書》

《大越史記本紀續編》在編撰思想上突出尊鄭，在編撰形式上以鄭王入本紀，與黎皇同列，這在現存的越南史書之中絕無僅有。如此可以斷定，《大越史記本紀續編》必然出自中興黎朝史臣之手。刻本殘存兩卷的卷首黎帝、鄭王合紀，如下表：①

表 12-1　　　《大越史記本紀續編》卷二十、
　　　　　　　卷二十一黎帝、鄭王史事對比

| 大越史記本紀續編卷之二十 | 大越史記本紀續編卷之二十一 |
| --- | --- |
| 黎皇朝紀 | 黎皇朝紀 |
| □敬宗惠皇帝　（小字雙行注）諱維新，世宗次子也，母懿德皇太后阮氏淳祿，惟精人，在位二十年，壽三十二。 | □神宗淵皇帝（小字雙行注）諱維祺，敬宗長子，母端慈皇太后成祖次女。在位二十五□年，遜位六年，復位十三□年，壽五十六。 |

---

① 內閣官板《大越史記全書》，第四冊，附錄，第 645、657 頁。

续表

| 大越史記本紀續編卷之二十 | 大越史記本紀續編卷之二十一 |
|---|---|
| □成祖哲王 | □□帝隆準龍顏，神采秀異，聰達博覽，雅好文詠，<br>□□與王家一庭和樂，藹然淳穆之風，雍容垂拱，<br>□□享有天祿，不其韙乎？四駕戎車，再臨寶位，<br>□□亦古今所罕也。 |
| □□帝繼體守成，賴王家之力，克平逆豎，身致太<br>□□平。乃偏咱邪謀，憨負師傳，不獲徂于桐宮。然<br>□□冢嗣紹基，尊信之心無間，外祖總政匡扶之<br>□□情俞篤，變而不失其常，益以見王家之至德矣！ | □成祖哲王 |
|  | □文祖誼王（小字雙行注）諱梡，成祖次子，初封平郡公，改封清郡公，進封節制太尉清國公，尊封元<br>□□帥統國政清都王，進尊大元帥統國政師父<br>□□清王，明朝冊封副國王，加尊上主師父功高<br>□□聰斷仁聖清王，臨政三十<br>□□五年，壽八十一。<br>□□王天性孝友，弘毅寬恕，攬權之始，年已四十<br>□□七，芟夷內難，和輯人民，宇內既定，信重儒臣，<br>□□講求政理，振舉紀綱，凡事必付朝堂公論。恭 |

续表

| 大越史記本紀續編卷之二十 | 大越史記本紀續編卷之二十一 |
|---|---|
|  | □□儉謙挹，慎受憲度，三征順化，只以文告開諭， |
|  | □□不欲窮兵遠涉。赦莫敬寬，界之高平，使稱臣 |
|  | □□奉職貢，所以養安靜和平之福者厚矣。武烈 |
|  | □□文功，光前裕後，遂膺天朝，顯冊為副國王，子 |
|  | □□孫眾多，年登上壽。傳曰：大德必得其位，必 |
|  | □□得其祿，必得其名，必得其壽，信哉！ |

　　史臣以鄭王入"本紀"，先記在位黎皇，次記當政鄭王，鄭王與黎皇同列，且皆有生平事跡和論贊，鄭王論贊篇幅遠超黎皇。雖仍以黎皇本紀為主線，但鄭王即位便一起列入本紀篇首，如黎皇在位期間鄭王去世，繼位的新王也列入本紀篇首。如此撰著，不僅符合黎皇鄭主時期的政治制度，也是對傳統史學的巨大突破。而如此鮮明完善的編撰思想和形式，應該有一個發展過程。

　　范公著述"自國朝莊宗裕皇帝至神宗淵皇帝，增入國史，命曰大越史記本紀續編，總分爲二十三卷"①，莊宗至神宗史事共有八卷，范公著此書亦名《大越史記全書》。因《大越史記本紀續編》殘本內容在二十三卷之內，因而吳世隆據此立論。但景治本世無流傳，只有零星的相關記載，因此並無直接證據否定《大越史記本紀續編》與景治本的關係。然而《大越史記本紀續編》與景治、永治時期的史學編撰和思想頗不相符。

　　景治本《大越史記全書》完成于一六六五年，永治元年（一六

---

① 內閣官板《大越史記全書》影印本卷首，第15頁。

七六）春胡士揚受命鄭柞、鄭根父子重新修訂《藍山實錄》三卷，當年冬胡士揚又領銜編撰刻印《大越黎朝帝王中興功業實錄》（後文簡稱《中興實錄》）三卷，在序中說"爰命臣等採以國語舊錄，參諸國史續編，撰作實錄"，所參"國史續編"當為范公著所撰部分，名"大越史記本紀續編"。

《中興實錄》的宗旨在於為鄭王張目，序與正文皆極力貫徹這一思想，突顯鄭氏擁立黎皇、滅莫中興的大功，尊鄭思想明確，但只用干支紀年，而不用黎皇年號，修史形式亦並未凸顯。全書分為三卷，以黎皇為君，鄭王行治政事權，黎鄭之事連續書寫。《中興實錄》既沒有給鄭王單設"實錄"，功績也未與黎皇分列論述，只在卷三末有"附錄評曰"總論鄭王功勳仁政。《大越史記本紀續編》秉承了《中興實錄》的尊鄭思想，並在形式上予以完善，遂形成以鄭王入"本紀"的局面。

范公著時為宰相，在鄭柞未即王位時即追隨輔佐，是鄭王親信忠臣，景治三年《大越史記全書》中的"大越史記本紀續編"部分編撰於《中興實錄》完成的十一年前，二者尊鄭思想當較為接近，內容形式亦應與《中興實錄》較為接近。倘若范公著如《大越史記本紀續編》這般設置黎皇鄭王合紀，胡士揚所撰雖是"實錄"，自可參照使用這一完善的敘史方式，也能進一步突出鄭王功績和仁德。因此可以得出結論，《大越史記本紀續編》並非范公著本《大越史記全書》，而是繼承發展了胡士揚《中興實錄》的尊鄭扶黎思想，并在編撰形式上予以完善提升。

### （二）《大越史記本紀續編》不是正和本《大越史記全書》

《大越史記本紀續編》與內閣官板《大越史記全書》內容重複者較多。但現在內閣官板《大越史記全書》的篇章佈局與黎僖為正和本《大越史記全書》所作"續編凡例"不同，可以肯定內閣官板是正和刻本之後的改編本。

黎僖為正和本所作"續編凡例"云："神宗在位二十五年，書

第十二章　內閣官板《大越史記全書》與《大越史記本紀續編》　|301|

為神宗上,其遜位六年,書在真宗紀,又復帝位十三年,書為神宗下。"① 而在《大越史記本紀續編》之中"大越史記本紀續編卷之二十一"寫為"神宗淵皇帝",無"上";卷二十二殘存一頁,版心上部刻"越史續編卷二十二,下部刻"黎朝神宗",與完整的卷二十一版心內容一致。因卷二十二殘損,具體內容不知。內閣官板《大越史記全書》的"神宗紀　上"和"神宗紀　下",與黎僖"續編凡例"一致。由此可以確定,《大越史記本紀續編》並非正和刻本《大越史記全書》。

## 二　內閣官板《大越史記全書》與《大越史記本紀續編》:"刪削"還是"增補"?

綜合《大越史記續編》A.4 抄本和《大越史記全書本紀續編》殘刻本的情況來看,中興黎朝帝王從卷十六到卷二十一均是一帝一紀,黎神宗曾退位七年,真宗登基,之後復位,因此卷二十二亦為神宗紀,但真宗在卷二十二中是否仍為一"紀"而與神宗同卷,因刻本殘損不得而知。而內閣官板《大越史記全書》則是數帝合紀,如表:

表12-2　A.4《大越史記續編》、《大越史記本紀續編》、
　　　　內閣官板《大越史記全書》篇目對照一覽

| A.4《大越史記續編》抄本 | 《大越史記本紀續編》殘刻本 | 內閣官板《大越史記全書》 |
| --- | --- | --- |
| 大越史記續編卷之十六,莊宗裕皇帝 | | 大越史記全書本紀卷之十六,莊宗裕皇帝,中宗武皇帝,英宗峻皇帝 |
| 大越史記續編卷之十七,中宗武皇帝 | | 大越史記全書本紀卷之十七,世宗毅皇帝 |

---

① 內閣官板《大越史記全書》影印本卷首,第23頁。

续表

| A.4《大越史記續編》抄本 | 《大越史記本紀續編》殘刻本 | 內閣官板《大越史記全書》 |
| --- | --- | --- |
| 大越史記續編卷之十八，英宗峻皇帝 | | 大越史記全書本紀卷之十八，敬宗惠皇帝，神宗淵皇帝 上，真宗順皇帝，神宗淵皇帝 下 |
| 大越史記續編卷之十九，世尊毅皇帝 | | 大越史記全書本紀卷之十九，玄宗穆皇帝，嘉宗美皇帝 |
| 大越史記續編卷之二十，敬宗惠皇帝 | 大越史記本紀續編卷之二十，敬宗惠皇帝 | |
| 大越史記續編卷之二十一，神宗淵皇帝 | 大越史記本紀續編卷之二十一，神宗淵皇帝 | |
| | 大越史記本紀續編卷之二十二，神宗淵皇帝 | |

　　吳世隆和蓮田隆志雖然結論相反，但二人有一個共同的研究基礎，即內閣官板《大越史記全書》是正和十八年（一六九七）的原刻本。關於相同史事的記載，《大越史記本紀續編》的內容要多於內閣官板《大越史記全書》。吳世隆根據范公著和黎僖的序以及相關內容認定《大越史記本紀續編》為景治三年（一六六五）所作，內閣官板《大越史記全書》即在前者基礎上刪削而來。蓮田隆志否定了吳世隆關於《大越史記本紀續編》是景治本《大越史記全書》的觀點，進而認定《大越史記本紀續編》是在內閣官板基礎上增補而來的作品，但也沒有能夠確定《大越史記本紀續編》殘本的刊刻年代。① 筆者對現存的內閣官板《大越史記全書》進行全面考察之後，因刻本內容與范公著和黎僖所撰"凡例"不符，肯定內閣官板不是正和原本，而是正和本之後中興黎朝的改編本，至於改編者為

---

① 蓮田隆志在文中記述曾親至阮文喧家中考察殘刻本原版，發現紙張較新，第317頁。

第十二章　內閣官板《大越史記全書》與《大越史記本紀續編》

何人於何時改編，尚不能知曉。

前文已經肯定《大越史記本紀續編》不是景治本和正和本兩種《大越史記全書》的殘本，筆者根據史籍正文和原本注釋的因循關係，確定《大越史記本紀續編》當在內閣官板《大越史記全書》的基礎上增補而來。

漢喃研究院現藏《鄧家譜記續編》和《鄧家譜系纂正實錄》是中興黎朝名臣鄧訓的後裔據史書與家族記錄編撰而來。[1]《鄧家譜記續編》由鄧廷瓊編撰於"皇朝景興之二十四年（一七六三）"[2]。《鄧家譜系纂正實錄》為西山時期鄧進眱（一七三八至一八〇三）編撰，由吳時任（一七四六至一八〇三）作序，吳世隆考證約在一七九二年。[3]

《鄧家譜記續編》與內閣官板《大越史記全書》的內容一致，《鄧家譜系纂正實錄》則根據《大越史記本紀續編》編撰，兩份家譜又均是在盛德二年的舊譜之上編撰。綜合考察兩份家譜，其分別引用一部史書的內容，並無互相竄入的情況，顯然這是兩份獨立編撰的家譜。

《鄧家譜記續編》只有《大越史記全書》的內容。鄧廷瓊關於正治五年（一五六二）鄧訓降莫和光興六年（一五八四）卒月之誤的辯解皆是針對《大越史記全書》的內容而發，而未見於《大越史記本紀續編》。此外，鄧世科為鄭氏骨幹之臣，其名卻不見於當時的史書記載，鄧廷瓊在鄧世科卒時注釋："嘗按國史編年，順化起於乙未，併得是年，公已六十三歲也，凡有差扒征討阮孽，六七年一南河之地。始復公之姓名不見於國史何哉？……"[4] 其所言"國

---

[1] 關於鄧訓家族，請閱蓮田隆志，「華麗なる一族」のつくりかた——近世ベトナムにおける族結合形成の一形態，環東アジア地域の歴史と「情報」，知泉書館，2014年3月，第27—57頁。

[2] 《鄧家譜記續編》影印本，河內：世界出版社2006年版，第945頁。

[3] Ngô Thế Lông, Nghiên cứu văn bản và giá trị tư liệu gia phả họ Đặng-Lương Xá, Nhà xuất bản Thế giới, tr.50.

[4] 《鄧家譜記續編》影印本，河內：世界出版社2006年版，第1020頁。

史編年"當指沒有記載鄧世科卒年的《大越史記全書》。《大越史記本紀續編》則記載一六五六年："二月，參從兵部尚書廉郡公鄧世科卒。世科有文學智畧，律身清約，門無一毫關□□，年六十四，贈少保，加封福神。"①

鄧廷瓊編撰家譜的時間較早，家譜內容與注釋顯示他應該沒有見過《大越史記本紀續編》。但鄧進暉則在大量引用《大越史記本紀續編》的同時，又以《大越史記全書》的內容對前者進行了考證。

鄧訓的夫人黎氏玉瑄為中興功臣黎伯驪的孫女，《鄧家譜系纂正實錄》記載黎伯驪"癸丑平順年五年四月初一日薨"，下有注釋："史臣書丁巳天祐元年八月黎伯驪卒，較與記編府薄更勝四年，而日月差舛，竟是未詳儜說。"②《大越史記續編》（A.4 抄本）記載天祐元年（一五五七）："四月，朔，上宰演國公黎伯驪卒，年八十二，贈義勳公，諡忠佑"，《大越史記全書》記載："八月，太師使范篤往救乂安。時莫聞太師乘勝，乃遁還京。是歲，莫降將黎伯驪、阮倩卒。"③ 家譜注釋中的"記編"當指《大越史記本紀續編》，"史臣書丁巳天祐元年八月"當指《大越史記全書》。家譜記載黎伯驪卒於"平順五年"，當為"順平五年（一五五三）"，但兩部史書皆記為天祐元年，《大越史記本紀續編》記其卒于四月無誤，而《大越史記全書》則記于八月。可見鄧進暉在使用《大越史記本紀續編》的同時，又見到了《大越史記全書》，并進行考證。

綜合來看，鄧廷瓊只見到了《大越史記全書》，因而以此結合家譜進行記載，并根據家譜對史書所載進行辯解。鄧廷瓊辯解的三處史事均與內閣官板《大越史記全書》內容一致，其所見到的可能就是此書，由此推斷內閣官板《大越史記全書》當刻印于一七六三年之前。

---

① 影印本戴密微藏內閣官板《大越史記全書》，附錄，第 670 頁，□為刻本殘缺。
② 《鄧家譜系纂正實錄》影印本，河內：世界出版社 2006 年版，第 650 頁。
③ 內閣官板《大越史記全書》影印本卷十六，第 535 頁。

## 第十二章　內閣官板《大越史記全書》與《大越史記本紀續編》

鄧進㫕見到兩部史書，卻只取《大越史記本紀續編》，對《大越史記全書》的內容絕不採入正文，而僅在注釋中提及。鄧訓是成祖哲王鄭松的岳父，是文祖誼王鄭梘的外公，與鄭王世代聯姻，《大越史記本紀續編》將尊鄭思想展現的淋漓盡致，記載鄧訓及後裔史事亦遠多於《大越史記全書》，且《大越史記全書》對鄭氏的尊崇遠不及《大越史記本紀續編》，因此鄧進㫕選取《大越史記本紀續編》重編家譜，而棄用《大越史記全書》。

現在可以得出結論，內閣官板《大越史記全書》應刻印於一七六三年鄧廷瓊編撰《鄧家譜系續編》之前，《大越史記本紀續編》當是在內閣官板《大越史記全書》基礎上增補而來的史書，編撰和刻印時間應在一七六三年和一七九二年的兩部鄧氏家譜編撰之間的年代。

鄧族家譜之外，《大越史記本紀續編》和《大越史記全書》的內容亦可證前者在後者基礎上增補而來。光興三年（莫延成三年，明萬曆八年，一五八〇），莫朝大將莫敬典卒，A.4本《大越史記續編》記：

>　　敬典仁厚勇畧，聰慧敏達，撐扶傾側，勤勞忠誠，偽廷倚以為重。既卒，茂洽以祖叔偽應王敦讓代之。敦讓庸懦驕怠，屢回古齋，將佐罕得謁見，機事委積，兵政隳地，其勢遂衰。

文下注莫敬典子女之事，最後寫道：

>　　敬止陰與敬典妾私通，事覺，降為庶人。以次子敬敷為唐安王，委以兵權，及敬典卒，莫又以敬止為雄禮公，舊板事注在英尊甲子七年。

注文所言"舊板"當為一部刻本，內閣官板《大越史記全書》確實記載此事於黎英宗甲子七年（莫淳福三年，明嘉靖四十三年，一五六四）：

時莫敬典長子端雄王敬止陰與敬典妾私通。事覺，降爲庶人。以次子敬敷爲唐安王，委以兵權。及敬典卒，莫又以敬止爲雄禮公，而不委之以兵。①

抄本注文僅改動了內閣官板的部分字句。顯然關於莫朝之亡，內閣官板《大越史記全書》將其記于一五九二年莫茂洽被擒殺之年：

右本紀附莫僭，起自丁亥莫登庸僭位，紀元明德元年，傳五世，至壬辰洪寧三年莫茂洽被俘，又繼以癸巳雄禮公自稱康佑初年，迄于其亡，前後共六十七年。讖云：莫得于亥失於亥。盖登庸丁亥年篡位，至茂洽以癸亥命亡國，果有驗云。②

內閣官板記莫茂洽被殺次年："癸巳，十六年（小字注：是歲莫氏亡，明萬曆二十一年）。"③ 莫登庸篡位在丁亥（一五二七）明德元年，莫茂洽生於癸亥（莫光寶十年，一五六三），次年莫福源病逝，茂洽即位，因此讖文言"茂洽以癸亥命亡國"，意爲莫登庸丁亥年篡位得國，亡于癸亥出生的莫茂洽之手。按照常理，莫朝之亡當以中興黎朝攻佔升龍、擒殺莫茂洽爲滅亡之年，即讖文所言。但內閣官板卻以癸巳年（一五九三）莫敬止敗爲莫朝亡年，前後共六十七年，並非莫茂洽被殺之年。內閣官板和讖文所寫莫朝滅亡時間相差一年。

《大越史記續編》A.4 抄本雖記莫朝滅亡之事在一五九三年，但對此事較爲慎重，重新分析，又記載了莫氏殘餘力量的消亡：

讖云：莫得亥失於亥。蓋莫登庸以丁亥篡位，至茂洽以癸

---

① 內閣官板《大越史記全書》影印本本紀卷十六 "黎朝英宗"，第538—539頁。
② 內閣官板《大越史記全書》影印本本紀卷十七，第566頁。
③ 內閣官板《大越史記全書》影印本本紀卷十七，第566頁。

## 第十二章　內閣官板《大越史記全書》與《大越史記本紀續編》

<u>亥命亡國，果有驗云</u>。莫氏自登庸以丁亥年僭位傳五世，茂洽以壬辰年亡滅，共六十六年，敬止僭稱康祐，居青林凡二月。敬泰僭稱乾統，居高平凡三十四年，以丙寅年就擒。敬寬敬宇父子僭稱隆泰、順德，居高平六十一年，以戊午年亡滅。

《大越史記續編》A.4抄本以識文開端，即認可莫朝亡于莫茂洽身死當年。此本並未直接否定內閣官板的莫朝延續六十七年的觀點，而是呈現了莫朝及各股殘餘勢力的存在時間，留給讀者自行判斷，同時也體現了鄭王持續攻伐、徹底剿滅莫孽的功勞。從編撰過程來看，《大越史記續編》A.4抄本關於莫朝滅亡的論述，應該來自於內閣官板，并進行了辨析和發揮。抄本的這一段內容被鄧進晪照搬進《鄧家譜系纂正實錄》之中。①

因內閣官板《大越史記全書》結構與黎僖"續編凡例"不同，因而內閣官板並非正和本《大越史記全書》，但由誰自正和本改編，何時刻印，仍不得而知。《大越史記本紀續編》晚出，其所言"舊板"究竟是來自正和本還是內閣官板？如今正和本完全亡佚不存，內閣官板對正和本究竟改編多少，亦不可考。

現在戴密微藏內閣官板《大越史記全書》是由兩個不同的刻本組合而成，最直觀的區別在於卷十二和卷十三的黎聖宗紀兩卷分屬於兩個不同的刻本，版式和字體皆不相同。來自兩個不同刻本的的戴密微藏內閣官板很快又重新刻版，并保持了之前兩個老刻本原來的格式，漢喃研究院藏Vhv.2330－2336刻本殘本即此重刻版的印本。就現在所知，中興黎朝至少存在三個不同的內閣官板《大越史記全書》刻本以及正和本《大越史記全書》原刻本。正和本之外，其他三個版本的內容完全一致，只是版式有所區別。因此無法確定鄧廷瓊編修家譜時採用的是那一個版本，但當是內閣官板《大越史記全書》無疑。

---

① 《鄧家譜系纂正實錄》影印本，河內：世界出版社2006年版，第684。

## 三　誰為至尊：《大越史記全書》與《大越史記本紀續編》的修史傾向

中興黎朝史事，最重要者有四：莫朝叛逆，黎朝中興，鄭氏輔政，阮氏割據。關於這四大問題，胡士揚在《大越黎朝帝王中興功業實錄》之中，已經給出解釋，莫朝篡逆毫無疑問，鄭檢、鄭松尊扶黎氏，成就中興大業，阮潢為鄭氏姻親、國之柱石，但一六二七年阮福源不服政令，阮氏遂為"逆賊"。之後中興黎朝的典籍編撰基本秉承這幾個原則，只是程度略有強弱之別。

### （一）鄭阮關係

鄭阮兩家原是姻親關係，之後成為各據一方、政治對立的敵手，因而史書基於不同的立場，對兩家的記載和評價各有側重。中興黎朝復國，最重要的功績是擁立莊宗重續國統和確立中興之功。總體而言，內閣官板《大越史記全書》尊阮而略鄭，《大越史記本紀續編》則尊鄭重阮，例如下表：

表 12-3　　　　內閣官板《大越史記全書》与《大越史記本紀續編》对鄭、阮态度比较

| 史事 | 內閣官板《大越史記全書》 | 《大越史記本紀續編》 |
|---|---|---|
| 1539 | 帝封大將軍鄭檢爲翼郡公。（注：永福梁山人。）① | 春，進封大將軍翼義侯鄭檢為翼郡公。公生而聰明，長而雄勇，與堂兄鄭桃往從興國公阮淦。淦奇之，妻以女，使知馬軍，表封侯爵，多有戰功，遣入哀牢奉迎。帝見狀貌非常，拜大將軍，進郡爵，辰年三十七，中興功業自此始。（A.4 本） |

---

① 內閣官板《大越史記全書》影印本本紀卷十六，第 529—530 頁。

# 第十二章　內閣官板《大越史記全書》與《大越史記本紀續編》

续表

| 史事 | 內閣官板《大越史記全書》 | 《大越史記本紀續編》 |
|---|---|---|
| 1613 | 六月，順廣太尉端國公阮潢卒。① | 六月，順廣二處兼鎮撫、右相、掌府事、端國公阮潢卒。潢多智有威望，為政寬嚴相濟，得軍民心，前後撫治二處五十六年，卒年八十九。冊贈達禮嘉裕謹義公，謚恭懿，賜入享外府祠。命其子瑞郡公福源繼為鎮撫，加太保。福源年五十一矣。② |

內閣官板《大越史記全書》將擁立莊宗之功歸於阮淦，對阮淦扶持黎莊宗稱帝之事大書筆墨，一五三二年：

> 十二月，黎朝舊臣安清侯阮淦尊立昭宗之子寧于哀牢。初淦在哀牢養兵蓄銳，使人往國中遍求黎氏子孫，乃得昭宗之子寧，尊立為帝，改元元和（注：是為莊宗），以正國統。於是西土豪傑之士，多歸附之。帝拜淦為太師興國公，及諸將佐皆以次受封，凡軍民事無大小，悉皆委之，日夜協謀，共圖興復。③

一五三三年春正月：

> 帝即位于哀牢，建元元和，尊大將軍阮淦為尚父太師興國公，掌內外事，以中人丁公為少尉雄國公，其餘一一封賞，俾之同心匡輔。又與哀牢主乍斗相結，資其兵糧，以圖進取。④

內閣官板《大越史記全書》又記載莊宗身份：

> 帝乃昭宗之子，聖宗之玄孫，母范氏諱玉瓊，瑞源縣高峙

---

① 內閣官板《大越史記全書》影印本本紀卷十八，第590頁。
② 內閣官板《大越史記全書》，附錄《大越史記本紀續編》卷之二十，第651頁。
③ 內閣官板《大越史記全書》影印本本紀實錄卷之十五，第525頁。
④ 內閣官板《大越史記全書》影印本本紀續編卷之十六，第529頁。

册人。時莫登庸篡僭，帝避居清華，太師興國公阮淦使人訪求，迎至哀牢國尊立之。①

如此一來，在內閣官板《大越史記全書》之中阮淦擁立莊宗已經不可置疑，同時又將中興之功歸於鄭松。一五六九年阮潢拜見鄭檢，"訴以兄弟之情，甚相友愛"，內閣官板又記載：

> 初昭勳靖公阮淦知上相才識過人，愛重如子，以次女玉寶妻之，玉寶乃潢之姊也。及淦卒，帝委上相鄭檢總裁國家事務，故令潢鎮守順化，徵納租稅，以供國用，至是入朝。玉寶生子鄭松，才德超群，英雄蓋世，能續父志，贊成帝業，黎朝中興之功，實基於此。②

鄭松雖是鄭檢之子，卻是阮淦外孫，外祖擁立莊宗重續國統，外孫領軍攻滅莫朝中興，兩大功勞皆由阮氏血脈一力承之。內閣官板雖然極力推崇阮淦擁立之功，但領導黎朝復國的畢竟是鄭檢及鄭松，因此對鄭氏史事盡力略寫，而凸顯阮氏之事，即如鄭松受封和阮淦故去之書法。

《大越史記本紀續編》A.4抄本則以提高鄭氏勳臣功勞地位的方式淡化阮淦的匡扶之功，記載：

> 帝有文武之才，撥亂之志，先有勳戚鄭惟㤨、惟憭擁戴，繼有舊臣阮淦匡扶，崎嶇蠻洞之間，兵力寡弱，播藩靡定，而能布德兆謀，銳圖恢復，晚得賢王，盡忠輔衛，委心信從，遂奄有愛、驩境土，以植中天之業。吳舍之役，躬臨行陣，蓋有太祖之風焉。

正文鋪陳言之：

---

① 內閣官板《大越史記全書》影印本本紀續編卷之十六，第529頁。
② 內閣官板《大越史記全書》影印本本紀續編卷之十六，第541頁。

## 第十二章 內閣官板《大越史記全書》與《大越史記本紀續編》 | 311 |

春，正月，帝即位。初，昭宗留皇子寧於西都，命范國公鄭惟悛鎮守清華保護之。帝自將出樂土，討莫登庸，師既敗，帝為登庸劫還京。惟悛走水注冊，皇子時方十一歲，在永興冊。黎蘭抱奔哀牢國，改名炯，其餘宗親皆改姓隱名，迯遁林野。至是，惟悛與弟福興侯惟悅、左都督惟憭等糾集舊臣遺民，相率奉帝迎至翠鞾冊，尊立皇子即帝位，辰年十九，以岑下冊為行在。哀牢酋乍斗請以兵糧援助，帝傾心結納，興圖進取。追尊母范氏為皇太后。舊將安清侯阮淦據乂安茶麟州，遣使來朝，拜大將軍興國公慶陽侯。武文淵據宣光妝（枚）物州，遣使奉表，拜平東將軍嘉國公。

在《大越史記本紀續編》的記述中，擁立莊宗者為鄭氏勳臣，阮淦只是響應跟從之人，首倡大義、重續國統之功即與阮淦無關，鄭檢雖先跟隨阮淦，但之後"帝見狀貌非常，拜大將軍，進郡爵，辰年三十七，中興功業自此始"。如此《大越史記本紀續編》之中，擁立之功為鄭氏，中興之功亦歸鄭氏，雖非同族，卻是同姓，阮淦擁立之功則居於次位。

消解阮淦擁立之功，《大越史記本紀續編》並非第一家。永治元年（一六七六）胡士揚修撰《大越黎朝帝王中興功業實錄》中以詆毀阮淦謀反的方式，凸顯鄭檢之功。黎貴惇景興十年（一七四九）完成的《大越通史》則與《大越史記本紀續編》的思路一致，倡導鄭氏勳臣擁立莊宗：

辛卯年春，安清侯阮淦率兵自哀牢出清華，登庸遣兵擊之，大敗。癸巳年春，黎朝舊臣范國公鄭惟暖、福興侯鄭惟悅、左都督鄭惟瞭等尊立莊宗即位於哀牢，建號元和元年，國統有歸，名義明正，封拜功臣諸將，遣惟瞭泛海如明奏登庸罪狀，請討之。①

---

① 黎貴惇：《大越通史》卷三《逆臣傳》，第十七頁（原書自標注），夏威夷大學藏抄本。

儘管《大越通史》極力淡化阮淦之功，但鄭惟暾等幾位鄭氏勳臣失敗，中興大業確由阮淦領導，不容質疑。因此黎貴惇補充記載：

　　十二月，安清侯阮淦、黎朝舊臣涖國公鄭惟俊福興侯鄭惟僚尊立昭宗嫡子于哀牢。癸巳年春，莊宗皇帝即位於翠鞸冊，建號元和元年，封拜諸將，治兵以圖興復，命鄭惟僚如明乞師。①

《大越通史》尊黎而擁鄭，《大越史記本紀續編》展現的擁鄭思想更強於《大越通史》。內閣官板《大越史記全書》則突出阮淦擁立，外孫鄭松中興，并盡量減去鄭主權威，只論述史事。儘管內閣官板《大越史記全書》表現出明顯的親阮特徵，但一六二七年鄭阮開始了持續近半個世紀的內戰，內閣官板即稱阮主一方為"賊"，《大越史記本紀續編》也在當年稱阮氏為"賊"。胡士揚《大越黎朝帝王中興功業實錄》則在一六五七年稱"順廣阮逆""賊"。二書在確定阮氏逆賊的時間上與胡士揚有所分歧，但皆遵循了胡士揚確立的政治原則，即阮淦、阮潢為勳戚，其後裔割據為叛逆。

（二）鄭黎關係

內閣官板《大越史記全書》最核心的傾向是尊黎，此書是編年體通史，雖出自眾人之手，但體例格式卻相當統一。內閣官板對歷代帝王，在帝號之下設有小傳和評論，但在內容和形式上分為兩種。首先是帝號之下設雙行小字注釋記述其生平和功績，又作一段記述帝王之功，與正文字體相同。"大越史記外紀全書"之中，第一卷"鴻龐紀""蜀紀"和第二卷"趙紀"諸帝皆是這種形式，但內容較少；第三卷徵女王和士王的這兩部分內容已經增加；第四卷

----

① 黎貴惇：《大越通史》卷四《逆臣傳》，第二十五葉（原書自標注），夏威夷大學藏抄本。

## 第十二章　內閣官板《大越史記全書》與《大越史記本紀續編》│313│

的前李南帝、趙越王、後李南帝皆是如此；第五卷前吳王、後吳王、吳使君亦如是。"大越史記本紀全書"之中用此形式的帝王則大幅下降，並非每帝皆有，首先是開國之君如丁部領、黎桓、李公蘊、陳日煚、黎利，接著是繼體守成的李太宗和黎太宗亦得此殊榮，此外僅有黎聖宗治國臻于鼎盛和黎莊宗中興大功得此待遇。

第二類是帝號之下僅有雙行小字注釋，列出生平和功績，沒有大字論述的一段。"大越史記本紀全書"之中凡是正統諸帝皆是如此，僭偽的胡朝和莫朝不入本紀，偽朝君主亦不得如此記述。

這兩種帝王小傳和論贊形式交替使用，形成統一的整體。戴密微藏本內閣官板《大越史記全書》由兩個不同的刻版拼成，卷十一的黎太宗紀和卷十二的黎聖宗紀雖然字體和版式不同，但小传和论赞方式却完全一致。在這兩種形式中，莊宗及以後的中興黎朝諸帝均以黎帝為綱述史，鄭王則不得與黎帝同列，內閣官板的述史內容也突出黎皇。

《大越本紀史記續編》以鄭王入本紀已經突破了傳統史書的撰述方式，鄭王與黎皇同列於本紀之中，在內容方面也極力體現鄭王權威。首先，述史主體從黎帝變更為鄭王。內閣官板記載一五五三年"帝移立行在于安塲"①，但A.4本則記載："春，太師以藍京迫隘，惟瑞源縣安場社左控重山，右臨大河，形勢開爽，氣象明昌，始立行殿，奉帝居之，因廣佃種，置倉庫，設營房，筑屯壘，以固基本。"後者記述中立行在的主體已然變為鄭王。一五九二年，莫茂洽被俘投降，內閣官板記載：

  節制鄭松命萊郡公范文快、廉郡公、武郡公等將步兵三千，象二隻，攻略浦賴江。三將分兵攻剿安勇、武寧等縣。時莫茂洽棄舟步行，至鳳眼縣寺隱居凡十一日。官軍至鳳眼，有村人向導引官軍入寺中，獲莫茂洽，將就駐營。武郡公令人以象載之及二妓女，還至京師獻俘，生梟三日，斬于菩提，傳首詣清

---

① 內閣官板《大越史記全書》影印本本紀續編卷之十六，第534頁。

華萬賴行在，釘其兩眼，置于市。①

自宋代以後前敵統帥不得在軍中受降，皆送敵國君王至京城由皇帝受降。此時黎皇遠在清化，鄭松則在草津行營，迫近升龍城，這裡的"至京師獻俘"即有意展現受降者為黎皇。但真實的受降者應該就是鄭松，因而才能"傳首詣清華萬賴行在"，向黎皇報告。《大越史記續編》A.4本則記載：

> 初十日，廷倫等至，村人引入寺中，執茂洽與其二妓女，送京師，獻俘行營。茂洽稽首伏庭，節制傳問者三，不能對，命囚於軍門外，文武臣僚共論以為按律諸篡弑惡逆者，凌遲示眾，合依國法，以雪先朝之耻，舒神人之憤，節制府不忍加之極刑，命生梟三日，斬于菩提沙中，傳首詣萬賴行在，獻於太廟，釘其雙眼，置于市。

這裡的表述就與當時的政治和軍事形勢相符，"送京師"展現黎朝軍隊已經逐漸攻佔舊京升龍，"獻俘行營"則是鄭松受降，最後朝臣討論之後，"傳首詣萬賴行在"告捷黎皇，"獻於太廟"以慰祖先之靈。內閣官板欲以平莫受降之功歸於黎皇，《大越史記續編》則以之歸於鄭王。

第二，去掉黎皇名號不論。一五七八年，內閣官板記載："帝立行在于萬賴冊，立南郊于萬賴壘門外"②，A.4本記："立行在于萬賴冊，筑郊坛于萬賴壘門外"；一六三〇年，內閣官板記："九月，帝作宮殿三座及行廊十六間"③，《大越史記本紀續編》則記："九月，起內殿三座作行廊"④。這兩處記載後者皆刪去"帝"。

內閣官板《大越史記全書》的整體傾向是尊黎，這與胡士揚《大

---

① 內閣官板《大越史記全書》影印本本紀續編卷之十七，第565頁。
② 內閣官板《大越史記全書》影印本本紀續編卷之十七，第551頁。
③ 內閣官板《大越史記全書》影印本本紀續編卷之十八，第599頁。
④ 內閣官板《大越史記譜》附錄，《大越史記本記讀編》卷二十一，第644頁。

| 第十二章　內閣官板《大越史記全書》與《大越史記本紀續編》　| 315 |

越黎朝帝王中興功業實錄》的傾向是一致的，雖然同時也尊鄭，但卻不如胡士揚強烈。內閣官板《大越史記全書》對鄭王的抑制和略寫，也只有在與《大越史記本紀續編》的比較之中，方能顯示出來。

從修史遞進關係來看，應是《大越黎朝帝王中興功業實錄》最早確定尊鄭扶黎的原則，繼而是內閣官板《大越史記全書》尊黎述鄭，最後是《大越史記本紀續編》尊黎更尊鄭，後二書均是在胡士揚設定的基礎上發展推進。在鄭王主政的情況下，不可能是《大越史記本紀續編》先出，進而刪削尊鄭思想成為內閣官板《大越史記全書》。

內閣官板《大越史記全書》雖然亦秉承貶斥莫朝的思想，但莫朝傳國六十餘載，並非一無是處，因此與《大越黎朝帝王中興功業實錄》這樣政治意識占主導的典籍不同，內閣官板對莫朝史事述而不論，篡弒之外，其善政一併書之，但總體并未超出貶莫的思想範疇。

## 四　黎貴惇《國史續編》與《大越史記本紀續編》

費多林根據潘輝注《歷朝憲章類志》的記載提出《大越史記本紀續編》就是黎貴惇所作的《國史續編》八卷。景興四十五年（1784）黎貴惇身故，弟子裴輝璧作《桂堂先生成服禮門生設奠祭文》中敘述黎貴惇著述：

> 夫子得之於天而遂于古，所著《圣謨賢範》及諸經論說，《羣書攷辨》《國史續編》《全越詩錄》《皇越文海》《芸臺類語》《邦交續集》《北使通錄》《見聞小錄》《撫邊雜錄》，與夫桂堂文集、詩集，無慮數十百篇。①

顯然黎貴惇編撰《國史續編》已為時人所知。之後阮朝甲辰

---

① 《皇越文選》卷四 5b，希文堂刻"存庵家藏"本，西貢：國務卿府文化特責處，1971 年，影印本。

（一八四四）科進士山西督學阮有造（一八〇九至？）所撰《黎公行狀》①和黎貴惇外孫范芝香（一八〇五至一八七一）所撰《太傅穎郡黎公碑銘》②敘述黎貴惇著作亦有《國史續編》。潘輝注記載的"國史續編　八卷，榜眼黎貴惇撰，用編年體，自莊宗中興以後，至嘉宗凡一百四十四年，記事詳核，增補舊史之闕"③，莊宗一五三三年開始復國，起始一四四年，即到德元二年（一六七五）。現存的內閣官板《大越史記全書》下限亦到一六七五年，黎貴惇所作《國史續編》的歷史恰好與范公著和黎僖所作中興黎朝的歷史起始時間相同。范公著記莊宗至神宗史事共八卷。正和十八年（一六九七）黎僖"又蒐獵舊跡，參諸野史，類編自玄宗穆皇帝景治之初年至嘉宗羨皇帝德元之二年，凡十有三載事實，亦命曰本紀續編"④，編為一卷。范公著和黎僖所作莊宗至德元二年史事共分為九卷，而黎貴惇《國史續編》則編為八卷。

黎貴惇在《大越通史·藝文志》中歷陳黎文休、胡宗鷟、潘孚先、吳士連、武瓊、黎嵩等與《大越史記全書》相關的史家和史著，甚至記載了鄧明謙依照吳士連史書所作的《詠史詩集》，但卻沒有記錄范公著和黎僖續編之事與相關史籍。黎貴惇見到了更早的永治元年（一六七六）刻印的《藍山實錄》，并認為史臣妄改，但卻沒有在《大越通史·藝文志》中記載正和十八年（一六九七）刊刻流布的《大越史記全書》。黎貴惇對中興黎朝的前輩史家及著作既不在"藝文志"中記載，也不在《大越通史序》中評論，顯然有所不滿，因而撰寫《大越通史》，很可能在任職史館之後又改編正和本《大越史記全書》中范公著和黎僖所作部分，最終撰成"國史續編"八卷。

黎貴惇曾在未中科舉之前撰寫了一部紀傳體斷代史《大越通史》，

---

① 《黎公行狀》，漢喃研究院藏号 A. 43。
② 漢喃研究藏抄本，《太傅穎郡黎公碑銘》附於《黎公行狀》之後，抄為一種，仍名《黎公行狀》，藏號 A. 43。
③ 潘輝注：《歷朝憲章類志》卷四二《文籍志》，東洋文庫藏抄本。
④ 內閣官板《大越史記全書》影印本卷首，第12頁。

## 第十二章　內閣官板《大越史記全書》與《大越史記本紀續編》

記黎朝統一時期和中興黎朝平定莫氏的史事，雖然"序"作於景興十年（一七四九），但根據"凡例"的計劃，此書並未完成，且後世又有散佚，現存內容約計劃的三分之一。裴輝璧的《桂堂先生成服禮門生設奠祭文》中敘述黎貴惇著述，則沒有列入《大越通史》，推想此書在黎貴惇生前沒有流傳。《大越通史》首次記載於潘輝注《歷朝憲章類志》之中。

《大越史記本紀續編》是對內閣官板《大越史記全書》中興黎朝史事的改編，此書的編撰未載於各種史籍之中。《大越通史·逆臣傳》中記載的中興黎朝平定高平莫氏史事，與內閣官板《大越史記全書》和《大越史記本紀續編》殘存部分記錄的一六〇〇至一六四三年平定莫氏有所重復，內容上也多有因襲之處。

一六二三年鄭椿作亂鄭松去世，鄭梉即位，莫敬寬乘虛來攻，《大越通史》和《大越史記本紀續編》記載的"國中有變"不見於內閣官板，以此削弱了鄭氏專政之事。但內閣官板和《大越通史》又保留了"京城空虛"，此不見於《大越史記本紀續編》，且史文內容亦多有相近。見下表：

表 12-4　　　三部史書對莫敬寬"乘虛來攻"的描述

| 《大越史記本紀續編》 | 《大越通史》 | 內閣官板《大越史記全書》 |
|---|---|---|
| 時京城空虛，莫敬寬自高平率其徒下嘉林屯東畲土塊，不逞者應從以萬數。使偽春光侯（注：上福□賢人□）據珠橋，偽朝紀侯據同姥。① | 辰京城空虛，敬寬聞國中有變，乃自高平率其徒直抵嘉林，屯東畲、土塊，使賊將春珖屯珠橋，不逞之党，烏合響應，殆以萬數，民情擾動。② | 是時，莫敬寬僭號隆泰，竊據高平日久，聞國中有變，乃嘯聚山林氓隸之徒，乘虛直抵嘉林，屯駐于東畲土塊地方，烏合響應者，殆以萬數，人情騷擾，方民不得休息。③ |

---

① 內閣官板《大越史記全書》，附錄《大越史記本紀讀編》卷之二十一，第659頁。
② 黎貴惇：《大越通史》第 2 冊《逆臣傳》，夏威夷大学藏抄本。
③ 影印戴密微藏內閣官板《大越史記全書》影印本卷十八，第596頁。

《大越通史》和《大越史記本紀續編》表現的思想和方式完全一致，皆是尊鄭思想的史著，史事多有重複，文辭亦有雷同，或略或簡，但尊鄭主旨不變。《大越通史》記阮潢之事于"逆臣傳"之中，《大越史記本紀續編》亦將二者并論："時莫敬恭、敬寬竄伏山林不出為寇，阮潢雖稱老病不朝，貢獻相繼，其子姓皆官於朝。王重於用兵，未暇及也。"①

一六三九年中興黎朝有兩大要事，即求封安南國王和鄭主傳書廣西邊將約攻高平，三部史書記載當年史事如下：

表 12–5　　　三部史書對 1639 年兩大要事的記載

| 《大越史記本紀續編》 | 《大越通史》 | 內閣官板《大越史記全書》 |
| --- | --- | --- |
| 夏，四月，申明人命訟例，遵景統六年制，止收犯人本分田產、妻子、財物，有不足，許供開其父母兄弟田產爲償錢，不得連捉宗族鄉里。 | | 夏，四月，申明人命訟事遵如景統六年之制，其犯人止收本分田產及妻子財物，如不足者，許供開犯人父母兄弟田產爲償命錢，不得連捉宗族鄉里，永爲常法。 |
| 六月，戒師期，遺書明廣西馗虆營□潤司，及安平、歸順、下番、向武諸州官，約會攻高平。 | 六月，王復欲大舉戒師期，為書遺廣西馗虆縣營麾下曰：……諸州官皆有書許諾。 | |
| 秋，命阮惟時往關上迎使臣阮惟曉還。惟曉疏稱，到燕進表求封國王，下部議，以無舊案可查，不許，只頒敕書獎勵。 | （辰北方已大亂，明禮部官題請莊烈帝，止頒敕書獎勵，不推加封）……其秋，遣陪侍軍謀阮惟辰候命，迎接使臣阮惟曉等回，聞惟曉等前路差人言求封之事不成，再為書遺其伴送序班楊，為相請復公文求封。 | 命工部尚書少傅泉郡公阮惟時同阮壽春、阮春正、阮光岳、范福慶等，往關上候命，迎使臣還國。 |

① 內閣官板《大越史記全書》，附錄《大越史記本紀續編》卷之二十，第 650 頁。

第十二章　內閣官板《大越史記全書》與《大越史記本紀續編》

续表

| 《大越史記本紀續編》 | 《大越通史》 | 內閣官板《大越史記全書》 |
| --- | --- | --- |
| 十月，癸巳，王親征高平，次諒山城。北國土州官皆答書奉約，王因進屯北稔，分遣鄧世材等討莫敬宇。戰於陀陽、華表、軸欽、雲都，皆克之。 | 明朝諸州官兵依違不赴，王因進屯內地北稔界，分遣諸將瀛國公鄧世材討敬完，戰于陀陽、華表、軸欽、雲都，皆勝之。 | |
| 十二月，班師，以屬將杜漢雲從陣先登，功最優，陞香郡公。餘陞賞有差。（注：漢，青池弘烈人，尚書杜璟子） | 十二月，班師。① | |
| 令旨戒敕百司以詳職守、悅民心，凡十二條。② | | 冬，十二月，太尉崇國公鄭橋奉王旨，申明嚴戒，執法舉行，凡十二條。大抵以詳職司、悅民心為本。③ |

　　約攻高平之事僅見於《大越史記本紀續編》和《大越通史》，兩書記載的十二月班師之事顯然是來自相同的史源，而內閣官板所記十二月之事則與之多有不同。請封安南國王之事，雖然三書皆載，但內閣官板的記載有頭無尾，而另外兩部則記載史事完整。就本年史事而言，《大越史記本紀續編》和《大越通史》具有相同的修史基礎和傾向，與內閣官板迥然不同。

　　未載于內閣官板《大越史記全書》的鄭王征戰之事，亦多見於《大越史記本紀續編》和《大越通史》。就現在來看，《大越通史》

---

① 黎貴惇：《大越通史》第 2 册《逆臣傳》，夏威夷大学藏抄本。
② 內閣官板《大越史記全書》影印本附錄，《大越史記本紀續編》第 667—668 頁。□表示字跡不清。
③ 內閣官板《大越史記全書》影印本卷十八，第 603 頁。

和《大越史記本紀續編》有緊密的關聯，《大越通史》在黎貴惇生前秘不示人，《大越史記本紀續編》則刻板流布，二書之間有強烈的因襲關係。由此推論《大越史記本紀續編》的作者為黎貴惇，應該具有很大的可信度。

越南古代典籍慣有不稱全名者，《大越史記本紀續編》亦可簡稱"國史續編"。此書當在景興四十五年（一七八四）黎貴惇去世之前編撰刻印，並且流傳於世，因而裴輝璧在黎貴惇去世之後將《國史續編》寫入祭文之中。

## 五 《大越史記本紀續編》的價值和命運

黎貴惇秉承胡士揚的尊鄭思想，在《大越史記本紀續編》以鄭王入紀的方式解決了史書格式和敘述的問題，既滿足了鄭主輔政的政治需求，亦創造了新的敘史體例，具有突出的史學價值和意義。《大越史記本紀續編》的內容遠較內閣官板《大越史記全書》為多，能補其不足，史料價值突出，在鄭椿作亂之事上有充分的展示。

《大越史記本紀續編》記載，一六一九年鄭松之子鄭椿"以王長子信禮公鄭橚既卒，次當至清郡公，己不得立，乃陰勸帝不利於王，而授己以位"，隨即安排謀刺鄭王：

> 四月，聞王將幸東河津觀舟，密令手下文督設地雷伏銃於三歧路傍。王果幸江樓，將還。常時御馴象，是日心動，使象馬儀衛先行，自御轎在後。至三歧，伏銃發射，折紫傘。亟命哨捕，擒得文督與其黨。還府鞫訊，稱內殿及萬郡所使。

鄭松會諸大臣處置此事：

> 五月十二日，王御府堂，集百官，王親持金芙蕖盤出，泣語曰："莫氏之時，皇家已無天下，我父親起義兵，迎先帝於

## 第十二章 內閣官板《大越史記全書》與《大越史記本紀續編》 | 321 |

山洞中，創立朝廷，我尊扶三朝，身經百戰，收復江山，費盡心力，年已七十。今帝咱逆子，忍為此謀！"文武臣僚，無不感憤。阮名世、黎弼四、阮維時并毅然曰："子不孝當誅，君不道當廢。請賜椿自盡，及查伊霍故事。"諸朝臣皆從其議。王曰："此大事，諸公毋太草率。"名世請捕鄭椿，罷其官爵兵權，囚于內府，許之。誅逆黨文督等。帝慙懼，謂皇后曰："何面目見王父！"遂自縊崩。王聞之驚惻。次日早，召諸臣曰："天變不虛生，不意今日乃見此事，當如之何？"諸臣皆曰："聖上至德，帝行不道，自絕于天，葬祭禮宜減削。"王曰："我心不忍。"命仍用天子禮。廷議不當入廟，立別殿享祀。謚曰簡輝帝，葬布衛陵。

此記敬宗自縊。《大越通史》記載："二十五年，敬尊崩，神尊淵皇帝即位"①，展現了為鄭王諱的特點，這與《大越史記本紀續編》保持一致。內閣官板則記載："五月十二日，遂逼絞帝，崩，後追尊為惠皇帝，廟號敬宗"②，與前二書不同。《大越通史》的"二十五年"應該是"五月十二日"之誤。《大越史記本紀續編》記載隨後鄭松擁立神宗繼位：

六月，皇長子即位。時簡輝帝既崩，皇從兄強郡公黎柱自以本國公黎柏子英宗嫡孫，且娶王子清郡公女，有睥睨意，亦有勸立之者，王未許。皇后日夜泣言曰："先君得罪，其子何罪？何捨妾子，別求他人？父王立之，萬世之後，有天下者猶是父王子孫也。"王意遂決。於是命大臣百官迎皇長子詣勤政殿即位，時年十三。大赦，改是年為永祚元年。尊皇后曰皇太后，以生日為壽陽聖節。③

---

① 黎貴惇：《大越通史》第 2 冊《逆臣傳》，夏威夷大學藏抄本。
② 內閣官板《大越史記全書》影印本卷十八，第 594—595 頁。
③ 內閣官板《大越史記全書》印本，附錄《大越史記本記讀編》卷之二十，第 655—656 頁。

神宗為鄭松外孫，在皇后的懇求之下，方得繼位，但也由此使得鄭黎關係更加親密。內閣官板只記載"六月，皇子即位於勤政殿，改元爲永祚元年，大赦"①，鄭松的訓斥之言和皇后的泣訴皆未載。鄭松逼殺敬宗，卻只監禁鄭椿，內閣官板記載：

>　　三月，平安王往東津樓觀舟，回到三岐路，忽有伏銃發射王象，捉得其人，監拷，知帝與王子鄭椿陰謀殺王。②

在逼弒敬宗、立神宗之後又記載："初萬郡公鄭椿陰謀射殺王父，至是，黎弼四劾之，仍監于內府。"③鄭松雖念父子之情，卻終留後患。一六二三年鄭松病，鄭椿率兵作亂，諸將設計誅殺鄭椿，此事兩書均有記載。但鄭椿被監禁何以能領兵？《大越史記本紀續編》記載一六二一年："赦鄭椿，復其官爵"，④內閣官板則沒有記載，史事亦由此出現斷裂。

在鄭椿事件中，《大越史記本紀續編》兼顧了尊鄭與擁黎，斥責敬宗的不道，展現大臣維護鄭主權威，鄭松雖逼殺敬宗，但仍用天子葬禮，以顯仁義。之後神宗繼位，鄭椿復位作亂，鄭氏父子反目，鄭王君臣一心，史事記述完整有效，足見黎貴惇史才卓越。

黎貴惇以卓越的史才引鄭王入紀，將尊鄭思想推向新的高度，但歷史進入新的階段，《大越史記本紀續編》亦因此被毀廢。明命十九年（一八三八）春二月，明命帝下詔收繳中興黎朝史書：

>　　禁民間家藏黎史續編。諭曰：安南歷代史記，就中義文事迹，尚多簡略。至黎中興以後，權歸鄭氏，黎君徒擁虛器，故所載本紀續編各卷，都是尊鄭抑黎。甚至鄭人所行悖逆，亦皆

---

① 內閣官板《大越史記全書》影印本卷十八，第595頁。
② 內閣官板《大越史記全書》影印本卷十八，第594頁。
③ 內閣官板《大越史記全書》影印本卷十八，第595頁。
④ 內閣官板《大越史記全書》印本，附錄《大越史記本記讀編》卷之二十一，第657頁。

# 第十二章　內閣官板《大越史記全書》與《大越史記本紀續編》

曲筆贊美，冠履倒顛，莫此為甚。畢竟當辰撰輯，皆是鄭之私人，非出公議直筆。雖原刻板片，經今散落，而士民所藏印本，豈無存者。若留此載籍，私相傳看，將至陷溺人心，不得不一番收銷，以為世道風俗至計。其通諭諸地方上司，遍飭轄下官吏士庶等，如有家藏黎史本紀續編，不拘印本抄本，各即送官，由上司發遞到部，奏請銷毀。俟後搜訪故事，詳加考訂，命官纂修正史，刊刻頒行，用昭信筆。若敢私藏者，以藏匿妖書律罪之。①

一六七五年之前的中興黎朝史事，見於內閣官板《大越史記全書》和《大越史記本紀續編》兩個刻本之中，並有其他抄本；一六七五年之後至黎朝滅亡，有多種"續編"，但未見刻本。② 明命帝的諭旨是針對所有中興黎朝史書而下，但其中特別提到"雖原刻板片，经今散落，而士民所藏印本，豈無存者"，"如有家藏黎史本紀续编，不拘印本抄本，各即送官"，此處所言"原刻版片""所藏印本"以及"黎史本紀續編"，都指向一部"本紀續編"刻本，最後"若敢私藏者，以藏匿妖书律罪之"，言辭激烈，後果嚴重。《大越史記本紀續編》刻本的鄭黎合紀、尊鄭抑黎的思想內容定然不容於明命帝，明命帝可能就是針對這部刻本發出諭旨，憤恨處置。經過阮朝收繳，《大越史記本紀續編》現在僅殘存刻本兩卷，抄本一部。

鄭王扶持黎氏的大義尚在，中興黎朝士人雖出自鄭氏私門，但亦身屬黎朝。因而明命帝並未因文廢人，編撰《大越史記本紀續編》的黎貴惇以及其他"續編"作者的另外作品也沒有遭到查禁。內閣官板《大越史記全書》則因尊黎述鄭、對阮氏有所傾向而倖免於難，並在阮朝重新改版刷印，即國子監藏板《大越史記全書》。

---

① 《大南寔錄》正編第二紀，卷189，東京：慶應義塾大學言語文化研究所1975年版，第4227頁。
② 牛軍凱：《〈大越史記全書〉"續編"初探》，《南洋問題研究》2015年第3期，第82—90頁。

## 六　結論

　　內閣官板《大越史記全書》是現在所知《大越史記全書》所有刻本之中，唯一傳世且保存完整的刊本，無論是越南古代歷史研究還是史學發展，均具有極其重要的意義和價值。但內閣官板並非正和原刻本，其形成過程亦撲朔迷離，雖經數代學者的研究，亦不能確定其具體的重編和刻印年代，現在可以肯定此書在一七六三年鄧廷瓊編撰《鄧家譜系續編》之前當已經刻印流傳。一六七六年胡士揚在《大越黎朝帝王中興功業實錄》確定了中興黎朝關於莫朝叛逆、鄭王輔政、黎朝中興、阮潢割據四大史事敘述的政治標準，內閣官板在此基礎上述史，貶斥莫朝，但對莫朝史事述而不論，肯定鄭氏中興大功，尊崇黎皇，卻又略寫鄭王，褒揚阮潢，又貶斥阮福源叛逆，雖然展現了與胡士揚不同的修史傾向，有所損益，但並未超出胡士揚設定的敘述準則。

　　黎貴惇改編莊宗至嘉宗時期的史事為《大越史記本紀續編》，因文獻不足，我們現在難以知曉其編撰動機，但必然是受命於鄭王無疑。且內閣官板《大越史記全書》確實記史簡略，相關史事要少於黎貴惇早年編撰的《大越通史》。黎貴惇在內閣官板的基礎上增補史料，編成《大越史記本紀續編》，繼續闡釋胡士揚尊崇鄭王的思想，以鄭王入帝紀，大書鄭王征伐莫氏之功，抑制阮潢之功，貶斥其後裔為"逆賊"，其修史思想基本與胡士揚保持一致，後世稱名"國史續編"。

　　《大越史記本紀續編》當有八卷，現刻本殘存卷二十、卷二十一，抄本殘存卷十六至卷十八，卷十九雜入內閣官板的內容，其之前十五卷的情形各種史籍均未提及。就現有內容而言，其史事要多於內閣官板《大越史記全書》，內容亦有差異，既可補後者之闕，亦可二書互證。內閣官板《大越史記全書》與《大越史記本紀續編》關於中興黎朝的重大史事記載，雖然各有傾向，但均在胡士揚設定的敘史基礎上進行，並未出現完全悖離的情況。內閣官板《大越史記全書》畢竟改編自一六九七年黎僖正和本《大越史記全書》，其中的尊鄭述黎思想是否會來自於更早的一六六五年范公著本《大越史記全書》？是否一六七六年胡士揚《大越黎朝帝王中興功業實錄》亦繼承了范公著的思想？作為范公著述史團隊的重要成員，胡士揚應該受到了范公著的影響。如前引文惠特莫所論，范公著確立了黎朝"中興"的史學和政治思想，為胡士揚所繼承。就現有文獻而言，黎氏中興、鄭王輔政、莫氏叛逆、阮氏割據的史事皆見於內閣官板《大越史記全書》，《大越黎朝帝王中興功業實錄》予以定論。可以肯定范公著《大越史記全書》和《大越黎朝帝王中興功業實錄》確實有繼承關係，胡士揚在其基礎上創造發展。結合范公著所撰《大越史記全書》序，鄭王"尊正"應該出自其手，胡士揚進而發揮為"尊扶""王皇一體"和"鄭家功德"等更加尊鄭的思想。黎僖則依據范公著的"匡扶"思想敘史，內閣官板延續之。倘若黎僖採用了胡士揚的"王皇一體"和"鄭家功德"並刊印成書，在鄭王主政的政治環境下，內閣官板絕無可能刪去。至黎貴惇《大越史記本紀續編》以鄭王入本紀，實現了思想和形式的徹底突破。從范公著開始的中興黎朝史籍皆以尊鄭思想為主導，只是程度有所區別，尊黎的程度亦在與尊鄭的比較中彰顯。

　　《大越史記本紀續編》殘刻本和抄本的出現，為我們重新考察內閣官板《大越史記全書》提供了參照，也為中興黎朝史學研究提供了新的典籍，黎貴惇創新體例、增補史事的改編活動，既與中興黎朝的政治環境高度契合，又將越南史學推向了一個新的高度。

# 第十三章

## 《大越史記全書》的評論與改編：從《越史標案》到《大越史記前編》

内阁官板《大越史記全書》刻印之後，產生了巨大的影響，學者開始改編。首先是黎貴惇，潘輝注（一七八二至一八四〇）在《歷朝憲章類志·文籍志》記載："國史續編 八卷，榜眼黎貴惇撰，用編年體，自莊宗中興以後，至嘉宗，凡一百四十四年，記事詳核，增補舊史之闕"，莊宗一五三二年十二月即位，次年為元和元年，起始一四四年，即到德元二年（一六七五），這正是《大越史記全書》的述史下限。即第十二章所述《大越史記本紀續編》刻本殘卷，漢喃研究院藏有抄本，藏號 A.4。潘輝注又記載：

> 《越史備覽》七卷："黃甲尚書阮儼（一七〇八至一七七五）撰，評論精切簡當，號稱名筆。"
> 《越史標案》十卷："黃甲吳時仕（一七二六至一七八〇）撰，校正舊史舛繆，書法詳核。"①

《越史備覽》現在已經不存，《越史標案》漢喃研究院藏有抄本。此二書皆是史論著作。此外阮輝瑩（一七一三至一七八九）撰有《國史纂要》，今存刻本。阮儼、吳時仕、阮輝瑩三人生活年代

---

① 潘輝注：《歷朝憲章類志》卷之四十二《文籍志》，漢喃研究院藏抄本，藏號 A.1551。

相近，三人同朝為官。景興二十七年（一七六六）吳時仕中進士，此年的"進士題名碑"即由阮儼撰寫。阮輝瑩長子阮輝似娶阮儼孫女為妻。在時間上，《越史標案》和《國史纂要》上限為鴻龐氏，下限為明人還國，《越史備覽》可能亦是如此。但現在《越史標案》抄本和《國史纂要》刻本皆無序無跋，後者的刻印時間亦不明。景盛八年（一八〇〇），吳時仕之子吳時任（一七四六至一八〇三）主持編撰刻印了《大越史記前編》，錄入四家史論，除了黎文休和吳士連的史論之外，還有阮儼的《越史備覽》和乃父的《越史標案》，前後時限亦相同。吳時仕是西山朝國史總裁，《大越史記前編》亦是官修史書，這也意味著阮儼和吳時仕的私家著作在《大越史記前編》中轉變為官方的性質。

## 一　阮輝瑩《國史纂要》

阮輝瑩，號榴齋，爵碩亭侯，官至尚書，曾兩次出使清朝，在家鄉越南河靜省長流縣創辦福江書院，並雕版刻印儒家書籍如《性理大全》《五經纂要》等，在越南文化發展史中具有重要的地位。[①]現存《国史纂要》扉頁寫"阮探花正本"，"碩亭藏板"，版心刻"南史纂要"，"碩亭正本"，題"南史纂要大全卷之一"，寫"史臣吳士連　編脩"，"阮輝瑩刪補"。但"瑩"為俗寫，《五經纂要序》則寫為正字"阮輝瑩"。此刻本首尾完整，自上古鴻龐氏紀到後陳滅亡，但沒有再分卷，漢喃研究院現藏此刻本兩種，情形均是如此。《国史纂要》無序無跋，與福江書院其他刊本不同，照此來看，此書當為阮輝瑩在福江書院教學使用的《大越史記全書》

---

[①] 阮俊強：《書院與木雕板在東亞知識的傳播：越南教育家阮輝瑩及其1766—1767年出使中國的案例研究》，《臺灣東亞文明研究學刊》第15卷第2期，2018年12月，第43—68頁。

删改简本。①

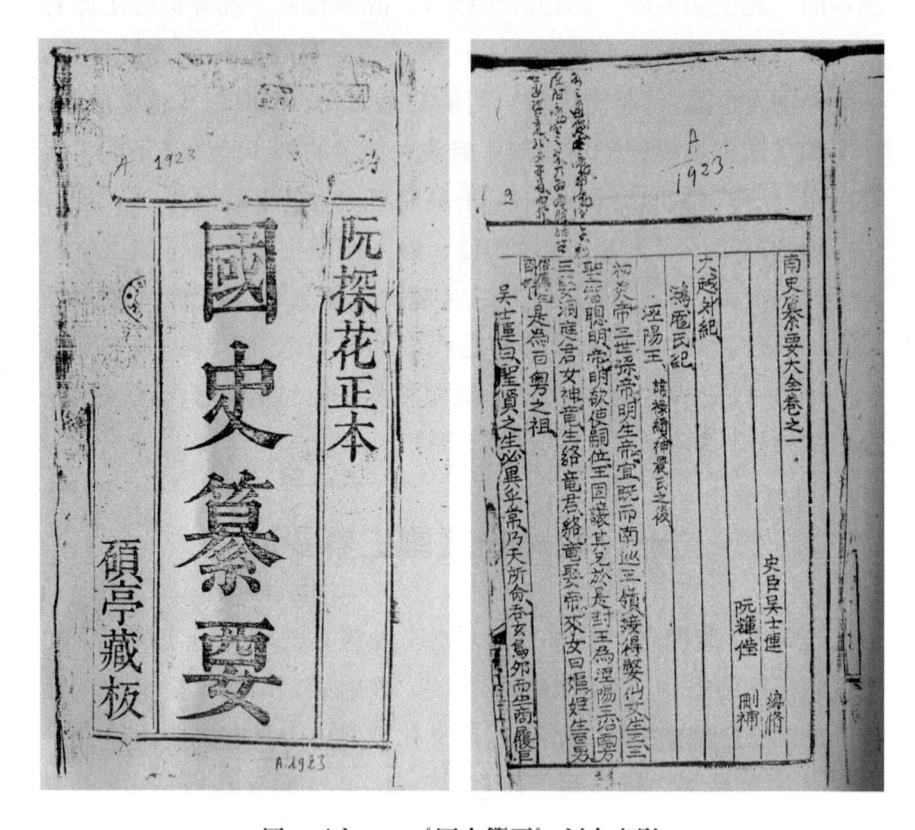

图一三之一　《国史纂要》刻本书影

　　《国史纂要》的内容基本删自内阁官板《大越史记全书》，缩略很多。除了史书正文，还采入了原有的黎文休、吴士连和潘孚先的史论，即"黎文休曰""潘孚先曰"，但吴士连的史论则分为"吴

---

①　《国史纂要》由越南社科院文学研究所陈氏冰清（Trần Thị Băng Thanh）副教授根据汉喃研究院藏 A. 1923 刻本翻译为现代越南语，2004 年由顺化出版社和东西语言文化中心出版。史学院谢玉琏（Tạ Ngọc Liễn）副教授做了《从〈大越史记全书〉到〈国史纂要〉》（Từ Đại Việt sử ký toàn thư đến Quốc sử toát yếu）的短序，指明了二书之间的紧密关系。谢玉琏副教授还撰有《阮辉莹与史学》（Nguyễn Huy Oánh với sử học），介绍了《国史纂要》和《中兴功业论》的主要内容和观点，载 Kỷ yếu hội thảo khoa học Danh nhân Nguyễn Huy Oánh, Hà Tĩnh, năm 2008, tr.156-161.

第十三章 《大越史記全書》的評論與改編：從《越史標案》到《大越史記前編》 | 329

**圖一三之二　《五經纂要序》刻版**

士連曰"和"吳氏曰"，所采數量也最大，詞語有所刪改。此外，內閣官板《大越史記全書》前面錄有黎嵩的《越鑑通考總論》，這是傑出的史論著作，阮輝瑩也將其內容采入《國史纂要》之中，一般在單個史事之後以"史臣論曰"的形式呈現，在李朝和陳朝終結之後，又以"史臣論曰"總論歷代諸帝功過。全書錄入阮輝瑩自己的史論僅一條，緊接吳士連和黎嵩論雄王之後：

> 吳士連曰：雄王之世，建侯立屏，分國為十五部。十五部之外，各有長佐。以今蠻酋有男父道、女父道之稱見之（注：今改為輔導），理或然也。[1]
>
> 史臣論曰：涇陽明夫婦之道，正凡化之源，君焉則以德化民，垂衣拱手。民焉則耕田鑿井，出作入息。其太古之凡歟？雄王嗣統，務施德惠而撫綏其民，專事農桑之業，靡有兵戈之

---

[1] 吳士連原文見校合本《大越史記全書》，第99頁。

警，結繩為政，民無詐偽，可見淳厖樸野之俗矣。後王德衰，怠於政事，乃廢武備而不脩，耽酒色以為樂，而遂為蜀之所滅，惜哉！①

阮輝瑩曰：儒家之學，捨怪存常，顧此形氣化生，精靈往復，自非窮理之至，未易明者，則百斯男，葩章頌禱之詞也，迺于貉竜有之，有隕自天羲畫象，意之占也，迺于雄王見之，國史存焉，果亦郭公夏五之書法乎？時移地改垂三千年，陪臣入覲越洞庭者，肛絅有順，凡邊方少警，在金華者，鐵馬有嘶聲，此亦可以常理論歟？②

雄王之事飄渺不稽，吳士連信而存疑，姑錄其舊文。黎嵩則看重上古時代的質樸習俗，感慨末代雄王德怠失國。阮輝瑩對吳士連和黎嵩所述基本照抄原文且有所刪減，他本人對上古雄王之事亦持"郭公夏五"的看法，即信而存疑。《大越史記全書》記載景興二十六年（乾隆三十年，一七六五）阮輝瑩为正使奉命出使清朝，使臣會經過湖南洞庭湖及岳陽樓。《大越史記全書》記載："雄王之立也，建國號文郎國（注：其國東夾南海，西抵巴蜀，北至洞庭湖，南接胡孫國，即占城國，今廣南是也）"③，故而過洞庭湖有此感慨。《國史纂要》中阮輝瑩的史論僅此一條，故而難以窺知其更多的史學思想。由此條史論可知《國史纂要》的刻印應該在阮輝瑩出使清朝回國創辦福江書院之後，但其書的編纂則有可能在此之前。

另在"黎桓"一節，有史論一條：

或問：大行與李太祖孰優？曰：自其削平內奸，攘挫外寇，以壯我越，以威宋人而言，則李太祖不如大行之功為難。自其素着安威，人樂推戴，延長國祚，垂裕後昆而言，則大行不如

---

① 黎嵩原文見校合本《大越史記全書》，第84頁。
② 阮輝瑩：《國史纂要》，漢喃研究院藏刻本，藏號，A.1923，第3頁。
③ 校合本《大越史記全書》外紀卷之一，第98頁。

| 第十三章 《大越史記全書》的評論與改編：從《越史標案》到《大越史記前編》 | 331 |

李太祖之慮為長。①

此條為改寫黎文休論黎桓與李公蘊之功的史論而來，②觀點沒有變化。《大越史記全書》雖然是由吳士連、范公著、黎僖先後編撰合併而成，采入了黎文休、潘孚先、吳士連、武瓊、登柄等人的史論，但卻組織為一個整體。就《國史纂要》全書而言，其大量採用吳士連和黎崱的史論，尊崇朱熹《資治通鑑綱目》，明正統，黜僭偽，與內閣官板《大越史記全書》的主要思想一致。從內容、思想到刻印形式來看，這是便於教學和學習的一個越南歷史簡本，在史學上也就沒法創新。此書為福江書院所用教材，隨著士子的科舉升遷，應該有相當的影響。但畢竟是簡本，在有條件的情況下，還是會閱讀《大越史記全書》全本。

## 二　吳時仕《越史標案》

吳時仕，號午峯，道號二清居士，景興十七年（一七五六）進士。《大越史記全書》記載，一七六二年：

> 王以前代史籍，學者私相補緝，未有統一。命何勳等，蒐集綱目、綱鑑及諸儒評論，合訂少微舊書，頒布天下，卒不果行。置秘書閣，以阮伯璘，黎貴惇為學士，繙閱書籍，擇文屬有文學者，吳時仕等充正字。③

"王"即當時主政的鄭楹，吳時仕由此可以閱覽皇家歷代所藏書籍。《吳家世譜》記載其著作："所著《午峯文集》、《保障宏

---

① 阮輝瑩：《國史纂要》，漢喃研究院藏刻本，藏號，A.1923，第21頁。
② 黎文休原文見校合本《大越史記全書》，第188—189頁。
③ 校合本《大越史記全書》續編卷之四，第1152頁。

謨》、《鸚言詩集》、《越史標案》、《觀瀾十詠》、《二青峒集》行于世"①，其子吳時任於景盛丁巳（一七九七）"奉監刊修國史，因以午峯公所著《標案》刻梓"②，現在《越史標案》僅有抄本，刻本不傳。此外，吳時任在昭統帝時，"尋陞校討兼纂修，因取午峰公所藏續編，自熙宗至懿宗《五朝實錄》，再加筆削"③，牛軍凱教授認為此《五朝實錄》是吳時仕一七七五年參與國史編脩的抄本，④史載一七七五年：

> 復吳時仕爲翰林院校理。初，仕爲乂安參政，士人訴其考覈徇私，罷職，至是復用。
> 命修國史。自永治元年，未有續編。乃命阮侃、黎貴惇、武綿兼總裁，分命諸儒臣同纂修。⑤

吳時仕復職與命修國史顯然是兩件事。《吳家世譜》記載："丁未（一七七五），准許復翰林校理職。數月，擢署僉都御史。丙申（一七七六），命校正國史。丁酉（一七七七），改授諒山鎮督鎮"⑥，"乙未"原文誤書為"丁未"。據此，筆者判斷《五朝實錄》應該是一七七六年吳時仕校正國史時留存的抄本。吳時仕閱讀秘籍，參修國史，這都顯示吳時仕撰寫《越史標案》具有良好的學術基礎，就其書而言，確是傑出的越史史論著作。

《越史標案》現存抄本3种，皆無序無跋。A.11抄本，總為一冊，前後字體一致，無阮朝避諱，當是中興黎朝抄本。題"吳家文派"，"越史標案"，"午峯公史集"。A.1311抄本，題"越史標案

---

① 《吳家世譜》，林江主編《吳時任全集》第5冊，河內：社會科學出版社2006年版，第655—651頁。下同。
② 《吳家世譜》，第691頁。
③ 《吳家世譜》，第690頁。
④ 牛軍凱：《〈大越史記全書〉"續編"初探》，《南洋問題研究》2015年第3期，第86頁。
⑤ 校合本《大越史記全書》續編卷之五，第1183頁。
⑥ 《吳家世譜》，第652頁。

卷之二"，"午峯吳時仕撰"，內容為丁部領至李朝亡國，據此推斷當分為三卷，第一卷、第三卷亡佚。卷二關於李朝的總論"嘗考李氏享國八朝，相承二百十八年"裁去很多內容，又增加了"黎嵩論曰"關於李朝諸帝的史論。"時"有時寫為"辰"，避諱不完整，應是阮朝時據中興黎朝本重抄。

A.2977/1－4抄本，原分為四冊，後重新裝訂為兩冊。原四冊題名皆為"越史標按"，重新裝訂的第一冊即原一、二冊封面以白堊寫"越史標案"，當為後人所加。第一冊題為"越史標按"，沒有寫"越史標按卷之一"，內容為"鴻氏"至"吳紀"，有三種抄寫筆跡；第二冊為"越史標按卷之二"，內容為"丁紀"到"李紀（英宗）"，有兩種抄寫筆跡，其中一種與第一冊相同，工整且訛誤較少，另一種則誤字很多，正確的字寫於一旁；第三冊寫"越史標按卷之叁"，內容為"李紀（高宗）"至"陳紀（英宗）"，字體前後一致，工整秀麗；第四冊寫"越史標按卷之四"，內容為"陳紀（明宗）"至"屬明紀"，有三種抄寫筆跡。第三冊的工整筆跡，其他三冊皆有，所抄內容也最多，並無阮朝避諱，"宗""時""任"皆無缺筆。其他的幾種筆跡則皆不相同。每冊均用朱筆寫"價金玉不當許外人借"。第一冊有檢查者用鉛筆寫"liên A.11"，即與A.11抄本相關聯。此本或抄自A.11本，並重新分卷，內容亦大致相同，但所採用的越南古代俗字較A.11本為多，且誤字亦多。

本章即以A.11本論之，亦據此本《越史標案》定名。吳時仕基本是按照《大越史記全書》的結構來編輯《越史標案》的內容，簡述"紀"中各帝、王的史事，《大越史記全書》帝王名下原有雙行注釋介紹其生平、事業、功過，吳時仕亦刪削采入。在史事中以"按"考史兼行議論，以"史臣曰"論史，二者位置不定，酌情而定；在一代之史終結之後，又有"通論曰"總論一代之事。

吳時仕又采入多條"阮儼曰"史論。《大越史記前編》的"歷代史臣諸家姓氏"記載：

阮儼，乂安宜春僊田人，永慶辛亥科黃甲，累官入侍參從、户部尚书、大司徒、春郡公，兼國史總裁，著《越史備覽》，號希思甫。①

《大越史記前編》亦大量采入"阮儼曰"，部分與《越史標案》所錄相同，其中關於"吳晉宋"的史論《大越史記前編》所收要多於《越史標案》。顯然《越史標案》和《大越史記前編》是分別采入《越史備覽》的内容，並非後者照抄前者。

阮儼一七四一年任國子監祭酒，之後歷任内外高官。《驪州宜儴阮家世譜》記載："戊寅（一七五八）陞國史總裁兼國子監祭酒，易管侍候勁左隊（注：公奉命總裁，以舊史浩繁，著《越史備覽》《歷朝憲章》，推稱名筆，惜至今失傳）。"②

河内文廟國子監現懸有一七六八年阮儼書匾和監造大鐘，可證實其一直兼職國子監。"古今日月"匾為"景興戊子（一七六八）秋望"書，落款為"奉知國子監春郡公阮儼拜"，"辟雍大鐘"亦為當年監造。吳時仕景興丙戌（一七六六）中進士，此年的進士題名碑亦由阮儼書寫。但《吳家世譜》記載，吳時仕十一歲失怙，"從大父丹岳公學"，之後又"就業于西姥嚴伯挺、獲澤汝廷瓚二公，皆當世名儒"，"壬申（一七五二）大比射策，以考官失選，擢王府僉知工番。乙亥（一七五五）以選舉第一充侍内文職。自是聲名藉甚"。之後歷任諸官，至"丙戌（一七六六）大比，擢會魁，殿試擢黃甲庭元以進朝"③。因中興黎朝特殊的選舉任官制度和士人遊學私門的情況，儘管阮儼掌管國子監，但吳時仕卻與其並無師生關係。

《越史標案》亦採用朱熹《資治通鑑綱目》"大書以提要，分注以備言"的方式述史。先述史事，下介紹"舊史"内容，有考釋者

---

① 《大越史記前編》，"目錄"，景盛八年（1800）刻本，漢喃研究院藏號 A. 2/1
② 《驪州宜儴阮家世譜》影印本，河内：文學出版社 2016 年版，第 278—279 頁。Gia phả họ Nguyễn Tiên Điền, Nhà xuất bản Văn học, năm 2016。此本為 1960 年范克寬據舊本重抄，在干支紀年處增加了公元紀年。
③ 《吳家世譜》，第 651 頁。

| 第十三章 《大越史記全書》的評論與改編：從《越史標案》到《大越史記前編》 | 335 |

則"按舊史"云云。吳時仕沒有采入前代史家的史論，只對阮儼《越史備覽》進行了少量引用。以吳時仕的學養眼光來看，阮儼史論定非同小可，可惜已經佚失。而吳時仕能在《越史備覽》珠玉在前的情況下，勇於發覆前論，亦有其深刻與成功之處。吳時仕的"按""史臣曰""通論曰"三種形式再加帝王小傳，以及阮儼的史論，構成了《越史標案》完整的史論體系。

圖一三之三　河內文廟國子監懸阮儼書匾（二〇一九年六月二十一日筆者攝）

《越史標案》雖是史論著作，重在發覆，但廣義上仍屬通史，筆者試從下面三個階段探討吳時仕的史學思想特徵。

（一）國家起源

陳朝史家黎文休創設的南越國起源和佚名《大越史略》的黃帝時期十五部落，後來均被後黎朝吳士連統合進《大越史記全書》之中，成為一個國統體系。吳士連又借鑒司馬遷《史記·五帝本紀》的方法引傳說入史作《鴻龐紀》和《蜀紀》，從《嶺南摭怪》

圖一三之四　景興二十九年（一七六八）阮儼監鑄"辟雍大鐘"銘文
（二〇一九年六月二十一日筆者攝）

中擷取內容，記述了涇陽王、雄王、安陽王等神話傳說中的人物和故事，將越地國家文明之始提前至傳說中的炎帝神農氏之後裔涇陽王時期。至一六九七年《大越史記全書》刻印之後，且黎文休《大越史記》亡佚，吳士連之說廣為流傳，至吳時仕之時幾已成定論。

但是《鴻厖紀》和《蜀紀》的內容超乎常理，其中的神異之處顯而易見，故吳時仕首先表明其事：

> 按我越啟邦，雖在羲頡之後，而文字未行，記載仍闕，其世次年紀，政治風俗，傳疑傳信，總屬無徵，朱子曰：讀書不可被史官瞞過，故郭公夏五，春秋存疑。孟子於武成取二三策而已，若引用其言，而不察其理，作者欺我，我又信之，以欺後人，可乎？舊史壬戌紀年，何所起其甲子，貉龍紀號，何獨署於雄王，赤鬼何名，乃以建國，一般荒誕，盡屬可刪，蓋舊史旁搜古傳，織繪成文，務足數代世表，凡所取之攎怪、幽靈，亦猶北史之南花鴻烈也。若概以野史為不足信，又何所從以備制作之大典乎？故近理者存之，無稽者削之。史載帝明娶婺仙女，生涇陽，與元魏史載詰汾皇帝無婦家之諺相類，大抵聖神鐘毓，有異乎常，謂（理）或有之，至於涇陽之娶洞庭，貉龍之娶嫗姬，水陸通婚，神人雜處，語似不經，竊以為天地開闢以漸，我國人文最後於中州，堯水未平，禹鼎未鑄，茫茫桂海，固龍蛇魑魅之藪澤也，般般奇怪，何所不有，龍蝥生女，尚且有之，況涇陽貉龍時乎？事有似異而非異者，亦不當自小于夏蟲可也。

諸多史事"一般荒誕，盡屬可刪"，其文獻"凡所取之攎怪、幽靈，亦猶北史之南花鴻烈"，即採擷資料於《嶺南攎怪》和《粵甸幽靈集》之類書籍，與中國史採《莊子》和《淮南子》同理，因此"近理者存之，無稽者削之"。至於涇陽王、貉龍君之事，誠為人神雜處、蒙昧時代的常態。龍降於夏之宮廷，流涎而生人。中州越地，共有異事，故而"不當自小于夏虫可也"。儘管晦昧不明，但此是越地文明之始，吳時仕亦不苛責過甚。吳時仕對吳士連採擷的史料來源以及刪削而成的內容有清晰的認識：

> 按天王破賊，山精爭娶，事皆本《撫怪》。潤飾其辭，但不言殷王兵，不言鑄鐵馬，不言噴嚏成長身，固已疑其誕矣。至於兩精爭娶，蓋亦好事者以漲潦懷山嚙磯，為山水相鬥，便寫出一傳以寔之，編為寔錄，豈不煩瀆？龜爪脫於前，龍爪脫於後，贅婿竊爪，前後相符，甚至夢詩語鬼，無所不書，胎術醫謠，亦以為記，語事而不揆之理，談怪而至流於誣。豈可以一國信史，抵一部志怪？惟傘圓為祖山，天王為名神，姑因舊史，分註以傳疑云耳。①

吳時仕明確指出《鴻龐紀》和《蜀紀》的史料来源于神怪故事集《嶺南撫怪》，儘管去除了種種神跡，但荒誕不經之處仍為數不少。最後發出"豈可以一國信史，抵一部志怪"的感歎，但流俗所及，傘圓山為祖山，扶董天王為著名神靈，因而亦分注其事於正文之下。

> 通論：嘗讀外紀，自貉龍至雄王，約當軒、昊、辛、陽時，渤溟者已有條理，顓蒙者漸識機關。而我國渾噩無為，似巢、燧以前世界。中國自唐、虞迄周，人文大著，宜其世道遷革，已有厚薄隆污。我國當貉、雄時為君者，以尸居淵然之化，馴文身鼻飲之民，無徵督之煩，科派之擾，無鈐束之密，居養之移，君民相親，數千年一局，可謂至德之世，極樂之國者也。自秦人置守尉，趙氏起南海，然後識編年，有北史可相參稽，若涇陽至安陽王，二千六百餘年，幾朝幾代，幾世幾年，某甲子興，某甲子止，豈有珥筆螭頭，起居日注，分明鴻龐之起壬

---

① 《越史標案》，第12頁。

第十三章 《大越史記全書》的評論與改編：從《越史標案》到《大越史記前編》 | 339

戌，終癸卯，而雄王之亡，安陽之興，確屬周赧王之五十七年者，又以算計之涇、雄之間，凡二十代二千六百二十二年，多少乘除，每君百二十歲，人非金石，安能壽盡籛鏗，此尤不可曉者。史傳苦於文獻不足，以涇陽起之，必有以終之，仍以同時帝宜至秦置郡之年數所餘者，以前歸之雄王，以後歸之安陽王，以足二紀，作者之心良苦矣。①

吳時仕這段評論將越地和涇陽王和雄王時代與同期的中國上古之世相提並論。認為中國文明先發，但已見興衰之跡，人民漸識機關心術，這是文明從蒙昧走向高級的必然。司馬遷在論述漢朝之興時言及三代興衰：

夏之政忠。忠之敝，小人以野，故殷人承之以敬。敬之敝，小人以鬼，故周人承之以文。文之敝，小人以僿，故救僿莫若以忠。三王之道若循環，終而復始。周秦之間，可謂文敝矣。秦政不改，反酷刑法，豈不繆乎？故漢興，承敝易變，使人不倦，得天統矣。②

司馬遷總結夏忠、商敬、周文，因其弊為野、鬼、僿，周秦文之一弊，故而漢承秦弊而興。此即吳時仕所言"世道遷革，已有厚薄隆污"。在中國漸識機關心術的同時，越地卻是誠樸之世，貉龍君和雄王"尸居淵然之化，馴文身鼻飲之民"，這是上古帝王垂拱而治的景象，因而越地"可謂至德之世，極樂之國也"。蒙昧之世，自然不知書史，因秦人南來越地人民方知編年述史，遂以中國史相參考，述涇陽王、雄王之事。但"史傳苦於文獻不足，以涇陽起之，必有以終之"，以雄王為"鴻龐紀"，以安陽王為"蜀紀"，展示了越地早期歷史的始終有序，其中尤見史家之良苦用心。亦因此

---

① 《越史標案》，第13—15頁。
② 《史記》卷八"高祖本紀"，中華書局1959年版，第393—394頁。

故，《嶺南摭怪》諸荒誕不羈的傳說，實為史家補文獻不足之闕，故吳時仕將其分注於下。而歷代雄王得享壽百二十歲，超出常理，吳時仕也只能以文獻不足來解釋了。① 儘管如此，他依然認為"世道遷革"之中國，顯然不如"渾噩無為"之越地。

吳時仕畢竟是嚴謹的歷史學家，儘管對"鴻厖紀"和"蜀紀"的編撰目的表示理解，并加以辯護，但其荒誕內容超乎想象，因而他對安陽王築城、金爪神弩、媚珠仲始、秦將慈廉人翁仲等內容，結合中國古代典籍都進行了詳細的考證，批駁其中的不經之事。作為引傳說入史的創始者吳士連，對其中的內容亦有懷疑。吳時仕引用其論：

> 吳士連曰：鵝毛表道之事，如或有之，僅一見可也。何於趙越王女再言之。編史者以蜀、趙亡國之由，皆出女婿，遂因一事而兩言之歟？至於蜀亡國，神弩易機，趙亡國，兜鍪失爪，亦假辭以神其物耳。夫固國禦戎，自有其道。<u>龜龍之爪，何足憑哉？仲始之竊龜爪，媚珠之示鵝毛，與井水洗珠之事，其誣不待深辨</u>。②

吳時仕對吳士連原文有所改動，"夫固國禦戎，自有其道"為"得道者多助而興，失道者寡助而亡，非為此也"，吳士連所論"固國禦戎"在於得道多助，並非一味徒仗神器。吳時仕則改易為劃線部分，進一步展示內容的荒誕和誣妄。③ 吳時仕接著引用了當世名儒的議論：

> 阮儼曰：理求其是，則事之有無，雖越千載可知也，一胞

---

① 饒宗頤：《吳越文化》，《中研院史語所集刊論文類編·民族與社會編》，中華書局 2009 年版，第 1109—1110 頁。
② 《越史標案》，第 24 頁。
③ 請參看朱旭強《越南古代漢文敘事中"贅婿奪寶"事件的表達功能及其源起考述》，載《國學新聲》第五輯，三晉出版社 2014 年版，第 187—202 頁。

| 第十三章 《大越史記全書》的評論與改編：從《越史標案》到《大越史記前編》　　|341|

開百粵之疆，三歲有萬人之敵，出類拔萃，固有異於常人，無足怪者。至於龍產仙產，語涉荒唐，山精水精，跡同變幻，七曜山之滯祟，一夜澤之登仙，似茲怪誕不經，有不可得而信。孔子曰：多聞闕疑。孟子曰：盡信書不如無書。讀者揆之以理，舍怪存常可也。①

對於"鴻龐紀"和"蜀紀"中的神怪故事，身為國子監祭酒的阮儼很精準地指出了"理求其是，則事之有無，雖越千載可知也"，認為與人相關的生百男、董天王萬人敵之事乃是異於常人。而涉及神怪的龍父仙母、山精水精、妖靈作祟、神異仙術等事，則認為荒唐不可信。最後要求"讀者揆之以理，舍怪存常可也"，即人事為常，妖異為怪，這也正是經世老儒的口吻。最後吳時仕總結：

通論：安陽起自巴蜀，乘雄貉之衰，一舉而取二千餘年之國，何其雄也。然考其勝敗之跡，弩機存而北侵之兵潰，弩機折而南奔之途窮，龜爪之外，人事都不與焉。當時敵國在旁，晏然逸豫，揮仇讎於廊廡，置邊謀於局碁，遂至嘉偶成仇，而甌貉山河推枰便了。嗚呼！金龜一至，贈安陽以禍機，金龜再來，送安陽於死路。彼介蟲者，始終爲蜀之祟，今城猶留，仍然千古，當為安陽憑弔以警世之好談靈徵者。②

與吳士連所言"固國禦戎，自有其道"和"得道多助，失道寡助"不同，吳時仕借子打子，將安陽王國的興亡與金龜的出現聯繫起來，"金龜一至，贈安陽以禍機，金龜再來，送安陽以死路"，因為金龜之助，安陽王徒仗神弩，"敵國在旁，晏然逸豫"，最終"嘉偶成仇，而甌貉山河推枰便了"，媚珠仲始妻死夫亡，安陽亡國。

---

① 《越史標案》，第24—25頁。
② 《越史標案》，第25—26頁。

吳時仕以神怪傳說喻神物靈異之不可信，既不能視之為祥瑞，亦不可視之為災異，僅常見之介虫而已。如今螺城猶在，斷壁殘垣，廟貌儼然，俯仰千古，足以"警世之好談靈徵者"。

此處吳時仕似有所指，後世李朝好祥瑞，陳朝重災異，佛道皆以神物異靈為能。在吳時仕的時代，佛教雖然退出國家政治生活，但黎皇、鄭主及宗室貴族，及至府縣村社，信仰佛教蔚然成風，吳時仕不能明言，故而暗諷其事。至論李、陳朝歷史，則大張旗鼓堅決反對災異祥瑞之事。

吳時仕關於《鴻龐紀》和《蜀紀》中的國家起源的議論，展示了越地文明的曙光，儘管內容荒誕，並不在徹底否定其事，而在於"去怪存常"，因而既有斥責荒誕的考證，亦借金龜之事警喻，至於"嘉偶成仇"則真是史家的同情之詞了。

## （二）郡縣時代："外屬"與"內屬"

在吳士連設立"鴻龐紀"和"蜀紀"之後，涇陽王和雄王即成為國統之首，安陽王滅雄王，又與之相合，成為"甌貉國"。在吳士連看來，國統興衰衍接，無須理論，因而其自鴻龐氏據時代興衰排列至吳紀。吳時仕對此亦接受，但將南越國至隋唐時期的歷史，又分為"內屬"和"外屬"，"徵女王紀""李紀"，取消"士王紀"。在吳時仕的論述中，以雄王和安陽王為"我越"國統，改變了黎文休以南越國為"我越"國統之首的做法，吳時仕也並不認可吳士連因"權勢所出"以南越國為國統，因而攻滅安陽王國的南越國自然轉變為敵國，故以"外屬"稱之。吳時仕首先言明何為"外屬"：

> 按舊史安陽既亡，以國統與趙，大書趙紀武帝，後人相沿，莫知其非，夫南海桂林之越，非交趾九真日南之越也。陀起龍川，國番禺，欲拆境土，併我國以為屬郡，置監主以羈縻之，寔未嘗君其國也。若以王越而君之，則後此有林士弘起鄱陽，劉儼起廣州，皆稱南越王，亦可繫之紀乎？陀併交州，猶魏之

併蜀，使蜀史可以魏起接劉禪，則國史可以趙起接安陽，不然，請以外屬起例，以別於內屬云。①

吳時仕認為南越國統大謬，指出昔日南越國的南海桂林之越，非今日交趾九真日南之越。南越國轄有秦南海、桂林、象郡，後世的安南國所在為秦象郡，即漢交趾、九真、日南三郡。吳時仕以南越國為"外屬"，在於趙佗攻滅了雄王和安陽王國，魏滅蜀，劉禪若能入魏史為正統，趙佗滅安陽王，則蜀紀和趙紀可以相接。吳時仕在後又繼續闡釋：

按趙佗秦末一令，乘亂據有兩廣，劉項逐鹿中原，不暇嶺南，既而高帝亦已厭功，文帝尤憚用武，故剖符於前，賜書於後，佗因此併屬閩甌，黃屋稱制，以自高異，然知勢力不能與漢抗，卑辭去號，以悅漢人之心，尤見佗之譎處，是其智足乘秦，畧能屈漢，故能拓國萬里，化魋結為衣冠，弭干戈而玉帛，抱孫為樂，耄而不衰，亦一時之雄傑也。

惟於我國則無功而首禍焉，何以言之？交南自黃、顓至周，砥厲使貢，自成一國，雖以秦始之彊，王剪之兵，何攻不摧，開置百越，未嘗及交趾也。自佗竊有五嶺，復併安陽，數傳而亡，使安陽之國，圖籍入漢，以為中國利，珠璣充府，橘荔成宮，縱佗不先啟兵端，漢武雖好大喜功，不過滅趙以復秦初郡縣，亦不及交趾也。我邦內屬，歷漢迄唐，推原首禍，非佗而誰？況佗之郡縣我國，惟知籍其土地，征其財賦，要寔漢庭之雙璧，賈橐之千金，至於教化風俗，毫不經意，耕稼養民之大

---

① 《越史標案》A11本，第26—27頁。A.2977/1—4抄本為："按舊史安陽既亡，國統與趙，大書趙紀武帝，後人相沿，莫知其非，夫南海桂林之越，非交趾九真日南之越也，陀起龍川國潘陽斤境土，并我國以為之兩都，置監主以羈縻之，寔未嘗君其國也。若以王越而君之則，後此有林士弘起鄱陽，劉儼起廣州，皆稱南越王，亦可繫之紀乎？陀并交州，猶秊之併蜀，使蜀史可以魏起接劉禪，則國史可以趙起接安陽，不然，請以外屬起例，一別於內屬云"，此本訛誤較多，文意亦難明。

本，婚娶生人之大倫，必待於錫光、任延之化，箕子泰伯之功德，顧如是乎？至以倡始帝王之業，推大其功，黎文休創此書法，吳士連因陋不改，至於黎嵩之總論，鄧明謙之詠史，更相稱贊，以為本國之盛帝，歷千載而莫克正之，此臣所以深為之辨。①

趙佗攻滅安陽王，都番禺（今廣州）。吳時仕的論述有一個邏輯，趙佗為秦將，據有南海、桂林，進而南下攻滅安陽王國，並沒有提及秦象郡。"交南自黃、顓至周，砥厲使貢，自成一國"，雄王和安陽王國則為我越國祖。若非趙佗攻滅安陽王國佔據交州，則漢武帝滅南越國亦只會恢復秦南海、桂林二郡，不會攻奪安陽王國。趙佗"併我國以為屬郡，置監主以羈縻之，寔未嘗君其國也"，即未曾實施直接統治，因而文治、教化一應不行，惟搜刮交州珍寶金玉異產，輸於漢宮，陸賈千金之贈亦必來源於交州。漢武帝攻滅南越國，交趾、九真、日南隨即併入漢朝疆土，受歷代王朝統治。趙佗滅安陽王國，二者敵國，我邦"外屬"於趙。漢滅南越，交土入漢版圖，遂為"內屬"。

之後黎文休認為趙佗創始帝業，後世史家相沿不改，吳時仕認為大謬，遂在此力辨其非。黎文休以南越國為國統之首，意在表現趙佗對抗漢朝，暗示陳朝君主不會入大都入覲元世祖，吳士連承繼其思想，但認為南越國不足以啟越地之興，故而將其置於《鴻龐紀》和《蜀紀》之後。這是吳時仕故意忽略不論的。

從漢武帝至隋唐的歷史為"內屬"，中央政府派遣官員，但賢愚不一，有施行教化的錫光、任延，亦有激起二徵起兵的蘇定。無論是"外屬"還是"內屬"，吳時仕皆以"我國"稱越地，以十世紀以後在交趾、九真、日南三郡形成的大越安南國反溯遙遠的歷史：

---

① 《越史標案》，第37—40頁。

史臣曰：我國邈在海表，周漢文物，磨漸較遲，得錫光而禮義之教明，得任延而夫婦之倫正，起於一時之教化，積成萬世之華風。使文獻名邦，取重於北朝，起敬於諸國，推原所自，二守之功大矣。①

"文獻名邦"和"萬世華風"皆是當世自稱，追溯前代。但大越安南國與秦漢之際的安陽王國跨越千年，斯土是否仍為斯民所居，是很難回答的事情。吳時仕將吳士連塑造的雄王國不斷加持、強化其國祖功能，當是以此顯示越地有國，卻為他者所奪。

交州"內屬"之後，駱將之女徵側忿蘇定殺其夫，與妹徵貳起兵，聲勢浩大，為伏波將軍馬援領兵平定。黎文休和吳士連對此皆大書特書，以國統繫之，設"徵女王紀"。吳時仕亦大加讚賞：

史臣曰：交趾、九真、日南，蜀地也，不能守而喪於趙。南海、蒼梧、鬱林、合浦，趙地也，不能守而併於漢。徵氏，交趾一婺女也，無尺土一民之資，特為夫讎舉兵，一揮而六部景從，畧五十六城之境土，如拂刷篋笥。使百五十年來之守尉，束手受制，莫敢誰何。嗟乎！天地英靈之氣，乃不鍾於男子，而鍾於婦人，使天祚貉越，荊楊以內猶可有也，豈止五嶺已哉！②

阮儼曰：自孳樛構難，元鼎窮兵，嶺南七郡為漢人有，後屬芻牧之任，任、錫二守之外，石、戴、周、章杳然無殊政，而饕心苛跡，民用弗堪，如蘇定者，豈可容一日之施然自肆乎？徵女赫然一怒，獎勵同仇，義兵所臨，遠近響應，領外五十餘城盡復，一旦荼毒之民再見天日，其英雄果有大過人者。雖以新集之眾，迄潰于成，然亦以洩神人之憤，抑有感焉。趙氏富強之業，竟奪於邯鄲之一婦人，神州淪沒之秋，幾復於麋泠之

---

① 《越史標案》，第43頁。
② 《越史標案》，第45頁。

一女主。當時鬚眉男子，低頭束手，為人臣僕，亦可羞哉。①

二徵起事，聲勢浩大，延宕多年，雖然正值兩漢之際天下大亂，但亦可見兵勢之強。二徵的身份很明確，就是駱將之女，即駱越人。此時距安陽王國被滅不遠，駱越起兵席捲交州，漢朝應該只做到了收交趾，而未能有效治理，之前的南越國則更是羈縻而無所作為了。吳時仕和阮儼以中國史的人物盛讚二徵起事的勇烈，最後發出"使天祚貉越，荊楊以內猶可有也，豈止五嶺已哉"的感慨。然而歷史的發展畢竟不由文筆所描繪，越地的社會力量和組織能力遠不能與重整秩序的漢帝國相抗衡，光武帝君臣挾開國之勢，派遣名將馬援南征，吳時仕評論：

> 通論曰：莫難收者人心，莫難合者國勢，尤莫難以一陰統眾陽為同人。交南內屬久矣，法制之服從以為安，將吏之統治以為常，況當炎正中興，智勇輻輳，孰敢攖負隅之怒？徵氏一婺女，束髮而起，一國之男子，皆俛首受其指麾，五十城之大人，亦懾息不敢抗拒。劉文叔剪群雄，虜大敵，而集兵遣將，至宵旰於遠謀。馬伏波鋤先零，破貪狼，而浪泊屯兵，動思憂於下澤，雄勇之名，震竦乎華夏，恢拓之業，掀揭乎乾坤。嗚呼雄哉！北史於漢唐有女主焉，呂、武皆憑母后之勢，操人主之柄，易以籠牢乎四海，鼓舞乎群蒙，若為徵氏之匹婦則難矣。南史於梁陳不內屬，二李南帝與趙越王或豪家世，或將人心所素服，國勢有定趨，若為徵氏之女子，則又難矣。雖然未奇也，婦為夫讐，妹為姊奮，節婦義女，萃于一門是為奇，破國之君，或虜或降，喪家之女，或奔或辱，大徵死三年之社稷，小徵亦與之同殉焉。子嬰之組莫施，二嬌之宮莫筑，良人瞑目，邪人稽顙，文叔君臣莫得而甘心，雖死不朽，尤為奇。嗟乎！朱彤粉樹，古今埋盡多少紅顏，煉石以還徵家姊妹而已，趙嫗、陳

---

① 《越史標案》，第45—46頁。

碩貞輩，烏足數哉。①

伏波將軍馬援經過艱苦的戰鬥，擊殺二徵，毀駱越銅鼓，俘駱將還都，據越俗設教治理。二徵以匹婦起事，與國同死，誠雄勇之人傑。隨後東漢守任更代，至漢末三國時期，士燮據交州，舊史奉為"士王"，設"士王紀"，吳時仕削"紀"，論其事曰：

史臣曰：自本國內屬，守牧更代無常，未有如士府君之久於任者。嘗觀史書，在漢職貢不廢，在吳貢獻相望，雖有董督七郡之名，然所以食租衣稅一交州耳，四十年之中，供應亦廣，一州事力，將何以堪，所以不見厭於國人者，誠以能自謙降，善於撫循，州人久而信之，既無離叛之心，亦無貪刻之訴。漢士既依，則樂得其所，吳使每至，則喜於奉承，故能內得越和，外固吳寵，可謂智矣。子徽不量其力，以速於亡，悲夫！我國通書習禮，為文獻之邦，自士王始，其功德遠施於後世，豈不盛哉！②

吳時仕論士燮與趙佗相近，即專事搜刮以供應漢、吳，最後"內得越和，外固吳寵"。但士王文教之功書史載之，吳時仕亦不能否定太過，最後亦言"我國通書習禮，為文獻之邦，自士王始，其功德遠施於後世，豈不盛哉"。

在以雄王安陽王為國祖的前提下，故國被滅，久不能復，或復而被撲滅，執政者如何治理斯土就成為吳時仕衡量的標準，撫、治、劫、亂，皆由此展開。交州多明珠寶貝，守任貪殘者多，在越史家看來，中央王朝治其地而不能撫其民：

阮儼曰：二帝三王，道隆化洽，欲與者聲教則暨之，不欲與者不彊也。下逮季世，虛內貪外，已則不競，圖併於人，郡

---

① 《越史標案》，第46—49頁。
② 《越史標案》，第57—58頁。

縣置矣，牧守設矣，計其所得，大貝、明珠、犀角、象齒，無益之物，僅充猾吏囊橐之資，一有警急，不免役將士以赴萬里之難，兵疲於奔命，財匱於遠輸。語有之：務廣地者荒，有國其無為，好大喜功所誤也。①

通論曰：我交州土地衍沃，民俗柔緩，北人利其富而幸其弱，故自趙武併有其地，歷代因之，以為郡縣，使瘠貧如魏，勁悍如秦，彼豈復覬覦哉！嘗觀士燮之後，牧守更代無常，肆行掊克，內則吳魏構其事端，外則狃於鈔獲，蜀賊廣酋，無日不伺隙，日南九德，無歲不被兵，我民迫於貪殘，憚於征伐，未有甚於此時者也。易有否泰必然之理，南國山河南帝居，神語非誣，天道不爽，明人有言青山綠水之間，必有黃衣稱朕，天生萬邦，豈不上皇竝列，何往事之足恨，而自彊之不勉哉！②

至宋齊梁陳之際，中原擾攘，交州亦亂象橫生，民不堪其擾，所謂否極泰來，自有聖人出世。隨後李賁和幷韶起事，吳時仕對李賁大加讚賞："帝厭內屬，奮起義兵，逐蕭諮，建國改元，亦一時之傑也，為陳霸先所挫，賫志以沒，悲夫。"③梁武帝派遣陳霸先南進，攻滅李賁，吳時仕認為："非主之不才，帥之不武，勝敗之機，與修短之運而相符，皆天也"④，"與三吳抗衡，國統有繫，處最難之勢，立莫大之功"⑤。

但二徵姊妹是駱將之女，李賁其先為中原人，王莽時避亂居交州，儘管可以認為二者皆為一個歷史時期的交州豪傑，但從族屬和政治連續方面確實沒有關係。吳時仕在評論高駢的功績時，論及"內屬"時期的歷史：

---

① 《越史標案》，第66頁。
② 《越史標案》，第67—68頁。
③ 《越史標案》，第68頁。
④ 《越史標案》，第78頁。
⑤ 《越史標案》，第77頁。

第十三章 《大越史記全書》的評論與改編：從《越史標案》到《大越史記前編》 | 349

　　通論曰：我國南方一大都會，田宜穀，土宜桑，山產金，海產玉。北商至者，多取富焉。北人艷動，思欲得之久矣。故自趙佗以後，一千餘年，既幸得之，寧肯捨之聽其自為領表之一大國耶？分郡設吏，碁布其境，一土豪起，郡守撲滅之，一郡守起，刺史合攻之。在晉之李遜、梁碩，在唐之枚叔鸞、王昇朝皆是也。二李與趙，蓋當梁、陳偏安，江左多事，不暇以交州為意，故能據境稱號五六十年，夫亦勢使然耳。至於南詔群蠻歲寇不已，涉濤踰險，與唐人爭，亦皆利我之富實也。張舟破占、環，城驩、愛，高駢治詔，保全龍編，皆有功於我土，惟駢之任久於舟，故國中婦孺皆能言之，前後牧守皆不能及也。①

在吳時仕看來，千年內屬，北國、北人貪交州珍寶，奪取交土之後，不會放任其自成一大國，因此交州豪傑旋起旋滅，守任貪殘之輩自不足言，其有功越地之人如士燮、高駢等，百姓仍能念誦其功德。至唐末天下大亂：

　　通論曰：朱溫篡唐，僻居梁汴，諸鎮所在分土，廣為劉隱所有，遂棄交州而不爭，自梁迄周，匹騎單車，不復至其境，龔雖銳志吞併，而一敗於廷藝，再辱於吳權，南牧之念遂滅，吳氏得以創國傳家，與北朝各帝一方，寔由於此，故曲承美受梁命以建節，而俘於偽庭，楊廷藝逐漢將以領州，而戕於牙將。傳曰：不有廢也，君何以興，其是之謂乎。莫非天心厭亂，將啟我邦，亦一治之始也。②

至八八〇年曾袞棄城之後，交州本土力量急劇增長，先有曲承裕、曲灝、曲承美據有交州，之後曲承美暗交朱梁，九二三年為南漢遣將梁克貞擒至廣州，梁克貞又為曲氏部將楊廷藝擊敗，南漢勢

---

① 《越史標案》，第99—100頁。
② 《越史標案》，第106頁。

力退出交州。矯公羨殺楊廷藝，楊氏婿吳權起兵復讎，擊殺矯公羨，既而擊敗南漢軍，九三九年吳權稱王，之後至九八〇年宋太宗討交州時，中原軍隊均未進攻交州，交州遂在這一階段逐漸建國設制，九六八年丁部領稱"大勝明皇帝"，自主建國。

吳時仕論郡縣時期的歷史，前提是雄王和安陽王國為國祖，先為趙佗南越國所奪，即為"外屬"，再為漢以後各朝所治，是為"內屬"，國雖不存，但斯土斯民不改，或為他人役屬，或憤而起兵抗暴，越地豪傑代未嘗乏。至於"內屬"時期，守任長官的善政，斯土斯民亦長記其德行功業。但越地之人終歸是要恢復故國，重建國統，終於在唐末大亂之際，吳權得以創國傳家，與北朝各帝一方。

至於內屬時期越地文化的興盛，吳權之國是否與雄王之國有所關聯，二徵與李賁分屬不同的族裔，這皆是吳時仕次要考慮或者完全無視的事情。

### （三）自主王朝與中國的關係

自主建國時期，歷代王朝的治亂興亡成為吳時仕的述史重心，與中國的關係則降至次要地位，儘管吳時仕已經在之前的歷史中認定雄王安陽王為國祖，"內屬""外屬"時期皆是據地治民，暫理而已，但漢唐千年之治已然浸潤交州表裡，亦是根據華夏政治制度和思想自主建國，而同時期北方中國強大的影響力，亦是大越需要面對的事情，在實踐中確立了"內帝外臣"與雙重國號政策。淳熙元年（一一七四）宋孝宗封李英宗為"安南國王"，改交阯為安南國。至此宋朝從名義和實際上承認交州的獨立地位，以"國"待之。之後除了元朝不承認陳朝自行傳承王位而不予授封，以及明朝封莫朝和中興黎朝為安南都統使兩個時期之外，越南歷代君王均受封"安南國王"，直至清朝嘉慶帝賜封阮福映為"越南國王"為止。《大越史記全書》對受封"安南國王"一事沒有評論。吳時仕如下評價：

我邦自雄王通中國，然猶不位於明堂，不書於春秋，蓋微之也。至趙佗黃屋稱制，漢以南越王封之，僅比內諸侯，亦未表之為國也。其後屬漢唐，遂為郡縣。至丁黎，則有其土，初立加檢校三帥（師），後進郡王，李朝諸帝皆然，至英宗邦交一節，周旋欵密，三使進闕，二綱備禮，衣冠人物，示中國之文明。子思二次將命，能達其恭順之誠，為宋帝所歎獎，授以真王，賜之國號，其後繼興，不能改異。肇唱之功，寔自帝始，而子思亦不忝為使矣。但加"安"於"南"字之上，是宋人有疆我之意，欲必正名，惟稱"南越"，其將有待于英君焉。①

吳時仕盛讚黎朝獲得"安南"國號，但美中不足的是其中仍見"宋人有疆我之意"，但吳時仕看重的嘉號却是他處處刁難的趙佗所建"南越"國號，貶其為"外屬"，此時又欲稱其國號，當在於南越國所據廣闊的疆土。此事後被吳時任寫入《大越史記前編》，嘉隆帝建國，請封"南越"為國號，為嘉慶帝斷然拒絕。② 若論此事根源，吳時仕為始作俑者。

對於中越歷代王朝發生的戰爭，吳時仕在李常傑攻宋之後議論：

> 史臣曰：我國與北朝交兵多矣，南帝以前，迹陳事往，其後吳先主白藤之捷，黎大行諒山之勝，陳仁宗敗唆都、走脫驩，勝克之烈，為本國侈談，然皆敵至其國不得已而應之。若乃正正堂堂，深入客地，在境無敢攖其鋒，還師無敢躡其後，如邕廉之役，真為第一武功，自是北人不敢易我貢聘之儀，文書之式皆不苛責，惟恐其生邊釁，至於國書單用二黑漆板，惟列大臣數名，用中書門下之印，則李氏之得志於宋亦多矣。③

李常傑攻宋確是交州自主建國以來第一次主動迎戰中國，深入宋

---

① 《越史標案》，第 227—228 頁。
② 葉少飛：《中越典籍中的南越國與安南國關係》，載《中國邊疆史地研究》2016 年第 3 期，第 111—120 頁。
③ 《越史標案》，第 188—189 頁。

境，屠掠欽州廉州而還。宋朝隨即遣郭逵率軍反擊，攻入交土，但疾疫大作，兵卒折損，如月江戰後退兵，宋越雙方皆聲稱自己獲勝。隨後議和，至李朝滅亡，雙方相安無事。吳時仕將歷代戰爭看作爭取與中國平等交往的方式，但以安南國王朝貢中華天子本身即具有階層上的不平等，故而李朝以戰爭爭取的貢聘之儀和文書之式，尤為難能可貴。永樂時明軍攻入安南，擒胡氏父子，復郡縣其地，其間明、陳、胡三方因果複雜，吳時仕仍稱為"內屬"，并評論：

> 論曰：明人郡縣我地，自謂威力可以脅制，然自丁亥五月擒胡，十月而簡定立，繼以重光，五六年間戰爭不息，始知難定，於是詔敕勤拳，思所以慰諭之。然張輔所至，狠於乳虎，黃福所令，煩於牛毛，明帝深居遠隔，不知內屬之民其困如此，安得不愴懷宗國，而仇讎明人哉。①

永樂十二年明軍攻滅後陳重光帝，永樂十六年黎利起兵反明。明朝郡縣安南的政策過於急迫，施行的文教武功亦以失敗告終。不得已之下，明朝要求黎利立陳氏之後為安南國王，黎利亦尊奉陳暠為主，明軍返國，黎利殺陳暠重建大越，最後"騰諭本國朝貢，一遵洪武舊例"②，《越史標案》在此終結，吳時仕對此沒有發表評論，而是附《菩提懷古》一首：

> 南北何年起戰爭，黎皇此地駐戎營。開疆偏憫國中苦，和敵姑從城下盟。勇進驕生戀聚色，辭歸愧屈輔通情。菩提二樹今安在，古渡猶存古樹名。③

### （四）自主王朝治亂興衰

交州"外屬"結束，迎來了自主建國時代。對於武瓊、范公著

---

① 《越史標案》，第453—454頁。
② 《越史標案》，第477頁。
③ 《越史標案》，第477頁。

等人確立的丁部領"大一統"之說，吳時仕沒有表現出特別的觀點，他說"吳氏得以創國傳家，與北朝各帝一方，寔由於此"，將"各帝一方"的時間定在了吳權稱王之時，這與吳士連最初以"吳紀"為"本紀全書"之始的設定一致。

交州雖自主建國，但其政治制度、社會結構和思想文化卻來自於華夏文明，與中國同出一源，因而自吳權以後歷代的治亂興衰和歷史進程中遇見的問題也與中國相近，吳時仕對黎桓設五皇后、黎桓不修文治，李朝好祥瑞禎物，李陳佞佛，陳朝宗室淫風，繼承人爭位，外戚奪權，歷代君臣德行治政，等等諸問題進行評論。儘管吳時仕生活年代晚於吳士連和黎嵩，但王朝歷史環境並未發生大的改變，在吳時仕的時代黎皇鄭主並稱才是真正棘手的問題，但《越史標案》只到明軍北返、黎利建國，因而其對自主王朝治亂興亡的史論並未超出前賢。

總體而言，《越史標案》是吳時仕按照《資治通鑑綱目》的形式在《大越史記全書》的基礎上編纂的史論作品，多在前人史論基礎上闡發，頗有新意。此書首尾完整，體例鮮明，是一部優秀的史論著作。

## 三 《大越史記前編》

西山朝官修史書《大越史記前編》刻成，《大越史記前編目錄題辭》曰：

> 戊午春，我皇上龍飛，敛詔北城官，刊刻五經四書諸史，敛行天下。內經傳印本經奉搜檢，見存者十分之六，間有朽蠹，再加督工補缺。惟大越史記原本並皆失落，仍編輯前代史官諸家遺書類編，自鴻龐氏至吳使君為外紀，自丁先皇至屬明紀為本紀，該拾柒卷，庚申秋刊完裝潢成帙，奉上進御覽，奉准留（貯）各本在北城學堂印行，以便學者。其國史自外紀涇陽王壬戌年以下，至本紀屬明丁未年以上，凡四千三百五十四年。奉按春秋元命苞，起黃帝八年甲戌為第一甲子，當雄王之中葉至屬明宣宗宣德二年丁未為六十九甲子，奉顏為大越史記前編，并臚列

歷代世次年表目錄，與前代史臣諸家姓氏編次於端，留待考證。

時皇朝　　萬萬年之八仲秋月望日

刻本年号空缺，陳文珥教授考證為西山朝第二代君主阮光纘景盛八年（一八〇〇），并根據《吳家文派·養拙詩文》中的"承嚴命，國史刻成，代擬上先祖午峯公金箋"確定總裁其事者為吳時任（一七四六至一八〇三），金箋全文如下：

茲者泰開交運，磐奠鴻圖，欽奉今上，留情古典，特詔重鐫國史。兒預列裁筆，謹以家藏越史一部，送上國館，遵旨校定，付公鋟梓，閱戊午、己未、庚申三秋，鐫完進覽，欽奉宸旒凝注，溫旨優褒，仰手澤之遺文，廑思繼志，適仙山之誕節，只告慶成，謹奉金箋稱賀者。

伏審，文奎降世，經天緯地之心思。學海統宗，內聖外王之彝訓。元音發秘，弘潤流光，恭惟先親（官），蘊藉六經，含藏八極。禮樂詩書存講貫，正學恢賢聖之淵源。文章事業啟繩承，崇基拓侯王之門戶。譽望儼儒林標準，文義思史館權衡。編年集黎潘暨楊阮諸家，十七卷心術精神之所寓。持世述雄貉迄丁黎以下，四千年典章文物之足徵。直筆標太史董狐，大義揭紫陽司馬。賊子亂臣誅既死，斷例明泗水之刑書，宏綱實用示諸生，典要立泰山之史學。剞劂甫完於寶帙，裝鍠上達於金闥。堂皇治鑑昭彰，淵冊稱宸翰之褒獎，洋溢稷聲傳頌，壁書垂髦俊之範模，肅雍仰對真容，雅奧奉揚寶訓。伏望，格思無射，顒若有孚。發揮中正典常，大方家衍無疆之命脈，仰藉扶持功用，永錫類留不匱之根基。①

午峯公即吳時仕，一七八〇年去世。吳時任在景興三十六年（一七七五）中進士，同榜的還有後來一起投奔西山朝的潘輝益和

---

① 轉引自陳文珥《對漢喃書庫的考察》，河內：文化出版社1984年版，第88頁。

阮世歷（阮嘉璠）。吳時任獲得光中帝阮惠的重用，起草登基詔書，與清朝的文書多出自其手筆。金箋所言"閱戊午、己未、庚申三秋"及"十七卷心術精神之所寓"等內容與《大越史記前編目錄題辭》一致，《大越史記前編》的總裁應該就是自一七九二年即擔任國史總裁的吳時任，《吳家世譜》記載其丁巳（一七九七）奉監刊修國史，《大越史記前編目錄題辭》和"金箋"則說他從戊午春（一七九八）開始修撰，以三年時間主持完成《大越史記前編》的編撰與鐫刻，並在其父吳時仕誕辰時做金箋告慰亦曾修國史的父親。應該是任命在一七九七年，正式編撰從次年春開始。

吳甲豆（一八五三至？）編撰的《吳家世譜》記載吳時任在昭統帝時期，"尋陞校討兼纂修，因取午峰公所藏續編，自熙宗至懿宗《五朝實錄》，再加筆削"①，丁巳（一七九七）"奉監刊修國史，因以午峯公所著《標案》刻梓"②，根據《大越史記前編》從雄貉至屬明的內容來看，金箋言"謹以家藏越史一部，送上國館"的應該是吳時仕的《越史標案》，但內容已經擴充很多，最終刻印的書為官修《大越史記前編》，家譜言"以午峯公所著《標案》刻梓"顯然是誇大其辭，亦有可能是吳甲豆諱言吳時任總裁修撰偽西山朝的史書，因而說刻印《越史標案》，而《越史標案》的內容也的確被吸收進《大越史記前編》之中。《吳家世譜》中也確實沒有《大越史記前編》的相關信息。

《大越史記前編》的"目錄題辭"言"惟大越史記原本並皆失落，仍編輯前代史官諸家遺書類編，自鴻厖氏至吳使君為外紀，自丁先皇至屬明紀為本紀，該拾柒卷"，就《大越史記前編》的內容來看，顯然採用了眾多《大越史記全書》的內容，且現在巴黎亞洲學會的戴密微藏本一部和日本斯道文庫的加斯帕東藏本兩部，皆是中興黎朝刻印的《大越史記全書》，至阮朝嗣德帝時中興黎朝的雕版尚存。"鴻厖氏"和"屬明紀"均出自《大越史記全書》，非黎文休和潘孚

---

① 《吳家世譜》，第690頁。
② 《吳家世譜》，第691頁。

先的兩部《大越史記》所有。因而"目錄題辭"所言"大越史記"當為《大越史記全書》，可能吳時任因戰亂所得不全，故有此言。

## （一）《大越史記前編》的體例和內容

《大越史記前編》現有全部刻本傳世，題"史館欽奉編訂""北城學堂藏板"，此書屬於編年體通史，外紀七卷自鴻龐氏至吳使君，本紀十卷自丁部領至屬明，總十七卷。"大越史記前編目錄題辭"之後，依次是"前編歷代國統分合之圖"、"前編歷代帝王傳繼之圖""前編目錄"，最後為"歷代史臣諸家姓氏"，有陳朝黎文休、潘孚先、黎朝吳士連、黎嵩、阮儼、吳時仕，共計五人，但潘孚先實為黎初人。隨後以"史臣黎嵩總論曰"錄入一五一四年黎嵩所作《越鑑通考總論》全文，接著是"大越史記外紀卷之一"，即正文。"前編歷代國統分合之圖"中"屬明紀"之後為"黎紀續編"，闕而未作。

《大越史記前編》紀年皆依《大越史記全書》而行，正文則多有刪削。帝王介紹低一格刻印，史書正文頂格刻印，二者之中皆有雙行夾注，篇章中插入黎文休、吳士連、潘孚先、阮儼和吳時仕的史論，以"史臣某曰"的形式呈現，低正文一格刻印，其中吳時仕的史論份量最多，遠超其他數位史家，奠定了全書的思想主體。從形式來看，吳時仕的史論類似於司馬遷在《史記》中的論贊，分佈於篇首、文中和篇末，而《大越史記全書》中黎文休、潘孚先和吳士連的史論則位於篇中和篇末。

吳時仕的《越史標案》對《大越史記全書》中郡縣時期的各紀重新編訂，吳時任總裁《大越史記前編》按照《越史標案》設置"外屬"和"內屬"，并增補了吳時仕的史論內容，使之更加完善。

總體而言，《大越史記前編》是在《大越史記全書》的基礎上增加了《越史標案》的各家史論，是一部對舊史的改編之作，最大的特點在於將阮儼和吳時仕的史論觀點由此納入了官方史學範疇。

## （二）《大越史記前編》與《越史標案》

吳時任在"金箋"中言取家藏越史一部，此書即是乃父所作

| 第十三章　《大越史記全書》的評論與改編：從《越史標案》到《大越史記前編》 | 357 |

《越史標案》，就《大越史記前編》的內容來看，史文多採自《大越史記全書》，但卻根據《越史標案》的觀點設置了"外屬"和"內屬"，并採入全部史論，幾乎是以吳時仕的史論構建了《大越史記前編》的主體史學思想。

從內容編排來看，首先《越史標案》不分卷，其次不紀年，從鴻龐紀至吳使君不紀年，丁部領之後的諸"紀"，或不紀年，或極其簡略。《大越史記前編》則嚴格按照編年體通史的做法，逐年記事，分卷別目。《大越史記前編》對史文的記述也有與《越史標案》一致之處，如對涇陽王與貉龍君的記述二書完全相同。

然而就現在《大越史記前編》所呈現的情況來看，"史臣吳時仕曰"的內容要遠遠超過A.11《越史標案》的內容，且采入的一些阮儼《越史備覽》內容，也為後者所無。首先，《大越史記前編》增補《越史標案》中已有的"史臣吳時仕曰"的內容，其次則是《大越史記前編》的"史臣吳時仕曰"為《越史標案》所沒有，第三則是對《越史標案》的"史臣吳時仕"曰內容進行改寫。這三種情況在"史臣阮儼曰"中亦同樣出現。筆者試以李南帝、趙越王之事分析：

表 13 – 1　　　《越史標案》與《大越史記前編》
關於李南帝、趙越王之事比較

| 史事 | 《越史標案》內容及頁碼 | 《大越史記前編》內容及頁碼 | 備註 |
|---|---|---|---|
| 李南帝 | 世傳雄王女仙容媚娘，七十一 | 五十四 | "前編"正文雙行注釋 |
| | 史臣曰：南帝名雖建國，七十二 | 史臣吳時仕曰：按南帝時南北交兵，五十五 | 改寫 |
| | 按：兵法三萬齊力，七十三 | 史臣黎文休曰：兵法云三萬齊力，五十六 | 增補 |
| | 無 | 史臣吳士連曰：前南帝之興兵，五十六 | |
| | 無 | 史臣吳時仕曰：霸先用兵，固非李南帝之敵，五十七 | |

续表

| 史事 | 《越史標案》內容及頁碼 | 《大越史記前編》內容及頁碼 | 備註 |
|---|---|---|---|
| 趙越王 | 按舊史以趙越王接前南帝正統，七十四 | 史臣吳時仕曰：按舊史前李南帝，五十九 | 改寫 |
|  | 無 | 史臣吳時仕曰：按自趙越王據夜澤抗北兵，六十一 |  |
|  | 無 | 史臣吳士連曰：婦人謂嫁曰歸，六十五 |  |
|  | 無 | 史臣吳士連曰：以霸術觀之，六十六 |  |
|  | 無 | 史臣阮儼曰：趙越王之贅雅郎，六十七 |  |
|  | 無 | 史臣吳時仕曰：趙越王起家世將 |  |
|  | 無 | 史臣阮儼曰：自我越之入于東漢也，七十三 |  |
| 李南帝 | 通論曰：前南帝以豪右起兵，七十七 | 史臣吳時仕通論曰：前南帝以豪右起兵，七十五 | 大量增補 |

說明：據 A.11《越史標案》抄本和《大越史記前編》刻本第二冊製作，頁碼為筆者自編。

《大越史記前編》大量采入了黎文休和吳士連的史論，《越史標案》則較少。趙越王之事，《越史標案》僅有吳時仕史論一條，《大越史記前編》對其進行改寫，又增入吳士連史論兩條，吳時仕兩條，阮儼兩條，且均為 A.11《越史標案》所無。最後吳時仕關於李南帝的通論部分《大越史記前編》有大量的增補。《越史標案》中的一些內容，也被《大越史記前編》作為史文的雙行注釋引用。其他部分的情況亦大致相近。

現存《越史標案》的三種抄本，A.11 本和 A.2977/1－4 本的內容基本一致，但訛誤少於後者，A.1311 抄本則裁去很多內容，這三種抄本顯然出自同一個來源，但祖本時代不明。以 A.11 本現在的內容來看，很難說是從《大越史記前編》之中抄出，如果是輯錄，不應該有大量的遺漏，且《大越史記前編》正文中的大量雙行注釋難以恢復為《越史標案》中的"按"。就《越史標案》的形式和內容來看，結構較為完整，語句精煉簡略，吳時仕的史論亦有不完善之處，如對"內屬"的界定就沒有交代清楚，筆者推斷這很可能是《越史標案》的一個早期抄本。

《越史標案》重在史論，自然可以繼續思考增加。吳時仕很可能是在《越史標案》初步完成之後，繼續增補完善，因而對之前沒有明述的內容進行闡釋，如"內屬"；缺略的環節加以補充，如在"外屬南越王"之前增加了對秦將任囂的史論。其他歷史人物和史事的論述也進一步補充完備。

吳時任送至史館編撰的很可能是乃父吳時仕後期增補的《越史標案》，以吳時仕的史論作為思想主體，結合《大越史記全書》編撰為《大越史記前編》。傳統史學中有父子合著的傳統，司馬談和班彪已經編撰史文篇章，子司馬遷和班固撰寫完畢，分別為《史記》和《漢書》，作者為司馬遷和班固。吳時任在父親已經完成的著述基礎上撰史，並不排除在父親史論的基礎上進一步發揮，這與傳統相合，因而 A.11 本中吳時仕的史論有大量的改寫和增補，但究竟出自誰之手筆，已經難以考證。

就《大越史記前編》"史臣吳時仕曰"的改編和增補內容來看，與 A.11 本《越史標案》的思想並無二致，進一步完善充實了後者的思想內容。A.11 本《越史標案》中亦有《大越史記前編》沒有的內容，如"按：漢建元年間，唐蒙往南越"① 為後者所無，至於是吳時仕手刪還是吳時任所為，就不得而知了。因而無論是研究吳時仕還是《大越史記前編》的史學思想，均須綜合考察《越史標案》和《大越史記前編》。

吳時任對《大越史記前編》期望極高；"直筆標太史董狐，大義揭紫陽司馬。賊子亂臣誅既死，斷例明泗水之刑書，宏綱實用示諸生，典要立泰山之史學"，直追中華史家執牛耳者，史法亦堪比春秋，最終用示諸生，成為越南史學之標桿。

---

① 《越史標案》，第36頁。

然而世事無常，政局變幻波詭雲譎，一八〇二年阮福映攻陷昇龍，吳時任和潘輝益歸復阮朝。一八〇三年，因鄧陳常之言，吳時任在昇龍城國子監受鞭笞而死，《大南實錄正編》亦載：

> 械送偽西尚書吳壬、潘輝益、阮嘉璠于北城。初，壬等首罪，帝不忍加誅，特令解送來京。鄧陳常表言："壬等身為黎臣，甘心事賊，設詭辭以騙清，陷同類於不義，迹其罪惡，罄竹難書，誠名教中罪人之尤者也。此而不誅，何以戒後？"帝乃命送于城，議其罪。城臣議以為："壬等罪當誅，但偽官首免，有明詔在，請寬壬等一死，鞭以示辱。"帝許之。合數其罪於奉天府學堂（注：即故國子監），痛笞之。壬伏笞死。①

"吳壬"即"吳時任"，阮朝嗣德帝名阮福洪任，諱"任"為"壬"，又寫作"吳時壬"。陳重金說："吳時壬因前與鄧陳常有嫌隙，在文廟被鞭笞之時，鄧陳常使人將其打死"②，但并未注明史料來源。吳時任身事三朝，在亂世沉浮中慘死，所幸其著作尚能保存，流傳至今。但吳甲豆所撰《吳家世譜》之中則未出現吳時任著作名稱及《大越史記前編》之名。

## 四　結論

正和十八年（一六九七）《大越史記全書》的刻印，確立了越史發展的譜系，其構造的越南史事主體以及歷史思想，亦藉刻本的流傳而廣為人知。流傳至今的內閣官板《大越史記全書》刻本尚不能知曉何時出自誰人之手，但應該與正和本《大越史記全書》有極為密切的關係。阮輝瑩出於教學目的刪補《大越史記全書》的內容

---

① 《大南實錄正編》第一紀卷二十，東京：慶應義塾大學言語文化研究所1963年版，總第三冊，總第612頁，本冊第322頁。
② ［越南］陳重金著，戴可來譯：《越南通史》，商務印書館1992年版，第301頁。

為簡本，并加入很少的史論，因其過於簡略，因而產生的影響有限。吳時仕則撰寫《越史標案》，對《大越史記全書》的成果和史學思想提出挑戰，提出"外屬"和"內屬"的概念，強化了雄貉國祖。在此書中，吳時仕嚴分內外，對歷史上越南的中國文化進行嚴密析置和切割，彰顯"我越"的文化主體性。

現存 A.11 本《越史標案》可能是吳時仕早期完成的一個版本，之後又繼續增補修改。《越史標案》是私家著史，但其體例嚴謹，思想極具發覆性。吳時仕之子吳時任在擔任西山朝史館總裁，受命修史之後，毅然以吳時仕增補的《越史標案》為主體，結合《大越史記全書》，以吳時仕的史學思想為主體，編成《大越史記前編》，刻印流傳。事竣後，吳時任做金箋向已經亡故的父親稟報其事，吳時仕私家史學著作亦因此轉換成官修著作。儘管吳時任對《大越史記前編》期望甚高，然而西山阮朝旋即滅亡，本人也受鞭笞而死。但《大越史記前編》是《大越史記全書》之後，以官方力量整合既有的越史著作，重塑越南歷史文化的重要舉措，在越南史學發展中具有重大意義和價值。

儘管《大越史記全編》不失為一部優秀的史書，但其內容卻與《大越史記全書》重複，明命十八年十二月，諭旨採訪書籍，其中有言：

> 國之有史，所以垂示來茲，必須博採旁搜，方足以徵信寔。我國自鴻龐以後，至黎嘉尊德元以前，猶有吳士連、黎僖等《史記》一書，尚堪考證，惟永治、景興之間，尚屬闕如。①

與出自西山偽朝的《大越史記前編》相比，《大越史記全書》是必然的選擇。此後阮朝為修史繼續採集書籍，《大南寔錄》記載嗣德帝時採有"《大越史記》五本"，《大越史記全書》慣稱"大越

---

① 阮朝國史館《大南實錄正編第二紀》卷一八七，東京：慶應義塾大學言語文化研究所 1975 年影印版，第 4192 頁。

史記",①而《大越史記前編》版心刻"大越史記",亦可稱之。《大越史記》為何書即難以明了,而《大越史記前編》亦由此泯滅於《大南實錄》之中。

① 阮朝國史館《大南實錄正編第四紀》卷二十三,東京:慶應義塾大學言語文化研究所1975年影印版,第6170頁。

第十四章

## 阮朝的通史編撰：從集賢院《大越史記》到國史館《欽定越史通鑑綱目》

一八〇二年，阮福映攻滅西山阮光纘建立新王朝。後繼的明命、紹治、嗣德諸帝有感於史籍所載自一五九三年滅莫以來黎皇權威不振、鄭氏僭越，且對歷代阮主多有詆毀，故新撰通史，先由集賢院撮集前史撰成《大越史記》，但體例不純，思想駁雜。隨後由國史館以朱子綱目思想撰成《欽定越史通鑒綱目》，明正統、黜僭偽，是越南古代通史編撰的高峰。兩部通史有很強的承遞關係，是越南古代史家以傳統史學思想呈現越南自主意識和越史發展脈絡的精心之作。

### 一　明命、紹治时期的通史修撰准备

阮福映出身廣南阮氏，雄才大略，崛起於艱難困苦之中，亦頗留心文治，在位期間命大臣修成《皇越一統輿地誌》《皇越律例》等典籍，但對於史書則未有創建。明命帝留心文治，繼位伊始，即下詔求書，《大南寔錄》記載明命元年（一八二一）夏五月：

> 詔求故典。詔曰：朕惟歷代帝王之興，必有一代之史，以紀其言行政事，垂之後世。我國家奉肇祖皇帝闢壤建邦，太祖皇帝膺圖嗣曆，列聖相承，顯揚光大二百餘年，其間各有事跡，

惟王制未備，史局尚虛，柱下之編致猶闕略。我皇考世祖高皇帝中興帝業，躬致隆平，追念前徽，思求寔錄，而萬幾不遑，史職仍曠。朕游情古典，通追先志，仰惟世德肇培，以有今日，深欲闡揚往蹟，用付史官，以備纂述。第自軍興以後，冊府無徵，惟蘊藉之家或存記載，特準中外臣庶凡有家藏編錄記先朝故典，不拘詳略，以原本進納，或送官抄錄，各有獎賞，由是中外各以編錄來獻。①

未幾，又下旨建立史館：

初建國史館。帝諭群臣曰：國家開拓以來，列聖相承垂二百年，迨我世祖高皇帝中興，混一區宇，其間事蹟勳烈，苟非史冊何以垂示永久。朕欲建立史館，命儒臣纂修國史寔錄，以表建篤基勤之盛，為後世法，不亦可乎。群臣皆請如諭。乃命擇地于京城之內之左，鳩工營筑，月餘而成。②

明命帝下旨求書和建立史館的目的在於"表建篤基勤之盛，為後世法"，即紹述自阮潢以來歷代阮主的英風偉績，以及世祖中興的勳烈，最終修成"國史寔錄"。之後國史館順利運作，至紹治四年（一八四四），修成《大南實錄前編》紀歷代阮主之事，史館總裁張登桂等請命刊刻，紹治帝親下諭旨，回顧國史之設：

我國家受天眷命，太祖嘉裕皇帝肇基南服，神傳聖繼二百餘年，厚澤深仁之浹洽，宏綱大用之恢張，以敷遺後人庥，既深且遠，惟締造云。初記載闕略，年代經久，典籍散漫，奉我皇祖世祖高皇帝大定之後，祇仰前徽，訪求故典，史局之設置

---

① 阮朝國史館：《大南實錄》正編第二紀，卷三，東京：慶應義塾大學言語文化研究所1971年影印版，第1484頁。

② 阮朝國史館：《大南實錄》正編第二紀，卷三，第1487—1488頁。

第十四章　阮朝的通史編撰：從集賢院《大越史記》到國史館《欽定越史通鑑綱目》

嘗有意而未暇焉。我皇考聖祖仁皇帝賁守文之業，殷繩武之思，明命初年詔求遺書，二年開設史館，命官欽修列聖寔錄，定為前編，正編再特命文武大臣阮文仁、鄭懷德、范登興等充總裁以時纂輯，編年紀事，採從舊史而指意，義例裁自聖心，節次史臣編撰進呈。……①

最後要求史館再接再厲，繼續編修世祖嘉隆皇帝和聖祖明命皇帝實錄，"光我大南重熙累洽之隆，而垂示大法大經於億萬年之有永也"②。《大南實錄》第三紀記載明命帝下旨求書和開史館都在元年夏五月和六月之時，紹治帝諭旨則寫為初年求書，二年開史館，《大南實錄》記載求書之事當為誤記。紹治帝諭旨的二年開史館應是紹治帝在先帝駕崩當年改元，而明命帝寔錄修成刊刻在嗣德十四年，實行先帝駕崩新君即位的次年改元。至於紹治帝言嘉隆皇帝有設史局之意，與明命帝所言"追念前徽，思求寔錄，而萬幾不遑，史職仍曠"意義相近。《欽定大南會典事例》記載："嘉隆十年議修國朝寔錄，召侍中學士范適由南上（原文注：即今河內）、督學阮瑝、懷德督學陳瓚等來京，充史局編修"③，應該是嘉隆帝確實有意，但終未成立史局。

儘管明命帝和紹治帝都確認本朝乃是列聖肇基南服相繼二百餘年，世祖皇帝中興，但阮主畢竟只是佔據南方，北方地區仍為鄭主扶持黎皇佔據，《大南寔錄前編》再如何修撰也難以包含北方地區。明命帝意識到這個問題，於十八年（一八三七）十二月，"訪求黎季事跡"，諭旨曰：

國之有史，所以垂示來茲，必須博採旁搜，方足以征信焉。我國自鴻厖以後，至黎嘉尊德元以前，猶有吳士連、黎僖等

---

① 阮朝國史館：《大南實錄》前編，卷首，"諭"，東京：慶應義塾大學言語文化研究所1961年影印版，第1—2頁。
② 阮朝國史館：《大南實錄》前編，卷首，"諭"，第3頁。
③ 《欽定大南會典事例》，卷119，西南師範大學出版社2015年影印版，第1890頁。

《史記》一書，尚堪考證，惟永治、景興之間，尚屬闕如。沿至西山構難，數十年來雖偽黨尋即駢誅，本無足道。然亂極而治，無偽何以見真？未應付之泯沒。準禮部行咨各直省，採訪民間，凡自永治景興以後至偽西崛起之辰，誰有家藏編本，記得事跡者，不拘文字國音，聽各投納，雖字紙缺裂，言辭鄙俚，亦據寔送部，以備參攷，不必改潤或至失真，其所獻登記可採者，厚加獎賞，不可採者置之，亦不之罪。①

　　但明命帝閱覽收集的黎末史書之後震怒，隨即在十九年（一八三八）春二月，下詔收繳中興黎朝史書，一改收書時的溫和，措辭極為嚴厲。

　　後世之人可以理解明命帝閱讀黎鄭史書的憤怒。以《大越黎朝帝王中興功業實錄》為代表的中興黎朝史書肯定"黎皇鄭主"制度，宣揚"鄭家功德""一心幫扶"，抬高鄭氏地位的同時，又極力貶低阮主。明命皇帝生於一八九一年，其兒童成長期間所見所聞皆是父親嘉隆皇帝艱苦征戰、平滅西山阮氏之事，由此可以想見歷代阮主的功績，豈容黎末史書如此貶斥，北方史書對阮主的評價也確實限於政治立場而不客觀。明命帝下旨"如有家藏黎史本記讀編，不拘印本鈔本，各即送官，由上司發遞到部，奏请銷毀"，又要求"俟後搜訪故事，詳加考訂，命官纂修正史，刊刻頒行，用昭信筆"，即編撰一部新史，以正視聽。"若敢私藏者，以藏匿妖书律罪之。"② 但到明命二十一年（一八四〇）聖祖駕崩，似乎此事並未完成。阮朝硃批記載（下圖）：

　　　　紹治元年（一八四一）七月二十八日閣臣林維義，臣阮伯儀，臣阮久長奉上諭：國之有史尚矣，所以述政事而詔後來。

---

① 阮朝國史館：《大南實錄》正編第二紀，卷187，東京：慶應義塾大學言語文化研究所1975年影印版，第4192頁。

② 阮朝国史馆：《大南寔录》正编第二记，卷189，第4227頁。

| 第十四章　阮朝的通史編撰：從集賢院《大越史記》到國史館《欽定越史通鑑綱目》　|367|

　　明命年間，經奉簡命，大臣欽修列聖暨我皇祖世祖高皇帝寔錄與我皇考聖祖仁皇帝《明命政要書》，各已彙集成編，第溯自二百餘年以來建篤基勤之功烈，光大成就之規模，其間禮樂政刑，因時損益，皆是以為世法，必須細加攷校，訂正精詳，以致稍需時日。朕嗣服云初，深思纂述前徽，永垂來許，止宜及時修輯以成熙代信史，庶即追先志而覲耿光。茲者以國史館為纂修之所，其奉充欽修之旬，正副總裁以至纂修攷校謄錄諸人員數，着交廷臣會同遴選充辦，并將一切合行事宜詳議具奏，候旨遵行，再此次議設員數，不拘京外官員何係，確有史才史筆可堪斯選者，準得擇舉奏請充派，以專責成。欽此。①

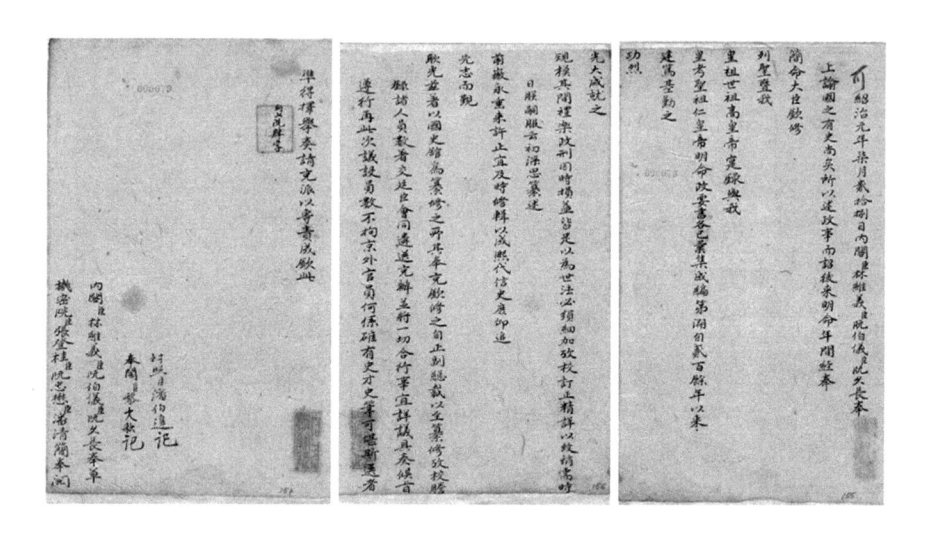

圖一四之一　阮朝紹治帝硃批聖旨

　　就硃本記載來看，國史館的主要任務仍是修撰歷代寔錄，明命帝希望編撰的那部新史實際上屬於寔錄編修的補充，其在位時雖然沒有完成，但繼任者並未等閒視之。

---

① 轉引自《阮朝硃本中的紹治朝修史（Vua Thiệu Trị với việc biên soạn chính sử qua Châu bản triều Nguyễn）》http：//luutruquocgia1.org.vn/gioi‐thieu‐tai‐lieu‐nghiep‐vu/b7‐vua‐thieu‐tri‐voi‐viec‐bien‐soan‐chinh‐su‐qua‐chau‐ban‐trieu‐nguyen。

## 二　集賢院《大越史記》

　　漢喃研究院藏有兩部《大越史記》抄本（藏號 A. 1486/1－5，A. 1272/1－4），內容基本相同，鴻龐紀至屬明時期用《大越史記前編》的內容，黎利至黎嘉宗時期史事採自內閣官板《大越史記全書》，熙宗章皇帝、裕宗和皇帝、昏德公、純宗簡皇帝和懿宗徽皇帝的論贊與 A. 1210《大越史記續編》抄本完全一致，史事內容則較少，應該是刪削而來。但稍後的顯宗永皇帝紀，A. 1486 本的論贊與漢喃研究院藏 Vhc. 632《大越史記續編》抄本相同，Vhc. 632 本題名為"黎皇朝紀　一卷"，A. 1486 本敘史自景興元年至四十七年，內容卻多於 Vhc. 632 抄本。最後為"附西山傳"，有阮岳、阮惠、阮呂、阮光纘史事，與《大南列傳·偽西列傳》頗不相同。A. 1486 本中潛帝史事的天頭空白處有采自 A. 1210 抄本的注釋內容，A. 1272 最後附集賢院撰"總論"，評論自鴻龐紀至黎末、西山朝的史事，與此《大越史記》抄本上下斷限相同。此《大越史記》抄本從各類史書中採擷，又選用了多種中興黎朝的"續編"抄本，前後體例一致，首尾相顧，是一部完整的通史典籍。①

　　然而這部《大越史記》沒有編撰時間，《欽定大南會典事例》禮部"修書"部分②及各類著述也沒有記載，A. 1272 抄本最後的"總論"為集賢院所撰，漢喃研究院另藏有單行抄本，題名"大越歷代史總論"，亦出自集賢院之手，當為相同的文本。然而《欽定

---

① 2013 年，越南學者阮氏鶯博士撰文介紹了漢喃研究院收藏的各種《大越史記》版本，其中就包括集賢院《大越史記》（藏號 A. 1486/1－5，A. 1272/1－4）。( Nguyễn Thị Oanh, Về các bản Đại Việt sử ký hiện lưu tữ tại Viện nghiên cứu Hán Nôm, Thông báo Hán Nôm năm 2013, Nhà xuất bản Thế giới, Hà Nội , 2013, tr.625-643) 2014 年又撰文論述集賢院《大越史記》與《大越史記前編》和《大越史記全書》的關係（Nguyễn Thị Oanh, Mối quan hệ giữa Đại Việt sử ký với Đại Việtsử ký tiền biên và Đại Việt sử ký toàn Thư, Thông báo Hán Nôm năm2014, Nhà xuất bản Thế giới, Hà Nội, 2015, tr. 603 - 627）。筆者亦經阮氏鶯老師提示方注意到集賢院《大越史記》的各個版本，特向老師謹致謝忱！

② 《欽定大南會典事例》卷一一九，第 1888—1893 頁。

大南會典事例》記載，集賢院是負責經筵講讀的機構，並無修史職能。① 紹治皇帝的一個舉措，告知我們集賢院很可能在講讀經筵之時也做了一些修史之事。紹治七年（一八四七）春正月：

> 《御製歷代史總論》印刷告成，頒賜大臣及諸省學堂各一部。諭曰：朕曩因幾餘開卷，搜求治道，偶憶潛龍絳帳之日，講誦史書，略記其梗概，摘取大綱，走筆成論，顏之曰《御製歷代史總論》。閣臣請旨刊印告成，茲著頒賜皇子皇孫皇親之尚就講筵暨鷪宮，及諸趨导直省府縣學堂各一部，以資觀覽。②

潘叔直《國史遺編》記載紹治六年六月二十四日，"內閣懇請刻歷史總論"，七年春日，"砆諭賜《歷史總論》"，此書"自上古以至今之清國，歷代紀載，摘取大綱，走筆成論"③。漢喃研究院現藏有《御製歷代史總論》刻本（藏號 A.1403），紹治帝序中言"朕曩因幾餘開卷，搜求治道，偶憶潛龍絳帳之日，講誦史書，署記其梗概一二，自上古以至今之清國，歷代紀載，摘取大綱，走筆成論"，大臣請求刊刻以惠士林，成書後上奏提及"欽命儒臣，再三恭檢，分截註明，進呈御覽，臣等敬謹校編，釐成三卷"。紹治帝未登基前撰寫了一篇關於中國史的總論，經筵中君臣共論經史，大臣能夠體會君王之意，分截注釋編為三卷的儒臣很大可能是經筵諸臣。《大南寔錄正編》第四紀卷十六又記載：

> 集賢院侍講陳揚光再將北圻所得書諸本（注：山西督臣阮伯儀納《國史輯要》一部，南定秀才阮德顯納《天南忠義寶錄》一部、《安南志原》一部，北甯士人納《史國語》一部，

---

① 《欽定大南會典事例》卷六，第120—128頁。
② 阮朝国史馆：《大南寔錄》正編第三紀，卷六四，東京：慶應義塾大學言語文化研究所1977年影印版，第5565頁。
③ 潘叔直：《國史遺編》，河內：社會科學出版社2010年影印版，第835頁。

海陽士人范鱗納《嶺南記事》一部）由禮部納辦。①

顯然集賢院官員還有採訪搜集書籍的職責。由此筆者推斷，集賢院所撰《大越歷代史總論》應該是紹治帝君臣在經筵侍講時關於本國歷代史的評論，形成時間應該較長，但最終完成當在紹治七年春正月《御製歷代史總論》刻印之後，倘若《大越歷代史總論》已經完成，應該與《御製歷代史總論》一併刊印。若完成時間更早，則應記錄其編撰和刻印之事。但紹治帝在當年九月即駕崩，"大越歷代史總論"也就未能刊刻。集賢院侍講諸人可以閱覽大量史籍，應該在撰述"大越歷代史總論"的同時，編成了A.1272《大越史記》，綴合為首尾完整的通史。嗣德帝繼位之後，極為重視修史之事，硃批記載：

嗣德貳年（一八五〇）拾貳日初壹日，內閣臣阮文長、臣阮儆、臣阮文豐、臣枚英俊奉上諭，茲據都察院裴樻等摺請命官校正大越歷代史記，付梓頒行，鄉會科期，參為策問題目。……明命、紹治年間，節次欽奉聖諭，開設史局，簡命儒臣，欽修列聖寔錄，日下尚未告竣，其於歷代舊史之修，蓋將有所待也。今國家閒暇，文治大亨，講求補綴，寔維其辰。朕自即政以來，蓋嘗有意於此也。前者經命講幄，儒臣撰將我越前代史記，進呈以備乙覽。因念前史原本就中記載，猶有不得直筆，疵謬缺畧尚多，必須大加稽考刪正，方足以昭信史而示千秋。茲該院以此為言，正合朕意。着傳諭右畿以北諸地方，凡士庶之家，如有私藏野史雜編，并黎中興以後事蹟者，雖其中所記間或觸犯忌諱亦所不拘，各準將原本送官所在地方，即行酌量厚給銀錢示勸，仍將原書發遞，由部奉納，轉交史館收貯。竢後另行命官修訂，候旨裁定，鋟梓頒行。……

---

① 阮朝國史館：《大南寔錄》正編第四紀，卷一六，東京：慶應義塾大學言語文化研究所1979年影印版，第6050頁。

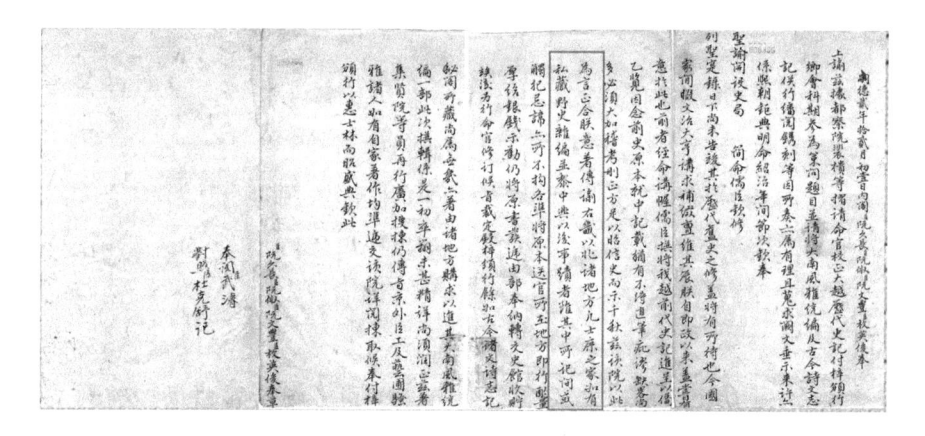

第十四章　阮朝的通史編撰：從集賢院《大越史記》到國史館《欽定越史通鑑綱目》　｜371｜

圖一四之二　阮朝嗣德帝硃批

在這道硃批中，官員"請命官校正大越歷代史記，付梓頒行"，嗣德帝提到"前者經命講幄儒臣撰將我越前代史記，進呈以備乙覽"，應該指的就是出自集賢院諸人之手的 A. 1272 本《大越史記》，但"因念前史原本就中記載，猶有不得直筆，紕繆缺畧尚多，必須大加稽考刪正"，因而命官員繼續搜集民間所藏史書，"茲後另行命官修訂，俟旨裁定，鋟梓頒行"，然而修訂刊刻之事再無下文。

## （一）集賢院《大越史記》的內容

集賢院本在目錄前的"大越史記"標題下注釋：

> 先陳太宗命黎文休編，後黎仁宗命潘孚先編，聖宗命吳士連纂修，襄翼帝命武瓊撰（注：分外紀本紀），黎嵩撰總論，阮儼著總論，吳時仕著标按。

接著便是目錄編年，"外紀"為"鴻龐氏紀"到"吳氏紀"，"本紀"為"丁紀先皇"到"嗣皇"，即昭統帝，最後"附西山"。此處"外紀"與《大越史記全書》的諸紀相同，未如吳時仕那樣分"內屬"和"外屬"。目錄編年之後首先錄入黎嵩《越鑑通考總論》，此文以朱熹綱紀之說論史，是越南史論的扛鼎之作，錄入文辭有改動。

　　《大越史記》內容精煉，從形式上看，確實是依據《大越史記前編》的相關內容來重撰，如"立扶董鄉神祠"①、"筑螺城"②即與《大越史記前編》的內容大致相近，且都採用雙行注釋的形式采入注文。但史書正文中又採用了"外屬"和"內屬"，"外屬趙紀"之下有"吳辰仕曰"：

　　　　編史者，見趙佗并有交趾，以南越王稱帝，即以帝紀接安陽王，大書特書，以誇本國創始帝業之盛，後人相沿，莫知其非，夫南海、桂林之越，非交趾、九真、日南之越也，佗起龍州，國番禺，直欲斥大境土，遂併我國，以為屬郡，置主監者，以羈縻之，未嘗君其國也。若從而君之，則後此林仕弘起鄱陽，劉岩起廣州，亦可系之紀乎？我國號稱文獻，一國之史，豈宜以他邦紀之，蓋以國統歸佗，非史紀也，佗與漢抗，交州未嘗與中國通，故以外屬起例，別內屬云。③

　　"我國號稱文獻，一國之史，豈宜以他邦紀之"僅見於《大越史記前編》，④為《越史標案》抄本所無，⑤因而可以肯定是壓縮摘抄《大越史記前編》而來。但從《大越史記》"鴻龐氏紀"之前"按禹貢揚州，越在其南"此句與《越史標案》相同，《大越史記前編》則為"涇陽揚州，越在其南"⑥，《大越史記》的編者應該也參考了《越史標案》。

　　《大越史記》全書內容不分卷，舊史可採者皆錄入，敘述君臣

---

① 《大越史記》抄本，漢喃研究院藏號A.1272/1，第46—47頁。
② 《大越史記》抄本，漢喃研究院藏號A.1272/1，第49—51頁。
③ 《大越史記》抄本，漢喃研究院藏號A.1272/1，第55—56頁。
④ 《大越史記前編》，景盛八年（1800）刻本，漢喃研究院藏號A.2/1，第95—97頁。
⑤ 《越史標案》，第26—27頁。
⑥ 《大越史記前編》，景盛八年（1800）刻本，漢喃研究院藏號A.2/1，第57頁。

| 第十四章　阮朝的通史編撰：從集賢院《大越史記》到國史館《欽定越史通鑑綱目》　| 373 |

之事，因採自多種史籍，因而並無一定之規。又採入黎文休、吳士連、阮儼以及吳時仕等人的史論，雖然並無創新，但因所採舊史對各歷史時期史書的敘述已經較為完備，因而此書內容亦很完整。因《大越史記前編》出自西山偽朝，故而不稱其書，直言吳時仕《越史標案》，全書所採吳時仕史論份量也最多。

**（二）集賢院"總論"**

集賢院本《大越史記》並非出自史館，而是出自經筵諸臣，註定此書不以敘史見長，而重在治國理政，總結歷代治亂興衰。吳時仕的史論重在對上古至屬隋唐時期的歷史進行發覆，王朝時期的史論則未有出彩之處，且只到明軍回國。黎嵩《越鑑通考總論》則只敘述到黎太祖開國。《大越史記全書》關於後黎朝的史論多有可觀，但對莊宗中興時候的歷史則述而不論，且對鄭主多有維護，貶斥阮主。阮朝君王雖不至於對《大越史記全書》毀板廢書，但對公開宣揚"鄭家功德"的《大越黎朝帝王中興功業實錄》則沒有手下留情，迄今無刻本傳世，僅有抄本。而另外一部以鄭主入本紀的《大越史記本紀續編》現在刻本僅殘存兩卷。

集賢院儒臣在總論中歷述歷代君臣政治得失，雖然亦言"趙鼎既亡，內屬北朝"①，用"內屬"的概念，但卻沒有言"外屬趙佗"，趙佗對抗漢朝的功績和政治智慧足夠高超，儒臣論其事，一反《越史標案》《大越史記前編》中的鄙夷，頗多讚賞：

> 趙武帝因秦之亂，據有嶺表，佯取甌駱，黃屋左纛，自帝一方，觀其答陸賈一語（自注：吾恨不起於被何遂不若漢），亦可謂有英雄之畧矣。所與並世者，漢文帝之賢，又能畏天事大，使南北弭兵，民得休息，立國之規模，蓋與一辰掘（崛）起者異矣。②

---

① 《大越史記》抄本，漢喃研究院藏號 A.1272/4，第 240 頁。
② 《大越史記》抄本，漢喃研究院藏號 A.1272/4，第 238 頁。

儒臣說出了南越國一個重要的情況，即立國時久，非旋起旋滅者可比，這足供後世享國者借鑒，因而儒臣從治政角度所作評論異於吳時仕。對士燮的評論也回歸了傳統：

> 士府君處漢末之亂，保全一州，詩禮以化國俗，而文風自此振起，論者以為尉佗不能逾，故國人愛戴，以王稱之，誠有功於民矣。①

對於交州郡縣時期的歷史，儒臣也能較為平和客觀的論其治政：

> 北來牧守，自士王之外，所可紀者，惟錫光之教民禮義，任延之導民耕農，賈孟堅之招流亡、蠲賦役，杜慧度之教民修學校、恤饑寒，猶為有德於邦人。以吾交州在北顯者，李進、姜公輔等數人。其他守令，則秦越相視，或苟且目前，或圖飽囊橐，魚稻之橫征，鹽畜之強易。孔雀銀兜之徵索，凌欺殘暴，無所不為，而民不勝其困者，則以僧荒賜隔，至有不為皇天所覆，后土所載，外而林邑、南詔，整居殺掠，泯泯棼棼，千有餘年，自非命世之才，孰能應運而起，以建表海之烈者哉？②

這段評論對郡縣時期守牧的善政和惡行均予以揭示，期待交州明主應運而起。此論溫和節制，與《大越史記前編》中吳時仕的激憤與猛烈抨擊差別很大，因而《大越史記》關於郡縣時期的歷史沒有引用吳時仕的史論，以符合於"總論"的宗旨。

儒臣繼續對歷代王朝的君臣善惡、政亡存息做出評判，極其細緻，當為後世所戒。前事不忘，後事之師，儒臣要解決的事情是中興黎朝的正統和歷史發展問題。"總論"曰：③

---

① 《大越史記》抄本，漢喃研究院藏號 A.1272/4，第240頁。
② 《大越史記》抄本，漢喃研究院藏號 A.1272/4，第243—244頁。
③ 《大越史記》抄本，漢喃研究院藏號 A.1272/4，第274—283頁。

季犛之亂起，而天下已無黎矣。幸賴我肇祖靖皇帝首唱大義，迎立莊尊，內統百官，外籌軍旅，乂安出師，西都進取，義聲既振，豪傑響從，雖未掃清大憝，而大統於此復續。鄭檢、武文密之徒，內外戮力，黎伯驪、阮凱康相繼歸命，安場行在，漸成朝廷，而享國日淺，境土未盡復也。

儒臣將中興大功賦予阮淦，首唱大義，迎立莊宗，因而重續國統，各路豪傑紛紛來歸，戮力恢復大業。一五四五年阮淦被毒殺，大權落入其婿鄭檢之手。儒臣繼續論述：

英尊以旁支入繼大統，當辰師徒屢捷，國勢愈張，然內不能和協其弟（自注：帝弟維翰，陰蓄異志，廢爲庶人），外不能收攬威權，遂使鄭松跋扈，及弟既死，而雷陽之難作矣。世尊方在幼稺，為松所立，徒知立己之為德，不知弒父之當雠，國之大法，人之大倫，為之淪斁，雖克復舊京，漸清海宇，然政由鄭氏，祭則寡人，蓋徒有中興之名，而莫氏竊據高平，莫能混一也。

鄭檢死後，其子鄭松繼位，鄭松為阮淦的外孫。鄭松率軍在一五九二年攻殺莫茂洽，完成復國大業。但莫氏殘餘力量退入高平，直至一六七七年方最終被鄭氏遣軍攻滅。儒臣感慨鄭氏跋扈，廢立黎皇，國雖為黎，但政皆出於鄭氏，徒有中興之名而已。至於黎皇為權臣所挾，既不能振作，廢立亦如弈棋：

敬尊徒擁虛器，政由強臣，計漏東津，鞫及內殿，為松君者，不亦難乎？神尊以敬尊長子，丹穴見燻，魯無哀痛，方且追寵，平安以申侯為恩，強娶玉桁，以辰嬴自累，則其為君可知矣。日食地震，川竭山崩，水旱虹霓之變，比比數見，豈非人事之所召乎？神尊遜位，真尊受禪，真尊短祚，神尊復辟，大位易置，若棋子然。東西隨人，不得自由也。玄、嘉、熙、裕四君，僅行正朔，頒詔勅，而嘉尊始令文臣議事于王府，則鄭氏之權益重。

鄭氏權重，黎氏徒擁虛名，太阿倒持，但鄭氏未自立稱帝，黎氏大義尚在，確立了"一心扶持""王皇一體"的觀念，因而士人仍然歸心。鄭氏雖為權臣，但於朝政仍有建樹：

熙尊既除莫孽，定高平，而鄭根之礼秩愈榮，然五十餘年之間，百吏守職，季穀屢豐，百姓安息。永治正和之間，號為中興稱守，則以經亂之久，饑渴易為飲食，朝廷之上，亦惟修明舊制，安養不擾，所謂小貞之吉也。

但鄭氏傳繼之時，廢長立幼，驕奢淫逸，政治遂亂：

保泰而後，漸有更張，始復多故，昏德以少易長，暗黯之事，人多致疑。其內禪也，出自鄭棡，固裕尊之不得已，既不為國人所與而廢，亦鄭檀之不得已也。純尊以長子承緒，懿尊以介弟繼兄，太阿之柄，倒持已久，而鄭檀資性狂惑，舉措顛倒，賣官鬻爵，上慢下殘，嬖佞盈朝，讒慝益肆，於是道路咨怨，寇賊縱橫，國事幾不可為矣。及檀疾發，猶竊太上王之號，果何義也？鄭楹知人心之不服，故請傳位尊子，以悅國人。顯尊慈祥淵默，楹亦深懲前轍，省除煩苛，人情復安，境內稍定。繼遭鄭森，兇悖尤甚，殺儲君，絕朝禮，惡浮操懿。阮整乘兵驕人怨之隙，招引外寇，而西山一來，如入無人之境。於是狐鼠雖除，而城社亦受燻掘之殃矣。

一六七二年鄭、阮雙方停戰之後，開始長時間的和平，內政卻逐漸崩壞，阮主寵臣張福巒亂政，終於導致西山阮氏兄弟起兵，勢如破竹。鄭森見有機可乘，遂麾軍南下攻打阮氏，隨後又遭西山以"扶黎滅鄭"的名義派兵攻打，鄭森之子鄭棕逃亡自殺，黎氏名分

第十四章　阮朝的通史編撰：從集賢院《大越史記》到國史館《欽定越史通鑑綱目》　377

雖然仍在，但已是風雨飄搖。昭統帝繼位，已然無力回天：

> 出帝既立，大勢已去，青厥之師已喪，士毅之援兵亦潰，卒之受欺北廷，黎統遂絕。雖有忠臣義士，不過羈靮相遁，否則或死或遁，各求其志，終莫如之何也已。

乾隆帝派遣孫士毅率兵護送昭統帝回國，但為阮惠所敗，隨即撤兵，承認阮惠為安南國王，黎朝徹底滅亡。黎朝舊臣，各顯志業，有從昭統帝死於中國者，有逃隱山林，亦有投入新朝為官者。至於黎朝為何會產生權臣秉政的結果，儒臣分析：

> 夫黎有國幾四百年，太祖艱難起兵，而享治未久，太尊、仁尊之世，雖四海無事，而內難頻仍，憲尊、聖尊，號為全盛，降及威穆而下，禍亂相尋，而其為患，常在武將，何也？攷其極盛辰定制，五府之勢偏重。夫黎念、黎弘毓之徒，未易盡得，其他兇暴武人，非有所相維制，豈能無亂？故自主德既衰，諸將擁兵陵辱，莫肯誰何，此黎貴惇所以深嘆也。

儒臣分析這是因為黎初確定的制度導致武將權力過重，在君主能力不足之時，易為心懷不軌者所趁。此言顯然過於籠統，亂政者必然是依仗兵權，後陳朝簡定、重光之時，君臣不合，殺戮干臣，很快滅亡。中興黎朝將兵權委於鄭檢一人，避免了君臣猜忌相爭的局面，卻塑造了更為強大的權臣，君主能力有限，終於尾大不掉。但當時鄭氏行悖逆之事，為何士人公卿不挺身而出，維護黎氏權威呢？儒臣論述：

> 若夫英尊以後，鄭氏勢成，黎君徒寄空名。當辰號為將相名臣，如阮文階、馮克寬、范廷重輩，以之建立事功則有餘，若欲抑制權臣，固非其所辦。其他黎弼四、鄭橻、阮公沆等，又且從而助桀，然猶維持數百年而不墜者，以其辰列聖方肇基

化，黎氏正朔未改，外有所憚，且祖尊功德，在人未亡，阮寔、裴世暹之徒，清議猶在，內懲莫車之覆，尚畏名義，姑守伕寺以喫粥焉耳。

儒臣認為鄭氏雖然自行廢立，但忌憚南方阮主的強力存在，因而沒有廢黎稱帝，維持黎氏名分，彼時士人出於事功的目的，雖參加科舉為黎朝進士，卻入鄭王府為官，大義不墜，士人亦多苟且於此，因而"黎皇鄭主"制度能夠維持兩百年不墜。而莫氏篡奪之後，享國六十餘載，仍為黎氏所滅，這也為鄭氏所忌憚。鄭主已經成為中興黎朝新的權力中心，但在孫士毅擊敗西山軍之後，鄭氏諸臣各自擁立，爭權傾軋，遂至不可收拾，昭統帝周圍亦是無才無德的庸碌新進之輩，遂大勢盡去：

其末也，清議大頹，習俗蕩敗，西山既去，君臣不知協心同力以圖收拾，丁錫壤、黃馮基、楊仲濟之徒，今日擁鄭棣以據故京，明日挾鄭橎以索王爵，平日饗富貴，有權力者，大率從而附之，其與出帝周還，不過白面書生，及疎逖新進者而已。人心風俗如此，不亡得乎？

如此情況下，黎氏喪絕，需要重續國統，有新的雄主出世：

夫一代之興，各有一代之規模體統，雄貉以前，世尚茫昧，不可詰尋，趙氏雖撫治南土，寔乃北人，漢唐之間，亦有英雄特起，而事功不竟。丁氏而後，正統始定，更閱五姓，載籍具存，莫不以得道而興，失道而亡。語曰：前事之不忘，後事之師也，可不鑒哉！可不戒哉！理亂興衰，相為倚伏，黎氏既亡，偽岳偽惠偽纘，兄弟父子，紫色蠅聲，暗干宸極，數十年間，兵革不休，刑政苛暴，生靈之塗炭已甚。當此之際，人思明君，若旱之望雨，使非天故使之毆除，以啟聖明之運也哉！

儒臣認為趙佗為一代之雄，卻可惜是北人。①丁部領足傳國統，之後朝代興替，終歸是"得道而興，失道而亡"。西山阮朝數十年兵革不息，遂有雄主出世，創立新朝。"總論"亦就此結束。

關於中興黎朝的歷史，儒臣所論雖然多有套話，但卻樹立了阮淦的正統地位，以鄭氏為逆臣，對於士人的選擇也給出了解釋，沒有一律以附逆相待。至於黎氏、鄭氏之亡，儒臣描述了當時的亂象，卻並沒有給出足夠深刻的結論。②

集賢院《大越史記》雖然採集多種史書，在形式上成為一個整體，但史書的內在思想矛盾卻無法解決，尤其是《大越史記全書》與黎末續編諸史皆以鄭氏為主敘事，雖然擇優而從，但儒臣卻難以進行大規模的調整。"總論"雖是一體完成，但其注重實政的思想卻與《大越史記》正文吳時仕的史論難以調和。體例和思想的不統一顯而易見，註定這是一部過渡性作品。

## 三　國史館《欽定越史通鑑綱目》

嗣德帝沒有再令官修訂刊刻集賢院《大越史記》，並非忘記此事，而是在考慮修撰一部新的通史，即《欽定越史通鑑綱目》。嗣德帝在八年（一八五五）十二月十五日欽修諭旨中說"修史一事，朕志先定大典，允宜以辰舉行"③，此即《欽定大南會典事例》，自紹治三年開始籌措編輯，期間紹治、嗣德父子君王多次下諭，嗣德四年再"派出專員開局董辦，事關編輯，典例頗屬繁雜"④，終於編輯完成，并于嗣德八年（一八五五）九月下旨開刻，一八六八年刻

---

① 成思佳：《開國之君、繼統帝王和北國"他者"——越南古代史家對趙佗形象的歷史書寫與記憶轉向》，《史學史研究》2022 年第 2 期。
② 關于黎末之事，請參看葉少飛《越南漢文小說〈安南一统志〉的內容與思想》，《域外漢籍研究輯刊》第 25 輯，中華書局 2023 年版，第 337—353 頁。
③ 《欽定越史通鑑綱目》卷首"諭旨"，台北"中央圖書館"1969 年影印版，第 3 頁。
④ 《欽定大南會典事例》卷首"諭"，西南師範大學出版社 2015 年影印本，第 10 頁。

印完成。① 因為《欽定大南會典事例》諸事已經安排完畢，嗣德帝遂開始修撰《欽定越史通鑑綱目》。

## （一）《欽定越史通鑑綱目》的編撰

《欽定越史通鑑綱目》卷首記載了修史的諭旨，嗣德八年十二月諭旨首先闡明："一代之興，必有一代之史，我越鴻龐而後，陳黎而前，其間數千餘載，政治之得失，人物之賢否，疆域之沿革，制度之興廢，舊史所載，猶多闕如。至於體裁之舛駁，義例之疵繆，亦不為少，學者考古不無憾焉"，對於前代史籍的錯謬之處頗為不滿。至於為何要重修越史，還有一個很重要的原因，即"明命年間，欽奉聖諭，准依禮部臣所請，不蓮以越史教學取士，聖心蓋有待也"，所以"邇來國史之學未經著為功令，故士之讀書為文，惟知有北朝之史，本國之史鮮或過而問焉。昧於古者何以驗今？"最終士人重北史即中國史而輕越史。這樣"學術未明，豈非舊史未備之故歟？"嗣德帝深感"越史未修，古學未興，亦是熙朝一缺典"，自己經常"經筵臨幸，召對儒臣，商論經史，未嘗不及於此"。但事有輕重緩急，嗣德帝先修《欽定大南會典事例》，現在大典已成，"著以開年交廷臣遴舉監修越史官正副總裁各一，纂修八員，考校六員，謄寫八名，將歷代史編年一書參以諸家稗乘記載之言，搜採遺軼，訂正訛謬，筆削褒貶，一准紫陽綱目書法，裒輯編定，勒成《欽定越史通鑑綱目》全部"，又強調"且修史太平之鉅典，漢於東觀，宋於崇文，重其事也"，要求禮部慎重籌辦開設史局。②

嗣德帝所言明命年間"不蓮以越史教學取士，聖心蓋有所待也"，此事很可能指的是明命十八年二月"頒通鑒輯覽書於諸直省學堂"③，《國史遺編》記此事於五月："頒官書於學臣。五經四子、

---

① 阮朝內閣《欽定大南會典事例》，《前言》，河內：順化出版社 2015 年版。
② 《欽定越史通鑑綱目》卷首"諭旨"，第 1—4 頁。
③ 《大南實錄》正編第二紀，卷 178，第 4027 頁。

第十四章　阮朝的通史編撰：從集賢院《大越史記》到國史館《欽定越史通鑑綱目》　│381│

備考、通鑑並新策法程，凡四十部。交在國子監、及各省督總教授訓導，肄習士人。"①因制度未彰，故士人於越史不明，"豈非舊史未備之故歟"？因而嗣德帝在修撰大典之事完備之後，要求在《歷代史編年》的基礎上參考文獻，以朱子通鑑綱目為準，要勒成《欽定越史通鑑綱目》一部。最後"著由禮部酌擬具奏候旨"。

《大南實錄正編第四紀》記載嗣德九年（一八五六）春正月"命官監修越史"，禮部奏上修史人員設置、薪酬、場地、筆墨紙等辦公用品，以及兵丁守衛人員。嗣德帝任命潘清簡（一七九六至一八六七）為總裁、范輝為副總裁，②隨即"命宣諭起辦越史，仍賜史臣宴。（注：以一切修輯事體關重，故賜宴於京試院堂會修所）"③修史班子很快開展工作："充越史總裁潘清簡等將修史事宜奏請（注：一請印刷大越史記，原本發文稽查；一請內閣集賢撰出應需稽究諸書備考；一請派往北圻，訪求私藏野史迨黎中興以後事跡，及諸名家譜記、雜編）。許之。"④潘清簡等人很快擬出章程，提請圣裁。首先確定修史思想依據：

　　臣等竊以修史之事，莫大於明正統，奉查之綱目，朱子所自親定，起周威烈王戊寅二十三年，至五代後周恭帝己未元年，止謂之正編。至於前編、續編，均遵朱子書法。前編元儒金履祥則以《尚書》為據，而斷自唐堯以下，接於通鑑之前。明儒渭上南軒又溯自庖犧氏，以為庖犧萬世文字之祖，帝王治平之源，則作史者當自伏羲造端無疑也。若夫盤古、三皇之世，載籍無稽，故闕之也。

潘清簡完全以朱子綱目及相關著述為綱領，以"明正統"為修

---

① 潘叔直《國史遺編》，河內：社會科學出版社2010年影印版，第782頁。
② 阮朝國史館：《大南寔錄》正編第四紀，卷14，東京：慶應義塾大學言語文化研究所1979年影印版，第5979—5980頁。下同。
③ 《大南寔錄》正編第四紀卷十四，第5996頁。
④ 《大南寔錄》正編第四紀卷十四，第6000頁。

史目標。但以此勒之越史，多有不合之處，首先是《大越史記全書》確立的越史開端涇陽王難以確證："鴻龐氏紀涇陽王貉龍君之稱，緣上古世屬渺茫，作者憑空撰出，恐無所取信。又附於小說家唐柳毅傳以為印證。夫涇陽屬秦，洞庭屬楚，於我何關？況怪誕之談，不經殊甚，安所取據，而儗為建國立統之首君哉？"進而指出應該以雄王作為國統之首，"奉擬越史建統，應以雄王為始，其涇陽、貉龍之事，別以傳聞，附註於下，庶合疑以傳疑之義"，至於傳說的涇陽王之事則依朱子書法分註於下以傳疑。潘清簡接著評價安陽王"以尚怪為人所騙，忽起忽滅，其治不終"，趙佗南越國"與漢抗衡終亦去號稱臣"，之後的郡縣千年"北朝命官監治，至吳昌熾、矯公罕十二使君爭起，均之未有得統"。作為來自於中國典籍記載和史學傳統建立的涇陽王、趙佗、安陽王國統，在越地不斷高漲的國家自主意識推動下，潘清簡繼承吳時仕、吳時任、阮儼的思想，重新分辨，將其確立為"他者"，以展現更加純粹的越地歷史與傳統。①

　　潘清簡否定了自雄王以下千年的既有國統，還需要接續新的國統："至丁先皇部領然後混一。奉擬丁先皇應以正統歸之，俾接雄王之統"，如此則否定了黎文休和吳士連均大力肯定的"徵女王紀"，以及黎文休瞧不上、吳士連卻大力推崇的李賁李南帝，潘清簡做出解釋：

　　　　奉查綱目凡例，凡正統謂周秦漢晉隋唐，又書法正統例，凡天下混一為正統者，大書紀年，其非一統，則分註細書之。雖一統而君非正系，或女主亦分書之。

　　即根據朱子綱目，徵女王為女主，李賁非一統，故均不能為正

---

① 參看成思佳《越南古代史家對本國古史的書寫和構建初探》，《史學理論研究》2021年第1期，第87—100頁；《開國之君、繼統帝王和北國"他者"——趙佗形象的歷史書寫與記憶轉向》，《史學史研究》2022年第2期，第87—98頁。

統，只能分注。潘清簡接著講明僭國的問題：

> 再究僭國，例謂乘亂篡位或據土者。黎大行以丁氏輔臣乘危篡奪，至子臥朝弒逆淫虐，其惡夏甚。以得國則同莽操之事，以平亂則無秦隋之功。綱目續編既以亂臣賊子目之矣，乃舊史仍以正統書之，將何以示分別垂鑑戒乎？奉擬前黎一代，應依綱目僭國例，紀年分注書之。

潘清簡認為黎桓取國於孤兒寡母之手，實為以輔臣篡奪，應為僭國，當分注記載。他接著寫道："李太祖因黎氏之昏亂，協舉情之戴，推其與宋祖之得國無異。陳之太宗實有可議，然李氏女主，位已不當，陳不承之，亂何由定？究其得國之始，亦不至如前黎之甚也。李陳二代，應以綱目一統大書之例書之。"至於《大越史記全書》中的《後陳紀》，潘清簡完全予以否定："陳簡定重光二君，雖係仗義續統，而纔三五年，尋為明人所執，均係不能成功，舊史列為正統，大書其年，似屬未合，請照綱目正統已絕如漢帝玄之例，分註以存其實。"

至於北方黎鄭諸史，因南方阮主的存在，因此特別做出安排："又黎史續編諸紀，就中何係與我本朝列聖事有相關者，請依綱目成周建國及後周世宗恭帝紀，特書我太祖之例，隨事恭書我列聖廟號，庶昭敬謹"，至於其他未明之事，"餘凡例如年歲名號尊立祭祀行幸恩澤朝會封拜各款，具有朱子綱目所載，遇似此類者，隨事遵例登書，倘有礙辦何款及未周到者，另奉摘款續奏"①。

潘清簡依照朱熹《資治通鑑綱目》"大書以提要，分注以備言"的宗旨，根據"凡例"擬定越史各個歷史時期的編撰方式。朱熹"凡例"極其細緻，② 又有《資治通鑑綱目》成書在前，因而擬定

---

① 《欽定越史通鑑綱目》卷首"諭旨"，第6—13頁。上引潘清簡和鄧國琅的上奏皆出此條注釋。
② 《資治通鑑綱目》附錄"凡例"，載《朱子全書》第11冊，上海古籍出版社、安徽教育出版社2002年版，第3477—3497頁。

的宗旨也很明瞭，以"明正統"為第一要務。史臣按照綱目"凡例"重新釐定標準，但吳士連《大越史記全書》流傳數百年，新標準與舊史產生了衝突。史臣鄧國琅首先指出"鴻龐氏紀涇陽王、貉龍君、雄王，雖世代遼遠，文字無傳，紀事多屬荒誕，然建都立國，歷有年所，均係我越之始君"，洪德十年吳士連撰《大越史記全書》，"其此書斷自鴻龐以涇陽王為國統首君，當此儒臣輩出，濟濟蹌蹌，曾無一人言其非是，且自書成以後三百餘年，經黎洪順景治年間，兩次簡命儒臣撰述考訂，其間博雅君子固不乏人，亦無別有改竄"，傳世數百年無人質疑，想來"則前此士連所著，想亦非是懸空撰出"，如果"截起自雄王，而涇陽貉龍二君則止於雄王，下附註其事，恐非所以備世次而詳源委"。黎桓雖然"以篡得國"，但"奄有全越，傳世二君，又非篡賊，不及傳世"，所以前史列為正統，"是以登諸祀典，均與涇陽、貉龍、雄王及丁李陳黎諸帝並列帝王廟，確有可徵"，"茲若概從僭國之例，紀年分註，照與綱目混一天下為正統之例，似屬不符"。所以國統之首仍當"起自涇陽貉龍二君"，"仍接至雄王以明國統之所始"，"荒誕等事亦於目下附錄，姑存其說"；至於黎桓則"似應與丁李陳黎仍舊大書紀年，庶與朱子綱目所書秦隋為正統之例不至牴牾"①。

鄧國琅提出吳士連設鴻龐紀，記涇陽王貉龍君，數百年來史籍修撰，竟無人指出其異，想是亦有所據。此言不確，吳時仕《越史標案》和《大越史記前編》之中均對此提出懷疑和解釋，鄧國琅不提當是因為《大越史記前編》出自西山偽朝，可閱而不能言。黎桓列為"僭國"，恐不妥當，若仍然大書紀年，又與朱子"凡例"牴牾，恭請聖裁。

嗣德帝閱後下旨裁定："其越史通鑑綱目一部，准特起雄王紀，以表我越得統之始，至涇陽貉龍二紀，准分註於雄王下，俾合以疑傳疑之義"，即以雄王為國統之首；"黎大行得國，雖不以正，而當辰能外禦強敵，內守疆圉，其混一之跡與秦隋無異。秦隋無道，綱

---

① 《欽定越史通鑑綱目》卷首"諭旨"，第13—16頁。

第十四章　阮朝的通史編撰：從集賢院《大越史記》到國史館《欽定越史通鑑綱目》

目亦不得不以正統予之，比事而觀，前黎可以僭國例論耶？其前黎一代准照秦隋正統例大書，以合義例"，嗣德帝以秦隋兩代喻前黎，亦入國統，且符合綱目精義。又確定了前編和正編的斷限："我越吳十二使君以前，制度缺略，統紀不一，准依金履祥綱目前編例略書世次，附以辰事，實者存之，訛者正之，名為越史通鑑綱目前編。其正編則斷自丁先皇以下，迄於後黎"。最後要求"發凡起例，提綱分目，著遵前諭，一據紫陽綱目書法，勒成一部信史，垂之永久，以稱朕考文鑒古之意焉。"①

經嗣德帝聖斷，《欽定越史通鑑綱目》的體裁、體例和凡例以及疑難問題很快解決，順利開展工作。《大南實錄正編》第四紀記載：

　　辰修越史。史臣擬奏應書體法，閣臣多請改之。帝又命大臣張登桂覆閱，及奏上，帝準以雄王為得統之始（注：依史臣議），涇陽、貉龍分註於雄王下，俾合以疑傳疑之義。吳使君以前為前編，丁先皇以後為正編（注：依閣議）。安陽王事附錄備考，提綱分目，一據紫陽書法。②

隨後越史綱目正式修撰，從嗣德九年至十二年（一八五九）編輯完成。③儘管嗣德帝君臣刻意將涇陽王、安陽王、趙佗塑造為越史中的"他者"，但其確定的思想依據則是朱熹的《資治通鑑綱目》，仍在中國史學範圍之中。嗣德十三年，朝廷對曾經獻書者予以獎勵：

　　"賞獻書人等。（注：前因欽修《越史》，派員求書，廣平以北獻書凡二十六本：一《天南忠義錄》、一《五蠻風土記》、

---

① 《欽定越史通鑑綱目》卷首"諭旨"，第17—20頁。
② 阮朝國史館：《大南寔錄》正編第四紀，卷一五，第6005頁。
③ 《欽定越史通鑑綱目》卷首"凡例"，第60—61頁。

一《黎朝野史集》、一《安南志》，此等書可採較多；一《文獻史記本紀》二本、一《故黎紀》三本、一《家藏野史》、一《黎朝紀事》、一《史雜記》、一《野史》、一《史局類編》、一《參記本傳》、一《全越詩集》、一《嶺南紀事》各一本，間有一二可採，各賞紗衣銀錢有差，余《史記國語》一本、《後黎紀》一本、《大越史記》五本，無有可採，停之)。"①

《欽定越史通鑑綱目》的編撰工作隨即告一段落，完本上進內府收藏。

### (二)《欽定越史通鑑綱目》的修訂與刻印

一八五八年法國聯合西班牙炮擊峴港，侵略南圻，至一八六二年阮朝戰敗，一八六二年由潘清簡代表阮朝簽訂《壬戌和約》，割讓邊和、嘉定和定祥三省，此事出於嗣德帝授意。然而法國繼續圖謀永隆、安江和河仙三省，嗣德二十年（一八六七）法軍進攻，經略使潘清簡知事不可為，下令開城投降，然後服毒自盡，年七十一。② 嗣德帝深恨之，"二十一年追奪職銜，刮去進士碑名"，直到"同慶元年（一八八五），準開復原銜，仍舊立碑"③。南圻被奪之後，儘管內外紛擾不斷，但阮朝獲得了暫時的喘息，很可能是因為潘清簡總裁之故，嗣德帝要求對數年未議的《欽定越史通鑑綱目》進行修訂。

建福元年刻本《欽定越史通鑑綱目》卷首詳細記載了歷次修訂的過程，二十四年（一八七一）黎伯慎和鄧文喬閱擬、陳輝燦奉草，二十五年（一八七二）范徽、范熙亮閱檢，二十九年（一八七六）裴約、阮通、黃用賓覆檢，三十一年（一八七八）阮思僩、陳

---

① 阮朝國史館：《大南寔錄》正編第四紀，卷二三，第 6169—6170 頁。
② [越南] 陳重金著，戴可來譯：《越南通史》，商務印書館 1992 年版，第 354—370 頁。
③ 阮朝国史馆：《大南正編列傳第二紀》，卷二六，東京：慶應義塾大學言語文化研究所 1981 年影印版，第 7891 頁。

| 第十四章　阮朝的通史編撰：從集賢院《大越史記》到國史館《欽定越史通鑑綱目》　|387|

維貞、黎文緒閱訂，三十四年（一八八一）范慎遹、武沕、丁儒典檢閱，并遣員謄錄，最後由嘉興王洪休、輔政大臣尊室說和阮文祥覆閱。

一八八三年嗣德帝駕崩，享年五十五歲。建福元年（一八八四）范慎遹和武沕上進書表，追述先帝下令著史之由，闡明全書體例內容，先帝閱覽御批，"親御丹毫，辰抽精蘊，揭微言而昭大訓，筆有化工，考往跡而定公評，鑑無隱髮"，書成之後，"帝軒轅乘龍駕遠，剩抱遺弓"，此書可與《春秋》比肩，"聖夫子獲麟書存，孤懷絕筆，撫卷而嘆，極知從也"，進呈此書，"前以光聖明述作之芳徽，後以垂世代興衰之用鑑"①。《欽定大南會典事例》記載："建福元年命檢閱《欽定越史通鑑綱目》付梓。（注：是書原於嗣德年間欽修，節已成書，茲命檢閱付梓。）"② 一八八二年范慎遹前往天津向中國求救未果，阮朝已是風雨飄搖，傳統史學應對如此亂局無能為力，鑒戒之言不過自我安慰而已，但此為嗣德帝夙志，臣工竭力完成以告慰先帝。現在所見多是建福元年刻本。

潘清簡卒后，嗣德帝五次下旨檢閱《欽定越史通鑑綱目》，應該與原稿已經有不小的差異，但相關文獻已經不存，僅嗣德二十九年（一八七六）檢閱人員中的阮通將自己的參與過程和校閱結果刻印成書，名《越史綱鑑考略》，分為七卷，編為兩冊，第一卷考證《欽定越史通鑑綱目》前編及史臣檢閱的內容，第二卷考證正編的內容和相關部分，此兩卷編為一冊。第三至第七卷考證安南國以及與安南密切相關國家的歷史，依次為大安南、林邑、真臘、暹羅、南詔，第七卷最後附哀牢，此五卷編為一冊。③ 就《越史綱鑑考略》的內容來看，第一冊應該是阮通根據一八七六年檢閱《欽定越史通

---

① 《欽定越史通鑑綱目》卷首"進表"，台北"中央"圖書館1969年影印版，第27—31頁。
② 《欽定大南會典事例》（再續編）卷五十，西南師範大學出版社2015年影印本，第7203頁。
③ 于向東、木嵐：《阮通及其〈越史綱鑑考略〉》，《東南亞縱橫》1991年第3期，第58—59頁。

鑑綱目》的各片編輯而成，第二冊的考述內容多有阮朝歷史，採集中越各類書籍頗多，但甚少談及《欽定越史通鑑綱目》的內容，應該是另外編撰的諸國歷史著作，最後編輯為一書。

阮通首先在"敘"中交代了自己奉命校閱的緣由以及《越史綱鑑考略》的內容和體例，時間在嗣德三十年（一八七七），隨後又記錄了校閱的規定：

> 越史考閱，欽限甚嚴，先將兩次覆閱成案，一一辨晰，次將史草詳加檢正，隨檢隨錄，冀及限片進。今依原片節錄編輯，間有後先不倫，重更其舊也，覽者諒之，阮通又識。①

從阮通的記述中，我們可以看出嗣德二十四年和二十五年兩次奉檢人員已經形成了相關的意見，因而阮通等人要一一辨析，并對史稿原文進行檢正。阮通自己的考訂意見在檢閱工作到期之後上進。在阮通之後，阮朝還兩次檢閱《欽定越史通鑑綱目》，但由《越史綱鑑考略》第一冊的內容可一窺《欽定越史通鑑綱目》的修訂過程，而阮通的一些意見在建福元年的刻本中也被保留下來。第一卷"百男俗傳生百卵七字當刊"條言：

> 雄王建國號文郎，都峯州條下目：生百男是為百越之祖。註：百男俗傳生百卵，范君等以李仁尊太寧二年傘員神註即貉龍君五十子之一，敘引無端緒，擬於是條百男註下補記"一日貉龍君謂嫗姬曰我是龍類，儞是僊類，水火相尅，合併為難，乃與之相別，分五十子從母歸山，五十子從父居南，封其長為雄王，相傳十八世，預為太寧二年傘員山神"。註張本淇川子曰：攷史記，秦南取百越之地以為南海桂林象郡，韋昭註曰：越有百邑。漢書南越傳身定百邑之地，東西南北數千萬里。地理志臣瓚曰：自交阯至會稽七八千里，百粵雜處，各有族姓，

---

① 阮通：《越史綱鑑考略》卷一，"自敘"，巴黎亞洲學會藏刻本。下同。

第十四章　阮朝的通史編撰：從集賢院《大越史記》到國史館《欽定越史通鑑綱目》

據諸說則稱百越者，舉部邑為號耳，非一姓也。舊史撫拾傳聞，妄為附會，新編按語已辨其誣，而註中猶存百男俗傳生百卵一語，雖曰傳疑，末學厭常喜怪，轉滋異說，不若掃而空之，以袪來惑。①

據前篇"書法簡當"可知"范君等"當指范徽和范熙亮。阮通認為二人對"百男俗傳生百卵"的註文引用無端，建議增加補記一條。根據自己閱讀史記漢書的考證，提議刪掉"百男俗傳生百卵"，以免好事之徒妄加附會，再生怪異。在建福刻本卷首的相關章節中，阮通提議加入的補記"一日貉龍君謂嫗姬曰"予以保留，但"百男俗傳生百卵"的提議則未採納，仍然保留。阮通提到了"新編"，後"附新編目"：

初炎帝神農氏三世孫帝明南巡，至五嶺，娶婺僊女，生子祿續，有聖德，帝明奇愛之，欲使嗣位，祿續固讓其兄宜。帝明於是立帝宜為嗣，治北方，封祿續為涇陽王，治南方，涇陽王生子崇纜，號貉龍君，貉龍君娶嫗姬生百男，是為百粵之祖。②

此文與建福刻本卷一的內容完全一致，由此可知阮通所言"新編"即是《欽定越史通鑑綱目》，以別於自己所稱的"舊史"。卷二的"新編史識"言：

范徽等據舊史陳英尊興隆六年秋九月暴風大雨，冬十月伐哀牢，元降將張顯陣前死，贈明字，給太常祀，議以一是災異，一是用兵，又有死事之臣，勸忠之典，越史綱鑑漏不見載，擬於是年冬十月增設軍號條上，另補書秋九月大風雨，冬十月下

① 阮通：《越史綱鑑考略》卷一，第7—8頁。
② 阮通：《越史綱鑑考略》卷一，第8頁。

補書命張顯伐哀牢，不克，死之，目書顯元降將，帝憫其節，贈明字，給太常祀。淇川子曰：張顯，元之總管，西結之敗，甘為降虜，大節已虧，其人本不足取，南投之後，身預戒行，臨敵陣斃，亦係平常事狀。英尊軫其歸我之忱，贈官給祀，究屬濫恩，且張顯此行，或係主將，或係偏裨，哀牢之役，師徒幾何，出師回師，或勝或負，了無事寔可攷。新編不濫收，具有卓識。余謂新編去取精審，此條其一也。①

范徽等人當據《大越史記全書》建議增補《欽定越史通鑑綱目》未載的張顯之事，但阮通認為張顯是降將，大節已虧，且其伐哀牢戰死之事史載闕漏甚多，英宗贈官給祀實屬濫恩。阮通此言未免書生意氣，《大越史記全書》記載張顯伐哀牢，且英宗贈官給祀級別不低，因而史書有載，以此慰歸人之心。現在建福刻本卷八興隆六年即如范徽建議的"是年冬十月增設軍號條上另補書秋九月大風雨"，伐哀牢及張顯戰死之事則如阮通建議未曾增補。蓋因嗣德帝極為看重道德人心，因而從阮通之議。至於"新編"原文為何不載則難以探知了。

總體而言，《越史綱鑑考略》第一、二卷是阮通根據朱子史學思想重新考證潘清簡《欽定越史通鑑綱目》和檢閱使臣意見的著述，其對朱子思想有精準的把握，見解亦較深刻，呈現了《欽定越史通鑑綱目》的修訂過程，是越南史學思想的重要內容。② 最後一次參加檢閱的范慎遹有《越史備考》，卷一"天文考"，卷二"地理上"，卷三"地理下"，③ 但有目無書，難以探知其與《欽定越

---

① 阮通：《越史綱鑑考略》卷二，第49—50。
② 2009年，越南社科院史學所組織翻譯《越史綱鑑考略》為越南語，譯者杜夢姜（Đỗ Mộng Khương），文化通訊出版社（Nhà xuất bản Văn hóa thông tin）出版。
③ 《范慎遹全集》，河內：文化通訊出版社2011年影印本，第688頁。

史通鑑綱目》的關係。①

### (三)《欽定越史通鑑綱目》的內容與思想

《欽定越史通鑑綱目》是一部體例完整、思想內容統一的官修史書，採集史料廣泛，考證亦屬精密，又有嗣德帝御批，君臣共修。此書的重要性不言而喻，一九五六年，越南"文史地委員會"委託華鵬（Hoa Bằng）、范仲恬（Phạm Trọng Điềm）、陳文玾（Trần Văn Giáp）組成編譯組開始工作，一九五七年至一九六〇年完成翻譯工作，分為二十冊由教育出版社出版。譯者皆是著名學者，此書亦成為之後史學院翻譯漢文史籍的模本。此本于二〇〇七年重印。日本學者竹田龍兒曾根據慶應義塾大學藏本編制索引。②

一九五四年張壽賢從越南攜一部《欽定越史通鑑綱目》刻本返回台北，於一九六九年由"中央"圖書館影印出版，遂使此書廣為流傳。金旭東較早介紹了《欽定越史通鑑綱目》的成書過程、內容思想，以及"謹按"和"注"。③戈振（即郭振鐸）、趙海江繼續對此書的編撰過程、內容和思想進行探究，對雄王文郎國和丁部領大瞿越國兩個問題做了專門探討。④武尚清對其與朱熹《資治通鑑綱目》的思想聯繫進行探討，對"綱""目""批""注""謹按""各史家語""附錄"等組成部分的特點和關係進行分析，并對

---

① 與阮通《越史綱鑑考略》不同，陳文為《黎史纂要》紹治三年（1843）開始編撰，嗣德元年（1848）撰成，之後由黎誠齋潤正，陳文為之後入史館，嗣德八年（1855）編撰《欽定越史通鑑綱目》時位列總裁潘清簡、副總裁范春桂之後的纂修第一人，對己書又做了補編，嗣德十六年（1863）由其子陳輝積校，現存抄本。《黎史纂要》撰於《欽定越史通鑑綱目》之前，但陳文為任史官參與修撰，看到了大量的史料，並會根據嗣德帝之意修改，最後修訂的版本已經很難看出最初的狀態。因而《黎史纂要》即成為從屬於官修史籍下父子合作的家族私史。
② 竹田龍兒編：《欽定越史通鑑綱目註索引（地名之部）》，《史學》第33卷第3、4號合刊（1961年）。
③ 金旭東：《〈欽定越史通鑑綱目〉評介》，《東南亞》1985年第3期，第35—43頁。
④ 戈振（即郭振鐸）、趙海江：《試論〈欽定越史通鑑綱目〉的編撰及其若干問題》，第88—94頁。

"國統開端""正統""北屬"等問題進行了專門研究。① 之後曾德議和左榮全又探討此書的考證特點和歷代興衰，並指出撰史的不足。② 錢秉毅又介紹了雲南省圖書館藏《欽定越史通鑑綱目》傳入中國及入藏情況。③

《欽定越史通鑑綱目》畢竟是在舊有典籍的基礎上重修、考證，後出史籍自有其優勢特點，但已非最初的史料文獻，觀點或有發覆，但仍需結合原始文獻進行研究。阮朝基於自己的立場，對黎莫和西山阮朝相關史事的記載，又出現了很大的問題，需細緻辨析。④ 筆者就自己的研究而言，《欽定越史通鑑綱目》的考證確實細緻入微。其關於早期"十二使君"的歷史情形即根據當時形勢作出判斷；⑤ 嗣德帝君臣關於南越國的論述則呈現出在集賢院《大越史記》中的既有矛盾之處，即視南越國為非正統，卻感慨其功業疆域；⑥ 而對於高駢征南詔及開鑿天威涇的史事，則依照嗣德帝的旨意進行傾向性考證。⑦ 而嗣德帝君臣爭論很大的雄王國統之首亦經此確立，并影響至今，成為當代越南最重要的國家祭祀大典。⑧

《欽定越史通鑑綱目》為阮朝所修，歷代阮主皆稱後世追封的帝號，如阮潢為"太祖嘉裕皇帝"，歷代鄭主則直呼其名，并斥責

---

① 武尚清：《〈欽定越史通鑑綱目〉評介》，《史學史研究》1998年第4期，第64—71頁。

② 曾德議 左榮全：《〈欽定越史通鑑綱目〉》，《東南亞南亞研究》2017年第1期，第71—79頁。

③ 錢秉毅：《雲南省圖書館藏〈欽定越史通鑑綱目〉特殊價值研究》，《東南亞研究》2015年第5期，第90—97頁。

④ 張明富：《〈欽定越史通鑑綱目〉福康安得厚賂奏請罷兵安南說辨正——以文獻形成的立場差異為視角》，《文獻》2010年第1期，第169—160頁。

⑤ 葉少飛：《十世紀越南歷史中的"十二使君"問題考論》，《唐史論叢》第26輯，三秦出版社2018年版，第325—356頁。

⑥ 葉少飛：《中越典籍中的南越國與安南國關係》，《中國邊疆史地研究》2016第3期，第111—120頁；《20世紀初越南新史學對傳統中越關係的解讀與重構》，《社會科學戰線》2018年第1期，第122—132頁。

⑦ 葉少飛：《中越典籍中的高駢評價問題》，《東亞文獻論叢》第16輯，韓國忠州大學，2015年12月，第309—324頁。

⑧ 徐芳宇：《越南雄王信仰研究》，世界圖書出版公司2014年版。

其跋扈行徑。嗣德帝在御批中多次譴責黎末諸臣之不道,於鄭氏專權無所作為,對黎鄭體制"御批"曰:

> 古來國有權臣專政,不數世即已篡奪,未曾有如黎鄭相為始終如此也。此亦千古奇事!意者彼親見莫氏不能久長,深以為戒,雖未稱尊,而一國之權稱皆歸於己,則亦已足矣,又何求乎?此其巧智深心有不可掩。若俗傳"守佛喫餕"之語,亦不外此。①

嗣德帝對鄭主制度能夠傳承二百年亦難以理解,但南方阮主政權亦由此產生並發展,嗣德帝認為鄭氏因莫氏前車之鑒而未能廢立的觀點,亦見於集賢院"總論"之中。關於鄭氏輔政、黎氏亡國,史臣在全書最後"謹按"曰:

> 黎自太祖藍山起義,破明立國,勝殘去殺,弘濟蒼生,德厚功高,陳李以前未之有也。數傳之聖宗,內修文治,外奮武功,炳炳麟麟,增光前烈,亦云盛矣。威穆而後,篡弒相尋,黎祚式微,莫氏上僭。尚賴天命未改,我肇祖靖皇帝首先唱義,迎莊宗而立之,統紀復明,綱疇復正,再造之功,振煥千古。鄭人藉垂成之業,專執國柄,黎帝徒擁虛器,無敢誰何。猶幸名分尚存,天下戴為共主。正和、永盛年間,四方無事,國中粗安,亦一辰之少康也。顯宗以拘繫之餘,入承大統,韜明順變,雍雍默默,無所施設。雖鄭森之傲妄恣睢,亦不敢大肆其惡,享祚四十餘年。鄭氏不道,天奪其鑑,蕭墻起釁,軍士驕橫,賊鼕乘之,援引外兵,破壞邦國,於是鄭亡而黎亦隨之。溯夫黎家積弱不能自振,鄭氏世濟其凶,屢肆陵逼,然終不敢據而有之,猶能延世祚于二百餘年之久者,蓋亦以我朝列聖南

---

① 《欽定越史通鑑綱目》卷四十六,版心頁二十至二十一,越南國家圖書館藏刻本。

服開基,仁立義正,聲靈所被,有以銷其睥睨之心,故讋而不敢動耳。憨帝遭辰不竟,而其輔之者無古昔中興之佐,欲其不亡得乎?然一辰奔播而君義臣忠,誠感北人,光流簡冊,自非祖宗仁厚立國,德澤所流疇以及茲。①

這一部分幾乎是按照集賢院"總論"的相關部分改寫而成,阮存而鄭氏未能稱帝,鄭氏雖然不道,但治政尚可,國政粗安,皆見於"總論",二書的緊密關係即可由此而見,亦可見總結興亡經驗之難。《欽定越史通鑑綱目》則進一步指出隨昭統帝流亡諸臣,盡顯忠肝義膽,清朝人亦為之動容,此乃黎朝仁厚德澤流布所致,這也是傳統忠義觀的展現。

《欽定越史通鑑綱目》關於越南歷史上的重要事實都予以記載,並進行相關的評論,有爭議的史事也給予定論,以"欽定"的形式予以統一,"國史"之名,當之無愧。

## 四　結論

阮朝的通史修撰帶有很強的目的性,即改變中興黎朝後期史書中崇鄭抑阮、黎皇權威不振的情況,並對黎末的相關史事進行重新編撰和評論,以符合阮朝一統的需求,並消除鄭主在阮朝的政治歷史影響。

集賢院本《大越史記》由經筵儒臣編撰,很可能是先有"總論",後再由儒臣採集各類舊史編撰,且成於眾人之手,因而"總論"與史文的觀點有相當的差異,"總論"重在總結治政經驗,史文則受舊史的朱熹綱目體以及諸家史論影響,側重於凡例和史事的學理論述。此書雖然採集舊史,成為一個前後連貫的整體,但拼接痕跡太重,體例不純,思想亦不統一。

---

① 《欽定越史通鑑綱目》卷四十七,版心頁四十九至五十,越南國家圖書館藏刻本。

此書編成之後，因是經筵講論，故而頗受重視，嗣德帝繼位之後，即有意重新修訂集賢院儒臣所撰《大越史記》。但他首先致力於《欽定大南會典事例》的編撰，完成之後，即下旨編撰《欽定越史通鑑綱目》。

《欽定越史通鑑綱目》由潘清簡總裁編修，後歷經五次檢閱，於一八八五年刻印。就現在所見，此書以朱子《資治通鑑綱目》為准的，思想統一，體例完整，內容精審，採集眾多史書進行考證，是一部良史，堪當國史大任。① 此書的眾多思想延續了集賢院《大越史記》，對歷史上的重大史事進行考證和論斷，成為定論，並影響至今。

儘管嗣德帝君臣對《欽定越史通鑑綱目》賦予了巨大的心力和期望，但法國人的殖民侵略卻使得這部著作成為越南古代史學最後的輝煌，② 此書的思想內容已不足以承擔抵抗法國入侵以及越南近代化的重任。阮朝在《欽定越史通鑑綱目》刻印當年淪為法國殖民地，越南在近代化的狂潮中呼籲新的史學理論和思想的出現。

---

① 成泰十七年（1905）鄧春榜編《越史綱目節要》，成泰十八年（1906）阮師黃編《越史綱目輯要》，二書均是《欽定越史通鑑綱目》的衍生作品。見陳文理《對漢喃書庫的考察》，河內：文化出版社1984年版，第156—163頁。

② 法國雖然佔領越南全境，但分為三個區域，實行不同的殖民政策，南圻稱交阯支那為殖民地，中圻為安南王國是保護國，北圻稱東京為保護領。阮朝朝廷繼續保留，並行使一些文化職能，嗣德帝《大南實錄》、成泰本《大南一統志》等典籍皆由其編撰完成，但這只是延續之前的傳統而已，已經無力創造，遠不能與阮朝統一時期相比。

# 總　論

## 越南古代史學與國家歷史的構建

九六八年丁部領稱"大勝明皇帝"正式自主建國，宋開寶四年（九七一）大將潘美平定南漢，丁部領遣子丁璉上表內附，願為藩臣，開寶六年（九七三）宋太祖封丁璉為濟陰郡開國公，食邑一萬戶，開寶八年（九七五）又封丁部領為交趾郡王，食邑一千戶。[①]丁部領、丁璉父子創建的"內帝外王"模式為後世的前黎、李、陳、胡、後黎、莫、中興黎朝、西山阮朝、阮朝所繼承，對內稱"大越皇帝"，對中國稱"安南國王"，逐漸完善政治社會基礎結構，拓展本國的發展空間。[②]在歷史發展進程中，越南最終以位於紅河三角洲的大越—安南王國為主體，南進吞滅中部的占城，奪得湄公河三角洲，在阮朝形成大一統格局，奠定了當代越南的疆域基礎。

越南古代史學的產生要晚於自主王朝的建立。丁朝和前黎朝制度粗陋，至李朝和陳朝方逐漸完善。李朝享國二百餘年，很可能有修史機構和史籍，但沒有流傳下來。至一二七二年陳朝黎文休撰成《大越史記》三十卷，應該有相應的前期基礎方能完成如此著作。從黎文休之後，越南古代史學持續發展，至西山阮朝《大越史記前編》刊刻，主要以《大越史記》的續編和改編為主，衍生了《大越史記全書》及系列史籍。阮朝新建，迎來了越南古代史學的極盛時

---

[①] 徐松：《宋會要輯稿》蕃夷四之二二，中華書局影印本，1957年，第7723—7724頁。

[②] 請參看葉少飛《越南歷代"內帝外臣"政策與雙重國號的演變》，《形象史學研究》2015年下半年刊，人民出版社2016年版，第134—166頁。

期,《欽定越史通鑑綱目》既是阮朝新撰之作,又是對黎文休《大越史記》以來歷代相關史著的總括和改編。應該說從《大越史記》到《欽定越史通鑑綱目》的編撰,體現了越南古代史學發展的主要進程。儘管以中國史學思想為藍本,但越南古代史學自發軔至興盛即體現出自己的特點,塑造歷史起源,確立國家自主思想,構建越南王朝國家歷史。

## 一　越南古代史學与國家歷史起源

以現代人的眼光看,越南古代歷史包括以下階段:首先是上古蒙昧時期,即傳說中的涇陽王、雄王、安陽王時期;接著是郡縣時期,即趙佗南越國至唐末五代;第三是王朝國家時期,即丁部領稱帝之後到阮朝的歷史。這三個階段的歷史,如何連接為一個整體,並由此申明國家正統,這就要歸功於越南歷代史家了。

### (一)《大越史略》與黃帝時期十五部落

關於越地文明起源的探索,應該很早就開始了。黎文休《大越史記》今已不存,如何理解已經不得而知。但《大越史略》據《大越史記》而作,在"趙紀"之前,專設一節"國初沿革",以黃帝時期十五部落為越南国史的起源:

> 昔黃帝既建萬國,以交趾遠在百粵之表,莫能統屬,遂界於西南隅,其部落十有五焉,曰交趾、越裳氏、武甯、軍甯、嘉甯、甯海、陸海、湯泉、新昌、平文、文郎、九真、懷驩、九德,皆禹貢之所不及。至周成王時,越裳氏始獻白雉,《春秋》謂之闕地,《戴記》謂之雕題。至周莊王時,嘉甯部有異人焉,能以幻術服諸部落,自稱碓王,都于文郎,號文郎國。以淳質為俗,結繩為政,傳十八世,皆稱碓王。越勾踐嘗遣使來喻,碓王拒之。周末,為蜀王子泮所逐而代之。泮築城於越裳,號安陽王,竟不與周通。秦末趙佗據鬱林、南海、象郡以

稱王，都番禺，國號越，自稱武皇。時安陽王有神人曰皋魯，能造柳弩，一張十放，殺武皇軍萬人。武皇知之，乃遣其子始為質，請通好焉。後王遇皋魯稍薄，皋魯去知（之）。王女媚珠又與始私焉，始誘媚珠求看神弩，因毀其機。馳使報武皇，武皇復興兵攻之，軍至，王又如初，弩折，眾皆潰散，武皇遂破之。王啣生犀入水，水為之開，國遂屬趙。①

"碓王"即"雄王"②。從此節可以看出，《大越史略》記載的越南在趙佗之前的歷史大致與中國平行，因"莫能統屬"，故各有沿革，如下圖所示：

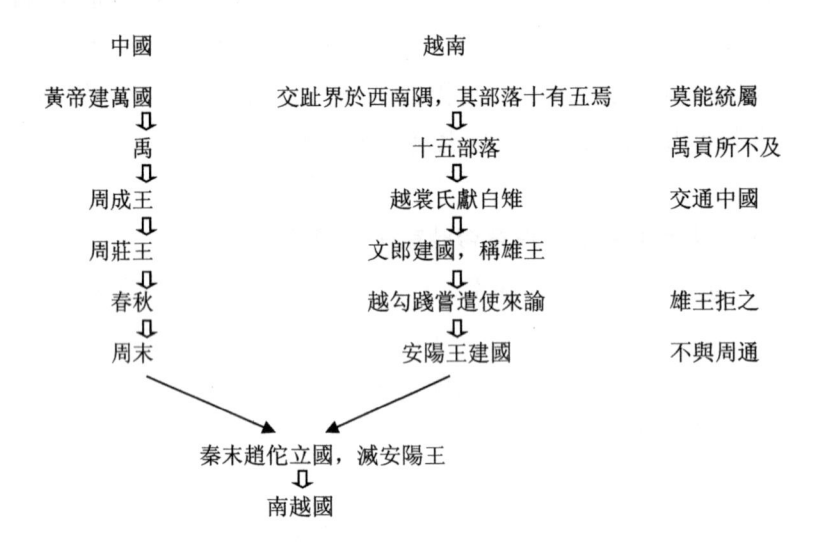

| 中國 | 越南 | |
|---|---|---|
| 黃帝建萬國<br>⇩ | 交趾界於西南隅，其部落十有五焉<br>⇩ | 莫能統屬 |
| 禹<br>⇩ | 十五部落<br>⇩ | 禹貢所不及 |
| 周成王<br>⇩ | 越裳氏獻白雉<br>⇩ | 交通中國 |
| 周莊王<br>⇩ | 文郎建國，稱雄王<br>⇩ | |
| 春秋<br>⇩ | 越勾踐嘗遣使來諭<br>⇩ | 雄王拒之 |
| 周末 | 安陽王建國 | 不與周通 |

秦末趙佗立國，滅安陽王
⇩
南越國

因為現在《大越史記》亡佚，我們無法確定是否黎文休就是如此記述，但根據"史略"體史書的特點，很大可能即是如此。南越國之前的歷史在《國初沿革》中起源于黃帝之時。《史記·五帝本

---

① [越南·陳朝]佚名：《大越史略》，見李永明主編《北京師範大學圖書館藏稿抄本叢刊》第39冊，國家圖書館出版社2011年版，第464—465頁。
② "碓王"為"雒王"之誤，"雒王"又訛為"雄王"，詳見饒宗頤《安南古史上安陽王與雄王問題》（《饒宗頤二十世紀學術文集·中外關係史》，新文豐出版有限公司2003年版，第193—233頁）。

紀》曰："置左右大監，監于萬國"，《史記正義》曰："若周邵分陝也。"① 左右大監監萬國，萬國或為之前所有，或為黃帝新建，即如越史所言"黃帝建萬國"。但《史記》所記黃帝之事極為簡略，所建萬國實際上是氏族部落，家國制度是經堯舜才逐步建立起來的。越地的十五部落因遠在百越之表，因此未在黃帝所建萬國之列，但與黃帝所建之國並無差異。越史家知悉萬國實為部落，故而以越地十五部族相對應。從上表可以看出《大越史略》構建的越史起源同于黃帝之時，但並非以黃帝為越史開創者。

此抄本《大越史略》僅有十四部，不足十五部，"懷驩"下有明顯的空缺之外，當是記載未全。越南歷史學家陶維英根據《大越史略》所記十五部認為"我國古代的歷史學家為了賦予傳說中的文郎國以具體內容，他們就從唐代以前的地名中選出一部份來，一是湊足傳說中的十五部之數，二是如何使這十五部能夠包括我們祖先在雄王時代繁衍生息的全部領域"②。《大越史略》採取先秦至唐代交州地名成為越史傳說時代的十五部落，與《禹貢》時代相對應，十五部落成為《尚書·禹貢》之外的地理方國系統。越裳氏獻白雉事，蒙文通曰："現存古文獻籍載越裳者，以《韓詩外傳》和《尚書大傳》為最早。"③ 雄王、安陽王、媚珠、仲始之事均出中國古籍《南越志》《日南傳》《交州外域記》等。④ 越裳氏、雄王、安陽王數事連接，對應以中國世代，在時間上已平行於中國歷史。趙佗滅安陽王，建南越國，中越歷史混一。

《大越史略》雖以黃帝時期十五部落為古史起源，但其設定的越南國統之始卻是南越國，這即是黎文休《大越史記》設定的國統

---

① 《史記》卷一，中華書局1959年版，第6、7頁。

② ［越南］陶維英著，鐘民岩譯，岳勝校：《越南歷代疆域》，商務印書館1973年版，第21頁。《大越史記全書》和《嶺南摭怪》記載的越南傳說時代十五部落與《大越史略》記載有異，但十五部落之名均從先秦至隋唐典籍而來。

③ 蒙文通：《越史叢考》，人民出版社1983年版，第26頁。

④ 饒宗頤：《安南古史上安陽王與雄王問題》，《饒宗頤二十世紀學術文集·中外關係史》，新文豐出版有限公司2003年版，第193—233頁。

之始。《國初沿革》稱趙佗為"武皇",確認其建國立統的巨大功績,《大越史略》延續黎文休的觀點,認為南越國乃是國統所在,設《趙紀》以統領諸本紀。《大越史略》以後世的地名附于黃帝時代,即在所建萬國之外尚有越地部落,撰人如此做法,正是以越史起源之時同于黃帝時代,源遠流長足以比肩中華。《大越史略》對越史起源時間做了限定,但由誰來開創越史尚待後人撰定。

北居元朝的史家黎崱亦受黎文休《大越史記》影響,但降"紀"為"世家",以《趙氏世家》為越地第一政權。他如此記述南越國之前的越地歷史:

安南自古交通中國。顓頊時,北至幽陵,南至交趾。堯命羲和宅南交,舜命禹南撫交趾。周成王時,越裳氏重九譯來貢曰:"天無烈風淫雨,海不揚波,三年矣。意者中國有聖人乎?盍往朝之。"周公作越裳氏瑟操云:"於戲嗟嗟,非旦之力,文王之德。"越裳即九真,在交趾南。①

顓頊撫交趾來源於《史記·五帝本紀》,羲和宅南交則在《尚書·堯典》。黎崱採用的史料均見於典籍,且其主旨甚明,即"安南自古交通中國",這與《大越史略》刻意保持與中國史的距離、維持越史的獨立性有較大的區別。《大越史略》將古史起源定在黃帝之時,但黃帝、顓頊雖為祖孫,②黎崱記述顓頊顯然是以此說明"安南自古交通中國"的關係,並非以顓頊時代作為古史起源。南越國之前的歷史飄渺不稽,如此疏略的幾句話是難以作為国史開端的,因此《安南志略》卷首察罕序曰"南粵之記尚矣,自遷、固所載,靡得而詳焉"。③《安南志略》所載越南古史的起源是有信史可征的南越國。

---

① 黎崱撰,武尚清點校:《安南志略》,中華書局2000年版,第12—13頁。
② 司馬遷:《史記》,中華書局1959年版,第11頁。
③ 黎崱撰,武尚清點校:《安南志略》,中華書局2000年版,第1頁。

## （二） 《大越史記全書》與炎帝神農氏起源

黎文休雖對南越武帝趙佗評價極高，比之於上古聖賢，並以南越國為國統之始，設"趙紀"。

然而吳士連認為南越武帝趙佗雖是秦漢之際一世雄傑，但仍不足以開啟越族之興，他如此評價趙佗：

> 《傳》曰："有大德，必得其位，必得其名，必得其壽。"帝何修而得此哉？亦曰德而已矣。觀其答陸賈語，則英武之威，豈讓漢高？及聞文帝為帝親塚置守邑，歲時奉祀，及厚賜其昆弟，則又屈於漢。於是宗廟饗之，子孫保之，非以德耶？《易》曰："謙尊而光，畢而不可逾。"帝其以之。①

吳士連的評價相比黎文休，並不論趙佗帝業，只言其以德享國。吳士連所引《易》全句為"謙尊而光，畢而不可逾，君子之終也"②。吳士連以南越武帝為君子，顯然沒有黎文休比趙佗以箕子、泰伯、大舜、文王上古聖賢的高格。吳士連選擇神農氏作為越地始祖，以之為國史開端，他在《大越史記外紀全書序》中說：

> 大越居五嶺之南，乃天限南北也。其始祖出於神農氏之後，乃天啟真主也，所以能與北朝各帝一方焉。③

吳士連在《大越史記外紀全書·鴻龐紀》對涇陽王"其始祖出於神農氏之後"，做了清晰的描述：

> 初，炎帝神農氏三世孫帝明生帝宜，既而南巡至五嶺，接

---
① 校合本《大越史記全書》，第114頁。
② 《周易正義》（十三經注疏標點本），北京大學出版社1999年版，第80頁。
③ 校合本《大越史記全書》，第55頁。

得婆儦女，生王。王聖智聰明，帝明奇之，欲使嗣位。王固讓其兄，不敢奉命。帝明於是立帝宜為嗣，治北方，封王為涇陽王，治南方，號赤鬼國。王娶洞庭君女，曰神龍，生貉龍君。①

炎帝是否就是神農氏，中國古史尚有爭論，但吳士連將二者合而為一。饒宗頤先生言"中國古史分為炎黃兩大系統，越南神話詑始於神農氏，乃屬於炎帝系統，故知越南古史乃雜揉楚與吳、越傳說加以捏造而成"②。炎帝又為南方之神，漢宣帝時魏相采《易陰陽》及《明堂月令》奏上，曰：

　　東方之神太昊，乘震執規司春；南方之神炎帝，乘離執衡司夏；西方之神少昊，乘兌執矩司秋；北方之神顓頊，乘坎執權司冬；中央之神黃帝，乘坤艮執繩司下土。③

越地在南，有炎帝神靈守護，天啟真主，故而吳士連說"所以能與北朝各帝一方焉"。帝明與婆儦女之子為涇陽王，娶洞庭君女曰神龍，生貉龍君。貉龍君長子即雄王，創建文郎國。文郎國後滅於蜀，蜀為南越武帝趙佗所並。吳士連將炎帝以下的歷史與南越國史聯繫起來，創建了越南国史新的開端。吳士連以炎帝神農氏為越南国史開端，並非其首創，其資料來源於越南古代神話故事集《嶺南摭怪·鴻龐氏傳》，但是去除了龍君的神術，僅傳世系、制度、風俗，略同於信史。

吳士連在《大越史記全書》中採用了新的国史起源，實際上是之前的古史起源的合併，對於《大越史略·國初沿革》記載的黃帝時期，《大越史記全書》以注釋的形式進行了記載：

---

① 校合本《大越史記全書》，第97頁。
② 饒宗頤：《吳越文化》，《中研院史語所集刊論文類編·民族與社會編》，中華書局2009年版，第1109—1110頁。
③ 班固：《漢書》，中華書局1962年版，第3139頁。

按黃帝時建萬國，以交趾界於西南，遠在百粵之表。堯命羲氏宅南交，定南方交趾之地。禹別九州，百粵為楊（杨）州域，交趾屬焉。成周時始稱越裳氏，越之名肇於此云。①

《國初沿革》亦極其簡單的敘述了雄王之世、安陽王神弩、神人皋魯、媚珠仲始、趙佗滅安陽王之事，這些均被采入《鴻龐紀》和《蜀紀》之中，其細節遠不如《嶺南摭怪》豐富。吳士連所採金龜、扶董天王等事卻不見於《國初沿革》。

吳士連所撰《鴻龐紀》和《蜀紀》包含《國初沿革》的內容，再結合《大越史略》的體例，筆者推斷黎文休《大越史記》很可能就有《國初沿革》一節，因而《大越史略》照抄於此，而吳士連結合《嶺南摭怪》的內容補充編撰為《鴻龐紀》和《蜀紀》。

在吳士連的記述下，神農氏為越地之先，但首君卻是涇陽王，這來自另外一部典籍阮廌《輿地誌》的記述：

紹平二年（一四三五），上德教遠加，四鄰有邦，咸來朝貢，行遣黎廌乃作書達于王，曰：我國肇有山川，東際於海，西抵于蜀，南至占城，北至洞庭。先君涇陽王，生有聖德，受封粵南，為百粵祖。雄王紹統，建國曰文郎國，分國中為交趾、朱鳶、武寧、福祿、越裳、寧海、陽泉、陸海、武定、懷驩、九真、平文、新興、九德，凡十五部。……②

作為越南輿地典籍的開山之作，阮廌認為"先君涇陽王"，"為百粵祖"，學者魏超認為這是阮廌根據《嶺南摭怪·鴻龐氏紀》構

---

① 校合本《大越史記全書》，東京大學東洋文化研究所1984—1986年版，第97頁。
② ［越南］阮廌：《抑齋遺集》卷六《輿地志》，越南國家圖書館藏嗣德二十一年福溪刻版，編號：R.964，第1頁。阮廌作為後黎朝開國功臣之一，黎利賜封國姓，因此又稱為黎廌。

建的另一越南古史起源，筆者深然其說。① 吳士連以涇陽王為首君，又溯至始祖神農氏。阮廌則直接以涇陽王為開端。

吳士連《大越史記全書》可以說是融合了之前的越南歷史學家關於古史起源的成果，從傳說中擷取史料，以炎帝神農氏為越地始祖，涇陽王為首君，融合仙人、神龍，其子孫創設文郎國，傳承雄王世系，又撰寫《蜀紀》記安陽王事，連結南越國歷史，將越南歷史提前到傳說中的炎帝神農時代。

經范公著、黎僖修訂和續編，《大越史記全書》由十五卷擴展至二十四卷，並在正和十八年（一六九七）由官方刊刻，頒佈天下，成為國史的基本典籍。而吳士連創造的古史起源於炎帝神農氏、國統始于鴻龐氏的理論也深入人心，成為通識。

### （三）《欽定越史通鑑綱目》與雄王國統

稍後於吳士連的歷史學家武瓊在《嶺南摭怪》序曰："我越乃古要荒之地，故記載又略之也。然其國始於雄王，為文明之漸，則濫觴于趙、吳、丁、黎、李、陳，於今則尾閭矣，故国史之載，特加詳焉"。② 但武瓊撰著的《大越通鑑通考》已經亡佚，黎嵩奉襄翼帝之命根據《大越通鑑通考》作《越鑑通考總論》曰"兵部尚書、國子監司業兼史館都總裁臣武瓊撰《越鑑通考》，述自鴻龐氏至十二使君，別為外紀"③。武瓊雖主張越史當從雄王開始，但仍以吳士連《鴻龐紀》即炎帝神農氏與涇陽王為国史開端。

阮朝編修《欽定越史通鑑綱目》之時，因雄王見於載籍，欲以雄王為越史之開端。但鴻龐氏、涇陽王、貉龍君等雖是傳說，卻為前朝史家所記。因此阮朝嗣德帝君臣對於如何立雄王為紀而舍去《鴻龐紀》進行了討論，《欽定越史通鑑綱目·卷之首》記載了史臣的意見和嗣德帝的諭旨。

---

① 魏超：《越南阮廌〈輿地志〉構建的古史起源與疆域觀》，未刊稿。
② 佚名著、戴可來、楊保筠校注：《嶺南摭怪等史料三種》，第 3 頁。
③ 校合本《大越史記全書》卷首，第 83 頁。

史臣認為涇陽王、貉龍君之事飄渺不稽，難以成為國統之始，惟有雄王建國立制，典籍可徵。朱熹《資治通鑑綱目》起威烈王二十三年，元金履祥又上溯至唐堯，明儒渭上南軒又溯自庖羲氏，史臣認為雄王與伏羲文字可稽相同，當為越史建統之始，然而《大越史記全書·鴻龐紀》畢竟已流傳數百年，要想新建雄王國統，須對前賢之論有所交代。

鄧國琅以《資治通鑑綱目》的撰述標準論吳士連及前人，以朱子之學為準繩，故而認為前儒作《鴻龐紀》及涇陽王、貉龍君為非，但亦並非全無根據。鄧國琅贊同潘清簡、范春桂的建議，仿照綱目體例，"因年以著統，大書以提要，分注以備言"①，分注涇陽、貉龍之事於雄王之下。嗣德帝批准以雄王為國統之始。

《欽定越史通鑑綱目》以雄王為越南國統之始，雖然根據《資治通鑑綱目》分注的體例解決了《鴻龐紀》的問題，但同時還要處理黎文休等史家提出的南越國國統。史臣對南越國及趙氏諸帝議論不多，曰"趙武帝據有番禺，與漢抗衡，終亦去號稱臣"②，《凡例》即以南越國為非正統。③ 這樣解釋未免草率，但如果考慮到《欽定越史通鑑綱目》修撰之時，黎文休《大越史記》早已亡佚，黎崱《安南志略》尚在中國，吳時仕《越史標案》、吳時任《大越史記前編》雖已有辯論，但為西山偽朝所採，故而在潘清簡等人看來，南越國就無法與吳士連《鴻龐紀》相比，所以一筆帶過，也就未再作辨析，而直承其說。④

《欽定越史通鑑綱目》雖以雄王為越史之始，但其內容則並未

---

① 朱熹：《資治通鑑綱目》，《朱子全書》第八冊，上海古籍出版社、安徽教育出版社2002年版，第21頁。
② 潘清簡：《欽定越史通鑑綱目》，第8頁。
③ 潘清簡：《欽定越史通鑑綱目》，第36、37頁。
④ 南越武帝趙佗功績顯赫，因而嗣德帝君臣對其態度複雜，雖然否定了南越國的國統地位，卻願意繼承其疆域。請參看葉少飛《中越典籍中的南越國與安南國關係》，載《中國邊疆史地研究》2016年第3期。另成思佳《開國之君、繼統帝王和北國"他者"——越南古代史家對趙佗形象的歷史書寫與記憶轉向》（《史學史研究》2022年第2期，第87—99頁）對趙佗在越南古代史中的地位變化有精闢論述，可參看。

超出吳士連《大越史記全書·鴻厖紀·蜀紀》的內容，基本照錄，只是以雄王為正文，以涇陽王、貉龍君事為注文。《大越史記全書》記載雄王為炎帝神農氏之後，因此潘清簡之後的越史家在實際上對誰為國史起源並不詳加區分，大多同時記取。

### （四）越南國家歷史起源的確立

越南史家創設的黃帝時代十五部落、炎帝神農氏、南越國、雄王四個古史起源，不同程度反映了越南史家對本國歷史淵源的探索與認知，這與中國史學的傳統是一致的。與越史相比，中國史學對中華古史的起源雖有多種解釋，卻並未出現大的分歧，以黃帝為中國古史起源成為不爭之論。即便越史也參考黃帝時代，以同時期的炎帝神農氏或十五部落為古史起源。以黃帝為中華古史起源就不得不歸功於司馬遷《史記·五帝本紀》了。至於為什麼以黃帝作為本紀之首，而非孔子所斷之唐虞，司馬遷於《五帝本紀》贊言黃帝之事，"百家言黃帝，其文不雅馴，薦紳先生難言之"；有關黃帝的典籍，"孔子所傳宰予問五帝德及帝繫姓，儒者或不傳"。事既不明，典籍亦不傳，惟司馬遷遊歷之處猶存黃帝之風教。司馬遷"觀春秋、國語，其發明五帝德、帝繫姓章矣，顧弟弗深考，其所表見皆不虛"，且"其軼乃時時見於他說"，互相發明，"不離古文者近是"，① 黃帝遂昭彰於典籍之中。司馬遷在《太史公自序》又曰：

  維昔黃帝，法天則地，四聖遵序，各成法度；唐堯遜位，虞舜不台；厥美帝功，萬世載之。作五帝本紀第一。②

黃帝之功績，在此已敘述明白，因此以黃帝為《史記》之首。逯耀東先生提出司馬遷《史記》中有兩個黃帝，一為《五帝本紀》中歷史的黃帝，一為《封禪書》中神仙黃帝。漢武帝好鬼神之祀，

---

① 《史記》，中華書局1959年版，第46頁。
② 《史記》，中華書局1959年版，第3301頁。

神仙家引黃帝以幹君祿，黃帝又為神仙。司馬遷以黃帝為《史記》開端，其撰述宗旨雖明，但以漢武帝喜好的黃帝為本紀之首，難免有阿上之嫌。故而司馬遷以神仙家黃帝的材料結合漢武帝封禪之典撰成《封禪書》，以述神仙家黃帝。[1] 因神仙家黃帝的緣故，《五帝本紀》述黃帝事蹟極簡略，如堯舜之神異皆不書，僅言法度、功績，竭力避免將歷史上的黃帝和神仙家黃帝混同。黃帝事本就極遠，司馬遷又不能述黃帝之神異以增加《五帝本紀》的內容，故而發出"非好學深思，心知其意，固難為淺見寡聞道也"的感歎。[2]

司馬遷以黃帝為本紀之始，即以黃帝為《史記》之始。阮芝生先生認為《史記》為通史，故而司馬遷必須確定一個起源，司馬遷認為黃帝之事均是古文《五帝德》《帝繫姓》所述，黃帝時代有史官，為信史之始，故而司馬遷以黃帝為中華古史起源。[3] 司馬遷又記述華夏四夷皆為黃帝之苗裔，黃帝遂為中華人文初祖。因司馬遷以卓越的史學才能精心建構撰著的不朽《史記》，《五帝本紀》中的黃帝為華夏始祖成為人們深植於心的共識。儘管東漢以後黃帝之前的傳說迭起，至唐代司馬貞於《五帝本紀》前又設《三皇本紀》，備載異說。[4] 但無論是史家、學者還是布衣公侯，以黃帝為中華之祖的觀念已經不可動搖，仍視三皇之事為傳說。

中國史書體裁在最初產生的時候往往具備較大的彈性，如《史記》《漢書》《三國志》《後漢書》雖均為紀傳體，但其體例差異較大。在史書體例確定之後，其突出的體裁特點就成為撰述者思想表述的直接體現。《大越史記》以南越國為國統之始，《大越史略》追溯南越國前歷史確立黃帝時期十五部落為國史開端，《安南志略》《大越史記全書》《欽定越史通鑑綱目》分別以紀傳體、編年體、綱目體三種史書體裁強化了南越國、炎帝神農氏、雄王三個國史起

---

[1] 逯耀東：《武帝封禪與〈封禪書〉》，《抑鬱與超越——司馬遷與漢武帝時代》，生活·讀書·新知三聯書店2008年版，第166頁。
[2] 《史記》，中華書局1959年版，第46頁。
[3] 阮芝生：《論史記五體的體系關聯》，《台大歷史學報》第7期，1980年12月。
[4] ［日］瀧川資言：《史記會注考證》，北嶽文藝出版社1999年版，第29—36頁。

源，尤其是雄王起源，完全根據綱目體史書體例確定，並以綱目體顛覆《大越史記全書》的炎帝神農氏起源與涇陽王首君。《大越史略》黃帝時期十五部落是古史起源，但其確立的國統卻是南越國，《安南志略》亦是南越國起源，二書觀點皆來源於《大越史記》。

越南四個古史起源中，南越國起源說是採用信史，而黃帝時代十五部落、炎帝神農氏與涇陽王首君、雄王三種起源則建立在中越歷史和傳說之上。十五部落說依據《史記·五帝本紀》記載的黃帝建國而設，在時間上追跡《史記》。而炎帝神農氏起源說則是吳士連根據越地傳說和歷史構建的一個新的歷史起源，以炎帝為越地始祖，涇陽王為首君，實際是效法司馬遷鉤沉史籍和傳說以黃帝為中華始祖的著史方式，並將之前的十五部落和南越國兩個起源說全部涵蓋進去，構建了一個完整、悠遠的越南古史起源。吳士連上溯炎帝神農氏，有較為清晰的世系和傳承，與南越國歷史銜接。相比于十五部落和南越國起源，炎帝神農氏起源說雖然是吳士連借助於中越史籍和傳說，在《嶺南摭怪》和《輿地志》的基礎上，借鑒中國古史起源所建立，卻相對自成一體，又與中國古史中的黃帝相對應。《欽定越史通鑑綱目》以朱熹《資治通鑑綱目》體例為本，認為涇陽王、貉龍君之事究屬傳說，又因雄王為典籍所載，故而以雄王為越史之始。但雄王為貉龍君之子，亦可認為雄王起源脫胎於炎帝說。可以說越南歷史學家為本國構建理想的國史起源的工作最終是由吳士連總括完成的。

## 二　越南古代史學中的國家自主思想

越南自主建國之後，雖朝貢中國，接受中國皇帝冊封，但在國內稱帝建號，在內政上也具有獨立性[1]。越南史家繼承了中國史學

---

[1] 安南在內政上保持獨立，但因為參與了以中國為中心的朝貢體系，中國對朝貢國有存亡繼絕的義務。因此安南在改朝換代時，陳朝、莫朝和後黎朝殘餘力量均曾向中國求救，明朝和清朝均介入安南內戰。因此在朝貢體系下，安南保持內政的獨立，中國卻擁有相應的保護義務，可以合法介入。

追溯源流的傳統，勾稽自主建國前的歷史事件，體現國統悠遠和國祚綿長，進而凸顯本國的自主思想。①

### （一）"我越無主"

漢武帝滅南越國，郡縣其地，經兩漢魏晉南朝隋唐，中央派來的郡守賢愚不一，多有貪殘暴虐之人。安南自主建國之後，面臨著來自南方占城和北方中國的威脅。黎文休將越史上溯至趙佗南越國，以南越國為正統之始，因此將自主時期與中國和占城的關係，同時上推，藉來自中國的"北人"和南方的林邑體現自主性。

《大越史記》亡佚，《大越史記全書》以"黎文休曰"保留了部分評論，黎文休突出的體現了自主思想。在對趙佗的評價中，黎文休重點強調了趙佗抗衡漢朝、建立帝王事業的大功，並以趙佗為後世立下標杆："後之帝越者，能法趙武，固安封圻，設立軍國，交鄰有道，守位以仁，則長保境土，北人不得復恣睢也。"② 兩漢之際，雒將之女徵側憤蘇定冤殺其夫，與妹徵貳起事，聲勢浩大，最後馬援南征方才徹底平定，黎文休曰：

> 徵側、徵貳以女子，一呼而九真、日南、合浦及嶺外六十五城皆應之。其立國稱王，易如翻掌，可見我越形勢足致霸王之業也。惜乎繼趙之後，以至吳氏之前，千餘年之間，男子徒自低頭束手，為北人臣僕，曾不愧二徵之為女子。吁！可謂自棄矣！③

黎文休在此表述清楚，趙佗之後，吳權之前，千載間唯有二徵登高一呼，"立國稱王易如翻掌，可見我越形勢足致霸王之業"，吳

---

① 可參看陳文源《13—15世紀安南的國家意識與文化取向》，《世界歷史》2014年第6期。
② 校合本《大越史記全書》外紀卷之二，第114頁。
③ 校合本《大越史記全書》外紀卷之三，第126頁。

士連亦稱："徵氏憤漢守之虐，奮臂一呼而我越國統幾乎復合"①，可惜時運不濟，未能功成，為北人臣。兩漢歷史結束之後，鑒於郡守暴虐導致叛亂，黎文休曰：

> 觀史至我越無主之時，為北人刺史之無清行者所困。北京地遠，無所告訴，不覺愧感交集，冀見精誠。如後唐明宗時，焚香祝天，願天為我越早生聖人，自帝其國，以免北人之侵漁者也。②

因"我越無主"，北人刺史肆虐，黎文休提出了"願天為我越早生聖人，自帝其國"的願望，以免越地人民受南來酷吏的荼毒。三國時期士燮治交州四十年，推行文教，刀兵不舉，後世尊稱"南交學祖""士王"，當此亂世，士燮未能如魏蜀吳一般裂地建國，子孫不肖，黎文休深表遺憾。吳士連承繼黎文休的思想，對趙佗、二徵、士燮做一總論：

> 五嶺之於我越者，是為險塞，國之門戶，猶鄭之虎牢，虢之下陽也。帝越者固宜設險守國，不可使之失也。趙氏一失其守，國亡統絕，土宇瓜分，我越又分，南北之勢成矣。後有帝王之興，地險已失，復之必難。故徵女王雖能略定嶺南之地，不能據得嶺險，旋底於亡。士王雖復全盛，然猶為當時諸侯，未正位號，沒後又失之。而丁、黎、李、陳止有交州以南之地，不復趙武之舊，勢使然也。③

黎文休、吳士連皆以南越國為正統，南越國亡，遂"國亡統絕"，二徵雖據其地但旋即敗亡，士燮雖強，但未稱君建政，隨即

---

① 校合本《大越史記全書》外紀卷之三，第127頁。
② 校合本《大越史記全書》外紀卷之三，第130頁。
③ 校合本《大越史記全書》外紀卷之二，第120—121頁。

亦失。黎文休、吳士連二人以趙佗為衡量標準，故丁、黎、李、陳則僅擁有南越國一隅之地，猶未恢復南越舊疆。

東漢時林邑在日南之地建國，不時北侵，唐代改稱環王，五代以後則稱占城。宋文帝元嘉九年（四三二）夏五月，林邑王范陽邁遣使入貢於宋，求領交州。宋帝答以道遠不許。安南立國之後，與林邑的延續者占城進行了持續數百年的戰爭，視之為生死仇敵，黎文休對元嘉九年林邑的求領行為極為憤怒：

> 賁育之稚幼，則不能抗跛尪之壯年。林邑乘我越無君之時，乃寇日南、九真而求領之，豈當時我越不能支此林邑耶？特以無統率之者故也。時不終否而必泰，勢不終屈而必伸。李太宗斬其主乍斗，聖宗擒其主制矩，而繫其民五萬人，至今為臣僕，亦足以雪數年污辱之雛恥也。①

林邑乘"我越無君"之時，肆無忌憚，因"無統率之者故"，則任其囂張。李太宗破占城在慶曆四年（一〇四四）②，李聖宗擒制矩在熙寧二年（一〇六九）③，距元嘉九年已超過六百年，黎文休專記李朝破林邑，堪稱十世之仇得雪。《宋書·林邑國》記載元嘉二十三年交州刺史檀和之征伐林邑大獲全勝④，並不需要等到六百年後李朝雪恥。對於齊梁之際起兵稱帝，卻迅速敗亡的交州土豪李賁，黎文休似乎頗有怒其不爭的感覺："今李賁有眾五萬，而不能守國。然則賁短於為將耶？抑新集之兵不可與戰耶？李賁亦中才之將，其臨敵制勝，不為不能，然卒以兩敗身亡者，蓋不幸而遇陳霸先之善用兵也。"⑤ 倒是吳士連對李賁之敗做了解釋：

---

① 校合本《大越史記全書》外紀卷之四，第144頁。
② 校合本《大越史記全書》本紀卷之二，第233—234頁。
③ 校合本《大越史記全書》本紀卷之三，第245頁。
④ 《宋書》卷九七，中華書局1974年版，第2378頁。《大越史記全書》記檀和之伐占城在元嘉十三年，誤。
⑤ 校合本《大越史記全書》外紀卷之四，第150頁。

前南帝之興兵除暴，宜若順乎天矣。然而卒致敗亡者，蓋天未欲我國平治耶。嗚呼！非特遇霸先之善用兵，又遭江水之暴漲，以助其事，庸非天乎！①

吳士連認為李賁事敗除了遇見名將陳霸先，江水上漲便於梁軍進攻，此是天不助其力。九三七年峰州人矯公羨攻殺交州節度使楊廷藝，其婿愛州人吳權又除矯公羨，擊敗南漢水師，於九三九年稱王，黎文休曰：

前吳王能以我越所集之兵，破劉弘操百萬之眾，拓土稱王，使北人不敢復來者。可謂以一怒而安其民，善謀而善戰者也。雖以王自居，未即帝位改元，而我越之正統，庶幾乎復續矣。②

吳權雖未稱帝，但其即位稱王之舉，已是極大的成功，越地正統亦近乎接續。吳士連亦認為："前吳之興，非徒有戰勝之功，其置百官，制朝儀，定服色，帝王之規模可見矣。"③吳權死後，妻弟楊三哥篡位，吳權次子吳昌文又重新掌權，吳昌文卒後，交州大亂，丁部領與子丁璉率兵三萬擊敗群雄，於九六八年稱"大勝明皇帝"，黎文休曰：

先皇以過人之才明，蓋世之勇略，當我越無主，群雄割據之時，一舉而十二使君盡服。其開國建都，改稱皇帝，置百官，設六軍，制度略備，殆天意為我越復生聖哲，以接趙王之統也歟。④

趙佗之後千載之下，終於有丁部領稱帝建國，為越地再起聖主，

---

① 校合本《大越史記全書》外紀卷之四，第150頁。
② 校合本《大越史記全書》外紀卷之五，第172頁。
③ 校合本《大越史記全書》外紀卷之五，第172頁。
④ 校合本《大越史記全書》本紀卷之一，第180頁。

承接趙越國統。史臣吳士連曰："天地之運，否必有泰，北南同一理也。北朝五代壞亂，而宋太祖起。南朝十二使君分擾，而丁先皇興。非偶然也，天也。"① 吳士連認為當此南北亂世之時，丁部領之興實為天意，天為南國生丁先皇，為北國生宋太祖。南北二帝，皆應天命而興。此後黎、李、陳、黎代興，國家自主，國祚綿延不絕。

### （二）國祚不絕

黎文休以何種形式來連接自主建國後各代之間的承續關係，因《大越史記》亡佚不得而知。吳士連以"紀"的形式將上古鴻龐氏、屬漢唐郡縣至丁部領稱帝之後各代史事統一銜接起來，以體現安南與中國"天限南北，各帝一方"，在理清北屬時期的正統和自主思想之後，丁黎李陳即是諸家正統的自然延續。《欽定越史通鑑綱目》在前代典籍基礎上修史，對前代觀點提出了很多顛覆性意見。該書在篇目中不再設"紀"，以年相系，《凡例》明確表示遵照朱熹《資治通鑑綱目》的要求"大書以提要，分注以備言"，以"大書"和"分注"體現正統。

吳士連為歷代設"紀"，效法《資治通鑑》的寫作計畫，以吳權之前的歷史為"外紀"，吳權之後的歷史為"本紀"，為越史設計了悠遠不絕的國祚。不僅如此，在吳士連的設計之中，安南不僅繼承了來自炎帝神農氏、趙武帝、二徵、李南帝等國統，還繼承了郡縣北屬時期以士燮、陶璜②、高駢、趙昌等行政長官為代表的良好"治統"③，吳士連對北屬時期守任的政績和功勳加以肯定和讚揚，並以"紀"的形式表現出來。在北屬時期，"國統"與"治統"分離，安南自主建國之後，二者自然合而為一。

武瓊以丁部領為"大一統"，將吳權列入"外紀"。武瓊書亡

---

① 校合本《大越史記全書》外紀卷之五，第176頁。
② 2015年1月29日，筆者考察北寧省順城縣清董社清懷村陶璜廟，見到懸有"北朝良牧"金匾，柱廊對聯也多稱頌陶璜治交州的功績。
③ 請參看羅厚立（羅志田）《道統與治統之間》，《讀書》1998年第7期。

佚，但從《越鑑通考總論》中仍可看出武瓊繼承了吳士連大部分的史學思想。吳士連的思想與後黎朝官方思想有一定的差異，但因《大越史記》《大越通鑑通考》皆亡佚，因此范公著在吳士連書基礎上修史，為吳士連書及思想賦予了官方地位。《大越史記前編》因吳時仕認為"佗與漢抗，交州未與中國通，故以外屬起例，別內屬云"，因此以趙佗為"外屬"，漢晉南朝隋唐為"內屬"；《大越史記前編》雖然刪去了吳士連所設的"蜀紀""士王紀""趙越王紀""後李紀"，但其事皆有所系，列於各"紀"之下。儘管吳時仕大作翻案文章，對前朝已有的觀點做出了顛覆性的修改，並被吸收進《大越史記前編》之中，但吳士連為越史設計的國統體系仍被繼承下來。《欽定越史通鑑綱目》在正文各卷中以年系事，在《凡例》中對正統、書法、體例、人物、敘事等做了極為詳細明確的規定和說明，一遵朱熹書法。作為越南古代最後一部官修通史，《欽定越史通鑑綱目》儘管在史學評價方面對北屬時期和自主各代與前朝史籍有所不同，但是君臣共重、考證詳細，越史在此擁有完備、細緻的記述和敘事，既是朱熹史學在越南發展的體現，也是越南古代官修通史的集大成之作。

### （三）"內帝外王"[①]

交州十世紀自主立國之時，東濱海域，西臨群山，南有自東漢

---

[①] 文莊指出："後一千年它是中華封建帝國的藩屬，當地上述統治階級適時地掌握了中原出現混亂的時機，按照中原帝國的模式並結合當地條件建立起幾個封建王朝，仍受中原帝國的冊封，以保證自己的合法性和安全，同時又保持本土的獨立自主，史稱'內帝外王'"（氏著《中越關係兩千年》，社會科學文獻出版社2013年版，第1頁），但作者並未指出"內帝外王"的出處，可能是根據自己的研究總結而來，也沒有對"內帝外王"的內涵再進行分析。韓國學者趙東一比較韓國和越南歷史，雖然沒有明確提出"內帝外王"的概念，但認為在冊封體製中越南在實行"內帝外王"政策，又從韓越史書比較的角度展現了越南與中國的政治分離。（氏著《東亞文明論》，李麗秋譯，社會科學文獻出版社2013年版，第95—105、124—131頁）。筆者在《越南歷代"內帝外臣"政策與雙重國號的演變》（《形象史學研究》2015年下半年刊，人民出版社2016年版，第134—166頁）根據潘輝注《歷朝憲章類志》所言"內帝外臣"分析越南歷代王朝內外不同政策。業師丁克順教授建議改稱"內帝外王"，含義同於潘輝注所稱的"內帝外臣"，此節即在拙文基礎上改寫而來。

傳承千年的占城，北有經歷周秦漢唐的中國，大越—安南國與兩國戰和不定，長期共存。如何確定自己的位置，應對與南北兩國的交往，成為安南君臣及史書敘述極為重視的內容。

九六八年丁部領稱"大勝明皇帝"，九七三年宋太祖封丁部領為"交阯郡王"，交州與宋朝即建立了進貢—賜封、告哀—致祭的關係，之後的前黎和李朝亦如是。至淳熙元年（一一七四）宋孝宗封李英宗為安南國王，安南國王——中華天子的朝貢關係最終形成。在朝貢關係中，安南以中國封贈的爵號自稱"安南國王"，為中華天子之臣、外諸侯，世為屏藩。中國亦負有賜封、致祭、存亡繼絕等相應的義務。儘管中間經歷了戰爭和削號等變化，但這一關係模式相當穩定，延續至十九世紀末才最終解體。

但大越—安南國內部對與中國的關係卻有一套自己的認知。丁部領稱皇帝，將交州的政治規格提升至最高，繼起的前黎、李、陳、後黎各代無不以稱帝為規制。安南與中國交往時雖稱"安南"，但內部另有國號。九六八年丁部領稱帝時，建號"大瞿越"，在丁黎都城華閭則發現有"大越國軍城磚"遺物。李聖宗一〇五四年建國號"大越"，陳朝、後黎朝、莫朝均繼承"大越"國號未予更改，與之相應各代史書均設"紀"或"本紀"，以記述帝王之事。

李朝太祖李公蘊允文允武，獲取政權之後，下令將都城從華閭（在今寧平省）遷至大羅城（在今河內市），詔曰：

> 昔商家至盤庚五遷，周室迨成王三徙，豈三代之數君，徇於己私，妄自遷徙。以其圖大宅中，為憶萬世子孫之計，上謹天命，下因民志，苟有便輒改，故國祚延長，風俗富阜。而丁、黎二家，乃徇己私，忽天命，罔蹈商周之跡，常安厥邑於茲，致世代弗長，算數短促，百姓耗損，萬物失宜，朕甚痛之，不得不徙。況高王故都大羅城，宅天地區域之中，得龍蟠虎踞之勢，正南北東西之位，便江山向背之宜。其地廣而坦平，厥土高而爽塏，民居蔑昏墊之困，萬物極蕃阜之豐。遍覽越邦，斯為勝地。誠四方輻輳之要會，為萬世京師之上都。朕欲因此地

利，以定厥居，卿等如何。①

為何遷都，《大越史記全書》記載："帝以華閭城湫隘，不足為帝王居，欲遷之"②，但丁氏、前黎定都華閭逾六十年，為何獨此時"湫隘"，而丁黎兩朝不以為意？當是李公蘊和平奪權，為了破壞丁氏和前黎的統治基礎，直接遷都，另起基礎。《遷都詔》中明確了幾個觀點：（一）遷都之舉乃效法商之盤庚、周之成王，為國為民；（二）丁黎二家乃徇己私，忽天命，不遵商周聖王之跡，導致國祚短促，百姓耗損，為國家計，必須遷都；（三）盤庚遷殷，成王營成周，皆"以其圖大宅中"，即居天下之中，故能國祚綿長；（四）大羅城"宅天地區域之中"，"為萬世京師之上都"，得商周遷都之旨，故遷於此。謝志大長撰文認為李公蘊遷都在於南方爱州等地不定，賊寇眾多，遂遷至安全的羅城。③但丁黎能安居華閭，李公蘊自然可以。遷都是綜合的決策，肯定包含政權安全的考慮，但應該不是因爲南方賊寇的問題。

李公蘊在此給自己創建的政權賦予了清晰的政治文化定位：即居天地之中，法聖賢之治。這並非安南原創的政治文化，而是來源於中華文化進行的自我創造，生發於彼，而自立於此。李朝治政尚忠孝仁義，即從李太祖始。李公蘊卒，諸子作亂，太子李佛瑪以兄弟之義不忍行誅殺，大臣以周公、唐太宗之事相喻，大將黎奉曉以君臣之義誅殺逆臣，太子以尉遲敬德比黎奉曉。一一二七年李仁宗卒時，召太尉劉慶覃受遺詔曰：

朕聞生物之動，無有不死。死者天地之大數，物理當然。而舉世之人，莫不榮生而惡死。厚葬以棄業，重服以損性，朕甚不取焉。予既寡德，無以安百姓，及至殂落，又使元元衰麻

---

① 陳荆和校合本《大越史記全書》本紀卷之二，第207—208頁。
② 校合本《大越史記全書》本紀卷之二，第207頁。
③ TẠ Trí Đại Trường, Có một Nguyên nhân dời đô khác（謝志大長《另一個遷都原因》），09/09/2010，http：//www.talawas.org/？p=23999。

在身，晨昏臨哭，減其飲食，絕其祭祀，以重予過，天下其謂予何。朕悼早歲而嗣膺大寶，居王侯上，嚴恭寅畏，五十有六年，賴祖宗之靈，皇天孚佑，四海無虞，邊陲微警，死得列於先君之後，幸矣。何可興哀。朕自省斂以來，忽嬰弗豫，病既彌留，恐不及警誓言嗣。而太子陽煥，年已周紀，多有大度，明允篤誠，忠肅恭懿，可依朕之舊典，即皇帝位。肆爾童孺，誕受厥命，繼體傳業，多大前功。仍仰爾臣庶，一心弼亮。咨爾伯玉，實丈人器，飭爾戈矛，預備不虞，毋替厥命，朕之瞑目，無遺恨矣。喪則三日釋服，宜止哀傷，葬則依漢文儉約為務，無別起墳陵，宜侍先帝之側。嗚呼！桑榆欲逝，寸暑難停，蓋世氣辭，千年永訣。爾宜誠意，祗聽朕言，明告王公，敷陳中外。①

李朝崇佛，黎嵩論李聖宗："然疲民力以築報天之塔，費民財以造靈潭之宮，此其短也"②，但李仁宗並未在佛教之中問性命生死。李聖宗強調"予既寡德""重予過天下"，幸祖宗保佑，得以"皇天孚佑，四海無虞"，太子即位，"仰爾臣庶，一心弼亮"。死後，"喪則三日釋服"，葬制依照漢文帝儉約而行。李仁宗的遺詔，與漢魏唐宋有為之君遺詔相近，對自己將逝之人、對嗣位之君、對輔弼臣子都有道德和政治的要求，是聖賢治道的體現。在聖賢治道的指引下，大越自然生發成為一個有別於宋朝的"天下"之中、"四海"之內、"中外"之中。③陳朝繼承李朝政治思想與文化，陳明宗開祐七年（一三三五）所立《摩崖紀功文》開篇直言："皇越陳朝第六帝，章堯文哲太上皇帝，受天眷命，奄有中夏，薄海內

---

① 校合本《大越史記全書》本紀卷之三，第267頁。
② 校合本《大越史記全書》卷首，第88頁。
③ 可參看李焯然《越南史籍對"中國"及"華夷"觀念的詮釋》，載《復旦學報》2008年第2期。

外，罔不臣服。蕞爾哀牢，猶梗王化"①，"受天眷命，奄有中夏"所指正是陳朝。陳朝即是有別於元朝的另一個"中夏"。

有"中夏"則當有"四夷"，儂存福叛亂，李太宗下詔："朕有天下以來，將相諸臣，靡虧大節，異方殊域，莫不來臣，而諸儂世守封疆，常供厥貢。今存福妄自尊大，竊號施令，聚蜂蠆之眾，毒邊鄙之民。朕以之龔行天討。"②太宗認為儂存福罪在不貢，又妄自尊大，荼毒邊鄙，當代天討伐，遂遣軍斬存福等五人。李太宗與大臣有一段對話：

> 帝問左右曰："先帝棄世，於今已十六載矣。而占城未有一介使來，何也？意朕之威德不加乎？抑彼自恃山川之阻險乎？"對曰："臣等以為，陛下之德雖加，而威未廣故也。何者？陛下即位以來，彼逆命不庭，惟布德施惠以懷之，未嘗信威耀武以征之，非所以威遠人也。臣恐海內異姓諸侯，皆如占城，奚啻占人哉。"帝於是決意伐占城。③

李朝君臣在意朝廷的威德所至，故而因占城不遣使而征伐。《大越史記全書》多記載"真臘來貢""占城來貢"，對周邊的哀牢、盆蠻等亦稱為"貢"。戴可來教授將越南借鑒中國朝貢體系構建自己的朝貢體系的行為，稱為"亞宗藩"關係④。一一一九年李仁宗發佈詔書討伐麻沙洞，對大越主導的朝貢關係有清晰地理念

---

① 《越南漢喃銘文彙編》第二集《陳朝》，（河內）漢喃研究院\（嘉義）中正大學文學院2002年版，第287頁。
② 校合本《大越史記全書》本紀卷之二，第238頁。
③ 校合本《大越史記全書》本紀卷之二，第232頁。
④ 戴可來：《略論古代中國和越南的宗藩關係》，載《中國邊疆史地研究》2004年第2期。之後又有《李陳朝時期越南與周邊國家的"亞宗藩關係"》（王繼東、郭聲波，載《東南亞研究》2007年第4期）、《中越宗藩關係對越南李朝亞宗藩關係構建的影響》（王繼東，載《鄭州大學學報》2010年第4期）、《"華夷"觀念在越南的影響與阮朝對周邊國家的亞宗藩關係》（孫建黨，載《許昌學院學報》2010年第6期）相繼對越南"亞宗藩"關係進行研究探討。

表述：

> 詔曰：朕膺一祖二宗之業，奄有蒼生，視四海兆姓之民，均如赤子，致異域懷仁而歆附，殊方慕義以來賓。且麻沙洞丁生於吾之境土，而麻沙洞長世作予之藩臣。蠢爾庸酋，忽負先臣之約，忘其歲貢，乃缺故典之常。朕每思之，事非得已，其以今日，朕自將討之。咨爾將師六軍，各盡汝心，咸聽朕命。①

朝貢是屬國的義務，如果缺貢，國家即有權利征討。越南王朝的朝貢體系與征伐行為世代相承，到黎聖宗時達到極致。黎聖宗在位三十八年，是後黎朝的全盛時期。自成化六年（一四七〇）征占城開始，黎聖宗陸續發動了對占城、盆蠻、哀牢等朝貢國的戰爭，並多次親征。黎聖宗一四七〇年征占城，一四七九年六月征盆蠻、七月征哀牢，分別發佈了三道詔書，引經據典，諭內修外攘，蠻夷猾夏，聖天子躬行天討。②

大越—安南國歷代自認為"中夏"，建立了四夷臣服的朝貢體系，但北方的中國並不在越南的朝貢體系之中。首先安南加入了以中國為中心的朝貢體系，受封安南國王，以藩臣自居，因此執行這一體系中安南國王——中華天子的話語模式。同時安南在史書記載、自我文書中，則以"中夏"自居，因此稱宋為"宋人"，元為"元人"，明為"明人"，或稱"明寇"，清為"清人"，統一稱為"北人"或"北朝"，中國歷史稱"北史"。③這兩套不同的話語體系在越南官修史書中並行不悖，構成了與中國及周邊國家的交往模式。

面對中國這一千年的鄰居，大越—安南國仍需謹慎應對。宋神宗熙寧八年（一〇七五）李仁宗知曉"宋王安石秉政，上言以為我

---

① 校合本《大越史記全書》本紀卷之二，第260頁。
② 黎聖宗征伐事見陳荊和校合本《大越史記全書》本紀卷之十二、十三。
③ 可參看張崑將《越南"史臣"與"使臣"對"中國"意識的分歧比較》，《臺灣東亞文明研究學刊》2015年6月。

國為占城所破，餘眾不滿萬人，可計取之。宋命沈起、劉彝知桂州，潛起蠻峒兵，繕舟船，習水戰，禁州縣不與我國貿易"，遂先發制人，"命李常傑、宗亶領兵十餘萬擊之"，李常傑攻破欽州、廉州，屠邕州，擄掠而去。① 這是交州在自主建國之後，第一次主動迎戰中國，具有重大的意義。②《續資治通鑑長編》記載：

  時交趾所破城邑，即為露布揭之衢路，言所部之民亡叛入中國者，官吏容受庇匿，我遣使訴於桂管，不報，又遣使泛海訴於廣州，亦不報，故我帥兵追捕亡叛者。又言桂管點閱峒丁，明言欲見討伐。又言中國作青苗、助役之法，窮困生民。我今出兵，欲相拯濟。③

李燾將此事記在宋朝討伐安南詔書之後，解釋因安南露布言及青苗等法，故王安石親自制詔以回擊。④ 南宋魏齊賢將此詔書名《敕榜交趾文》錄入《五百家播芳大全文粹》，署名王介甫。⑤ 越南已故著名學者陳文玾教授從成書於陳朝的《越甸幽靈集》中找出一篇交阯於此役的露布，認為是李常傑所作，名《伐宋露布文》：

  天生蒸民，君德則睦；君民之道，務在養民。今聞宋主昏庸，不循聖範，聽安石貪邪之計，作青苗助役之科，使百姓膏脂塗地，而資其肥己之謀。蓋萬民資賦於天，忽落那要離之毒，在上固宜可憫，從前切莫須言。本職奉國王命，指道北行，欲清妖孽之波濤，有分土無分民之意。要掃腥穢之污濁，歌堯天

---

 ① 校合本《大越史記全書》本紀卷之三，第248頁。
 ② 請參看耿慧玲《越南文獻與碑誌資料中的李常傑》，載《風起雲揚——首屆南京大學域外漢籍研究國際研討會論文集》，中華書局2009年版，第469—484頁。
 ③ 李燾：《續資治通鑑長編》卷二七一，中華書局1995年版，第6650—6651頁。
 ④ 李燾：《續資治通鑑長編》卷二七一，中華書局1995年版，第6651頁。
 ⑤ 魏齊賢：《五百家播芳大全文粹》卷九一，文淵閣《四庫全書》1353冊，上海古籍出版社1987年版，第585頁。

享舜日之佳期。我今出兵，固將拯濟，檄文到日，用廣聞知。切自思量，莫懷震怖。①

此露佈內容與李燾所記"又言中國作青苗、助役之法，窮困生民"和"我今出兵，欲相拯濟"相符。與前文所錄的李朝討伐蠻夷詔書的高調相比較，露布文辭極為巧妙，征伐之由在"宋主昏庸"、"安石貪邪"，荼毒百姓。至於交阯為何能夠征討宋朝，李常傑指出"有分土無分民"，"天生蒸民，君德則睦；君民之道，務在養民"，宋朝君臣不恤人民，"作青苗助役之科，使百姓膏脂塗地，而資其肥己之謀"，故本國得以興兵，李常傑奉國王之命，掃清妖孽，再創堯天舜日。交阯在這次的主動挑戰中並未完全跨出已定的皇帝——國王朝貢模式之外，雖然在露布中稱宋神宗為"宋主"而非皇帝，仍稱己方為"國王"，而非"大越皇帝"。在露布中，交阯並未提及"中夏"與"蠻夷"，而是以聖賢之道為範，強調本國同樣擁有"弔民伐罪"的權利，此足以顯示交阯在面對宋朝時擁有幾乎平等的文化自信。基於這樣的平等與自信，安南在處理與中國和周邊國家的關係過程更加靈活有效。②

因元明兩朝與安南的戰爭，越南官修史籍亦稱"元寇"及"明

---

① 《李陳詩文》第1集，河內：社會科學出版社1977年版，第319—320頁。《新訂較評越甸幽靈集》卷2錄有此露佈，載《越南漢文小說集成》第2冊，上海古籍出版社2010年版，第279頁，此本可能為陳文玾教授所輯的來源。《越甸幽靈集》成書於陳朝，有多個版本流傳，但早期版本關於李常傑的傳記中並無露佈，《新訂較評越甸幽靈集》成書較晚，但觀露佈文辭，與李朝詔書行文相近，此本所據或另有來源。

② 范學輝在《王安石自作〈討交阯敕榜〉說質疑》（《史學集刊》2017年第3期，第75—81頁）一文中認為王安石親自製詔回擊交阯之文為舊黨政敵所偽造，其史料來源司馬遷《涑水記聞》出自政敵之手，並不可靠。且敕榜內容既不符合當時詔書制度，也與王安石思想不符。但作者並未見到越南一方的《伐宋露布文》，其內容與李燾所記交阯攻擊新法、窮困生民及"我今出兵欲相拯濟"的內容相符，司馬光的記載並沒有問題，王安石自製敕榜的前提是存在的。如拙文所分析，《伐宋露布文》在攻擊新法的同時，非常高明地強調"有分土無分民之意"，本國"要掃腥羶之污濁，歌堯天享舜日之佳期"，"我今出兵，固將拯濟"，這是直接挑戰宋朝的儒家世界共主地位，這絕非王安石所能容忍，"故介甫自作此榜以報覆之"（司馬光著，鄧廣銘、張希清校：《涑水記聞》卷十三，中華書局1989年版，第250—252頁）。

寇"，但因大越—安南總體上仍屬於中國的同文國家，制度相近，文化相通，宋元明清的思想、人物事蹟，安南引述並無隔閡，在史書敘述中有自然的連接。

在李、陳、黎朝的朝貢體系中，占城均是最重要的一員，但在越南歷代持續不斷的進攻下，占城在十七世紀最終被吞併，而曾經向王朝朝貢的盆蠻、哀牢也同樣在歷史中消失。向安南朝貢的真臘，也被奪取了大量的土地。儘管大越—安南歷代帝王和大臣對其建立的周邊國家朝貢體系自豪，並要求宗主國對朝貢國盡相應的義務，但歷史發展進程證明越南以"內帝外王"政策構建的朝貢體系更多的是國家發展和擴張的戰略。

### （四）治國思想

就現有文獻來看，越南古代史籍受司馬光《資治通鑑》和朱熹《資治通鑑綱目》影響很大，在體例、方法、思想上都有突出的體現。宋神宗為《資治通鑑》作序，對其內容作了精闢的概括，曰：

> 其所載明君、良臣，切摩治道，議論之精語，德刑之善制，天人相與之際，休咎庶證之原，威服盛衰之本，規模利害之效，良將之方略，循吏之條教，斷之以邪正，要之於治忽，辭令淵厚之體，箴諫深切之義，良謂備焉。[1]

宋神宗在此高度評價司馬光書的治政功能，並御賜"資治通鑑"書名。越南古代史家深得《資治通鑑》之要旨。一四七九年吳士連在《擬進大越史記全書表》中言：

> 備歷代君臣之跡，明古今治亂之原。歲周於上而天道明，統正於下而人紀立。以至禮樂征伐，與夫制度紀綱，莫不正其謬訛，補其闕略，間有關於風化，附臆說以發明。……效馬史

---

[1] 宋神宗：《資治通鑑序》，《資治通鑑》第1冊，中華書局1956年版，第29頁。

之編年，第慚補綴；法麟經之比事，敢望謹嚴。但於彝倫日用之常，與其格物致知之學，嘗於燕暇，少備覽觀。傳信傳疑，期汗青之無愧；繫辭繫事，庶文獻之足徵。①

一六六五年范公著在《大越史記續編書》中論越史之作：

> 國史何為而作也？蓋史以記事為主，有一代之治，必有一代之史。而史之載筆，持論甚嚴。如黼黻至治，與日月而並明。鈇鉞亂賊，與秋霜而俱厲。善者知可以為法，惡者知可以為戒。關係治體，不為不多。故有為而作也。粵自我國繼天地之開闢，鴻龐氏首出御世，歷至國朝黎恭皇，有君、有臣、有體統。其政治之得失，世道之隆污，禮樂之興廢，人物之賢否，莫不備載於史冊之中。②

一六九七年黎僖《大越史記續編序》論前史："其間事蹟之詳略，政治之得失，莫不悉備於記載之中"，增修之後，仍名《大越史記全書》，刻印流傳，"善者知所激昂，惡者知所懲艾，推而為修齊治平之極功，遂來動和之大效，端在是矣"③。顯然吳士連、范公著、黎僖三位史家均以史書作為政治的鑒戒，明正統篡逆，治亂之原，立制度綱紀，這是儒家學者的集體呼聲。諸位史家明於治道，但治政之事千頭萬緒，針對李朝和陳朝的崇佛行為，史家需要在歷史敘述和評論中明確和樹立儒家治國思想。

黎桓廢丁建黎之時，有僧侶匡越大師吳真流和法師順參與其中。李朝太祖李公蘊曾遊學於六祖寺，受教於僧萬行，涉獵經史，得到僧侶力量的很大幫助，一〇一〇年李公蘊建立李朝，隨即大力興建佛寺，並以佛教為國教。一〇七〇年李聖宗修文廟，塑孔子、周公

---

① 校合本《大越史記全書》卷首，第57頁。
② 校合本《大越史記全書》卷首，第59頁。
③ 校合本《大越史記全書》卷首，第61頁。

及四陪像等，四時奉祀。一〇七五年李仁宗"詔選明經博學及試儒學三場"①，儒家力量有所發展，但遠遠不及佛教。《大越史記全書》論李公蘊"未明正學，反好異端"②，黎文休對其興建佛寺、民為僧侶、虛耗民力的情況極力批判，認為李公蘊為此非垂範後世之舉③。助李公蘊建政的僧萬行去世，吳士連評價："僧萬行初見李祖，知非常人。及見震文，揣知時變，則其智識超乎凡人矣。然而決性命，廢人倫，厭塵囂，依禪寢，以獨潔，君子不與也"④，吳士連認為萬行雖智慧過人，揣知時變，但皈依佛法卻非君子之行，吳士連對佛教進行了深層次的否定。

李公蘊建政之時，曾有讖緯"樹根杳杳，木表青青，禾刀木落，十八子成"⑤，僧萬行解釋"黎落李成"，勸李公蘊自立，因此李朝特重符應祥瑞，黃龍一日數見。讖緯是儒家的神秘主義行為，有一套繁複的理論體系，在兩漢極為興盛，唐代逐漸衰微，但在安南仍堂而皇之的出現。儒家聖王之治能致天和、嘉瑞，吳士連對此亦作肯定：

　　湯遇旱熯之災，以六事自責，而雨隨下。帝遭風雷之變，以攻伐自責，而風隨止。天人交感之機，影響甚速。孰謂冥冥之中，不日（曰）監在我，而敢欺天乎。⑥

但對於頻出的祥瑞，吳士連認為是臣下阿上之舉：

　　古大順之世，人君能體信達順，以致中和，於是天不愛道，地不愛寶，降甘露，出醴泉，產芝草，而龍鳳龜麟諸福之物，

---

① 校合本《大越史記全書》本紀卷之三，第248頁。
② 校合本《大越史記全書》本紀卷之二，第207頁。
③ 校合本《大越史記全書》本紀卷之二，第208—209頁。
④ 校合本《大越史記全書》本紀卷之二，第215頁。
⑤ 校合本《大越史記全書》本紀卷之一，第202頁。
⑥ 校合本《大越史記全書》本紀卷之二，第210頁。

莫不畢至。仁宗之世，祥瑞一何多耶。蓋由人君所好，故人臣妄獻之也。①

黎文休、吳士連對李朝的治政以儒家思想來衡量臧否，對佛教的作用也多予以否定。陳朝建立之後，崇佛甚於李朝，皇帝退位之後出家為僧，陳仁宗創"竹林禪宗"，稱"佛皇"。與李朝重祥瑞不同，陳朝則極重災異。儒家力量在經過長期的積聚之後，終於蔚為大觀，陳朝末年，名儒輩出，其中以朱文安最為顯著。朱文安卒，吳士連大發議論：

賢者用世，常患人君不行所學，人君任賢，常恐賢者不從所好。故君臣相遇，自古為難。我越儒者見用於時，不為不多，然而志功名者有之，志富貴者有之，和光同塵者有之，持祿保身者有之，未有其志道德以致君澤民為念者也。如蘇憲誠之於李，朱文貞之於陳，殆庶幾焉。然憲誠遇君者也，所以功業見乎當時。文貞不遇者也，所以正學見於後世。姑以文貞言之，其事君者必犯顏，其出處也則以義，造就人才，則公卿皆出其門。高尚風節，則天子不得而臣。況巖巖體貌而師道嚴，稜稜聲氣而佞人讋。千載之下，聞先生之風，能無廉其頑，而立其懦者乎。苟不求其故，孰知斯謚之稱情也哉。宜乎為我越儒宗，而從祀文廟也。②

在此吳士連明確以"我越儒者"自期，論朱文安人格高標，志於道德，但惜未能大用於世，評其為"我越儒宗"，這意味著自朱文安起，儒學在安南開始自成一系。現在河內市國子監文廟即祀有朱文安。陳朝末年也正是越南歷史記載的儒學名臣大規模湧現之時。

---

① 校合本《大越史記全書》本紀卷之三，第267頁。
② 校合本《大越史記全書》本紀卷之七，第440—441頁。

此消彼長之下，佛教勢力逐漸衰微。後黎朝太祖黎利起兵與明朝軍隊進行了持久的戰爭，多用文臣儒士，其中以阮廌最為著名。阮廌參與了後黎朝初期的政權建設，國家政令多出其手，屬於儒家執行派，並模仿《尚書·禹貢》對安南地理做了描述，稱《輿地志》。後黎朝對佛教保持克制，施政具有鮮明的儒家色彩，也很重視修史活動，黎太祖親自參與編修《藍山實錄》，黎太宗時潘孚先將陳朝歷史至明軍北撤的歷史編成《大越史記》，黎聖宗時又組織修史，書成之後藏於東閣。吳士連因家喪中途離開，歸來之後因不能觀看新史，因此私撰《大越史記全書》十五卷。襄翼帝時武瓊撰成《大越通鑑通考》。這些史書均具治道功能，強調國家重儒崇學，以民為本，成為國家施政的鑒戒。此時理學和朱熹思想南傳，《大越史記全書》中吳士連的史論即具有很鮮明的朱熹思想特徵。一五一四年黎嵩在武瓊《大越通鑑通考》的基礎上撰成《越鑑通考總論》，論天地大道、國家綱常、歷代興廢、政治得失，黎嵩之作是越南現存的唯一一篇歷史哲學著作，其中尤為突出的是其儒家治國理念。

儒家在後黎朝一統時期確立了主導地位，佛、道力量均已不能與之抗衡，儒學突出的治政功能以及完善的思想理論體系，成為後世王朝的基本選擇。在稍後的莫朝和中興黎朝，名儒輩出，如阮秉謙、范公著、黎僖、阮貴德、黎貴惇、吳時仕、阮儼等。西山朝阮文惠雖以豪傑建政，但多用儒臣，其中吳時仕之子吳時任、婿潘輝益發揮了重要作用。吳時任擔任史館總裁之時，奉進其父所著《越史標案》，被大量采入《大越史記前編》，又吸收了黎文休、吳士連、阮儼的史論，此四人皆以儒學名世，儘管史論有所不同，但均秉承儒家治國思想。

阮福映滅西山朝建立阮朝，仍以儒家思想為治國根本，重用儒臣。以儒家為治政主體自後黎朝統一時期至阮朝已有四百年，安南形成了很成熟的儒家政治制度和文化。阮朝第四代君主翼宗嗣德皇帝鑒於前史體例駁雜，思想不純，又不能遵循朱熹思想，因此下詔修撰《欽定越史通鑑綱目》，制定統一的標準和思想認識。范慎遹、武沔等在進書表中言：

> 伏以國史明得失之跡，述既往而詔方來。聖人秉是非之衡，挹群言而垂至教。惟我大越，肇域明都，山河定於天書，文物鐘於地秀。帝王代作，風氣漸開。古後辰殊，規模自別。顧舊史之有述，求善本而無聞。大備寔難，小疵不免，繫辰表歲，雖原涑水之史裁。提要備言，多遜紫陽之書法。豈杞宋文不足也？難徵禮於前王，惟春秋義則取之，待折衷於至聖。①

在史書的敘事過程中，"裁自聖心，舉要刪繁，准依綱目"②，史臣考訂史事，引用前賢評論，嗣德帝再以御批的形式評點；對於嗣德帝的既有觀點，史臣進行有目的的考證。最終君臣統一認識，以朱熹思想為標準，對史事和人物作一定論。《欽定越史通鑑綱目》述四千年史事，皆依朱熹綱目，儒家治政之道和治國思想在此得到了最大程度的表述和強化。

## 三　越南古代史學的特點和主旨

越南古代史學及史籍與歷代王朝的政權和政治關係緊密，歷代史家在史籍中構建國家歷史，達成治政願望，總結興亡之道，亦展現出越南古代史學發展的特點。

### （一）官修私著，諸體皆備

在黎文休一二七二年撰成《大越史記》之時，中國史學已經發展完善，因而越南史家可以在中國史學資源中自由採擷。黎文休為陳朝史官，以編年體著史，以孔子思想論斷越南歷代史事，越地上古自隋唐時期的歷史則采集自中國古代典籍，成功塑造了以南越國

---

① 《欽定越史通鑑綱目》卷首，越南國家圖書館藏建福元年（1884）刻本。
② 《欽定越史通鑑綱目》卷首，越南國家圖書館藏建福元年（1884）刻本。

為國統之首的越史體系。黎文休的著作和思想影響巨大，陳朝末年朱熹《資治通鑑綱目》傳入越南，胡宗鷟即在《大越史記》的基礎上編纂成《越史綱目》。佚名《大越史略》則是以效法曾先之《十八史略》編撰的一部簡要史籍，很可能是教學童蒙所用。可惜胡宗鷟之書亡佚，《大越史略》因其簡略為越南後世史家所忽略，在越南本土失傳，未發揮影響。

黎初潘孚先奉命續編陳朝歷史，亦稱《大越史記》。吳士連在黎文休和潘孚先兩部《大越史記》的基礎上修成《大越史記全書》十五卷，儘管吳士連身為史官，但此書卻是未奉旨而作的私家史著。此書繼承了黎文休的"大越史記"之名，但內容編撰卻是學習《資治通鑑》，並吸收了大量朱熹《資治通鑑綱目》的思想。吳士連學習司馬遷《史記·五帝本紀》的方式，引傳說入史，將越南國統從南越國提前到傳說中炎帝神農氏時代。吳士連史著結構完善，史識優異，因而史館總裁武瓊據《大越史記全書》撰成《大越通鑑通考》。然而吳士連的思想相當異端，與之前潘孚先和之後武瓊《大越通鑑通考》等官方思想有不小的差別，這在黎嵩《越鑑通考總論》一文中有所體現。

吳士連作為史官，又編成黎朝太祖、太宗、仁宗三朝實錄，後世亦繼續編撰先帝實錄。中興黎朝建立，范公著受命著史，以吳士連《大越史記全書》為主體，參考武瓊《大越通鑑通考》，續編為《大越史記全書》二十三卷，後黎僖續編一卷，即《大越史記全書》二十四卷，並於一六九七年刻印。吳士連《大越史記全書》十五卷亦因此完成了私撰史書向官修史書的轉換。

一六七五年，胡士揚奉命修撰完成《重刊藍山實錄》，又撰成《大越黎朝帝王中興功業實錄》，以申明"鄭家功德""王皇一體"的政治思想，為鄭主輔政體制張目。黎貴惇先編撰斷代紀傳體《大越通史》，後又改編中興黎朝歷史，引鄭主入本紀，彰顯鄭主功績德政，撰成《大越史記本紀續編》，現存殘刻本。後阮儼撰《越史備覽》、吳時仕撰《越史標案》，皆是衡斷越史的史論作品。

吳時仕之子吳時任出任西山朝國史總裁，在《大越史記全書》

和《越史標案》的基礎上效法《資治通鑑綱目》的編撰方式編成《大越史記前編》，原為學者私著的《越史標案》亦堂而皇之的轉變為官修史學思想。

阮朝建立，首先修撰《大南寔錄》和《大南會典事例》，皆師法中國明清時期的相關典籍。嗣德帝鑒於集賢院撰《大越史記》思想不統一，內容不完善，因而下旨以朱熹思想重新編撰歷代越史，修成《欽定越史通鑑綱目》，這是越南古代史學發展的收官之作。越南隨即被法國殖民，儘管阮朝小朝廷仍然運作，編撰嗣德帝《大南寔錄》第四紀及之後諸帝寔錄，刻印《大南一統志》，但形勢已然大變，越南近代史學和新史學思想已經萌芽、發展。

### （二）越地自立，申明正統

越南以先秦以來的政治制度和政治思想建設國家政權，確立社會結構和文化基礎，追溯本國歷史文化源頭是越史家的職責。越史家先後為本國構建了黃帝時期十五部落、南越國起源、炎帝神農氏起源以及雄王四個古史起源，其中南越國和雄王既是國史起源，又是國統之始。這四個起源都有一個共通的特點，即體現越地自立，與中國歷史平行發展。而南越武帝趙佗對內稱帝、對外稱王的做法為陳太宗君臣所欽佩，彼時黎文休以南越國作為國統之始，其意深焉。在越地自立的傳統下，歷代史家最終發展出了"天限南北，各帝一方"的政治觀念，與中國為"兄弟之國"，進而以越南為"南國"、中國為"北國"相對而言。儘管政治思想上越南歷代王朝與中國愈行愈遠，但文化上則親近交流，且不論同時期物質文化的交流，於唐宋元明前賢、僧道的佳作，採擷使用，亦如"吾家舊物"。

越南史學在繼承中國史書體裁和史觀的同時，也接受了其中的思想觀點，"明正統"遂成為越史的重要內容，"南越國"和"涇陽王"國統地位的變化，貶黜前黎朝為篡逆不入國統，胡朝為閏朝，莫朝和西山朝為叛逆，皆是歷代史家需要明辨的內容，越史家亦以孔子、朱熹等思想衡斷越史。此中以黎嵩《越鑑通考總論》和吳時仕《越史標案》最具思想性和代表性。

然而中興黎朝的史家，在"明正統"方面，遇見了最易判斷的莫氏叛逆，和無法區處的鄭王輔政。歷代鄭主以王爵專國政，自行廢立，黎皇儼然傀儡，但鄭主因種種原因，未越雷池廢黎皇自行稱帝，因而獲得了士人的歸心，士子參加黎朝的科舉，入鄭王府為官。在此情況下，胡士揚在《大越黎朝帝王中興功業實錄》中塑造了"鄭家功德""王皇一體"的思想，中興黎朝之後的史書大多依此論述。而黎貴惇則引鄭王入本紀，編撰成《大越史記本紀續編》。黎末史書對鄭氏的尊崇引發阮朝明命皇帝震怒，要求禁毀此類書籍，並重撰新史。阮朝集賢院經筵儒臣與君主講論越史，編成集賢院《大越史記》，確立鄭主的不臣之舉，此書儘管完整，思想卻不統一，體例亦駁雜，最終嗣德帝以《資治通鑑綱目》為標準，撰成《欽定越史通鑑綱目》。確立正統與政治原則是越南古代史學長久的主體。

## 四　結論

　　十世紀越南自主建國後，如何體現自我特徵與個性，如何處理與中國和中國文化的關係、前代中國的關係、與同時期中國的關係，是越南歷代政治制度文化建設中面臨的最重要的問題，越南古代史學構建的國家歷史體系，回答了這一問題，歷代史家成功地在中華原創文化的基礎上實現了大越—安南國自我發展的文化創新[①]，體現了東亞世界歷史發展的統一性和連續性[②]。

　　從已知的一二七二年黎文休完成《大越史記》開始，至一八八四年《欽定越史通鑑綱目》上進刊刻，歷經六百年，官修私著，諸

---

[①] 可參看劉家和《論原創文化與文化的創新》，《浙江學刊》2003 年第 6 期。
[②] 關於越南的定位，學術界有兩個趨勢，一為置於東南亞，與泰國、緬甸、柬埔寨等並列，這一趨勢下產生了很多有影響的學術著作，如霍爾《東南亞史》、安東尼·瑞德《東南亞的貿易時代》、塔林《劍橋東南亞史》等；另外一種則是將越南置於東亞，與中國、日本、朝鮮並列，如費正清等，關於此學術理路，請參看韓東育《東亞研究的問題點和新思考》（《社會科學戰線》2011 年第 3 期）。筆者鑒於越南史學在中國史學的基礎上發展演變，擁有與中國相同的史學思想和脈絡，因此將越南置於東亞世界。

體皆備，史書修撰一直是越南古代構建政治制度、文化思想最重要的工作之一。歷代史家秉承儒家聖賢之道，參照中國史書編撰方法和史學思想，為越南本國創造歷史起源，並為自主之前的歷史建立了悠遠、完整的國統次序，同時以"南北"強調本國自主，表示與中國的差別。自李公蘊開始，越南以聖賢之道治國，以"中夏"自居，創建了以本國為主的朝貢體系，歷代君臣皆以此自期；同時又加入了以中國為中心的朝貢體系，為中國之屏藩諸侯。這兩套體系並行不悖，前者成為安南國家發展擴張的戰略，後者為安南贏得了穩定的政治生存空間。

越南古代史學是歷代政治與思想的總結，體現了儒臣史官對國家歷史的主動構建與創設，又進一步指導後來的統治者的政治實踐和歷史學家的撰述。連綿不絕的越南史籍持續吸收中國史學思想和觀點，為越南國家歷史的構建提供動力，以達到治政和思想的統一。越南古代史學建構的國家歷史起源、自主思想、治國理念、主體思想與對外關係的思想和模式，歷代王朝不斷豐富完善，充分展示了越地自立的歷史文化傳統以及越南歷代王朝的政治制度和社會文化，是越南古代國家和歷史發展的基石。

# 附　相關論文目錄

1. 葉少飛、田志勇：《吳士連〈大越史記全書〉十五卷略論》，載《東南亞南亞研究》2011年第4期，第53—56頁；

2. 葉少飛、陸小燕：《〈大越史記全書·鴻龐紀·蜀紀〉析論》，載《域外漢籍研究集刊》第八輯，中華書局2012年版，第233—245頁；

3. 葉少飛：《〈大越史記全書〉載宋太宗討交州詔辨析》，載《域外漢籍研究集刊》第九輯，中華書局2013年版，第325—338頁；

4. 葉少飛、田志勇：《越南古史起源略論》，載《東南亞南亞研究》2013年第2期，第83—89頁；

5. 葉少飛：《越南歷史地理典籍〈輿地志〉解題》，載《環南海歷史地理與海防建設會議論文集》，西安地圖出版社2014年版，第109—125頁；

6. 葉少飛：《越南正和本〈大越史記全書〉編纂體例略論》，《域外漢籍研究集刊》第十輯，中華書局2014年版，第261—276頁；

7. 葉少飛：《黎嵩〈越鑑通考總論〉的史論與史學》，《域外漢籍研究集刊》第十一輯，中華書局2015年版，第215—236頁；

8. 葉少飛：《越南古代"內帝外臣"政策與雙重國號的演變》，《形象史學研究》2015年下半年刊，人民出版社2016年版，第134—165頁；

9. 葉少飛：《黎文休〈大越史記〉的編撰與史學思想》，《域外漢籍研究集刊》第 14 輯，中書書局 2016 年版，第 215—244 頁；

10. 葉少飛：《越南後黎朝鄧明謙〈詠史詩集〉的撰著與思想》，《東亞漢籍與越南漢喃古辭書研究》，中國社會科學出版社 2017 年版，第 372—385 頁；

11. 葉少飛：《〈大越史記全書〉百年研究述論》，《域外與中國》第二輯，社會科學文獻出版社 2018 年版，第 101—120 頁；

12. 葉少飛：《越南陳朝〈大越史略〉的編撰與內容》，《廣西師範大學學報（社科版）》2019 年第 1 期，第 8—17 頁；

13. 葉少飛：《黎貴惇〈大越通史〉的史學研究》，《域外漢籍研究集刊》第 18 輯，中華書局 2019 年版，第 349—380 頁。

14. 葉少飛：《內閣官板〈大越史記全書〉與〈大越史記本紀續編〉》，《域外漢籍研究集刊》第 19 輯，中華書局 2020 年版，第 249—276 頁。

15. 葉少飛：《越南後黎朝史臣吳士連史學思想探析》，《南亞東南亞研究》2020 年第 4 期，第 119—134 頁；

16. 葉少飛：《〈大越史記全書〉的成書、雕印與版本》，《形象史學》2020 年下半年刊，總第 16 期，第 170—197 頁；

17. 葉少飛：《〈大越史記全書〉的評論與改編：從〈越史標案〉到〈大越史記前編〉》，《南亞東南亞研究》2021 年第 2 期，第 116—139 頁；

18. 葉少飛：《〈藍山實錄〉與〈大越黎朝帝王中興功業實錄〉的政治史觀》，載卞東波主編《縞紵風雅：第二屆域外漢籍國際學術研討會論文集》，中華書局 2021 年版，第 479—494 頁。

#  徵引文獻[*]

（一）史料

班固：《漢書》，中華書局1962年版。

《榜眼黎先生神碑》，河內：漢喃研究院藏拓本，編號54214。

常璩：《華陽國志》，河北教育出版社1994年版。

陳文為：《黎史纂要》，河內：漢喃研究院藏本，編號A.1354。

鄧明謙：《脫軒詠史詩集》，河內：漢喃研究院藏抄本，編號A440。

鄧明謙著 黃氏午 阮文原譯註：《脫軒詠史詩集》，河內：文學出版社2016年版。

《鄧家譜記續編》影印本，河內：世界出版社2006年版。

《鄧家譜系纂正實錄》影印本，河內：世界出版社2006年版。

《鼎鍥大越歷朝登科錄》，河內：越南國家圖書館藏抄本，藏書號R.114。

范慎遹：《范慎遹全集》，影印本，河內：文化通訊出版社2011年版。

干寶：《搜神記》，中華書局1979年版。

葛兆光、鄭克孟主編：《越南漢文燕行文獻集成》，復旦大學出版社2010年版。

韓愈撰，馬其昶校注、馬茂元整理：《韓昌黎詩文集校注》，上

---

[*] 征引文獻以撰者（主編者）姓名拼音順序排列。

海古籍出版社 1986 年版。

漢喃研究院、中正大學文學院：《越南漢喃銘文彙編》第二集《陳朝》，2002 年版。

胡曾：《新雕注胡曾詠史詩》，《四部叢刊》三編集部，上海涵芬樓影印常熟瞿氏鐵琴銅劍樓影宋鈔本。

胡士揚等：《大越黎朝帝王中興功業實錄》，河内：漢喃研究院藏抄本，藏号 VHv. 1478, A. 19。

《驩州宜僚阮家世譜》影印本，河内：文學出版社 2016 年版。

黃宗羲、全祖望著 陳金生等點校：《宋元學案》，中華書局 1986 年版。

黃淮、楊士奇等：《歷代名臣奏議》，文淵閣《四庫全書》影印本第 440 册，台灣商務印書館 1986 年版。

《皇越歷代合編》，河内：漢喃研究院藏抄本，藏書號：A. 503。

李延壽：《南史》，中華書局 1975 年版。

李昉等：《太平廣記》，中華書局 1961 年版。

李燾：《續資治通鑑長編》，中華書局 1995 年版。

黎崱著，陳荊和校合本：《安南志略》，順化：順化大學院 1961 年版。

黎崱著，武尚清校：《安南志略》，中華書局 2000 年版。

黎利、阮廌著，陳義譯註：《重刊藍山實錄》，河内：社會科學出版社 1992 年版。

黎利、阮廌著，阮延年考證，黎文汪譯注：《藍山實錄》，河内：社會科學出版社 2006 年版。

黎貴惇：《黎貴惇全集》，河内：教育出版社 2008 年版。

黎貴惇：《見聞小錄》，夏威夷大學藏抄本。

黎貴惇：《大越通史》，漢喃研究院藏抄本，藏號 VHv. 1330。

黎貴惇：《大越通史》，夏威夷大學藏抄本。

黎有謀：《丞相范公年譜》，河内：漢喃研究院藏抄本，藏號 A1368。

淩稚隆：《史記評林》，天津古籍出版社 1998 年版。

馬端臨：《文獻通考》，中華書局1986年影印本。

劉知幾撰，浦起龍釋：《史通通釋》，上海古籍出版社1978年版。

劉恕：《通鑑外紀》，四部叢刊本。

劉昫等：《舊唐書》，中華書局1975年版。

劉緯毅：《漢唐方志輯佚·南越志》，北京圖書館出版社1997年版。

迷芃：《安南初學史略》，河內：漢喃研究院藏刻本，編號A.3114。

《明實錄》，中研院史語所影印本，1962年版。

《名臣傳記》，河內：漢喃研究院藏抄本，藏號A.506。

歐陽修：《歐陽修全集》，中華書局2000年版。

潘清簡等：《欽定越史通鑑綱目》，越南：建福元年（1884）刻本。

潘清簡等：《欽定越史通鑑綱目，影印本，台北"中央圖書館"，1969年版。

潘輝注：《歷朝憲章類志》，河內：漢喃研究院藏抄本，藏号A.1551。

潘鼎珪：《安南紀遊》，王雲五主編，叢書集成初編3256，《安南傳（及其他二種）》，上海：商務印書館1937年版。

潘叔直：《國史遺編》，影印抄本，河內：社會科學出版社2010年版。

裴輝璧編：《皇越文選》，希文堂刻"存庵家藏"本，影印本，西貢：國務卿府文化特責處1971年版。

錢溥：《秘閣書目》，馮惠民、李萬健等選編《明代書目題跋叢刊》，書目文獻出版社1994年版。

錢謙益：《列朝詩集》，上海古籍出版社1983年版。

錢子義：《種菊庵集》，影印文淵閣四庫全書，第1372冊，台灣商務印書館1986年版。

屈大均：《廣東新語》，中華書局1985年版。

阮朝國史館：《大南寔錄》，東京：慶應義塾大學言語文化研究所 1961—1981 年版。

阮廌：《抑齋集》，河內：文化通訊出版社 2001 年版。

阮廌：《抑齋遺集》，越南國家圖書館藏嗣德二十一年福溪刻版，編號：R. 964。

阮有造等：《黎公行狀》，汉喃研究院藏号 A. 43。

阮輝瑩 著，陳氏冰清（Trần Thị Băng Thanh）注譯：《國史纂要》，順化：順化出版社和東西語言文化中心，2004 年。

阮輝瑩：《国史纂要》，漢喃研究院藏刻本，藏號 A. 1923。

阮朝集賢院：《大越史記》，漢喃研究院抄本，藏號 A. 1272

阮朝集賢院：《御製歷代史總論》，河內：漢喃研究院藏抄本，藏號：A. 1403。

阮文超：《大越地輿全編》，越南国家图书馆藏刻本。

阮通：《越史綱鑑考略》，巴黎亞洲學會藏刻本。

阮通著，杜夢姜譯註：《越史綱鑑考略》，河內：文化通訊出版社 2009 年版。

孫曉、鄭克孟、陳益源主編：《越南漢文小說集成》，上海古籍出版社 2010 年版。

司馬遷：《史記》，中華書局 1959 年版。

司馬遷著，瀧川資言註：《史記會注考證》，北嶽文藝出版社 1999 年版。

司馬光：《資治通鑑》，中華書局 1956 年版。

司馬光著，鄧廣銘、張希清校《涑水記聞》，中華書局 1989 年版。

沈約：《宋書》，中華書局 1974 年版。

宋濂等：《元史》，中華書局 1976 年版。

吳士連等著：內閣官板《大越史記全書》，影印本，越文譯本，河內：社會科學出版社 1993 年版。

吳士連等：《大越史記全書》，东京：埴山堂 1884 年翻刻本。

吳士連等著，陳荊和校合本：《大越史記全書》，東京：東京大學東洋文化研究所 1984—1986 年版。

吳時任等：《大越史記前編》，河內：漢喃研究院藏刻本，編號 A.2。

吳時仕：《越史標案》，河內：漢喃研究院藏抄本，藏號 A.11。

《吳家世譜》，河內：漢喃研究院藏抄本，藏號 Vhv.1345，

吳家文派：《海東志略》，《漢喃資料中的海陽省地方志》，河內：社會科學出版社影印抄本，2013 年版。

王輿：《榮祿大夫南京吏部尚書太子少保諡文通錢公行狀》，朱大韶編《皇明名臣墓銘》（一）艮集，臺北：明文書局影印本，1969 年版。

王聘珍撰 王文錦點校：《大戴禮記解詁》，中華書局 1983 年版。

文莊：《中越關係兩千年》，社會科學文獻出版社 2013 年版。

辛文房撰，周本淳校正：《唐才子傳校正》，江蘇古籍出版社 1987 年版。

徐松：《宋會要輯稿》，中華書局影印本 1957 年版。

嚴可均編：《全上古三代秦漢三國六朝文·全漢文》，商務印書館 1999 年版。

楊士奇：《文淵閣書目》，馮惠民、李萬健等選編《明代書目題跋叢刊》，書目文獻出版社 1994 年版。

楊鐮主編：《全元詩》，中華書局 2013 年版。

楊伯峻：《春秋左傳注》，中華書局 1995 年版。

遠東學院、漢喃研究院：《越南漢喃銘文彙編》第一集"北屬時期至李朝"，1998 年版。

佚名著，陳荊和校合本：《大越史略》，東京：創價大學アジア研究所叢刊第一輯，1987 年版。

佚名著：《大越史略》，李永明主編：《北京師範大學圖書館藏稿抄本叢刊》第 39 冊，國家圖書館出版社 2011 年版。

佚名著，陳國旺注譯：《越史略》，河內：順化東西語言文化中心 2005 年版。

佚名著，戴可來、楊保筠校注：《〈嶺南摭怪〉等史料三種》，

中州古籍出版社 1991 年版。

樂史等：《太平寰宇記》，中華書局 2007 年版。

雍正：《大義覺迷錄》，《近代中國史料叢刊》第 36 輯，台北：文海出版社 1966 年版。

永瑢等：《四庫全書總目》，中華書局 1960 年版。

《延河譜記》，河內：漢喃研究院藏抄本，藏號 A.42。

越南社会科学院文学研究所編：《李陳詩文》，河內：社會科學出版社 1977 年版。

越南国家第一档案馆（TTLTQGI）藏，编号，CBTN - Tự Đức tập 11, tờ 355.。

《周易正義》（十三經注疏標點本），北京大學出版社 1999 年版。

朱熹：《朱子全書》，上海古籍出版社 安徽教育出版社 2010 年版。

朱熹：《詩集傳》，中華書局 1958 年版。

朱車：《越音詩集》，河內：漢喃研究院藏抄本。

張載著，章錫琛點校：《張載集》，中華書局 1978 年版。

張英等：《御定淵鑑類函》，文淵閣《四庫全書》影印本第 983 冊，台灣商務印書館 1986 年版。

（二）專著

安東尼·瑞德著，孫來臣、李塔娜、吳小安譯：《東南亞的貿易時代》，商務印書館 2010 年版。

陳方正主編：《與中大一同成長：香港中文大學與中國文化研究所圖史，1949—1997》，香港中國文化研究所 2000 年版。

陳伯海主編：《唐詩匯評》，浙江教育出版社 1995 年版。

陳重金著，戴可來譯：《越南通史》，商務印書館 1992 年版。

陳文：《越南科舉制度研究》，商務印書館 2015 年版。

戴可來、于向東：《越南歷史與現狀研究》，香港社會科學出版社 2006 年版。

耿慧玲：《越南史論》，台北：新文豐出版有限公司 2004 年版。

顧海：《東南亞古代中文文獻提要》，廈門大學出版社 1990 年版。

黃軼球：《黃軼球注譯選集》，暨南大學出版社 2004 年版。

霍爾著，姚楠等译：《東南亞史》，商務印書館 1984 年版。

金毓黻：《中國史學史》，商務印書館 2009 年版。

李未醉：《中越文化交流論》，光明日報出版社 2008 年版。

劉春銀、王小盾、陳義：《越南漢喃文獻目錄提要》，台北"中研院"文哲所 2000 年版。

劉玉珺：《越南漢喃古籍的文獻學研究》，中華書局 2008 年版。

劉咸炘：《劉咸炘學術論集·史學編》，廣西師範大學出版社 2007 年版。

逯耀東：《抑鬱與超越——司馬遷與漢武帝時代》，生活·讀書·新知三聯書店 2008 年版。

蒙文通：《中國史學史》，上海人民出版社 2006 年版。

蒙文通：《越史叢考》，人民出版社 1983 年版。

牛軍凱：《王室後裔與叛亂者——越南莫氏家族與中國關係研究》，世界圖書出版公司 2012 年版。

喬治忠：《中國官方史學與私家史學》，北京圖書館出版社 2008 年版。

尼古拉斯·塔林主編，賀聖達等譯：《劍橋東南亞史》，雲南人民出版社 2003 年版。

淺見洋二、高橋文治、谷口高志著，黃小珠、曹逸梅譯：《有皇帝的文學史——中國文學概論》，鳳凰出版社 2021 年版。

饒宗頤：《饒宗頤東方學論集》，汕頭大學出版社 1999 年版。

饒宗頤：《中國史上之正統論》，上海遠東出版社 1996 年版，

饒宗頤：《饒宗頤二十世紀學術文集·中外關係史》，新文豐出版有限公司 2003 年版。

賽代斯著，蔡華、楊保筠譯：《東南亞的印度化國家》，商務印書館 2018 年版。

山本達郎：《安南史研究 I——元明兩朝的安南徵略》，東京：

山川出版社 1950 年版。

山本達郎博士古稀記念論叢編集委員會（編）：『東南アジア・インドの文化』、山川出版社、1980。

湯勤福：《朱熹的歷史哲學》，齊魯書社 2000 年版。

陶維英著，鐘民岩譯，岳勝校：《越南歷代疆域》，商務印書館 1973 年版。

夏曾佑：《中國古代史》，河北教育出版社 2000 年版。

蕭公權：《中國政治思想史》，遼寧教育出版社 1998 年版。

謝貴安：《中國已佚實錄研究》，上海古籍出版社 2013 年版。

徐方宇：《越南雄王信仰研究》，世界圖書出版公司 2014 年版。

張大可：《張大可文集》，商務印書館 2013 年版。

張伯偉主編：《風起雲揚——首屆南京大學域外漢籍研究國際研討會論文集》，中華書局 2009 年版。

鄭永常：《征戰與棄守》，台南市：成大出版組 1997 年版。

趙望秦：《唐代詠史組詩考論》，三秦出版社 2003 年版。

趙東一著，李麗秋譯：《東亞文明論》，社會科學文獻出版社 2013 年版。

鍾彩鈞主編：《黎貴惇的學術與思想》，台北："中研院"文哲所 2012 年版。

朱雲影：《中國文化對日韓越的影響》，台北：黎明文化事業公司 1981 年版。

Anthony Reid, David G. Marr edict: *Perceptions of the past in southeast Asian*, Published for the Asian Studies Association of Australia by Heinemann Educational Books (Asia), 1979.

A. L. Fedorin, Tạ Tự Cường, *Những cứ liệu mới về việc chép sử Việt Nam*, Nhà xuất bản Văn hóa thông tin, năm 2011.

Đặng Đức Thi, *Lịch sử sử học Việt Nam - Từ thế kỷ XI giữa thế kỷ XIX)*，Nhà xuất bản Trẻ, 2000.

Đinh Công Vĩ, *Pương pháp làm sử của Lê Qúy Đôn*, Nhà xuất bản Khoa học xã hội, 1994.

Đinh Khắc Thuân, *Góp phần nghiên cứu lịch sử triều Mạc ở Việt Nam*, Nhà xuất bản Khoa học xã hội, 2012.

Huyền Khắc Dụng (chủ biên) *Sử liệu Việt Nam*, Nhà Văn hóa Bộ quốc gia giáo dục xuất bản, năm 1959.

*Lịch sử một thế kỷ nghiên cứu Viện viễn Đông bác cổ Pháp tại Việt Nam*, Un sièle D`histoire l` école D' extrême-Orient au Vietnam, nhà xuất bản thế giới École D' extrême-Orient, 2014.

*Mộc bản triều nguyễn đề mục tổng quan*，Trung tâm lưu trữ Quó c gia IV (Vietnam), Nhà xuất bản Chính trị quốc gia, 2008.

Nguyễn Phương, *Việt Nam thời khai sinh*，Huế: Phòng Nghiên cứu Sử viện Đại học Huế, 1965.

Nguyễn Thừa Hỷ, *Một góc nhìn lịch sử văn hóa con người Việt Nam*, Nhà xuất bản Thông tin và truyền thông, 2015.

Nhiều tác giả, *Đối thoại sử học,* nhà xuất bản Thanh niên, Hà Nội, 1999.

Nhung Tuyet Tran and Anthony Reid Madison, *Viêt Nam Borderless Histories*, The University of Wisconsin Press, 2006.

Phan Đại Doãn (chủ biên), *Ngô Sĩ Liên và Đại Việt sử ký toàn thư*, Nhà xuất bản Chính trị Quốc gia, 1998.

Phan Ngọc Liên-Nguyễn Ngọc Cơ tổng chủ biên, *Lịch sử sử học Việt Nam,* Nhà xuất bản sư phạm Hà Nội, năm 2003.

Trần Văn Giáp, *Tìm hiểu khó sách Hán Nôm I*, Nhà xuất bản Khoa học xã hội, 1970.

Trần Văn Giáp, *Tìm hiểu khó sách Hán Nôm II*, Nhà xuất bản Văn hoá, 1984.

Trần Kim Đỉnh,*Một số vấn đề lịch sử sử học Việt Nam*, Nhà xuất bản Đại học Quốc gia Hà Nội, 2015.

Trịnh Quang Vũ, *Trang phục Triệu Lê-Trịnh*, Nhà xuất bản Từ điển Bách khoa, năm 2008.

Trịnh Khắc Mạnh, Tên tự tên hiếu tác hìa Hán Nôm Việt Nam, Nhà xuất bản Khoa học xã hội, 2012.

## （三） 期刊論文

八尾隆生：《藍山蜂起と『藍山実録』編纂の系譜——早咲きヴェトナム「民族主義」》,《歷史學研究》第798號, 2004年, 第

42—57頁）。

陳文玾著，黄軼球譯：《越南典籍考》，《文風學報》1949年7月第四、五期合刊。

陳荊和：《朱舜水〈安南供役紀事〉箋注》，香港中文大學《中國文化研究所學報》第一卷，1968年。

陈荆和：《大越史記全书全书の撰修と伝本》，《东南アジアの歴史と文化》第7号，1977年。

陳荊和：《十七、十八世紀之越南南北對立》，高麗大學亞細亞問題研究所：《亞細亞研究（*The Journal of Asiatic Studies*）》第20卷第1號，1977年1月．

陳荊和：「『大越史略』——その内容と編者——」、『東南アジア・インドの文化』、山本達郎博士古稀紀念論叢編集委員會（編）、山川出版社、1980。

陳荊和著，李塔娜譯：《〈大越史略〉——它的内容與編者》，《中國東南亞研究會通訊》1983年3—4號，1983年12月。

陳荊和：《『校合本・大越史記全書』の刊行とその體裁・凡例について》，《創大アジア研究》，1987年。

陳捷先：《黎崱〈安南志略〉研究》，載《第四屆中國域外漢籍國際學術會議論文集》，聯合報文化基金會國學文獻館，1991年。

陳文源：《13—15世紀安南的國家意識與文化取向》，《世界歷史》2014年第6期。

成思佳：《現存最早的越南古代史籍——〈大越史略〉若干問題的再探討》，《中國典籍與文化》2017年第3期。

成思佳：《現存最原始的越南陳朝史籍文本的發現——北京師範大學圖書館藏抄本〈大越史略〉考論》，《元史及民族與邊疆研究集刊》（第四十一輯），上海古籍出版社2021年版。

成思佳：《開國之君、繼統帝王和北國"他者"——越南古代史家對趙佗形象的歷史書寫與記憶轉向》，《史學史研究》2022年第2期。

川手翔生：《ベトナムの教化者たる士燮像の形成過程》，早稻

田大学大学院文学研究科紀要，第 4 分冊 59，2013 年。

戴可來：《略論古代中國和越南的宗藩關係》，《中國邊疆史地研究》2004 年第 2 期。

戴建國：《〈淵鑑類函〉康熙間刻本考》，《圖書館雜誌》2012 年第 12 期。

丁克順、葉少飛：《越南新發現〈晉故使持節冠軍將軍交州牧陶列侯碑〉初考論》，《元史及邊疆與民族研究集刊》第三十輯，上海古籍出版社 2015 年版。

黨寶海：《試論 13 世紀後期元朝與安南的外交文書》，《北大史學》第 24 輯，社會科學文獻出版社 2022 年版。

杜樹海：《皇帝、"國王"與土司——從"議徵安南"事件前後看明嘉靖時期的帝國意識形態》，《廈門大學學報（哲社版）》2016 年第 1 期。

馮承鈞：《安南書錄》，《國立北平圖書館館刊》第 6 卷，1932 年。

馮渝杰：《漢唐中國的"神劍—王權"敘事及其對韓越的影響》，《學術月刊》2023 年第 8 期。

范學輝：《〈討交趾敕榜〉說質疑》，《史學集刊》2017 年第 3 期。

戈振（即郭振鐸）、趙海江：《試論〈欽定越史通鑑綱目〉的編撰及其若干問題》，《史學月刊》1995 年第 6 期。

顧少華：《朱熹"八書"与〈资治通鉴纲目凡例〉真伪新考》，《史學月刊》2016 年第 8 期。

郭振鐸：《〈大越史記全書〉初探》，《印度支那》1987 年第 1 期。

郭振鐸：《越南〈大越史記全書〉的編撰及其若干問題》，《中國社會科學》1990 年第 1 期。

郭振鐸：《〈越鑑通考總論〉初探》，《東南亞縱橫》1990 年第 2 期。

韓東育：《東亞研究的問題點和新思考》，《社會科學戰線》

2011年第3期。

韓周敬《越南宣光武氏（哀主）政权考论》，《暨南史學》第13輯，廣西師範大學出版社2017年版。

金旭東：《〈欽定越史通鑑綱目〉評介》，《東南亞》1985年第3期。

李丹：《〈秘閣書目〉作者辨正》，《古典文獻研究》第8輯，鳳凰出版社2005年版。

李焯然：《越南史籍對"中國"及"華夷"觀念的詮釋》，《復旦學報》2008年第2期。

蓮田隆志："《大越史記本紀續編》研究ノート"，*Journal of Asian and African Studies*，No. 66，2003.

蓮田隆志：「華麗なる一族」のつくりかた——近世ベトナムにおける族結合形成の一形態——，環東アジア地域の歴史と「情報」，知泉書館，2014年3月。

林樂昌：《為天地立心——張載"四為句"新釋》，《哲學研究》2009年第5期。

梁遠：《越南水文化研究》，《廣西民族大學學報》2008年第4期。

陸小燕：《康熙十三年安南使者的中國觀感與應對——兼和朝鮮燕行文獻比較》，載《域外漢籍研究集刊》第十輯，中華書局2014年版。

羅厚立（羅志田）：《道統與治統之間》，《讀書》1998年第7期。

駱偉：《〈南越志〉輯錄》，《廣東史志》2000年第3期。

牛軍凱：《安南莫朝與中越關係制度的變化》，《南洋問題研究》2004年第2期。

牛軍凱：《十八世紀越南的三教寺和三教思想》，《東南亞南亞研究》2013年第2期。

牛軍凱：《〈大越史記全書〉"續編"初探》，《南洋問題研究》2015年第3期。

農學冠：《同為龍種淵源長——中越文化交流研究課題之二》，《廣西右江民族師專學報》2005 年第 2 期。

潘輝黎著，曾廣森節譯，鄧水正校：《大越史記全書》的編纂過程和作者》（續一），《東南亞縱橫》1985 年第 1 期。

潘輝黎著，曾廣森節譯，鄧水正校：《〈大越史記全書〉的編纂過程和作者》（續完），《東南亞縱橫》1982 年第 2 期。

彭崇超：《越南古代史學的發生與發展——以〈大越史記全書〉為中心的考察》，載《理論與史學》第 8 輯，中國社會科學出版社 2002 年版。

錢秉毅：《雲南省圖書館藏〈欽定越史通鑑綱目〉特殊價值研究》，《東南亞研究》2015 年第 5 期。

饒宗頤：《吳越文化》，《中研院史語所集刊論文類編・民族與社會編》，中華書局 2009 年版。

阮芝生：《三司馬與漢武帝封禪》，《台大歷史學報》第 20 期，1996 年 11 月。

阮芝生：《司馬遷之心——〈報任少卿書〉析論》，《台大歷史學報》第 26 期，2000 年 12 月。

阮芝生：《論〈史記〉五體及"太史公曰"的述與作》，《台大歷史學報》第 6 期，1979 年 12 月。

阮芝生：《論史記五體的體系關聯》，《台大歷史學報》第 7 期，1980 年 12 月。

阮俊強：《書院與木雕版在東亞儒家知識的傳播：越南教育家阮輝侹及其 1766—1767 年出使中國的案例研究》，《臺灣東亞文明研究學刊》，2018 年 12 月。

阮金枆：《越南寧平省陳朝碑刻避諱字研究》，大韓中國學會編：《中國學》第 56 輯，2016 年 9 月。

孫曉明：《試論〈安南志略〉的史料價值》，《東南亞》1987 年第 3 期。

孫建黨：《"華夷"觀念在越南的影響與阮朝對周邊國家的亞宗藩關係》，《許昌學院學報》2010 年第 6 期。

松本信廣：《河內佛國極東學院所藏安南本書目 同追記》，《史學》第 13 卷，第 14 號，1932 年。

山本達郎：《河內佛國極東學院所藏 字喃本及び安南版漢籍書目》，《史學》第 16 卷，第 17 號，1938 年。

山本達郎：「越史略と大越史記」、『東洋學報』第 32 卷，1950 年。

王頲、湯開建：《元"僑安南國"與陳益稷》，《海交史研究》2002 年第 2 期。

王頲、張玉華：《"郎官湖"与安南旅寓士人黎崱》，《湖北大學學報》2004 年第 2 期。

王繼東、郭聲波：《李陳朝時期越南與周邊國家的"亞宗藩關係"》，《東南亞研究》2007 年第 4 期。

王繼東：《中越宗藩關係對越南李朝亞宗藩關係構建的影響》，《鄭州大學學報》2010 年第 4 期。

王柏中：《越南後黎朝郊祀禮探析》，《廣西民族大學學報》（哲學社會科學版）2023 年第 3 期。

武尚清：《從〈大越史記〉到〈大越史記全書〉》，《史學史研究》1986 年第 4 期。

武尚清：《〈大越史記全書〉的發展與完成》，《史學史研究》1987 年第 1 期。

武尚清：《〈安南志略〉在中國——成書、版本及傳藏》，《史學史研究》1988 年第 2 期。

武尚清：《〈欽定越史通鑑綱目〉評介》，《史學史研究》1998 年第 4 期。

魏超：《越南阮廌〈輿地志〉構建的古史起源與疆域觀》，未刊稿。

謝國楨：《春明讀書記》，《文獻》1979 年第 1 期。

謝貴安、宗亮：《崇慕與實踐：清修〈四庫全書〉在越南的傳播與影響》，《河南師範大學學報（哲社版）》2017 年第 3 期。

于向東、木嵐：《阮通及其〈越史綱鑑考略〉》，《東南亞縱橫》

1991年第3期。

于磊：《元朝"六事"外交模式再探》，《史林》2023年第1期。

葉少飛：《丁部領、丁璉父子稱帝考》，《宋史研究論叢》第16輯，河北大學出版社2015年版。

葉少飛：《中越典籍中的高駢評價問題》，《東亞文獻論叢》第16輯》，韓國忠州大學，2015年12月。

葉少飛：《中越典籍中的南越國與安南國關係》，《中國邊疆史地研究》2016年第3期。

葉少飛：《越南歷代"內帝外臣"政策與雙重國號的演變》，《形象史學研究》2015年下半年刊，人民出版社2016年版。

葉少飛：《安南莫朝范子儀之亂與中越關係》，《元史及邊疆與民族研究》第31輯，上海古籍出版社2016年版。

葉少飛：《十世紀越南歷史中的"十二使君"問題考論》，《唐史論叢》第26輯，三秦出版社2018年版。

葉少飛：《安南陳太宗對南宋與蒙元雙重外交政策探析》，李治安主編《元史論叢》特輯，"慶祝蔡美彪教授九十華誕元史論文集"，中國社會科學出版社2019年版。

葉少飛：《巨變下的安南儒醫命運——以阮嘉璠為例》（載《醫療社會史》第9輯，社會科學文獻出版社2020年版。

葉少飛：《越南漢文小說〈安南一統志〉的內容與思想》，《域外漢籍研究集刊》第25輯，中華書局2023年版。

張笑梅、郭振鐸：《越南〈越史略〉編撰的若干問題》，《河南大學學報》1997年第1期。

張岱年：《試談橫渠四句》，《中國文化研究》春之卷（總第15期），1997年5月。

張崑將：《越南"史臣"與"使臣"對"中國"意識的分歧比較》，《臺灣東亞文明研究學刊》2015年6月。

趙望秦：《〈四庫全書〉本胡曾〈詠史詩〉的文獻價值》，《古籍整理研究學刊》2008年第2期。

鄭阿財：《從越南漢文社會史料論人物傳說與地方神祇之形成——

以扶董天王為例》,《成大中文學報》第 17 期,2007 年 7 月。

竺天、葛振:《越南〈越鑑通考總論〉的編撰及其若干問題》,《河南大學學報》(哲社版)1994 年第 3 期。

朱旭強:《越南古代漢文敘事中"贅壻奪寶"事件的表達功能及其源起考述》,載《國學新聲》第五輯,三晉出版社 2014 年版。

竹田龍兒編:〈欽定越史通鑑綱目註索引(地名之部)〉,《史學》第 33 卷第 3、4 號合刊(1961 年)。

張明富:《〈欽定越史通鑑綱目〉福康安得厚賂奏請罷兵安南說辨正——以文獻形成的立場差異為視角》,《文獻》2010 年第 1 期

宗亮:《中華史學文化圈的形成與意涵詮釋》,載《湖北大學學報》2022 年第 3 期。

Cadière Léopold, Pelliot Paul, "Première étude sur les sources annamites de l'histoire d'Annam", *Bulletin de l'Ecole françaised'Extrême – Orient*, Tome 4, 1904.

Emile GASPARDONE, "Bibliographie Annamite", *Bulletin de l'Ecole française d'Extrême-Orien*, Vol. 34, No. 1 (1934).

E. S. Ungar, "From Myth to History: Imagined Polities in 14th Century Vietnam", in David G. Marr and A. C. Milner, eds.,*Southeast Asia in the 9th to 14th Centuries*, Singapore: ISEAS–Yusof Ishak Institute, 1986.

John K. Whitmore, "Chung-hsing and Cheng-t'ung in Texts of and on Sixteenth-Century Việt Nam", in Keith W. Taylor and John K.Whitmore,eds., *Essays into Vietnamese Pasts*, Ithaca, New York: Southeast Asia Program, Cornell University, 1995.

*Kết quả giám định niên đại khắc in Nội các quan bản, bộ ĐVSKTT*, Khoa Lịch sử, trường ĐHTH, Tạp chí Nghiên cứu Lịch sử,1988, số 5-6.

Keith·Taylor, *Comments on 'The Biography of the Hong Bang Clan as a Medieval Vietnamese Invented Tradition' by Liam Kelley*,Journal of Vietnamese Studies, Vol. 7, No. 2, Summer 2012.

Keith W. Taylor, "The Literati Revival in Seventeenth-century Vietnam", *Journal of Southeast Asian Studies 18*, 1 (1987).

Liam C. Kelley, "The Biography of the Hng Bàng Clan as a Medieval Vietnamese Invented Tradition", *Journal of Vietnamese Studies*, Vol. 7, No. 2 Summer 2012.

Liam C. Kelley, "Response to the Commentaries by T Chí Đi Trng and Keith Taylor", *Journal of Vietnamese Studies*, Vol. 7, No. 2, Summer 2012.

Maurice Durand, "An-nam chi-lu'o'c 安南德略, en 19 quyển by Lê Tắc 黎則", *T'oung Pao*, Second Series, Vol. 50, Livr. 1/3 (1963).

Nguyễn Phương, *Những sai lầm của Đại Việt sử ký toàn thư*, Tạp chí Nghiên cứu và Phát triển, số 1 (108), 2014.

Nguyễn Thị Oanh, *Về các bản Đại Việt sử ký hiện lưu tữ tại Viện nghiên cứu Hán Nôm, Thông báo Hán Nôm năm 2013*, Nhà xuất bản Thế giới, Hà Nội, 2013.

Nguyễn Thị Oanh, *Mối quan hệ giữa Đại Việt sử ký với Đại Việt sử ký tiền biên và Đại Việt sử ký toàn Thư, Thông báo Hán Nôm năm 2014*, Nhà xuất bản Thế giới, Hà Nội, 2015.

Nguyễn Đăng Na, *Từ bản dịch bài Tổng luận của Lê Tung, suy nghĩ về việc dịch một văn bản Hán Việt cổ*, Tạp chí Hán Nôm số 2 năm 1987.

Ngô Thế Long, *Về bản Đại Việt sử ký Toàn thư in ván gỗ của Phạm Công Trứ mới được tìm thấy*, Tạp chí Hán Nôm, số 1 năm 1988.

O. W. Wolters, " Historians and Emperors in Vietnam and China: Comments arising out of Le Van Huu's History, Presented to the Tran court in 1272, in Anthony Reid & David Marr (eds.), *Perceptions of the Past in Southeast Asia*, Singapore: Heineman Educational Books [Asia] Ltd., 1979.

O. W. Wolters, "What Else May Ngo Si Lien Mean? A Matter of Distinctions in the Fifteenth Century", in *Sojourners and Settlers: Histories of Southeast Asia and the Chinese*, edited by Anthony Reid (St. Leonards, NSW): Allen & Unwin, 1996.

Phan Huy Lê, *Đại Việt sử ký Toàn thư: Tác giả-văn bản-tác phẩm*, Tạp chí Nghiên cứu Lịch sử, số 4 năm 1983.

Sun Lai chen, "Imperial Ideal Compromised: Northern and Southern Courts Across the New Frontier in the Early Yuan Era", *China's Encounters on the South and Southwest:Reforging the Fiery Frontier Over Two Millennia*, Edited by James A. Anderson John K. Whitmore, Brill, 2015.

Tạ Chí Đại Trường and Trần Hạnh, *Comments on Liam Kelley's "The Biography of the Hng Bàng Clan as a Medieval Invented Tradition*, Journal of Vietnamese Studies, Vol. 7, No. 2, Summer 2012.

Tạ Ngọc Liễn, *Nguyễn Huy Oánh với sử học*, Kỷ yếu hội thảo khoa học Danh nhân Nguyễn Huy Oánh, Hà Tĩnh, năm 2008.

Trần Văn Giáp, *Les Chapitres bibliographiques de Phan Huy Chú*, BSEI. VII, 1936, tập 1.

Trần Ngọc Vương, Nguyễn Tô Lan, Trần Trọng Dương, *Đương Lâm là Đương Lâm nào? -Tìm về quê hương Đại sư Khuang Việt Ngô Chân Lưu*, Tạp chí ngiên cứu và phát triển, số 2 (85).

Trịnh Khắc Mạnh, *Tam giáo (Nho, Phật Đạo) tịnh hành trong tiến trình lịch sử tư tưởng Việt Nam từ thế kỷ X đến XIX*, Tạp chí Hán Nôm, số 1 năm 2015.

## （四）學位論文

宗亮：《〈大南寔錄〉研究》，博士學位論文，武漢大學，2017年。

趙望秦：《唐代詠史組詩研究》，博士學位論文，南京師範大學，2002年。

彭崇超：《〈大越史記全書〉研究》，博士學位論文，南開大學，2021年。

于向東：《黎貴惇及其〈撫邊雜錄〉研究》，碩士學位論文，鄭州大學，1988年。

成思佳：《越南古代的上皇現象研究（968—1759）》，碩士學位論文，鄭州大學，2014年。

陳田穎：《越南後黎朝寧福禪寺研究——以碑刻材料為中心》，碩士學位論文，北京大，學2021年。

王德領：《〈歷代名臣奏議〉（宋代部分）考析》，碩士學位論文，河北大學，2010年。

張翰池：《〈安南志略〉研究》，碩士學位論文，安徽大學，2015年。

張文亮：《越南後黎朝後期的"黎皇鄭主"體制》，碩士學位論文，鄭州大學，2007年。

### （五）电子资源

http：//dl. ndl. go. jp/info：ndljp/pid/2570895？tocOpened = 1.

http：//www. nomfoundation. org/nom – project/History – of – Greater – Vietnam？uiLang = vn.

Trần Hồng Ánh, *Gặp gỡ người khảo chứng Lam Sơn thực lục*, 2022年7月26日阅，http://baotanglichsu. vn/vi/Articles/3091/13272/gap-go-nguoi-khao-chung-lam-son-thuc-luc.html.

*Vua Thiệu Trị với việc biên soạn chính sử qua Châu bản triều Nguyễn*, http://luutruquocgia1.org.vn/gioi-thieu-tai-lieu-nghiep-vu/b7-vua-thieu-tri-voi-viec-bien-soan-chinh-su-qua-chau-ban-trieu-nguyen.

TẠ Trí Đại Trường, *Có một Nguyên nhân dời đô khác*, http://www. talawas.org/?p=23999.